全汉昇 著

全漢昇全集

上海市"十四五"重点出版物出版规划项目

中国近代经济史论丛

上海财经大学出版社
上海学术·经济学出版中心

图书在版编目(CIP)数据

中国近代经济史论丛 / 全汉昇著. -- 上海 : 上海财经大学出版社,2025.1
(全汉昇全集)
ISBN 978-7-5642-3975-6/F·3975

Ⅰ.①中… Ⅱ.①全… Ⅲ.①中国经济史-近代-文集 Ⅳ.①F129.5-53

中国版本图书馆CIP数据核字(2022)第100868号

本书由上海市促进文化创意产业发展财政扶持资金资助出版

□ 责任编辑　朱晓凤
□ 封面设计　桃　夭

中国近代经济史论丛

全汉昇　著

上海财经大学出版社出版发行
(上海市中山北一路369号　邮编 200083)
网　　址:http://www.sufep.com
电子邮箱:webmaster@sufep.com
全国新华书店经销
苏州市越洋印刷有限公司印刷装订
2025年1月第1版　2025年1月第1次印刷

710mm×1000mm　1/16　31.5印张(插页:2)　468千字
定价:158.00元

编 委 会

主 编

杨永汉　张伟保

编辑委员会

杨永汉　张伟保　郑润培
陈俊仁　赵善轩　罗志强

学术顾问

赵　潜　王业键　黎志刚
许倬云　陈慈玉　何汉威
朱荫贵　李金强　郑永常

总 序

全汉昇先生献身于中国经济史研究逾60年,他的学术贡献深受同道重视。他毕生孜孜不息,从20世纪30年代开始,筚路蓝缕,穷研史料,挖掘新问题,开拓新领域;并且毕生不断地吸取西方经济史研究的新观念与新成果。同时尽心提携后进,可说他大力带动了中国经济史研究的新风气,开拓了新视野,提升了研究水准。

固然在长达60多年的学术生涯中,他所钻研的议题随时间的流转与工作地点的改变而异,但治学态度始终如一,并且有其连贯性。如果以他所研究的时代来划分:1949年以前,他的研究范围上溯汉末,下及元代,而以唐宋经济史为主;此年以后专注于明清近代经济的探讨。如以他工作的地点来观察,则1949~1965年主要是在中国台湾地区任教,1965~1995年在中国香港地区任教。他所研究的议题包括货币经济、物价、财政、城市、经济组织、交通运输、国内商业、国际贸易以及近代工业化等,成果丰硕。全先生登上历史研究的舞台时,适值中国社会经济史研究的兴起并走向黄金时代,当时学界展开了20世纪20年代末期到30年代的中国社会史论战。他以踏实严谨的态度研究唐宋经济史,指出汉末以后到唐代中叶以前的中古时期很明显地可自成一个阶段,与此时期以前及以后是不同阶段的社会,此点有力地反驳了社会停滞论者。而在全球化议题被广泛关注的今日,我们重新检视他对近代中国经济史的贡献,发现他的国际贸易与工业化研究是下意识地反省此现象,就此意义而言,其研究可以说具有前瞻性。

他在1935年毕业于北京大学历史学系,因陈受颐主任的推荐,得以进入"中央研究院"历史语言研究所。大学时期,他已经开始其研究生涯的第一阶段,他当时深受政治系陶希圣教授及"中央研究院"历史语言研究所所长、史学系傅斯年教授的影响。陶希圣教授讲授中国社会经济史,全先生跨系修读,对其极具兴趣,感到这门学问亟待开发的新领域甚多,遂决定以此为终生志业。傅斯年教授治学求博求深,教导学生认真搜罗史料,不尚空言,这种务实求真的治学态度,日后遂成为全先生的治学方针。他的中古经济史研究可以说是陶希圣与傅斯年两位师长学风的结合。

全先生的学术生涯在1944年面临转折。该年他蒙傅斯年和"中央研究院"社会科学研究所陶孟和两位所长的提拔,获派到美国哈佛大学、哥伦比亚大学和芝加哥大学3所著名学府进修,向Abbott P. Usher、Shepherd B. Clough、John U. Nef等经济史大师学习,汲取西洋经济史学界的新观念、新方法与新成果,并且与西方经济史学家建立了联系渠道,奠定了日后中西学术交流的基础。其中,John U. Nef 的 *The Rise of the British Coal Industry* 一书,详细地分析了英国煤矿业的兴起与当地交通运输、资本、技术等因素的关系,亦论及煤矿业及其相关的钢铁业在英国资本主义发展过程中所扮演的举足轻重的角色。他当时深受此书的启发,又觉得日本于明治维新以后,短短70年的经济发展,即能脱胎换骨,威胁美、英两国,究其原因,工业化乃是日本踏上侵略亚洲之途的动力。并且他远离当时贫困的家园,亲身体验美国富庶的物质文明,不免感慨万分,所以开始推敲近代中国工业化迟缓的问题,并以《唐宋政府岁入与货币经济的关系》(1948年)一文,为其中古史研究划下终止符。

来台湾以后,他一方面从汉阳铁厂着手,钻研近代中国工业化的问题;另一方面在《社会科学论丛》《财政经济月刊》等期刊撰文,论述西方先进国家的工业化、日本与"二战"前后远东的经济,以及台湾的工业化问题。同时,全先生与Dr. Arthur F. Raper、台湾大学社会系陈绍馨教授等人,率领一群台大经济系学生,针对台湾的城市与工厂,做了详尽的调查工作。这可以说是一向埋首于故纸、古书中的全先生,生平唯一的一次田野调查工作。1954年,根据当时田野工作而以中、英两种文字出版了《台湾之城市与工业》,这本书应有助于学界对第二次世界大战后初期台湾地区经济的了解。

1961年9月,全先生第三度到美国,两年的时间里先后在芝加哥大学、华盛顿大学和哈佛大学访问。当时他看到了1903～1909年间在美国克利夫兰(Cleveland)出版的《1493～1898年的菲律宾群岛》这一重要史料,开启了他从中国、菲律宾、西班牙的三角贸易关系来论析美洲白银与中国丝绸贸易的研究之门。1965年11月,全先生到香港后,身处国际贸易明珠,更深深地感受到了16世纪以来东西方经济交流在中国经济史上的重要性。此后在香港30载,他将中西贸易与明清时期的金属货币制度(银两和铜钱兼充市场交易的媒介和支付的工具)相联结,从银铜等币材的供给面思考,希企完成他自30岁以来对中国货币史的体系化研究。他因此厘清了同时期中国与西班牙、葡萄牙、荷兰、日本等国的贸易关系,扩大了中国经济史的视野。他有关明清时期中国国际贸易与金银比价方面的论文多达25篇,可谓研究生涯晚期最珍贵的结晶,也为后进开拓了新课题。

全先生于1967年和1971年先后在香港的《新亚学报》和台北的《"中央研究院"历史语言研究所集刊》,分别发表《宋明间白银购买力的变动及其原因》和《自宋至明政府岁出入中钱银比例的变动》两篇学术论文,他经由论述白银成为货币的过程,联结了早期的唐宋经济史研究和晚期的明清经济史研究。而1987年于台北出版的《明清经济史研究》一书中,则指出自明清以来输入大量白银,却不进口机器等物,是中国工业发展落后的一个因素。亦即他所关注的明清白银流入问题,不仅和他的货币经济与物价史研究有关,也关系到他的中国工业化研究。易言之,在长达60多年的学术生涯中,全先生最关注的议题,虽然因时因地而有所改变,但依然可见其延续性。

全先生的研究课题所跨越的时间,自汉代而迄抗战前夕,可谓源远流长,据初步统计其出版品,共有专著9种、论文116篇、书评10篇,以及杂著9篇,其内容有专精者,亦不乏博通之类。已故哈佛大学杨联陞教授曾经题诗称誉全先生:"妙年唐宋追中古,壮岁明清迈等伦;经济史坛推祭酒,雄才硕学两超群。"可以说具体系统地勾勒了他在学术上的重要贡献。

全先生自北京大学毕业以后,终身服务于"中央研究院"历史语言研究所。他刚进史语所时,只知遵照傅斯年先生"闭门读书"的指示,却因此养成习惯,"上穷碧落下黄泉,动手动脚找东西",找资料和写论文乃成为他一生中的工作与兴趣。或许因为不善于言辞表达,除非必要,他很少开口;然而全先生先后在台湾大学、香港中文大学和新亚研究所等讲授了50载的中国经济史,也曾在台湾大学经济系教授西洋经济史,培育了不少人才。他上课时常用一些有趣的名言,例如以"月明桥上看神仙",描写江南的繁华,让人留下深刻的印象。1980年他更应日本基金会之邀,前往东洋文库、东京大学和京都大学讲学半年。第二次世界大战后70多年来,中国的研究条件大大地改善,现今中国经济史研究的面貌,与全先生拓荒时已不能同日而语,但毫无疑问,他在这一领域所灌注的心血,是我们晚辈所永远铭记的。

全先生的著作曾经在香港地区、台湾地区和北京分别出版,一些早期期刊上的论文往往很难入手,不易阅读。此次承蒙杨永汉、张伟保、郑润培、陈俊仁、赵善轩和罗志强等诸位学长组成编辑委员会,费尽心血收集所有论著及其相关书评、杂文等,交由上海财经大学出版社编排印刷简体字版,编委会并尽心尽力校对全集,力求完美,实属可贵。家属谨致由衷的谢忱,衷心期盼全集的问世能让生活在全球化时代的现今学子重新审视历史上国际贸易、货币金融与工业化等议题的重要性与关联性。

陈慈玉
2022年4月23日

许倬云先生《全汉昇全集》序

奉读来函,应邀为全汉昇先生大作的全集作序。一时之间,感慨甚深。全先生是我的前辈,在史语所中属于第二代。他那一代,劳师贞一、严师归田以及全先生三人被称为史语所历史组的"三杰"。他们三人各有成就,也可以说在自己的领域里,都是领军人物。现在他们三人都走了,而居然要我第三代的人撰序,原本是不敢当的。可是,仔细一想,我这第三代的人竟已是92岁了。哪里再去找一个他们的同辈人,为我的长辈撰序呢?

言归正传,全先生一生的撰述,是从他还没有从北京大学毕业时,就加入了《食货》杂志的阵营。当时有全先生、杨联陞先生和武仙卿先生,他们从中国历史发展的实际形态,以矫正当时流行的"为主义而治学"的浮夸之风。这一务实治学的习惯,终其一生不变。从北大毕业后,他由北大的陈受颐教授推荐,进入"中央研究院"史语所工作。史语所的所长傅孟真先生很清楚全先生的治学经历,欣然接受:"你的治学方法和史语所非常吻合。在这里,你会如同在自己家里一样,希望我们终身合作。"

全先生的著作,正如他的学生和儿媳陈慈玉所说,可以分成三个阶段。

第一个阶段是在史语所,他不单继续了《食货》杂志时期研究经济制度的线索,而且在这个范围之内,从秦汉研究到唐宋,累积了许多研究成果,包括交通、市场、货币、生产、税收及国际关系等不同的现象。他终于肯定地指出,在汉代几乎走向"货币经济"的时代,中间有个转折,出现了东汉以后以至于南北朝甚至于唐代初期的,以实物交换品为基础的"自然经济"。然后他肯定唐代中期以后延伸到宋代的这段时期,是中国"货币经济"完全确立的阶段。

第二个阶段,到了台湾,他继续在大陆时已经开始思索的问题:中国在近代化的过程中,如何开始踏上工业化的途径?他的研究,从汉冶萍公司开始。因为这个厂是中国第一个现代大规模生产重要资源的工厂。他考察到制度中官督商办的利弊,也指出如果官家办厂,好处是可以投入大量的资金,不需要从民间筹款,这对于工业化起步是比较方便的一个步骤。在这一个阶段,他讨论的课题,实际上扩大到工业开展的不同形式;而且指出,即使以设立钢铁厂而论,也必须考虑到许多投入的资源——水、燃料、制造机件的原料等。而在产出方面,也要想到运销的问题,找到市场在何处,如何与人竞争等。其中两端之间,还必须考虑到组织管理的制度,工厂技术人员的招聘和训练,以及一般劳工的聘雇和照顾。因此,他在这个阶段的工作,实际上是着重于之后中国走向现代化的经济时,这些全面的思考必须早日着手。

在20世纪50年代末期,全先生应李济之先生之邀,在李先生代理"中央研究院"院长的任期,担任总干事。两年之后,胡适之先生回台,担任院长。胡先生挽留他继续以总干事的职位辅助院务。可是,不久之后,他应芝加哥大学之聘赴美研究,也就终于离开了行政职务回到研究工作。

第三个阶段,他在美国不仅在芝加哥大学做研究,同时还访问好几所其他大学的经济系,与当时各处的经济学专家切磋学问。1965年,他应聘在香港担任中文大学新亚书院教授,其后更获聘为新亚书院校长。在香港时期,他有非常安定的研究环境,也能用到香港各处保留的国际贸易资料,于是他的研究主题就进入"中国历史上的国际贸易"这一课题。

他研究过中国明代的贸易,牵扯到当时"倭寇"和海盗等各种贸易性质,然后逐渐进入三角贸易的研究,讨论西班牙银元,中国的丝绸、瓷器,美国的市场以及中国和日本之间各种不同产品的交换,而且涉及日本和中国如何在这个过程中进行银铜的交换。这许多复杂的关系,使他理解了:任何区间贸易,都会走到接近于全球化的大市场。在这个过程中,他也研究过明代国内市场各地区之间的交换和贸易。当时他就指出,很难有小地区之间直接双向交换的市场,任何这一类的交换都会被卷入更大地区的复杂商业流通。他指出的现象,确实是西方经济史研究中一个很重要的项目。但是那些研究通常是从西洋国家全球性的殖民行为后,逐渐扩散而造成的全球市场化。以至于在20世纪后半期,国际经济行为中肯定了全球化的必然性。而那个时候,才出现了WTO(世界贸易组织)。

全先生终身研究致力于这三个现象,而这三个现象实际上又是互相关联的。他的研究工作,涵盖面之广阔,深入面之透彻,使全先生的著作成为中国经济史研究的典范。他的一生都在训练学生,成为专家后,分别在各处工作。他的影响,还会继续由这些弟子们提升。

言念及此,想到全先生谈话的音容,一口广东国语,使他言辞不能完全顺畅,但是句句触动人心,结合成一串的逻辑思考。我今天能够得此荣幸为长者的全集撰写序文,不仅是荣幸而已,也是由此寄托第三代弟子对两代师长的思念和感激。

许倬云谨序

2022年3月31日,于匹兹堡

自 序

作者一直从事中国经济史的研究，曾经把在各学术期刊上登载的论文和书评等辑成《中国经济史论丛》《中国经济史研究》二书。这二十年来专心致力于近代中国经济史的探讨，先后写成论文二十多篇，散载于各学术期刊，不免过于分散，而其中有业已绝版者，更不易看到。因此，不少朋友希望将之汇印成论文集，以便参考。

本书所收论文和书评，主要根据原来的抽印本影印而成，未加增订。谬误之处在所难免，敬请读者赐正。

全汉昇
1996 年 11 月 5 日于中国台湾新竹

目 录

美洲白银与海外贸易

略谈近代早期中菲美贸易史料：《菲律宾群岛》
　　——以美洲白银与中国丝绸贸易为例　3
再论明清间美洲白银的输入中国　10
三论明清间美洲白银的输入中国　17
明清间美洲白银输入中国的估计　30
美洲白银与明清间中国海外贸易的关系　42
美洲白银与明清经济　57
略论新航路发现后的中国海外贸易　64
略论新航路发现后的海上丝绸之路　75
明清间中国丝绸的输出贸易及其影响　83
明中叶后中国黄金的输出贸易　93
近代早期西班牙人对中菲美贸易的争论　106
明代中叶后澳门的海外贸易　120
明中叶后中日间的丝银贸易　144
略论十七八世纪的中荷贸易　159
再论十七八世纪的中荷贸易　166
鸦片战争前的中英茶叶贸易　200

财 政 与 物 价

明中叶后太仓岁入银两的研究	217
明中叶后太仓岁出银两的研究	247
清康熙年间(1662—1722年)江南及附近地区的米价	313

工 矿 业

清代苏州的踹布业	363
清代云南铜矿工业	380
清季的商办铁路	405
从马礼逊小册子谈到清末汉阳铁厂	461
从山西煤矿资源谈到近代中国的工业化	475

书 评

柏金斯：一三六八至一九六八年中国农业的发展	483

美洲白银与海外贸易

略谈近代早期中菲美贸易史料:《菲律宾群岛》
——以美洲白银与中国丝绸贸易为例

1903—1909年在美国克利夫兰出版的《1493—1898年的菲律宾群岛》,内有非常丰富的中、菲、美贸易史料。西班牙政府派遣哥伦布发现美洲新大陆后,继续向太平洋发展,以墨西哥为根据地来对菲律宾进行统治与殖民。为加强两地间的联系,自1565年至1815年,每年都派遣大帆船来往于墨西哥和菲律宾之间,把美洲盛产的白银向菲输出,再在菲把中国丝货(生丝及丝绸)大量运往美洲出卖。由于大帆船贸易的畅旺,再加上其他原因,太平洋有"西班牙湖"之称。

一

西班牙人于1565年开始占据菲律宾群岛,经过330余年后,到了1898年,因与美国作战失败,被逐出菲岛,菲岛之后由美国统治。美国势力扩展至西太平洋的初期,因为要巩固对菲岛的统治,朝野上下亟须参考西班牙人过去统治菲岛的经验。为满足这种需要,布莱尔(E.H. Blair)与罗伯森(J.A. Robertson)系统地搜集西班牙文公私文件,编译成五十五巨册的《1493—1898年的菲律宾群岛》(以下简称《菲律宾群岛》),于1903—1909年在美国克利夫兰(Cleveland)出版。[①] 书中首先叙述早期航海家探险的经过,接着分别探讨菲岛的政治、经济、商业及宗教状况。该书虽然以《菲律宾群岛》为名,但因为西班牙人以美洲墨西哥(Mexico)为基地来对菲岛进行统治与殖民,而中

---

① E.H. Blair and J.A. Robertson, eds, *The Philippine Islands*, 1493-1898, 55 vols, Cleveland, 1903-1909.

国邻近菲岛,当西班牙海外帝国扩展到菲岛后,双方商业关系日趋密切,故我们在书中发现有不少中、菲、美贸易的史料,可补中国文献记载的不足。

二

哥伦布于1492年发现新大陆后,西班牙人纷纷移殖美洲。他们在那里发现有蕴藏丰富的银矿,于是投资采炼。其中于1545年在秘鲁南部(Upper Peru,今属Bolivia)发现的波多西(Potosi)银矿,储藏量更为丰富。由1581年至1600年,这个银矿每年平均产银254 000公斤,约占当日世界银产额的60%以上。当波多西银矿大量产银的时候,有如所罗门(Solomon,约970—930 B.C.为以色列国王)时代那样,银被人看成像街上的石头那样低贱。[①] 反之,在太平洋彼岸的明代中国(1368—1644年),因为对白银的需求强烈,但供给不足,银价特别高昂。位于中、美之间的菲律宾,随着西班牙大帆船(Galleon)与中国商船航运的发达,成为西属美洲与明代中国交通的枢纽,把太平洋东西两岸银价极度悬殊的两个地区密切联系起来。

西班牙人在美洲投资采炼得来的白银,一部分作为政府的税收,一部分通过贸易的关系,大量运回本国。但自海外帝国扩展至西太平洋后,大帆船在墨西哥、菲律宾间长期航运,由于防卫经费开支及国际贸易的需要,把巨额白银运往菲岛,银成为自美运菲的价值最大的输出品,因为它本身价值较大而体积、重量较小,能够负担得起高昂的运费。

当美洲盛产的白银对菲律宾大量输出的时候,位于太平洋西岸的中国,却因在各地市场上人们普遍以银作货币来交易,银供不应求,价值特别昂贵。明代中国流通的货币,本来以"大明宝钞"为主。到了中叶左右,宝钞价值不断下跌,大家因为要保护自己的利益,在市场上交易,都争着用银而不用钞。但中国银矿储藏并不丰富,银产有限,求过于供的结果,银的价值或购买力便越来越增大。在菲律宾的西班牙人,因为自美洲输入巨额白银,使菲岛成为购买力特别强大的市场,从而引起把银视为至宝的中国商人的兴趣,努力扩

[①] 同书,vol.27,p.153.

展对菲的输出贸易,把西班牙人手中持有的银子,大量赚取回国。关于此事,《菲律宾群岛》一书中记载甚多,现在按照时间先后列举如下:

(1) 1586年,一位西班牙官员给国王菲利普二世(Felipe Ⅱ)的信中说:"许多白银和银币都运到那里(马尼拉)去交换中国货物。这些银子虽然有若干仍然留在菲岛,但其余大部分都被中国大陆运货到那里出售的华商所运走。"①

(2) 1590年,葡萄牙人(按:1580年葡萄牙王室男嗣断绝,西班牙国王菲利普二世因婚姻关系,兼摄葡国王位;自此至1640年,葡为西所统治)给菲利普二世的信中说:"如果准许西印度与中国通航,则王国中的银币将全部流入中国,而不输往西班牙;因为中国是这样大,有着许多货物出售,所以无论运多少银币前往,那个国家都将把它全部吸收了去。"②

(3) 1597年6月28日,菲律宾总督达斯摩利那(Luis Perez Dasmarinas)在给菲利普二世的信中说,因为中国货物运菲出售获利,"所有的银币都流到中国去,一年又一年留在那里,而且事实上长期留在那里"③。

(4) 1598年6月24日,马尼拉大主教写信给菲利普二世说:"每年由新西班牙(墨西哥及其附近的广大地区)运来的100万西元(西班牙银元,Peso)的银币,都违反陛下的命令,全部转入中国异教徒之手。"④

(5) 约1602年,一位律师记载:"这批(指一艘大帆船运往菲岛的银子)及所有由其他船只载运的银子,都作为支付中国商品的代价,落入异教徒之手。"⑤又约在同一年内,一位南美洲的主教也说:"……菲律宾每年输入200万西元的银子;所有这些财富,都转入中国人之手,而不运往西班牙去。"⑥

(6) 1604年12月1日,西班牙国王菲利普二世发布敕令说:"所有这些

---

① 同书,vol.6,p.280.
② 同书,vol.7,p.202.
③ 同书,vol.9,p.316.
④ 同书,vol.10,p.145.
⑤ 同书,vol.12,p.50.
⑥ 同书,vol.12,p.39.

银子(指每年运抵菲岛的 200 余万西元的银子),最后都流到中国去了。"①

(7) 一位奥古斯丁教派(St. Augustine)的教士,曾经长期在菲律宾传教,其后于 1630 年开始撰写一本有关在菲传教历史的著作,书中说:"在这个异常庞大的国家(中国)中,任何生活所需的物产都非常丰富……那里的大小不同的船只,多到几乎数不清,每年都装运各种食物和商品,驶往邻近各国交易。其中光是驶往马尼拉的,每年经常有 40 艘或 40 艘以上。……这些商船又往暹罗、柬埔寨……等国贸易。……它们把世界上所有的银子都运回去……因此,中国可以说是世界上最强盛的国家,我们甚至可以称它为全世界的宝藏,因为银子流到那里以后便不再流出,有如永久被监禁在牢狱中那样。即使中国的银子,并不比在过去 66 年贸易中,自墨西哥运出来的为多,它已经能使那里的商人变成最为富有的。何况事实上,中国的银子更多于这个数目,因为除来自墨西哥的银子以外,中国商人又自其他地区把银子运回本国。在世界上已知的各民族中,中国人着实是最渴望取得银子和最爱好银子的一个民族。他们把银子当作是最有价值的东西来保有它,因为他们甚至输出黄金来换取白银,也在所不惜。当他们看见银子的时候,他们总是很喜欢地看着它。我这样叙述,绝不是由于道听途说,而是多年来亲眼看见和亲身经验的结果。"②

(8) 1637 年,菲律宾检察总长孟法尔坤(Grau Y. Monfalcon)向西班牙国王报告说:"美洲白银运往菲律宾后,由那里转入我们宗教及王室的敌人之手,而最后则流到中国去。如我们所知,中国是欧、亚两洲银子的总汇地。这些银子往往因在各处流通而使人获利和增长价值,可是等到运抵这个伟大的王国以后(因为在那里价值特别昂贵),如果再把它运输出口,便要蒙受损失,故银子到中国以后,便不再流出国外,而永远为中国人民所有。"③

(9) 1765 年 2 月 10 日,马尼拉最高法院的检察长说:"自从菲律宾群岛被征服(1565 年)以来,由新西班牙运来的银子共达 2 亿西元以上,可是现在

---

① 同书,vol.13,p.257.
② 同书,vol.23,pp.192-194.
③ 同书,vol.27,pp.148-149.

存留在这里的现银还不到 80 万西元。"①毫无疑问,这许多白银大部分被中国商人赚回本国去了。

三

西班牙政府以墨西哥作为根据地来对菲律宾进行统治与殖民,为了加强两地间的联系,自 1565 年开始,每年都派遣大帆船横渡太平洋,来往于墨西哥阿卡普鲁可(Acapulco)与菲律宾马尼拉之间。可是,在大帆船航线西端的菲律宾,当西班牙殖民者最初抵达的时候,由于土人文化水准低下,生产落后,既不能满足在菲西人生活上的需要,又没有什么重要商品可以大量输往美洲。幸而邻近菲律宾的中国大陆,资源丰富,生产技术先进,可以大量输出各种物产,来供应菲岛西人的需要。在各种出口品中,丝货(生丝及丝绸)的出口更为重要,除在菲岛消费外,又自那里由大帆船转运往美洲出售,在菲岛对美输出总值中都占有极大的百分比,故大帆船被称为"丝船"。

谈到丝绸或丝织品的输出,在 1636 年以前,每艘大帆船登记为 300 至 500 箱,但在 1636 年出发的船,其中一艘登记为 1 000 箱有多,另一艘则多至 1 200 箱。② 每箱约有缎 250 匹,纱 72 匹,约共重 250 磅。另外,关于生丝的输出,根据 1714 年正月 27 日西班牙贸易商的报导,多至 11 000 或 12 000 包,每包约重一担。③ 又据 1637 年菲律宾检察总长的报告,在墨西哥以中国生丝作为原料来加工织造,然后运往秘鲁出卖,有 14 000 余人因此而获得就业的机会。④

在 16 世纪中叶后的长时间内,中国丝货对菲的输出贸易,促使本国经济繁荣,人民生活富裕。中国商船运往菲律宾的生丝和丝绸,由西班牙人转运往美洲出售,获得巨额的利润,同时使大帆船航线因获得可靠的运费收入而长期继续运作达 250 年之久。因此,横越太平洋的丝绸之路,对双方经济都

---

① 同书,vol.48,p.278.
② 同书,vol.27,pp.269 - 270.
③ 同书,vol.44,pp.253 - 256.
④ 同书,vol.27,pp.199,201 - 203;vol.30,p.75.

非常有利。可是,在另外一方面,西班牙的蚕丝纺织工业,原先把产品销售于美洲殖民地市场上,用大帆船自马尼拉把中国丝货大量运往美洲出卖,却因后者售价的低廉而受到严重的威胁。

中国的蚕丝生产和丝织工业历史悠久,织造技术比较先进,生产成本比较低廉。当中国丝绸大量输入美洲,与西班牙产品在市场上竞争的时候,虽然美洲是西班牙的殖民地,但是中国产品占尽优势,西班牙产品远非敌手。早在1586年,在墨西哥市场上的中国织锦(Damask)售价低廉到不及西班牙线缎(Taffeta)的一半,而且前者的品质比后者优良。[1] 其后到了1640年左右,在秘鲁市场上,差不多同样的丝织品,中国货的价格便宜到只有西班牙货的1/3。[2]遭受长期激烈竞争以后,由于售价被逼降低,产品滞销,西班牙的丝织工业由盛而衰,终于一蹶不振。

因为西班牙的丝织工业受到这样严重的打击,到了1718年,西班牙国王下令禁止中国丝货输入美洲。对于此项禁令,新西班牙都护(Viceroy)基于以下的考虑,并不遵命执行:(1)大帆船每年自菲运抵墨西哥的中国丝货,其中生丝多半在那里加工织造,然后运往秘鲁售卖。由于中国生丝的输入,墨西哥共有14 000余人从事加工织造,得到就业的机会。如果禁止中国丝货输入,许多人便要失业,无以为生,构成严重的社会问题。(2)如果禁令付诸实施,在菲的西班牙殖民者将要放弃菲岛,因为如果没有中国丝货贸易的收益,他们在那里的生活将不能维持得住。(3)新西班牙的土人比较贫穷,买不起价格昂贵的西班牙丝绸来用,他们都倚赖便宜的中国丝绸来做衣服穿。(4)中国丝货贸易,对于政府税收大有裨益,如加以禁止,税收将要蒙受影响。[3]

1718年西班牙国王禁止中国丝货输入美洲的命令既然不能实行,到了1720年10月,他又重新颁发中国丝货输美的禁令。这项禁令于将近两年后下达菲律宾,也大受抨击。在菲岛的西班牙殖民者,为了维护他们本身的利益,于1722—1723年先后上书给国王,表示强烈反对禁令的意见。他们说,

---

[1] 同书,vol.6,pp.286-287.
[2] 同书,vol.30,p.77.
[3] 同书,vol.30,p.75;vol.44,pp.258-260;vol.45,pp.35-37.

菲岛天然资源贫乏,要倚赖对外贸易才能生存。在菲岛的西班牙人,把中国丝货转运往墨西哥出卖,利润很大,故美、菲贸易的收益,多至约占菲律宾国民所得的一半。由于巨额利润的吸引,许多西班牙人不辞劳苦,远涉重洋,移殖到菲岛去。他们在那里充当文武官员或兵士,但薪俸收入微薄,不足以应付家庭费用一半的开支,故须投资于中国丝货贸易,以弥补收入的不足。而且,这些海外殖民者,以菲岛作基地,远征摩鹿加(Moluccas,一作美洛居,即香料群岛),在那里与荷兰人作战获胜,理应获得合理的报酬或鼓励(意指分享中国丝货贸易的利润)。此外,在菲的西班牙传教士,努力使天主教信仰传播至东方各地,也有赖于中国丝货贸易收益的支持。[①] 由于海外殖民者的激烈反对,到了1724年6月,西班牙政府终于解除禁令,仍旧准许中国丝货由菲运美出售。[②]

四

布莱尔、罗伯森把西班牙文的公私文件译为英文,辑成《菲律宾群岛》五十五册的巨著,对于西班牙统治时期菲律宾历史的研究,贡献很大。除此以外,因为西班牙帝国拓展至西太平洋,与中国大陆发生密切的关系,故书中有不少关于中国海外贸易、工业、货币、移民历史的记载。本文指出的与中、菲、美贸易有关的资料,不过是其中一个例子而已。

---

① 同书,vol.44,pp.272-274,277-278,281,288-290,398-400.
② 同书,vol.44,pp.266-268.

再论明清间美洲白银的输入中国

一

9年以前,作者曾在香港中文大学《中国文化研究所学报》第二卷第一期(香港,1969年)发表《明清间美洲白银的输入中国》一文①,研讨16、17、18世纪间美洲白银输入中国的情况。现在事隔多年,觉得这篇论文尚有若干遗漏的地方,故特再撰文补充一下。

在上述拙文中,作者指出西班牙政府以西属美洲作基地,于1565年开始占领菲律宾。因为要加强美洲与菲律宾间的联系,自1565年起至1815年止,长达2个半世纪之久,西班牙政府每年都派遣1艘至4艘(通常以2艘为多)载重由300吨至1000吨(有时重至2000吨)不等的大帆船(Galleon),横渡太平洋,来往于墨西哥阿卡普鲁可(Acapulco)与菲律宾马尼拉(Monila)之间。因为太平洋上有这些大帆船来回航运,美洲与菲律宾间的贸易自然发展了起来。双方贸易的商品,当然有种种的不同,但美洲对菲的输出以白银为主,菲岛对美的输出,则以中国生丝及丝绸为最重要。由于中国丝货及其他商品输往菲岛,自美洲运抵菲岛的银子,便长期大量流入中国。

原来在近代早期,当新航路发现、欧人东来的时候,白银在太平洋两岸的供求情况并不相同。中国各地银矿的蕴藏数量本来有限,而采掘出来的矿砂含银成分也不很高。经过多年的开采,到了明朝(1368—1644年)中叶以后,各地银矿逐渐耗竭,每年产量有长期递减的趋势。但在另外一方面,明代社会对于白银的需要却越来越大。明代流通的货币,本来以钞票为主。明初洪武八年(1375年)开始发行大明宝钞,初时流通情况还算良好。可是,经过19

---

① 该文又转载于拙著《中国经济史论丛》(新亚研究所,1972年)第一册,页435—450。

年以后,到了洪武二十七年(1394年),随着发行额的激增,宝钞的价值已经下跌到只等于初发行时的 5% 至 16%。其后宝钞价值越来越低,结果大家为着保护自己利益起见,都争着用银而拒绝用钞。到了明朝中叶,白银便普遍用作货币,代替宝钞来流通。求过于供的结果是明代白银的价值非常之大,据粗略的估计,其购买力约为宋、元时代的 2 倍。在 1592 年及其后若干年内,每两黄金在广州换银 5 两半至 7 两,在西班牙却换银 12 两半至 14 两,可见银在中国的购买力,也约 2 倍于西班牙。①

当中国白银在明代因供求失调而价值激增的时候,在太平洋彼岸的美洲,却由于西班牙人的大规模采炼而银产额大增。西人于 15、16 世纪间抵达新大陆后,在那里发现了蕴藏丰富的银矿,于是开始大规模开采。其中光是秘鲁南部(Upper Peru,今属 Bolivia)的波多西(Potosi)银矿,于 1581 年至 1600 年每年平均产银 254 000 公斤,约占世界产额 60% 以上;1624 年至 1634 年每年平均出产 5 232 425 西班牙银元(Pesos,以下简称西元,每元约重 7 钱 2 分)。经过长期的开采,这个银矿后来渐渐耗竭,产量减少,但从 17 世纪末叶开始,墨西哥银矿又起而代之,产量激增,成为当日世界产银最多的地方。② 另据美国矿务局(U.S. Bureau of Mines)搜集到的资料可知,在 16 世纪世界白银产额中,秘鲁占 57.1%,墨西哥占 11.4%,两者合占 68.5%;在 17 世纪,秘鲁占 61%,墨西哥占 23.4%,两者合占 84.4%;在 18 世纪,秘鲁占 32.5%,墨西哥占 57%,两者合占 89.5%。③ 许多在美洲出产的银子,一方面由西班牙人大量运回本国,另一方面又有不少由大帆船载运往菲律宾来从事贸易。大帆船自墨西哥开往菲律宾,要在广阔的太平洋上航行,在 16、17 世纪航海技术远不如现代进步的情形下,风险和困难当然很多,从而运费非常

---

① 参考拙著《明季中国与菲律宾间的贸易》,《中国文化研究所学报》第一卷(1968 年)。又见于拙著《中国经济史论丛》第一册,页 417—434;拙著《明代中叶后澳门的海外贸易》,同上学报第五卷第一期(1972 年)。
② 参考拙著《明季中国与菲律宾间的贸易》,《中国文化研究所学报》第一卷(1968 年)。
③ Charles White Merrill, *Summarized Data of Silver Production* (U. S. Bnreau of Mines, *Economic Paper* No.8, Washington, D.C, 1930), table facing p.56.原书未见, 兹引自 Harry E. Cross, *South American Bullion Production and Export*, 1550 – 1750 (Center for Latin American Studies, Stanford University). 本文承 W.S. Atwell 博士自 School of Oriental and African Studies (University of London)寄赠, 谨此致谢!

昂贵。在当日美洲出产的各种物品中,只有白银因为本身价值相对较大,体积和重量相对较小,能够负担得起昂贵的运费,从而成为美洲出口的主要商品。在菲律宾的西班牙人,因为有银产丰富的美洲做他们的后盾,当和把白银视为至宝的中国商人贸易的时候,购买力便非常之大,从而引起中国商人的兴趣,故后者要努力发展对菲出口贸易,以便把西人自美运菲的银子,大量赚回中国使用。

根据拙著《明清间美洲白银的输入中国》一文所引证的资料,我们可知在16、17、18世纪间,每年由大帆船自美洲运往菲律宾的银子,有时多至400万西元,有时只有100万西元,但以二三百万西元的时候为多。这些自美洲运抵菲岛的银子,由于中国货物在菲扩展销路以及中国商人在那里控制市场,因而大部分被中国商人赚取回国。大约自16世纪下半叶西班牙人抵达菲律宾以后,每年由菲输入中国的美洲白银,初时为数十万西元,其后越来越多,到了16世纪末叶,已经超过100万西元;到了17世纪,增加至200万或200余万西元;18世纪增加更多,可能高达三四百万西元。根据德科民(De Comyn)的估计,自1571年(明隆庆五年)至1821年(清道光元年)的250年中,自西属美洲运往马尼拉的银子共约4亿西元,其中约1/4或1/2都流入了中国。德科民说的1/4,显然估计得太低,他所估计的1/2,即2亿西元或更多些,可能比较接近事实。鉴于美洲白银经菲大量流入中国,在1638年一位西班牙海军上将甚至说:"中国国王(按:应作'皇帝')能够用来自秘鲁的银条来建筑一座宫殿!"因为中国自西班牙帝国输入这许多银子,据说在17世纪,中国皇帝曾经称呼西班牙国王为"白银之王"(King of Silver)。

二

上文只谈及在16世纪中叶以后的长时间内,美洲白银横渡太平洋,经菲律宾流入中国的情况。事实上,美洲白银输入中国,并不限于这条路线,因为除此以外,又有不少美洲白银先经大西洋运往欧洲,然后辗转输入中国。

西班牙人在美洲采炼所得的白银,每年都一船一船大量运回本国。自1531年至1580年,西班牙共自美洲输入白银2 628 000公斤。除银矿外,西人又在美洲开采金矿,把黄金运回本国,但数量远不及白银那么多。由 1591 年至 1600 年,西班牙每年自美洲输入金银总值将达 700 万西元,其中银占 90％以上,金则占不到 2％;如以重量来说,每年输入银 270 763 公斤、金 1 945 公斤。[①] 由于美洲白银的大量输入,西班牙国内银币因供应激增而价值下跌,物价上涨,在 17 世纪的头十年内约为 100 年前的 3.4 倍。因为西班牙物价远较他国为高且银的购买力远较他国为小,他国的货物便大量输入西班牙来获利,从而自美洲输入西班牙的银子便因对外贸易入超而长期流出国外。葡萄牙是西班牙的邻国,由于地理上的接近,自然由西国输入了不少银子。不仅如此,美洲的西班牙人,因为要开发新大陆的天然资源,须向葡人大量购买非洲黑奴,故自美洲运回西班牙的银子,有不少转入葡人之手。

当 15 世纪末叶葡萄牙人向海外拓殖的时候,他们沿非洲西岸探险,绕航好望角,渡过印度洋,于明弘治十一年(1498 年)到达印度西岸。到了正德五年(1510 年),他们攻占印度西岸的果亚(Goa);翌年,占领马来半岛西岸的满剌加(Malacca,又作马六甲);再过 5 年,便派船试航中国。此后经过长期的经营,于嘉靖三十六年(1557 年),取得澳门作根据地,扩展中国与亚洲其他地区间的贸易。

当葡人经营欧、亚间贸易的时候,他们发现银在东方的购买力,远较在欧洲为大。比方在 1592 年及其后若干年内,每两黄金在广州换银 5 两半至 7 两,在果亚换银 9 两,但在西班牙换银 12 两半至 14 两。有人计算,同样数量的银子,自葡萄牙运至印度果亚,约升值 1/3;如由葡经果亚再运往中国购买货物,约升值 70％。自美洲运往西班牙的银子,既然由于贸易的关系有不少流入葡国,葡人自本国开船前往印度,为着要赚取巨额的利润,自然经常把大量银子载运出口。

葡人运银往印度果亚,多半由于贸易的关系而转运往澳门去。在 16 世纪末叶,葡人自果亚运银往澳门,每年约达 20 万葡元(每一葡元约等于银 1 两),以便用来在广州购买中国货物,从中取利。到了 1609 年,一位曾经经营

[①] 拙著《近代早期西班牙人对中菲美贸易的争论》,《中国文化研究所学报》第八卷第一期(1976 年)。

东亚贸易达 25 年之久的马德里商人说,葡人自里斯本输往果亚的银子,都全部经由澳门流入中国去了。这句话可能有些夸大,但当时这些银子的大部分输入中国,却是一件无可否认的事实。

可是,到了 17 世纪,随着荷兰海上势力的崛起,葡人不复能独占自欧洲到东方来的航路。到了 1641 年,荷人攻占满剌加(马六甲),葡船航经马六甲海峡常受阻扰,此后澳门、果亚间的贸易遂告衰落,从而葡船自本国运往果亚的银子,便不能顺利运往中国了。①

三

当葡人不再能顺利自欧运银来中国贸易的时候,自美洲运往西班牙的银子,又由荷兰人转运到东方来。早在 1595 年,荷兰航海家就已经打破葡人对好望角航线的垄断,率领 4 艘船舶东航,于翌年 6 月抵达爪哇下港(Bantam,时为葡人所据)。其后继续努力,于 1602 年建立荷属东印度公司来经营东方贸易,其在下港的商馆亦于是年设立。②

当 16、17 世纪,西班牙因美洲白银大量流入,物价上涨,对外贸易入超的时候,荷兰也因贸易及其他关系,自西班牙输入巨额白银。③ 到了 17 世纪中叶,荷船每年到西班牙加地斯(Cadiz)贸易,回航时运走的银子,约占西船自美运回本国总额的 15% 至 20%,有些估计甚至说约占 50%。④

这许多自西班牙输入荷兰的美洲白银,有一部分由荷船运往东印度来做买卖。关于此点,我们可以举出近年海底考古学(Submarine Archaeology)的发现来作证明。1656 年 4 月 28 日,一艘荷兰与东印度贸易的商船——Vergulde Draeck 号——在由荷兰开往巴达维亚(Batavia,今印尼首都雅加

---

① 以上参考拙著《明代中叶后澳门的海外贸易》。
② William Lytle Schurz, *The Manila Galleon*, New York, 1939, p.343.
③ Fernand Braudel, *The Mediterranean and the Mediterranean World in the Age of Philip* II, London, 1976, vol 1, pp.479 - 480.
④ C.R. Boxer, "Plata es Sangre: Sidelights on the Drain of Spanish-American Silver in the Far East, 1550 - 1700", in *Philippine Studies*, Manila, July 1970, vol.18, no.3, pp.457 - 475. 本书承 Boxer 教授赠阅,特此致谢!

达)途中,于大洋洲西岸附近的海洋中失事沉没。其后到了 1963 年,由于水中呼吸器(潜水员背的氧气瓶连同戴的面罩)的使用,及其他与海底考古有关的技术上的创新,该船失事沉没的准确地点始被发现,并予以打捞。结果重新找到 7 000 多枚银币,其中多数为墨西哥造币厂于 1652 年、1653 年及 1654 年铸造的银元,另外一小部分则为波多西及西班牙各造币厂的产品。此外当然可能还有许多银币已被海水冲走,或埋藏于海底更深的地方。这许多自海底打捞出来的银币向我们充分证明,在 17 世纪中叶左右,自美洲运往西班牙的银子,有不少由荷船运往东印度来作贸易之用。① 据统计,自 1677 年至 1685 年,由荷兰运往巴达维亚的银子,每年约为 100 万盾至 200 万盾。②

自荷兰运往东印度的银子,既然主要用来经营东方贸易,自然分散到亚洲各地,但由于中国对外贸易的出超,其中以转运往中国的为多。根据有关记载,在 17 世纪初期,中国商船每年都将大量生丝、丝绸、瓷器、糖及其他商品运往下港出卖,在回航时虽然自那里购买胡椒、檀香、象牙等货物,仍然不能使贸易平衡,结果运走巨额白银。故荷人虽然运来大量银子,下港市面银币的流通仍然感到异常缺乏。③ 在中国方面,也有关于荷兰等国商船运来巨额银元的记载。④

四

综括上述可知,在 16 世纪中叶以后的长时间内,或自明季至清中叶,美

---

① C.R. Boxer, "Plata es Sangre: Sidelights on the Drain of Spanish-American Silver in the Far East, 1550–1700", in *Philippine Studies*, Manila, July 1970, vol.18, no.3, pp.457–475.
② K. Glamann, *Dutch-Asiatic Trade*, 1620–1740, The Hague, 1958, p.61,按:在 17 世纪 60 年代,银 1 两等于 3.5 盾,及 17 世纪 80 年代,等于 4.125 盾。见 John E. Wills, Jr, *Pepper, Guns and Parleys: The Dutch East India Company and China*, 1622–1681, Cambridge, Mass., 1974, p.27.
③ M.A.P. Meilink-Roelofsz, *Asian Trade and European Influence in the Indonesian Archipelago between 1500 and about 1630*, The Hague, 1969, p.246; Ts'ao Yung-ho, "Chinese Overseas Trade in the Late Ming Period", in Chang Kuei-yung, eal, eds., *International Association of Historians of Asia: Second Biennial Conference Proceedings*, Taipei, 1962, p.445.
④ 例如《清朝文献通考》(修于乾隆末年)的作者在卷一六乾隆十年(1745 年)项下说:"福建、广东近海之地,又多行使洋钱。……闽、粤之人称为番银,或称为花边银。凡荷兰、佛郎机(指葡萄牙)诸国商船所载,每以数千万圆计。……而诸番向化,市舶流通,内地之民咸资其利,则实缘我朝海疆清晏所致云。"

洲白银除横渡太平洋经菲律宾流入中国外,又有一部分经大西洋运往欧洲,再辗转输入中国。西班牙人在美洲开矿得到的银子,大量运回本国,但由于对外贸易的入超,有不少流出国外,到达葡萄牙及荷兰,其后又由各该国商船东运,由中国商人赚回本国。自然,除葡、荷外,其他国家商人也因售货给西班牙而自那里输出银子,再把它运往东方来做买卖。例如在 18 世纪,英国东印度公司因须在华大量购买丝、茶,而英货在华销路却非常之坏,故不得不运巨额银子来支付货价。不过关于这个问题,作者已经另外有文讨论[①],故这里不再赘述。

1978 年 9 月 24 日,九龙。

---

① 拙著《美洲白银与十八世纪中国物价革命的关系》,《"中央研究院"历史语言研究所集刊》第二十八本,台北,1957 年;又见于《中国经济史论丛》第二册,页 475—508。

三论明清间美洲白银的输入中国

一

在近代欧洲人发现新航路的潮流中,葡萄牙人沿非洲西岸探险,绕航好望角,于1498年经印度洋抵达印度西岸,于1510年占领果亚(Goa),翌年占领印度洋与太平洋间的交通枢纽满剌加(Malacca,一作马六甲),其后向东试航中国沿海。葡人在那里经过长期的经营,于1557年在澳门建立基地,发展贸易。

另一方面,西班牙政府于1492年派遣哥伦布横渡大西洋,发现美洲新大陆。西班牙人继续于1519年占据墨西哥,其后自那里出发,于1565年征服菲律宾群岛。

西班牙人到达美洲后,发现那里有丰富的贵金属矿藏,于是投资开采。其中秘鲁南部的波多西(Potosi,今属Bolivia)银矿,蕴藏尤为丰富,于1580年至1600年每年平均产银多至254 000公斤,占当日世界银产额的60%以上。后来经过长期的开采,那里矿藏日渐耗竭,墨西哥银矿起而代之,成为世界银产最丰富的地区。由于产量丰富,自16世纪中叶左右开始,美洲曾经长期输出巨额的白银。

过去作者曾经发表《明清间美洲白银的输入中国》《再论明清间美洲白银的输入中国》[①]两文,研讨在16世纪中叶以后的长时间内,美洲白银横渡太平洋,经菲律宾输入中国,及经大西洋运往欧洲,再辗转输入中国的情况。现在事隔多年,对于这个问题,作者搜集到更多资料,故撰写此文来加以补充。

---

① 拙著《明清间美洲白银的输入中国》,香港中文大学《中国文化研究所学报》第二卷第一期(香港九龙,1969年),又见于拙著《中国经济史论丛》(新亚研究所,1972年)第一册,页435—450;拙著《再论明清间美洲白银的输入中国》,食货月刊社编辑委员会主编《陶希圣先生八秩荣庆论文集》(台北,1979年),页164—173。

二

　　随着新大陆的发现,西班牙人纷纷移殖美洲,开发那里的天然资源。由于秘鲁、墨西哥银矿的积极开采,美洲的白银产量,在16世纪多至占世界银产总额的73.2%,在17世纪占87.1%,18世纪占89.5%。① 美洲的贵金属矿产,除白银外,还有黄金,不过产量远不及银那么多。西人在那里采获的贵金属,一部分作为政府的税收,一部分通过贸易的关系,每年都一船一船地运回本国。自1503年至1600年,西班牙自美洲输入金153 564公斤,银7 439 142公斤,约为1:48.44;自1601年至1660年,输入金27 769公斤,银9 447 673公斤,约为1:340.22。②自1503年至1660年,西班牙共自美洲输入金181 333公斤(约值224 000 000美元),银16 886 815公斤(约值700 000 000美元)。这都是正式登记的数字,此外走私及未登记的金、银,约为此数的10%至50%。③ 如以每年平均输入的数字来计算,自1591年至1600年,西班牙每年自美洲输入金1 945公斤,银270 763公斤;自1641年至1650年,每年输入金155公斤,银105 643公斤。④ 如就价值来说,自1591年至1600年,西班牙每年自美洲输入金、银总值将近700万西元,其中金占不到2%,其余是银。自1601年至1620年、1631年至1660年,西班牙每年平均输入美洲的金、银的价值比例也是一样的,在1621年至1630年,更几乎全部是银,金占不到1%。⑤ 可见在16、17世纪,由美洲输

---

① Charles White Merrill, *Summarized Data of Silver Production* (U.S. Bureau of Mines, *Economic Paper* No.8, Washington, D.C., 1930), table facing p.56.原书未见,兹引自Harry E. Cross, *South American Bullion Production and Export*, 1550-1750 (Center for Latin American Studies, Stanford University).本文稿蒙阿特韦尔(William S. Atwell)博士自School of Oriental and African Studies, University of London寄赠,谨此致谢!
② F.C. Spooner, "The European Economy 1609-1650", in G.N. Clark, etc, eds., *The New Cambridge Modern History*, Vol.IV, *The Decline of Spain and the Thirty Years War 1609-48/59*, Cambridge University Press, 1970, p.83.
③ S.B. Clough and C.W. Cole, *Economic History of Europe*, Boston, 1952, 3rd edition, pp.127-128.
④ F.C. Spooner, 前引文, in *The New Cambridge Modern History*, Vol.IV, p.79.
⑤ J.H. Parry, *The Spanish Seaborne Empire*, London, 1966, pp.246-247; R. Trevor Davies, *The Golden Century of Spain 1501-1621*, New York, 1937, pp.297-298.按:"西元"有人译为"披索"(Peso),即西班牙银元。每个西班牙银元的购买力,在16世纪及17世纪初期,约为20世纪初期的10倍;在18世纪中叶,约为20世纪初期的5倍。参考E.H. Blair and J.A. Robertson, eds., *The Philippine Islands*, 1493-1898, Cleveland, 1903, Vol.1, p.50.

入西班牙的贵金属中,白银着实占有特别重要的地位。

西属美洲出产的白银,并不完全大量运往西班牙。西班牙帝国自美洲扩展至菲律宾后,因为要加强美、菲间的联系,自1565至1815年,每年都派遣1艘至4艘(以2艘为多)载重由300吨至1 000吨(有时重至2 000吨)的大帆船(Galleon),横渡太平洋,航行于墨西哥阿卡普鲁可(Acapulco)与菲律宾马尼拉(Manila)之间。在当日航海技术远不如现代进步的情形下,大帆船要在广阔的太平洋上航行,当然要遭遇不少风险和困难,从而导致运费非常昂贵。在美洲各种物产中,白银因为本身价值比较大,体积、重量比较小,能够负担得起昂贵的运费,自然成为美洲输出的重要商品。

当美洲盛产白银,可供出口的时候,位于太平洋彼岸的中国,却因银被普遍用作货币,求过于供,价值特别高昂。明代(1368—1644年)中国流通的货币,原来以"大明宝钞"为主。宝钞自洪武八年(1375年)印行后,初时价值稳定,流通状况良好。但到了明朝中叶前后,随着发行额的激增,宝钞价值越来越低,以致废弃不用,各地市场上都改用银作货币来交易。另一方面,中国银矿储藏并不丰富,银产有限。求过于供的结果是银的价值特别昂贵。在菲律宾的西班牙人,因为自美洲输入大量银子,自然引起把白银视为至宝的中国商人的兴趣,故后者努力扩展对菲出口贸易,把西人自美运菲的银子,大量赚回本国。

西属美洲的白银,除横渡太平洋,经菲输入中国以外,上述自美洲输入西班牙的白银,又有不少输往其他欧洲国家,再辗转运来中国。关于这方面的情况,作者曾在拙作《再论明清间美洲白银的输入中国》中加以探讨,但该文过于简略,故现在补述如下。

三

美洲白银大量输入的结果是导致西班牙国内流通的银币因数量激增而价值下跌,物价上涨,在17世纪的头10年约为100年前的3.4倍[1],物价水

---

[1] Earl J. Hamilton, *American Treasure and the Price Revolution in Spain*, 1501 – 1650, Cambridge, Mass., 1934, p.207.

准远在欧洲其他国家之上①,如和英、法物价比较,西班牙物价高至为英、法的2倍。② 看见西班牙物价那么昂贵,欧洲其他国家的商人,便乘机对西大量输出货物来赚取利润,以致西班牙对外贸易长期大量入超。1558年,一位在西班牙政府中任职的会计员,向国王菲利普二世(Felipe Ⅱ)报告说,西班牙每年入口贸易总值,高至为出口的8倍至10倍。③ 当贸易逆差非常严重的时候,西班牙政府又须向国外输出白银来支付军费,因为原来隶属于西的荷兰若干省份,要脱离独立,西政府不得不派兵出国平乱。④ 因此,一方面因为要弥补对外贸易的入超,他方面要用银支付国外用兵的费用,西班牙必须把自美洲输入的银子大量输出国外,有时甚至输出多于输入。例如在1570年及1571年,塞维尔(Seville,西班牙西南的港口)登记白银输入7 018 000西元,输出则为7 049 000西元。⑤ 另据1594年一位西班牙会计官员的估计,西班牙每年输入价值1 000万笃卡(Ducat,欧洲许多国家在过去通用的金币或银币)的金、银(以银为主),其中600万为政府及私人再转运出口,其余400万或留在国内,或走私出口。⑥

自西班牙输出的美洲白银,由于地理上的接近,有不少流入葡萄牙。葡国并不产银,却由于胡椒贸易与奴隶贸易的经营,直接或间接赚到巨额的银子。新航路发现后,航行于欧、亚间的葡船,自印度大量运载价值最大、获利最多的胡椒回国⑦,再分别销售于欧洲各地。早在16世纪初期,葡人就已经

---

① J.H. Elliott, *Imperial Spain 1469 - 1716* (Penguin Books, Reprinted 1975), pp.195 - 196.
② Y.S. Brenner, "The Inflation of Prices in England, 1551 - 1650", in *Economics History Review*, Second Series, Vol. XV, no.2, December 1962, pp.269 - 270.
③ John Lynch, *Spain under the Habsburg*, Oxford, 1965, VoL.Ⅰ, pp.143 - 144.
④ Y.S. Brenner,前引文,in *Economics History Review*, Second Series, Vol. XV, no.2, pp.269 - 270; Fernand Braudel, *The Mediterranean and the Mediterranean World in the Age of Philip Ⅱ*, London, 1976, Vol.Ⅰ, pp.478 - 479.
⑤ Geoffrey Parker, "The Emergence of Modern Finance in Europe, 1500 - 1730," in Carlo M. Cipolla, ed., *The Fontana Economic History of Europe: The Sixteenth and Seventeenth Centuries*, Glasgow, 1981, p.530.
⑥ Fernand Braudel,前引书,Vol.Ⅰ, p.496.
⑦ 据C.R. Boxer, *The Portuguese Seaborne Empire 1415 - 1825*, London, 1969, p.52,在16世纪,胡椒是葡国自东方输入的最重要的商品。到了1630年,葡国东印度公司自印度运胡椒回国,占印度对葡输出总值的81%以上;1631年,占96%;1962年,占98%,其毛利为150%。参考 A.R. Disney, "The First Portuguese India Company, 1628 - 1633", in *Economic History Review*, Second Series, Vol. XXX, no.2, May 1977, p.247.

控制欧洲许多国家（包括西班牙在内）的胡椒市场①，故自贸易利润中赚到许多银子。另外，当探寻新航路的时候，葡人曾经沿着非洲西岸探险，在那里拥有根据地来收购奴隶，转售与西班牙来获利。另一方面，西班牙人拓殖新大陆时，把旧大陆各种传染病菌带去了，再加上其他原因，美洲印第安人大量死亡。② 由于劳动力供应的不足，为着要开发美洲天然资源，西班牙人须向葡人购买非洲黑奴。1580年，葡王室男嗣断绝，西王菲利普二世因为婚姻关系，兼摄葡王位；自此至1640年，葡为西统治。因为葡丧失国家独立地位，西政府特别准许葡人经营最有利的奴隶贸易，以作补偿。③ 在整个16世纪，葡人每年平均把13 000个黑奴输入美洲。④ 由1519年至1550年，墨西哥至少输入120 000个黑奴。每个黑奴的售价在17世纪初的墨西哥，为400西元。自1619年至1623年，秘鲁利马（Lima）每一黑奴售价高达550西元左右。⑤ 葡人把西非黑奴大量卖给西班牙，自然赚到不少银子。⑥

葡人自西班牙人手中赚得的美洲白银，并不长期停留在葡国境内，而沿着他们发现的新航道大量运到东方来。葡人经营欧、亚间贸易，发现在欧洲与中国之间，银越往东方去，购买力越大。例如在1592年及以后，同样1两黄金，在广州换银5两半到7两，在印度果亚换银9两，在西班牙换银却多至

---

① Fernand Braudel，前引书，Vol.Ⅰ，p.544.
② 据 John Lynch, *Spain under the Habsburgs*, Oxford, 1969, Vol.Ⅱ, p.202，由于1545至1548年，及1576至1581年天花、麻疹、伤寒、斑疹、伤寒、疟疾及流行性感冒等传染病的袭击，墨西哥中部的印第安人大量死亡，以致人口由1519年的25 000 000人减至1608年的1 069 255人。又据同书，Vol.Ⅰ，p.163，1576年新西班牙（墨西哥及附近地区）发生瘟疫，印第安人减少40%至50%。又严中平《老殖民主义史话选》（北京出版社，1984年）页149—150说："1524—1525……西班牙……第一次远征……他们从欧洲带来的天花却已从哥伦比亚传到了厄瓜多尔，更从厄瓜多尔传进了印加，在短短的两三年内，仅厄瓜多尔就死去12万人；在印加，则传染到许多城市，首都库斯科（Cuzco）的许多高级贵族相继死亡，以致首都的政府机构几乎停摆。"又页225说："在16世纪……80多年内所灭绝的墨西哥十四省和印加帝国的印第安人，无论如何，决不在2 000万人以下，可能达4 000万人以上，如再加上加勒比海各岛和中、南美被征服的其他各地，则被灭绝的印第安人可能达5 000万人。"
③ J.H. Parry，前引书，pp.240,268；G.B. Masefield, "Crops and Livestock," in E.E. Rich and C.H. Wilson, eds., *The Cambridge Economic History of Europe*, Vol.Ⅳ, Cambridge University Press, 1967, pp.290-291; E.E. Rich, "Colonial Settlement and Its Labor Problems," in Rich and Wilsont eds.，前引书，p.321.
④ E.E. Rich，前引文，in Rich and Wilson, eds.，前引书，p.329.
⑤ John Lynch，前引书，Vol.Ⅱ，p.206；Harry E. Cross，前引文。
⑥ C.R. Boxer，前引书，p.103.

12两半至14两。① 由1580年至1612年，自葡运银至果亚，约升值1/3。② 在1629年及1630年，自葡运银往果亚出售，毛利为54%至67%。③ 又有人计算，如由葡经果亚运银往中国购货，约升值70%。④

欧、亚间银价既然那么悬殊，活跃于新航路上的葡国商人，由本国开船前往印度，因为有利可图，自然载运巨额白银出口。这些银子运抵果亚后，大部分转运往澳门去。一位于1585年至1591年在东印度旅行的英国人说，葡人每年约运20万葡元（Crusadoes）的银子（约6 000至7 000公斤）往澳门去。⑤ 阿特韦尔（William S. Atwell）博士认为这个数字可能偏低，因为近年有人根据有关资料计算出，在16世纪80年代，葡人每年运往远东的银子，多至100万笃卡（约32 000公斤）。⑥ 比方在1601年，有3艘葡船在自印度赴澳门途中，其中一艘在广东海岸附近失事，船上载有香料及约值30万葡元的银币（约9 000至11 250公斤）。合计起来，三船载运银数和上述数字差不多一样。⑦

关于万历（1573—1620年）中叶前后，葡船运银至澳门，再转运至广州购买货物的情况，王临亨《粤剑编》（《笔记续编》本，广文书局）卷三，页19至20也说："西洋古里（Calicut，在印度西岸果亚之南），其国乃西洋诸番之会，三四

---

① C.R. Boxer, *The Great Ship from Amacon: Annals of Macao and the Old Japan Trade*, 1555 - 1640（以下简称 *Great Ship*），Lisbon, 1963, p.2; C.R. Boxer, "Plate es Sangre: Sidelights on the Drain of Spanish-American Silver in the Far East, 1550 - 1770", in *Philippine Studies*, July 1970, Vol.18, no.3, p.461; Pierre Vilar, *A History of Gold and Money*, 1450 -1920, London, 1976, p.95. 又据 Fernand Braudel, 前引书, Vol. I, pp.499, 当西班牙国王菲利普二世（1556—1598年）在位时，中国金、银比价为1∶4，欧洲为1∶12。
② Bal Krishna, *Commercial Relations between India and England (1601 to 1757)*, London, 1924, pp.44 - 45.
③ A.R. Disney, 前引文, in *Economic History Review*, Second Series, Vol. XXX, no.2, May 1977, pp.245 - 246.
④ C.R. Boxer, *The Christian Century 1549 -1650*, Berkeley, 1967, pp.426 - 427.
⑤ C.R. Boxer, *Fidalgos in the Far East 1550 - 1770*,（以下简称 *Fidalgos*），Oxford University Press, 1968, p.6; C.R. Boxer, 前引文, in *Philippine Studies*, Vol.18, no.3, pp.458 - 460; William S. Atwell, "Notes on Silver, Foreign Trade and the Late Ming Economy", in *Ch'ing-shih wen-t'i*, vol. III, no.8 (December 1977), p.3; Bal Krishna, 前引书, pp.44 - 45.
⑥ Geoffrey Parker, 前引文, in Carlo M. Cipolla, ed., 前引书, p.528; William S. Atwell, 前引文, in *Ch'ing-shih wen-t'l*, Vol. III, no.8, p.3.
⑦ William S. Atwell, 前引文, in *Ch'ing-shih wen-t'i*, Vol. III, no.8, p.3; C.R. Boxer, *Great Ship*, pp.62 - 64.

月间入中国市杂物,转市日本诸国以觅利,满载皆阿堵物也。余驻省(广州)时,见有三舟至,舟各赍白金三十万。投税司纳税,听其入城与百姓交易。"又说:"西洋之人往来中国者,向以香山澳中为舣舟之所,入市毕则驱之以去。日久法弛,其人渐蚁聚蜂结,巢穴澳中矣。当事者利其入市……姑从其便。……夷人金钱甚夥,一往而利数十倍。……"①文中说"白金三十万",意指银30万两,也泛指30万葡元,或30万笃卡。② 文中又说葡人"金钱甚夥,一往而利数十倍",可能过于夸大,不过葡人把自西班牙人手中赚来的银子,大量投资于中、印、葡贸易,利润很大,却是不能否认的事实。在1600年前后,葡人在澳门、果亚间经营的华货出口贸易,有些商品利润将近为投资的100%,有些更高达200%。葡船自澳门运抵果亚的中国货物,有不少在印度消费,但其中如生丝,有一部分运往葡国出卖,而樟脑更全部运葡。③ 1603年2月25日,一艘由澳门开往果亚的葡船,途经马六甲海峡时,为荷兰海军截获。船上载运货物中,有生丝1 200包(每包约重225磅),后来运往荷兰,于1604年8月在首都阿姆斯特丹市场上公开拍卖,得价225万荷盾有多,再加上船上其他货物如瓷器等,共得价350万盾,约银100万两。④ 这些货物,可能就是用上述"舟各赍白金三十万"作资本来在澳门、广州购买的。 由此可见,葡人运银至澳门、广州来购买中国货物,再转运出口,利润一定很大,故原来由西班牙运返欧洲的美洲白银,有不少为葡人转运入中国。

可是,到了17世纪,由于荷兰海上势力的东来,葡人渐渐不能垄断欧、

---

① 按:王临亨于万历二十九年(1601年)在广州阅狱办理案件,他的《粤剑编》当撰于此时或稍后(见该书叙)。又关于葡船运大量白银至澳门的情形,周玄暐《泾林续记》(《涵芬楼秘笈》第八集),页七四下说:"广属香山(当指香山澳),为海舶出入喉喉。每一舶至,常持万金,并海外珍异诸物,多有至数万者。"按:周玄暐是万历十四年(1586年)的进士,他的《泾林续记》约撰于万历(1573—1620年)中叶前后。文中虽然没有明白说出是哪一个国家的海舶,但当日澳门既然是葡人的贸易基地,到那里做买卖的海舶当以葡船为主。
② C.R. Boxer, *Great Ship*, p.336.
③ 拙著《明代中叶后澳门的海外贸易》,《中国文化研究所学报》第五卷第一期(香港九龙,1972年),页252—253;Niels Steensgaard, *The Asian Trade Revolution of the Seventeenth Century: The East India Companies and the Decline of the Caravan Trade*, Chicago, 1973, p.158.
④ C.R. Boxer, *Fidalgos*, pp.50 - 51; Kristof Glamann, *Dutch-Asiatic Trade*, 1620 - 1740, Copenhagen, 1958, pp.112 - 113;陈小冲《十七世纪上半叶荷兰东印度公司的对华贸易扩张》,《中国社会经济史研究》,厦门,1986年,第二期。按:在17世纪60年代,银1两等于3.5盾;到了80年代,等于4.125盾。参看 John E. Wills, Jr., *Pepper, Guns and Parleys: The Dutch East India Company and China*, 1622 - 1681, Cambridge, Mass., 1974, p.27.

亚间的新航道。位于印度洋、太平洋间交通要冲的满剌加（马六甲），在葡人占领130年以后，于1641年为荷人攻占。此后葡船在马六甲海峡航行，便常被骚扰，澳门、果亚间的贸易跟着衰落，从而葡船由欧运往果亚的白银，也就不能像过去那样顺利运往中国了。①

四

当葡人因印、华间航道受阻而不能自本国顺利运银来中国的时候，西班牙自美洲输入的白银，又由荷兰人转运到东方来。荷船四艘首先打破葡人对欧、亚航道的独占，于1595年东航，次年抵达爪哇下港（Bantam）。到了1602年，荷兰东印度公司在荷成立，于下港设立商馆，其后更在爪哇的巴达维亚（Batavia）建立贸易基地。

西班牙人自美洲运回本国的银子，除为葡人赚取以外，又有一部分流入荷兰。因为要制裁荷兰若干省份的独立运动，西政府须在国外用兵，从而须运银出口来支付军事费用。由1580年至1626年，西政府在荷支付"政治性"的银子（Political Silver），共达2 528 405公斤（其中一部分由黄金折算而成）。② 自1648年30年战争结束后，因为荷对西贸易大量出超，阿姆斯特丹（Amsterdam）的运银船队（事实上还运载其他货物）每年都有30至50艘船只开往西班牙港口，把银运走。③ 这些船到底自西班牙运走多少银子，虽然没有系统的记载，但据1654年10月16日一份荷文报刊报导，有荷船5艘，自加地斯（Cadiz,西班牙西南部的海港）返荷，船上载有价值1 000万荷盾的美洲白银。④ 又据1683年荷兰造币厂厂长的报告，荷每年约输入1 500万至

---

① C.R. Boxer, *Great Ship*, pp.17-18; J.H. Parry, *The Age of Reconnaissance*, New York, 1963, p.217;同上作者,"Transport and Trade Routes," in E.E. Rich and C.H. Wilson, eds.,前引书,Vol.Ⅳ, pp.196-197.
② F.C. Spooner,前引文,in *The New Cambridge Modern History*, Vol.Ⅳ, p.102; Fernand Braudel,前引书,Vol.Ⅰ, p.479.
③ Kristof Glamann, "The Changing Patterns of Trade," in E.E. Rich and C.H. Wilson, eds., *The Cambridge Economic History of Europe*, Vol.Ⅴ (Cambridge University Press, 1977), p.260.
④ C.R. Boxer,前引文,in *Philippine Studies*, Vol.18, no.3, p.471.

1 800万盾的银子。① 在17世纪中叶左右,每年荷船到加地斯贸易,回航时运走的银子,约占西船自美洲运回总额的15%至25%,有些估计更高至占50%。一位荷兰诗人,于1655年吟诗歌颂新落成的阿姆斯特丹市政厅大厦,说位于该大厦南翼的外汇银行保管库,充满了来自西属美洲的白银。②

由西班牙输入荷兰的美洲白银,自荷兰海上势力向东方扩展以后,有不少为荷兰船转运往东印度来从事贸易。荷人东来贸易,发现自欧洲输往东方的货品,除武器弹药外,贵金属(尤其是银)最易出售获利③,故银在对东印度的出口贸易总值中占有很大的比重。例如在1603年,荷向东印度输出银650 000盾,约为输出其他货物价值(131 000盾)的5倍;及1615年,输出银1 080 000盾,约为输出其他货物价值(70 000盾)的15倍。④ 每年由荷兰运往东印度的银子,在17世纪的40年代,约为400 000盾至2 200 000盾;在50年代,约为100万盾至200万盾;在80、90年代,由2 400 000盾增至3 600 000盾;到了1700年,更增加至5 100 000盾。⑤

关于荷人自西班牙输入美洲白银,转运到东方来做买卖的情况,我们又可拿近年重新发现的一艘荷兰沉船载运的银币实物来作证明。1656年4月28日,一艘从事荷兰与东印度贸易的商船,在由荷开往巴达维亚的途中,于大洋洲西岸附近的海洋中失事沉没。到了1963年,该沉船被人发现,并加以打捞。结果重新找到7 000余枚银币,其中大部分为墨西哥造币厂在1652年至1654年间铸造的银元,其余银元则为波多西及西班牙造币厂所铸造。除此以外,很可能还有许多银币已被海浪冲走,或埋藏于海底深处。这许多自荷兰船中打捞出来的银币足以证明,在17世纪中叶左右,

---

① Violet Barbour, *Capitalism in Amsterdam in the Seventeenth Century*, Baltimore, 1950, p.52.
② 同书, p.51; C.R. Boxer, 前引文, in *Philippine Studies*, Vol.18, no.3, pp.469–470; Kristof Glamann, 前引文, in E.E. Rich, etc., eds., 前引书, Vol.V, p.260.
③ Kristof Glamann, "European Trade 1500–1750," in Carlo M. Cipolla, ed., 前引书, p.447.
④ M.A.P. Meilink-Roelofsz, *Asian Trade and European Influence in the Indonesian Archipelago between 1500 and about 1630*, The Hague, 1969, p.375.
⑤ Kristof Glamann, *Dutch-Asiatic Trade, 1620–1740* (Copenhagen, 1958), pp.56–57, 60–61, 69; 同上作者, "The Changing Patterns of Trade," in E.E. Rich, etc., eds., 前引书, Vol.V, p.259. 又据Geoffrey Parker, "The Emergence of Modern Finance in Europe 1500–1730," in Carlo M. Cipolla, ed., 前引书, Vol.II, p.529, 荷兰东印度公司于1618年向东印度输出银500 000笃卡(约16 000公斤),于1700年输出1 250 000笃卡(约40 000公斤)。

自美洲运抵西班牙的银子，曾经大量由荷船运回本国，再转运往东印度来作贸易之用。①

上文说过，明代中叶后的中国，因为普遍用银作货币，银求过于供，价值增大；故当西班牙人占据菲律宾，自美洲大量运银前往贸易的时候，原来生活在银价特别高昂地区的中国商人，自然对西人手中持有的银子产生兴趣，努力经营对菲出口贸易，把银赚取回国。同样的理由，到了17世纪，当荷人把在西班牙赚到的银子，大量运往东印度进行贸易的时候，中国商人也自然而然地积极拓展对东印度的出口贸易，把银赚回本国。

17世纪初期，中国商船每年都以大量生丝、丝绸、瓷器、麝香及其他货物运往下港出售，在回航时虽然自那里购买胡椒、檀香、象牙等商品，但仍然不能使贸易平衡，结果运走巨额白银。故荷人虽然运来大量银子，下港市面银币的流通仍然感到缺乏，不能满足市场交易的需要。② 在1625年抵达巴达维亚贸易的中国商船，其总吨位有如荷兰东印度公司回航时本国的船队那么大，或甚至更大。到了1644年，航抵巴达维亚的8艘华船，共输入中国货物3 200吨。因为华船除自那里购买胡椒等货物外，还运走巨额白银，故当地政府要设法限制华商运银出口。③ 在1647年12月，巴达维亚政府要求东印度公司自荷运银100万盾前往巴达维亚，以应付正处于兴旺前夕的中国贸易的需要。由于华船继续把银运走，到了1652年8月，巴达维亚市场上深以交易筹码不足为苦，政府不得不准许使用已被剥夺货币资格的钱币来交易。④

荷兰商人虽然花费许多银子来购买中国货物，但把后者运往本国或欧洲

---

① C.R. Boxer，前引文，in *Philippine Studies*，Vol.18，no.3，pp.457 - 475；拙著《再论明清间美洲白银的输入中国》，《陶希圣先生八秩荣庆论文集》，页170。
② M.A.P. Meilink-Roelofsz，前引书，p.246；William S. Atwell，"International Bullion Flows and the Chinese Economy circa 1530 - 1650," in *Past and Present: A Journal of Historical Studies*，Oxford，May 1982，no.95，p.75；同上作者，"Notes on Silver, Foreign Trade, and the Late Ming Economy," in *Ch'ing-shih wen-t'i*，Vol，Ⅲ，no.8，p.3；J.B. Harrison，"Europe and Asia," in G. N. Clark，etc.，eds.，前引书，Vol，Ⅳ，p.654.
③ Leonard Blussé，"Chinese Trade to Batavia during the days of the V. O. C.," in Centre for the History of European Expansion，*Inter-disciplinary Studies on the Malay Worlds* Paris，1979，Archipel 18，pp.195，205.
④ Kristof Glamann，前引书，pp.54，56 - 57.

出卖,利润非常之大。上述荷海军于1603年2月25日在马六甲海峡掳获一艘葡萄牙商船,船上有生丝1 200包,后来运往亚姆斯特丹出售,获得225万盾以上的高价。① 因为中国生丝能够在欧洲市场上高价出卖,荷兰东印度公司自创办时开始,即把生丝与胡椒及其他香料并列为最能获利的商品来经营。② 东印度公司于1621年正月在雅加达(Jacatra)购买中国白色生丝重1 556斤(1 868荷磅),运往阿姆斯特丹出售,毛利为320%。另外一批中国白丝重1 009斤,原在台湾采购,于1622年3月在荷卖出,毛利为325%。③ 在荷兰的生丝市场上,中国生丝要和波斯等国的生丝竞争,但在1624年2月27日亚姆斯特丹生丝价目单上,大约因为品质比较优良,中国产品的评价较高。④ 可能由于地理距离较近,荷兰自波斯输入的生丝多于自中国输入的,但在17世纪30年代,荷人运波斯生丝到阿姆斯特丹出售,利润为投资的100%,中国生丝的利润则高至150%。⑤

除以巴达维亚为根据地来经营东方贸易外,荷人自1624年占据台湾后,又在那里收购中国货物,转销于欧、亚各地。例如在1627年,荷人自台湾输往巴达维亚及荷兰的生丝,共值560 000盾,输往日本的更多至620 000盾。除生丝外,荷人又以台湾为基地来发展中国瓷器出口贸易。在17世纪,荷人由台湾输出瓷器至欧、亚各国,多至1 500万件以上。⑥

自荷兰运往东印度的银子,主要用来经营东方贸易,自然分散于亚洲各地,但由于中国对东印度贸易的出超,有不少为中国商船运回本国。至于自台湾出口的生丝,既然由于地理接近的关系,较多输往日本,自然有许多日本白银经台流入中国。不过因为荷人同时把丝、瓷等货物自台输往巴达维亚及

---

① C.R. Boxer, *Fidalgos*, pp. 50 – 51; Kristof Glamann, *Dutch-Asiatic Trade, 1620 – 1740*, Copenhagen, 1958, pp.112 – 113;陈小冲《十七世纪上半叶荷兰东印度公司的对华贸易扩张》,《中国社会经济史研究》,厦门,1986年,第二期。按:在17世纪60年代,银1两等于3.5盾;到了80年代,等于4.125盾。参考 John E. Wills, Jr., *Pepper, Guns and Parleys: The Dutch East India Company and China, 1622 – 1681*, Cambridge, Mass., 1974, p.27.
② Kristof Glamann,前引书,p.112; Niels Steensgaard,前引书,p.158.
③ Kristof Glamann,前引书,pp. 113 – 114;陈小冲,前引文,但文中说,1621年在荷卖丝的毛利为317%,1622年为322%。按:每一荷磅(pond)等于1.09英镑。参考 C.R. Boxer, *Great Ship*, p.341.
④ Kristof Glamann,前引书,p.113;陈小冲,前引文。
⑤ M.A.P. Meilnik-Roelofsz,前引书,p.263.
⑥ D.W. Davies, *A Primer of Dutch Seventeenth Century Overseas Trade*, The Hague, 1961, p.62.

荷兰，自荷运往东印度的银子，可能也有一部分经台输入中国。据1961年香港《大公报》报导，台湾高雄附近有4枚荷兰银币出土，可以为证。①

五

在16、17世纪，或明、清之际，欧人发现的世界新航路随着国际贸易的发展，把银产丰富的美洲和银价高昂的中国联系起来。自16世纪中叶后，西班牙大帆船每年都横渡太平洋，来往于墨西哥、菲律宾之间，由美洲向菲输出白银，再由中国商人拓展对菲出口贸易，把银赚取回国。另一方面，开发美洲银矿的西班牙人，每年都把采炼出来的银子，经大西洋运回本国，继续由葡、荷商人通过贸易关系把银运走，再转运到东方来。这些东运的白银，也有不少为银价高昂的中国所吸收。

英、荷两国的东印度公司，在17世纪初差不多同时成立，但荷因与西班牙贸易而输入大量白银，故自成立时起，荷公司拥有较多银子②，每年运银往东印度贸易，约为英公司的5倍。③ 因为输出银子较多，购买力较大，故贸易扩展的成绩较优。在英国方面，到了18世纪，其东印度公司向广州大量采购茶、丝等货物，才把巨额银子输往中国。④

葡、荷商人自欧洲运往东方的美洲白银，随着贸易网的扩大，事实上并不能完全满足需要。幸而在16、17世纪间，日本银矿生产丰富，输出增加⑤，正好利用来应付国际贸易上的需要。自17世纪初叶开始，葡人在亚洲各地贸易，需银甚多，他们自欧洲运来的银子，约只能满足其中需要的1/3，其余2/3

---

① 彭信威《中国货币史》（上海人民出版社，1965年），页662—663。
② M.A.P. Meilink-Roelofsz，前引书，p.194；J.H. Parry, "Transport and Trade Routes,," in E.E. Rich and C.H. Wilson, eds., 前引书, Vol.Ⅳ, p.196.
③ 英国东印度公司于1601年至1624年共向远东输出银 750 000 镑（约 2 500 000 笃卡），而荷兰东印度公司，光是1618年，输出银就多至 500 000 笃卡，约为英公司每年平均输出的5倍。参考 Geoffrey Parker，前引文，in Carlo M. Cipolla, ed., 前引书, pp.528-529。
④ Bal Krishna，前引书，pp.208-209；拙著《美洲白银与十八世纪中国物价革命的关系》，《"中央研究院"历史语言研究所集刊》（台北，1957年）第二十八本（又见于拙著《中国经济史论丛》第二册，页 475—508）。
⑤ 拙著《明中叶后中日间的丝银贸易》，同上《集刊》第五十五本第四分。

主要来自日本。① 由 1639 年至 1668 年，荷人经营亚洲贸易所需的银子，约有 1/2 至 2/3 自欧洲运来，其余 1/3 至 1/2，则来自日本。②

在新大陆发现后的长时间内，美洲白银一方面横渡太平洋，经菲律宾流入中国，他方面经大西洋至欧洲，再由欧辗转运来中国。这样一来，再加上日本白银的输入③，乾隆(1736—1795 年)时期的中国，银子供应充裕，经济相当繁荣。④

1986 年 3 月 13 日，九龙。
同年 7 月，增订完毕。

---

① Seiichi Iwao, "Japanese Gold and Silver in the World History," in *International Symposium on History of Eastern and Western Cultural Contacts*, Tokyo: Japanese National Commission for UNESCO, 1959, p.64.
② Kristof Glamann, *Bullion Flows and World Trade in the Sixteenth-Eighteenth Centuries* (Hong Kong-Denmark Lectures on Science and Humanities, 29 April 1981, published by Hong Kong University Press, 1984);同上作者，"The Changing Patterns of Trade," in E.E. Rich and C.H. Wilson, eds., 前引书, Vol. V, p.258.
③ 拙著《明中叶后中日间的丝银贸易》。
④ 拙著《美洲白银与十八世纪中国物价革命的关系》，《集刊》第二十八本，页 549，或《中国经济史论丛》第二册，页 507。

明清间美洲白银
输入中国的估计

1492年，西班牙船队由哥伦布率领，横渡大西洋，发现美洲新大陆。其后西班牙人移殖美洲，开发那里的天然资源。由于秘鲁、墨西哥银矿的开采，自1550至1800年，墨西哥及南美洲的银矿共出产世界银产额的80%以上。

在太平洋彼岸的中国，约明朝（1368—1644年）中叶前后，因普遍用银作货币，银求过于供，价值高昂，购买力越来越大。从事国际贸易的商人，自然把美洲白银大量运往中国，以赚取厚利。

西班牙海外帝国自美洲扩展至菲律宾后，因为须以美洲作基地来统治菲岛，所以自1565年至1815年，每年都以1至4艘（以2艘为多）大帆船，横越太平洋，航行于墨西哥阿卡普鲁哥（Acapulco）与菲律宾马尼拉之间。自美洲对菲的出口货，以白银为主。这些白银，自中国商人看来，购买力很大，故努力对菲输出，把银赚回中国。

法国学者索鲁（Pierre Chaunu）认为，在新大陆发现后的长时间内，产额占全球总额80%以上的美洲白银，约有1/3强由美洲经太平洋运往菲律宾，及经大西洋运往欧洲，再转运至亚洲，而其中大部分最后流入中国。鉴于西班牙大帆船大量白银运往菲律宾，葡、荷及其他欧洲国家商人先后运银东来，而中国对外贸易又长期出超，我们有理由接受他的判断。

一

1492年，西班牙政府派遣哥伦布在大西洋航行，发现美洲新大陆。其后西班牙人纷纷移殖美洲，开发那里丰富的天然资源。由于秘鲁、墨西哥银矿的开采,16世纪美洲白银产额约占世界总额的3/4,17世纪约占84.4%,及18世纪更多到占89.5%。① 自1550年至1800年,墨西哥及南美洲的银矿,共出产全球白银总产额的80%以上。②

当16、17世纪间,秘鲁南部的波多西(Potosi,今属Bolivia)银矿,每年产银多至占世界银产额的60%以上,银被人看成像街上的石头那样低贱的时候③,明朝(1368—1644年)中叶前后的中国,银却因被普遍用作货币,求过于供,价值特别高昂,被人视为至宝。明代中国流通的货币,本来以"大明宝钞"为主。宝钞于明太祖洪武八年(1375年)开始发行,初时价值稳定,流通状况良好。可是后来发行额激增,宝钞价值低跌,大家为着保护自己利益起见,市场交易都争着用银而不用钞。另一方面,中国银矿蕴藏并不丰富,银产有限,供不应求,结果银的价值或购买力越来越大。同样数额的银子,在中国的购买力,既然远较在美洲为大,从事国际贸易的中外商人,自然把美洲白银大量运往中国,以获取厚利。

自明季至清中叶,或自16世纪中叶以后的长时间内,由于银价高下的悬殊,美洲盛产的白银,到底总共有多少流入中国? 对于这个问题,因为文献有缺,我们不能得到准确的数字来加以解答,本文现在只能把各有关记载加以整理比较,做一近似的估计。

二

由于西班牙人在秘鲁、墨西哥等地投资开采银矿,西属美洲于1540年至1700年至少产银4万吨,可能多至六七万吨。④ 自16世纪中叶至殖民时期终了前夕(1810年),美洲约共产银10万吨,或30亿至35亿盎司。⑤ 美产白

---

① Harry E. Cross, "South American Bullion Production and Export 1550 – 1750," in J.F. Richards, ed., *Precious Metals in the Later Medieval and Early Modern Worlds*, Durham, N.C., 1983, p.403.
② Harry E. Cross,前引文,in J.F. Richards,前引书,p.397.
③ E.H. Blair and J.A. Robertson, eds., *The Philippine Islands*, 1493 – 1898(以下简称 *Phil. Isls.*, 55 vols., Cleveland, 1903 – 1909), Vol.27, p.153;拙著《明代的银课与银产额》,《新亚书院学术年刊》第九期(香港九龙,1967年),页17,又见于拙著《中国经济史研究》,新亚研究所,1976年)中册,页225。
④ Harry E., Cross,前引文,in J.F. Richards,前引书,p.404.
⑤ Richard L. Carner, "Long-Term Silver Mining Trends in Spanish America: A Comparative Analysis of Peru and Mexico," in *The American Historical Review*, Vol.93, no.4, October 1988, p.898.

银的大部分,每年一船一船地运往西班牙,再通过贸易关系转运欧洲各地。

除经大西洋运往欧洲外,美洲出产的白银又经太平洋运往菲律宾,再转运往中国。西班牙海外帝国自美洲扩展至菲律宾后,因为须以美洲作基地来进行对菲岛的统治与殖民,所以自1565至1815年,每年都派遣1艘至4艘(以2艘为多)载重由300吨至1000吨(有时重至2000吨)的大帆船(Galleon)横越太平洋,航行于墨西哥阿卡普鲁可(Acapulco)与菲律宾马尼拉(Manila)之间。当日航海技术远不如现代进步,大帆船在广阔的太平洋上航行,自然遭遇许多风险和困难,从而导致运费特别昂贵。在美洲对菲输出的各种物产中,白银因为本身价值较大,体积、重量较小,能够负担得起昂贵的运费,自然成为美洲最重要的输出品。

位于大帆船航线西端的菲律宾,在16、17世纪间,因为土人文化水准低下,经济落后,既不能满足在菲西班牙人生活上的需要,也没有什么重要物产,用来大量输往美洲。幸而邻近菲岛的中国大陆,资源丰富,生产技术进步,有能力大量输出各种物产,来供应菲岛西人日常生活的消费,此外又对菲输出生丝、丝绸等货物,由西人转运往美洲出售获利,同时大帆船也可因此而获得运费收入,在太平洋上来回航运,长达250年之久。

菲岛西班牙人自美洲运来巨额白银,在生活在银价高昂地区的中国商人看来,是非常强大的购买力,故努力扩展对菲出口贸易,把银赚回中国,获取厚利。可是,另一方面,美洲白银源源流入菲岛,却影响到西班牙输入美洲的银的减少,对西班牙经济有诸多不利。因此,西班牙政府对于美银的大量输往菲岛,曾经加以限制。在1593年正月11日,及1595年7月5日和9日,西班牙国王都先后发布敕令,规定每年自墨西哥运菲的白银,以50万西元为限。① 可是,因为把美洲白银运菲购买中国丝货,再运往美洲出卖,获利甚

---

① Alonso Fernandez de Castro, "Principal Points in Regard to the Trade of the Filipinas" (undated, 1602?), in *Phil. Isls*, Vol. 12, pp. 44 – 47; Hernando de Los Rios Coroncl, "Memorical and Relation of the Filipinas" (Madrid,1621), in *Phil. Isls.*, Vol. 19, pp. 239 – 240;拙著,《明清间美洲白银的输入中国》,《香港中文大学中国文化研究所学报》(以下简称《中国文化研究所学报》),第二卷第一期(香港九龙,1969年),又见于拙著《中国经济史论丛》(新亚研究所,1972年),第一册,页439。按:"西元"即西班牙银元,其购买力在16世纪及17世纪初期,约为20世纪初期的10倍;在18世纪中叶,约为20世纪初期的5倍。参考上引拙著《明代的银课与银产额》,注25。

大,西国王这种规定限额的敕令,事实上并没有切实执行。因为利之所在,墨西哥与菲律宾之间的白银走私,非常猖獗。在 1597 年,由墨西哥运往菲岛的白银,包括合法的及非法走私的在内,据说多至 1 200 万西元(约 307 000 公斤或 345 000 公斤),超过西班牙船队自美洲运回本国的白银与货物的总值①,比明代中国半个世纪出产的白银还要多。② 这个远超过西班牙国王敕令规定限额的数字,可能有些夸大,以致被人怀疑③,但根据 1602 年墨西哥城市(Mexico City)议会的估计,每年由墨西哥运往菲律宾,再转运往中国的银子,仍然多至 500 万西元(约 128 000 公斤或 143 750 公斤),约为西王敕令规定限额的 10 倍。④

1986 年,英国剑桥大学索札(George Bryan Souza)博士在他出版的著作中,对西班牙大帆船自美洲运银往菲岛的数额细加研究。他估计自 1590 年至 1602 年,大帆船自新西班牙(墨西哥及其附近广大地区)运往菲律宾的白银,共约 6 700 万西元(2 010 000 公斤);自 1602 年至 1636 年,共约 8 000 万西元(2 400 000 公斤);自 1636 至 1644 年,共约 700 万西元(210 000 公斤)。把以上三个数目加在一起,自 1590 年至 1644 年,菲岛约共输入美洲白银

---

① Woodrow Borah, *Early Colonial Trade and Navigation between Mexico and Peru*, Berkeley, 1954, p.123; J.H. Parry, "Transport and Trade Routes" in E.E. Rich and C.H. Wilson, eds., *The Cambridge Economic History of Europe*, Vol. Ⅳ, Cambridge University Press, 1967), pp.209 – 210; C.R. Boxer, "Plata es Sangre: Sidelights on the Drain of Spanish-American Silver in the Far East, 1550 – 1700," in *Philippine Studies*, Manila, July 1970, Vol.18, p.464; William S. Atwell, "Notes on Silver, Foreign Trade, and the Late Ming Economy,"(以下简称"Notes on Silver"), in *Ch'ing-shih wen-t'i*, Vol. Ⅲ, no. 8, December 1977, p. 2; William S. Atwell, "International Bullion Flows and the Chinese Economy circa 1530 – 1650," in *Past and Present: A Journal of Historical Studies*, no.95, May 1982, p.74; John J. TePaske, "New World Silver, Castile and the Philppines 1590 – 1800," in J.F. Richards,前引书, p.436; Lyle N. McAlister, *Spain and Portugal in the New World*, 1492 – 1700, Minneapolis, 1984, p.375. 按:John T. TePaske 把 1 200 万西元折算为银 307 000 公斤,而 William S. Atwell 则折算为 345 000 公斤,这是因为前者按西元所含的纯银(Pure Silver)来折算,而后者则按西元本身的重量来折算的原故。
② Frederic E. Wakeman, Jr., "China and the Seventeenth-Century Crisis," in *Late Imperial China*, Vol.7, no.1, June 1986, pp. 2 – 3; James Peter Geiss, "Peking under the Ming (1368 – 1644)," Ph. D. thesis, Princeton, 1979, pp.157 – 158.
③ Brian Moloughney and Xia Weizhong, "Silver and the Fall of the Ming: A Reassessment," in *Papers on Far Eastern History*, The Australian National University, September 1989, no.40, p.62.按:此文的中译文,见倪来恩、夏维中《外国白银与明帝国的崩溃——关于明末外国白银的输入及其作用的重新检讨》,《中国社会经济史研究》,厦门大学,1990 年第二期,页 46—56。又参考 O.H.K. Spate, *The Spanish Lake*, Canberra, 1979, p.201.
④ Harry E., Cross,前引文,in J.F. Richards,前引书,p.404.

15 400万西元(4 620 000公斤或4 620公吨)。①

到了1987年6月,美国加州太平洋大学(University of the Pacific)经济学系符临(Dennis O. Flynn)教授,在日本东京庆应大学举办的贵金属历史研讨会中,宣读了一篇论文,也对17世纪大帆船自美运菲银数加以估计。他说在17世纪初期,每年自美运菲的银子,包括官方登记及走私瞒税的银子在内,每年共约128公吨,由此推算,在17世纪,自美洲运往菲岛的银子,可能多至13 000公吨或1 300万公斤。② 他这个估计数字,可能有些夸大。

在16世纪中叶以后的长时间内,每年自美洲运抵菲岛的白银,由于中国对菲贸易的巨额出超,绝大部分流入中国。在16、17世纪之交的数十年内,马尼拉海关向中国货物课征的入口税,每年在入口税总额中都占很高的百分比,有时更高至占90%以上。由此可以推知,在马尼拉每年输入的外国货物总值中,中国货物所占的百分比一定非常之大。不特如此,输入菲岛的中国货物,并不都要缴纳关税,例如粮食(甚至各种食物)、军需品等,自1589年起都免税输入。而这些货物,既然和菲岛多数人日常生活及军事上的防卫有密切关系,其输入量可能非常之大。如果把这许多免税入口货物包括在内,中国货物在马尼拉入口总值中自然要占更高的百分比,因为菲岛对华贸易的巨额入超,自然使大量白银流入中国。③

关于美洲白银流入中国的估计,法国历史学者布劳岱(Fernand Braudel)在他的著作中,曾经引用两位法国学者的研究。其中一位为杰纳特(J. Gernet),他认为在1527年至1821年间,自美洲银矿采炼得来的白银,至少有一半流入中国。另外一位法国学者索鲁(Pierre Chaunu)认为这个估计过高,大约只有1/3强由美洲经太平洋运往菲岛,及经大西洋运往欧洲,再转

---

① George Bryan Souza, *The Survival of Empire: Portuguese Trade and Society in China and the South China Sea, 1630 - 1754*, Cambridge University Press, 1986, pp.84 - 85.
② Dennis O. Flynn, "Comparing the Tokugawa Shogunate with Hapsburg Spain: Two Silver-Based Empires," preliminary draft prepared for the Keio Conference on Precious Metals, June 1987.
③ Souza,前引书,p.82;拙著《明季中国与菲律宾间的贸易》,《中国文化研究所学报》第一卷,第三表,又见于拙著《中国经济史论丛》第一册,页431—432。

运往亚洲,而其中的大部分最后流入中国。① 索鲁这个估计,显然比较接近事实。

三

西属美洲出口的白银,一方面横渡太平洋,经菲律宾流入中国,他方面经大西洋运往西班牙,再由欧洲运往亚洲,其中有许多最后流入中国。

西班牙人在美洲投资采矿得到的银子,一部分作为政府税收,一部分通过贸易关系,每年都一船一船地运回本国。根据官方的登记,由1503年至1660年,西班牙共自美洲输入白银16 886 815公斤或16 886(+)公吨,每年平均输入100公吨多点。② 但事实上,美洲白银走私出口数额很大。把官方登记数字及走私估计数字加在一起,阿特曼(Artur Attman)教授判断,在17世纪,每年由美洲运往欧洲的白银,约为308吨至325吨。③ 美洲于1540年至1700年,至少产银4万吨,可能多至六七万吨,其中约80%运往欧洲。④

由于美洲白银的大量输入,西班牙国内流通的银币因数额激增而价值下跌,物价上涨,在17世纪头十年约为16世纪头十年的3.4倍⑤,物价水准远较欧洲其他国家为高。⑥ 看见西班牙物价那么昂贵,欧洲其他国家的商人都乘机把货物运西出售获利,结果西班牙对外贸易长期入超,白银大量流出国外。⑦

---

① Fernand Braudel, *The Wheels of Commerce: Civilization and Capitalism*, 15th–18th Century, New York, 1982, Vol. II, p.198; Pierre Chaunu, *Les Philippines et Le Pacific des Ibériques* (XVIe, XVIIe, XVIIIe Siècles), Paris, 1960, pp.268–269; Frederic E. Wakeman, Jr, 前引文, in *Late Imperial China*, Vol.7, no.1, pp.2–3; Brian Moloughney and Xia Weizhong, 前引文, in *Papers on Far Eastern History*, no.40, p.52.
② Earl J. Hamilton, *American Treasure and the Price Revolution in Spain*, 1501–1650, Cambridge, Mass., 1934, p.42.
③ Artur Attman, *American Bullion in the European World Trade*, 1600–1800, Goteborg, 1980, p.78; Dennis O. Flynn, 前引文。
④ Harry E. Cross, 前引文, in J.F. Richards, 前引书, p.404.
⑤ Earl J. Hamilton, 前引书, p.207.
⑥ J.H. Elliott, *Imperial Spain 1469–1716* (Penguin Books, reprinted 1975), pp.195–196.
⑦ 拙著《三论明清间美洲白银的输入中国》,《"中央研究院"第二届国际汉学会议论文集》(以下简称《第二届国际汉学会议论文集》),台北,1989年,页85—86。

葡萄牙和西班牙距离最近，后者因贸易逆差而输出的银子，自然有不少流入葡国。除一般货物外，葡人又由于胡椒贸易与奴隶贸易的经营，赚到巨额白银。新航路发现后，航行于欧、亚间的葡船，自印度运载价值大、获利多的胡椒回国[1]，然后分别销售于欧洲各地。早在 16 世纪初期，葡人就已经控制了欧洲许多国家（包括西班牙在内）的胡椒市场[2]，故自贸易利润中赚到许多银子。另外，当探寻新航路的时候，葡人沿着非洲西岸探险，在那里拥有根据地来收购奴隶，转售与西班牙来获利。另一方面，美洲本土的印第安人，自旧大陆各种传染病菌传播到那里以后，缺乏抵抗能力，死亡人数甚多。由于劳动力供应的不足，为着要开发美洲天然资源，西班牙人须长期向葡人购买大批黑奴，故他们持有的银子，有不少被葡人赚了去。[3]

葡人自西班牙人那里赚取的美洲白银，并不是长期停留在国内，而是沿着新航路运到东方来。葡人经营欧、亚间贸易，发现由欧洲前往中国，银越往东方去，购买力越大。由于欧、亚间银价高下悬殊，葡国商人开船前往印度，多半载运巨额白银出口。这些白银运抵印度西岸果亚（Goa）后，大部分都转运往澳门去。曾经于 1585 年至 1591 年在东印度游历的一位英国人说，葡人每年约运银 20 万葡元（Crusadoes，约 6 000 至 7 000 公斤白银）往澳门去。[4] 他报导的这个数字可能偏低，因为近年有人根据有关资料计算出，在 16 世纪 80 年代，葡人每年运往远东的银子，多至 100 万笃卡（Ducat，过去欧洲许多国家通用的货币），或约 32 000 公斤白银。[5]

关于万历（1573—1620 年）中叶左右，葡船由印度果亚附近运银至澳门，

---

[1] C.R. Boxer, *The Portuguese Seaborne Empire 1415 - 1825*, London, 1969, p.52.
[2] Fernand Braudel, *The Mediterranean World in the Age of Philip II*, London, 1976, Vol. I, p.544.
[3] 拙著《三论明清间美洲白银的输入中国》，《第二届国际汉学会议论文集》，页 86—87。
[4] C.R. Boxer, *Fidalgos in the Far East 1550 - 1770*, Oxford, 1968, p.6; C.R. Boxer, 前引文, in *Philippine Studies*, Vol.18, no.3, pp.435 - 460; William S. Atwell, "Notes on Silver," in *Ch'ing-shih wen-ti*, Vol. III, no.8, p.3; Bal Krishna, *Commerical Relations between India and England (1601 to 1757)*, London, 1924, pp.44 - 45.
[5] Geoffrey Parker, "The Emergence of Modern Finance in Europe, 1500 - 1730," in Carlo M. Cipolla, ed., *The Fontana Economic History of Europe: The Sixteenth and Seventeenth Centuries*, Glasgow, 1974, p.528.

明清间美洲白银输入中国的估计

再转运至广州购买货物的情况,王临亨《粤剑编》(《笔记续编》本,广文书局)卷三,页一九下至二〇说:"西洋古里(Calicut,在印度西岸果亚之南),其国乃西洋诸番之会,三四月间入中国市杂物,转市日本诸国以觅利,满载皆阿堵物也。余驻省(广州)时,见有三船至,舟各赍白金三十万。投税司纳税,听其入城与百姓交易。"又说:"西洋之人往来中国者,向以香山澳中为舣舟之所,入市毕则驱之以去。日久法弛,其人渐蚁聚蜂结,巢穴澳中矣。当事者利其入市……姑从其便。……夷人金钱甚夥,一往而利数十倍。……"①文中说"白金三十万",意指银30万两,也泛指30万葡元,或30万笃卡。② 由此可见,这三艘葡船约于17世纪初运往澳门、广州购买货物的银子,同上述16世纪80年代葡船每年运往远东贸易的银数差不了多少。又据阿特韦尔(Willian S. Atwell)教授的研究,1601年有三艘葡船由印度启航往中国,其中一艘在广东海岸附近失事,船上载有香料及约值30万葡元的银币,或约银9 000至11 250公斤。③ 此外,根据索札博士著作的记载可知,在1621年之前,有一艘葡船载运约值30万两的银子,在自印度向澳门航行途中,为海盗所劫掠。④ 有人估计,直至1639年,葡人经印度果亚及马尼拉运往澳门的银子,多至50万公斤。⑤

由此可见,原来由美洲运返西班牙的白银,有不少为葡人赚取了去,由葡船载运往果亚,再运往澳门、广州采购中国货物,转运往欧、亚各地出售获利。可是,到了17世纪,由于荷兰海上势力的崛起,葡人不复能独占自欧洲到东方来的新航道。位于印度洋、太平洋间交通要冲的满剌加(马六甲),在葡人占据130年后,于1641年为荷人攻占。此后航经马六甲海峡的葡船,便常受骚扰,澳门、果亚间的贸易跟着衰落,从而葡船自本国运往果亚的银子,便不能顺利运往中国了。

---

① 王临亨于万历二十九年(1601年)在广州阅狱办理案件,他的《粤剑编》当撰于此时或稍后(见该书叙)。
② C.R. Boxer, *The Great Ship from Amacon: Annals of Macao and the Old Japan Trade*, 1555 - 1640, Lisbon, 1963, p.336.
③ William S. Atwell,前引文,in *Ch'ing-shih wen-t'i*, Vol.Ⅲ, no.8, p.3.
④ George Bryan Souza,前引书,p.196.
⑤ Brian Moloughney, and Xia Weizhong,前引文,in *Paper on Far Eastern History*, no.40, p.59.

四

当葡人因果亚、澳门间航路受阻,而不能自欧顺利运银来华的时候,西班牙自美洲输入的银子,又由荷人转运到东方来。早在1595年,荷兰航海家就已经打破葡人对好望角航线的垄断,率领船舶4艘东来,次年抵达爪哇下港(一作万丹,Bantam)。到了1602年,荷兰东印度公司成立,在下港设立商馆,其后更在爪哇巴达维亚(Batavia)建立贸易基地,经营欧、亚间广大地区的贸易。

荷兰水道交通便利,商业发达,和西班牙贸易经常保持巨额出超的纪录,把西班牙自美洲输入的白银大量赚回本国。17世纪中叶前后,由于荷对西贸易出超,阿姆斯特丹(Amsterdam)的运银船队(Silver Fleet)每年都有30至50艘船只驶往西班牙港口把银运走。① 每年荷船运走的银子,约占西船自美洲运回总额的15%至25%,有些估计更高至占50%。②

荷人在欧、亚间往来贸易,看见银在东方的购买力远较在欧洲为大,便大量输出白银,使银在对东印度的出口贸易总值中占有很大的比重。1603年,荷向东印度输出的白银,其价值为输出货物的5倍;及1615年,更多至为输出货物的15倍。③ 由1700年至1750年,荷向东印度输出的货物价值约占输出总值的1/3少点,输出贵金属(以银为主)则占2/3以上。④ 有人估计,自1570年至1780年,西班牙大帆船自美洲运银至菲律宾,共约4亿盾;约在同一时期,由荷兰运往亚洲的金、银(以银为多),多至5.9亿

---

① Kristof Glamann, "The Changing Patterns of Trade," in E.E. Rich and C.H. Wilson, eds., *The Cambridge Economic History of Europe*, Vol. Ⅴ (Cambridge University Press, 1977), p.260.
② 同上;Violet Barbour, *Capitalism in Amsterdam in the Seventeenth Century*, Baltimore, 1950, p.51; C.R. Boxer,前引文,in *Philippine Studies*, Vol.18, no.3, pp.469–470.
③ M.A.P. Meilink-Roelofsz, *Asian Trade and European Influence in the Indonesian Archipelago between 1500 and about 1630*, The Hague, 1969, p.378.
④ Ivo Schöffer and F.S. Gaastra, "The Import of Bullion and Coin into Asia by the Dutch East India Company in the Seventeenth and Eighteenth Centuries," in Maurice Aymard, ed., *Dutch Capitalism and World Capitalism*, Cambridge University Press, 1982, pp.222–223.

明清间美洲白银输入中国的估计

盾以上。① 荷兰东印度公司在 17 世纪运往亚洲的金、银，共值 1.25 亿盾；及 18 世纪，激增至 4.48 亿盾。②

荷人以巴达维亚为基地来经营东至日本、西抵波斯湾的广大地区的贸易，他们自欧洲东运的银子，分别用来在亚洲各地采购货物，并不以中国为限。但明、清间中国银价高昂，物产丰富，视银如至宝的中国商人看见荷人带来那么多银子，购买力很大，自然努力拓展对荷输出贸易，把银赚取回国。在 1625 年，驶抵巴达维亚的中国商船，其吨位有如荷兰东印度公司回航本国的船队那么大，或其至更大。在 1644 年，航抵巴达维亚的 8 艘中国商船，共输入中国货物 3 200 吨，但它们自那里运返中国的货物，每年不过 800 至 1 200 吨。③ 由于贸易顺差，中国商船离巴达维亚返国，经常运走巨额白银。因为中国商船持续把银运走，到了 1652 年 8 月，巴达维亚市场上深以交易筹码不足为苦，政府被迫准许使用已被剥夺货币资格的钱币来交易。④

中国对荷输出的货物种类甚多，而以生丝、瓷器及茶叶为最重要。荷兰东印度公司自创办时开始，即把生丝与胡椒及其他香料并列为最能获利的商品来经营。⑤ 在荷兰市场上，中国生丝要和波斯生丝竞争，但在 1624 年 2 月 27 日的阿姆斯特丹生丝价目单上，因为品质较优，中国产品的评价较高。⑥ 在 17 世纪 30 年代，荷人自波斯运生丝赴阿姆斯特丹出售，利润为投资的

---

① 同上，p.230. 按：在 17 世纪 60 年代，每两银等于 3.5 盾；到了 80 年代，等于 4.125 盾。（见 John E. Wills, Jr., *Pepper, Guns and Parleys: The Dutch East India Company and China, 1662 - 1681*, Cambridge, Mass., 1974, p.27.）到了 18 世纪，在 1729 年，每两银等于 3.64 盾；1731 年，3.57 盾；1732 年，3.64 盾；1733 年，3.55 盾。（见 C.J.A. Jörg, *Porcelain and the Dutch China Trade*, The Hague, 1982, p.325.）
② F.S. Gaastra, "The Dutch East India Company and Its Intra-Asiatic Trade in Precious Metals," in Wolfram Fischer, R. Marvin McInnis and Jügen Schneider, eds., *The Emergence of a World Economy 1500 - 1914: Papers of the IX International Congress of Economic History*, Wiesbaden, 1986, p.99.
③ Leonard Blussc, "Chinese Trade to Batavia during the Days of the V.O.C.," in Centre for the History of European Expansion, *Inter-disciplinary Studies on the Malay World*, Paris, 1979, *Archipel* 18, pp.195, 205.
④ Kristof Glaman, *Dutch-Asiatic Trade, 1620-1740*, The Hague, 1958, pp.54, 56 - 57.
⑤ 同书，p.112；Niels Steensgaard, *The Asian Trade Revolution of the Seventeenth Century. The East India Companies and the Decline of the Caravan Trade*, Chicago, 1973, p.158.
⑥ Kristof Glamann，前引书，p.113；陈小冲《十七世纪上半叶荷兰东印度公司的对华贸易扩张》，《中国社会经济史研究》，1986 年，第二期。

100％，中国生丝的利润则高至150％。①

除生丝外，东来贸易的荷人又为中国瓷器在欧洲开辟了广大的市场。自1602至1682年，荷兰东印度公司输入欧洲的瓷器，共达1 200万件，如加上运往亚洲各地出卖的瓷器数百万件，则在这80年间，中国通过该公司输出的瓷器，超过1 600万件。② 荷兰东印度公司经营中国瓷器出口贸易，主要以台湾、巴达维亚为转接基地。自1729年开始，该公司开辟荷兰、广州航线，在广州瓷器市场上成为最大主顾之一③，中国瓷器出口贸易遂呈现出一个新局面。荷船自广州直接航行返国，由1730年至1789年，共自广州输出中国瓷器4 250万件，每年平均72万件，将近为17世纪的5倍。④

除丝、瓷外，近代中国茶叶对欧输出贸易，在欧洲各国商人中，首先由荷人经营。早在1610年，荷兰东印度公司已经运茶往欧洲出卖，比英国东印度公司于1669年才第一次运茶赴英，要早半个多世纪。荷人垄断中国茶对欧输出贸易，约于1635年转运往法国出售，于1645年运销于英国，于1650年运销于德国及北欧各地。⑤ 在1729年荷兰输入华货总值中，茶占85.1％，1760年占89.6％，直至1793年每年多半占70％以上，成为输荷华货价值最大的商品。⑥ 自1739年开始，中国茶已经成为荷兰东印度公司自东方运回欧洲的价值最大的商品。⑦ 到了1740年，该公司自东方输入货物总值中，中国茶和咖啡约占1/4。⑧

在17、18世纪中、荷贸易中，中国既然因丝、瓷、茶及其他货物的输出而

---

① M.A.P. Meilink-Roelofsz,前引书,p.263.
② T. Volker, *Porcelain and the Dutch East India Company*, Leiden, 1954, pp.48, 227-228；林仁川《试论明末清初私人海上贸易的商品结构与利润》,《中国社会经济史研究》,1986年,第一期；陈万里《宋末—清初中国对外贸易中的瓷器》,《文物》,1963年,第一期,页22。
③ C.J.A. Jörg,前引书,p.394.
④ C.J.A. Jörg,前引书,页149,据同书,页359,荷兰东印度公司由1730至1789年,共售出瓷器42 689 898件。
⑤ T. Volker,前引书,pp.48-49；G.B. Masefield, "Crop and Livestock," in E.E. Rich and C.H. Wilson, eds.,前引书, Vol. Ⅳ, pp.297-298. 又 Walter Minchinton, "Patterns and Structure of Demand 1500-1750," in Carlo M. Cipolla, ed.,前引书, p.126,说荷兰东印度公司于1609年第一次自中国运茶往欧洲。
⑥ C.J.A. Jörg,前引书,p.217-220.
⑦ C.R. Boxer, *The Dutch Seaborne Empire 1600-1800*, London, 1965, p.177.
⑧ Kristof Glamann, "European Trade 1500-1750," in Carlo M. Cipolla,前引书, p.447.

贸易出超,上述荷人自欧洲运到东方来的银子,自然有不少输入中国。在乾隆六年(1741年)左右,在籍侍郎蔡新估计,由于中国货物对荷大量输出,"闽、广两省所用者皆番钱,统计两省岁入内地约近千万(两)"①,数目可能有些夸大,但我们不能否认,当日中国因为对荷贸易出超,每年有巨额白银输入中国这一事实。

五

上述法国学者索鲁认为,在新大陆发现后的长时间内,产额占世界总额80%有多的美洲白银,约有1/3以上由美洲经太平洋运往菲律宾,及经大西洋运往欧洲,再转运至亚洲,而其中的大部分最后流入中国。鉴于西班牙大帆船大量运银往菲律宾,葡、荷及其他欧洲国家商人先后运银东来,而中国对外贸易又长期巨额出超,我们有理由接受他这个判断。

除美洲白银外,因为日本在16、17世纪之交银产丰富,葡、荷商人又自日本输出白银来应付国际贸易上的需要。自17世纪初期开始,葡人在亚洲各地贸易,需银甚多,他们由欧洲运来的银子,约只能满足所需数额的1/3,其余2/3主要来自日本。② 自1639年至1668年,荷人在亚洲贸易所需的银子,约有1/2至2/3来自欧洲,其余1/3至1/2则来自日本。③ 这些经由葡、荷商船及其他途径自日本输出的白银,由于中国对外贸易出超,也有不少输入中国。

---

① 《漳州府志》(台南市,1965年影印本)卷三三,人物六,页六四—六五,《蔡新传》;蔡新《缉斋文集》(原书未见,兹引自许涤新、吴承明主编《中国资本主义发展史》第一卷《中国资本主义的萌芽》,北京,1985年,页407)卷四;田汝康《十七世纪至十九世纪中叶中国帆船在东南亚洲航运和商业上的地位》,《历史研究》,1956年,第八期。又《清朝文献通考》(修于乾隆末年)卷一六乾隆十年(1745年)项下说:"福建、广东近海之地,又多行使洋钱。……闽、粤之人称为番钱,或称花边银。凡荷兰、佛郎机(葡萄牙)诸国商船所载,每以数千万圆计。……而诸番向化,市舶流通,内地之民咸资其利,则实缘我朝海疆清晏所致云。"
② Seiichi Iwao, "Japanese Gold and Silver in the World Hsitory," in *Iniernational Symposium on History of Eastern and Western Cultural Contacts*, Tokyo: Japanese National Commission for UNESCO, 1959, p.64.
③ Kristof Glamann, *Bullion Flows and World Trade in the Sxiteenth-Eighteenth Centuries* (Hong Kong-Denmark Lectures on Science and Humanities, 29 April 1981, Hong Kong University Press, 1984);同上作者, "The Changing Patterns of Trade," in E.E. Rich and C.H. Wilson, eds.,前引书,Vol. V, p.258.

美洲白银与明清间中国海外贸易的关系

一

自1492年(明孝宗弘治五年)西班牙政府派遣哥伦布发现美洲新大陆后,移殖美洲的西班牙人,便对那里异常丰富的贵金属矿藏从事大规模的开采,而贵金属中的白银,更是长期大量开采。自1500年至1800年,南美洲和墨西哥的白银产量,占世界总产额的80%以上。在16世纪世界银矿产额中,秘鲁占61.1%,墨西哥占12.1%,合共占73.2%;在17世纪,秘鲁占63%,墨西哥占24.1%,合共占87.1%;及18世纪,秘鲁占32.5%,墨西哥占57%,合共占89.5%。[①]

当美洲银矿大量开采的时候,太平洋西岸的中国,白银却因供不应求而价值非常昂贵。明代(1368—1644年)中国流通的货币,本来以"大明宝钞"为主。明朝政府于洪武八年(1375年)开始发行宝钞,初时流通情况良好,但到了中叶左右,因为发行太多,价值不断低跌,大家为着免受损失,市场交易都争着用银而拒绝用钞。当社会上对银需要激增的时候,政府曾设法开采银矿来增加银的供应,但事实上,中国银矿蕴藏并不丰富,每年白银产额有限。由于求过于供,银的价值特别大。

在生活在银价特别昂贵地区的中国商人看来,银产丰富的西属美洲是世

---

① Charles White Merrill, *Summarized Data of Silver Production* (U.S. Bureau of Mines, *Economic Paper* No.8, Washington, D.C., 1930), table facing p.56.原书未见,兹引自Harry E. Cross, "South American Bullion Production and Export, 1550 – 1750" (Center for Latin American Studies, Stanford University).Cross的论文,到了1982年改正后发表于J.F. Richards, ed., *Precious Metals in the Later Medieval and Early Modern Worlds* (Durham, N.C., 1983), pp.397 – 424.文中根据近年日本学者对16、17世纪日本白银产额估计的提高,说在16世纪世界银产额中,秘鲁占57.1%,墨西哥占11.4%,合共占68.5%;在17世纪,秘鲁占61%,墨西哥占23.4%,合共占84.4%。

界上拥有最强大购买力的市场。同时,自新航路发现后,欧人航海东来,海洋交通较前便利,由于超额利润的吸引,中国商人自然乘机拓展海外贸易,大量输出中国货物,从而把自美洲经太平洋运往菲律宾,及经大西洋运往欧洲,再辗转运到东方来的银子,大量赚取回国。

本文将分别探讨在16至18世纪间美洲白银运往欧洲,再转运到东方来,及自墨西哥运往菲律宾的情况,进而考察明、清间中国海外贸易所受的影响。

二

关于16、17世纪美洲白银的生产与输出,过去西洋经济史家根据西班牙官方入口登记的数字来加以探讨,数字不免偏低。近年学者们开始注意美洲白银大量走私出口的情况,对美洲白银产额及出口额重新加以估计,数字较前增大许多。

西属美洲的银矿生产,以位于秘鲁南部的波多西(Potosi,今属Bolivia)银矿为最丰富,在1581至1600年,每年平均产银254 000公斤;再加上秘鲁其他银矿每年产银46 000公斤,墨西哥每年产银74 300公斤,西属美洲每年一共产银374 000公斤,或374公吨。[1]

西班牙人在美洲采炼得来的白银,一部分作为政府的税收,一部分通过贸易的关系,每年都一船一船地运回本国。根据官方的登记,由1503年至1660年,西班牙自美洲输入白银16 886 815公斤,或16 886(+)公吨,每年约平均输入100吨多点。[2] 在这一百余年间,西官方每年登记的银入口额,前后并不相同。由1591年至1600年,西每年平均自美洲输入银270 763公斤,或270(+)公吨;及1641年至1650年,减为105 643公斤,或105(+)公吨。[3]

---

[1] A. Kobata, "The Production and Uses of Gold and Silver in Sixteenth-and Seventeenth-Century Japan", in *Economic History Review*, Second Series, Vol. XVIII, No.2, August 1965, p.247.

[2] Earl J. Hamilton, *American Treasure and the Price Revolution in Spain*, 1501 – 1650, Cambridge, Mass., 1934, p.42.

[3] F.C. Spooner, "The European Economy 1609 – 50," in G. N. Clark, etal., eds., *The New Cambridge Modern History*, Vol. IV. *The Decline of Spain and the Thirty Years War* 1609 – 48/59, Cambridge University Press, 1970, p.79.

根据这些记载,有些人以为,17世纪美洲银矿产额可能减少,故西班牙每年的银入口额跟着下降。但事实上,17世纪美洲各港口的白银走私出口非常猖獗,数量越来越大。① 把官方登记数字及走私估计数字合并在一起来考虑,阿特曼(Artur Attman)教授判断,在17世纪,每年自美洲运往欧洲的白银,约为208吨至325吨,而不是100吨多点,同时他又估计,17世纪美洲每年产银约为300吨。②

由于美洲白银的大量输入,西班牙国内流通的银币因数量激增而价值下跌,从而导致物价上涨,在17世纪头十年内约为100年前的3.4倍。③ 当西班牙物价上涨的时候,欧洲其他国家物价比较低廉,便向西大量输出货物来获利,结果西班牙自美洲输入的银子因贸易入超而流出国外。④

葡萄牙和西班牙的距离最近,后者因贸易逆差而输出的白银,自然有不少流入葡国。除一般货物外,葡人又独占非洲黑奴贸易,高价卖给西人。美洲本土的印第安人,自旧大陆各种传染病菌传播到那里后,缺乏抵抗能力,死亡人数甚多。西人开发美洲天然资源,深以劳力供应不足为苦,须长期向葡人购买大批黑奴,故他们持有的银子,有不少为葡人赚回本国。⑤

葡萄牙因贸易出超而自西班牙输入的美洲白银,并没有长期留在国内,而是沿着新发现的好望角航道大量运到东方来。航海东来的葡人发现欧、亚两洲银价高低不同,自欧洲出发前往中国,银越往东方去,购买力越大。因为

---

① 例如自16世纪80年代至17世纪40年代,由秘鲁秘密运往阿根廷,经布宜诺斯艾利斯(Buenos Aires)走私出口的银子,每年多达100万至200万西元,或25 000至50 000公斤,约为波多西银矿每年产额的15%至30%(Harry E. Cross,前引文)。在1651年,有人估计,自喀劳(Callao,秘鲁港口)输出的银子,有25%没有向官方登记,走私出口。(John Lynch, *Spain under the Habsburgs*, Vol. II, *Spain and America 1598-1700*, Oxford, 1969, pp.167-168.)
② Artur Attman, *American Bullion in the Eurpean World Trade*, 1600-1800, Goteborg, 1986, p.78; Dennis O. Flynn, "Comparing the Tokagawa Shogunate with Habsburg Spain: Two Silver-Based Empires," Preliminary draft prepared for the Keio Conference on precious Metals, Tokyo, June 1987.
③ Hamilton,前引书,p.207.
④ 据 E.E. Rich and C.H. Wilson, eds., *The Cambridge Economic History of Europe*, Vol.5 (Cambridge University Press, 1977), p.31,在16世纪西班牙约共输入美洲银20亿元,自1600年至1724年共输入15亿元,即自西班牙人到达美洲后至1724年,前后共输入银35亿元以上。但在1724年,西班牙只存银1亿元左右,其余因贸易逆差及其他原因流出国外。
⑤ 拙著《三论明清间美洲白银的输入中国》,《第二届国际汉学会议论文集:明清与近代史组》,1987年,页83—94。

利之所在,自本国航海东来的葡船,自然载运大量白银出口。根据有关资料的记载,在 16 世纪 80 年代,葡人每年运往远东的白银,多至 100 万笃卡(Ducat,过去欧洲许多国家通用的货币),或约 32 000 公斤。①

西班牙自美洲输入的银子,除由葡人转运到东方来贸易外,又有一部分为荷兰人运走。17 世纪中叶左右,荷兰一个国家的船舶吨位,有欧洲其他国家合起来那么多。由于造船技术进步,同样大小的商船,荷船比其他国家的船少用 20% 的水手。② 因为水道运输便利,荷兰阿姆斯特丹(Amsterdam)发展成为欧洲最大的货物集散中心,自三十年战争(1618—1648 年)结束后,由于对西贸易大量出超,每年都由 30 至 50 艘船只组成的运银船队(Silver Fleet)驶往西班牙港口把银运走。根据 1654 年 10 月 16 日的报刊报导,有荷船 5 艘,自加地斯(Cadiz,西班牙西南部海港)返荷,船上载有价值 1 000 万荷盾的美洲白银。又据 1683 年一位荷兰官员的报告,荷每年约自西输入银 1 500 万至 1 800 万盾。在 17 世纪中叶前后,西船每年自美洲运回的银子,约有 15% 至 25% 给荷船运走,有些估计更高至 50%。③

16 世纪末叶,荷兰海上势力东来,开始打破葡人对欧、亚间贸易的垄断。荷兰东印度公司于 1602 年成立,在爪哇下港(Bantam)设立商馆,其后更以巴达维亚(Batavia)为基地来经营东方贸易。因为亚洲白银价值远较欧洲为大,荷兰自西班牙输入的银子,有不少转运到东方来。在 1603 年,荷向东印度输出的白银,约为输出货物价值的 5 倍;及 1615 年,输出银多至为货物价值的 15 倍。④ 由 1700 年至 1750 年,荷向巴达维亚输出货物共值 100 600 131 荷盾,约占输出总值 1/3 少点,输出贵金属以银为主,共值 228 265 232 盾,约占输出总值 2/3 以上。⑤

---

① 拙著《三论明清间美洲白银的输入中国》,《"中央研究院"第二届国际汉学会议论文集》。
② Fernand Braudel, *The Perspective of the World*, Vol.3, *Civilization and Capitalism, 15th - 18th Century*, New York, 1986, p.190.
③ 上引拙文。按:在 17 世纪 60 年代,银一两等于 3.5 荷盾,到了 80 年代,等于 4.125 盾。参考 John E. Wills, Jr., *Pepper, Guns and Parleys: The Dutch East India Company and China, 1622 - 1681*, Cambridge, Mass., 1974, p.27.
④ M.A.P. Meilink-Roelofsz, *Asian Trade and European Influence in the Indonesian Archipelago between 1500 and about 1630*, The Hague, 1969, p.375.
⑤ Ivo Schoffer and F.S. Gaastra, "The Import of Bullion and Coin into Asia by the Dutch East India Company in the Seventeenth and Eighteenth Centuries," in Maurice Aymard, ed., *Dutch Capitalism and World Capitalism*, Cambridge University Press, 1982, pp.222 - 223.

除葡、荷以外，西班牙自美洲输入的银子也运往英国，再由英国转运到东方来。英国东印度公司于1600年成立，比荷兰东印度公司还要早两年，但在17世纪初期运往东方的银子远比荷兰为少。例如自1601年至1624年，英国东印度公司共向远东输出银2 500 000笃卡(750 000镑)，而荷兰光是在1618年便向东印度输出银50万笃卡。①

根据各国自西班牙输入美洲白银再转运往东方贸易的资料，最近有学者估计，在17世纪，由欧洲运往东方的银子，约共15 000吨至16 000吨。②

三

16世纪西属美洲出产的白银，初时由西班牙船运回本国，再由葡萄牙船沿着好望角航道转运往东方。及16世纪中叶后，西班牙帝国自美洲扩展至菲律宾，大帆船在墨西哥与菲岛间的航运更把美洲白银经太平洋直接运到东方来。

西班牙人自墨西哥出发，横渡太平洋，于1565年开始征服菲律宾群岛。西班牙政府因为以美洲作基地来进行对菲岛的统治与殖民，必须加强美、菲间的联系，故自1565年至1815年，前后两个半世纪之久，每年都派遣1艘至4艘(以2艘为多)载重由300吨至1 000吨(有时重至2 000吨)的大帆船(Galleon)，横渡太平洋，来往于墨西哥阿卡普鲁可(Acapulco)与菲律宾马尼拉(Manila)之间。由于太平洋上大帆船的长期航运，美洲与菲岛间的贸易自然发展起来。在美洲输出的各种物产中，产量丰富的白银因为本身价值较大，体积、重量较小，能够负担得起比较高昂的运费，自然成为大帆船运往菲律宾的主要输出品。

若干年前，作者在《明清间美洲白银的输入中国》一文中，根据有关记载，说在16、17、18世纪间，每年由大帆船自美洲运往菲律宾的银子，有时多至400万西元(Peso，西班牙银元)，有时只有100万西元，但以二三百万西元的

---

① Geoffrey Parker, "The Emergence of Modern Finance in Europe 1500 – 1730," in Carlo M. Cipolla, ed., *The Fontana Economic History of Europe: The Sixteenth and Seventeenth Centuries*, Glasgow, 1981, pp.528 – 529.
② Flynn，前引文。

时候为多。① 到了 1986 年，索扎（George Bryan Souza）博士在他的著作中，对大帆船自美运银赴菲的数额重新加以研究。他估计自 1590 年至 1602 年，大帆船由新西班牙（墨西哥及其附近的广大地区）输入菲律宾的白银，共约 6 700 万西元，或 2 010 000 公斤；自 1602 年至 1636 年，共约 8 000 万西元，或 2 400 000 公斤；自 1636 年至 1644 年，共约 700 万西元，或 210 000 公斤。把以上三个数字加在一起，自 1590 年至 1644 年，菲岛共输入美洲白银 154 000 000 西元，或 4 620 000 公斤（4 620 公吨）。②

1987 年 6 月，符临（Dennis O. Flynn）教授在日本东京庆应大学举办的贵金属历史研讨会中，提出一篇论文，也对 17 世纪大帆船自美运菲银数加以估计。他说，根据官方登记的数字，自 1581 至 1800 年，由新西班牙运往菲律宾的白银，一共只有 1 123 公吨。可是事实上，美、菲间白银走私猖獗。③ 在 17 世纪初期，把官方登记及逃税私运的数字加起来，每年自美运菲的银子共约 128 吨。由此推算，在 17 世纪，自美运菲的银子共约 13 000 吨，只比同一个世纪自欧洲运往东方的银子略少一些。④

四

自新航路发现后，西属美洲盛产的白银，一方面经大西洋运往欧洲，再转运往东方各地，他方面又经太平洋直接运往菲律宾。对于这许多运抵东方的

---

① 拙著《明清间美洲白银的输入中国》，《香港中文大学中国文化研究所学报》（以下简称《中国文化研究所学报》）第二卷第一期（香港九龙，1969 年），又见于拙著《中国经济史论丛》（新亚研究所，1972 年）第一册，页 435—450。
② George Bryan Souza, *The Survival of Empire: Portuguese Trade and Society in China and the South China Sea*, 1630 – 1754, Cambridge University Press, 1986, pp.84 – 85.
③ 在 1593 及 1595 年，西班牙国王先后发布敕令，规定自墨西哥运往菲律宾的银子，每年以 50 万西元为限。但事实上，在 1602 年，墨西哥市议会报导，每年自美运菲的银子，多至 500 万西元。（拙著《明清间美洲白银的输入中国》；K.N. Chaudhuri, "The Economic and Monetary Problem of European Trade with Asia during the Seventeenth and Eighteenth Centuries," in *Journal of European Economic History*, Fall 1975, Vol.4, No.2, p.325.）又有一位经济史学者断言，在 1597 年，自美洲违法运银往马尼拉，其价值比西班牙船自美运回本国的白银、货物总值还要大。（Lyle N. McAlister, *Spain and Portugal in the New World*, 1492 – 1700, Minneapolis, 1984, p.375.）
④ Flynn，前引文。

美洲白银,明代中国商人最感兴趣。他们长期居住在银价特别昂贵的地区,由于巨额利润的引诱,自然努力扩展海外贸易,增加本国物产输出,以便把欧洲商人带来的银子,大量赚取回国。

葡萄牙人于15世纪末叶发现好望角航路,在16世纪活跃于印度洋及西太平洋上,自1557年(明嘉靖三十六年)起更以澳门为基地来从事贸易。到了1564年(嘉靖四十三年),广东御史庞尚鹏报告说,自葡人到达澳门后,"日与华人接济,岁规厚利,所获不赀"①。因为到澳门贸易的葡国商人带来许多银子,具有强大的购买力,故"闽、粤商人趋之若鹜"②。

葡人航海东来,最先占领印度西岸的果亚(Goa),其后到达澳门,于是发展澳门与果亚间的贸易,同时以果亚作媒介来与欧洲发生贸易关系。因为中国商人运来各种货物,大量卖给葡商,在1600年前后,每艘自澳门驶往果亚的葡船,载有生丝1000担,绸缎1万至1.2万匹,黄金三四担,黄铜五六百担,朱砂500担,麝香六七担,黄铜手镯2000担,水银100担,糖二三百担,茯苓2000担,樟脑约200担,此外又载有大量的各种颜色细丝,陶瓷器,涂金色的床、桌、墨砚盒,手工制被单、帷帐等物,金炼及其他货品。许多在中国各地产制出来的货物,因澳门、印度间航运效率的提高而输出大增。葡人在这条航线上经营的华货出口贸易,有些商品的利润将近为投资的100%,有些更高至200%。③ 自澳门运到果亚的中国货物,有不少在印度出售,但其中如生丝,有一部分沿好望角航道转运往葡萄牙,另外一些商品,如樟脑,更全部运葡出卖。④ 自澳门运往果亚的生丝,由1580年至1590

---

① 徐孚远等辑《皇明经世文编》(台北市国联图书出版有限公司影印明崇祯间平露堂刊本)第二二册(卷三五七),页二五一至二五二,庞尚鹏《题为陈末议以保海隅万世治安事》;顾炎武《天下郡国利病书》(广雅书局本)卷一〇二,页一一至一二,《广东》六,嘉靖四十三年广东御史庞尚鹏《抚处濠镜澳夷疏》;拙著《明代中叶后澳门的海外贸易》,《中国文化研究所学报》第五卷第一期(1972年)。
② 《明史》(百衲本)卷三二五,页二二,《佛郎机传》。
③ C.R. Boxer, *The Great Ship from Amacon: Annals of Macao and the Old Japan Trade*, 1555-1640(以下简称 *Great Ship*), Lisbon, 1963, pp.181-182; *The Christian Century in Japan 1549-1650*, Berkely, 1967, p.111; E.H. Blair and J.A. Robertson, eds., *The Philippine Islands*, 1493-1898 (55 Vols., Cleveland, 1903-1909), Vol.19, pp.310-311;拙著《明代中叶后澳门的海外贸易》。
④ Boxer, *Great Ship*, p.55; Niels Steensgaard, *The Asian Trade Revolution of the Seventeenth Century: The East India Companies and the Decline of the Caravan Trade*, Chicago, 1974, p.158;上引拙文。

年,每年约共3 000担;到了1635年,有人记载每年多至6 000担,不过这个数字可能有些夸大。① 当16世纪葡人有效控制自欧洲至东方的航路的时候,中国丝对欧输出贸易自然长期为葡人垄断。

除了向印度、欧洲输出中国货物外,葡萄牙人又以澳门为贸易基地,把中国货物海外市场拓展至菲律宾和日本,因为菲岛自西属美洲输入白银,日本银矿生产丰富,都有强大的购买力。关于这方面的情况,上引拙著《明代中叶后澳门的海外贸易》一文已经论述,兹从略。

五

自葡人发现新航路后,再过半个多世纪,西班牙帝国自美洲扩展到菲律宾。因为要加强海外帝国的联系,在1565年至1815年,西班牙政府每年都派遣大帆船横渡太平洋,来往于墨西哥与菲岛之间。大帆船把美洲盛产的白银大量运往菲岛,引起生活在银价高昂社会中的中国商人的兴趣,他们因为利之所在,努力扩大对菲出口贸易,把在那里的银子赚取回国。

在另外一方面,位于大帆船航线西端的菲律宾,当西班牙人到达的时候,因为土人文化水准低下,经济落后,既不能满足菲岛西人生活上的需要,也没有生产什么重要商品可以大量输往美洲。幸而和菲岛距离不远的中国大陆资源丰富,人口众多,生产技术进步,各种物产的丰富程度远在菲律宾之上,从而可以大量输出,以供应菲岛西人的需要。关于菲律宾输入中国货物的情形,我们可以根据16、17世纪间马尼拉海关每年向中国货物课征的入口税额,及其在入口税总额中所占的百分比来加以考察。

根据表一,可知自16世纪末至17世纪中叶,马尼拉海关向中国货物课征的入口税,在入口税总额中每年都占有很高的百分比,有些年份更高至90%以上。由此可以推知,在马尼拉每年输入的外货总值中,中国货物所占的百分比一定非常之大。

---

① Boxer, *Great Ship*, p.6;上引拙文。

表一　16、17世纪间马尼拉每年平均征收的入口税

年　　代	入口税总额（西元）	向华货课征的入口税（西元）	华货入口税在入口税总额中所占的百分比(%)
1586—1590	13 383	4 909	36.68
1591—1595	36 155.5	22 065	61
1596—1600	43 104.5	24 155.5	56.04
1601—1605	42 982.9	30 304.2	70.5
1606—1610	59 066	46 390.6	78.52
1611—1615	70 355	64 482	91.5
1616—1620	51 337	37 843	73.5
1626—1630	25 720	18 623.5	72.4
1631—1635	42 194	34 283.8	81.1
1636—1640	31 037	27 483.8	88.6
1641—1642	31 425	28 930	92.06
1641—1645	22 075	18 599.4	84.06

资料来源：Pierre Chaunu, *Les Philippines et le Pacifique des Iberiques*, Paris, 1960, pp.200 - 205。按：表中所列由马尼拉海关课征入口税的中国货物，大部分来自中国内陆各港口，小部分来自中国澳门（但1641—1642年例外）及中国台湾。

中国商人对菲输出的货物种类甚多，其中体积、重量较小而价值较大的丝货（生丝和丝绸）更为西班牙人所急需。当日菲岛经济落后，并没有生产什么重要商品可供大帆船大量输往美洲之用。在美洲方面，那里银矿生产丰富，人民购买力增大，自然要讲求生活上的享受，争着购买华贵的丝绸来缝制衣服。因此，西班牙人把自中国输入菲岛的生丝和丝绸大量运美，由于美洲市场购买力的强大，自然可获大利，从而大帆船也因得到可靠的运费收入而能长期营运。

由马尼拉驶往阿卡普鲁可（Acapulco）的大帆船，虽然载运各种不同的货物，但以生丝及丝绸的价值为最大，故有"丝船"之称。在1636年以前，每艘大帆船登记载运的丝绸约为300箱（Chest）至500箱，但到了1636年，有一艘载运丝绸超过1 000箱，另一艘多至1 200箱，每箱约载缎250匹、

纱 72 匹,共重 250 磅。另外有些箱子载运长筒丝袜,每箱载 1 140 双,重 230 磅。

除丝绸外,大帆船又自菲把大量生丝运往美洲。大帆船载运货物(以生丝为主)赴美,本来规定以 4 000 包(Bale,约一担重)为最高限额,但根据 1714 年及 1723 年的报导,多至 11 000 至 12 000 包。生丝运抵墨西哥,在那里加工织造,据 1637 年的报告,有 14 000 余人因此得到就业的机会。

运抵墨西哥的中国丝织品,主要由西班牙移民及其他富有人士来消费。除墨西哥外,有一小部分转运往西班牙,此外又有不少运销于中、南美洲及西印度群岛。随着输美数量的增加,中国丝绸不独用来满足美洲少数富人的物质欲望,而且由于供应增多,价格降低,又刺激了大多数人民的消费。例如美洲的印第安人、黑人及其他贫民,过去因丝绸价高而无力购买,及中国产品大量输入,售价便宜,自然买得起丝绸来缝制衣服了。

16 世纪中叶前后,西班牙的丝织品,不独供应国内人民的消费,在西属美洲的销路也很好,故随着海外帝国的扩张而发展起来。可是,自 16 世纪后期,大帆船把中国丝绸运美出售以后,原来在那里出卖获利的西班牙丝织品,便因中国货的竞争而蒙受严重的威胁。早在 1586 年,在新西班牙市场上,远比西班牙绫缎(Taffeta)为好的中国织锦(Damask)售价低廉到不及前者的一半。其后到了 1640 年左右,在秘鲁市场上,差不多同样的丝织品,中国货的售价便宜到只等于西班牙货的 1/3。经过长期的激烈竞争以后,由于售价低跌,产品滞销,西班牙的丝织工业便由盛而衰,从而整个美洲的丝绸市场便为中国产品所控制。[①]

六

上述自新航路发现后,葡人航海东来,中国商人乘机输出各种货物,由葡

[①] 上以参考拙著《自明季至清中叶西属美洲的中国丝货贸易》,《中国文化研究所学报》第四卷第二期(1971年),又见于《中国经济史论丛》第一册,页 451—473;《近代早期西班牙人对中菲美贸易的争论》,同上《学报》第八卷第一期(1976年);《略论新航路发现后的海上丝绸之路》,"中央研究院"历史语言研究所集刊》第五十七本第二分(台北,1986年);《明清间中国丝绸的输出贸易及其影响》,《陶希圣先生九秩荣庆论文集》(台北,1987年11月15日)。

船运销于印度、欧洲,其后又向菲律宾大量输出,把西班牙人自美洲运来的银子赚回本国。到了 17 世纪,荷兰海上势力崛起,打破了葡人对欧、亚新航路的垄断,到达东印度,以巴达维亚为基地来经营东方贸易。因为荷人自欧洲带来大量白银,购买力很大,中国商人当然不会错过发财的机会,于是向东印度输出各种货物。根据一位荷兰学者的研究,在 1625 年,载运货物前往巴达维亚的中国商船,其吨位有如荷兰东印度公司回航船队那么大,或甚至更大。到了 1644 年,驶抵巴达维亚的中国商船共有 8 艘,输入货物 3 200 吨,但这些商船自巴达维亚运回中国的货物,由 1637 年至 1644 年,每年只有 800 至 1 200 吨。由于贸易顺差,中国商船离巴达维亚返国,往往运走巨额白银。白银长期大量输出的结果,到了 1653 年 8 月,巴达维亚市场上深感交易筹码不足,政府不得不准许使用已被剥夺货币资格的钱币来交易,同时设法限制中国商人运银出口。①

荷兰商人用银购买中国货,转运回本国或欧洲出售,利润非常之大。荷海军于 1603 年在马六甲海峡掳获一艘葡萄牙船,船上生丝 1 200 包,后来运往阿姆斯特丹公开拍卖,以高价成交,得价超过 225 万荷盾。荷兰东印度公司于 1621 年正月在雅加达(Jacatra)购买生丝 1 868 荷磅(1 556 斤),运往阿姆斯特丹出售,毛利为 32%。该公司自创办时开始,即把生丝与胡椒及其他香料并列为最能获利的商品来经营。在荷兰生丝市场上,中国生丝须和波斯生丝竞争,但中国产品因品质优良,评价较高,售卖所得的利润也较大。除以巴达维亚为贸易基地外,荷人自 1624 年占据台湾后,又在那里收购中国生丝,转运往欧、亚各地出卖。例如在 1627 年,荷人自台湾输往巴达维亚、荷兰的生丝共值 560 000 荷盾,输往日本的生丝共值 620 000 盾。②

除生丝外,荷人又在巴达维亚、台湾经营中国瓷器出口贸易。在荷据台湾时期,从中国大陆驶往台湾的商船,多半运载大量瓷器。在 1638 年,台湾

---

① Leonard Blusse, "Chinese Trade to Batavia during the Days of the V.O.C.," in Centre for the History of European Expansion, *Inter-disciplinary Studies on the Malay World*, Paris, 1979, *Archipel* 18, pp.195, 205.
② 上引拙著《三论明清间美洲白银的输入中国》。

美洲白银与明清间中国海外贸易的关系

安平港库存的瓷器多至 89 万件,其中除一小部分运往日本外,大部分运往巴达维亚,再转运往荷兰。① 荷兰东印度公司于 1636 年由巴达维亚运瓷器返荷,共 259 380 件;1637 年,共 210 000 件;及 1639 年,增加至 366 000 件。自 1602 年至 1657 年,荷船由巴达维亚运往欧洲的瓷器,超过 300 万件,此外又有数百万件运销于印尼、马来亚、印度及波斯各地市场上。从 1602 年至 1682 年,中国瓷器的输出量,共达 1 600 万件以上。②

除丝、瓷外,近代中国茶的对欧输出贸易,也由荷人首先经营。远在英国东印度公司于 1669 年首次运茶赴英出卖之前,荷人就于 1610 年最先把茶输入欧洲,这些茶来自日本,但以后荷人运的茶都来自中国。荷人独占中国茶对欧出口贸易,他们把茶运回本国,约于 1635 年转运往法国出卖,于 1645 年运销于英国,于 1650 年运销于德国、北欧。③ 由于消费增大,到了 1710 年,英国还要自荷兰输入中国茶来满足需要。④ 自 17 世纪 90 年代至 1719 年,中、葡两国商船运茶往巴达维亚,每年平均五六百担;自 1720 年至 1723 年,由澳门葡船运往,每年二三千担,再由荷船转运回国。⑤ 荷兰东印度公司每年在巴达维亚购茶的价值,于 17 世纪 90 年代至 1719 年,约占向华、葡商人购货总值的 20% 至 50%;于 1720 年至 1723 年,约占 50% 以上至 90%。⑥ 在 1730 年夏,有一英国商人乘船抵达巴达维亚,说那里有来自广州、厦门、舟山的商船 20 艘,来自澳门的商船 6 艘,共运来中国茶 25 000 担,其中只有 5 500 担用来满足当地人士的需要,此外全部转运往欧洲出卖。这个估计可能有些夸

---

① 林仁川《试论明末清初私人海上贸易的商品结构与利润》,《中国社会经济史研究》,厦门,1986 年,第一期。
② C.R. Boxer, *The Dutch Seaborne Empire* 1600 - 1800(以下简称 Dutch Seaborne), London, 1966, pp.174 - 175;陈少冲《十七世纪上半叶荷兰东印度公司的对华贸易扩张》,《中国社会经济史研究》,1986 年,第二期;陈万里《宋末—清初中国对外贸易中的瓷器》,《文物》,1963 年,第一期。陈万里先生在他的论文中说,有关 17 世纪中国瓷器输出的数字,主要来自 T. Volker, *Porcelain and the Dutch East India Company* (1956)。
③ G.B. Masefield, "Crop and Livestock," in E.E. Rich and C.H. Wilson, eds., *The Cambridge Economic History of Europe*, Vol. IV (Cambridge University Press, 1967), pp.297 - 298.
④ K.N. Chaudhuri, *The Trading World of Asia and the English East India Company*, 1660 - 1760, Cambridge University Press, 1978, p.391.
⑤ Souzo,前引书,pp.145 - 146.
⑥ 同书,p.146.

大,但我们由此可以想见当日荷人经营中国茶贸易的盛况。①

在17、18世纪间,荷兰东印度公司主要以巴达维亚为基地来经营欧、亚间的中国茶贸易。到了1728年12月5日,该公司更直接派船驶往广州,采购茶叶及其他商品。船中载银30万荷盾,做完买卖以后,于1730年7月13日返抵荷兰。该船运回茶叶270 000荷磅(一荷磅等于1.09英磅),此外又有丝绸570匹,及瓷器若干件。把货物拍卖,所获净利为投资的一倍有多。自1731至1735年,又有11艘荷船赴华贸易。② 这几年荷兰输入的中国茶,事实上比英国的还要多。③ 自1739年起,中国茶已经成为荷船自东方运回欧洲的价值最大的商品。④

自16世纪末叶开始东来的荷兰商人,由欧洲携来许多银子,刺激了视银如至宝的中国商人积极拓展出口贸易,把丝、瓷、茶及其他商品大量运往荷属东印度出卖,赚取白银回国。由于上述中国商船长期运走白银,在1653年8月,巴达维亚市场上深以交易筹码不足为苦,政府被迫准许已被剥夺货币资格的钱币重新流通使用。到了1741年(乾隆六年),清朝政府因为荷兰殖民者在爪哇屠杀华侨事件,曾想利用"禁海"的办法来报复。当时执政的内阁学士方苞,把拟议禁海的办法询问在籍侍郎蔡新,蔡却反对这样消极的办法,因为他认为:"闽、粤洋船不下百十号,每船大者造作近万金,小者亦四五千金;一旦禁止,则船皆无用,已弃民间五六十万之业矣。开洋市镇,如厦门、广州等处,所积货物不下数百万。一旦禁止,势必亏折耗蚀,又弃民间数百万之积矣。洋船往来,无业贫民仰食于此者,不下千百家。一旦禁止,则以商无贷,以农无产,势必流离失所,又弃民间千百生民之食矣。此其病在目前者也。数年之后,其害更甚。闽、广两省所用者皆番钱,统计两省岁入内地近千万。若一概禁绝,东南之地每岁顿少千万之入,不独民生日蹙,而国计亦绌,此重

---

① Kristof Glamann, *Dutch-Asiatic Trade*, 1620-1740, The Hague, 1958, p.235.本书作者在脚注中说,根据荷兰东印度公司的纪录,该公司于1730年约共买茶11 000担,另外多出的几千担茶,可能由无执照营业的人(Interlopers)购买运欧。
② Glamann,前引书,pp.230,234.
③ J.H. Parry, *Trade and Dominion: The European Oversea Empires in the Eighteenth Century*, London, 1971, p.85.
④ Boxer, *Dutch Seaborne*, p.177.

可忧也。"结果方苞采纳蔡新的意见,禁海之议并没有实行。① 根据蔡新的议论,我们可以推知在乾隆(1736—1795年)初叶前后,因为中国货物对荷属东印度的大量输出,福建、广东每年输入银多至将近1 000万两;同时随着中、荷贸易的发展,中国造船业、航运业及其他与输出有关的行业,都因此而扩大投资数额,增加就业人数。这与当日国计民生,显然有密切的关系。

七

在新大陆发现后的长时间内,由美洲银矿采炼出来的白银,一方面经大西洋运往欧洲,再转运来东方,另一方面横渡太平洋,运往菲律宾。对于这许多运抵东方的银子,一向生活在银价高昂社会中的中国商人最感兴趣,故努力拓展出口贸易,把银赚回本国。

在与欧洲商人贸易的东方国家中,中国资源丰富,技术进步,其物产足以成为国际贸易的重要商品,由他们的船舶载运回国,出售获利。由中国商船运往马尼拉的丝货,由西班牙大帆船转运往美洲,因为物美价廉,曾经独霸美洲丝绸市场,连原来在美洲殖民地出售的西班牙丝织品,也因敌不过中国产品的竞争而销路锐减。向荷属东印度输出的中国茶,在1730年多至25 000担,大部分由荷船转运回欧洲出卖;自1739年开始,中国茶更成为荷船自东方运欧的价值最大的商品。

因为新航路发现后海洋航运效率提高,明中叶后中国海外贸易规模之大,为过去中外贸易所望尘莫及。举例来说,在罗马帝国时代,自汉帝国运往欧洲的丝绸,沿着欧亚大陆的丝绸之路来运输,要经过面积广大的沙漠、草原和高山。一支30匹骆驼的骆驼队,在路上运输,只能驮9吨,行走速度很慢,

---

① 《漳州府志》(台南市,1965年影印)卷三三,人物六,页六四至六五,《蔡新传》;蔡新《缉斋文集》卷四,原书未见,引自许涤新、吴承明主编《中国资本主义发展史》,第一卷,《中国资本主义的萌芽》(北京,人民出版社,1985年),页707;田汝康《十七世纪至十九世纪中叶中国帆船在东南亚洲航运和商业上的地位》,《历史研究(月刊)》,1956年,第八期。关于乾隆初期中国因与荷兰等国贸易而输入巨额白银的情况,《清朝文献通考》(修于乾隆末年)的作者在卷一六乾隆十年(1745年)项下也说:"福建、广东近海之地,又多行使洋钱。……闽、粤之人称为番银,或称为花边银。凡荷兰、佛郎机(葡萄牙)诸国商船所载,每以数千万圆计。……而诸番向化,市舶流通,内地之民咸资其利,则实缘我朝海疆清晏所致云。"

运输效率非常低下。经过长距离跋涉,运抵欧洲的中国丝绸,数量不大,贸易额自然有限。可是,在16、17世纪之交,自澳门开往印度果亚的葡萄牙商船,每艘载运白丝1 000担、绸缎10 000至12 000匹,及大量的各种颜色细丝,再加上其他货物,数量之大,如果拿丝绸之路的贸易来互相比较,简直是小巫见大巫。由菲律宾开往墨西哥的大帆船,每艘载重数百吨至2 000吨,被称为"丝船",因为船中载运的各种货,以中国丝货的价值为最大。运抵美洲的中国丝绸,不单只满足少数富有人士的消费,因为供应增多,价格低廉,连大多数的印第安人、黑人及其他穷人,都买得起丝绸来缝制衣服。此外,中国出产的瓷器、茶叶及其他商品,向海外市场输出,都获得了辉煌的成绩。

由于出口贸易畅旺,白银输入增多,从事出口货生产与贸易的工商业者获利很大,同时许多人因此而得到就业的机会。例如明、清间流行的俗语,"上有天堂,下有苏杭",显示出作为全国重要丝织工业中心的苏州、杭州,因产品运销于广大的海外市场而人民富有、经济繁荣的景况。另外,广东、福建两省因海外贸易发展而输入巨额银子,当然对国计民生大有裨益。明中叶后以银代替实物来纳税的一条鞭法之所以能普遍实行,康、雍、乾三朝之所以被称为"盛世",当然可以有种种不同的解释,但中国丝、瓷、茶及其他物产的大量输出,美洲白银的大量输入,显然是其中一个重要因素。

1989年6月22日,九龙。

美洲白银与明清经济*

摘　　要

1492年哥伦布发现美洲新大陆后,西班牙人跟着征服墨西哥、秘鲁及南美洲其他地方。16世纪后期,随着1545年秘鲁波多西(今属玻利维亚)银矿的发现,美洲白银产量激增。波多西银矿每年平均产银多至254 000公斤,约占当日世界银产总额的60%。其后由于长期的开采,该银矿日渐耗竭,到了17世纪末叶,墨西哥银矿起而代之,成为世界白银的最大生产者。

西班牙人于1519年征服墨西哥,后来于1565年自墨西哥出发,征服菲律宾群岛。因为西班牙人以墨西哥作基地对菲律宾进行统治与殖民,他们每年都以两三艘大帆船航行于两地之间,以加强相互间的联系。每年自墨西哥驶往菲律宾的船,载运各种不同的货物,但以白银为主;自菲驶回美洲的船,则以中国丝货为大宗。据估计,由1571年至1821年,约共有4亿西元的银子自西属美洲运往菲岛,其中大部分,或约一半,转运入中国。

根据西班牙塞维尔登记的数字,由1503年至1660年,共自美洲输入16 886 000公斤的白银,其中有若干数量为葡萄牙、荷兰商人运往果亚、巴达维亚,最后通过贸易的途径转运入中国。

明朝(1368—1644年)中叶左右,中国政府准许人民以银作货币来交易。此后继续实施银本位制,到了民国二十四年(1935年),政府从事货币改革,发行法币,白银才被剥夺货币资格。中国银矿储藏有限,其产量并不能满足全国普遍用银作货币的需要。美洲白银的大量输入,显然和中国长期实行银本位制有密切的关系。

---

* 此文为作者于刘大中先生逝世十周年纪念学术讲演会上的讲词。

在近代早期欧洲人向外探险找寻新航路的潮流中,西班牙政府于1492年(明孝宗弘治五年),派遣哥伦布横渡大西洋,发现美洲新大陆。自此以后,西班牙人纷纷移殖美洲,开发那里的天然资源。其中秘鲁南部的波多西(Potosi)银矿储藏非常丰富,于1580年至1600年每年平均产银多至254 000公斤,约占当日世界银产总额的60%。后来由于长期的开采,矿藏日渐耗竭,墨西哥银矿起而代之。由于秘鲁、墨西哥银矿的大规模开采,美洲的白银产量在16世纪多至占世界银产总额的73.2%,在17世纪占87.1%,在18世纪占89.5%。美洲的贵金属矿产,除白银外,还有黄金,不过产量远不如白银那么多。

当美洲盛产白银,银被人看成像街上的石头那样低贱的时候,在太平洋西岸的中国,白银却因供不应求而价值增大。中国各地银矿的储藏量本来有限,而挖掘出来的矿砂,含银量也不高。经过长期的开采,到了明朝(1368—1644年)中叶以后,各地银矿逐渐耗竭,每年产量有递减的趋势。可是,明代的白银在需求方面却越来越大。明代流通的货币,本来以大明宝钞和铜钱为主。但当日流通的宝钞,由于发行太多,价值不断低跌,结果大家为着保护自己利益起见,都争着用银而拒绝用钞。各地铜钱的使用,由于供应不足且价值低下而不稳定,也多由白银代替来流通。白银求过于供的结果,价值自然特别增大。故自美洲输出的白银,不论是经太平洋运往菲律宾,或经大西洋运往欧洲,在明中叶以后的长时间内,都通过国际贸易的途径,大量流入中国。

自美洲新大陆发现后,经过长期的经营,西班牙殖民者以墨西哥为根据地,于1565年占领菲律宾群岛。为着要加强美、菲间的联系,在此后250年内,西班牙政府每年都派遣1艘至4艘(以2艘为最多)载重由300吨至1 000吨(有时重至2 000吨)的大帆船,航行于墨西哥阿卡普鲁可(Acapulco)与菲律宾马尼拉之间。大帆船在广阔的太平洋上航行,在当日航海技术远不如现代进步的情形下,风险和困难当然很多,从而导致运费非常昂贵。在美洲出产的各种物品中,白银因为本身价值相对较大,体积、重量相对较小,能够负担得起昂贵的运费,从而成为美洲对菲输出的主要商品。西班牙人把美洲白银大量运往菲岛,由于地理上的近便,自然引起把白银视为至宝的中国商人的兴趣,故后者要扩展对菲的出口贸易,把白银赚回本国。在菲岛方面,当西班牙人到达的时候,天然资源尚待开发,物产相当贫乏,既不能满足西班牙人生活上的需要,也没有可供大帆船大量运美销售获利的商品。由中国输往菲岛的货物,除供应当地西班牙人的消费之外,又有大量生丝和各种丝织品,由大帆船转运往美洲出卖,销路特别畅旺,利润非常之大。由于中国丝货的运输,大帆船得到可靠的运费收入,故航运业务能够长期经营,前后达两个半世纪之久。

根据马尼拉海关的记录,在16、17世纪之交的数十年内,马尼拉海关向中国货物课征的入口税,在入口税总额中每年都占很高的百分比,在1611年至1615年甚至高至占91.5%,在1641年至1642年更高至占92.06%。由此可以推知,在菲律宾每年输入的外国货物总值中,中国货物价值所占的百分比,着实非常之大。

随着对菲出口贸易的扩展,中国商人自然要把西人自美运菲的银子大量赚取回国。在1765年2月10日,马尼拉一位西班牙官员说:"自从菲律宾群岛被征服(1565年)以来,由新西班牙(墨西哥及附近广大地区)运来的银子共达20 000万西元(Peso,西班牙银元)以上,可是现在仍然存留在这里的现银还不到80万西元。"因为菲律宾的入口货物主要来自中国,我们可以推知,在西班牙人到达菲岛的头两个世纪中,自美洲输入又复输出的共约2亿西元的银子,大部分运往中国去了。另据一个估计,自1571年(明隆庆五年)至1821年(清道光元年)的250年中,自美洲运往马尼拉的白银共约4亿西元,其中约有1/2流入中国。有感于美洲白银由菲大量流入中国,在1638年,一位西班牙海军上将不自禁地说:"中国国王(按:应作皇帝)能够用来自秘鲁的银条来建筑一座宫殿!"因为中国自西班牙帝国输入许多银子,根据17世纪一位意大利旅行家的记载,中国皇帝曾经称呼西班牙国王为"白银之王"。

在16世纪中叶以后的长时间内,或自明季至清中叶,美洲白银除横渡太平洋经菲律宾流入中国外,又有一部分经大西洋运往欧洲,再辗转输入中国。西班牙人在美洲开矿得到的白银,每年都用船大量运回本国。自1503年至1660年,西班牙共自美洲输入银16 886 815公斤,此外又输入若干黄金,但数量远不及白银那么多。这是正式登记的数字,据估计,走私及未登记的数字,约为此数的10%至50%。由于美洲白银的大量输入,西班牙国内银币因供应激增而价值下跌,物价上涨,在17世纪头十年内约为100年前的3.4倍。因为西班牙物价远较他国为高,他国的货物便大量输入西班牙来获利,从而自美输入的白银便因对外贸易入超而长期流出国外。葡萄牙是西班牙的邻国,由于地理上的接近,自然由西国输入不少银子。而且,美洲的西班牙人,因为要开发那里的天然资源,须向葡人大量购买非洲黑奴,故自美洲运回西班牙的白银,有不少转入葡人之手。

葡人沿非洲西岸探险,绕航好望角,于1498年经印度洋抵达印度西岸,于1510年占领果亚(Goa),翌年占领满剌加(Malacca,一作马六甲),其后向东试航中国沿海。经过长期的经营,于1557年(明世宗嘉靖三十六年)取得澳门做根据地,扩展中国与亚洲各地间的贸易。

来往于欧、亚间的葡人,发现银在东方的购买力远较在欧洲为大。例如在1592年及以后,每两黄金在广州换银5两半至7两,在印度果亚换银9两,在西班牙换银却多至12两半至14两。在1629年及1630年,自葡运银往果亚出售,毛利为54%至67%。有人计算,由葡经果亚运银往中国购货,约升值70%。

欧、亚间银价既然那么悬殊,葡国商人由本国开船前往印度,因为有利可图,自然输出巨额白银。这些银子运抵果亚后,大部分都转运往澳门去。在16世纪80年代,葡人每年运往远东的白银,多至100万笃卡(Ducat,欧洲过去通用的货币),或约32 000公斤。在1600年前后,葡人在澳门、果亚间经营华货出口贸易,有些商品利润将近为投资的100%,有些更高达200%。葡船自澳门运往果亚的中国货物,有不少在印度消费,但其中如生丝,有一部分转运往葡国出售,而樟脑更全部运葡。因为葡人运银至澳门、广州购买中国货物,再转运出口来获利,故原来由西班牙人运往欧洲的美洲白银,有不少为葡人转运入中国。

可是,到了17世纪,随着荷兰海上势力的崛起,葡人不复能垄断自欧洲到东方来的航道。印度洋与太平洋间的交通要冲满剌加(马六甲),在葡人占据130年之后,于1641年为荷人攻占。此后葡船航经马六甲海峡便常受阻扰,澳门、果亚间的贸易跟着衰落,从而葡船自本国运往果亚的白银,也就不能顺利运往中国了。

当葡船不复能自欧顺利运银来中国的时候,西班牙自美洲输入的白银,又改由荷兰人转运到东方。早在1595年,荷兰航海家首先打破葡人对好望角航道的独占,率领4艘船舶东航,次年抵达爪哇下港(Bantam)。到了1602年,荷兰东印度公司成立,于下港设立商馆,后来又在爪哇的巴达维亚(Batavia)建立贸易基地。

西班牙人自美洲运返本国的白银,除为葡人赚取以外,又有一部分流入荷兰。因为要制裁荷兰若干省份的独立运动,西政府须在国外用兵,从而须输出白银来支付军事费用。自1580年至1626年,西政府在荷支付的"政治性"银子(Political Silver)共达250余万公斤(其中一部分用黄金折算)。自1648年三十年战争结束后,因为荷对西贸易大量出超,阿姆斯特丹(Amsterdam)的运银船队(事实上还运载其他货物),每年都有30至50艘驶抵西班牙港口,把银运走。在17世纪中叶左右,每年荷船到西港口贸易,回航时运走的银子,约占西船自美洲运回总额的15%至25%,有些估计更高至50%。

这许多由西班牙输入荷兰的美洲白银,有一部分由荷船转运往东印度来做买卖。荷人东来贸易,发现自欧输出银子获利较大,故银在对东印度的出口贸易中占有很大的比重。在1603年,荷向东印度输出白银,约为输出其他货物价值的5倍;及1615年,更多至15倍。

当荷人把在西班牙赚到的银子,大量运往东印度来贸易的时候,原来生活在银价特别高昂地区的中国商人,自然要积极拓展对东印度的出口贸易,把银赚回本国。17世纪初期,中国商船每年都把大量生丝、丝绸、瓷器、麝香及其他货物运往下港,在回航时虽然自那里购买胡椒、檀香、象牙等商品,仍不能使贸易平衡,结果运走巨额白银。故荷人虽然运来大量银子,下港市面流通的银币仍然异常缺乏,不能满足市场交易的需要。在1625年到巴达维亚贸易的中国商船,其总吨位有如荷兰东印度公司的船队那么大,甚至更大。到了1644年,驶达巴达维亚的8艘中国商船,共输入中国货物3 200吨。因为中国船除自那里输出胡椒等货物外,还要大量运走白银,故当地政府要设法限制华商运银出口。由于华船继续把银运走,到了1652年8月,巴达维亚市场上深以交易筹码不足为苦,政府不得已准许使用已被剥夺货币资格的钱币来交易。

在16、17世纪或明、清之际,欧洲人发现的世界新航路把银产丰富的美洲和银因供不应求而价值高昂的中国密切联系起来。随着国际贸易的发展,美洲白银一方面横渡太平洋,经菲律宾流入中国,他方面经大西洋至欧洲,再由欧辗转运来中国。由于大量白银的输入,中国国内银的流通量激增,故明中叶后国内市场上能够普遍用银为货币来交易。这种银本位的货币制度,在清代继续实行,以后到了民国二十四年(1935年),银才因改用法币而被剥夺货币资格。

参考拙著

1. 《宋明间白银购买力的变动及其原因》,《新亚学报》第八卷第一期,1967年。
2. 《明代的银课与银产额》,《新亚书院学术年刊》第九期,1967年。
3. 《明季中国与菲律宾间的贸易》,《香港中文大学中国文化研究所学报》(以下简称《中国文化研究所学报》)第一卷,1968年。
4. 《明清间美洲白银的输入中国》,《中国文化研究所学报》第二卷第一期,1969年。
5. 《自明季至清中叶西属美洲的中国丝货贸易》,《中国文化研究所学报》第四卷第二期,1972年。
6. 《明代中叶后澳门的海外贸易》,《中国文化研究所学报》第五卷第一期,1972年。
7. 《明清时代云南的银课与银产额》,《新亚学报》第一一卷上册,1974年。
8. 《近代早期西班牙人对中菲美贸易的争论》,《中国文化研究所学报》第八卷第一期,1976年。
9. 《再论明清间美洲白银的输入中国》,《陶希圣先生八秩荣庆论文集》,台北市食货月刊社,1979年,页164—173。
10. 《明中叶后中国黄金的输出贸易》,《"中央研究院"历史语言研究所集刊》(以下简称《史语所集刊》)第五三本第二分,1982年。
11. 《明中叶后中日间的丝银贸易》,《史语所集刊》第五五本第四分,1982年。
12. 《三论明清间美洲白银的输入中国》,《第二届国际汉学会议论文集:明清与近代史组》,1989年,页83—94。

13. "Trade between China, the Philippines and the Americas during the 16‐18th Centuries",《"中央研究院"国际汉学会议论文集》,1981 年,页 849—854。
14. "The Chinese Silk Trade with Spanish America from the Late Ming to the Mid-Ch'ing Period", in Laurense G. Thompson, ed., *Studia Asiatica: Essays in Felicitation of the Seventy-fifth Anniversary of Professor Ch'en Shou-yi*, CMRASC Occasional Series No.29 (San Francisco: Chinese Materials Center, Inc., 1975), pp.99‐117.

略论新航路发现后的中国海外贸易

一

经过多年海上探险的努力,葡萄牙航海家于 1488 年绕航非洲好望角,于 1498 年横渡印度洋抵达印度西岸,发现欧、亚间新航道。葡人于 1510 年占领印度西岸的果亚(Goa),翌年占领印度洋与太平洋间的交通枢纽满剌加(Malacca,一作马六甲),其后向东试航中国。经过长期的经营,葡人于明嘉靖三十六年(1557 年)在澳门建立基地,发展贸易。

当葡人探寻欧、亚间新航道的时候,西班牙政府派遣哥伦布向西航海,横渡大西洋,于弘治五年(1492 年)发现美洲新大陆。其后经过多年的经营,西班牙殖民者以墨西哥作基地,于 1565 年开始征服菲律宾群岛。当西班牙海外帝国自美洲拓展至菲律宾的时候,因为要加强美、菲间的联系,自 1565 年至 1815 年,西班牙政府每年都派遣 1 艘至 4 艘(以 2 艘为多)载重由 300 吨至 1 000 吨(有时重至 2 000 吨)的大帆船(galleon),横渡太平洋,来往于墨西哥阿卡普鲁可(Acapulco)与菲律宾马尼拉之间。大帆船载运各种不同的货物,但美洲向菲律宾的输出,以秘鲁、墨西哥出产的白银为主,菲岛对美洲的输出,则以中国出产的丝货(生丝及丝绸)为最重要。

新大陆发现后,西班牙人大规模移殖美洲,开发那里的天然资源。由于蕴藏丰富的秘鲁、墨西哥银矿的开发,16 世纪美洲银产额多至约占世界总额的 3/4,17 世纪约占 84.4%,及 18 世纪更多至占 89.5%。自 1550 年至 1800 年,墨西哥及南美洲共生产世界银产总额 80% 以上。西班牙人在美洲投资采炼得来的白银,一部分作为政府的税收,一部分通过贸易的关系,每年都大量运回本国。

西属美洲盛产的白银,并不完全运往西班牙。西班牙海外帝国扩展至太平洋后,由于大帆船的长期航运,美、菲间的贸易便特别发展起来。在美洲输出的各种物产中,产额丰富的白银因为本身价值较大,体积、重量较小,能够负担得起高昂的运费,自然成为大帆船运往菲岛的重要输出品。

　　明代(1368—1644 年)中国流通的货币,本来以"大明宝钞"为主。到了明中叶前后,宝钞因为发行太多,价值不断低跌,大家为着保护自己利益起见,在市场交易都争着用银而不用钞。但中国银矿储藏并不丰富,银产有限,供不应求,结果银的价值或购买力越来越大。在菲岛的西班牙人,因为大帆船经常自美洲运来巨额白银,使菲律宾成为购买力强大的市场,自然引起视银如至宝的中国商人的兴趣,他们努力拓展对菲的输出贸易,把西班牙人手中持有的银子赚取回国。

　　西属美洲的白银,除横渡太平洋,经菲输入中国外,自美洲经大西洋输入西班牙的白银,又有不少由葡萄牙、荷兰等国商人通过贸易关系把银运走,再经过欧、亚间航道转运到东方来,这些东运的白银,由于中国商人把货物大量输出,造成贸易巨额出超,又大量流入中国。

二

　　在西班牙人占领菲律宾的第二年,即嘉靖四十五年(1566 年),明朝政府把走私贸易特别旺盛的福建月港升为漳州府海澄县治,翌年(隆庆元年,1567 年)正式准许人民航海往东洋及西洋贸易。东洋指的是以菲律宾群岛为中心的海洋,前往贸易的商人多数到菲律宾北部的吕宋岛,尤其是马尼拉。他们自国内运到那里的货物,除用来满足西班牙人日常生活的各种消费品外,以生丝及丝绸为主。在中国每担值银 100 两的湖(浙江湖州)丝,运抵马尼拉出售,起码可售得 2 倍的价格。除西班牙人外,有时日本商人也到那里采购湖丝。当西、日商人在市场上竞争抢购的时候,湖丝价格更急剧上涨,每担售银高达 500 两。由于国内和马尼拉价格高下的悬殊,中国商人经营丝货贸易,利润非常之大。到马尼拉做买卖的中国商人,居住在市东北部的地方,称为"生丝市场",可见丝货在中、菲贸易中所占的重要地位。在 16、17 世纪间的数十年内,马尼拉海关对中国货物(以丝货为主)的课税,在进口税总额中每年都占很高的百分比:在 1611 年至 1615 年占 91.5%,在 1641 至 1642 年更高达 92.06%。

由马尼拉开往墨西哥港口的大帆船,载运的各种货物,以中国生丝、丝绸的价值为最大,有"丝船"之称。在 1636 年以前,每艘大帆船登记运载的各种丝织品约为 300 箱至 500 箱,但在 1636 年出发的船,有一艘超过 1 000 箱,另一艘多至 1 200 箱。每一箱的容量,以在 1774 年启航的大帆船为例,内有珠色广州光缎 250 匹,深红色的纱 72 匹,约共重 250 磅。此外又有些载运长筒丝袜(中国人称为番袜)的箱子,每箱 1 140 双,重 230 磅。

除丝织品外,自马尼拉开往墨西哥的大帆船,又把中国生丝大量运往出卖。根据 1714 年西班牙贸易商的报导,每艘大帆船载运生丝 11 000 包或 12 000 包,每包约重一担。后来在 1723 年,西班牙议会于开会时宣称:大帆船自菲运美的货物(以生丝为主),虽然规定以 4 000 包为限,但事实上通常都多至 10 000 包或 12 000 包。运抵墨西哥的中国生丝,大部分在那里加工织造,再转运至秘鲁出售。根据 1637 年菲律宾检察总长的报告,在墨西哥以中国生丝作原料来加工织造,有 14 000 余人因此得到就业的机会。

大帆船把中国丝货大量输入美洲,不特满足了少数富人的物质欲望,而且由于供给增加,价格下降,也刺激大多数人民的消费。例如秘鲁的印第安人、黑人及其他贫民,原来因为丝织品的稀少昂贵而无力购买,等到中国丝织品大量输入,售价低廉,自然买得起丝绸来缝衣服穿了。除秘鲁外,居住在美洲其他炎热低地的印第安人,因为西班牙法律规定必须穿着衣服,对于售价便宜的中国丝织品也非常欢迎。

西属美洲的丝绸市场,原先为西班牙丝织工业产品所垄断。及大帆船自马尼拉把中国丝货大量运销于美洲,由于售价低廉,西国产品的销路便蒙受威胁。中国的蚕丝生产和丝织工业历史悠久,织造技术比较先进,生产成本比较低廉。故当中国丝绸输入美洲,和西班牙产品在市场上互相竞争的时候,虽然美洲是西班牙的殖民地,但中国产品仍占尽优势,西国产品远非敌手。早在 1586 年,在墨西哥市场上的中国织锦(Damask),售价就便宜到不及西班牙线缎(Taffeta)的一半,而且前者的品质比后者优良。后来到了

1640年左右,在秘鲁市场上,差不多同样的丝织品,中国货的价格便宜到只有西班牙货的1/3。因为运销美洲的中国丝货越来越多,在1592年自东方输入美洲的货物总值已经超过自西班牙输美的。遭受长期激烈竞争以后,因为售价低落,产品滞销,西班牙的丝织工业便由盛而衰,终于一蹶不振。

菲岛西班牙人之所以能够把中国丝货大量运销于美洲市场,主要由于大帆船自美洲载运巨额白银往菲,使他们的购买力非常强大。1986年,索扎(George Bryan Souza)博士在他的著作中指出,自1590年至1644年,菲律宾共输入美洲白银 154 000 000 西元(Peso,西班牙银元),或 4 620 000 公斤(4 620公吨)。1987年6月,符临(Dennis O. Flynn)教授在日本东京庆应大学举办的贵金属历史研讨会中所提的论文,也对17世纪大帆船自美运菲银数加以估计。他指出,在17世纪初期,把官方登记及逃税私运的数字加在一起,每年自美运菲的白银共约128吨。由此推算,17世纪,自美运菲的白银共约13 000吨。这许多自美洲运抵菲岛的白银,由于中国丝货对菲输出贸易的庞大,大部分为中国商人赚取回国。看见中国商船自菲运走那么多银子,1638年一位西班牙海军上将曾说:"中国国王(按:应作皇帝)能够用来自秘鲁的银条建筑一座宫殿!"

三

西属美洲生产的白银,一方面经太平洋运往菲律宾,再转运入中国,他方面经大西洋输入西班牙。随着白银的大量输入,西班牙国内的银币,因流通量激增而价值下跌,从而物价上涨,在17世纪头十年内约为100年前的3.4倍。当西班牙物价上涨的时候,欧洲其他国家物价比较低廉,便向西输出大量商品来获利,结果西自美洲输入的白银因贸易入超而流出国外。

葡萄牙与西班牙为邻,后者因贸易入超而输出的白银,有不少流入葡国。葡国并不产银,却由于胡椒贸易与奴隶贸易,赚取了巨额的白银。新航路发现后,航行于欧、亚间的葡船,自印度大量运载价值最大、获利最多的胡椒回国,再分别转售至欧洲各地。早在16世纪初期,葡人已经控制欧洲许多国家(包括西班牙在内)的胡椒市场,故自贸易利润中赚取不少白银。另外,葡人又独占非洲奴隶贸易,高价卖与西班牙人。美洲本土的印第安人,自旧大陆各种传染病菌传入后,因为缺乏抵抗能力,人口大量死亡。西班牙人在美洲开发天然资源,深以劳力不足为苦,而葡人在探寻新航路的时候,曾经沿着非洲西岸探险,在那里拥有基地来收购奴隶,转售与西班牙来获利,从而赚到不少银子。

葡国因贸易出超而自西班牙输入的白银,并不长期留在国内,而是沿着新发现的欧、亚航道大量运到东方。航海东来的葡人,发现欧、亚两洲银价高下悬殊,自欧洲出发前往中国,银越往东方去,购买力越大。由于利润的吸引,由本国航海东来的葡船,自然载运巨额白银出口。根据有关资料的记载,在16世纪80年代,葡船每年运往远东的白银,多至100万笃卡(Ducat,过去欧洲许多国家通用的货币),或约32 000公斤。

航海东来的葡国商人,以巨额白银作资本,在澳门、广州收购各种货物,发展澳门、果亚间的贸易,同时以果亚作媒介来与欧洲建立贸易关系。在1600年前后,每艘葡船自澳门驶往果亚,载有1 000担白色生丝,大量各种颜色的细丝,10 000至12 000匹各种颜色的绸缎,三四担黄金,五六百担黄铜,500担朱砂,六七担麝香,2 000担黄铜手镯,100担水银,二三百担糖,2 000担茯苓,约200担樟脑,此外又载有大量陶瓷器,涂金色的床、桌、墨砚盒,被单、帷帐、金炼及其他货品。这许多在中国各地产制出来的商品,由于澳门、印度间航运效率的提高而输出大增。葡人在这条航线上经营的华货出口贸易,有些商品的利润将近为投资的100%,有些更高至200%。自澳门运到果亚的中国货物,有不少在印度出卖,但其中如生丝,有一部分沿好望角航道转运往葡萄牙,另外有些商品如樟脑,更全部运葡出售。由澳门运往果亚的生丝,自1580年至1590年,每年约共3 000担;在1635年,有人记载每年多至6 000担,但这个数字可能有些夸大。当时欧、亚间新航路为葡人所控制,生丝等中国商品的对欧输出贸易,自然长期为葡人所独占。

除澳门、果亚间的中国货物贸易外,澳门葡人又把中国货物向日本长崎大量输出。中国东南沿海区域,在明代屡遭倭寇侵扰,到了嘉靖年间(1522—1566年)尤其猛烈。为着要保障沿海安全,明朝政府禁止中、日直接通商。澳门的葡人,因为不必受明朝政府有关中、日通商禁令的约束,乘机在澳门、长崎间进行大规模的中国商品贸易,以获取厚利。葡船自澳门运往长崎的中国货物,种类甚多,但以生丝及丝绸为最重要。葡船把自广州收购的丝货,经澳门运往日本出售,其中光是生丝,在 16、17 世纪间的 50 余年内,少时约为一千五六百担,多时约达 3 000 担;自 1636 年后,数量却显著减少。除生丝外,中国的丝织品,如绸、缎之类,葡船也由澳门运日出售。当输日生丝减少的时候,输日的绸、缎等丝织品却大量增加。例如 1600 年左右,葡船自澳门运往长崎的绸、缎为 1 700 匹至 2 000 匹;及 1638 年增加至 2 100 箱,每箱约有 100 匹至 150 匹。因为明朝政府禁止中、日直接通商,中国丝货在日本市场上的售价,远在中国市价之上。由于两国丝货价格高下的不同,葡人自澳门到广州低价收买,转运往长崎高价出卖,获利为投资的百分之七八十,有时超过 100%,要大过自亚洲把香料及其他商品运往欧洲出卖的利润。

当明朝中叶前后,中国的银因供求失调而价值高昂的时候,日本却发现有储藏丰富的银矿,从而银产量增加,银的价值远不如中国那么大。例如在 1592 年及以后,每两金在广州换银 5 两半至 7 两,在日本却换十二三两。因此,在澳门、长崎间贸易的葡国商人,把日本出产的白银大量运往澳门,以便购买输日的中国货物,博取厚利。在 16 世纪最后 25 年内,日本出产的银子约有一半输出国外,而输出的大部分由澳门葡人运走。自 1599 年至 1637 年 38 年间,葡船自长崎输出银 58 000 箱(每箱 1 000 两),或 58 000 000 两。这许多自日运往澳门的银子,大部分转运入中国,用来购买输日丝货及其他货物,和当时澳门葡人日常生活的消费品。

可是,16 世纪中叶后盛极一时的长崎、澳门贸易,到了 1639 年却为日本政府所禁止。原来葡人抵达日本后,他们一方面在那里做买卖,他方面又有耶稣会士(Jesuits)从事传教工作。传教的成绩很好,却为信仰神道教、佛教的日人所反对。到了 1637 年,日本基督教徒发动叛变,葡籍耶稣会士亦牵涉在内。日本政府遂于 1638 年平定叛乱,于 1639 年驱逐葡人出境,禁止葡船到长崎贸易。

四

在近代初期欧洲人向外航海,发现世界新航路的潮流中,到 16 世纪末叶,荷兰人才航海东来,在时间上约比葡萄牙人晚 100 年,比西班牙人自美洲经太平洋到菲律宾来也晚几十年。荷人东来的时间虽然较晚,因为造船技术进步、航海事业发达,到了 17 世纪,他们在印度洋及西太平洋的商业活动却非常活跃,有后来居上之势。

荷兰航海家于 1595 年打破葡人对好望角航路的垄断,率领船舶四艘东航,于 1596 年抵达爪哇下港(Bantam,一作万丹)。到了 1602 年,荷兰东印度公司成立,于下港设立商馆。其后到了 1619 年,荷人更在爪哇巴达维亚(Batavia)建立基地,经营东至日本,西至波斯湾的贸易,同时在那里发展欧洲和亚洲广大地区间的贸易。

在 17 世纪中叶前后,荷兰小小的一个国家,其船舶吨位,等于欧洲其他所有国家的船舶那么多。同样大小的商船,荷船比其他国家的船少用 20% 的水手。在同一航程中航运,荷船收取的运费,约比英船低廉 1/3 至 1/2。因为水道运输发达,荷兰阿姆斯特丹(Amsterdam)成为欧洲最大的货物集散中心。自三十年战争(1618—1648 年)结束后,由于对西班牙贸易大量出超,每年都以由 30 至 50 艘船只组成的运银船队(Silver Fleet)驶往西班牙港口,把西班牙船自美洲运回的银子运走。这些船到底自西班牙运走多少美洲白银,虽然没有系统的纪录,但据 1654 年 10 月 16 日一份荷文报刊记载,有荷船 5 艘,自西班牙港口返荷,船上载有价值 1 000 万荷盾(银 1 两等于 3.5 盾,或多些)的美洲白银。又据荷兰造币厂厂长在 1638 年的报告,荷每年约输入 1 500 万至 1 800 万盾的银子。17 世纪中叶左右,每年荷船到西班牙港口贸易,回航时运走的银子,约占西船自美洲运回总额的 15% 至 25%,有些估计更高至 50%。

由西班牙输入荷兰的美洲白银,自荷兰海上势力抵达东方后,有不少为荷船转运往东印度来从事贸易。荷人东来贸易,发现自欧洲输往东方的货品,除武器弹药外,贵金属(尤其是银)最易出售获利,故银在对东印度的出口贸易总值中占有很大的比重。例如 1603 年,荷向东印度输出白银,其价值约为输出其他货物价值的 5 倍;及 1615 年,输出银多至约为输出其他货物价值的 15 倍。最近有学者估计,在 17 世纪,由欧洲(荷兰及其他国家)运往东方的白银,约共一万五六千吨。

明朝中叶后,中国普遍用银作货币,银供不应求,价值增大;故当西班牙人占据菲律宾,自美洲运巨额白银前往贸易的时候,长期生活在银价高昂地区的中国商人,自然对西人持有的银子发生兴趣,积极经营对菲的出口贸易,把银赚取回国。同样的理由,到了17世纪,当荷人把自西班牙赚到的银子大量运往东印度贸易的时候,中国商人也自然努力拓展对东印度的出口贸易,把银赚回本国。

17世纪初期,中国商船每年都把生丝、丝绸、瓷器、麝香及其他商品大量运往下港出售,在回航时虽然自那里购买胡椒、檀香、象牙等货物,贸易仍然不能平衡,结果下港输出巨额白银。故荷人虽然自欧洲运来大量白银,下港市面银币的流通仍感缺乏,不能满足市场交易的需要。1625年,驶抵巴达维亚贸易的中国商船,其吨位有如荷兰东印度公司的回航船队那么大,或甚至更大。在1644年,抵达巴达维亚的中国商船一共8艘,输入货物3 200吨,但这些商船自巴达维亚运返中国的货物,由1637年至1644年,每年只有800至1 200吨。由于贸易顺差,中国商船离巴达维亚返国,经常运走大量白银。因为白银长期流出,到了1652年8月,巴达维亚市面上深感交易筹码不足,政府不得不准许人民行使已被剥夺货币资格的钱币来交易,同时设法限制中国商人运银出口。

荷兰商人用银购买中国商品,运往欧洲出卖,获利甚大。例如荷兰东印度公司于1621年在雅加达(Jacarta)购买生丝1 868荷磅,或1 556斤,运往阿姆斯特丹出售,毛利为投资的320%。另一批原在台湾采购的中国白丝,重1 009斤,于1622年在荷兰出卖,毛利为投资的325%。该公司自创办时开始,即把生丝、胡椒及其他香料并列为最能获利的商品来经营。在荷兰的生丝市场上,中国生丝要和波斯生丝竞争。大约由于地理上比较近便,荷兰输入的波斯生丝,多于自中国输入的。但在17世纪30年代,荷人购买中国生丝运往阿姆斯特丹出卖,利润为投资的150%,波斯生丝则只有100%。

除以巴达维亚为基地来经营东方贸易外,荷人于1624年占据台湾后,又在那里收购生丝等中国商品,运往欧、亚各地出卖。在1627年,荷船由台湾输往巴达维亚再转运往荷兰的生丝,共值560 000盾,输往日本的更多至620 000盾。由于地理上的近便,荷人以台湾为基地,积极拓展向日本出口的丝货贸易。自 1635 年至 1639 年,荷船输入日本的中国丝,每年都超过 1 000 担,在 1636 年更多至 2 700 担。1635 年后,荷船每年运往日本的生丝,都远较葡萄牙船为多。除中国丝外,荷人曾试图运波斯丝赴日售卖,但结果亏本了;另一方面,把中国丝运日出售,利润却高至 150%。荷人贩运中国丝赴日,在当时是最有利的一种贸易,他们赚取的利润,远较在亚洲其他地区经商所获利润为大。

除生丝外,荷人又大规模扩展中国瓷器的出口贸易。荷人占据台湾后,从中国大陆驶往台湾的商船,多半运载大批瓷器。在 1638 年,台湾安平港库存的瓷器多达 89 万件,其中小部分运往日本,此外大部分运往巴达维亚,再转运往荷兰。自 1602 年至 1657 年,荷船由巴达维亚运往欧洲的瓷器,超过 300 万件,另外又有数百万件运销于亚洲各地。从 1602 年至 1682 年,中国瓷器的出口量,超过 1 600 万件。由 1729 年至 1734 年,荷兰东印度公司直接由本国派船来华贸易,运回瓷器多至将近 450 万件。自 1730 年至 1789 年,该公司运欧瓷器,共达 4 250 万件。

除丝、瓷外,近代中国茶的对欧输出贸易,也由荷人首先经营。荷人于 1610 年最先运茶往欧洲,而英国东印度公司于 1669 年才首次运茶赴英出售。荷人独占华茶对欧出口贸易,他们运茶返国,约于 1635 年转运往法国出卖,于 1645 年运销于英国,于 1650 年运销于德国、北欧。到了 1719 年,由于消费量大,英国还要自荷兰输入中国茶来满足需要。由 17 世纪 90 年代至 1719 年,中国及葡萄牙船运茶往巴达维亚,每年平均五六百担;从 1720 年至 1723 年,由澳门葡船运往,每年二三千担,再由荷船转运回国。荷兰东印度公司每年在巴达维亚购茶的价值,在 17 世纪 90 年代至 1719 年,约占向华、葡商人购货总值的 20% 至 50%;及 1720 年至 1723 年,占 50% 以上至 90%。1730 年夏,一位英国商船的商业事务负责人乘船抵达巴达维亚,报导那里有来自广州、厦门及舟山的商船 20 艘,来自澳门的商船 6 艘,共运到中国茶 25 000 担,其中只有 5 500 担由当地人士饮用,其余将近 2 万担转运往欧洲出卖。

由 17 世纪至 18 世纪初叶,荷兰东印度公司主要以巴达维亚为基地来经营欧、亚间的中国茶贸易。到了 1728 年 12 月 5 日,该公司更自本国直接派船前往广州购买茶叶及其他货物。船中载银 30 万盾,交易完毕,于 1730 年 7

月 13 日返抵荷兰,运回茶叶、丝绸及瓷器等物,获得的净利为投资的 1 倍有余。自 1731 至 1735 年,又有 11 艘荷船往广州贸易。自 1739 年开始,中国茶成为荷船自东方运返欧洲的价值最大的商品。

荷人在欧洲、日本做买卖获得的银子,分别用来在亚洲广大地区购买货物,并不以中国为限。但中国物产丰富,输出能力强大,与荷贸易长期出超,荷商拥有的银子,自然有不少流入中国。

五.

新航路发现后,西方国家商船东来,中国海外贸易跟着展开新的局面。中国资源丰富,技术进步,其物产成为国际贸易的重要商品大量输出。中国商船运往马尼拉的丝货,由西班牙大帆船运往美洲,因为物美价廉,曾经独霸美洲丝绸市场,连在美洲殖民地出卖的西班牙丝织品,也因蒙受威胁而销路锐减。向荷属东印度输出的中国茶,在 1730 年多至 25 000 担,大部分由荷船转运回欧洲售卖。自 1739 年起,中国茶成为荷船自东方运欧的价值最大的商品。

新航路发现后,由于海洋航运效率提高,中国海外贸易规模越来越大,为过去中外贸易所望尘莫及。比方在罗马帝国时代,自汉帝国运往西方的丝绸,沿着欧、亚大陆的丝绸之路来运输,要经过长距离的沙漠、草原和高山。一支 30 匹骆驼的骆驼队,只能驮 9 吨,行走速度缓慢,运输效率非常低下。经过长途跋涉,运到欧洲的丝绸,数量不大,贸易额自然有限。可是,到了 16、17 世纪之交,自澳门驶往印度果亚的葡国商船,每艘载运白丝 1 000 担、绸缎 10 000 至 12 000 匹及大量的各种颜色细丝,再加上其他货物,数量当然要比丝绸之路的贸易大得多。由菲岛开往美洲的大帆船,每艘载重数百吨至 2 000 吨,有"丝船"之称,因为船中载运的货物,以中国丝货的价值为最大。

由于出口贸易畅旺,银子输入增多,经营出口货物生产和贸易的工商业者获利甚大,同时许多人因此得到就业的机会。明、清间流行的俗语"上有天堂,下有苏杭",显示出当日丝织工业中心的苏州、杭州,因产品运销于广大的海外市场而人民富有、经济繁荣的状况。除江南外,广东、福建两省因海外贸易发达而输入巨额白银，自然对国计民生大有补益。清代康熙（1662—1722年）、雍正（1723—1735年）、乾隆（1736—1795年）三朝之所以号称为"盛世"，意义可能有种种的不同，但中国丝绸、瓷器、茶叶及其他物产的大量出口，及巨额银子的输入，无可否认的是其中一个重要的因素。

参考资料（均拙著）

1968　《明季中国与菲律宾间的贸易》，《香港中文大学中国文化研究所学报》。

1969　《明清间美洲白银的输入中国》，同上学报，2(1)。

1971　《自明季至清中叶西属美洲的中国丝货贸易》，同上学报，4(2)。

1972　《明代中叶后澳门的海外贸易》，同上学报，5(1)。

1976　《近代早期西班牙人对中菲贸易的争论》，同上学报，8(1)。

1986　《美洲白银与明清经济》，《经济论文期刊》（"中央研究院"经济研究所），14(2)。

1979　《再论明清间美洲白银的输入中国》，《陶希圣先生八秩荣庆论文集》，页164—173。

1986　《略论新航路发现后的海上丝绸之路》，《"中央研究院"历史语言研究所集刊》，57(2)。

1990　《略论十七八世纪的中荷贸易》，同上集刊，60(1)。

1993　《再论十七八世纪的中荷贸易》，同上集刊，63(1)。

1987　《明清间中国丝绸的输出贸易及其影响》，《陶希圣先生九秩荣庆祝寿论文集：国史释论》，上册，页231—237。

1989　《三论明清间美洲白银的输入中国》，《"中央研究院"第二届国际汉学会议论文集：明清与近代史组》，页83—93。

1988　《略论明清之际横越太平洋的丝绸之路》，《历史月刊》，10。

1981　Trade between China, the Philippines and the Americas during the 16‑18th Centuries,《"中央研究院"国际汉学会议论文集》，页849—854。

1976　"The Chinese Silk Trade with Spanish America from the Late Ming to the Mid-Ch'ing Period." in Laurence G. Thompson, ed., *Studta Asiatica: Essays in Felicitation of the Seventy-fifth Anniversary of Professor Ch'en Shou-yi*, CMRASC Occasional Series No. 29. San Francisco: Chinese Materials Center, Inc., 1976.

1987　《明清经济史研究》，台北市：联经出版事业公司。

1991　《美洲白银与明清间中国海外贸易的关系》，《新亚学报》，16(1)。

略论新航路发现后的
海上丝绸之路*

一

把中国丝绸运往西方世界去的丝绸之路，在历史上一共有两条，而不是一条。第一条是汉代东西方丝绸贸易的商路，以陆路为主，东起长安，经河西走廊、天山南路、葱岭，西抵大月氏（今阿富汗）、安息（波斯，今伊朗），再向西抵达条支（今伊拉克）、黎轩（又作黎靬）或大秦（即罗马帝国）。第二条是海上丝绸之路，指的是15、16世纪间世界新航路发现后，把中国丝绸运往菲律宾，再转运往美洲的太平洋航道，及把丝绸运往印度、欧洲的印度洋、大西洋航道。

横跨欧、亚大陆的丝绸之路，要经过广大的沙漠、草原和高山。一支30头骆驼的骆驼队，在这条路上行走，只能驮9吨，行走非常缓慢，运输效率非常低下。经过长途跋涉，运抵欧洲的中国丝绸，数量自然有限，当加上高昂的运费以后，价格昂贵到和黄金同价。据说在罗马共和国末期，有一次连恺撒（Julius Caesar，100—44B.C.）穿绸袍看戏都被当时人非议，认为过分奢侈。

可是，到了16、17世纪，当大帆船横渡太平洋，把中国丝绸大量运往美洲出售的时候，由于价格低廉，中国丝绸已经不再是只有少数有钱人才能享用的奢侈品，而变为大多数人的日常用品，连印第安人、黑人及其他穷人，也买得起丝绸来缝衣服穿了。

---

* 编者按：此为本院第十七届院士会开会期间全先生公开讲演的讲稿，讲演日期为1986年8月7日。

二

中国丝绸由海道输出国外,在汉代已经开始。据《汉书》(百衲本)卷二八下,页三七,《地理志》的记载,汉武帝(140B.C.—87B.C.)时,我国海船从广东雷州半岛出海,途经如今的越南、泰国、马来西亚、缅甸,横越印度洋,到达印度南端,船上载有黄金、杂缯,去换取各国出产的明珠、玉璧、琉璃、奇石、异物。其后中国丝绸也继续向海外输出,可是要等到世界新航道发现后,海上的丝绸之路才特别活跃起来。

在15世纪中叶前后,葡萄牙人已经沿非洲西岸探险,后来经过多年的努力,绕航好望角,横渡印度洋,于明弘治十二年(1498年)到达印度西岸。到了正德五年(1510年),他们攻占印度西岸的果亚(Goa);翌年,占领马来半岛西岸的满剌加(Malacca,一作马六甲);再过五年,便派船试航中国。其后经过长期的经营,于嘉靖三十六年(1557年),获得中国官方批准,在澳门定居,以便从事贸易。

当葡人寻找欧、亚新航路的时候,西班牙政府派遣哥伦布向西航海,横渡大西洋,于弘治五年(1492年)发现美洲新大陆。其后经过多年的经营,西班牙殖民者以墨西哥作基地,于1565年开始占领菲律宾。因为要加强美洲与菲律宾间的联系,自1565年至1815年,长达250年之久,西班牙政府每年都派遣1艘至4艘(以2艘为多)载重由300吨至1 000吨(有时重至2 000吨)的大帆船,横渡太平洋,来往于墨西哥阿卡普鲁可(Acapulco)与菲律宾马尼拉之间。大帆船载运的商品,有种种的不同,但美洲对菲的输出,以秘鲁、墨西哥盛产的白银为主,菲岛对美的输出,则以中国生丝及丝绸为最重要。

明代中国流通的货币,以"大明宝钞"为主。到了中叶左右,宝钞因为发行太多,价值不断低跌,结果大家为着保护自己利益起见,市场交易都争着用银而拒绝用钞。但中国银矿储藏并不丰富,银产有限,求过于供的结果,是银的价值自然特别增大。在菲岛的西班牙人因为美洲银产丰富,每年都自那里输入大量银子,自然引起把银视为至宝的中国商人的兴趣,促使后者努力扩展对菲的出口贸易,把那里西班牙人手中的银子赚取回国。

中国商人对菲输出的货物种类甚多，其中体积、重量较小而价值较大的生丝和丝绸，更为西班牙人所急需。当西班牙人到达菲律宾的时候，菲岛的天然资源尚待开发，并没有生产什么重要商品可供对美大量输出之用。另外一方面，美洲因为银矿正在开发，产量丰富，人民购买力提高，自然要讲求生活上的享受，争着购买华贵的丝绸来缝制衣服。在这种情形下，如果大帆船把中国商人运往菲岛的生丝和丝绸大量运美，那么，由于商品本身价值的昂贵和在美洲市场上需求的增大，自然可以赚取巨额的利润，从而大帆船航线也因有可靠的运费收入而能长期经营达两个半世纪之久。因此，横越太平洋的大帆船，一方面把银价低廉的美洲和银价高昂的中国联系起来，他方面使中国大量生产的生丝和丝绸在美洲拥有购买力强大的市场，跟着这条海上丝绸之路也就蓬勃发展起来。

三

明代的中国，以江、浙间的太湖为中心而扩展至东南沿海的广大地区，蚕丝生产事业特别发达，产量越来越大的生丝和丝绸，除国内消费以外，还有大量剩余可供出口。当西班牙人抵达菲岛（1565年）不久以后，明朝政府于嘉靖四十五年（1566年）把福建月港升为漳州府海澄县治，次年（隆庆元年，1567年）正式准许人民自那里航海前往东洋及西洋贸易。所谓东洋，指的是以菲律宾群岛为中心的海洋，故往返东洋的人大部分前往菲律宾北部的吕宋岛，或其中的马尼拉港。他们自国内运到那里的货物，以生丝及丝绸为主。当日在中国每担值银100两的湖（浙江湖州）丝，运到那里出卖，起码得价2倍。除西班牙人外，有时日本商人也到那里采购湖丝。当大家在市场上争着购买的时候，湖丝价格更急剧上涨，每担售银500两。由于国内和吕宋售价的悬殊，把丝货运到那里出卖的中国商人，往往获得巨额的利润。中国商人到马尼拉后，在市东北部集中居住和贸易的地方，称为"生丝市场"，可见丝货在中、菲贸易中所占地位的重要。由于巨额利润的吸引，葡萄牙人也以澳门为根据地，大量收购中国生丝和丝绸，转运往菲岛出卖。在16、17世纪之交的数十年内，马尼拉海关向以生丝及丝绸为主的中国货物课征的入口税，在入口税总额中每年都占很高的百分比,在 1611 年至 1615 年高至占 91.5%,1641 年至 1642 年更高至占 92.06%。

四

由中国商人或澳门葡人运往菲律宾的生丝和丝绸,在到达马尼拉后,除一小部分在当地消费,或向日本输出以外,绝大部分或几乎全部由大帆船转运往美洲出卖。

自马尼拉开往墨西哥港口阿卡普鲁可的大帆船,被人称为"丝船",因为船中载运的各种货物,以中国生丝及丝绸的价值为最大。在 1636 年以前,每艘大帆船登记载运的各种丝绸,约为三四百箱(Chest)至 500 箱,但在 1636 年出发的船,其中一艘超过 1 000 箱,另一艘则多至 1 200 箱。每一箱的容量,以在 1774 年启航的大帆船为例,内有珠色广州光缎 250 匹,深红色的纱 72 匹,约共重 250 磅;另外有些箱子载运长筒丝袜,每箱 1 140 双,重 230 磅。

除各种丝绸外,自马尼拉出发的大帆船,又把中国生丝大量运往墨西哥出卖。根据西班牙贸易商在 1714 年正月 27 日的报导,每艘大帆船载运生丝 11 000 或 12 000 包(Bale),每包约重 1 担。其后到了 1723 年,西班牙议会于开会时也宣称:大帆船自菲运美的货物(以生丝为主),虽然以 4 000 包为最高限额,但通常多至 10 000 包或 12 000 包。运抵墨西哥的生丝,多半在那里加工织造,然后运往秘鲁出卖。根据 1637 年菲律宾检察总长的报告,在墨西哥用中国生丝作原料来加工织造,有 14 000 余人因此而获得就业的机会。

美、菲间的西班牙人经营中国丝货贸易,经常获得巨额的利润。可是,在另外一方面,西班牙国内(以南部为主)的丝织工业,原来将产品销售于美洲殖民地市场上,及大帆船自马尼拉把中国丝货大量运往出售,却要因为后者售价的低廉而感到严重的威胁。早在 1586 年,在墨西哥市场上中国织锦(Damask)的售价低廉到不及西班牙线缎(Taffeta)的一半,而且前者的品质比后者为好。后来到了 1640 年左右,差不多同样的丝织品,中国货的价格便宜到只为西班牙货的 1/3。因为运销美洲的中国丝货越来越多,在 1592 年自东方输入美洲的货物总值已经超过自西输美的。遭受长期的激烈竞争以后,因为售价低落,产品滞销,西班牙的丝织工业便由盛而衰,终于一蹶不振。

五

新航路发现后,中国丝绸向西方世界的大量输出,除经由太平洋航道外,欧、亚间的海上丝绸之路也活跃了起来。

当16、17世纪,西班牙因美洲白银大量流入,物价上涨,对外贸易入超的时候,葡萄牙、荷兰都因贸易及其他关系,自西班牙输入巨额白银。葡、荷商人航海东来,携带着许多银子,购买力非常大,除贩运香料以外,自然发展中国丝绸出口贸易来赚取利润。

葡人航海东来,最先占领印度西岸的果亚,然后再向其他地区扩展,同时以果亚为基地来经营欧、亚贸易。因此,他们到达澳门后,自然要发展澳门与果亚间的贸易,同时以果亚作媒介来与欧洲发生贸易关系。

由澳门输往果亚的中国货物,有种种的不同,但以生丝及丝绸为最大宗。在1600年左右,自澳门开往果亚的葡船,载有1 000担白丝、大量各种颜色的细丝、10 000至12 000匹各种颜色的绸缎,及其他货物。自1580年至1590年,由澳门运往果亚的生丝,每年约为3 000担;其后到了1635年,有人记载每年多至6 000担,不过这个数字可能有些夸大。澳门每担白丝售价为银80两;印度每担售价约银200两。除去运费及其他支出外,利润为投资的100%以上。自澳门运抵果亚的中国货物,有不少在印度消费,但其中如生丝,有一部分转运往葡萄牙出卖。当16世纪自欧洲至东方的航路为葡人控制的时候,中国丝的对欧输出贸易自然由葡人长期独占。其后到了17世纪,荷兰海上势力兴起,到东方来与之竞争,葡人的独占局面才开始发生变动。

早在1595年,荷兰航海家已经打破葡人对好望角航线的独占,率领船舶四艘东航,次年抵达爪哇下港(Bantam)。其后于1602年建立荷兰东印度公司来经营东方贸易,于下港设立商馆。后来更在爪哇的巴达维亚(Batavia)建立贸易基地。

荷人到东印度来做买卖,手中持有自西班牙那里赚到的银子,自然使生活在银价高昂地区的中国商人发生兴趣,努力扩展对东印度的出口贸易,把银赚回本国。在 17 世纪初期，中国商船每年都以大量生丝、丝绸、瓷器、麝香及其他货物运往下港出售，在回航时虽然自那里购买胡椒、檀香、象牙等商品，但仍然不能使贸易平衡，结果运走巨额白银。故荷人虽然自欧洲运来大量银子，下港市面银币的流通仍然感到缺乏，不能满足市场交易的需要。在 1625 年抵达巴达维亚贸易的中国商船，其总吨位有如荷兰东印度公司在那里的船队那么大，或甚至更大。到了 1644 年，航抵巴达维亚的 8 艘中国商船，共输入中国货物 3 200 吨。因为中国商船除自那里输出胡椒等货物外，还运走大量白银，故当地政府要设法限制中国商人运银出口。荷兰商人虽然要花费许多银子来购买中国货物，但把后者运往本国或欧洲出卖，利润非常大。例如东印度公司于 1621 年正月，在雅加达（Jacatra）购买中国白色生丝 1 556 斤运往阿姆斯特丹（Amsterdam）出售，毛利为投资的 320％。另外一批中国白丝，重 1 009 斤，原在台湾采购，于 1622 年 3 月在荷卖出，毛利为 325％。在荷兰生丝市场上，中国生丝要和来自波斯等国的生丝竞争，但在 1624 年 2 月 27 日阿姆斯特丹的生丝价目单上，大约因为品质比较优良，中国产品的评价较高。可能因为地理距离较近，荷兰自波斯输入的生丝，多于自中国输入的，但在 17 世纪 30 年代，荷人运波斯生丝到亚姆斯特丹出卖，利润为投资的 100％，中国生丝的利润则高至 150％。

除以巴达维亚为基地来经营东方贸易外，荷人于 1624 年占据台湾后，又在那里收购生丝等中国货物，转销于欧、亚各地。例如在 1627 年，荷船自台湾输往巴达维亚及荷兰的生丝，共值 560 000 荷盾，输往日本的更多至 620 000 荷盾。除生丝外，荷人又以台湾为基地来发展中国瓷器出口贸易。在 17 世纪，荷人由台湾输出瓷器至欧、亚各国，多至 1 500 万件。

六

西班牙人移殖美洲后，在那里开发蕴藏丰富的银矿，于是银产增加，在 16、17 世纪每年都有大量输出。在中国方面，自明朝中叶左右开始，因为银普遍用作货币来流通，由于求过于供而价值增大，故中国商人要努力输出本国物产来换取白银进口，以满足货币方面的需要。西属美洲出产的白银，除横渡太平洋,经菲律宾输入中国外,又有不少输往西班牙,再通过贸易关系,由其他欧洲国家的商人辗转运来中国。

中国输出的货物,并不以生丝及丝绸为限,但这些丝货因为体积、重量较小而价值较大,最宜于远道运输,故一方面以马尼拉为转运口岸,每年由大帆船大量运往美洲出卖,他方面由葡船运往印度,再转运往欧洲,或由华船运往荷属东印度,再由荷船转运回国。因此,由于太平洋及欧、亚间新航道的开辟,16、17世纪的海上丝绸之路,特别活跃起来。

中国的丝织工业,因为具有发展时间长的历史背景,技术比较进步,成本比较低廉,产量比较丰富,故产品能远渡太平洋,在西属美洲市场上大量廉价出售,连原来在那里独霸市场的西班牙丝织品也要大受威胁。由此可知,在近代西方工业化成功以前,中国工业的发展,就它的产品在国际市场上的强大竞争能力来说,显然曾经有过一页光荣的历史。

中国蚕丝产区遍于各地,而以江苏、浙江间的太湖区域为最重要。由明至清,这一地区经济特别繁荣,人口特别多而富有,故有"上有天堂,下有苏杭"这句俗语的流行。苏州、杭州及其附近地区之所以特别富庶,当然可以有种种不同的解释,但海外市场对于中国丝货需求的增大,从而刺激这个地区蚕丝生产事业的发展,人民就业机会与货币所得的增加,当是其中一个重要的因素。

参考下列拙著:

1.《明季中国与菲律宾间的贸易》,《香港中文大学中国文化研究所学报》(以下简称《中国文化研究所学报》)第一卷,1968年。
2.《明清间美洲白银的输入中国》,《中国文化研究所学报》第二卷第一期,1969年。
3.《自明季至清中叶西属美洲的中国丝货贸易》,《中国文化研究所学报》第四卷第二期,1971年。
4.《明代中叶后澳门的海外贸易》,《中国文化研究所学报》第五卷第一期,1972年。
5.《近代早期西班牙人对中菲美贸易的争论》,《中国文化研究所学报》第八卷第一期,1976年。
6.《再论明清间美洲白银的输入中国》,《陶希圣先生八秩荣庆论文集》,台北市食货月刊社,1979年,页164—173。

7.《三论明清间美洲白银的输入中国》,《第二届国际汉学会议论文集:明清与近代史组》,1989年,页83—94。

8. "Trade between China, the Philippines and the Americas during the 16 - 18th Centuries,"《中央研究院国际汉学会议论文集》,1981年,页849—854。

9. "The Chinese Silk Trade with Spanish America from the Late Ming to the Mid-Ch'ing Period," in Laurense G. Thompson, ed., *Studia Asiatica: Essays in Felicitation of the Seventy-fifth Anniversary of Professor Ch'en Shou-yi*, CMRASC Occasional Series No.29 (San Francisco: Chinese Materials Center, Inc., 1975), pp.99 - 117.

明清间中国丝绸的
输出贸易及其影响

一

关于明朝(1368—1644年)中叶后中国对外贸易的发展情况,张彬村博士在他发表的一篇论文中曾经有过很锐敏的观察,他说:"在该世纪(16世纪)里,中国国内的经济发展比起前一世纪大大地进步,农业和手工制造业的商业化趋势大大地增加,市场经济出现空前的繁荣,这一点在20世纪50年代中国大陆学者们全面讨论中国资本主义萌芽的问题时,已有充分的资料和研究来证实和说明。当中国已具有扩大外贸条件的时候,东亚水域的海外地区也起了经济上的变化,恰好可以迎合中国的内部改变所创造的需求。东亚水域的海贸变化,最重要的是1511年葡人占领满剌加(Malacca)开始经营东亚的贸易市场,以及16世纪前期日本经济的变化,特别是白银的大量生产与输出中国。这两件事迅速提升了东亚水域的贸易数量。"[1]不过,除文中指出的葡萄牙人对欧、亚间新航路的发现,及日本白银的大量生产与输出中国以外,西班牙人于1565年开始占领菲律宾,从那时起自西属美洲长期运来大量白银,显然和16世纪及以后东亚海上贸易的变化,关系非常密切。同时,在当日中国对外贸易扩大,或东亚水域贸易数量激增的过程中,中国丝绸出口贸易所扮演的角色,更不容我们忽视。因此,本文特地探讨一下明、清间中国丝绸的出口贸易及其影响。

---

[1] 张彬村:《十六世纪舟山群岛的走私贸易》,"中央研究院"三民主义研究所中国海洋发展史论文集编辑委员会主编,《中国海洋发展史论文集》(台北,1984年),页73—74。

二

葡萄牙人于 15 世纪末叶自欧洲绕航好望角,抵达印度西岸,于 1510 年占领印度西岸的果亚(Goa),翌年占领满剌加(一作马六甲),其后到了 1557 年(明嘉靖三十六年),获得中国政府准许,在澳门定居。

当葡人活跃于欧、非、亚间的航道上的时候,西班牙政府派遣哥伦布西渡大西洋,于 1492 年(明弘治五年)发现美洲新大陆。之后经过长期的经营,西班牙殖民者自墨西哥出发,横渡太平洋,于 1565 年占领菲律宾群岛。为着要加强美、菲间的联系,在此后两个半世纪内,西班牙政府每年都派遣 1 艘至 4 艘(以 2 艘为最多)大帆船(载重由 300 吨至 1 000 吨,有时重至 2 000 吨),航行于墨西哥阿卡普鲁可(Acapulco)与菲律宾马尼拉之间。大帆船载运各种不同的货物,但美洲对菲的输出,以秘鲁、墨西哥盛产的白银为主;自菲运返美洲的货物,则以中国生丝及丝织品为最重要。

当西班牙殖民者到达菲律宾的时候,菲岛的天然资源还没有怎样开发,并不生产什么重要商品可供大量输往美洲之用。幸而菲岛位于中国大陆和西属美洲之间,宜于作为中国货物向美输出的转运口岸。在当日运往菲岛的各种货物中,体积、重量较小而价值较大的生丝和丝绸,西班牙人用白银大量收购,转运往美洲出卖,一方面赚取巨额的利润,他方面又使大帆船航线经常获得可靠的运费收入而能持续经营,长达 250 年。

自马尼拉开航往墨西哥港口的大帆船有"丝船"之称,因为船上载运的各种货物,以中国生丝及丝绸的价值为最大。在 1636 年以前,每艘大帆船登记载运的各种丝绸,约为 300 箱(Chest)至 500 箱,但在 1636 年出发的船,有一艘超过 1 000 箱,另一艘多至 1 200 箱。每一箱的容量,以在 1774 年启航的大帆船为例,内有珠色广州光缎 250 匹,深红色的纱 72 匹,约共重 250 磅,此外又有些载运长筒丝袜的箱子,每箱 1 140 双,重 230 磅。

除丝织品外,自马尼拉开往墨西哥的大帆船,又把中国生丝大量运往出售。根据西班牙贸易商在 1714 年的报导,每艘大帆船载运生丝 11 000 或 12 000 包(Bale),每包约重一担。后来在 1723 年,西班牙议会于开会时宣称:

大帆船自菲运美的货物（以生丝为主），虽然规定以 4 000 包为限，但通常多至 10 000 包或 12 000 包。生丝抵达墨西哥后，大部分在那里加工织造，再运往秘鲁出卖。据 1637 年菲律宾检察总长的报导，在墨西哥以中国生丝作原料来加工织造，有 14 000 余人因此获得就业的机会。[①]

三

明、清间中国对外输出的生丝和丝绸，除横渡太平洋，经菲律宾转运往美洲出卖以外，又沿着葡人发现的欧、亚间新航道，运销于印度、欧洲等地。葡人航海到东方来，最先以印度西岸的果亚为根据地，再向东把势力伸张到满剌加（马六甲）和澳门。他们的商船航行于澳门、果亚之间，同时以果亚作媒介来与欧洲发生贸易关系。

自澳门运往果亚的中国货物，种类甚多，但以生丝、丝绸为最重要。在 1600 年前后，由澳门启航往果亚的葡船，载运 1 000 担白丝，大量各种颜色的细丝，10 000 至 12 000 匹各种颜色的绸缎，以及其他货物。自 1580 年至 1590 年，每年由澳门运往果亚的生丝，共 3 000 余担；后来到了 1635 年，有人记载每年多达 6 000 担，但有些学者认为这一数字可能有些夸大。在澳门市场上，白丝每担售价为银 80 两；运到印度后，每担售价约为银 200 两。除却运费及其他开支外，利润为投资的 100% 以上。自澳门运往果亚的中国货物，有不少在印度消费，但其中如生丝，有一部分转运往葡萄牙出售。当日欧、亚间的航路为葡人所控制，华丝的对欧输出贸易自然为葡人长期垄断。但后来到了 17 世纪，荷兰人海上势力兴起，到东方来与之竞争，葡人的独占局面跟着开始发生变动。

荷兰航海家于 1595 年打破葡人对好望角航路的独占，航海东来，次年抵达爪哇下港（Bantam）。其后于 17 世纪初建立荷兰东印度公司，并在爪哇的

[①] 拙著：《略论新航路发现后的海上丝绸之路》，《"中央研究院"历史语言研究所集刊》（以下简称《史语所集刊》）第五十七本第二分；拙著：《自明季至清中叶西属美洲的中国丝货贸易》，《香港中文大学中国文化研究所学报》（以下简称《中国文化研究所学报》）第四卷第二期（香港九龙，1971 年）；又见于拙著：《中国经济史论丛》（新亚研究所，1972 年）第一册，页 451—473。按：在后一文中，作者误说西班牙议会于 1727 年开会，事实上应为 1723 年，兹特改正。

巴达维亚(Batavia)建立贸易基地。到东印度从事贸易的荷兰商人，带来大量自西班牙那里赚取的银子，购买力非常大。他们收购中国生丝、丝绸及其他货物，运回本国或欧洲出卖，获得巨额的利润。例如东印度公司于1621年，在雅加达(Jacatra)购买中国白色生丝1 556斤，运回阿姆斯特丹(Amsterdam)出售，毛利为投资的320%。又有一批中国白丝，重1 009斤，原在台湾采购，于1622年在荷兰卖出，毛利为325%。在荷兰的生丝市场上，中国生丝须与波斯等国的生丝竞争，但在1624年阿姆斯特丹的生丝价目单上，可能由于品质较为优良，中国产品的评价较高。大约因为地理上的近便，荷兰输入波斯的生丝，多于自中国输入的。但在17世纪30年代，荷人把波斯生丝运往亚姆斯特丹出售，利润为投资的100%，中国生丝的利润则高达150%。

除以东印度为基地来经营东方贸易外，荷人于1624年占据台湾后，又在那里收购生丝等中国货物，转运往欧、亚各地销售。例如在1627年，荷船自台湾输往巴达维亚及荷兰的生丝，共值560 000荷盾，输往日本的更多至620 000荷盾。①

四

明中叶后中国出口的生丝及丝绸，除经菲律宾运往美洲，及沿欧、亚间新航道运往印度、欧洲出卖外，又大量运销于近邻的日本。16、17世纪之交，日本因为银矿生产旺盛，白银大量输出，在国际市场上具有强大的购买力。而中国方面，因为普遍用银作货币，银求过于供，价值特别大。经营国际贸易的商人，自然有兴趣扩展对日贸易，输出中国货物，输入日本白银，来从中获利。当日向日本输出的中国货物，有种种的不同，而生丝及丝织品，为日本社会人士所大量消费，需要更大。可是，中国东南沿海区域，在明代屡遭倭寇侵扰，到了嘉靖(1522—1566年)年间，倭患尤其猛烈。因为要保障沿海的安全，明

---

① 拙著：《略论新航路发现后的海上丝绸之路》；拙著：《明代中叶后澳门的海外贸易》，《中国文化研究所学报》第五卷第一期(1972年)；拙著：《再论明清间美洲白银的输入中国》，食货月刊社编辑委员会主编，《陶希圣先生八秩荣庆论文集》(台北市，1979年)，页164—173。

朝政府禁止本国人民与日本通商。当中、日贸易被禁止的时候，闽、浙间有不少人把中国生丝、丝绸及其他货物走私卖给日本，以获取暴利。但这些秘密走私的人，因为违反法律，不免遭受政府的制裁，故风险甚大。和这些走私商人的情形不同，澳门的葡人，不必受明朝政府有关中、日通商禁令的约束，正好在澳门、长崎间进行大规模的贸易，以赚取巨额的利润。

葡萄牙商船自澳门运往长崎的中国货物，种类甚多，但以生丝及丝绸为最重要。葡商自广州收购丝货，经澳门运往日本出卖，其中光是生丝，在16世纪中叶后的长时间内，每年平均就约为1600担；自1600年至1620年，每年平均约为1000担，最高的一年达2600担。到了17世纪30年代，葡船输日生丝减少，但输日的绸、缎等丝织品则显著增加。例如在1600年左右，葡船自澳门运往长崎的绸、缎为1700至2000匹；及1638年增加至2100箱，每箱约有100至150匹。因为明朝政府禁止中、日间直接通商，中国丝货在日本市场上的售价，远在中国市价之上。由于两国丝价高低的不同，葡人自澳门到广州低价收买，转运往长崎高价出卖，获利为投资的百分之七八十，有时超过100%，要大过自亚洲把香料及其他货物运往欧洲出卖的利润。

当澳门葡人因经营中、日贸易而大发其财的时候，由于巨额利润的引诱，中国沿海商人，自然忍不住要违反政府有关中、日通商的禁令，秘密派船输出中国丝及其他中国货物，走私运往日本出售。随着海上私商势力的膨胀，到了万历（1573—1620年）中叶左右，对于中、日通商的禁令，中国官方事实上已不怎样严格执行。在17世纪初叶，每年抵达日本的中国商船，约为30余艘，有时多至60艘；其后在1639年增至93艘，1641年更多至97艘。中国商船走私运往日本的货物，种类很多，而丝货占货物总值的大部分。这些丝货，除纱、罗、绸、绢、缎等丝织品外，生丝更为重要。根据一位耶稣会士的报导，日本于1612年共输入中国丝6300担，其中约2000担由中国商船输入。根据荷兰方面的记载，中国船输入日本的生丝，于1633年为1500担，1634年为1700担（一作1400担），及1637年为1500担。又据岩生成一教授的研究，中国船运生丝赴日，于1640年为900担，1641年为1000担，及1645年为1300担（是年日本共输入生丝3200担）。

除中国商船外，日本商船由政府发给"朱印状"（出国贸易的特许状，其上盖有朱色关防),称为"朱印船",也输入大量华丝。自1604年至1635年,由日本出国贸易的朱印船,多至356艘。因为明朝政府禁止中、日通商,所以朱印船经常开往东南亚各地和中国商人交易,购买生丝、丝绸及其他货物,运回日本出卖,其中生丝一项,有时每年多至1400至2000担。

中、日间的丝货贸易,不特由该两国商人及澳门葡人来经营,较晚东来的荷兰人,看见葡人以澳门作基地来经营中、日贸易,获得那么丰厚的利润,也计划夺取澳门,以便成为日本市场的中国丝货供应者。到了1622年,荷舰队果然大规模地进攻澳门,但葡人以逸待劳,把荷人击败了。荷人于1624年占据台湾后,便积极扩展对日输出的丝货贸易。上文曾说荷人于1627年在台收购生丝,运往日本出售,价值大于运往巴达维亚、荷兰出售的生丝。由1635年至1639年,荷船输入日本的中国丝,每年都多至1000担,在1640年更多至2700担。1635年后,荷船每年运往日本的生丝,已经远较葡船为多。例如在1636年,葡船运日的生丝锐减至250担,荷船却多至1422担。当日本大量输入生丝的时候,除中国丝以外,荷人还曾试图运波斯丝赴日出售,但结果是亏本;在另一方面,他们把中国丝运日出卖,利润却高至150%。荷人把中国丝贩运赴日,在当日是最有利的一种贸易,他们获得的利润,要远较在亚洲其他地区经商获得的利润为大。[1]

五

当海上贸易随着新航路的发现而扩展的时候,大量中国生产的生丝和丝织品,由于体积、重量较小而价值较大,成为国际贸易中非常重要的商品,大量销售于美、欧、亚洲各地市场上。归纳上述各项零星的数字,我们可以判断,明、清间每年向海外输出的丝货,光是生丝一项,多时可能在10 000担以上。这可以和鸦片战争前夕的1836年,中国输出生丝14 000担的数字[2]互

---

[1] 拙著:《略论新航路发现后的海上丝绸之路》;拙著:《明中叶后中日间的丝银贸易》,《史语所集刊》第五十五本第四分。
[2] *Chinese Repository*,1840年8月,卷9,p.191;汪敬虞:《十九世纪西方资本主义对中国的经济侵略》(人民出版社,1983年),页78。

相媲美。

中国生丝,在 18 世纪 20 年代以前,居于出口的第一位。① 由于生丝及丝绸的输出,明、清间(除海禁时期外)中国对外贸易便因长期大量出超而自国外输入巨额白银。根据德科民(De Comyn)的估计,自 1571 至 1821 年的两个半世纪中,自西属美洲运往菲律宾的银子共约 4 亿西元(Peso,即西班牙银元),其中约 2 亿西元(可能更多)转运入中国。又据另外一个统计,自 1599 至 1637 年,葡船自长崎输出银 58 000 箱(每箱 1 000 两),即 58 000 000 两。这许多自日运往澳门的银子,大部分转运往中国,以便购买输日华丝及其他货物。此外又有不少银子由葡、荷商船自欧洲运到东方来,再辗转流入中国。由于这许多银子的输入,中国国内银流通量自然激增,故明中叶后各地能够普遍用银作货币来便利市场上的交易,政府能够废除实物租税和徭役,改为实行以银纳税的一条鞭法。②

明代全国各地栽桑面积都普遍增加,而以太湖为中心的江苏、浙江间的广大地区,蚕桑生产特别旺盛,丝织工业特别发达。这里的蚕丝产品,既然在海外拥有广大市场,因贸易出超而自国外输入的银子,自然有不少流入江、浙人士之手。③ 我们可以想象得到,随着海外市场的扩大,作为中国蚕丝重要产区的江苏与浙江,由于投资所得利润的优厚,及就业机会的增加,经济自然越来越繁荣,人民生活自然越来越富裕,故明、清间有"上有天堂,下有苏杭"这句俗语的流行。

---

① 汪敬虞前引书,页 78。
② 拙著:《明清间美洲白银的输入中国》,《中国文化研究所学报》第二卷第一期(1969 年);拙著:《再论明清间美洲白银的输入中国》;拙著:《三论明清间美洲白银的输入中国》,1986 年 12 月第二届国际汉学会议论文;拙著:《明代中叶后澳门的海外贸易》。
③ 例如顾炎武:《日知录》(同治十一年,湖北崇文书局本)卷一〇,页 21 下—22,《纺织之利》说:"唐氏曰:吴丝衣天下,聚于双林(浙江湖州府双林镇)。吴、越、闽、番,至于海岛,皆来市焉。五月载银而至,委积如瓦砾。吴南诸乡,岁有百十万之益。……此蚕之厚利也。"(又见于贺长龄辑:《皇朝经世文编》卷三七,页 3,唐甄:《教蚕》。又嵇曾筠等纂修:《浙江通志》(雍正九至十二年修)卷一〇二,页 18,《物产》说:"(嘉兴府)濮院所产纺绸……一镇之内,坐贾持衡,行商麕至,终岁贸易,不下数十万金。"又王穉登:《客越志》(有隆庆六年序,戊寅丛编本)卷上,页 1 说:"(嘉兴府)王江泾千家巨市,地产吴绫。……石门地饶桑田,蚕丝成市。四方大贾,岁于五月来贸丝,积金如丘山。"(又见于康熙《石门县志》卷二引《万历县志》。)又康熙《吴江县志》卷一七《物产》说:"绫、罗、纱、绸,出(江苏苏州府吴江县)盛泽镇,奔走衣服天下。富商大贾,数千里辇万金而来,摩肩连袂,如一都会矣。"(原书未见,兹引自李仁溥:《中国古代纺织史稿》,长沙,1983 年,页 201。)

六

中国丝货的输出贸易,虽然令本国经济繁荣,人民生活富裕,但在国际市场上,有些国家却因敌不过中国产品的竞争,而在经济上蒙受不利的影响。

因为具有发展时间长的历史背景,中国的蚕丝生产和丝织工业,技术比较进步,成本比较低廉,产量比较丰富,故在国际市场上具有强大的竞争能力。上述在荷兰的生丝市场上,中国生丝要和波斯等国的生丝竞争,但在1624年亚姆斯特丹的生丝价目单上,中国产品获得较高的评价。在17世纪30年代,荷人把波斯生丝运往亚姆斯特丹出卖,利润为投资的100%,中国生丝的利润却高达150%。

中国商船运往菲律宾的丝货,由西班牙人转运往美洲出售获利,同时又使大帆船航线获得可靠的运费收入而能继续运作。运抵墨西哥的中国丝货,其中生丝多半在那里加工织造,为一万四千余人创造了就业的机会。运销于美洲市场上的丝绸,因为价廉物美,大多数人买得起丝绸来缝制衣服,或作其他用途。

西班牙的丝织工业,本来相当发展,其产品不独供应国内人士的消费,而且随着海外帝国的发展,大量运销于西属美洲,独占那里的丝织品市场。但当中国丝绸输入美洲,在市场上和西班牙产品竞争的时候,虽然美洲是西班牙的殖民地,但中国产品价廉物美,占尽优势,西产品远非敌手。早在1586年,在新西班牙(墨西哥及附近广大地区)市场上的中国织锦(Damask),品质就比西班牙线缎(Taffeta)为好,但前者的售价还不及后者的一半那么多。其后到了1640年左右,在秘鲁市场上,差不多同样的丝织品,中国货的售价低廉到只为西班牙货的1/3。因为运销美洲的中国丝货越来越多,在1592年自东方输入美洲的货物总值已经超过自西输美的。遭受长期激烈竞争以后,由于售价低落,产品滞销,西班牙的丝织工业由盛而衰,终于一蹶不振。根据1723年加地斯(Cadiz,在西班牙西南,为对美洲贸易的海港)商业代表的报告,塞维尔(Seville,位于西班牙西南部)原有丝织机12 000余架,从事各种丝绸的织造,但因为在美洲市场上受到中国丝货的威胁,销路锐减,大部分被迫停工,仍然开工生产的,不到200架,许多穷人因失业而陷于悲惨的命运。在西班牙南部的格拉那达(Granada),在16世纪中叶前后,丝织机多至12 000架,雇用男女织工5万多人,织造各种丝织品,每年消费生丝超过18万磅;可是其后由于中国丝绸的竞争,这许多丝织机相继停工,剩下开工生产的,不到2 000架,每年消费的生丝不到4万磅,其窘迫而悲惨的情况有如塞维尔那样。此外,西班牙其他倚赖丝织工业发展起来的城市,也遭遇到同样的困难,同时因为生丝滞销,各地种桑面积也跟着激剧减少。①

七

随着世界新航路的发现,海洋交通运输的进步,在16世纪中叶以后的长时间内,中国海外贸易特别发展起来。当海外贸易发展的时候,明帝国因生产力提高而向外输出的商品,种类甚多,而具有悠久历史的蚕丝生产与丝织工业,其产品更因技术进步、成本低廉及产量激增而无敌于国际市场之上。中国出产的生丝,在亚、欧市场上固然可能与波斯丝竞争,而大量向西属美洲输出的丝织品,更因物美价廉,打破西班牙丝织业对殖民地市场的垄断。

在美洲这个西班牙殖民地的市场上,西班牙的丝织品居然因受到中国丝货的排斥而被逐出市场之外,西国内的丝织工业家当然绝不甘心,屡次要求政府对中国丝货的输入美洲加以限制或禁止。西政府于1593年规定,中国丝货输往美洲,每年以价值25万西元为限;在美出卖后,把银运回菲律宾,每年以50万西元为限。其后又在1604年及1619年,重申此项命令。在西属美洲中,秘鲁盛产白银,购买力很大,西政府于1587年禁止中国丝绸由墨西哥转运往秘鲁出售,以便保障西丝织品在那里的销路。其后复于1593年及1599年重申禁令。但事实上,商人把远较限额为多的中国丝货自菲运美,殖民地官员往往假装不见,或互相勾结,从中取利;而中国丝绸之运销于秘鲁,因为有利可图,更得到殖民地官员的暗中赞助。

---

① 拙著:《近代早期西班牙人对中菲美贸易的争论》,《中国文化研究所学报》第八卷第一期(1976年)。

16、17世纪间,西班牙政府限制中国丝货输入美洲及禁止中国丝绸自墨西哥转运往秘鲁出卖的政策,都不能有效实行,到了1718及1720年,西班牙国王又两次下令禁止中国丝货输入美洲。对于这些禁令,殖民地官员激烈反对,他们认为:菲岛天然资源贫乏,要倚赖对外贸易才能生存。在菲岛的西班牙人,把中国丝货转运往墨西哥出售,利润很大,故美、菲贸易的收益,多至约占菲律宾国民所得的一半。由于巨额利润的吸引,许多西班牙人不辞劳苦,远涉重洋,移殖到菲岛去。如果禁止中国丝货运往美洲的命令付诸实施,在菲的西班牙殖民者将要放弃菲岛,因为如果没有中国丝货贸易的收益,他们在那里将不能维持得住。同时,从事海外殖民的西班牙人激烈反对放弃菲岛,因为后者被认为是西属美洲在太平洋上的前哨,如由西班牙人占据,美洲西岸可以安枕无忧;否则,如落入敌人之手,则美洲安全可虑。因此,菲岛仍然留在西班牙帝国之内,大帆船仍然横渡太平洋,把中国丝货运往美洲销售,前后长达两个半世纪。①

1986年10月24日,九龙

---

① 拙著:《近代早期西班牙人对中菲美贸易的争论》,《中国文化研究所学报》第八卷第一期(1976年)。

明中叶后中国黄金的输出贸易

一

自宋真宗时代(998—1022年)四川成都商人发行交子以后,中国纸币的流通到了明朝(1368—1644年)初期,已经有300余年的历史。积累了300余年的经验,明太祖于洪武八年(1375年),命中书省造"大明宝钞",全国一律流通。初时流通情况相当良好,但就在洪武(1368—1398年)后期,因为收回受限制,发行没有限制,发行过多,收回很少,宝钞的价值已经不断下跌。随着钞值的低跌,人民对宝钞失去信心,钞法于是废坏。到了正统元年(1436年),政府在长江以南若干地区征收田赋,规定由米、麦折成银两,按照四石折银一两,或每石折银二钱五分的比率来征收,称为"金花银"。人民既然要用银代替米、麦来纳税,他们就必须能够把米、麦运往市场上出售,换到银子作代价才成。因此,自这年起,政府"弛用银之禁,朝野率皆用银"①。其后,约自嘉靖十年(1531年)开始,随着一条鞭法的实行,各地赋、役都逐渐改以银折纳。由于银本位货币制度的建立,各地市场上都普遍用银作交易媒介或支付手段,银的需要自然特别增大。可是,中国银矿的蕴藏,数量本来有限,经过长期的开采,到了明中叶后,各地银矿渐渐耗竭,每年产量有长期递减的趋势。② 因为供

---

① 《明史》(百衲本)卷八一,页四,《食货志》。
② 拙著《明代的银课与银产额》,《新亚书院学术年刊》(香港九龙,1967年)第九期,页245—267;又见于拙著《中国经济史研究》(新亚研究所,1976年)中册,页209—231。根据该文第三表,明代政府每年自银矿产额中平均收到的银课,由成祖朝(1402—1423年)的224 313(+)两,仁宗朝(1424—1425年)的106 432两,宣宗朝(1426—1434年)的256 450(+)两,减为英宗朝(1435—1463年)的46 541(+)两,宪宗朝(1464—1486年)的61 913(+)两,孝宗朝(1487—1504年)的54 628(+)两(包括少量金课),及武宗朝(1505—1520年)的32 920两(包括少量金课)。

不应求，各地市场上银的价值自然非常高昂。①

当明中叶前后白银因为供需不平衡而购买力增大的时候，以银表示的物价或金价便相反地下降。刚巧约略在同一时期内，世界新航路发现，欧洲商人东来通商，中外贸易跟着发展起来。同这些与中国发生贸易关系的国家比较一下，中国的一般物价及金价，更加显得特别低廉。② 为着要赚取巨额的利润，中外商人自然通过国际贸易的途径，把外国白银大量输入中国，把中国货物（例如丝绸）、黄金大量输出国外。

关于明中叶后美洲、日本白银输入中国，及中国丝绸以及其他货物输往国外的情况，作者曾经先后发表数篇论文加以探讨。③ 本文之作，主旨在探讨明中叶后中国黄金输出贸易情况。但为着要说明这种情况之所以发生，我们先要看看明代中国金、银比价变动的情形。

二

作者在1966年撰写的《宋明间白银购买力的变动及其原因》④一文中，曾经根据顾炎武《日知录》及其他有关记载，按照年份的先后，把明代以银表示的金一两的价格，列为一表（文中第三表）。如今事隔十余年，因为陆续搜集

---

① 关于明中叶后白银因求过于供而价值高昂的情况，徐孚远等辑《皇明经世文编》（台北市国联图书出版有限公司影印明崇祯间平露堂刊本）第一八册（卷二九九），页六二七至六二九，靳学颜《讲求财用疏》（隆庆四年，1570年）说："今天下之民，愁居慑处，不胜其束湿之惨，司计者日夜忧烦，遑遑以匮乏为虑者……谓银两不足耳。夫银者……不过贸迁以通衣食之用尔。而铜钱亦贸迁以通用……而致用则一焉。今独奈何用银而废钱？……钱益废，则银益独行。银独行，则豪右之藏益深，而银益贵；银贵则货益贱，而折色之办益难。而豪右又乘其贱而收之，时其贵而粜之，银之积在豪右者愈厚，而银之行于天下者愈少。再逾数年，臣不知其何如也！"
② 拙著《明季中国与菲律宾间的贸易》，《香港中文大学中国文化研究所学报》第一卷（香港、九龙，1968年）；又见于拙著《中国经济史论丛》（新亚研究所，1972年）第一册，页417—434。又参考拙著《明代中叶后澳门的海外贸易》，同上学报第五卷第一期（1972年）。
③ 除上引拙著外，参考拙著《明清间美洲白银的输入中国》，《中国文化研究所学报》第二卷第一期（1969年），又见于拙著《中国经济史论丛》第一册，页435—450；拙著《自明季至清中叶西属美洲的中国丝货贸易》，同上学报第四卷第二期（1971年），又见于拙著《论丛》第一册，页451—473；拙著《再论明清间美洲白银的输入中国》，食货月刊社编辑委员会主编《陶希圣先生八秩荣庆论文集》（台北市，1979年），页164—173。
④ 该文发表于新亚学报（新亚研究所，1967年）第八卷第一期，又转载于《中国经济史研究》中册，页179—208。

明中叶后中国黄金的输出贸易

到更多的资料①,须补充入内,同时又发觉表中根据《大明会典》的记载,说弘治十五年(1502年)云南金每两换银八两八钱有多,有一些错误,须加以修正②,故现在另外列表来研究明代金、银比价变动的情形。

第一表　明代以银表示的金一两的价格

年　代	地　点	价格(两)	根　据
洪武八年(1375)	各地	4	顾炎武《日知录集释》(黄汝成集释,道光十四年刊)卷一一,页一二至一三,《黄金》(以下简称《日知录》)。
洪武十七年(1384)及以后	中国	6	吴晗辑《朝鲜李朝实录中的中国史料》(中华书局,1980年),前编卷中,页60,66—67。
洪武十八年(1385)	各地	5	上引《日知录》。
洪武十九年(1386)	浙江温州府	6	《明宣宗实录》["中央研究院"历史语言研究所印(以下简称"史语所印")]卷八〇,页四,"宣德六年六月甲辰"。
洪武廿八年(1395)以前	各地	5	《明史稿》(台北文海出版社影印本),志六〇,页二,《食货志》;邓球《皇明泳化类编》(隆庆二年刊)卷六八,页八六至八七。
洪武三十年(1397)	各地	5	上引《日知录》《明史稿》;《明太祖实录》(史语所印)卷二五五,页三下;《明通鉴》(中华书局)卷一一,页五三五。

---

① 近年中、日学人曾经先后制成明代金、银比价表,例如:彭信威《中国货币史》(上海人民出版社,1965年),页714;小叶田淳《金银贸易史の研究》(东京法政大学出版局,1976年),页57;市古尚三《明代货币史考》(东京风书房,1977年),页307。
② 在拙文第三表中,作者根据《大明会典》(中文书局影印万历十五年司礼监判本)卷三七,页二三,《金银诸》课,说弘治十五年云南1两金的价格为银8两8钱余,不免偏高。按:该书原文说:"(弘治)十五年,令云南该征差发银八千八百九两五分,定为常例。自弘治十六年为始,每年折买金一千两,足色二分,九成色三分,八成色五分,与每年额办金六十六两六钱七分,并余剩银两,一同解(户)部,转送承运库解纳。"(又见于王文韶修《续云南通志稿》,文海出版社本,卷四八,页一七下,《矿务》。)可见这一笔8 800余两的银子,并不完全是1 000两黄金(包括足色金及成色金)的代价,此外还包括60余两额办金的价格和"余剩银两"。故事实上,当日云南每两金换不到银8两8钱余那么多。

续表

年　　代	地　点	价格(两)	根　据
永乐五年(1407)	各地	5	《续文献通考》(浙江书局,光绪十三年)卷一〇,页九;陈仁锡辑《皇明世法录》(明刊本)卷三三,页三。
永乐十一年(1413)	各地	7.5	上引《日知录》。
同年	各地	4.8	傅维鳞《明书》(丛书集成本)卷八一,页一六四四,《食货》志。
宣德元年(1426)	各地	4	上引《续文献通考》。
正统五年(1440)	山西大同	1.67(一)	《明英宗实录》(史语所印)卷六五,页一,"正统五年三月乙巳"。
成化十七年(1481)	各地	7	《明宪宗实录》(史语所印)卷二一九,页二,"成化十七年九月己卯"。
成化十八年(1482)	贵州	7(足色好金)	何乔新《勘处播州事情疏》(《丛书集成》本),页三一。
弘治二年(1489)	各地	5—6	《何文肃公文集》卷三二《题为修省事》(引自小叶田淳,前引书,页五七)。
嘉靖九年(1530)	云南	6	《大明会典》卷三七,页二五,《金银诸课》;《续云南通志稿》卷四八,页一八,《矿务》。
嘉靖十三年(1534)	云南	6.361(足色金) 5.567(成色金)	顾炎武《天下郡国利病书》(广雅书局本)卷一〇七,页二六下,《云南》,《贡金》;上引《续云南通志稿》。
1560	中国	4	Rafael Bernal, "The Chinese Colony in Manila, 1570-1770," in Alfonso Felix, Jr., ed., *The Chinese in the Philippines, 1570-1770*, Manila, 1966, Vol. I, p.46.
嘉靖年间(1522—1566)	各地	5	《金瓶梅》(引自彭信威,前引书,页727)。

续表

年　　代	地点	价格(两)	根　　据
隆庆元年(1567)	各地	6	余继登辑《典故纪闻》(《丛书集成》本),卷一八,页三〇一。
隆庆二年(1568)	各地	6	明《穆宗实录》(史语所印)卷一九,页一下至二,"隆庆二年四月壬午";《明穆宗宝训》(史语所校印)卷一,页二〇至二一,"隆庆二年四月壬午"。
隆庆六年(1572)	云南	8	明《穆宗实录》卷六五,页五下,"隆庆六年正月癸酉"。
1576	中国	4	Francisco de Sande, "Relation of the Filipinas Islands," June 7, 1567, in E. H. Blair and J. A. Robertson, eds., *The Philippine. Islands, 1493 - 1898*（以下简称 *Phil. Isls.*, Cleveland, 1903 - 09）, Vol.19, pp.53 - 54.
1556—1598	中国	4	Fernand Braudel, *The Mediterranean and the Mediterranean World in the Age of Philip II*, London, 1976, Vol. I, p.499.
约万历八年(1580)	云南	5—6	《皇明经世文编》第二二册(卷三六三),页五七八至五七九,张学颜《题免云南加增金两疏》(约万历八年)。
1590—1600	广州	5.5—7.5	C.R. Boxer, *The Christian Century in Japan 1549 - 1650*（以下简称 *Christian Century*）, Berkeley, 1967, pp.426, 464 - 465.
1592 及以后	广州	5.5—7	C.R. Boxer, *The Great Ship from Amacon: Annals of Macao and the Old Japan Trade, 1555 - 1640*（以下简称 *Great Ship*）, Lisbon, 1963, p.2.
万历(1573—1620)中	各地	7—8	上引《日知录》。

续表

年　代	地　点	价格(两)	根　据
17 世纪初	广州	6.6—7（足色金） 5.4（成色金）	Martin Castanos, "Buying and Selling Prices of Oriental Products"(约 17 世纪初), in *Phil Isls.*, Vol.19, pp.307, 314; Boxer, *Great Ship*, pp.179, 184.
1580—1630	中国	5.5—8	C. R. Boxer, "Plata es Sangre: Sidelights on the Drain of Spanish-American Silver in the Far East, 1550 - 1700", in *Philippine Studies*, Manila, July 1970, Vol. 18, No. 3, p.461.
万历三十四至三十五年(1606—1607)	云南	6.4	《明神宗实录》(史语所印)卷四二四,页二,"万历三十四年八月戊戌";卷四三七,页八下至九,"万历三十五年八月乙酉"。
1620—1630	福建	8	Dutch data,见 A. Kobata, "The Production and Uses of Gold and Silver in Sixteenth-and Seventeenth-Century Japan", in *Economic History Review*, Second Series, Vol. XVIII, No. 2, August 1965, pp.250 - 254.
1635	福建	10	同上。
崇祯(1628—1644)中	各地	10	同上;上引《日知录》。
崇祯(1628—1644)中	江左(江南)	13	Kobata,前引文;上引《日知录》。
1640	广州	11	Boxer, *Great Ship*, pp.179 - 180.
1637—1644	福建	13	Kobata,前引文。

根据第一表可知,在明代 270 余年中,除最后十年外,金价每两低廉时换银 4 两,昂贵时换银 8 两[①],平均每两金换银 6 两。换句话说,在明代绝大部

---

① 在第一表中,作者根据《明英宗实录》卷六五,页一,正统五年(1440 年)三月乙丑,巡抚河南、山西行在兵部左侍郎于谦说山西大同"金六钱折银一两"的话,计算出金价每两换银 1 两 6 钱 7 分少点。文中记载的黄金之所以这样便宜,可能是由于成色低下。参考拙著《宋明间白银购买力的变动及其原因》。

分时间内,金、银比价约为 1∶6。这和宋、元时代金每两平均换银 10 两有多①的情形比较起来,可说低廉得多。在明代金、银比价中,金价之所以比较便宜,银价之所以比较昂贵,原因可能有种种的不同,但当日全国各地市场上普遍用银作货币,银不免求过于供,从而购买力增大,当是其中一个重要的原因。

在明朝中叶左右,当中国银值增大,以银表示的金价比较便宜的时候,在世界其他地区,却因银矿资源开发,产量增多、银价下降,以银表示的金价则相反地昂贵起来。

自 1942 年(明弘治五年)哥伦布发现新大陆后,西班牙人纷纷移殖美洲。他们在那里发现有蕴藏丰富的银矿,于是加以开采。其中于 1545 年在秘鲁南部(Upper Peru,今属 Bolivia)发现的波多西(Potosi)银矿,产量更为丰富。这个银矿由 1581 至 1600 年,每年平均产银 254 000 公斤,约占世界产额(远东产额除外)的 60%②。

西班牙人在美洲开采的贵金属矿产,除银矿外,还有金矿,但产量远在银矿之下。这些贵金属,一部分用作政府的税收,另一部分通过贸易的关系,每年一船一船地运回西班牙。光是就白银来说,自 1531 年至 1580 年,西班牙共自美洲输入 2 628 000 公斤;到了 1581 年至 1630 年,更激增至 11 362 000 公斤。③ 自 1591 年至 1620 年,西班牙每年自美洲输入的金、银,就价值说,银占 90% 以上,金占不到 2%;自 1620 年至 1660 年,几乎全部是银,金占不到 1%。④ 自 15、16 世纪之交开始,由于金、银数量的悬殊,和金价比较起来,西班牙帝国的银价便日渐下跌,到了 17 世纪中叶,约下跌 60%。换句话说,西

---

① 见上引拙文。
② A. Kobata,前引文,in *Economic History Review*,Second Series,Vol. XVIII,No.2,p.247.
③ Jaime Vicens Vives, *An Economic History of Spain*,Princeton,1965,pp.246-247;拙著《近代早期西班牙人对中菲美贸易的争论》,《中国文化研究所学报》第八卷第一期(1976 年)。
④ J.H. Parry, *The Spanish Seaborne Empire*,London,1966,pp.246-247;R. Trevor, *The Golden Century of Spain 1501-1621*,New York,1937,pp.297-298;上引拙文。另据 F.C. Spooner 教授的研究,自 1503 至 1600 年,西班牙共自美洲输入银 7 439 142 公斤,金 153 564 公斤,就重量说,银为金的 48.44 倍;自 1601 至 1660 年,输入银 9 447 673 公斤,金 27 769 公斤,银为金的 340.22 倍。参考 F.C. Spooner, "The European Economy 1609-50," in *The New Cambridge Modern History*,Cambridge University Press,1970,Vol. IV,p.83.

班牙帝国的金、银比价,在 15 世纪末叶约为 1∶10;其后随着美洲银产量激增,逐渐发生变化,到了 17 世纪中叶,徘徊于 1∶15 至 1∶16 之间。①

在美洲波多西银矿发现(1545 年)的前三年(1542 年),日本人也在该国兵库县发现储藏丰富的生野银矿。随着产量的增加,到了 16 世纪末,该银矿每年向丰臣秀吉缴纳银课,多至 1 万公斤。约 17 世纪初,岛根县岩美银矿中一银坑,向德川家康贡献银课,多至 12 000 公斤。约在同一时期,佐渡银矿每年的银产额,约达 6 万至 9 万公斤。② 日本银产量既然激增,银价便因供应增多而下跌,以银表示的金价则相反地上涨。日本的金价,在天文(1532—1554 年)以前,每两换银 4 两至 6 两,但自天文时期开始,金价却上涨至每两将近换银 10 两,其后也长期停留在较高水准之上。关于 16、17 世纪间日本金、银比价变动的情况,参看第二表。

第二表　日本以银表示的金一两的价格

年　　代	价格(两)	根　　据
天文(1532—1554)以前	4—6	小叶田淳前引书,页五五。
天文(1532—1554)	10(—)	同书,页五六,一一一。下同。
1569	7.5(—)	
1573	11(—)—12	
1579	10—10(+)	
1581	10(+)	
1583	10	
1585	8.32(+)	

---

① Harry E. Cross, *South American Bullion Production and Export*, 1550 - 1750 (unpublished), Center for Latin American Studies, Stanford University. 另据 F.C. Spooner,前引文,欧洲的金、银比价,在 1550 年平均约为 1∶11,1600 年增至 1∶12,及 1650 年更增至 1∶14.5。又据 C.H. Haring, *The Spanish Empire in America*, New York, 1975, pp.249-250,1500 年西班牙金、银比价为 1∶10.11,1566 年为 1∶12.12,1643 年为 1∶14.84。

② George Sansom, *A History of Japan* 1334 - 1615, London, 1961, p.251; A. Kobata,前引文,in *Economic History Review*, Second Series, Vol. XVIII, No.2, p.248;上引拙著《明代的银课与银产额》。

续表

年　　代	价格(两)	根　　据
1586	8.82	
1592	10(官价)	C.R. Boxer, *Great Ship*, p.2.
1592 及以后	12—13	同上。
17 世纪初	8.3(足色金) 7.8(成色金)	Martin Cartanos, 前引文, in *Phil. Isls.*, Vol. 19, p. 307; Boxer, *Great Ship*, p.179.
1615	13.32(平户) 12.93(京都)	小叶田淳前引书, 页 53。下同。
1616	11.89(大阪) 12.63(江户、小田原)	
1617	12.89(江户)	
1621	12.41(江户)	
1622	12.45	

归纳以上的事实,我们可知,当 16、17 世纪世界其他国家银产量激增,银价下跌,以银表示的金价上涨的时候,约略同时的中国,却因普遍用银作货币,银求过于供,价值特别增大,金价则比较低廉。适在这个时候,由于新航路发现,欧洲商人东来,中外贸易不断扩展。眼见中外金、银比价的悬殊,从事国际贸易的商人,除自中国输出丝绸等货物外,自然在中国搜购廉价的黄金向国外输出,同时把中国人视为至宝的白银输入中国,以赚取巨额的利润。

三

自新大陆发现后,经过长期的经营,西班牙殖民者以墨西哥为基地,于 1565 年占领菲律宾群岛。因为要加强美洲与菲岛间的联系,在此后两个半世纪的期间内,西班牙政府每年都派遣大帆船(Galleon)1 艘至 4 艘(通常以 2 艘为多),横渡太平洋,来往于墨西哥阿卡普鲁可(Acapulco)和菲律宾马尼拉(Manila)之间。大帆船载运各种不同的货物,但美洲对菲的输出,以白银为主,菲岛对美的输出,则以中国生丝及织造好的丝绸为最重要。① 在菲岛的西班牙人,因为自美洲运到大量白银,引起热爱白银的中国商人的兴趣,故后者努力发展对菲的出口贸易,以便把西人自美运到那里的银子,大量赚回中国。为着要赚取更多的银子,中国商人除把丝绸等货物运往菲岛卖给西人外,又向菲岛输出黄金。根据17世纪初年文献的记载,自菲岛开往美洲的大帆船,除其他各种货物外,载有由中国商人运往菲岛的没有加工精制的金子,及加工制造好的金器和金首饰,数量甚大。这些金子有足色的,有成色较低的。② 1582年6月16日,一位西班牙官员自马尼拉写信给国王菲利普二世(Felipe Ⅱ)说,是年开往墨西哥大帆船所载运的货物中,有黄金1 000磅以上。③ 这些黄金,可能有一部分产于菲律宾,一部分来自中国。

一位曾在菲律宾、澳门等处负责财政、行政工作的西班牙人,于1609年左右向新西班牙(以墨西哥为中心,包括中美洲、西印度群岛及现在美国的一部分)政府建议,准许白银自由运往菲律宾,其条件为以其中一半购买中国货物,一半购买中国黄金。他根据多年的观察,说广州金、银比价,通常为1∶5.5;当金价因需要增大而上涨时,则为1∶6或1∶6.5;从来没有超过1∶7.5的。可是,西班牙的金、银比价,经常都是1∶1.25。因此,如果以白银交换中国黄金,运往新西班牙或西班牙出售,可获利75%以上,或80%。④

明中叶后,中国出口的黄金,除卖给菲律宾的西班牙人换取白银外,又向日本输出。日本邻近中国,当中国普遍用银作货币,银因求过于供而价值增大的时候,日本却有丰富银矿的发现,从而银产量激增,银价远较中国低廉,以银表示的金价则远较中国昂贵。因此,自嘉靖三十六年(1557年)开始以澳门为贸易根据地的葡萄牙人,努力扩展对日贸易,除向日本输出中国丝绸等货物外,又把中国黄金运往日本,与日本交换白银,以赚取巨额的利润。根

---

① 上引拙著《明清间美洲白银的输入中国》;《自明季至清中叶西属美洲的中国丝货贸易》。
② "Memorandum of the retail selling prices of wares in Canton"(约17世纪初), in *Phil. Isls.*, Vol.19, pp.318 - 319.
③ "Letter from Penalosa to Felipe Ⅱ" (Manila, June 16, 1582), in *Phil. Isls.*, Vol.5, p.131,按原文说船上载黄金2 000 marcos,而1 marco等于0.507 641磅。
④ C.R. Boxer, *Christian Century*, p.426.又墨西哥大学Rafael Bernal教授指出,在1560年,墨西哥金、银比价为1∶13,中国为1∶4。见Bernal,上引文,in *The Chinese in the Philippines, 1570 - 1700*, Vol.Ⅰ, p.46.

明中叶后中国黄金的输出贸易

据有关方面的记载,自1580年至1614年,澳门葡商每年都把数量庞大的中国黄金运往日本长崎。① 这个时期一共有多少金子自中国运往日本,我们虽然找不到准确的数字,但在1600年前后,每艘葡船自澳门开往长崎,除装运各种各色的货物外,又载有中国黄金三四千两。② 1590年,有一本报导中国情况的拉丁文刊物,在澳门出版。根据这本刊物中一篇文章的记载,是年共有黄金2 000锭,每锭约值银100两,由中国运往长崎。③ 另据一位伦敦商人的记载,在16世纪80年代的中国对日出口贸易中,经澳门运往日本的中国黄金,其重要性只次于生丝及丝织品。④

归纳上引第一表、第二表关于中、日金、银比价的记载,我们可知,自16世纪中叶左右开始的长时间内,当中国金价每两约换银四两至七八两的时候,日本金价每两多半换银十两左右,或甚至十二三两。故葡萄牙商人自澳门把中国黄金运往长崎出售,在扣除运费等开销以后,利润相当优厚。据日本小叶田淳教授的研究,在1610至1620年,澳门葡人运中国金子赴日出卖,获利60%;约十年后,获利30%。⑤

澳门葡人在中国收购得来的黄金,除向日本输出外,还有一部分运往印度去。葡人航海东来,初时以印度西岸的果亚(Goa)为根据地,其后向东扩展至澳门。他们在果亚、澳门间来往贸易,发现中国白银的购买力大于印度,金价则比印度低廉。例如,在1580年至1630年,广州金价通常每两换银五两半,贵时换银八两,但在果亚每两金换银九两。⑥ 澳门葡人利用两地金价的差异,把中国金子运往印度出卖。根据17世纪初的记载,自澳门开往果亚的葡船,除丝绸等货物外,载有黄金3担至4担,此外又有大量的金炼及其他饰

---

① Boxer, *Great Ship*, p.6.
② 同书,p.179;Boxer, *Christian Century*, p.109;Martin Castanos,前引文,in *Phil. Isls.*, Vol.19, p.307;上引拙著《明代中叶后澳门的海外贸易》。
③ Boxer, *Great Ship*, pp.54-55;A. Kobata,前引文,in *Economic History Review*, Second Series, Vol.XVIII, No.2, pp.253-254.原文说每锭金约值100 ducats。按:一ducat等于银一两,见 *Great ship*, p.336.
④ Kobata,前引文。
⑤ 同上。又《明神宗实录》卷四九三,页三,载万历四十年(1612年)三月辛丑,右给事中彭惟成说:"倭夷……得我……硇硝、铁、金,皆二十倍于土价,而他锦绮器物,不过数倍。"彭惟成说日本金价贵到等于中国原来售价的20倍,这句话显然有些夸大。
⑥ C.R. Boxer,前引文,in *Philippine Studies*, Vol.18, No.3, p.461.

物,由于两地价格的悬殊,往往获利 80％至 90％。① 因为欧、亚间的香料贸易,利润非常之大,葡人又利用自华运来的黄金,在印度西南岸购买胡椒,运回欧洲出售。②

四

综括上文,可知中国的对外贸易,约自明朝中叶开始,由于新航路发现,欧人航海东来,发展的规模越来越大。东来的欧人,初时以葡、西商人为主,由于葡萄牙商船在中国沿海的活跃,西班牙大帆船航行于美洲与菲律宾之间,中国一方面推广丝绸等货物的出口贸易,他方面把黄金运往海外,以换取国内亟须用作货币的白银。中国是世界上蚕丝工业最早发展的国家,丝绸产量丰富而物美价廉,它的大量输出是可以理解的。可是,除此之外,中国出口的黄金,由葡船自澳门运往日本,其重要性只次于丝绸,这又是什么原故呢?

关于明代中国黄金生产的情况,崇祯十年(1637年)宋应星告诉我们:"凡中国产金之区,大约百余处,难以枚举。"③可是,当日中国黄金的产额或存量到底有多少,宋氏并没有数字留存下来。明代中国每两黄金换到的白银之所以比他国为少,换句话说,金价之所以比他国低廉,除由于银求过于供,银值高昂以外,我们还可以从明代民间黄金存量的丰富来加以解释。黄金是体积、重量特别小而价值特别大的物品,最宜于作为宝藏,因此中国富人往往储藏黄金,以备不时之需。经过长期的累积,到了明代,中国民间的存金,可能已经达到一个庞大的数字。举例来说,在正德五年(1510年),刘瑾籍没家产中,共有黄金 12 057 800 两。④ 这个数字究竟有多大? 自新大陆发现后,西班牙人在美洲开采储藏丰富的金藏,结果自 1500 年至 1800 年,南美洲及墨

---

① Boxer, *Great Ship*, p.181; *Christian Century*, p.110; *Phil. Isls.*, Vol.19, pp.310 - 311;上引拙著《明代中叶后澳门的海外贸易》。
② C.R. Boxer, *The Portuguese Seaborne Empire* 1415 - 1825, London, 1969, p.60.
③ 宋应星《天工开物》(崇祯十年序,中华书局)下卷,页三三六,《黄金》。
④ 陈洪谟《继世纪闻》(《丛书集成》本)卷三,页五一至五二说:"抄没逆(刘)瑾货财:金二十四万锭,又五万七千八百两。……以上金共一千二百五万七千八百两……"又参考田艺蘅《留青日札摘抄》(《纪录汇编》本)卷四,页三。

西哥出产的黄金，占世界总额的70%以上；其中光是秘鲁的黄金产额，在16世纪占世界总额的35.7%，到了17世纪更占60.1%。[1] 这些在殖民地采得的黄金，一部分作为政府税收，另一部分由于贸易的关系，大量运回西班牙。根据统计，自1503年至1600年，西班牙共输入美洲黄金153 564公斤；自1601年至1660年，共输入27 769公斤。[2] 把这两个数字加起来，可知自1503年至1660年，西班牙共自美洲输入黄金181 333公斤，或4 714 658两。把这个数字拿来和刘瑾私有的黄金数字比较一下，我们可以看出，在这16、17世纪的158年中，西班牙自美洲输入黄金的总额，约只等于刘瑾私有黄金的39%。事实上，除刘瑾以外，明代还有不少富人蓄藏黄金。如果再加上这许多人藏金的数量，民间存金的数额当然更大。中国的黄金存量既然这样丰富，由于供给增多，金价自然要较国外低廉。因此，在明朝中叶后，当海外贸易兴盛的时候，由于巨额利润的吸引，商人纷纷输出黄金，以赚取更多的白银。

1982年7月30日，九龙。

---

[1] Harry E. Cross,前引未刊稿。
[2] F. C. Spooner,前引文。

近代早期西班牙人对中菲美贸易的争论

一

在本《学报》发表的三篇论文①中，作者曾经指出，自1492年西班牙政府派遣哥伦布发现美洲新大陆后，再经过长期的经营，西班牙殖民者以墨西哥为根据地，于1565年占领菲律宾群岛。为着要加强美、菲间的联系，在此后250年内，西班牙政府每年都派遣1艘至4艘（以2艘为最多）大帆船，航行于墨西哥阿卡普鲁可（Acapulco）和菲律宾马尼拉（Manila）之间。大帆船载有各种不同的商品，但自美洲运往菲岛的货物，以秘鲁、墨西哥等地盛产的白银为主；自菲运返美洲的货物，则以中国丝货（生丝及丝织品）为最重要。中国在明朝（1368—1644年）中叶左右开始，各地普遍用银作货币，但本国银矿产量有限，故银求过于供，价值特别增大。西班牙人把美洲白银大量运往菲岛，由于地理上的近便，自然刺激中国商人扩展对菲的出口贸易，把银子赚回本国。在菲岛方面，当西班牙人刚刚占领的时候，天然资源尚待开发，物产相当贫乏，既不能满足西班牙人生活上的需要，也没有可供大帆船大量运美销售获利的商品。由中国输往菲岛的货物，除了供应当地西班牙人的消费外，又有大量生丝和各种丝织品，由大帆船转运往美洲出卖，销路特别畅旺，利润非常之大。由于中国丝货的运输，大帆船得到可靠的运费收入，故航运业务能够长期经营，前后达两个半世纪之久。

以菲律宾作媒介而发展起来的中国与西属美洲的贸易，虽然双方都因此

---

① 拙著《自明季至清中叶西属美洲的中国丝货贸易》，《中国文化研究所学报》（香港九龙，1971年）第四卷第二期，页345—369；《明清间美洲白银的输入中国》，同上学报（1969年）第二卷第一期，页59—79；《明季中国与菲律宾间的贸易》，同上学报（1968年）第一卷，页27—49。

获利,但自16世纪末叶至18世纪,在西班牙帝国内却不断产生争论。第一,西班牙的重商主义者,对于在美洲殖民地采炼出来的白银通过大帆船贸易大量运往菲岛,再转运入中国,从而影响到西班牙白银输入的减少,非常不满意,因为他们认为货币就是财富,而白银是当日主要流通的货币。第二,西班牙帝国由欧洲本部扩展至美洲后,和西班牙经济有密切关系的丝织工业,其产品曾经大量运销于美洲市场上出售获利。但大帆船开航后,把中国丝绸运美销售,因为价格比较低廉,给西班牙产品以严重的威胁,西丝织工业跟着衰落,从事西、美贸易的商人也蒙受损失。因此,由于利害关系,在西班牙国内,中、菲、美贸易常常受到舆论的攻击。

可是,虽然国内舆论反对,在海外从事帝国扩展活动的西班牙人,尤其是在菲律宾的殖民者,却认为中、菲、美贸易是大帆船航线的支柱,和菲律宾这块殖民地的维持有密切的关系,从而给它以坚决的支持和赞助。因此,西班牙帝国内对于太平洋上的中、菲、美贸易,曾经在国内工商业者和从事海外殖民的人士之间引起过剧烈的争论。

二

新大陆发现后,西班牙人纷纷移殖美洲。他们发现那里银矿储量丰富,于是加以开采。其中于1545年在秘鲁南部(Upper Peru,今属Bolivia)发现的波多西(Potosi)银矿,产量更为丰富。这个银矿由1581年至1600年,每年平均产银254 000公斤,在世界银产额中约占60%。① 在最初开采的半个世纪,共约产银4亿西元(Peso,即西班牙银元)。② 在最先开采的4个世纪中,以美元计算,产银共值10亿美元,成为这时期全世界非常重要的银产区。③ 美洲另一重要银产区位于墨西哥,当波多西银矿因长期开采而出产减少的时候,墨西哥银矿产量增加,在西班牙帝国银产额中占有重要的地位。④

---

① 拙著《明清间美洲白银的输入中国》,页60。
② Herbert Herring, *A History of Latin America from the Beginnings to the Present* (3rd edition, London, 1968), p.195.
③ Harold Osborne, *Bolivia: A Land Divided* (London, 1964), p.144.
④ J.H. Parry, *The Spanish Seaborne Empire* (London, 1966), pp.311-312.

西班牙人在美洲开采的贵金属矿产,除银矿外,还有金矿,不过产量远不及银矿那么大。这些贵金属,一部分作为政府的税收,另一部分通过贸易的关系,每年一船一船地运回西班牙,在 16 世纪及 17 世纪初,数量激剧增加。光是就白银来说,自 1531 年至 1580 年,西班牙共输入美洲白银 2 628 000 公斤;到了 1581 年至 1630 年,更激增至 11 362 000 公斤。① 根据另外一个统计,在 1551 年至 1555 年,西班牙每年平均输入美洲的金银总值,将达 125 万镑;在 1576 年至 1580 年,超过 200 万镑;到了 16 世纪末叶,超过 400 万镑。② 这些横渡大西洋的金银,在 16、17 世纪间美洲对西输出贸易总值中所占的百分比,每年都不少于 80%,在 1594 年更高达 95.6%,其后到了 1609 年也占 84%。③ 由 1591 年至 1600 年,西班牙每年自美洲输入金银,总值将达 700 万西元,其中银占 90% 以上,金则占不到 2%。④ 如以重量来说,每年输入银 270 763 公斤、金 1 945 公斤。⑤

可是,到了 17 世纪,西班牙自美洲输入的金银(以银为主)有长期下降的趋势。关于西班牙输入美洲金银的数额,参看第一表:

第一表　西班牙每年平均输入美洲金银的估计⑥

年　代	数额(单位:西元)	金银在总额中所占的百分比
1591—1600	7 000 000(一)	银占 90% 以上,金占不到 2%
1601—1610	5 580 853	同上
1611—1620	5 464 058	同上
1621—1630	5 196 520	几乎全部是银,金占不到 1%

---

① Jaime Vicens Vives, *An Economic History of Spain* (Princeton, 1969), p.323.
② R. Trevor Davies, *The Golden Century of Spain 1501-1621* (New York, 1937), pp.179-180, 63. 又参考 Earl J. Hamilton, *American Treasure and the Price Revolution in Spain, 1501-1650* (Cambridge, Mass., 1934), pp.34-35, 37-38, 43; P.J. Bakewell, *Silver Mining and Society in Colonial Mexico: Zacatecas 1540-1700* (Cambridge University Press, 1971), pp.230-231.
③ Parry,前引书,pp.242-243; Hamilton,前引书,pp.33-34; John Lynch, *Spain under the Habsburgs* (Oxford, 1969), Vol.II, p.185.
④ Parry,前引书,p.246; Davies,前引书,pp.297-298.
⑤ F.C. Spooner, "The European Economy 1609-50," in *The New Cambridge Modern History* (Cambridge University Press, 1970), Vol.IV, p.79.
⑥ 如以英镑来表示,西班牙每年平均自美洲输入的金银,在 1591 年至 1600 年为 400 余万镑,1601 年至 1610 年为 300 余万镑,1611 年至 1620 年为 300 万镑,及 17 世纪中叶下降到不足 150 万镑。见 Davies,前引书,p.263。

续表

年　代	数额(单位：西元)	金银在总额中所占的百分比
1631—1640	3 342 545	同上
1641—1650	2 553 435	同上
1651—1660	1 065 488	同上

资料来源：J. H. Parry, *The Spanish Seaborne Empire* (London, 1966), pp. 246 - 247; R. Trevor Davies, *The Golden Century of Spain 1501 - 1621* (New York, 1937), pp. 297 - 298.

此外，上文说过，西班牙自美洲输入的银子，由1591年至1600年，每年平均270 763公斤；但到了1641年至1650年，却下降为105 643公斤。[1] 在1660年，西班牙自美洲输入的银数，锐减到只有1595年的1/10。[2]

美洲白银输入西班牙的数量之所以长期锐减，原因当然有种种的不同[3]，但当日不少西班牙人都认为，太平洋地区的中、菲、美贸易，使大量白银自美流入菲岛，再流入中国，是其中一个主要的原因。[4] 早在1584年，已经有人诉苦，说中国商人把自墨西哥运往菲岛的银子全部运走了。其后在16、17世纪间的长时期内，不断有人指出，美洲白银到达菲岛后，为中国商人赚回本国，以致影响到西班牙白银输入的减少。例如在1602年，有一位南美洲主教说："……菲律宾每年输入200万西元的银子，所有这些财富，都转入中国人之手，而不运往西班牙去。"[5] 在1630年至1660年，随着美洲金银运西的激剧减少，西班牙重商主义者更加恐惧，主张严格限制中、菲、美贸易，有些人甚至倡议放弃菲律宾这块殖民地，以免美洲白银经菲流入中国。[6]

西班牙的重商主义者，不独反对美洲白银大量运往菲岛，再转运往中国，而且反对大帆船自菲把中国丝绸运往美洲出卖，在那里的市场上和西班牙丝

---

[1] Spooner, 前引文。
[2] Parry, 前引书, pp. 226 - 227.
[3] Parry, 前引书, pp. 226 - 227, 246 - 247; Davies, 前引书, pp. 263 - 264.
[4] Spooner, 前引文; Davies, 前引书, pp. 263 - 264.
[5] 拙著《明清间美洲白银的输入中国》，页66; Robert Ronald Reed, *Hispanic Urbanism in the Philippines* (Manila, 1967), p. 122.
[6] E. H. Blair and J. A. Robertson (eds.), *The Philippine Islands*, 1493 - 1898 (以下简称 *Phil. Isls.*, 55 vols., Cleveland, 1903 - 09), Vol. 27, pp. 64 - 65, "Grau y Monfalcon's Informatory Memorial of 1637"; Reed, 前引书, p. 123.

织品竞争,使西丝织工业大受打击。

16世纪西班牙的丝织工业,不单供应国内人士的消费,在西属美洲也有广大的市场[1],故随着海外帝国的扩张而发展起来。位于西班牙西南部的塞维尔(Seville)为经营海外殖民事业的基地,同时又是重要的丝织工业中心,城中各丝织厂,在16世纪中叶全盛时代,共有丝织机12 000余架。位于南部的格拉那达(Granada),在16世纪中叶前后,丝织机也多至12 000架,雇用男女织工5万多人,织造波纹绸、缎子、厚绒布(丝、棉织品)及其他各种丝织品,每年消费生丝在18万磅以上。当中国丝绸还没有运往美洲出卖,由西班牙产品独占市场的时候,格拉那达自丝业得到的收益,每年多至7 200万西元。政府自丝织业得到的税收,每年约占税收总额的一半。另外一个丝织工业中心为托利多(Toledo,在西班牙中部),在1525年雇有织工1万人,及1550年增加至5万人,每年消费生丝435 000磅。由于丝织业的发达,政府在16世纪中叶征收到的税款,为16世纪初的2倍有多。综计全国共有丝织机7万余架,因为产品运销于美洲各地,所以无论老弱妇孺,都因丝织工业的欣欣向荣而得到就业的机会。[2]

上述16世纪中叶前后西班牙丝织工业的盛况,主要是中、菲、美贸易发展以前的情形,及大帆船航行于美、菲之间,把中国丝货大量运美出售,情况可要发生变化了。中国的蚕丝生产和丝织工业具有悠久的历史,织造技术非常进步,生产成本特别低廉。故当中国丝绸输入美洲,在市场上与西班牙产品竞争的时候,虽然美洲是西班牙的殖民地,但中国产品仍占尽优势,西产品远非它的敌手。早在1586年11月15日,新西班牙(以墨西哥为中心,包括中美洲、西印度群岛及现在美国的一部分)都护(Viceroy)已经向国王菲利普二世(Felipe Ⅱ)报告说:"这些有花纹的中国丝织品……其价格的低廉,西班牙产品简直不能和它相比,因为中国的织锦(Damask)照例比西班牙的线缎

---

[1] William Lytle Schurz, *The Manila Galleon* (New York, 1939), p.404; Benito Legarda, Jr., "Two and a Half Centuries of the Galleon Trade," in *Philippine Studies*, Vol.3, No.4 (Manila, December 1955), p.353.

[2] "Letter from the Royal Fiscal to the King" (Manila, July 21, 1599), in *Phil. Isls.*, Vol.Ⅱ, p.110; Antonio Álvarez de Abreu, "Commerce of the Philippines with Nueva España" (1736), in 前引书,Vol.44, pp.294 - 295, Vol.45, pp.75 - 76; Davies,前引书,pp.67 - 68, 70 - 71.

(Taffeta)为好,但前者的售价还不及后者的一半那么多。其他各种丝织品的情况,也都是这样。"后来到了1640年左右,在秘鲁市场上,差不多同样的丝织品,中国货的价格便宜到只为西班牙货的1/3。① 因为运销美洲的中国丝货越来越多,在1592年,自东方输入美洲的货物总值已经超过自西输美的。② 遭受长期的激烈竞争以后,因为售价低落,产品滞销③,西班牙的丝织工业便由盛而衰,终于一蹶不振。根据1723年9月3日加地斯(Cadiz,位于西班牙西南,为对美洲贸易的海港)商业代表的报导,塞维尔原有丝织机12 000余架,从事各种丝绸的织造,但因为在美洲市场上受到中国丝货的威胁,销路锐减,大部分被迫停工,仍然开工生产的,不到200架,许多穷人不能以劳力谋生,陷于悲惨的命运。在格拉那达,原来也有12 000余架丝织机开工生产,每年消费生丝超过18万磅,可是由于中国丝绸的竞争,这些丝织机相继停工,剩下开工生产的,不到2 000架,每年消费的生丝不到4万磅,其窘迫而悲惨的情况有如塞维尔那样。此外,西班牙其他倚赖丝织工业发展起来的城市,也遭遇到同样的困难;同时因为生丝滞销,各地种桑面积也跟着急剧减少。④

西班牙丝织工业之所以由盛而衰,原因相当复杂,但当时西班牙的工商业者及其他有关人士归咎于中国丝货的竞争,故中、菲、美贸易要受到猛烈的抨击。

三

在海外帝国由美洲扩展至菲律宾后,西班牙经济既然因中、菲、美贸易而蒙受不利的影响,西班牙人自然要对这种贸易表示不满。从当日的重商主义者看来,在殖民地银矿采炼出来的白银,应该运回西班牙去,以增加本国的财富;可是,大帆船把美洲白银大量运往菲岛,再由菲岛流入中国,以致西班牙白银输入减少,自然要引起他们的焦虑。另外,重商主义者认为殖民地应保

---

① 拙著《自明季至清中叶西属美洲的中国丝货贸易》,页363—364。
② Schurz,前引书,pp.72-73.
③ "Measures Regarding Trade with China" (Letter to Felipe II, June 17, 1586), in *Phil. Isls.*, Vol.6, pp.279-280.
④ Abreu,前引文, in *Phil. Isls.*, Vol.44, pp.294-295.

留作母国工业品的市场,母国工业品在那里不应受到竞争。可是,大帆船把中国丝绸大量运美出售,使西班牙丝织工业大受打击,他们当然很不满意。①

西班牙的塞维尔为西班牙与美洲贸易的根据地。在那里经营对美出口贸易的商人,当16、17世纪之交,对于中国丝货的输入美洲,及美洲白银因偿付入口货价而大量输出,已经深表忧虑。因为中国丝绸充斥于墨西哥及秘鲁的市场上,售价比西班牙货低廉得多,而白银东流越来越多,西班牙的输入便越来越少。② 另外一些西班牙商人指出,在美洲殖民地市场上,东方货物(以中国丝绸为主)的激烈竞争,将要摧毁母国的工业,而白银运往东方,又会令西班牙白银来源耗竭,故依据重商主义,应该加以阻止。③ 此外又有些言论把西班牙机杼的停织,工人的失业,归咎于中国廉价丝绸的竞争④;有些言论则把西班牙白银输入的减少,归咎于以中国丝绸输入为特点的美、亚贸易的发展。⑤ 关于当日批评中、菲、美贸易的言论,我们不能一一介绍,现在让我们只引述一篇题名为《论新西班牙与远东的贸易》(没有作者名字,也没有日期,大约撰于1617年)的文章中的几句话来作代表。这篇文章中说:"新西班牙与中国的贸易,把应该运往西班牙的银子改运往中国去,同时本来可以由西班牙运往美洲出卖的丝绸,却改由中国运往。这样一来,因为要失去大量银子,同时又因为西班牙丝绸在美洲滞销而税收、利润锐减,对西班牙的损害显然非常之大。"又说:"菲律宾与中国的贸易,就它把本来可以运往西班牙的(美洲)银子改运往中国来说,可以说是有害的。"⑥

当民间舆论沸腾的时候,西班牙官方人士看见中、菲、美贸易要转移美洲白银的流动方向,及破坏西丝织品在美洲殖民地的市场,自然也不高兴。⑦

---

① Schurz,前引书,p.398.
② E.G. Bourne, *Discovery, Conquest, and Early History of the Philippine Islands* (Cleveland, 1907), p.62; Schurz,前引书,p.405.
③ Conredo Benitez, "Philippine Commerce of Long Ago," in Zoilo M. Gallang (ed.), *Encyclopedia of the Philippines* (Manila, 1950), Vol. V, pp.46 - 47.
④ "Sketch of Spanish Colonial Intercourse in Eastern Asia," in *Chinese Repository* (Canton, August 1839), Vol. VIII, No.4, pp.171 - 172.
⑤ Davies,前引书,pp.263 - 264.
⑥ "Trade between Nueva España and the Far East" (Unsigned and undated; ca.1617), in *Phil. Isls.*, Vol.18, pp.60 - 61.
⑦ Parry,前引书,pp.132 - 133.

不特如此，官方人士又注意到这种贸易因打击西班牙经济而对于政府税收的影响。早在1592年，菲律宾总督达斯摩利那（Gómes Pérez Dasmariñas）就已经向国王菲利普二世（Felipe Ⅱ）报告，由于中国丝货运美的增加，自东方输入美洲的货物总值已经超过自西输美的，并说这"将要减少陛下在格拉那达、穆尔西亚（Murcia，在西班牙东南部）及瓦连西亚（Valencia，在西班牙东部）课征的丝绸税的收入。"①到了1628年，有一篇已经印刷好，准备由印度咨询委员会（Council of the Indies；按：这里说的印度，系泛指西班牙在美洲的殖民地而言）研讨的文件，其中说："准许中国丝绸输入……非常有害。……我们（指西班牙人）不能用其他商品来与中国丝绸交换，而中国商人也不把丝绸出售来换取其他商品。结果，他们每年把许多有草（大约指苎麻等物）掺杂的粗糙丝织品拿来售卖，换取在新西班牙铸造的银元的大部分，运回中国。这样一来，他们就削弱了我们的财力，而使他们更为富有。……这许多银子既然不再流入西班牙，便不能用来购运西班牙的货物，因此原来要向这些货物征收的关税和消费税也不能征收……"又说："对于这种每年只把大量银子运往中国，而毫无希望再把其中任何一部分运回给我们的贸易，我们应该予以停止。"②其后，在1637年，菲律宾检察总长孟法尔坤（Juan Grau y Monfalcon）向西班牙国王报告说："美洲与菲律宾间的商业，由于两种导致极大损失的原因或理由而使西班牙受害。第一，因为美洲白银运往菲律宾后，由那里转入我们宗教及王室的敌人之手，而最后则流到中国去。……银子到达中国以后，便不再流出国外，而永远为中国人民所有。由于这个原因，发生许多不良的后果：例如因为以全世界商业中最高贵的物品（银子）给予我们的敌人，而让他们变为富有……这些银子如果输入西班牙，本足以令王室税收增加，从而海上护航及商业得以维持，但如今输入却受到阻碍。总之，这要令到我们的王室受损，敌人获利。第二，除了如上述因白银流出而显然蒙受的损失以外，自菲律宾运往新西班牙，再运往秘鲁出售的货物，也是有损无益，例如自中国来的大量用金线、丝、棉制成的织物及其他商品。它们的售价非常便宜，

---

① Schurz，前引书，pp.72-73.
② Juan Velazquez Madro，"Economic Reasons for Suppressing the Silk Trade of China in Spain and its Colonies"（October 7, 1628），in *Phil. Isls.*，Vol.22，pp.279-280，282-283.

因此当我国（西班牙）纺织品（通常价格较贵，因为品质较好）运到那里去的时候，往往因为中国货充斥而卖不出去，没有销路，以致做这种买卖的商人蒙受亏损。……"①

中、菲、美贸易因对西班牙经济不利而遭受该国官私人士的抨击，到了17世纪上半叶，有些西班牙人甚至倡议放弃菲律宾，不要它做殖民地。② 可是，当日从事海外殖民的西班牙人却反对此议。他们认为，在太平洋上，菲岛是西属美洲西岸的前哨，如由西班牙人占据，美洲西岸可以安枕无忧；否则，如菲岛落入荷兰、英国等敌人之手，则美洲安全可虑。③

放弃菲律宾的主张既然遭受反对，西班牙政府为着要调停国内工商业者与海外殖民者之间的利害冲突，便实行限制中、菲、美贸易的政策。西班牙政府因为要保护本国丝织工业，把美洲殖民地保留作为它的市场之用，于1593年规定中国丝货输往美洲，每年以价值25万西元为限；在美出卖后，把银运回菲岛，每年以50万西元为限。后来又在1604及1619年，重申此项命令。④ 在西属美洲中，秘鲁由于盛产白银，人民非常富有，西政府更设法防阻中国丝绸的输入，以便保障西丝织品在那里的销路。同时，因为每年由美输菲的白银，约有2/3产于秘鲁⑤，故西政府要防阻秘鲁人民购用中国丝绸，以免白银东流。在1581及1582年，马尼拉都曾派船直航秘鲁喀劳（Callao，秘鲁西岸海港）进行直接贸易。贸易的利润很大，双方都希望能够长期继续下去，但因这要与西班牙运来的货物竞争，故西王于1582年下令禁止。⑥ 其后，每当大帆船自马尼拉抵达墨西哥阿卡普鲁可的时候，秘鲁商人往往携带大量银子，前往采购中国丝绸。可是，因为要保障西丝织品在秘鲁的市场，西班牙国王于1587年禁止中国丝绸由墨西哥转运往

---

① Juan Grau y Monfalcon, "Informatory Memorial Addressed to the King" (Madrid, 1637), in *Phil. Isls.*, Vol.27, pp.148-149.
② 拙著《宋明间白银购买力的变动及其原因》，《新亚学报》（香港九龙，1967年）第八卷第一期，页158；Reed，前引书，p.122.
③ Schurz，前引书，p.44.
④ 拙著《自明季至清中叶西属美洲的中国丝货贸易》，页360；Reed，前引书，p.120；Bourne，前引书，p.62.
⑤ Parry，前引书，pp.132-133.
⑥ Schurz，前引书，p.366.

秘鲁出售，后来复于1593年及1599年重申禁令。及1634年，更禁止墨西哥、秘鲁间一切贸易，以免中国丝绸等货物运销于秘鲁市场上。①

对于中、菲、美贸易，西班牙政府虽然先后颁布各种限制的法令，但因为当日该政府正忙于应付在欧、美两洲的更迫切的问题，故没有严格执行。② 商人把远多于限额的中国丝货自菲运美，殖民地官员往往假装不见，或互相勾结，从中取利③；而中国丝绸之运销于秘鲁，因为利之所在，更得到殖民地官员的暗中赞助。④ 这样一来，西班牙的工商业便长期遭受打击。到了1714年1月27日，西班牙贸易商在塞维尔开会，一致认为："外货（主要指中国丝货）之显著地、频繁地及大量地输入美洲各地，对塞维尔商务非常有害。如果不阻止这许多外货的输入，要使西班牙与美洲间的贸易回复到从前的盛况是不可能的。"他们又声称："……自马尼拉抵阿卡普鲁可的大帆船，每艘自中国……载来丝货11 000或12 000包。因为那些异教徒包装得很紧密，每包虽然不到一码深，但其中丝货的数量或价值，和自西班牙运美的最大的一包比较，还要大得多。不特如此，这些船又运来许多在中国制造的西班牙锦缎、天鹅绒、丝带、斗篷、丝袜及其他丝织物的仿制品。它们都华丽好看，在新西班牙各地出售，价格非常便宜，故那里的人士都争着购用中国丝货，而不购用其他丝织品（指西班牙产品）。结果西班牙各丝织厂（它们曾向政府缴纳巨额税款）因蒙受打击而倒闭，同时从事西、美贸易的商人也损失不少财富，因为不能再如过去那样经营像丝织品那种重要而有利的出口贸易。"开会的人甚至表示，因为中国出口丝货曾经这样损害和打倒西班牙的商业，塞维尔人（他们经营丝织工业及对美洲的出口贸易）因大受损失而引起的痛苦和愤慨，已经不是言语所能形容的。⑤

---

① William Lytle Schurz, "Mexico, Peru, and the Manila Galleon," in *The Hispanic American Historical Review*, Vol.1, No.4 (November 1918), pp.394 - 397; Reed, 前引书, pp.118 - 120; Bourne, 前引书, pp.62 - 63; W. Borah, "Latin America 1610 - 60," in *The New Cambridge Modern History* (Cambridge University Press, 1970), pp.724 - 725; Legarda, 前引文, pp.353 - 354.
② Schurz, 前引书, pp.29 - 30.
③ 同书, p.51; 拙著《明清间美洲白银的输入中国》，页63—64；《自明季至清中叶西属美洲的中国丝货贸易》，页360。
④ Madr∞, 前引文, in *Phil. Isls*, Vol.22, pp.280 - 281.
⑤ Abreu, 前引文, in *Phil. Isls.*, Vol.44, pp.253 - 256.

西班牙的工商业既然受到这样严重的打击，再加上美洲白银东流的激增①，到了1718年，西班牙国王便依照本国工商业者的请求，下令禁止中国丝货输入美洲。可是，因为此事关系重大，新西班牙都护并没有遵命办理。后来到了1720年10月，西国王又重新发布禁令。这项禁令于将近两年后下达马尼拉，引起强烈的反对，故到了1724年6月，西政府终于解除禁令，仍旧准许中国丝货由菲运美出卖。②

四

中国丝货输入美洲的禁令之所以不能长期实行，主要是由于参加西班牙帝国拓展事业的海外殖民地者的反对。在首次接到此项禁令后，新西班牙都护基于以下考虑，并不遵命执行：第一，大帆船每年自菲运抵墨西哥的中国丝货，其中生丝多半在那里加工织造，然后运往秘鲁售卖。由于中国生丝的输入，墨西哥共有14 000余人从事加工织造，获得就业的机会。如果禁止中国丝货输入，这许多人便都要失业，无以为生，构成严重的社会问题。第二，如果禁令付诸实施，在菲的西班牙殖民者将要放弃菲岛，因为如果没有中国丝货贸易的收益，他们在那里的生活将不能维持得住。第三，新西班牙的土人，比较贫穷，买不起价格昂贵的西班牙丝绸来用，他们都倚赖输入的便宜的中国丝绸来做衣服穿。第四，中国丝货贸易，对于政府税收大有裨益；如禁止，税收将要蒙受影响。③

当西班牙国王第二次颁发的中国丝货输美禁令到达菲岛后，在那里的西班牙殖民者，为着维护他们本身的利益，于1722年至1723年先后上书给国王，表示强烈反对禁令的意见。他们说，菲岛天然资源贫乏，要倚赖对外贸易才能生存。在菲岛的西班牙人，把中国丝货转运往墨西哥出卖，利润很大，故美菲贸易的收益，多至约占菲律宾国民所得的1/2。由于巨额利润的吸引，许

---

① 拙著《明清间美洲白银的输入中国》，页62—63，68。
② Schurz, 前引书, p. 51; Abreu, 前引文, Vol. 44, pp. 266 - 268; John Foreman, *The Philippine Islands* (New York, 1906), pp. 247 - 248.
③ Abreu, 前引文, in *Phil. Isls.*, Vol. 45, pp. 35 - 37; Vol. 44, pp. 258 - 260; "Commerce between the Philippines and Nueva España", in *ibid.*, Vol. 30, p. 75. 又参考拙著《明清间美洲白银的输入中国》，页360—361。

多西班牙人不辞劳苦,远涉重洋,移殖到菲岛去。他们在那里充当文武官员或兵士,薪俸收入微薄,不足以应付家庭费用一半的开支,故须投资于中国丝货贸易,以弥补收入的不足。而且,这些海外殖民者,以菲岛作基地,远征摩鹿加(Moluccas,一作美洛居,即香料群岛),在那里与荷兰人作战获胜,理应获得合理的报酬或鼓励(意指分享中国丝货贸易的利润)。此外,在菲的西班牙传教士,努力使天主教信仰传播至东方各地,也有赖于中国丝货贸易收益的支持。至于西班牙丝织业之所以衰落,主要是由于国内蚕桑受到病虫害的侵袭、摩尔(Moor)回教徒(在西班牙举办工业的主要人物)的被逐及捐税的繁苛(菲利普二世于1556年至1598年在位时期增加3倍);而运销美洲的中国丝货与西班牙货种类不同,主顾各异,故西丝织业的衰落,不应归咎于中国丝货的竞争。[1]

在17、18世纪间,英、荷、法等国商人,每年到广州购买大量生丝,运回本国加工织造,然后经由西班牙港口,把1 000吨以上的各种丝织品运往美洲出售;而西班牙丝织品,每年运销于美洲的,不过125吨,而且往往不能足额。[2] 根据这些事实,1723年6月14日,马尼拉市民及商人(均西班牙人)向西王上书说:"自马尼拉运往新西班牙的丝货贸易,并没有损害西班牙商人的利益。……在西班牙织造的丝货,大部分为丝绸及天鹅绒。如果这些货品在新西班牙市场上售价下跌,其原因与其说是由于中国丝货的竞争,毋宁说是由于新西班牙文武官员服装(原来用西班牙丝绸及天鹅绒来缝制)时尚的改变。有如西班牙显要人物都穿着用外国货(因为品质较好或较有光泽)缝制的服装那样,在新西班牙也是一样,他们都追随欧洲的风尚。因为这个原故,大多数由西班牙船队运往新西班牙的丝织品,来自英国、法国及荷兰……因此,既然上述西班牙船队运往(新西班牙)的丝织品,并不完全由西班牙工厂织造,而运到那里去的西班牙丝织品,为数甚少,不

---

[1] Abreu,前引文,in *Phil. Isls.*,Vol.44,pp.272-274,277-278,281,288-290,298-300;Reed,前引书,pp.122-123;Benitez,前引文,in *Encyclopedia of the Philippines*,Vol.5,pp.46-47;Chester Lloyd Jones, "The Spanish Administration of Philippine Commerce," in *Proceedings of The American Political Science Association at Its Third Annual Meeting* (Lancaster, Pa., 1907),p.182.

[2] Abreu,前引文,in *Phil. Isls.*,Vol.44,pp.298-302.

为人所乐用,很明显地,因中国丝货运销新西班牙而受损害的,并不是安大路西亚(Andalusia,在西班牙南部一区域)的商业,而是各国的商业。"①

对于大帆船开航后的中、菲、美贸易,西班牙国内舆论不仅抨击中国丝货的竞争,而且反对大量美洲白银的东流。对于这种指责,1722年6月22日,马尼拉大主教写信回国,代表该城市民及商人来辩护。他指出,其他欧洲国家商人,通过贸易的关系,自西班牙把白银运回本国,或运往中国购买丝货及其他商品,每年在400万西元以上。而且,这些国家赚取西班牙银子以后,往往在政治上、宗教上与西班牙为敌,而自菲把银运走的中国商人,并不反对西班牙王室,对天主教也相当友善。此外,又有人指出,自美运菲的银子,有一部分用作防卫菲岛军费的开支,另一部分用来做慈善事业及公民福利的费用,并不完全流入中国。②

五

自16至19世纪初期,中国与西属美洲间的贸易,以菲律宾为媒介,在经济上对中、美双方显然都非常有利。在中国方面,约自明朝(1368—1644年)中叶前后开始,因为普遍用银作货币,各地银求过于供,价值高昂,中国商人正好乘机扩展贸易,把大帆船自美运菲的白银大量赚回本国,以满足国内市场上对于银的需要。而在输往菲律宾的货物中,中国丝货大量运往马尼拉,再由大帆船转运往美洲出售,更刺激了中国蚕桑生产的增加,丝织工业的发展,从而创造出更多就业的机会。中国丝业最发达的区域,为江苏、浙江之间,以太湖为中心的广大地区。这里出产的生丝和丝织品,既然在远在太平洋彼岸的美洲都拥有广大的市场,经济自然越来越繁荣,人民生活自然越来越富裕,故自明至清有"上有天堂,下有苏杭"这句俗语的流行。

西属美洲方面,因为与中国发生贸易关系,在经济上也得到许多好

---

① Abreu,前引文,in *Phil. Isls.*, Vol.44, pp.288-289.
② Abreu,前引文,in *Phil. Isls.*, Vol.44, pp.279-281, 284; Vol.45, pp.39-40, 47-49.

处。自哥伦布发现新大陆后,由于蕴藏丰富的银矿的开发,光是秘鲁的银产额,在16世纪末叶,每年就多至占世界总额的60%以上。当秘鲁波多西银矿大量产银的时候,有如所罗门(Soloman,约970—930 B.C.,为以色列国王)时代那样,银被人看成像街上的石头那样低贱。[①]可是,同样的银子,如果把它运往菲岛,再转运往中国去,因为在那里求过于供,它的购买力便特别大。不特如此,大帆船把中国丝货大规模地运销于美洲市场上,使那里的消费者能够买到价廉物美的丝绸来缝制衣服,他们手中银子的购买力自然跟着增大,生活水准自然跟着提高。何况由大帆船运往墨西哥的中国丝货,其中有不少生丝在那里加工织造,又替许多人带来就业的机会。

可是,当日太平洋虽然有"西班牙湖"之称[②],正当这种对中、美双方彼此都有利的贸易在太平洋区内进行的时候,西班牙国内舆论却不断予以抨击。西班牙的重商主义者认为,在美洲殖民地采炼出来的银子,应该运回西班牙,以增加国家的财富;当日大帆船却把大量银子自美运菲,再为中国商人赚取回国,以致自美输入西班牙的银子有减少的趋势。复次,西班牙的丝织工业本来以美洲殖民地为主要市场而发展起来;但大帆船自菲输美的中国丝货却因价廉物美而与西丝织品竞争,使西丝织工业陷于衰落的命运。因此,有鉴于国内舆论的不满,西班牙政府曾经对中国丝货的运往美洲,及美洲白银的运往菲岛,加以限制,对于丝货贸易甚至加以禁止。但事实上,因为菲律宾被视作西属美洲在太平洋上的前哨,因为西班牙的海外殖民者要使太平洋成为"西班牙湖",故这种令太平洋东西两岸的社会互相获利的大帆船贸易,在短期内虽然受到阻挠,却仍旧长期经营下去,前后达250年之久。

1974年8月12日,沙田。

[①] *Phil. Isls.*, Vol.27, p.153;拙著《明代的银课与银产额》,《新亚书院学术年刊》(香港九龙,1967年)第九期,页17。
[②] Schurz,前引书,pp.287-302.

明代中叶后澳门的海外贸易

一

当15世纪末叶欧人向海外拓殖的时候,葡萄牙人首先沿非洲西岸进行探险,绕航好望角,渡过印度洋,于明弘治十一年(1498年)到达印度西岸。到了至德五年(1510年),他们攻占印度西岸的果亚(Goa);翌年,占领马来半岛西岸的满剌加(Malacca,又作马六甲);再过5年,便派船试航中国。此后经过长期的经营,到了16世纪中叶,因为曾经帮助中国平定海盗,再加上贿赂,葡人便借口舟触风涛,须曝晒水渍贡物及存贮运来货物,于嘉靖三十六年(1557年)得到广东海道副使汪柏的批准,岁纳地租500余两,在澳门筑屋居住,以便从事贸易。①

澳门又名壕镜、濠镜、蠔镜澳、香山澳(一作嶴)或亚妈港(Amacon),位于广东香山县(今中山县)治南的海滨。葡人在那里取得根据地后,市区扩展,人口增加,贸易发展得很快。在嘉靖四十三年(1564年),广东御史庞尚鹏报告说:"近数年来,夷人(按:指葡萄牙人)始入蠔镜澳筑室,以便交易。不逾年,多至数百区,今殆千区以上。日与华人相接济,岁规厚利,所获不赀。故举国而来,负老携幼,更相接踵。今筑室又不知其几许,而夷众殆万人矣。"又说:"广州南有香山县,地当濒海,由雍麦至蠔镜澳,计一日之程,有山对峙如台,曰南北台,即澳门也。外环大海……乃番夷市舶交易之所。……其通事

---

① 藤田丰八著,何健民译,《中国南海古代交通丛考》(商务印书馆,民国二十五年),页四〇〇至四〇六,《葡萄牙占据澳门考》;梁方仲《明代国际贸易与银的输出入》,《中国社会经济史集刊》("中央研究院"社会科学研究所,民国二十八年十二月)第六卷第二期,页二九五至二九八;印光任等《澳门记略》(广文书局,有乾隆十六年序)页三下、一三至一四;《史料旬刊》(国风出版社)第八期,页一五五至一五六,《阮元等折》。按:葡人每年所纳地租,后者说是五百余两,但《澳门记略》页三下载薛馧《澳门记》则作"岁输廛缗五百一十有五"。

多漳(州)、泉(州)、宁(波)、绍(兴)及东莞、新会人为之,椎髻环耳,效番衣服、声音(《天下郡国利病书》作:服番衣,效番音)。每年夏秋间夷舶乘风而至,往止二三艘而止,近增至二十余艘,或倍增焉。"①

当澳门贸易开始发展的时候,葡萄牙人在那里不但扩建房屋,而且加强军事设备。他们在澳门"私创茅屋营房"②,"增缮周垣,加以铳台,隐然敌国"③。他们又包庇闽、广亡命无赖之徒,私运粮米、军器、火药,贩卖人口。不特如此,明帝国沿海地区常常遭受倭寇的侵扰,葡人却私自容许日本人在澳门居住。④ 葡人这些举动,自然引起中国朝野人士的猜疑和忧虑,认为是对国家安全的严重威胁。例如嘉靖四十三年(1564年),庞尚鹏说:"今……夷众(指澳门葡人)殆万人矣。诡形异服,弥满山海,剑芒(《天下郡国利病书》作铓)耀日,火炮震天。喜则人而怒则兽,其素性然也。……若一旦……拥众入据香山……鼓噪直趋会城(广州),俄顷而至,其祸诚有不忍言者。可不逆为之虑耶?"又说葡人:"窃据内地,实将来隐忧。党类既繁,根株难拔,后虽百其智力,独且奈何!或谓彼利中国通关市,岂忍为变?孰知非我族类,其心必异,此殷鉴不远,明者睹未萌,况已著乎?"⑤ 又嘉靖(1522—1566年)、隆庆

---

① 徐孚远等辑《皇明经世文编》(台北市国联图书出版有限公司影印明崇祯间平露堂刊本)第二二册(卷三五七),页二五一至二五二,庞尚鹏《题为陈末议以保海隅万世治安事》;顾炎武《天下郡国利病书》(广雅书局本)卷一〇二,页一一至一二,《广东》六,嘉靖四十三年广东御史庞尚鹏《抚处濠镜澳夷疏》。又《明史》(《百衲》本)卷三二五,页二二,《佛郎机传》说:"佛郎机(Frank,按:指葡萄牙人)遂得混入(濠镜),高栋飞甍,栉比相望。闽、粤商人趋之若鹜。久之其来益众。诸国人畏而惧之,遂专为所据。"
② 《皇明经世文编》第二一册(卷三四二),页三八一,吴桂芳《议阻澳夷进贡疏》(约上于嘉靖、隆庆间,参考《明史》卷二二三,页一一至一二《吴桂芳传》)。
③ 郭尚宾《郭给谏疏稿》(《丛书集成》本)卷一,页一一。又《明熹宗实录》"中央研究院"历史语言研究所校印本,以下简称"史语所校印本"卷一一,页四,天启元年六月乙亥条说:"万历三十四年(1606年),(澳夷)于对海筑青洲山寺,高可六七丈,闳敞奇秘,非中国梵刹比。(香山)县令张大猷请毁其垣,不果。"又参考《明史》卷三二五,页二二,《佛郎机传》。
④ 万历四十一年(1613年)七月二十一日,刑科给事中郭尚宾上疏说:"夷人佛狼机,以番舶易达故,百计求澳而居之。……乃闽、广亡命之徒,因之为利,遂乘以肆奸。有见夷人之粮米、牲、菜等物,尽仰于广州,则不特官澳运济,而私澳之贩米于夷者更多焉。有见广州之刀环、硝矿、铳弹等物,尽中于夷用,则不特私买往贩,而投入为夷人制造者更多焉。有拐掠城市之男妇人口,卖夷以取赀,每岁不知其数,而藏身于澳夷之市,画策于夷人之幕者更多焉。……番夷无杂居中国之理,彼其蓄聚倭奴若而人,黑番若而人,亡命若而人,以逼处此土。夷人负固怀奸之罪,不可掩也!"(《郭给谏疏稿》卷一,页一一至一二。)
⑤ 《皇明经世文编》第二二册,页二五一至二五三,庞尚鹏前引文;《天下郡国利病书》卷一〇二,页一一至一二,庞尚鹏前引文。

(1567—1572年)间,吴桂芳说:"香山县濠镜澳互市番夷,近日聚落日繁,骜横日甚,切近羊城,奸宄叵测,尤为广人久蓄腹心深痼之疾。"①又说葡人:"非我族类,不下万人,据澳为家,已逾二十载。虽有互市之羁縻,而识者忧其为广城肘腋之隐祸久矣。"②其后到了万历三十一年(1603年)左右,徐学聚说:"香山(澳)初议止佛(郎机)一种,许其吊海而市,渐不可收拾,为粤隐忧。"③到了万历四十一年(1613年),刑科给事中郭尚宾上疏说:"题为粤地可忧,防澳……孔亟,恳乞圣明……固东南疆圉事。臣惟……广东濠镜澳夷,窃据香山境内……则腹心之疾也。……夷人踞澳为己有……则盘固之寇也。"④次年,即万历四十二年(1614年),广东总督张鸣冈说:"粤之有澳夷,犹疽之在背也。澳之有倭贼,犹虎之傅翼也。"⑤又万历四十六年(1618年),广东总督许弘纲、巡按御史王命璿奏:"澳夷佛郎机……列屋筑台,增置火器,种落已至万余,积谷可支战守。而更蓄倭奴为牙爪,收亡命为腹心。该澳去会(原作渭,误)城咫尺,依山环海,独开一面为岛门。脱有奸雄窜入其中,一呼四应,诚为可虑。"⑥

葡人占据澳门,在中国若干人士看来是一种隐忧,因此他们分别提出种种应付的方策。在嘉靖(1522—1566年)末期,有人建议在澳门附近用巨石填海,来防阻葡人的入侵,但因费用太大而作罢。又有人打算秘密前往放火,把整个澳门烧掉,可是却为葡人察觉而失败。⑦ 其后到了万历三十五年(1607年),广东番禺举人卢廷龙更主张用武力"尽逐香山嶴夷,仍归濠镜故地"。可是,对于他这种主张,"朝议以事多窒碍,寝阁不行"⑧。

明朝政府为什么不采取强硬政策来收回澳门,而让葡人长期占领?原因

---

① 《皇明经世文编》第二一册(卷三四二),页三七八,吴桂芳《议筑广东省会外城疏》。
② 同书第二一册,页三八一,吴桂芳《议阻澳夷进贡疏》。
③ 同书第二六册(卷四三三),页六二八,徐学聚《初报红毛番疏》(约万历三十一年或稍后)。
④ 《郭给谏疏稿》卷一,页一一。
⑤ 《明史》卷三二五,页二二下,《佛郎机传》;页一四下,《澳门记略》。
⑥ 《明神宗实录》(史语所校印本)卷五七六,页八,万历四十六年十一月壬寅条。
⑦ 《皇朝经世文编》第二二册,页二五三,庞尚鹏前引文说:"议者欲于澳门狭处,用石填塞,杜番舶潜行,以固香山门户,诚是也。然驱石塞海,经费浩烦,无从取给,举事当俟何时?或欲纵火焚其居以散其党,为力较易。然往年尝试之矣,事未及济,几陷不测。自是夷人常露刃相随,伺我动静,可复用此故智耶?"
⑧ 沈德符《万历野获编》(中华书局)卷30,页785,香山嶴。

可能有种种的不同,但葡人在澳门,以中国大陆为腹地,与亚洲其他地区进行贸易,对中国经济有利①,当是其中一个重要的因素。

明代(1368—1644年)中叶后的中国,在1600年左右,约有15 000万人口②,是当日世界上人口最多的国家。因为人口众多、消费力大,在国际贸易中,中国这个市场自然不容忽视。在另外一方面,中国出产的丰富物品,如生丝、绸缎及其他工业品,其他国家又需求甚殷。澳门位于华南沿海珠江出口处,交通便利,再加上葡人航海事业的发达,他们正好利用它作媒介来扩展中国与亚洲其他地区间的贸易。因此,上引庞尚鹏的文章说他们在那里"日与华人相接济,岁规厚利,所获不赀"。

看见葡人因得到澳门这个优良贸易港而经商获利的情况,比较晚才到东方来的其他欧洲国家商人非常妒羡。西班牙政府于1492年派遣哥伦布发现美洲新大陆后,于1565年自美洲出发占领菲律宾,其后于1598年派遣一艘快速舰在Pinhal(或El Pinal,一说位于澳门西北的香山唐家湾,另一说位于香港岛上)下碇,打算在那里经营中国丝货贸易。可是,在澳门的葡人,认为如果西班牙人在附近占有贸易基地,澳门贸易便不免因竞争而大受威胁,故于1599年用武力把他们驱逐出境。③ 其后在1618年,一位西班牙传教士,曾经很认真地建议,由西王(那时兼摄葡国王位)下令放弃澳门,把那里的葡人强迫遣回葡属印度。他说这样便可令马尼拉成为唯一与日本贸易的爱伯利安港(Iberian Port),在马尼拉的西班牙人便可大量赚取日本的银子,而不必

---

① 约嘉靖二十七八年(1548—1549年),当葡人还没有得到中国官方许可在澳门居住的时候,林希元撰《与翁见愚别驾书》(《皇明经世文编》第一一册,卷一六五,页三四九至三五〇所载,文字有删减;兹据藤田丰八《中国南海古代交通丛考》,页403至404,《葡萄牙人占据澳门考》所引文)说:"佛郎机之来,皆以其地胡椒、苏木、象牙、苏油、沈速(藤田丰八《东西交涉史的研究》,东京,昭和十八年,《南海篇》,页473引文作束)、檀乳诸香,与边民交易,其价尤平。其日用饮食之资于吾民者,如米、面、猪、鸡之数(类),其价皆倍常,故边民乐与为市。……则佛郎机……有利于吾民也。"又嘉靖(1522—1566年)、隆庆(1567—1572年)间,吴桂芳《议阻澳夷进贡疏》(《皇明经世文编》第二一册,页三八一)说:"当其互市之初……各夷遵守抽盘,中国颇资其利。"又万历四十二年(1614年),广东总督张鸣冈说澳门葡人"日食(《万历野获编》作夕)所需,咸仰于我。"(《明史》卷三二五,页二三,《佛郎机传》;《澳门记略》页一四下;《万历野获编》卷三〇,页七八五至七八六)澳门葡人日常生活的消费品,既然要由中国人供应,中国人当然因此而赚到不少的钱。
② Ping-ti Ho, *Studies on the Population of China*, *1368 - 1953*, Cambridge, Mass., 1959, p.277.
③ W.L. Schurz, *The Manila Galleon*, New York, 1939, pp.66 - 67, 131; C.R. Boxer, *Fidalgos in the Far East 1550 - 1770*(以下简称 *Fidalgos*), Hong Kong, 1968, pp.45 - 47.

像当日那样要自墨西哥运银赴菲。① 除西班牙人外,荷兰人对于澳门在当日国际贸易中所具有的价值非常重视。1614 年,在东方领导荷人拓殖的柯恩(J.P. Coen)曾写信给东印度公司各董事,建议进攻澳门。他指出,荷人如果攻占澳门,不特能代替葡人成为日本市场的中国丝货供应者,而且可以打垮葡萄牙帝国在亚洲的主要支柱。不独如此,澳门如果成为荷兰属地,荷人便可得到经营中国海外贸易的重要基地,从而可以直接接近"全世界所渴望得到的中国财富和物产"②。到了 1622 年,荷兰舰队果然大规模向澳门进攻,但葡人以逸待劳,把荷人击败了。③ 其后到了 17 世纪中叶前后,荷人对澳门仍然非常重视,他们声言,除巴达维亚(Batavia)及锡兰(Ceylon)外,愿意以在东方所有属地来与葡人交换澳门。④

在欧洲国家中第一个直航东方的葡萄牙,在 16、17 世纪间其商业网遍于亚洲各地,故澳门为葡人占领后,便自然而然地发展成为国际贸易中心,以广大的中国作为腹地,而与其他国家进行贸易。与当日澳门发生贸易关系的地区很多,其中最重要的为果亚(印度)、长崎(日本)及马尼拉(菲律宾),兹分述如下。

二

葡人航海东来,最先占领印度西岸的果亚,然后再向其他地区拓展,同时以果亚为基地来经营欧、亚间贸易。因此,他们到达澳门后,自然要发展澳门与果亚间的贸易,同时以果亚作媒介来与欧洲发生贸易关系。

当葡人在中国沿海活动的时候,他们中有一些人在 1542 年已经到达日本。⑤ 之后经过长期的经营,自 1570 年起葡船经常开往长崎贸易。在果亚、

---

① C.R. Boxer, *The Christian Century in Japan 1549 – 1650* (以下简称 *Christian Century*), Berkeley, 1967, p.242.
② Boxer, *Fidalgos*, pp.72 – 73.
③ 同书,pp.72 – 92; C.R. Boxer, *The Great Ship from Amacon: Annals of Macao and the Old Japan Trade, 1555 –1640* (以下简称 *Great Ship*), Lisbon, 1963, pp.105 – 106.
④ 同书,pp.170 – 171.
⑤ Boxer, *Fidalgos*, pp.2 – 3.

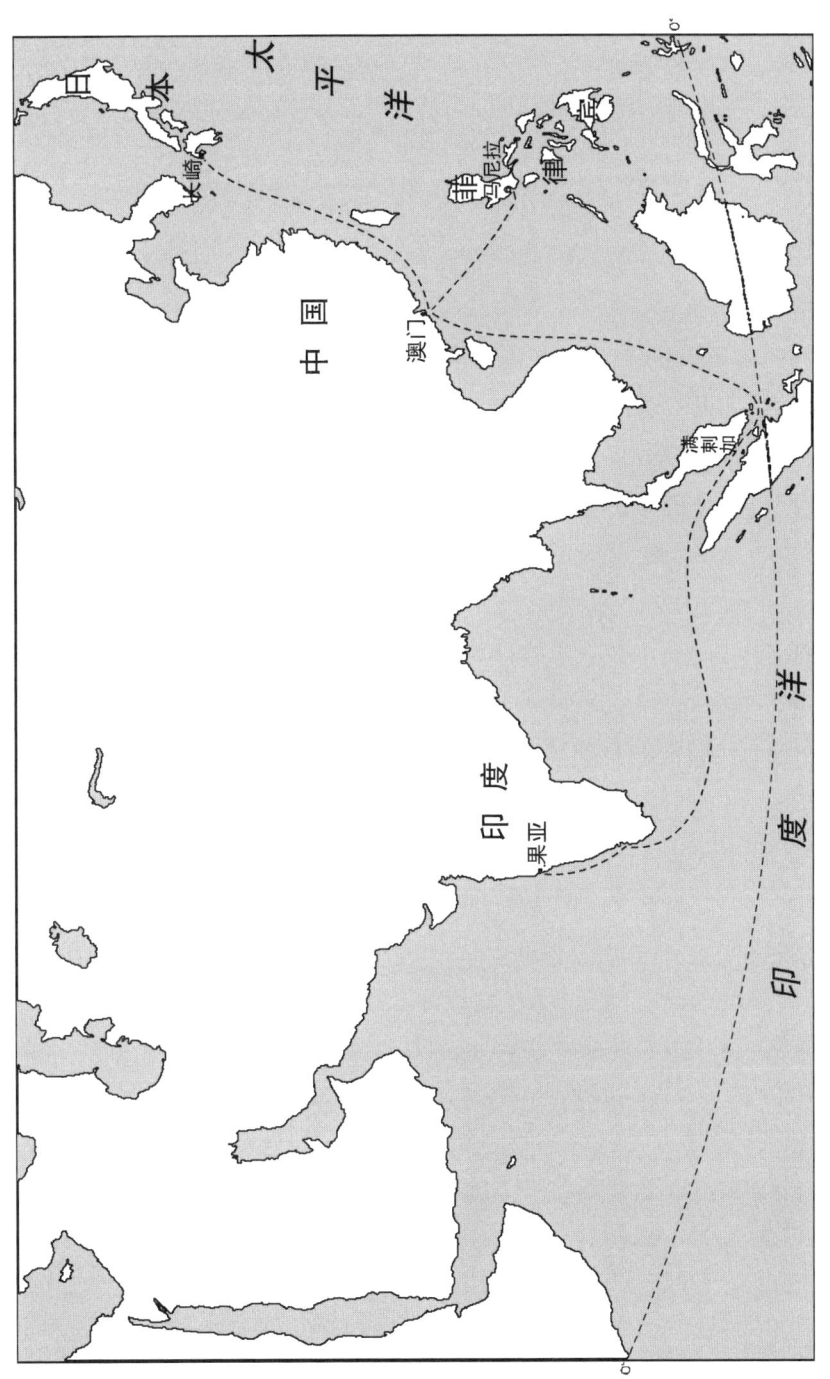

16、17世纪间葡萄牙船航线简图

长崎间航行的葡船,明人称为"大番船"(Great Ship)①,载重由 600 吨至 1 600 吨,但经常为 1 200 吨至 1 600 吨②,是当日在印度洋与西太平洋间航行的最大的船只。澳门处于这条航线两端之间,地居要冲,自然成为理想的贸易中心。在另外一方面,澳门又接近中国大陆,葡船自然可以把中国货物大量运往印度,其中有些更再转运往葡国出售。

由澳门输往果亚的中国货物,以丝货(生丝及丝织品)为最大宗。以蚕丝著称的中国,产丝地区遍于全国各地,但其中以江苏、浙江间的太湖区域尤为重要。江、浙出产的丝货,有不少远道南运,以广州为集散中心。③ 为了便于丝货的大量交易,广州每年夏冬两季都举行定期市,每次开市数星期,或长至数月。在冬季成交的丝货,多输出至印度、欧洲及菲律宾;在夏季成交的丝货,多运往日本出卖。④ 澳门和广州距离很近,而葡人航海技术又很先进,自然在广州收购大量丝货转运出口,以便从中取利。其中由澳门运往果亚的生丝,在 1580 年至 1590 年,每年为 3 000 余担;其后到了 1635 年,有人记载多至 6 000 担,不过这个数字显然有些夸大。⑤ 除生丝外,丝织品及其他中国货物,也都由葡船自澳门运往果亚出卖,可是价值远不如生丝那么大。现在把 1600 年左右一艘葡船自澳门运往果亚的中国货物名称、数量及利润,列表如下:

第一表　葡船自澳门运往果亚的货物(约 1600 年)

货　　名	数　　量	利润为投资的百分比	附　　记
白丝	1 000 担		澳门每担售价 80 两;印度每担售价约 200 两。
各种颜色细丝	大量		广州每斤售价 1.8、1.9 及 2 两。

---

① 《皇明经世文编》第二一册,页三八二,吴桂芳《议阻澳夷进贡疏》。
② Boxer, *Christian Century*, pp.93, 122.
③ 郑若曾《筹海图编》卷一二说:"浙人……买丝、绵、水银、生铜、药材,一切通番之货,抵广变卖,复易广货归浙……日走广。"原书未见,兹引自傅衣凌《明代江南市民经济试探》(上海,1963 年),页 44。
④ Boxer, *Great Ship*, pp.5 - 6.
⑤ 同书,p.6.

续表

货　名	数　量	利润为投资的百分比	附　记
各种颜色的绸缎	10 000—12 000 匹		每匹长 5 码,广州售价为 4—7 两,因货色而异。
金	3—4 担	80%—90%	
黄铜	500—600 担	100%	
麝香	6—7 担	150%	
水银	100 担	70%—80%	
朱砂	500 担(或桶)	70%—80%	
糖	200—300 担(?)	100%—150%	
茯苓	2 000 担	100%—200%	
黄铜手镯	2 000 担	100%	广州每担售价 5.6 两;澳门每担售价 7 两。
樟脑	约 200 担		全部转运往葡萄牙。
各种陶瓷器	大量	100%—200%	
涂金色的床、桌、墨、砚盒	大量		其中有些床每张在印度售价 300—400 两。
手工制被单、帷帐等物	大量		
金炼及其他货品	大量		

资料来源:Boxer, *Great Ship*, pp.181 - 182;*Christian Century*, p.110; E.H. Blair and J.A. Robertson, eds., *The Philippine Islands*, *1493 - 1898*(以下简称 *Phil. Isls.*, 55 vols., Cleveland, 1903 - 09), vol.19, pp.310 - 311.按:表中所载印度货物售价,原以葡元(Cruzado)表示,因当日 1 葡元约略等于银 1 两(Boxer, *Great Ship*, pp.335 - 336),故改用银两来计算。

由此可知,明中叶后我国货物的海外市场之所以扩充至印度、欧洲,和葡人在澳门的商业活动具有密切的关系。他们在这条航线上经营的华货出口贸易,如第一表所示,有些商品的利润将近为投资的 100%,有些更在 100%以上,获利可说非常之大。这些自澳门运抵果亚的中国货物,有不少在印度消费,但其中如生丝,有一部分转运往葡萄牙出卖[1],而樟脑更是全部运葡。

[1] 同书,p.55.

当 16 世纪自欧洲至东方的航路为葡人控制的时候，华丝的对欧输出贸易自然由葡人长期独占。其后到了 17 世纪，荷兰人海上势力兴起，到东方来与之竞争，葡人的独占局面才开始发生变动。①

以上是葡船自澳门输出中国货物至果亚的情况。复次，由果亚东航的船，如上引林希元《与翁见愚别驾书》所说，载有胡椒、苏木(作染料用)、象牙、苏油、沉香、速香、檀香及乳香②，这可说是 16 世纪中叶左右的情形。在早期的中葡贸易中，胡椒和象牙都是输入广州的价值最大的商品；但当澳门、果亚间的贸易开展以后，银便成为自果亚运往澳门的最重要的物品，取胡椒及象牙的地位而代之。③

自果亚运往澳门的银子，原产于美洲的秘鲁、墨西哥，是经由赛维拉(Seville，西班牙西南的港口)、里斯本(Lisbon)运往果亚的。④ 在 16、17 世纪，西属美洲的银矿生产非常丰富，其中光是秘鲁南部的波多西(Potosi)银矿，于 1581 至 1600 年，每年产量就占世界产额(除日本外)的 60% 以上。这许多在美洲采炼的银子，为西班牙人大量运回本国，结果西国内银币因供应激增而价值下跌，物价上涨，在 17 世纪的头十年内约为 100 年前的 3.4 倍。因为西班牙物价远较他国为高，银的购买力远较他国为小，他国的货物便大量输入西国来获利，从而西国的银子便因对外贸易入超而长期流出国外。⑤ 葡国与西班牙为邻，近水楼台先得月，自然由西国输入不少银子。不特如此，美洲的西班牙人，因为要开发新大陆的天然资源，须向葡人大量购买非洲黑奴，故自美洲运回西国的银子，有不少转入葡人之手。⑥

可是，流入葡国的银子，事实上并不能长期停留在国内，而由于欧、亚间贸易的发展，大量流到东方来。葡人航海东来，他们发现银在东方的购买力，

---

① Schurz，前引书，pp.27 - 28.
② 林希元《与翁见愚别驾书》，《皇明经世文编》第 11 册，卷 165，页 349—350。
③ Boxer, *Great Ship*, p.7.
④ 同书，pp.63 - 64.
⑤ 拙著《美洲白银与十八世纪中国物价革命的关系》，《"中央研究院"历史语言研究所集刊》(台北，1957 年)第 28 本，页 517—518；拙著《明季中国与菲律宾间的贸易》，香港中文大学《中国文化研究所学报》(香港九龙，1968 年)第一卷，页 30。
⑥ C.R. Boxer, "Plata es Sangre: Sidelights on the Drain of Spanish-American Silver in the Far East, 1550 - 1700," in *Philippine Studies*, Manila, July 1970, vol.18, no.3, pp.459 - 460.

远较在欧洲为大。比方在 1592 年及其后若干年内,每两黄金在广州换银 5 两半至 7 两,在果亚换银 9 两,在西班牙却换银 12 两半至 14 两。① 有人计算,同样数量的银子,自葡国运至果亚,约升值 1/3;如由葡经果亚再运往中国购货,升值 70% 以上。② 因此,葡船自本国开往印度,为着要赚取巨额的利润,经常载运大量的银子。③

葡人把银运到果亚后,多半由于贸易的关系而转运往澳门去。曾于 1585 至 1591 年访问东印度的一位英国游历家说,葡人自果亚运银至澳门,每年约达 20 万葡元(约 20 万两),以便用来在广州购买中国货物,从中取利。④ 到了 1609 年,一位曾经经营东亚贸易达 25 年之久的马德里商人说,葡人自里斯本输往果亚的银子,全部经由澳门流入中国去了。这句话可能有些夸大,但当日这些银子的大部分输入中国,是一件无可否认的事实。⑤

葡人自占据澳门后,由于经营与果亚间的贸易,当然获利不小。在另外一方面,中国出产的货物,尤其是生丝,因此而大量输出,其中一部分更由果亚转运往葡国出卖。因此,由于澳门、果亚间贸易的发展,中国货物的海外市场要较前扩大得多。

可是,到了 17 世纪,随着荷兰海上势力的兴起,葡人便不再能独占自欧洲到东方来的航路。到了 1641 年,荷人攻占满剌加(马六甲),葡船航经马六甲海峡,常受阻扰,此后澳门、果亚间的贸易遂告衰落了。⑥

三

由果亚开抵澳门的葡船,在那里装上大批中国货物,继续向北航行,运往

---

① Boxer,前引文,*Philippine Studies*,vol.18, no.3, p.461; Boxer, *Great Ship*, p.2.
② Bal Krishna, *Commercial Relations between India and England (1601 to 1757)*, London, 1924, pp.44 - 45; Boxer, *Christian Century*, pp.426 - 427.
③ C.R. Boxer, *The Portuguese Seaborne Empire 1415 - 1825*, London, 1969, pp. 215 - 216; Krishna,前引书,pp.44 - 45.
④ Boxer, *Great Ship*, pp.7, 182; *Christian Century*, p.105; *Fidalgos*, pp.6 - 7; A. Kobata, "The Production and Uses of Gold and Silver in Sixteenth-and Seventeenth-Century Japan," in *Economic History Review*, Second Series, vol. XVIII, no.2, August, 1965, p.253.
⑤ Boxer,前引文,*Philippine Studies*,vol.18, no.3, pp.460 - 461.
⑥ Boxer, *Great Ship*, pp.17 - 18.

日本出售。葡船于 16 世纪中叶前后，不断试航日本，自 1570 年起经常开往长崎贸易。这时东亚的形势，对葡人经营澳门、长崎间的贸易非常有利。中国沿海地区，在明代屡次遭受到倭寇（日本海盗）的侵扰，到了嘉靖（1522—1566 年）年间，倭寇之祸尤其猛烈。为着要保持沿海地区的安全，明朝政府禁止本国人民与日本通商。可是，当日日本人对中国工商业品的需求很大①，当中、日贸易被禁止的时候，中国货在日本市场上的售价往往激剧上涨，远在中国国内市价之上。② 因此，闽、浙沿海有不少人经营走私贸易，把中国货私运往日本出售，以获取暴利。③ 可是，这些秘密走私的人，既然违犯法律，便常常遭受政府的制裁，故风险很大。和这些走私者的情形不同，澳门的葡人因为不受明朝政府有关中、日通商禁令的束缚，正好在澳门、长崎间进行大规模的贸易，以赚取巨额的利润。④ 因此，明帝国因倭寇而对日本实施的经济封锁，由于葡人占据澳门而被突破。

16 世纪中叶后，澳门、长崎间贸易之所以发展，是由于当日中、日两国白银供求情况的不同。中国银矿的储藏，事实上并不丰富，矿砂含银成分也不高。到了明朝中叶左右，由于过去长期的开采，各地银矿渐形耗竭，产量有减小的趋势。⑤ 可是，明代社会对于银的需要却非常大。明代的货币，本来以大明宝钞为主。但宝钞自洪武八年（1375 年）流通后，因为发行激

---

① 拙著《明季中国与菲律宾间的贸易》，《中国文化研究所学报》第一卷，页 32。
② 例如《筹海图编》卷二《倭国事略》说：
　　丝：所以为织绢纻之用也。……若番舶不通，则无丝可织，每百斤直银五十两，取去者其价十倍。
　　丝绵：……常因匮乏，每百斤价银至二百两。
　　……
　　红线：……常因匮乏，每百斤价银七十两。
　　水银：镀铜器之用，其价十倍中国。常因匮乏，每百斤卖银三百两。
　　……
　　药材：诸味俱有，惟无川芎，常价一百斤价银六十七两。其次则甘草，每百斤二十金以为常。
　　原书未见，兹引自陈文石《明嘉靖年间浙福沿海寇乱与私贩贸易的关系》，《历史语言研究所集刊》（台北，1965 年）第三六本，上册，页 387。又《明神宗实录》卷四九三，页三载万历四十年三月辛丑，右给事中彭惟成说："倭夷……得我……硇硝、铁、金，皆二十倍于土价；而他锦、绮、器物，不过数倍。"
③ 陈文石前引文，同上刊物第三六本，上册，页 375—418。
④ Boxer, *Christian Century*, pp.106 - 107; Fidalgos, pp.5 - 6, 55 - 56; *The Portuguese Seaborne Empire*, p.63.
⑤ 拙著《明代的银课与银产额》，《新亚书院学术年刊》（香港九龙，1967 年）第九期，页 245—267。

增，价值越来越低，人民为着保护自己利益，免受损失起见，争着用银而拒绝用钞。银在市场上求过于供的结果，价值自然高涨。① 当中国的银因供求失调而价值高涨的时候，邻国日本却有丰富银矿的发现，从而银产量增加②，银值远不如中国那么大。③ 因此，在澳门、长崎间从事贸易的葡国商人，把日本出产的银子大量运往澳门，用来购买输日的中国货物，便可获得巨额的利润④；同时，日银输入中国，又可缓和当时中国银两供求失调的状况，对中国也很有利。

关于葡人自澳门把中国货物贩运往长崎的情况，当日中、葡双方都有记载。例如万历二十二年（1594年）许孚远说："日本长岐（崎）地方，广东香山澳佛郎机番，每年至长岐买卖，装载禁铅、白丝、扣线、红木、金物等货。"又说："乌铅乃大明所出，有广东香山澳发船往彼贩卖，炼成铅弹，各州俱盛。"⑤ 不过，因为当时澳门、长崎间的航线主要由葡船来往运输，故关于自澳门运往日本的中国货物的种类、数量及价格，葡国方面的记载显然要详细得多。现在根据这方面的记载，撰成第二表。

根据第二表我们可知，在16、17世纪间，广州市场上各种中国货物的价格，和在日本的售价比较起来，差别非常之大。两国间的货价既然这样悬殊，葡人自澳门运往长崎出售，当扣除运费、关税等项开支以后，自然可以获利。不特如此，在当日因倭寇侵扰，而中、日间不能直接通商的情况下，葡人有机会充任两国贸易的媒介，从而澳门成为日本市场上中国货物的主要来源。这样一来，日本人消费的中国货物，既然大部分倚赖葡船运来供应，在日本的华货输入贸易中，葡人便几乎处于独占的地位，从而更可提高售价。因此，经

---

① 拙著《宋明间白银购买力的变动及其原因》，《新亚学报》（香港九龙，1967年）第八卷第一期，页157—186。
② George Sansom, *A History of Japan 1334 - 1615*, London, 1961, p.257; A. Kobata, 前引文, *Economic History Review*, vol. XVIII, no.2, p.248; 拙著《明代的银课与银产额》，《新亚书院学术年刊》第九期，页262—263。又《皇明经世文编》第二五册（卷四〇八），页二六六，张位《论东倭事情揭帖》（约撰于万历中叶，参考《明史》卷二一九，页一〇本传）说："前见倭志所载，彼地产金银，而不用金银。"
③ 例如1592年及以后，金一两在广州换银五两半至七两，在日本却换十二三两。参考Boxer, *Great Ship*, p.2.
④ Boxer, *Christian Century*, pp.106 - 107; *Fidalgos*, pp.5 - 6.
⑤ 《皇明经世文编》第二四册（卷四〇〇），页六四〇、六四三，许孚远《疏通海禁疏》（万历二十二年）。

第二表 葡船自澳门运往长崎的货物（约1600年）

货 名	数 量	广 州 价 格	日 本 价 格	附 记
白丝	500—600 担	每担银 80 两（澳门交货）	每担银 140—150 两	这是上等货色的价格。其中比较普通的丝线，广州每担价 55 至 60 两，在日本卖 100 两。
各种颜色的丝线	400—500 担	每担银 140 两	每担银 370—400 两	
各种颜色的 darca 丝		每担银 40 两	每担银 90 两	darca 一字意义不详，可能是抄写之误。
各种绸缎	1 700—2 000 匹	每匹银 1.1—1.4 两	每匹银 2.5—3 两	
金	3 000—4 000 两	每两银 5.4 两	每两银 7.8 两	这是普通金（Common Gold）价。纯金（Fine Gold）每两价，在广州为银 6.6—7 两，在日本为 8.3 两。
麝香	2 担	每斤银 8 两元	每斤银 14—16 两	西元即西班牙银元（Peso）。
白铝粉	500 担	每担银 2.7 两	每担银 6.5—7 两	如澳门交货，每担银 3 两。
棉线	200—300 担	每担银 7 两（澳门交货）	每担银 16—18 两	
各种颜色的棉布	3 000 匹	每百匹银 28 两	每百匹银 50—54 两	棉布价格因货色而异，有些比这里说的价格略高，有些较低。
水银	150—200 担（有时 300 担）	每担银 40 两	每担银 90—92 两	如澳门交货，每担银 53 两。

续表

货名	数量	广州价格	日本价格	附记
铅	2 000 担	每担银 3 两(澳门交货)	每担银 6.4 两	
锡	500—600 担	每担银 15 西元		1613 年售价。
茯苓	500—600 担	每担银 1—1.1 两	每担银 4—5 两	
陶器	2 000 连(每连 10 件)			陶器价格因种类而异,在日售价约为广州价格的 2 倍或 3 倍。
大黄	100 担	每担银 2.5 两	每担银 5 两	
甘草	150 担	每担银 3 两(澳门交货)	每担银 9—10 两	
白糖	60—70 担	每担银 1.5 两	每担银 3—4.5 两	
黑糖	150—200 担	每担银 0.4—0.6 两(澳门交货)	每担银 4—6 两	

资料来源: Boxer, *Great Ship*, pp.179-181. "Memorandum of the merchandise which the Great Ships of the Portuguese usually take from China to Japan, (c.1600);" *Christian Century*, p.109; *Phil. Isls.*, vol.19, pp.306-309.

营澳门、长崎贸易的葡人,把买贱卖贵的原则运用得非常成功:他们在价格最便宜的市场上收购货物,而在价格最昂贵的市场上出售。① 他们这样经营的结果是获得的利润经常高达等于投资的 100%。②

由于巨额利润的吸引,澳门葡人自然努力扩展对日贸易。在 16、17 世纪之交的若干年内,葡船每年运往长崎的中国货物,值银 100 万两以上③;及 1637 年,增加至 2 141 468.05 两④;其后更超过 300 万两⑤。在输入长崎的各种中国货物中,生丝更是价值特别大的一种。兹根据有关记载,撰成第三表。

第三表　16、17 世纪间葡船自澳门运往长崎的华丝

年代	数 量 (担)	在日每担售价 (两)	根　据
1578	1 600	约 140	Boxer, *Great Ship*, p.39; *Christian Century*, pp.117-118. 按:这些生丝在华购价,每担约为银 90 两。
约 1580	1 500		Kobata,前引文, *Economic History Review*, vol. XVIII, no.2, p.253.
约 1600	2 500(+)		Boxer, *Great Ship*, p.62.
1609	约 3 000		同书 p.77; *Fidalgos*, p.61; *Christian Century*, p.282. 按:载运华丝的葡船,于 1610 年正月 6 日在长崎港被炸沉没。
1635	约 2 460	600—1 000 (因货色而异)	Boxer, *Great Ship*, p.144. 是年有葡船 3 艘至长崎,每艘载丝 700 担至 940 担,故共约 2 460 担。

---

① Boxer, *Fidalgos*, pp.5-6.
② 在 1604 年,把中国货物自澳门运日出卖,如果利润达不到 100%,便被认为低到令人失望(Boxer, *Fidalgos*, p.51.)。其后到了 1637 年,这种贸易的利润仍等于投资的 100%(M. A. P. Meilink-Roelofsz, *Asian Trade and European Influence in the Indonesian Archipelago between 1500 and about 1630*, The Hague, 1962, p.375;郭辉译《巴达维亚城日记》,台湾省文献委员会,第一册,页 186)。又参考 Boxer, *Great Ship*, p.17.
③ Boxer, *Christian Century*, pp.98, 282; *Great Ship*, pp.77, 101; *Fidalgos*, p.61.
④ Boxer, *Great Ship*, pp.191-196.
⑤ 同书,p.169.

续表

年代	数量（担）	在日每担售价（两）	根　　据
1636	250		Boxer, *Fidalgos*, pp.114－115.说是年日本生丝来源减小,价格特别昂贵。
1638	230		Boxer, *Great Ship*, pp.155－156.又同书,p.169。说是年前后葡船每年输入生丝200至300担。

由此可知,在16、17世纪间的50余年内,葡船每年自澳门运往长崎的华丝,少时达一千五六百担,多时约达3 000担;自1636年后,数量却显著减小。除生丝以外,中国的丝织品,如绸、缎之类,葡船也由澳门大量运日出售;当输日生丝减少的时候,绸、缎等丝织品的输日却有增加的趋势。[1] 例如在1638年,两艘葡船运往长崎的生丝只有230担,但同时还载有绸、缎等丝织品2 100箱。[2]

自1636年后,葡船由澳门运日的华丝之所以减少,当日荷兰商人的竞争是其中一个主要原因。荷人航海东来,在时间上要比葡人为晚;但到了17世纪,他们在东方海上的势力越来越大,到了1624年便占据台湾。此后以台湾为贸易基地,收购华丝,运日出卖;到了1636年,当葡船每年运日的华丝锐减至250担的时候,荷船输日的华丝却增加至1 421担[3];在17世纪30年代的末期,葡船每年只运二三百担赴日,荷船却多至一千二三百担。[4]

以上是中国货物自澳门出口至长崎的情况。复次,自长崎输往澳门的货物,就价值来说,以银为最重要,因为当日日本银产丰富,正好用来支付进口华货价格,以满足中国市场上对于银的需要。关于澳门输入银的情形,万历(1573—1620年)中叶左右周元暐说:"粤中惟广州府各县悉富庶。……广属

---

[1] Kobata,前引文,*Economic History Review*, vol. XVIII, no.2, p.253; Boxer, *Great Ship*, pp.5, 169; *Christian Century*, p.119.
[2] Boxer, *Great Ship*, pp.155－156.
[3] Boxer, *Fidalgos*, pp.114－115.
[4] Boxer, *Great Ship*, p.169.

香山(澳)为海舶出入襟喉。每一舶至,常持万金,并海外珍异诸物,多有至数万者。"①因为自长崎出口至澳门的白银,主要由葡船载运,故葡萄牙方面的记载更为详细。现在根据葡方资料,再加上当日其他外国人的记载,撰成第四表。

第四表　16、17世纪间葡船自长崎运往澳门的日银

年　代	数量(两)	根　　据
约 1580	500 000—600 000(+)	Kobata,前引文,*Economic History Review*, vol. XVIII, no.2, p.253.
1585	500 000	Boxer, *Great Ship*, pp.47-48.
1585—1591	600 000	Boxer, *Fidalgos*, p.6; *Christian Century*, p.105.
1599	400 000	Boxer, *Great Ship*, p.61.
16世纪末叶	约 1 000 000	同书,p.169.
1601	1 000 000(+)	同书,p.64.
1632	800 000	同书,p.128;《巴达维亚城日记》第一册,页90。
1634	490 000(+)	Boxer, *Fidalgos*, pp. 111-112; *Great Ship*, pp.137-138. 按:运载这些银的葡船,于1635年初始返抵澳门。
1635	1 500 000	Boxer, *Fidalgos*, pp. 114; *Great Ship*, p.144; Kobata,前引文,*Economic History Review*, vol. XVIII, no.2, p.256.
1636	2 350 000	Boxer, *Fidalgos*, pp. 114-115; *Great Ship*, p. 147; Kobata,前引文,*Economic History Review*, p.256;矢野仁一《关于长崎贸易的银铜之输往中国》(日文),《经济论丛》(京都帝国大学经济学会,昭和三年)第二六卷第二号,页98。

---

① 周元暐(万历十四年进士)《泾林续记》(《丛书集成》本),页三四。文中记载运银抵澳门的海舶,作者虽然没有明说由日本运来,但根据下文所说,我们可知这些运银抵澳门的海舶,有不少来自日本:"过洋之船……自倭回者……日本无货,只有金银。"(《天下郡国利病书》卷九三,页二六)

明代中叶后澳门的海外贸易

续表

年　代	数量(两)	根　　据
1637	2 600 000	Boxer, *Fidalgos*, p.118; *Great Ship*, pp.152－153; Kobata, 前引文, *Economic History Review*, p.256.
1638	1 259 000	Boxer, *Fidalgos*, p.120. *Great Ship*, p.157作1 600 000两,其中有400 000两为日本贷款。Kobata, 前引文作1 250 000两。
17世纪30年代末叶	3 000 000(＋)	Boxer, *Great Ship*, p.169.

注：表中各年自长崎输往澳门银数,有些记载原以葡元(Cruzado)作单位。因为当日1葡元约等于银1两(参考第一表),故改以银两来表示。

　　在16世纪最后25年内,日本出产的白银约有一半输出国外,而输出的大部分由澳门葡人运走。① 在这个时期内,自长崎运往澳门的银子,如第四表所述,每年约为五六十万两。其后到了17世纪,在最初30余年内,每年约为一百余万两,有时更多至二三百万两。另据一个统计,自1599年至1637年,38年间,葡船自长崎输出银58 000箱(每箱1 000两),即58 000 000两。② 这许多自日运往澳门的银子,大部分转运入中国,用来购买输日丝货及其他商品。③ 有人估计,葡人每年在广州购货,约用银100万两,或100万两以上。④ 此外,当日澳门葡人日常生活的消费品,既然都来自中国,中国人自然有机会自葡人那里赚取更多的银子了。

　　可是,16世纪中叶后盛极一时的长崎、澳门贸易,到了1639年日本政府却加以禁止。原来葡人自到达日本后,他们一方面在那里通商,另一方面又由耶稣会士(Jesuits)从事传教工作。传教的成绩很好,却为信仰神道或佛教

---

① Boxer, *Great Ship*, p.7.
② 矢野仁一前引文,《经济论丛》第二六卷第二号,页100。又据新井白石的计算,自庆长六年(明万历二十九年,1601年)至正保四年(清顺治四年,1647年),46年间,日本出口银共约74 800 000两,其中有不少由葡人输出。参考小竹文夫《自明季至清中叶外国银的输入中国》(日文),《支那研究》(上海东亚同文书院,昭和七年)第二九号,页114—115。
③ Boxer, *Great Ship*, pp.64; *Fidalgos*, p.16.
④ Boxer, *Great Ship*, p.6; *Christian Century*, p.107; H.B. Morse, *The Chronicles of the East India Company Trading to China 1635－1834*, Taipei, 1966, vol.1, p.17.

的日人所激烈反对。到了 1637 年,日本基督教徒发动叛变,葡籍耶稣会士亦牵涉在内。日本政府遂于 1638 年平定叛乱,于 1639 年驱逐葡人出境,禁止葡船到长崎贸易。①

四

1639 年日本政府禁止葡船开往长崎贸易,澳门经济自然要蒙受打击。幸而葡萄牙的商业网并不以澳门、日本一线为限,当长崎贸易被阻的时候,葡人便积极发展澳门与菲律宾间的贸易,以谋补救。

自 1492 年(明弘治五年)哥伦布发现美洲新大陆后,经过长期的经营,西班牙的远征队于 1565 年(嘉靖四十四年)自墨西哥出发,占领菲律宾。因为西班牙人以墨西哥为根据地来进行对菲律宾的统治与殖民,西政府每年都派遣大帆船来往于墨西哥阿卡普鲁可(Acapulco)与菲律宾马尼拉之间,以便加强联系。大帆船自美洲出发,多输出白银,而由菲运美,则以中国丝货为主。因此,自西班牙人占领菲律宾后,中国商人(主要为福建商人)每年都将大量丝货及其他商品运往马尼拉,在那里赚取巨额银子,运回本国。② 这时中、菲间的贸易,虽然为中国商人所控制,但由于下列三个因素,澳门葡人仍有机会来经营获利。

第一,当中、菲贸易发展,前往菲律宾经商谋生的华人大量增加后,统治菲律宾的西班牙人不免与华人发生冲突。例如万历三十一年(1603 年),马尼拉华侨暴动,有 2 万余人为西人所杀。其后到了崇祯十二年(1639 年),中、西双方又复在菲发生冲突,各有伤亡,被杀华侨也超过 2 万人。③ 当冲突发生后,在短时期内赴菲贸易的华商自然锐减,华货的输入也跟着减少。可是,由菲赴美的大帆船仍要贩运中国丝货,故澳门葡人乘机把华丝运往马尼拉出

---

① Boxer, *Great Ship*, pp.158-163; Edwin O. Reischauer and John K. Fairbank, *East Asia: The Great Tradition*, Boston, 1958, pp.582, 588-589, 597-599.
② 拙著《明季中国与菲律宾间的贸易》,《中国文化研究所学报》第一卷,页 27—49;《明清间美洲白银的输入中国》,同上刊物(1969 年)第二卷第一期,页 59—79;《自明季至清中叶西属美洲的中国丝货贸易》,同上刊物(1971 年)第四卷第二期,页 345—369。
③ 陈荆和《十六世纪之菲律宾华侨》(香港九龙,新亚研究所,1963 年),页 140、145。

明代中叶后澳门的海外贸易

售,以从中取利。

第二,西、葡两国在东方拓殖,虽然时有争执,但由于共同利害关系,双方又不得不互相合作。1580年,葡王室男嗣断绝,西王菲利普二世(Felipe Ⅱ)因婚姻关系,兼摄葡王位,自此至1640年,葡为西统治。荷兰在东方的海上势力,到了17世纪越来越大,澳门及菲律宾时常感受到威胁。为着要防御强敌,西、葡两国经常密切合作。① 在这种情势之下,葡人自然有机会发展澳门、马尼拉间的贸易。

第三,上述荷兰海上势力兴起后,因为与西班牙交战,在东方有攻占菲律宾的企图。荷海军采取阻扰中国商船赴菲的策略,他们认为,如果没有中国大量物资的供应,西班牙人便要被迫撤离菲岛。② 及1624年,荷人占据台湾,自福建开往马尼拉的商船更常被骚扰。③ 结果,在马尼拉市场上,中国货物供应锐减,价格上涨,葡人正好乘机自澳门把中国丝及其他货物运往出售,从中获利。④

由于上述三个因素,在明季数十年内,葡萄牙商船常常来往于澳门、马尼拉间从事贸易。在1620年,有10艘葡船开往马尼拉。1626年,一艘开到那里去的葡船,载运货物价值在50万西元以上。到了1630年及以后,澳门对马尼拉输出总值,每年平均约为150万西元⑤,或约为银100万两。在16、17世纪间,马尼拉海关的税收,以中国货物的入口税为主。这些运抵马尼拉的

---

① Schurz,前引书,p.130; Boxer, *Fidalgos*, pp.132-133.
② Schurz,前引书,pp.130-131.
③ 例如《天下郡国利病书》卷九六,页九,沈铁《上南抚台暨巡海公祖请建彭湖城堡置将屯兵永为重镇书》说:"泉(州)、漳(州)二郡商民,贩东西两洋,代农贾之利,比比然也。自红夷(荷兰人)肆掠,洋船不通,海禁日严,民生憔悴。"(秦炯纂《诏安县志》,康熙三十年,卷一二,页一三下,沈铁《上南抚台经营彭湖六策书》略同。按:荷舰队阻扰赴菲华船,在占领台湾之前已经开始。张燮《东西洋考》(《惜阴轩丛书》本)卷六,页一八说:"万历四十五年(1618年),红毛番(按:指荷兰人)在吕宋港口迎击华商,大肆劫掠,舶主苦之。"又卷七,页一七说:"今岁(万历四十五年)红毛酋为梗,舶货被掠,仅存其半。"又孙承泽《春明梦余录》(光绪九年刊本)卷四二,页三三至三四载崇祯十二年(1639年)傅元初《论开洋禁疏》说:"万历年间(1573—1620年),开洋市于漳州府海澄县之月港……至于末年……红毛番时来倡夺船货,官府以闻,朝廷遂绝开洋之税。"(又见于朱东观辑《祯朝诏疏》卷五,页二九至三〇;《重纂福建通志》卷八七,页一四下至一五,《海禁》。)后来到了1648年,三十年战争结束,荷海军始停止骚扰福建、菲律宾间的海上交通。参考Schurz,前引书,p.355.
④ Boxer, *Great Ship*, p.103.
⑤ 同书,p.7;Schurz,前引书,p.132.

货物,有来自中国内地(主要来自福建)的,有来自澳门的。现在把这些货物的入口税,及它们在入口税总额中所占的百分比,列表如下。

第五表　16、17世纪间马尼拉每年平均征收的入口税

年　代	入口税总额	华货入口税 数额(西元)	华货入口税 百分比(%)	来自中国内地的华货入口税 数额(西元)	来自中国内地的华货入口税 百分比(%)	来自澳门的华货入口税 数额(西元)	来自澳门的华货入口税 百分比(%)	附记
1586—1590	13 383	4 909	36.68	3 750	28.02	1 159	8.66	另一部分入口华货来自台湾。下同。
1601—1605	42 982.9	30 304.2	70.5	30 104.2	70.03	200	0.5	
1606—1610	59 066	46 390.6	78.52	46 382.6	78.52	86	0.15	
1611—1615	70 355	64 482	91.5	64 432	91.4	50	0.07	
1616—1620	51 337	37 843	73.5	31 045	60.3	6 798	13.2	
1626—1630	25 720	18 623.5	72.4	10 192.25	39.6	7 110.5	27.65	
1681—1635	42 194	34 283.8	81.1	22 673.2	53.7	9 327.6	22.1	
1636—1640	31 037	27 483.8	88.6	23 831.8	76.8	3 556.8	11.46	
1641—1642	31 425	28 930	92.06	13 059	41.55	15 735.5	50.08	
1641—1645	22 075	18 599.4	84.06	12 249.4	55.3	6 294	28.5	

资料来源: Pierre Chaunu, *Les Philippines et le Pacifique des Ibériques*, Paris, 1960, pp. 200-205.

根据表中马尼拉华货入口税的记载,我们可以推知,在16、17世纪间,马尼拉输入的华货,主要由中国内地直接运往,由澳门转运前往的华货,所占比例不大。自1616年至1620年间开始,自澳门输入的华货却越来越多,到了1641年至1642年间,更多过直接自中国内地输入的货物。

这些输入马尼拉的华货,无论是直接来自内地,或是间接由澳门转口运往,都以丝货为主。① 当荷兰海军阻扰华船赴菲,马尼拉市上的丝货因供应减少而价格上涨的时候,澳门葡人便乘机扩展华丝输菲的贸易。这种贸易,到了1641至1642年,居然超过直接自内地输菲的货物价值,这显然是由于

---

① 拙著《自明季至清中叶西属美洲的中国丝货贸易》,《中国文化研究所学报》第四卷第二期,页345—369。

1639 年菲岛华人为西人屠杀后，赴菲华船锐减所致。

随着中国商人来货的减少，马尼拉的华丝入口贸易，便大部分操于葡萄牙人之手。① 葡人自澳门运丝至菲出售，乘机高抬价格②，因此获利很大。一位于 1635 年访问澳门的英国人说，葡人自澳门开船前往马尼拉贸易，航程虽然很短，但往往来回一次便赚到 100% 的利润。③ 因为利润增大，他们每年自马尼拉运走的银币，有过去中国商人运走的 3 倍那么多。④

澳、菲间贸易的利润既然很大，因此不独葡萄牙人要自澳门运丝赴菲出卖，就是西班牙人也要由菲往澳门收购。⑤ 可是，因为利之所在，澳门葡人却设法阻止西人亲自到澳门或广州购丝，以免因互相竞争抢购而导致购价上涨。⑥ 由于同样的理由，有些西班牙人自秘鲁开船往澳门贸易，葡人也加以阻挠。⑦

除澳、菲贸易外，葡人又有扩展计划，他们打算以澳门作基地，派船往美洲贸易。早在 1590 年，一位曾任澳门总督的葡萄牙人，已经率领驾驶一艘大帆船，横渡太平洋，抵达墨西哥的港口阿卡普鲁可。可是，当日西班牙政府却禁止外国人与美洲西殖民地贸易，故船上所运货物，以走私论被没收，他本人被捕，押解回西班牙加以审讯，不久即死。⑧ 及 1639 年，澳门葡人不能再往日本贸易，又再要求准与墨西哥、秘鲁通商，也没有成功。⑨

五

自嘉靖三十六年（1557 年）为葡萄牙人占领后，澳门由一个小小的渔村

---

① J.H. Parry, *The Spanish Seaborne Empire*, London, 1966, pp.131–132.
② Fray Juan de Medina, O.S.A., "History of the Augustinian Order in the Filipinas Islands" (Manila, 1630), in *Phil. Isls.*, vol.26, pp.149–150; Boxer, *Christian Century*, pp.239–240; Schurz, 前引书, p.133.
③ Boxer, *Great Ship*, pp.17–18.
④ Schurz, 前引书, p.133; Joseph de Navada Alvarado, and others, "Discussion Regarding Portuguese Trade at Manila" (1632), in *Phil. Isls.*, vol.25, pp.135–136. 参考拙著《自明季至清中叶西属美洲的中国丝货贸易》，《中国文化研究所学报》第四卷第二期，页 355。
⑤ Schurz, 前引书, p.133.
⑥ Boxer, *Great Ship*, p.49; *Christian Century*, p.426.
⑦ Boxer, *Fidalgos*, pp.44, 132.
⑧ 同书, pp.43–44; Schurz, 前引书, pp.131–132.
⑨ Boxer, *Fidalgos*, pp.137–138.

一跃而变为国际贸易港,构成广大的葡萄牙商业网中的一个重要枢纽。当日葡人航海设备比较完善,而澳门因位于华南沿海珠江出口处,交通非常便利,故以中国大陆为腹地,而海外贸易发展起来。那时内地出产的货物,有不少经由澳门出口,而澳门居民日常生活的消费品,又完全倚赖内地供应,故靠近澳门的广州,首先因受到影响而商业发达,财货积聚。① 因为经济富裕,广东每年的租税收入特别大,约为他省的三四倍。②

明代中国的蚕丝生产,几乎遍于全国各地,但以江苏南部、浙江北部的太湖盆地为重要的产区③,故由澳门转运出口的丝货有不少来自江、浙各地。换句话说,江、浙的产品,因有澳门居中作媒介而输出越来越多。随着丝货海外市场的扩展,江、浙人民的就业与所得自然增加,从而经济自然富裕起来。俗语说:"上有天堂,下有苏杭。"明、清间苏州、杭州经济之所以繁荣,原因可能有种种的不同,但澳门的兴起,毫无疑问是其中一个重要的因素。

在16、17世纪间,全世界有两个银矿生产丰富的地区:一个是西属美洲;另一个是日本。西属美洲出产的银子,或经由欧洲、印度,或经由菲律宾,辗转流入澳门。至于日本的银子,也由澳门葡人自长崎运走。这些长期大量输入澳门的白银,因为要用来购买华丝及其他货物,大部分流入中国。由于大量白银的输入,中国国内银的流通量自然激增,故明中叶后国内各地市场上能够普遍用银作货币,政府因此能够废除实物租税和徭役,而改为实行以银纳税的一条鞭法。

1972年3月13日,九龙。

---

① 《皇明经世文编》第二一册(卷三四二),页三七五及三七七,吴桂芳《议筑广东省会外城疏》(嘉靖、隆庆间)说:"看得广东省城正南归德等门外,壕畔、高第、卖麻等街,商民绸缪,财货积聚,乃两广所恃以为利府,奸宄垂涎以为奇货之地也。"又说:"广东省城,为十郡根本之地,而城南郭外,正诸商贸易之区,生民之凑集如云,财货之积聚满市,真一省丰阜之最,两广通利之源也。"
② 郭尚宾《郭给谏疏稿》卷一,页一七载万历四十一年(1613年)十月初四日疏说:"粤东濠镜澳夷,蓄聚万余不轨之徒。……以浙江、福建、湖广大省,监税止各五六万尔。止因当时粤东抚按失计,税金遂三四倍于大藩,至今尚十八万金。加之商税不足,又派之粮差,又派之稻谷,又派之宰牛、鱼、虾、菜、果等项,又派之濠镜澳货二万两。"又页一七载万历四十二年(1614年)二月二十九日疏说:"粤东民非众于他藩,地非广于他藩,然粤东一时之税,他藩三四年之税也。江西七万,而四万取之赣关。福建六万,而三万取之东西洋。乃粤东取二万于澳夷,犹不足额,每年凑解十六万,无一非民膏民脂也。"
③ 拙著《自明季至清中叶西属美洲的中国丝货贸易》,《中国文化研究所学报》第四卷第二期,页347—348。

(补记) 关于万历(1573—1620年)中叶左右,葡人运银至澳门,再转运至中国的情况,王临亨《粤剑编》(《笔记续编》本,广文书局)卷三,页一九下至二〇说:"西洋古里(Calicut,在印度西岸果亚以南),其国乃西洋诸番之会,三四月间入中国市杂物,转市日本诸国以觅利,满载皆阿堵物也。余驻省(广州)时,见有三舟至,舟各赍白金三十万。投税司纳税,听其入城与百姓交易。"又说:"西洋之人往来中国者,向以香山澳中为舣舟之所,入市毕则驱之以去。日久法弛,其人渐蚁聚蜂结,巢穴澳中矣。当事者利其入市,不能尽法绳之,姑从其便。……夷人金钱甚夥,一往而利数十倍。……"

明中叶后中日间的丝银贸易

一

我国的蚕丝生产和丝织工业，历史非常悠久，到了明代（1368—1644年）更是特别发达起来。明初政府下令，凡农民有田五亩到十亩的，须栽桑半亩；十亩以上的加倍；不种桑的，须出绢一匹。全国地方官考课，一定要报告农桑的成绩。原来没有种桑的地方，派人把桑种运往，并教以种植之法。种桑的，自洪武二十六年（1393年）以后，不论多少，都免征赋。[1] 政府在各地提倡种桑养蚕的结果是，蚕丝生产自然大量增加，丝织工业自然发展，除本国消费外，还有大量剩余可供出口之用。

在货币流通方面，明初发行"大明宝钞"，因为发行量不大，流通状况还算良好。但到了中叶左右，因为宝钞发行太多，钞值低跌，大家都拒绝用钞，改用白银作货币。可是，中国各地的银矿，蕴藏并不丰富，经过长期的开采，矿藏逐渐耗竭，不能满足市场上货币流通的需要。由于供不应求，白银的价值便越来越昂贵。[2]

当16世纪中国银子因供求失调而价值高昂的时候，在太平洋东西两岸，却出现了两个银矿生产非常丰富的地区：一个是西属美洲；另一个是日本。西班牙政府于1492年（明弘治五年），派遣哥伦布发现美洲新大陆。在新大陆的各种天然资源中，蕴藏丰富的银矿引起西班牙人的注意，跟着从事大规模的开采。西班牙帝国自1565年起由美洲扩展至菲律宾后，航行于美、菲之

---

[1] 吴晗《明初社会生产力的发展》，科学出版社出版《历史研究》，1955年，第三期，页58。
[2] 拙著《明代的银课与银产额》，《新亚书院学术年刊》（香港九龙，1967年）第九期，又见于拙著《中国经济史研究》（新亚研究所，1976年）中册，页209—231；拙著《宋明间白银购买力的变动及其原因》，《新亚学报》（新亚研究所，1967年）第八卷第一期，又见于《中国经济史研究》中册，页179—208。

间的大帆船经常把巨额白银自美运菲,吸引了把白银视为至宝的中国商人的兴趣,结果后者向菲大量输出西人亟须的丝货(生丝及丝织品)及其他商品,而把西人手中持有的银子赚回中国。关于中、菲、美间贸易的历史,作者已经写成论文加以研讨。① 本文拟对明朝中叶后在东亚市场上中国丝货与日本白银互相交易的情况,做一初步研究。

二

日本蕴藏丰富的银矿,在 16 世纪约有 30 个被开采,其中大部分在 1540 年后开始采炼。该国兵库县生野银矿,于 1542 年投资采炼,随着产量的增加,到了 16 世纪末,向丰臣秀吉缴纳的银课,一年多至 1 万公斤。岛根县岩美银矿中一矿坑,经过长期的经营,到了 17 世纪初,每年缴纳给德川家康的银课,高达 12 000 公斤。约在同一时期,佐渡岛的银矿产额,据估计每年约共 6 万至 9 万公斤,其中光是位于该岛南部的一个矿坑,每年就缴纳银课 975 公斤。1616 年年底德川家康逝世时,留下了白银 4 953 箱,重约 175 737 公斤。② 日本在 16 世纪末叶,由于银产丰富,曾有"银岛"

---

① 拙著《明季中国与菲律宾间的贸易》,《香港中文大学中国文化研究所学报》第一卷(香港九龙,1968 年),又见于拙著《中国经济史论丛》(新亚研究所,1972 年)第一册,页 417—434;拙著《明清间美洲白银的输入中国》,同上学报第二卷第一期(1969 年),又见于拙著《论丛》第一册,页 435—450;拙著《自明季至清中叶西属美洲的中国丝货贸易》,同上学报第四卷第二期(1971 年),又见于拙著《论丛》第一册,页 451—473;拙著《再论明清间美洲白银的输入中国》,食货月刊社编辑委员会主编《陶希圣先生八秩荣庆论文集》(台北市,1979 年),页 164—173;Han-sheng Chuan, "The Chinese Silk Trade with Spanish America from the Late Ming to the Mid-Ch'ing Period," in Laurence G. Thompson, ed., *Studia Asiatica: Essays in Felicitation of the Seventy-fifth Anniversary of Professor Ch'en Shou-yi*, CMRASC Occasional Series No. 29 (San Francisco: Chinese Materials Center, Inc., 1975), pp. 99-117; Han-sheng Chuan, "Trade between China, the Philippines and the Americas during the 16-18th Centuries,"《"中央研究院"国际汉学会议论文集》(台北市,1981 年),页 849—853。

② George Sansom, *A History of Japan, 1334-1615*, London, 1961, p. 257; A. Kobata, "The Production and Uses of Gold and Silver in Sixteenth-and Seventeenth-Century Japan," in *Economic History Review*, Second Series, vol. XVIII, No. 2, August, 1965, p. 248; Seiichi Iwao, "Japanese Gold and Silver in the World History," *International Symposium on History of Eastern and Western Cultural Contacts* (Tokyo: Japanese National Commission for UNESCO, 1959), pp. 63-64.

(Silver Islands)之称。①

在17世纪初叶前后,日本是亚洲唯一的白银大生产者②,每年都有巨额白银向外输出。由1560年至1600年,日本每年的银出口额为33 750至48 750公斤;及17世纪初期,为150 000至187 500公斤③;由1615至1625年,每年输出130 000至160 000公斤,约为除日本以外的世界银产额的30%至40%。④ 可是,到了17世纪30年代,日本银矿渐渐耗竭⑤;再往后,到了17世纪中叶,因为矿坑越挖越深,为水淹浸,抽水困难,生产成本递增,报酬递减,结果银产量下降⑥,银出口量也就跟着减少了。

日本输出的巨额银子,自然会刺激国际贸易的发展,在出口贸易中占有非常重要的地位。以1636年为例,日本出口的银子,占该国出口总值的85.8%。⑦在另外一方面,邻近的中国,有如上文所说,却因普遍用银作货币,银求过于供,价值特别昂贵。由于两国白银供求情况的不同,价值高下的悬殊,从事国际贸易的商人,自然要把中国货物输往日本,把日本白银输入中国,以赚取巨额的利润。因此,在明中叶前后,中国各地的物产,都大量运销于日本,以满足社会大众的消费需要⑧,而中国生丝及丝织品,为日本社会人

---

① William S. Atwell, "International Bullion Flows and the Chinese Economy circa 1530 – 1650," *Past & Present: A Journal of Historical Studies*, No.95 (Oxford, May, 1982), p.71.
② Seiichi Iwao,前引文,*International Symposium*, p.65.
③ William S. Atwell,前引文,*Past & Present*, p.71.又小叶田淳教授指出,17世纪初期,日本每年输出银约为150至200吨。见A. Kobata, "The Export of Japanese Copper on Chinese and Dutch Ships during the Seventeenth and Early Eighteenth Centuries," paper presented at 31st International Congress of Human Sciences in Asia and North Africa, Kyoto, September, 1983.
④ Seiichi Iwao, "Japanese Foreign Trade in the Sixteenth and Seventeenth Centuries," *Acta Asiatica*, XXX (Tokyo, 1976), pp.9 – 10.
⑤ William S. Atwell, "*Sakoku* and the Fall of the Ming Dynasty: Some Observations on the Seventeenth Century Crisis in China and Japan," paper presented at 31st International Congress of Human Sciences in Asia and North Africa, Kyoto, September, 1983.
⑥ Kato Eiichi, "The Japanese-Dutch Trade in the Formative Period of the Seclusion Policy: Particularly on the Raw Silk Trade by the Dutch Factory at Hirado, 1620 – 1640," *Acta Asiatica*, XXX, p.44; Seiichi Iwao, "Japanese Gold and Silver," *International Symposium*, p.67.
⑦ Kato Eiichi, "Japanese-Dutch Trade," *Acta Asiatica*, XXX, pp.43, 65.
⑧ 例如明姚士麟《见只编》(《丛书集成》本)卷上,页五〇至五一说:"大抵日本所须,皆产自中国。如室必布席,杭(州)之长安织也。妇女须脂粉、扇、漆、诸工须金、银箔,悉武林造也。他如饶(州)之磁器,湖(州)之丝、绵,漳(州)之纱、绢,松(江)之绵布,尤为彼国所重。"

士所大量消费,需求更大。① 那时日本人士在朝会宴享中穿着的服装,其用来缝制的绢绔,必须按照该国自有成式花样,用中国丝作原料来织造,故市场上对中国丝货的需要非常大。② 1622 年 9 月 15 日,一位荷兰的在日本平户商馆的负责人,在送给本国荷兰东印度公司董事会的市场研究报告中说,在日本销售的华货总值中,中国生丝及丝线约占 2/3。③ 到了 1636 年,日本平户输入的生丝占入口总值 59.4％,丝织品(或丝绸)占 21％,合起来共占入口总值 80.4％。④ 其后,到了 1641 年,在日本入口总值中,生丝占37.14％,丝织品占 44.11％,合共占 81.25％。⑤

三

在东亚地区内,中、日间丝货、白银及其他物产的互通有无,如果能畅通无阻,显然对两国经济都很有利。可是,在 16、17 世纪间,由于东亚的特殊形势,两国贸易却不能正常进行。中国沿海区域,在明代屡为倭寇(日本海盗)所侵扰,到了嘉靖(1522—1566 年)年间,倭患更为猛烈。因为要巩固东南沿海的国防,明朝政府禁止本国人民与日本通商。约略在这个时候,葡萄牙人从事世界新航路的发现,航海东来。在中国沿海经过长期的活动,到了嘉靖三十六年(1557 年),他们借口舟触风涛,须曝晒水渍贡物及存贮运来货物,获得中国官方准许,在澳门筑室居住,以便从事贸易。澳门的葡人,因为不受明朝政府关于中、日通商禁令的束缚,正好航行于澳门、长崎之间,进行大规

---

① 徐孚远等辑《皇明经世文编》(台北市国联图书出版有限公司影印明崇祯间平露堂刊本)第三〇册,卷四九一,页三三六,徐光启《海防迂说》(又见于徐光启《徐光启集》,中华书局,1963 年,卷一,页 47)说:"彼(日本)中百货所资于我,最多者无若丝,次则瓷,最急者无如药。"
② 胡宗宪《筹海图编》卷二《倭国事略》;陈文石《明嘉靖年间浙福沿海寇乱与私贩贸易的关系》,《"中央研究院"历史语言研究所集刊》(台北,1965 年)第三六本,上册,页 387;戴裔煊《明代嘉隆间的倭寇海盗与中国资本主义的萌芽》(中国社会科学出版社,1982 年),页 7;C.R. Boxer, *The Great Ship from Amacon: Annals of Macao and the Old Japan Trade*, 1555 - 1640(以下简称 *Great Ship*), Lisbon, 1963, p.2; C.R. Boxer, *Fidalgos in the Far East*, 1550 - 1770(以下简称 *Fidalgos*),Hong Kong, 1968, pp.5 - 6.
③ Kato Eiichi, "Japanese-Dutch Trade," *Acta Aslatica*, XXX, pp.44 - 45.
④ 同上, pp.43, 65.
⑤ 山胁悌二郎《长崎的荷兰商馆》(日文,东京中央公论社,1980 年),页 210。

模的贸易。

在 16、17 世纪之交,葡萄牙商船自澳门运往长崎的货物,包括有白丝、各种颜色的丝线、各种颜色的"darca"(此字意义不详)丝、各种绸缎、棉线、各种颜色的棉布、麝香、金、白铅粉、铅、锡、水银、陶器、茯苓、大黄、甘草、白糖及黑糖。① 在各种各样运往日本的中国货物中,如上述,以丝货为最重要,在 1622 年约占日本输入华货总值的 2/3,在 1636 年及以后都占 80% 以上。

葡商自广州收购丝货,经澳门转运往日本出售,其中光是生丝一项,在 16 世纪中叶以后的长时间内,每年平均约 1 600 担;自 1600 年至 1620 年,每年平均约 1 000 担,最高的一年达 2 600 担。到了 17 世纪 30 年代,葡船输日生丝数量显著减少,但输日的绸、缎等丝织品则有增加的趋势。② 例如 1600 年左右,葡船自澳门运往长崎的各种绸缎为 1 700—2 000 匹③;及 1638 年增加至 2 100 箱,每箱约有 100 匹至 150 匹。④

当中、日间不能直接通商的时候,中国丝货在日本市场上的售价远在中国国内市价之上。⑤ 有鉴于两国丝价的悬殊,葡人自澳门到广州低价收购丝货,转运往长崎高价出售,经常获得的利润,起码为投资的百分之七八十,有时超过 100%⑥,要大过自亚洲把香料及其他商品运往欧洲出售的利润⑦,也

---

① C.R. Boxer, *Great Ship*, pp.179 - 181; Boxer, *The Christian Century in Japan, 1549 - 1650* (以下简称 *Christian Century*), Berkeley, 1967, p.109; E.H. Blair and J.A. Robertson, eds., *The Philippine Islands, 1493 - 1898* (以下简称 *Phil. Isls.*, 55 vols., Cleveland, 1903 - 1909), vol.19, pp.306 - 309; 拙著《明代中叶后澳门的海外贸易》,《中国文化研究所学报》第五卷第一期(1972 年),页 258—259。
② Kato Eiichi, "Japanese-Dutch Trade," *Acta Asiatica*, XXX, pp.45, 48.
③ Boxer, *Great Ship*, pp.179 - 181; *Christian Century*, p.109; *Phil Isls.*, vol.19, pp.306 - 309; 拙著《明代中叶后澳门的海外贸易》,《中国文化研究所学报》第五卷第一期,页 258—259。
④ Boxer, *Great Ship*, pp.155 - 156. 按:每箱容量共有多少,该书没有明确记载。但张天泽根据葡国文献指出,16、17 世纪葡船运往日本的中国丝织品,少时为 1 300 盒,多时为 5 300 盒,每盒装载锦、缎或天鹅绒 100 匹,或 150 匹较轻的丝织品(例如纱)(见 T'ien-Tsê Chang, *Sino-Portuguese Trade from 1514 to 1644*, Leiden, 1934, p.108.)。一盒的容量,可能就是一箱的容量。
⑤ 例如胡宗宪《筹海图编》卷二《倭国事略》说:"丝,所以为织绢纻之用也。……若番舶不通,则无丝可织,每百斤直银五十两,取去者其价十倍。"
⑥ Seiichi Iwao, "Japanese Foreign Trade," *Acta Asiatica*, XXX, p.6; Boxer, *Great Ship*, p.17; *Fidalgos*, p.51; 拙著《明代中叶后澳门的海外贸易》,《中国文化研究所学报》第五卷第一期,页 257。
⑦ Boxer, *Fidalgos*, p.7.

大过自澳门把丝货运往果亚(Goa,在印度西岸)出售的利润。① 因为要垄断中、日间丝货贸易来赚取厚利,葡萄牙政府禁止西班牙人自菲律宾往澳门或广州采购丝货,以免后者因与葡人竞争购买华丝而引致丝价上涨,利润降低。②

葡人一方面经营日本华丝的输入贸易,他方面又利用中、日市场上银价的悬殊③,自日本输出巨额白银。日本出产的白银,在16世纪最后1/4的时期内,约有一半输出国外,其中大部分由澳门葡人输出④,每年约五六十万两。到了17世纪,在头三十余年中,每年输出一百余万两,有时多至二三百万两。自1599至1637年,葡人共自长崎输出银58 000 000两。⑤ 这许多由日本运往澳门的白银,大多数转运往中国,以便购买输日丝货及其他商品。⑥ 据估计,葡人每年在广州购货,约用银100万两,或100万两有多。⑦

日本在战国时期(1467—1573年)后,内战结束,人民生活安定,对丝货的消费跟着增加。在另一方面,由于银矿生产丰富,人民购买力提高,从而输入更多的丝货。⑧ 可是,当日本华丝入口贸易扩展的时候,葡人却不能像过

---

① 同书,pp.45-46.
② Boxer, *Great Ship*, p.49; *Christian Century*, p.426.
③ 关于中、日银价高下的不同,我们可以拿两国的金、银比价来作证明。自16世纪中叶左右开始的长时间内,当中国金价每两换银四至七八两的时候,日本金价每多半换银十两左右,或甚至十二三两。见拙著《明中叶后中国黄金的输出贸易》,《历史语言研究所集刊》第五三本(1982年)第二分,页215—219,221,222。
④ Boxer, *Great Ship*, p.7.
⑤ 矢野仁一《关于长崎贸易的银、铜之输往中国》(日文),《经济论丛》(京都帝国大学经济学会,昭和三年)第二六卷第二号,页100;拙著《明代中叶后澳门的海外贸易》,《中国文化研究所学报》第五卷第一期,页262—263。
⑥ Boxer, *Great Ship*, p.64; *Fidalgos*, p.16.
⑦ Boxer, *Great Ship*, p.6; *Christian Century*, p.107; H.B. Morse, *The Chronicles of the East India Company Trading to China, 1635-1834*, Taipei, 1966, vol.1, p.17.关于万历(1573—1620年)中叶左右,葡人自日本运银至澳门,再转运往广州的情况,王临亨《粤剑编》(万历二九年,《笔记续编》本,广文书局)卷三,页一九下至二〇上说:"西洋古里(Calicut,在印度西岸果亚以南),其国乃西洋诸番之会,三四月间入中国市杂物,转市日本诸国以觅利,满载皆阿堵物也。余驻省(广州)时,见有三舟至,舟各赍白金三十万。投税司纳税,听其入城与百姓交易。"又说:"西洋之人往来中国者,向以香山澳中为舣舟之所,入市毕则驱之以去。日久法弛,其人渐蚁聚蜂结,巢穴澳中矣。当事者利其入市,不能尽法绳之,姑从其便。……夷人金钱甚夥,一往而利数十倍。……"
⑧ 根据岩生成一教授的研究,日本于16世纪后半叶,每年平均输入中国生丝1 000余担,及17世纪初期增加至3 000至4 000担(Seiichi Iwao, "Japanese Foreign Trade," *Acta Asiatica*, XXX, p.4.)。另据加藤荣一教授估计,日本每年平均输入华丝,在16、17世纪之交为1 600担,1610年至1620年为3 000至3 500担,及1620年至1640年为2 500至4 000担(Kato Eiichi, "Japanese-Dutch Trade," *Acta Asiatica*, XXX, p.45.)。又参考William S. Atwell, "*Sakoku* and the Fall of the Ming Dynasty".

去那样垄断华丝市场,因为利之所在,中、日商人看见葡人那样发财致富,自然要违反明朝政府禁止通商的法令,从事走私贸易。日本生丝供应既然有了新的来源,原来几乎为葡人独占输入的华丝,在1600年日本输入总额中的占比,下降至只占30%多点。① 其后到了1612年,日本输入生丝一共多至6 300担,其中由葡船运来的不过1 300担而已。②

葡人在澳门、长崎间经营的丝货贸易,除中、日商人外,又遭受到荷兰人的竞争。随着荷兰海上势力的兴起,荷人航海东来,于17世纪初叶抵达日本平户;及1624年占据台湾,便在那里收购中国丝及其他货物,运往日本售卖。③

虽然遭遇到激烈的竞争,但葡人仍能站得住脚,继续经营澳门、长崎贸易。可是,这种持续了80多年的贸易,到了1639年却被日本政府禁止。原来葡人一方面在日本通商,他方面又在那里从事传教工作。葡人中的耶稣会士在日传教的成绩很好,信仰神道或佛教的日人却加以反对。到了1637年,日本天主教徒发动叛变,葡籍耶稣会士也牵涉在内。日本政府于1638年平定叛乱后,便于1639年驱逐葡人出境,禁止葡船到长崎贸易。④

四

看见葡人经营中、日贸易大发其财,中国东南沿海商人早就不顾明朝政府有关中、日通商的禁令,秘密派船输出华丝及其他货物,运往日本及其他国家出售获利。例如"嘉靖庚子年(1564年),(王)直与叶宗满等造海舶,置硝、(硫)黄、丝、绵等违禁货物,抵日本、暹罗、西洋诸国,往来贸易,五六年,致富

---

① Seiichi Iwao, "Japanese Foreign Trade," *Acta Asiatica*, XXX, p.9.
② Kato Eiichi, "Japanese-Dutch Trade," *Acta Asiatica*, XXX, pp.48 - 49, 66.
③ 同上,p.48.
④ Boxer, *Great Ship*, pp.158 - 163; Edwin O. Reischauer and John K. Fairbank, *East Asia: The Great Tradition*, Boston, 1958, pp.582, 588 - 589, 597 - 599;拙著《明代中叶后澳门的海外贸易》,《中国文化研究所学报》第五卷第一期,页263。

不赀。夷人大信服之,称为五峰船主。"① 到了万历(1573—1620年)中叶左右,对于与日本通商的禁令,中国官方事实上已不怎样严格执行。② 自17世纪开始,每年到达日本的中国商船,约为30余艘,有时多至60艘。自从1633年日本施行锁国政策,1636年禁止日本船航海通商,及1639年又禁止葡船赴日贸易,于是创造了中国商人到日本做生意的好机会,到达日本的中国船在1639年增至93艘,1641年增至97艘。③

自中国沿海开往日本的商船,主要装载各种丝织品、生丝及其他货物,归途中则载运白银及其他日本物产。王在晋于万历三十七年(1609年)间任浙江地方官,著有的《越镌》记载了是年浙江发现的三宗通倭案件,其中一宗说林清等商人把纱、罗、绸、绢、布匹及其他货物运往日本售卖,售卖所得倭银,由银匠在船倾销熔化,因为船中有炉冶、风箱、器具等设备。④ 另一宗案件说严翠梧等在苏州、杭州置买湖丝(湖州生丝)、缎、绢、布匹等物,由定海开船往日本出售。⑤ 此外又有一宗案件说赵子明等"织造蛤蜊旺段匹等

---

① 严从简辑《殊域周咨录》(故宫博物院图书馆,1930年)卷二,页一八。
② 《明神宗实录》("中央研究院"历史语言研究所印)卷四七六,页三下至四,万历三十八年(1610年)十月丙戌,兵部覆议:"闽人贩海为生,旧俱繇海澄出洋,兴贩东西洋诸岛。……近389民以贩日本之利倍于吕宋,寅缘所在官司擅给票引,任意开洋,高桅巨舶,络绎倭国。"又同书卷四九八,页三,万历四十年(1612年)八月丁卯,兵部言:"今通倭之民,所以屡禁而不止者,何也? 盖禁通倭,必渔者、贾者及市籴者一切禁绝,而后可。然民之生命在斯,其势不能禁绝,则通倭之船已出矣。……海上奸民,飘大洋而出者,不止一处……"
③ Seiichi Iwao, "Japanese Foreign Trade," *Acta Asiatica*, XXX, p.11; Boxer, *Fidalgos*, p.134;韩振华《再论郑成功与海外贸易的关系》,《中国社会经济史研究》(厦门),1982年第三期,页34。
④ 王在晋《越镌》(万历间刻本)卷二一《通番》说:"又一起为福清人林清,与长乐船户王厚商造钓槽大船,倩郑松、王一为把舵,郑七、林成等为水手,金士山、黄承灿为银匠;李明习海道者也,为之向导;陈华谙倭语者也,为之通事。于是招来各贩,满载登舟。有买纱、罗、绸、绢、布匹者;有买白糖、磁器、果品者;有买香、扇、梳、篦、毡、袜、针、纸等货者。所得倭银,在船溶化,有炉冶焉,有风箱、器具焉。六月初二日开洋,至五岛,而投倭牙五官、六官,听其发卖。……此由长乐开船发行者也。又有闽人揭才甫者,久寓于杭,与杭人张玉宇善,出本贩买(卖)绸、绢等货,同义男张明觅船户施春凡,与商伙陈振松等三十余人,于七月初一日开洋,亦到五岛,投牙一官、六官零卖。施春凡、陈振松等尚留在彼,而玉宇同林清等搭船先归。此由宁波开船发行者也。林清、王厚抽取商银,除舵工、水手分用外,清与厚共得银二百七十九两有奇。所得倭银,即令银匠在船倾销。计各商觅利,多至数倍,得意泛舟而归。由十月初五日五岛开洋,十二日飘至普陀相近,被官兵哨见追赶。商船……被礁阁,各负银两登山奔窜,逃入柴厂。将未倾倭银,抛弃山崖蹊涧间。哨官杨元吉督同捕兵缉拿……搜获倭戒指、金耳环、倭刺刀、炉底器械等件,又搜获银共三千九百两七钱。……"原书未见,兹引自谢国桢《明代社会经济史料选编》(福建,人民出版社,1980年),卷中,页138—139。
⑤ 《越镌》卷二一《通番》说:"其一起为奸民严翠梧,与脱逃方子定,以闽人久居定海,纠合浙人薛三阳、李茂亭结夥通番,造船下海。……有朱明阳者,买哨船增修,转卖茂亭,先期到杭收 (转下页)

货",由海道输出,而他是"杭(州)之惯贩日本渠魁"。①

明中叶后,中国商船走私运往日本的丝货,除纱、罗、绸、绢、缎等丝织品外,生丝最为重要。根据一位耶稣会士的报告,1612年日本总共输入中国丝6 300担,其中约2 000担由中国商船输入。根据荷兰方面的记载,中国商船输入日本的生丝,于1633年为1 500担,1634年为1 700担(一作1 400担),及1637年为1 500担。②又据岩生成一教授的研究,中国船运生丝赴日,于1640年为900担,1641年为1 000担,及1645年为1 300担(是年日本输入生丝总额为3 200担)。③

因为中国市场上白银的购买力远较日本为大,中国商人在日售货所得的白银,自然大量运载回国。上述王在晋记载往日本贸易的中国商船,有2名银匠,利用船中的炉冶、风箱、器具,把倭银倾销熔化,炼成一锭一锭的银子。根据小叶田淳教授的研究,在1542年,有3艘自日本开往泉州的商船,共载银8万两,即每艘载银2.6万余两,或约1 000公斤。④又据岩生成一教授的计算,在17世纪初期,赴日贸易的中国商船,每艘平均自日运银23 500两回国。⑤到了1641年,中国各商船共自日输出白银35 625公斤,或90余万两;及1646年,输出银更多至63 750公斤,或160余万两。⑥

(接上页)货,同伙林义报关出洋而去。翠梧、三阳……随买杭城异货,密雇船户马应龙、洪大卿、陆叶艤膛船三只,诈称进香,乘夜偷关。驾至普陀,适逢潮阻,哨官陈勋等驾船围守,应龙等辄乘船而遁。哨兵追之,乃索得段、绢、布匹等物,纵之使行。而前船货物,已卸入三阳大船,洋洋赴大墅矣。于是子定先往福建收买杉木,至定海交卸。意欲紧随三阳等,同船贩卖。遂将杉船向大嵩港潜泊,而豫构杨二往苏、杭置买湖丝……同来定海。见三阳船已先发,乃顿货于子定家,寻船下货。……"(引自谢国桢前引书,卷中,页一三六—一三七。)

① 《越镌》卷二一《通番》说:"又一起为抚院访拿省城通番人犯赵子明、沈云凤、王仰桥、王仰泉、何龙洲五名。向织造蛤蜊旺段匹等货,有周学诗者转贩往海澄贸易,遂搭船开洋,往暹罗、吕宋等处发卖,获利颇厚,归偿子明赊欠段价。……子明虽不与学诗同往,而转买得利,应与学诗并徒。生员沈云凤者,将资本托仆沈乘祚、来祥往海澄生理,来祥等径往吕宋等处贩卖货物,包利以偿其主。……家有通贩之奴,似当罪归其主。"(引自谢国桢前引书,卷中,页一三九—一四〇)又《明神宗实录》卷四九六,页三,万历四十年六月戊辰条说:"杭之惯贩日本渠魁,如赵子明辈,亦并捕而置之理。"
② Kato Eiichi, "Japanese-Dutch Trade," *Acta Asiatica*, XXX, pp.48 - 49, 66.
③ Seiichi Iwao, "Japanese Foreign Trade," *Acta Asiatica*, XXX, pp.11, 13.
④ Evelyn Sakakida Rawski, *Agricultural Change and the Peasant Economy*, Cambridge, 1972, p.76.
⑤ William S. Atwell, "International Bullion Flows," *Past and Present*, No.95, p.70.
⑥ Seiichi Iwao, "Japanese Foreign Trade," *Acta Asiatica*, XXX, p.11.

五

　　葡人在中、日间经营华丝贸易，不特要受到中国商人竞争的威胁[1]，自16、17世纪之交开始，日本商船由政府颁发"朱印状"（一种准许出国及外国贸易的特许状，上面盖有朱色关防），称为"朱印船"，获准出国贸易，也大量输入华丝。据岩生成一教授估计，自1604年至1635年，日本共有356艘朱印船出国贸易。[2] 因为明朝政府禁止与日本通商，朱印船经常开往东南亚地区与中国商人交易[3]，购买生丝、各种丝织品及其他货物，运回日本出售。[4]

　　出国贸易的朱印船，除载运各种日本物产外，因为日本银产丰富，每艘都输出大量白银，有时一艘多至5 600公斤。[5] 据估计，朱印船每年自日运出的银子，共约3万至4万公斤，多过中国商船自日运出的数量，差不多有葡船自日运出的那么多。在国际市场中，日本商人既然有着许多银子，他们的购买力自然很大。当朱印船到达马尼拉的时候，他们在生丝市场上和西班牙人竞争购买，促使华丝价格上涨，予西人以严重威胁。故菲律宾总督时常禁止日

---

[1] Boxer, *Fidalgos*, p.134.
[2] Seiichi Iwao, "Japanese Foreign Trade," *Acta Asiatica*, XXX, pp. 9 – 10; Kato Eiichi, "Japanese-Dutch Trade,"同上刊物, p.48;陈荆和《清初华舶之长崎贸易及日南航运》，《南洋学报》第十三卷第一辑，页1—2。
[3] 关于明中叶后中国商人运销丝货至东南亚各地的情况，顾炎武《天下郡国利病书》（广雅书局本）卷九六，页二九—三〇，《福建》六，郭造卿《防闽山寇议》说："海外之夷，有大西洋，有东洋。大西洋则暹罗、柬埔寨诸国。……而东洋则吕宋，其夷佛郎机也。是两夷者，皆好中国绫、罗（《春明梦余录》卷四二，页三五，傅元初《论开洋禁疏》作缎）、杂缯。其土不蚕，唯借中国之丝到彼，能织精好缎匹，服之以为华好。是以中国湖丝百觔，值价百两者，至彼得价二倍。……若洋税一开……听闽人以其土物往，他如浙、直（南直隶，即今江苏及安徽）丝客，江西陶人，各趋之者，当莫可胜计，即可奠万历（1573—1620年）初年二万余金之饷以饷兵……"又《皇明经世文编》第三〇册（卷四九一），页三一七—三一八，徐光启《海防迂说》（约万历末天启初）说："于是有西洋番舶者，市我湖丝诸物，走诸国贸易。若吕宋者，其大都会也。而我闽、浙、直商人，乃皆走吕宋诸国。倭所欲得于我者，悉转市之吕宋诸国矣。倭去我浙、直路最近，走闽稍倍之。吕宋者在闽之南，路迂回远矣。而市物又少，价时时腾贵，湖丝有每斤至五两者。"（又见于徐光启《增订徐文定公集》，上海，民国二十二年，卷二，页八三；《徐光启集》卷一，页三九—四〇。）参考拙著《自明季至清中叶西属美洲的中国丝货贸易》，《中国文化研究所学报》第四卷第二期，页356。
[4] Seiichi Iwao, "Japanese Foreign Trade," *Acta Asiatica*, XXX, pp. 3 – 4, 9; William Lytle Schurz, *The Manila Galleon* (New York, 1939), p.115.
[5] Seiichi Iwao, "Japanese Gold and Silver," *International Symposium*, p.65.

商在西人每年购买完毕之前，在那里购买华丝。①

除菲律宾外，朱印船时常前往东南亚其他地区，和贩运生丝的中国商人交易，把华丝等货物转运回日本去卖。② 据估计，朱印船自东南亚输入日本的生丝，有时每年多至1 400至2 000担，在正常年头约占输入总额的50%至70%。③

随着对外贸易的发展，外籍天主教教士在日本的传教及其他活动，逐渐引起日本当局的疑虑。早在1620年，荷兰人已经警告日本政府：如果继续准许日本商船驶往外国港口贸易，要阻止外籍教士偷渡赴日，将是不可能之事。因此，日本幕府于1633年禁止外国人入境，于1635年禁止日本人前往海外，及海外日人回国。此后朱印船便不再出国经营海外贸易。④

六

葡人对于日本华丝入口贸易的垄断，不特遭遇中、日商人的竞争，而且受到荷兰人的破坏。由于海上势力的强大，荷兰航海家于1595年打破葡人对好望角航路的垄断，率领船舶4艘东航，于次年6月抵达爪哇下港(Bantam)。其后继续努力，于1602年设立荷兰东印度公司来经营东方贸易，并于同年在下港设立商馆。⑤ 后来经过长期的准备，荷兰东印度公司于1609年派船开往日本平户，在那里建立商馆，开始进行破坏葡人垄断日本生丝市场的活动。⑥

荷人航海东来，在时间上比葡人为晚，他们看见早到的葡人，由澳门转运华丝前往日本贸易，赚取那么大的利润，非常羡慕，有取而代之的野心。到了1622年，荷兰海军进攻澳门，其中一个目的，是要把澳门占领，以便荷人代替

---

① Seiichi Iwao, "Japanese Foreign Trade," *Acta Asiatica*, XXX, pp.9–10,又参考上一页注⑤。
② Boxer, *Great Ship*, p.76.
③ Seiichi Iwao, "Japanese Foreign Trade," *Acta Asiatica*, XXX, pp.9–10.朱印船每年自东南亚输入日本的生丝，另一估计为1 000至3 000担。参考 Kato Eiichi, "Japanese-Dutch Trade," *Acta Asiatica*, XXX, p.48.
④ Seiichi Iwao, "Japanese Foreign Trade," *Acta Asiatica*, XXX, p.15；陈荆和前引文，《南洋学报》第十三卷第一辑，页1—2。
⑤ Schurz, 前引书, p.343.
⑥ Boxer, *Fidalgos*, pp.56–57.

明中叶后中日间的丝银贸易

葡人成为日本市场的中国丝货供应者。但葡人以逸待劳，把荷人击败了。①

进攻澳门失败后，荷兰舰队便转移方向，于 1624 年占据台湾，此后荷人便以台湾为贸易基地，收购华丝。在与荷人交易的华商中，李旦经常自厦门密买丝绸，运往台湾出卖。② 1625 年李旦死后，许心素垄断了厦门、台湾间的贸易，于天启七年（1627 年）正月七日，用船五艘，自漳州载丝数百担，运往台湾卖给荷人。③ 有一个记载说，在 1640 年左右，荷人一年在台收购华丝及其他货物，约共投资五百万盾（银 150 万两有多）。④

荷人在台湾收购的丝货，一部分转运往巴达维亚（Batavia，在爪哇西北）及欧洲，但较大部分运往日本，因为后者销路较好，获利较大。⑤ 荷船运往平户的各种货物中，以 1636 年为例，生丝占输入总值的 59.4%，丝织品占 21%，合共占 80.4%。⑥ 其中生丝一项，荷船每年输入平户的数量，详见第一表。

第一表　自 1621 年至 1639 年荷船输入日本平户的生丝

年　份	数量（斤）	年　份	数量（斤）
1621	5 688（＋）	1628	28 980.5
1622	9 056	1634	64 530
1623	3 231	1635	132 039
1624	2 847.5	1636	142 251
1625	29 017	1637	110 306
1626	33 227	1638	142 194
1627	91 362（＋）	1639	111 287

资料来源：Kato Eiichi, "Japanese-Dutch Trade," *Acta Asiatica*，XXX，p.66.

---

① 同书，pp.72-92；Boxer，*Great Ship*，pp.105-106；拙著《明代中叶后澳门的海外贸易》，《中国文化研究所学报》第五卷第一期，页 249。
② 秦炯纂《诏安县志》（康熙三十年序）卷一二，页九，沈铁（诏安县乡官）《上南抚台移檄暹罗宣谕红裔书》说："夫大（台）湾去澎湖数十里，虽称荒区，实泉（州）、漳（州）咽喉也。沿海商民，捕钓贸易，往来必经。……而游棍李旦乃酋裔许心素之流也，夙通日本，近结红裔，兹……突入厦门，岂有好意？不过乘官禁贩，密买丝绸，装载发卖诸裔，并为番裔打听消息者。"
③ Ts'ao Yung-ho, "Chinese Overseas Trade in the Late Ming Period," International Association of Historians of Asia, *Second Biennial Conference Proceedings*（Taipei, 1962），p.441.
④ John E. Wills, Jr., *Pepper, Guns and Parleys: The Dutch East India Company and China, 1622-1681*（Cambridge, 1974），p.10.
⑤ D.W. Davies, *A Primer of Dutch Seventeenth Century Overseas Trade*（The Hague, 1961），p.62.
⑥ Kato Eiichi, "Japanese-Dutch Trade," *Acta Asiatica*，XXX，p.65.

根据第一表可知,荷人于1624年占据台湾后,利用台湾作为贸易基地,运中国丝赴日本出售,数量开始增加。其后自1635至1639年,荷船输入日本的中国丝更大量增加,每年都多至1 000担。另据岩生成一教授的研究,在1640年荷船输入日本的生丝更多至2 700担。① 1635年后,荷船每年运往日本售卖的生丝,已经远较葡船为多。例如1636年,葡船运日的生丝锐减至250担,荷船输日的生丝却多至1 422担。② 其后到了1639年,日本政府驱逐葡人出境,禁止葡船到长崎贸易,过去葡人在日本中国丝入口贸易中所占的地位,更为荷人及中国商人所取代。

　　当日本的生丝入口贸易扩展的时候,除中国丝以外,荷人曾试图把波斯丝运日出卖,但结果亏本;在另外一方面,他们运中国丝往日本出卖,利润却高达150%。③ 荷人自台湾贩运中国丝到日本去,在当日是最有利的一种买卖,他们获利之大,要远大于在亚洲其他地区经商获得的利润。④

　　荷船把中国丝及其他货物输入日本后,因为日本银产丰富,每年都输出巨额白银。例如1636年,荷船自平户输出银2 480 200盾(约70万两),占出口总值的85.8%。⑤ 自1640年至1649年,荷船共自日本输出银15 188 713盾,约450%万两。⑥ 这些由荷船输出的日本银子,有不少用来在台湾收购中国丝及其他货物,转运到日本及其他地区出卖。⑦

七

　　自15、16世纪间世界新航路发现后,世界贸易越来越发达,而位于太平

---

① Seiichi Iwao, "Japanese Foreign Trade," *Acta Asiatica*, XXX, p.16.
② Boxer, *Fidalgos*, pp.114-115;拙著《明代中叶后澳门的海外贸易》,《中国文化研究所学报》第五卷第一期,页260。但Boxer书中说1624年荷船输日的生丝为1 421担,与第一表中的1 422(+)担,略有不同。
③ M.A.P. Meilink-Roelofsz, *Asian Trade and European Influence in the Indonesian Archipelago between 1500 and about 1630* (The Hague, 1962), p.263.
④ Seiichi Iwao, "Japanese Foreign Trade," *Acta Asiatica*, XXX, p.17.
⑤ Kato Eiichi, "Japanese-Dutch Trade," *Acta Asiatica*, XXX, p.65.
⑥ Carlo M. Cipolla, *Before the Industrial Revolution: European Society and Economy, 1000-1700* (London, 1976), p.214; J.B. Harrison, "Europe and Asia," in *The New Cambridge Modern History* (Cambridge University Press, 1970), vol.IV, p.659.
⑦ John E. Wills, Jr., *Pepper, Guns and Parleys: The Dutch East India Company and China, 1622-1681* (Cambridge, 1974), p.10.

洋西岸的中国，其对外贸易也跟着发展起来。过去曾经长期沿着丝绸之路向西方输出的丝货，自16世纪后由于海洋交通的进步，更沿着海上丝绸之路来拓展它的输出贸易。[①] 明代中叶后，中国出口的丝货，除经菲律宾运往美洲，经果亚及巴达维亚运往欧洲出卖外，又有不少向日本输出。

自16世纪中叶左右开始，日本银产丰富，输出增加，在国际市场上具有强大的购买力。在中国方面，到了明中叶前后，全国普遍用银作货币，银因求过于供而价值增大；中国商人看见日本有那么多的银子，自然要扩展对日贸易，增加丝货及其他商品的输出，以便自日赚取巨额白银，运回本国。

可是，当中、日经济互相倚赖的程度越来越密切的时候，明朝政府却因倭寇问题，禁止本国人民对日本通商。这样一来，葡人航海东来，建立澳门为贸易基地后，便乘机发展澳门、长崎间的中国丝贸易，同时又把日本银子转运入中国来从中取利。

葡人在中、日间通商发财的情况，自16世纪中叶后曾经持续了许久，但后来中国、日本及荷兰商人，因为利之所在，都先后争着去做同样的买卖，而不让葡人独享大利。到了1639年，日本政府禁止葡船到长崎贸易，过去葡人在中、日贸易中所占的地位，便为中、荷商人取而代之了。

我国劳动人民辛苦产制出来的丝货，被其他国家的商人利用来通商获利，我国经济上不免要蒙受损失。中国商人把本国出产的丝货走私运往日本，被视为非法的行为，固然很有道理；但站在国家经济的立场来说，这些走私商人为国家争取回不少商业利益，不让日、葡、荷等外国商人独享厚利，对本国经济显然有利。不特如此，由于他们在中、日间的经济活动，中国丝货出口增加，自然刺激人们对蚕丝业增加投资的兴趣，创造更多的就业机会，对于本国经济当然大有补益。中国的蚕丝产区遍于各地，但以江苏、浙江间的太湖盆地为最重要。明、清间这个地区经济非常繁荣，人民生活比较富裕，故俗语说，"上有天堂，下有苏杭"。这个地区人民之所以特别富有，原因当然很多，但除西属美洲等海外市场以外，日本市场对于中国丝货需求的增大，从而刺激江、浙蚕丝业的发展，人民就业机会的增加，当是其中一个重要的因素。

[①] 陈炎《略论海上"丝绸之路"》，《历史研究》，1982年，第三期，页161—177。

复次，日本出产的白银，除由中国商船运回外，又有不少为日、葡、荷商船所输出。这些自日本输出的银子，虽然为其他国家的商船运走，其中有不少用来采购中国丝货及其他商品，最后多半流入中国。明、清时代中国之所以能普遍用银作货币来交易，把赋、役折算为银来向政府缴纳的一条鞭法之所以能够实行，虽然可能有各种不同的解释，但除美洲白银以外，日本白银的流入中国，显然是其中一个重要的原因。

1984 年 6 月 23 日，九龙。

略论十七八世纪的中荷贸易

早在 1595 年,荷兰航海家就已经打破葡萄牙人对好望角航线的垄断,航海东来。到了 1602 年,荷兰东印度公司成立,于下港(Bantam)设立商馆。到了 1619 年,荷人更以爪哇的巴达维亚(Batavia)为基地,发展欧、亚广大地区间的贸易。

17 世纪中叶左右,荷兰的船舶吨位有欧洲其他国家合起来的船舶吨位那么多,因此商业发达,对西班牙贸易大量出超,每年都有由 30 至 50 艘船组成的运银船队,驶往西班牙港口,把西班牙船自美洲运回的白银大量运走。

由西班牙输入荷兰的美洲白银,因为亚洲白银价值远较欧洲为大,有不少为荷船运往东印度来从事贸易。明朝(1368—1644 年)中叶后的中国,因为普遍用银作货币,银求过于供,价值增大。故当荷人把大量白银运往东印度贸易的时候,原来生活在银价昂贵社会的中国商人,自然很有兴趣,努力拓展对东印度的出口贸易,把银赚取回国。

荷人自中国输出的货物,除生丝及丝绸外,以瓷器及茶叶最为重要。从 1602 至 1682 年,中国瓷器的输出量超过 1 600 万件。远在英国东印度公司于 1669 年首次运茶赴英出售以前,荷人就于 1610 年最先运茶往欧洲,自此以后长期独占华茶对欧输出贸易。自 1739 年开始,华茶成为荷船自东方运返欧洲的价值最大的商品。

在近代早期欧洲人向外航海,找寻新航路的潮流中,葡萄牙人沿着非洲西岸探险,绕航好望角,于 1498 年经印度洋抵达印度西岸。此后葡国商船活跃于欧、亚之间,自 16 世纪中叶后更以澳门为根据地来经营中国与亚洲其他地区间的贸易。

可是,到了 17 世纪,随着荷兰海上势力的崛起,葡人不复能垄断自欧洲到东方来的航道。早在1595年,荷兰航海家首先打破葡人对好望角航线的独占,率领船舶4艘东航,次年抵达爪哇下港(Bantam)。到了1602年,荷兰东印度公司成立,于下港设立商馆。其后到了1619年,荷人更在爪哇的巴达维亚(Batavia)建立根据地,发展欧洲与亚洲广大地区间的贸易。

17世纪中叶左右,荷兰一个国家的船舶吨位,有欧洲其他国家合起来的船舶吨位那么多。由于造船技术的进步,同样大小的商船,荷船比其他国家的船少用20%的水手。① 因为水道运输便利,荷兰阿姆斯特丹(Amsterdam)发展成为欧洲最大的货物集散中心,自三十年战争(1618—1648年)结束后,由于对西班牙贸易大量出超,荷兰每年都以由30至50艘船只组成的运银船队(Silver Fleet)驶往西班牙港口,把西班牙船自美洲运回的银子运走。② 根据1654年10月16日的报刊报导,有荷船5艘,自加地斯(Cadiz,西班牙西南部海港)返荷,船上载有价值1 000万荷盾的美洲白银。③ 又据1683年一位荷兰官员的报告,荷每年约自西班牙输入1 500万至1 800万盾的银子。④ 在17世纪中叶前后,西船每年自美洲运回的白银,约有15%至25%为荷船运走,有些估计更高至50%。⑤

由西班牙输入荷兰的美洲白银,自荷兰海上势力向东方扩展以后,因为亚洲白银价值远较欧洲为大,有不少为荷船转运往东印度来从事贸易。在1603年,荷向东印度输出的白银,约为输出货物价值的5倍;及1615年,输出银更多至为货物价值的15倍。⑥ 由1700年至1750年,荷向巴达维亚输出货

---

① Fernand Braudel, *The Perspective of the World*, Vol.3, *Civilization and Capitalism*, 15th - 18th Century, New York, 1986, p.190.
② Kristof Glamann, "The Changing Patterns of Trade," in E.E. Rich and C.H. Wilson, eds., *The Cambridge Economic History of Europe*, Vol.Ⅴ (Cambridge University Press, 1977), p.260.
③ C.R. Boxer, "Plata es Sangre: Sidelights on the Drain of Spanish-American Silver in the Far East, 1550 - 1770," in *Philippine Studies: A Quarterly*, Vol.18, No.3 (July 1970), p.471.按:在17世纪60年代,银1两等于3.5荷盾;到了80年代,等于4.125盾。参考John E. Wills, Jr., *Pepper, Guns and Parleys: The Dutch East India Company and China, 1662 - 1681*, Cambridge, Mass., 1974, p.27.
④ Violet Barbour, *Capitalism in Amsterdam in the Seventeenth Century*, Baltimore, 1950, p.52.
⑤ 同书,p.51;C.R. Boxer,前引文,in *Philippine Studies*, Vol.18, No.3, pp.469 - 470;Kristof Glamann,前引文,in E.E. Rich, etc., eds.,前引书,Vol.Ⅴ, p.260.
⑥ M.A.P. Meilink-Roelofsz, *Asian Trade and European Influence in the Indonesian Archipelago between 1500 and about 1630*, The Hague, 1969, p.378.

物共值 100 600 131 荷盾，占输出总值 1/3 少点；输出贵金属（以银为主）共值 228 265 232 盾，占输出总值 2/3 以上。① 根据各国自西班牙输入美洲白银，再转运往东方贸易的资料，最近有学者估计，在 17 世纪，由欧洲运往东方的银子，约共一万五六千吨。②

明代（1368—1644 年）中叶后的中国，因为"大明宝钞"发行过多，钞值低跌，各地市场上普遍改用银作货币，结果银求过于供，价值增大。故当西班牙人于 1565 年开始占据菲律宾，自美洲大量运银前往贸易的时候，原来生活在银价昂贵社会的中国商人，自然对西人带来的白银产生兴趣，努力扩展对菲的输出贸易，把银赚回本国。同样的理由，到了 17 世纪，当荷兰人把在西班牙赚到的美洲白银，大量转运往东印度来贸易的时候，中国商人也自然产生兴趣，努力拓展对东印度的出口贸易，把银赚取回国。

17 世纪初叶，中国商船每年都把生丝、丝绸、瓷器、麝香及其他货物大量运往下港出卖，在回航时虽然自那里运走胡椒、檀香、象牙等商品，贸易仍然不能平衡，结果下港输出大量白银。故荷人虽然自欧洲运来大量银子，下港市面流通的银币仍然非常缺乏，不能满足市场交易的需要。③ 1625 年驶抵巴达维亚贸易的中国商船，其总吨位有如荷兰东印度公司的回航船队那么大，甚至更大。④ 在 1644 年，抵达巴达维亚的中国商船一共 8 艘，输入货物 3 200 吨，但这些商船自巴达维亚运返中国的货物，由 1637 年至 1644 年，每年只有 800 至 1 200 吨。由于贸易顺差，中国商船离巴达维亚返国，经常运走许多银子。由于白银长期大量流出，到了 1653 年 8 月，巴达维亚市面深感交易筹码

---

① Ivo Schöffer and F.S. Gaastra, "The Import of Bullion and Coin into Asia by the Dutch East India Company in the Seventeenth and Eighteenth Centuries," in Maurice Aymard, ed., *Dutch Capitalism and World Capitalism*, Cambridge University Press, 1982, pp.222 - 223.
② Dennis O. Flynn, "Comparing the Tokagawa Shogunate with Hapsburg Spain: Two Silver-Based Empires," preliminary draft prepared for the Keio Conference on Precious Metals, Tokyo, June 1987.
③ M.A.P. Meilink-Roelofsz,前引书, p.246; William S. Atwell, "International Bullion Flows and the Chinese Economy circa 1530 - 1650", in *Past and Present: A Journal of Historical Studies*, Oxford, May 1982, No.95, p.75;同上作者, "Notes on Silver, Foreign Trade, and the Late Ming Economy," in *Ch'ing-shi wen-ti*, Vol.Ⅲ, No.8, p.3; J.B. Harrison, "Europe and Asia," in G.N. Clark, et al., eds., *The New Cambridge Modern History*, Vol.Ⅳ (Cambridge University Press, 1970), p.654.
④ J.C. Van Leur, *Indonesian Trade and Society: Essays in Asian Social and Economic History*, The Hague, 1967, p.198.

不足，政府被迫准许人民使用已被剥夺货币资格的钱币来交易，同时设法限制中国商人运银出口。①

荷兰商人用银购买中国货，转运回欧洲出卖，获得巨额的利润。例如荷兰东印度公司于1621年正月在雅加达（Jacatra）购买生丝1 868荷磅（1荷磅等于1.09英磅），或1 556斤，运往阿姆斯特丹出卖，毛利为投资的320%。又有一批原在台湾采购的中国白丝，重1 009斤，于1622年在荷兰卖出，毛利为325%。该公司自创办时开始，即把生丝与胡椒及其他香料并列为最能获利的商品来经营。在荷兰的生丝市场上，中国生丝要和波斯生丝竞争，但在1624年阿姆斯特丹的生丝价目单上，可能因为品质比较优良，中国产品的评价较高。大约由于地理上的近便，荷兰输入波斯的生丝，多于自中国输入的。可是在17世纪30年代，荷人把波斯生丝运往阿姆斯特丹出卖，利润为投资的100%，中国生丝的利润则高达150%。

除以东印度为基地来经营东方贸易外，荷人于1624年占据台湾后，又在那里收购生丝等中国货物，运销于欧、亚各地。在1627年，荷船自台湾输往巴达维亚及荷兰的生丝，共值560 000荷盾，输往日本的更多至620 000盾。由于地理上的近便，荷人以台湾作基地，积极扩展对日输出的丝货贸易。由1635年至1639年，荷船输入日本的华丝，每年都多至1 000担，在1640年更多至2 700担。1635年后，荷船每年运往日本的生丝，都远较葡萄牙船为多。例如1636年，葡船运日的生丝锐减至250担，荷船却多至1 422担。当日本大量输入生丝的时候，除华丝外，荷人曾试图运波斯丝赴日出售，但结果亏本；在另一方面，他们把华丝运日出卖，利润却高至150%。荷人把华丝贩运赴日，在当日是最有利的一种贸易，他们获得的利润，远较在亚洲其他地区经商获得的利润为大。②

---

① Leonard Blussé, "Chinese Trade to Batavia during the Days of the V. O. C.," in Centre for the History of European Expansion, *Inter-disciplinary Studies on the Malay World*, Paris, 1979, *Archipel* 18, pp.195, 205.
② 以上参考拙著《明清间中国丝绸的输出贸易及其影响》，陶希圣先生九秩荣庆祝寿论文集编辑委员会编，《陶希圣先生九秩荣庆祝寿论文集：国史释论》，台北市，1978年11月15日，页231—237；拙著《三论明清间美洲白银的输入中国》，《第二届国际汉学会议论文集：明清与近代史组》，页83—84，1989年。

除生丝外,荷人又在巴达维亚、台湾经营中国瓷器出口贸易。当荷人占据台湾时期,从中国大陆驶往台湾的商船多半运载大批瓷器。在 1638 年,台湾安平港库存的瓷器多至 89 万件,其中一小部分运往日本,此外大部分运往巴达维亚,再转运往荷兰。① 自 1602 年至 1657 年,荷船由巴达维亚运往欧洲的瓷器,超过 300 万件,此外又有数百万件运销于印尼、马来亚、印度、波斯等地市场上。从 1602 年至 1682,中国瓷器的输出量,超过 1 600 万件。② 由 1729 年至 1734 年,荷兰东印度公司直接由本国派船来华贸易,运回瓷器多至将近 450 万件。自 1730 年至 1789 年,该公司运欧瓷器,共达 4 250 万件。③

除丝、瓷外,近代中国茶的对欧出口贸易,也由荷人首先经营。远在英国东印度公司于 1669 年第一次运茶赴英出售以前,荷人就于 1610 年最先运茶往欧洲,这些茶来自日本,但以后荷人运欧的茶都来自中国。荷人垄断华茶对欧输出贸易,他们运茶返国,约于 1635 年转运往法国出售,于 1645 年运销于英国,于 1650 年运销于德国、北欧。④ 到了 1710 年,由于消费量大,英国还要自荷兰输入华茶来满足需要。⑤ 由 17 世纪 90 年代至 1719 年,中国及葡萄牙船运茶往巴达维亚,每年平均五六百担;从 1720 年至 1723 年,由澳门葡船运往,每年二三千担,再由荷船转运回国。⑥ 荷兰东印度公司每年在巴达维亚购茶的价值,于 17 世纪 90 年代至 1719 年,约占向华、葡商人购货总值的 20% 至 50%;及 1720 年至 1723 年,占 50% 以上至 90%。⑦ 在 1730 年的夏天,一位英国商人乘船抵达巴达维亚,报导那里有自广州、厦门及舟山到达的

---

① 林仁川《试论明末清初私人海上贸易的商品结构与利润》,《中国社会经济史研究》第一期,厦门,1986 年。
② C.R. Boxer, *The Dutch Seaborne Empire 1600 - 1800*, London, 1966, pp.174 - 175;陈小冲《十七世纪上半荷兰东印度公司的对华贸易扩张》,《中国社会经济史研究》第二期,1986 年;陈万里《宋末—清初中国对外贸易中的瓷器》,《文物》第一期,1963 年。陈万里先生在文中说,关于 17 世纪中国瓷器输出的数字,主要根据 T. Volker, *Porcelain and the Dutch East India Company*, 1956.
③ C.J.A. Jörg, *Porcelain and the Dutch China Trade*, The Hague, 1982, p.149.
④ G.B. Masefield, "Crop and Livestock," in E.E. Rich and C.H. Wilson, eds., *The Cambridge Economic History of Europe*, Vol. IV (Cambridge University Press, 1967), pp.297 - 298.
⑤ K.N. Chaudhuri, *The Trading World of Asia and the English East India Company, 1660 - 1760*, Cambridge University Press, 1978, p.391.
⑥ George Bryan Souza, *The Survival of Empire: Portuguese Trade and Society in China and the South China Sea, 1630 - 1754*, Cambridge University Press, 1986, pp.145 - 146.
⑦ 同书,p.146.

商船20艘,自澳门到达的商船6艘,共运来中国茶25 000担,其中只有5 500担用来满足当地人士的消费,此外全部转运往欧洲出售。这个估计可能有些夸大,但我们由此可以想见当日荷人经营中国茶贸易的盛况。①

在17世纪及18世纪初期,荷兰东印度公司主要以巴达维亚为基地来经营欧、亚间的华茶贸易。到了1728年12月5日,该公司更自本国直接派船前往广州采购茶叶及其他货物。船中载银30万荷盾,买卖完成以后,于1730年7月13日返抵荷兰。计共运回茶叶27万荷磅,丝绸570匹,及瓷器若干件。货物拍卖结果,获得净利为投资的一倍有多。自1731至1735年,又有11艘荷船往广州贸易。② 这几年荷兰输入的中国茶,事实上比英国的还要多。③ 自1739年开始,中国茶已经成为荷船自东方运返欧洲的价值最大的商品。④ 荷兰自广州输入茶叶价值,在1729年为284 902盾,占华货入口总值85.1%;1740年,超过100万盾;1753年,超过200万盾;1754年,超过300万盾;1786年至1789年,每年都超过400万盾。⑤

17、18世纪活跃于印度洋、西太平洋的荷兰商人,一方面自欧洲带来巨额白银,他方面又因拓展华丝对日本的输出贸易,自日运走许多银子。看见荷兰商人手中持有那么多银子,购买力很大,视银如至宝的中国商人很感兴趣,自然努力推广出口贸易,把各种中国货物大量运往东印度、台湾出卖,自荷人手中赚取巨额白银。上文说由于中国商船长期运走白银,到了1653年8月,巴达维亚市场上深以交易筹码不足为苦,政府不得不准许已被剥夺货币资格的钱币重新流通使用。到了1741年(乾隆六年),清朝政府因为荷兰殖民者在爪哇杀害华侨事件,曾拟利用"禁海"的办法来加以报复。当日执政的内阁学士方苞,把拟议禁海的办法询问在籍侍郎蔡新,蔡却反对这种消极的办法,他说:"闽、粤洋船不下百十号,每船大者造作近万金,小者亦四五千金;

---

① Kristof Glamann, *Dutch-Asiatic Trade*, 1620-1740, The Hague, 1958, p.235.作者在脚注中说,根据荷兰东印度公司的纪录,该公司于1730年约共购茶11 000担,另外多出的几千担,可能由无执照营业的人收购,运往欧洲出卖。
② Kristof Glamann,前引书,pp.230,234.
③ J.H. Parry, *Trade and Dominion: The European Oversea Empires in the Eighteenth Century*, London, 1971, pp.85.
④ C.R. Boxer,前引书,p.177.
⑤ C.J.A. Jörg,前引书,pp.217-222.

一旦禁止,则船皆无用,已弃民间五六十万之业矣。开洋市镇,如厦门、广州等处,所积货物不下数百万;一旦禁止,势必亏折耗蚀,又弃民间数百万之积矣。洋船往来,无业贫民仰食于此者,不下千百家;一旦禁止,则以商无赀,以农无产,势必流离失所,又弃民间千百生民之食矣。此其病在目前者也。数年之后,其害更甚。闽、广两省所用者皆番钱,统计两省岁入内地约近千万。若一概禁绝,东南之地每岁顿少千万之入,不独民生日蹙,而国计亦绌,此重可忧也。"结果方苞采纳蔡新的意见,禁海之议并没有实行。[①] 由此可知,在乾隆(1736—1795年)初叶前后,由于中国货物对荷属东印度的大量输出,福建、广东每年输入银可能多至将近1 000万两,同时随着中、荷贸易的发达,中国造船、航运及其他与出口贸易有关的工商业,因投资增大而获利,及使更多人口得到就业的机会。清代康熙(1662—1722年)、雍正(1723—1735年)、乾隆三朝之所以被称为"盛世",当然有各种不同的原因,但17、18世纪中、荷贸易在发展过程中,使中国丝、瓷、茶及其他物产出口增加,造成经济繁荣,显然是其中一个重要的因素。

1988年5月18日,九龙。

[①] 《漳州府志》(台南市,1965年影印本)卷33,人物六,页64—65,《蔡新传》;蔡新《缉斋文集》卷4,原书未见,引自许涤新、吴承明主编《中国资本主义发展史》,第1卷,《中国资本主义的萌芽》(北京,人民出版社,1985年),页707;田汝康《十七世纪至十九世纪中叶中国帆船在东南亚洲航运和商业上的地位》,《历史研究(月刊)》第八期,1956年。关于乾隆初叶中国因和荷兰等国贸易而输入大量白银的情况,《清朝文献通考》(修于乾隆末年)的作者在卷16乾隆十年(1745年)项下也说:"福建、广东近海之地,又多行使洋钱。……闽、粤之人称为番银,或称为花边银。凡荷兰、佛郎机(葡萄牙)诸国商船所载,每以数千万圆计。……而诸番向化,市舶流通,内地之民咸资其利,则实缘我朝海疆清晏所致云。"

再论十七八世纪的中荷贸易

荷兰东印度公司于1602年成立,于1619年在爪哇巴达维亚建立基地,经营东至日本长崎、西至波斯湾的贸易,在那里集中东方的各种货物转运往欧洲出卖。

荷兰水道交通便利,商业发达,和西班牙贸易长期保持出超的纪录,把西班牙自美洲输入的白银大量赚取回国。荷人航海东来后,发现银在亚洲的购买力远较欧洲为大,于是每艘驶往东方的船都载运巨额白银,以便贸易获利。这在生活在银价高昂社会的中国商人看来,是非常强大的购买力,故努力拓展与荷属东印度的出口贸易,由于巨额出超而把荷人东运的白银,赚回本国。中国商人售给荷人的货物,种类甚多,而丝货(生丝及丝绢)、瓷器及茶叶,尤其重要。

荷人于1624年开始占据台湾后,又以台湾为基地,扩展中国丝对日输出贸易,在日本赚取大量白银,也增强了他们的购买力。荷人在欧洲、日本贸易获得的白银,用来在亚洲各地收购货物,并不以中国为限。但中国物产丰富,输出能力很大,中国商人自然通过贸易的出超,使荷人手中持有的白银源源流入中国。

一

关于明(1368—1644年)、清(1644—1911年)之际中、荷贸易的研究,作者曾经撰写《略论十七八世纪的中荷贸易》一文,刊于《历史语言研究所成立六十周年纪念专号》[1]。该文完成后,作者对这个问题继续研究,搜集到更多

---

[1] 《"中央研究院"历史语言研究所集刊》第六十本第一分(台北,1989年3月)。

资料,兹特整理发表,以补前文的不足。

二

在近代早期欧洲人向外航海,发现世界新航路的潮流中,到 16 世纪末叶,荷兰人才航海东来,在时间上约比葡萄牙人晚一个世纪,比西班牙人自美洲经太平洋到菲律宾来,也要晚数十年。荷人东来的时间虽然较晚,由于造船工业的进步、航海事业的发达,到了 17 世纪,他们在印度洋、西太平洋的商业活动却非常活跃,有后来居上之势。

在 17 世纪中叶前后,荷兰小小的一个国家,其船舶吨位等于欧洲其他所有国家合起来的船舶吨位那么多。同样大小的商船,荷船比其他国家的船平均少用 20% 的水手。① 荷兰每年约有 1 000 艘船下水,在世界各个海洋中航行。② 在同一航程中航运,荷船收取的运费约比英船低廉 1/3 至 1/2。③ 荷兰东印度公司在 1602 年成立后的半个世纪内,发展成为当日全世界最大的航运、贸易机构,在阿姆斯特丹(Amsterdam)拥有世界最大的用来建造、修理船舶的码头设备。④

荷兰船队于 1595 年打破葡萄牙人对好望角航线的垄断,航海东来,次年抵达爪哇下港(Bantam,一作万丹)。自 1595 年至 1795 年,由荷兰开往东印度的船舶,总共 4 788 艘,自东印度返荷的船,则共 3 404 艘,其余留在亚洲水域。这些船就当日标准来说,大部分属于大型船只,平均载重 600 吨。⑤ 由 1599 年至 1660 年,荷兰每年平均有 7 艘半船舶自东方航行返国,英国则只有

---

① Fernand Braudel, *The Perspective of the World*, Vol.3, *Civilization and Capitalism*, 15th - 18th Century, New York, 1986, p.190.
② Violet Barbour, "Dutch and English Merchant Shipping in the Seventeenth Century," in E.M. Carus-Wilson, ed., *Essays in Economic History*, London, 1954, p.227.
③ 同上,p.249.
④ Ivo Schöffer and F.S. Gaastra, "The Import of Bullion and Coin into Asia by the Dutch East India Company in the Seventeenth and Eighteenth Centuries," in Maurice Aymard, ed., *Dutch Capitalism and World Capitalism*, Cambridge University Press, 1982, pp.220 - 221.
⑤ 同上,pp.271,220.

3艘。① 关于17、18世纪荷兰东印度公司船舶每十年自本国开往亚洲,及自亚洲航行返国的情况,参看第一表。

第一表 荷兰东印度公司船舶往返亚洲数量 (单位:只)

年 份	开往亚洲船数	自亚洲返荷船数
1602—1610	76	40
1610—1620	115	50
1620—1630	141	71
1630—1640	157	75
1640—1650	165	93
1650—1660	205	103
1660—1670	238	127
1670—1680	232	133
1680—1690	204	141
1690—1700	235	156
1700—1710	280	193
1710—1720	311	245
1720—1730	382	319
1730—1740	375	311
1740—1750	314	235
1750—1760	291	245
1760—1770	292	235
1770—1780	290	245
1780—1790	298	227
1790—1795	118	113

资料来源:Ivo Schöffer and F. S. Gaastra, "The Import of Bullion and Coin into Asia by the Dutch East India Company in the Seventeenth and Eighteenth Centuries", in Manrice Aymard, ed., *Dutch Capitalism and World Capitalism*, Cambridge University Press, 1982, p.219.

---

① Bal Krishna, *Commerical Relations between India and England* (1601-1757), London, 1924, pp.75-76.

再论十七八世纪的中荷贸易

根据第一表可知,自 1602 年起,约 50 年内,由荷兰开往东印度的船舶数量约增加一倍,到了 18 世纪头 40 年达到最高峰,其后东航船舶的数量也很大。

荷兰东印度公司于 1602 年成立,在下港设立商馆,其后于 1619 年在爪哇巴达维亚(Batavia)建立根据地,经营东至日本长崎、西至波斯湾的贸易,在那里集中东方的各种商品转运往欧洲出卖。[1] 当荷人在这个广大地区从事商业活动的时候,太平洋西岸的中国,人口众多,资源丰富,那里的商人自然和他们发展贸易关系。早在 17 世纪初期,下港的荷兰商馆就已经大量收购中国商船运来的货物,使下港成为中国贸易的转口站。[2] 及 1619 年,荷人在巴达维亚建立贸易根据地,因为他们自欧洲带来巨额白银,购买力强大,中国商人很乐意扩大对东印度的出口贸易。[3] 在 1625 年,航行抵达巴达维亚的中国商船,其总吨位有如荷兰东印度公司的回航船队那么大,甚至更大。[4] 在 1644 年,抵达巴达维亚的中国商船总共 8 艘,输入货物多至 3 200 吨,但这些商船自巴达维亚运返中国的货物,由 1637 年至 1644 年,每年只有 800 至 1 200 吨。[5] 由于贸易顺差,中国商船自巴达维亚航行返国,经常运走大量银子。

除以巴达维亚为东方贸易基地外,自 1624 年起,"荷兰占据台湾……以台湾为根据地,俾能在国际贸易中活跃。……台湾曾在荷兰的东方贸易中成

---

[1] J.H. Parry, *Trade and Dominion: The European Oversea Empires in the Eighteenth Century*, London, 1971, p.74; Kristof Glamann, "The Changing Patterns of Trade," in E.E. Rich and C. H. Wilson, eds., *The Cambridge Economic History of Europe*, Vol. V, Cambridge University Press, 1977, p.210.

[2] 曹永和《明末华人在万丹的活动》,中国海洋发展史论文集编辑委员会主编,《中国海洋发展史论文集》,(二),台北,1986 年,页 219—247。

[3] 《明史》(百衲本)卷三二五,页二七,《和兰传》说:"国(荷兰)土既富,遇中国货物当意者,不惜厚资,故华人乐与为市。"又张燮《东西洋考》(万历四十五年刻印本)卷六,页一三〇,红毛番条说:"彼国(指荷兰)既富……货有当意者,辄厚偿之。故货为红夷所售,则价骤涌。"又参考 M.A.P. Meilink-Roelofsz, *Asian Trade and European Influence in the Indonesian Archipelago between 1500 and about 1630*, The Hague, 1969, p.268.

[4] J.C. van Leur, *Indonesian Trade and Society: Essays in Asian Social and Economic History*, The Hague, 1967, p.198; Leonard Blussé, "Chinese Trade to Batavia during the Days of the V. O.C.," in Center for the History of European Expansion, *Inter-disciplinary Studies on the Malay World*, Paris, 1979, *Archipel* 18, p.195.

[5] Leonard Blussé,前引文,in *Inter-disciplinary Studies*, *Archipel* 18, p.205.

为极为重要的转接基地,尝获甚大的利益。其贸易的内容为:自大陆运至台湾再转贩于各地荷兰商馆的物品,是丝绸、生丝、砂糖、黄金、瓷器等类;由台湾向大陆上输出的物品,是自日本、欧洲运来的银、铜和南海方面的胡椒、铅、锡、香药等类。其中生丝、绢绸和银在交易上最为重要"①。据 1649 年的统计,在所有东印度商馆中,台湾商馆所获纯益仅次于日本商馆,达 467 534 盾,占获利总额的 25.6%,日本商馆则占 38.8%。但实际上,日本商馆获利根源在于台湾提供了大量的生丝和丝绸等中国商品。譬如在 1637 年,从各地航行至日本的荷兰船共 14 艘,货品总值为 2 460 733 盾,其中来自台湾的货物价值便高达 2 042 302 盾,占输入总值的 85%以上。② 在 1640 年前后,荷人以台湾作基地来经营的中、日贸易,其规模似乎已有过去葡人经营的澳门、长崎贸易那么大。③

　　荷人占据台湾,前后 38 年,到了 1662 年 2 月 1 日,荷人与郑成功签约停战,自台湾撤退。④ 郑成功收复台湾后不久逝世,由子郑经继承。荷人因被逐出台湾,衔恨郑氏,于撤出台湾后不久,自巴达维亚派兵船 12 艘,士兵 1 200 余人,帮助清政府夹攻郑氏据有的厦门。到了 1664 年(康熙三年),荷海军再帮助清军夹击郑经,夺取厦门,郑经被迫撤退回台。因为不能像过去那样以台湾为基地来贸易获利,荷人自恃有功于清,请求在中国沿海互市。清廷因为要借助荷兰海军来与郑氏作战,故虽然实行海禁,但仍然特准荷兰来华贸易。⑤ 由 1662 年至 1666 年正月,荷兰东印度公司派船运往福州出售的货物,共值 750 000 盾有多,自福州输出的货物,则值 1 050 000 盾有多,净利约为 40%。⑥ 自 1676 年至 1680 年,荷兰东印度公司派船往福州贸易,在那里卖出

---

① 曹永和《从荷兰文献谈郑成功之研究》,《台湾文献》第十二卷第一期,1961 年 3 月;重刊于《台湾早期历史研究》,联经,1979 年,引文见页 374。
② 陈小冲《十七世纪上半叶荷兰东印度公司的对华贸易扩张》,《中国社会经济史研究》,厦门,1986 年,第二期,页 92;陈绍馨纂修《台湾省通志稿》卷二,页九六,《人口志·人口篇》。按:在 17 世纪 60 年代,每两银等于 3.5 盾;到了 80 年代,等于 4.125 盾(参考 John E. Wills. Jr., *Pepper, Guns and Parleys: The Dutch East India Company and China*, 1662 – 1681, Cambridge, Mass, 1974, p.27.)。到了 18 世纪,在 1729 年,每两银等于 3.64 盾;1731 年,3.57 盾;1732 年 3.55 盾(参考 C.J.A. Jörg, *Porcelain and the Dutch China Trade*, The Hagne, 1982, p.325.)。
③ John E. Wills, Jr.,前引书,p.10。
④ 同书,p.26。
⑤ 张维华《明清之际中西关系简史》,济南:齐鲁书社,1987 年,页 97—100。
⑥ John E. Wills, Jr.,前引书,p.134。

货物共值655 771盾,在福州购买出口的货物共值1 054 261盾,利润为61%,共400 491盾。① 其中在1676年,荷船运往福州的货物,共值256 937盾;1677年,共值106 590盾。到了1678年,荷船自福州输出的货物,包括生丝、丝绸、黄金,共值291 184盾。②

除福州外,荷兰东印度公司又于1676年自巴达维亚派船往广州贸易,船上载有价值117 488盾的货物;同时准许其他荷兰商人的船由巴达维亚载运货物往广州出卖,其中有胡椒约8 000担,价值超过140 000盾。③ 在此以前的1674年,又有中国商船载运价值约25 000盾的货物,运往巴达维亚出售。④

到了康熙二十二年(1683年),清政府派遣提督施琅出兵平定台湾,翌年开海禁,恢复海外贸易,中、荷贸易遂进入一个新阶段。由1684年至1714年,共有354艘中国商船到巴达维亚贸易,其中113艘来自厦门,46艘来自广州,46艘来自宁波,3艘来自上海,1艘来自福州。⑤ 由1715年至1754年,抵达巴达维亚的中国商船多至499艘,其中272艘来自厦门,81艘来自广州,73艘来自宁波,11艘来自上海。⑥ 在同一时期,抵达巴达维亚的外国船舶共1 122艘,其中中国船499艘,葡萄牙船(绝大部分来自澳门)255艘,两者合共占总数的67.2%。⑦ 这许多中、葡商船,主要运载中国货物到巴达维亚出售,再由荷兰东印度公司运销于欧洲及亚洲其他地区。自1685年至1730年,中国商船把大量货物运往巴达维亚,和荷人交易,在那里造成了高度的经济繁荣。对于中国商船来航与巴达维亚经济繁荣的关系,在1690年,荷兰东印度总督就已有深刻的认识。⑧

大批中、葡商船航行于中国沿海与巴达维亚之间,显示出后者在中、荷贸

---

① 同书,p.192。
② 同书,pp.160,163,166。
③ 同书,p.157。
④ 同书,p.151。
⑤ George Bryan Souza, *The Survival of Empire: Portuguese Trade and Society in China and the South China Sea, 1630-1754*, Cambridge University Press, 1986, p.136.
⑥ 同书,pp.140-141。
⑦ 同书,pp.133,137。
⑧ Leonard Blussé,前引文,in *Inter-disciplinary Studies*, Archipel 18, pp.207, 209.

易中占有特别重要的地位。自 1729 年开始,荷兰东印度公司派船由本国直航广州贸易。第一艘船于 1728 年 12 月 5 日自荷兰出发,船中载有各种银币,约共值 30 万盾。该船于 1927 年 8 月 2 日抵达澳门,在广州做完买卖后,于 1730 年初离开中国,于同年 7 月 13 日返抵荷兰,运回茶 27 万荷磅(1 荷磅等于 1.09 英磅),丝绸 570 匹,及瓷器若干。拍卖结果,获净利 325 000 盾,约为投资的 106.4%。① 其后荷船继续自本国航行前往广州贸易,于 1730 年获净利 82.6%,1731 年获净利 74.6%,1732 年获净利 73%,1733 年获净利 119%,1734 年获净利 117.6%。② 关于自 1729 至 1792 年,荷兰东印度公司船舶由广州直接运货返国出卖所获毛利,参看第二表。

第二表　1729 至 1792 年荷兰东印度公司自广州运货返国出售的毛利

年份	货物买价(盾)	售货收益(盾)	毛利(盾)	毛利率(%)
1729	264 902	708 968	424 066	149.0
1730	234 932	545 839	310 907	132.4
1731	828 194	1 808 076	959 882	116.0
1732	562 622	1 237 515	674 893	120.0
1733	989 159	2 594 671	1 605 512	162.3
1734	304 450	752 693	448 243	147.3
1735	(无纪录)			
1736	365 036	608 412	243 376	66.6
1737	597 281	1 281 426	684 145	114.9
1738	393 732	680 728	286 996	73.0
1739	525 983	897 253	371 270	70.9
1740	1 075 000	1 809 372	734 372	68.5
1741	(无纪录)			
1742	1 043 334	1 744 928	701 594	67.6

---

① Kristof Glamann, *Dutch-Asiatic Trade*, 1620-1740, The Hague, 1958, pp.230, 234.
② C.J.A. Jörg,前引书,p.208.

续表

年份	货物买价(盾)	售货收益(盾)	毛利(盾)	毛利率(%)
1743	906 135	2 041 279	1 135 144	126.6
1744	995 288	2 098 663	1 103 375	110.9
1745	1 165 835	2 334 710	1 168 875	101.0
1746	1 228 130	2 538 901	1 310 771	107.3
1747	1 503 560	2 438 752	935 192	62.2
1748	1 327 821	2 364 200	1 036 379	78.1
1749	775 154	1 366 498	561 344	76.3
1750	1 366 760	2 459 670	1 092 910	80.0
1751	655 350	1 324 420	669 070	103.1
1752	1 990 480	2 956 501	966 013	48.5
1753	2 703 229	3 403 309	700 080	25.9
1754	3 480 182	3 829 805	349 623	10.1
1755	2 623 071	3 445 475	822 404	31.4
1756	2 067 312	3 978 783	1 911 471	92.6
1757	570 727	1 484 294	913 567	160.3
1758	1 195 075	2 993 712	1 798 637	150.6
1759	1 883 629	3 818 340	1 934 711	120.8
1760	1 803 274	4 408 820	2 605 546	144.5
1761	1 213 001	2 906 903	1 693 902	139.7
1762	1 965 732	4 274 053	2 308 321	117.5
1763	1 253 503	2 873 678	1 620 175	129.4
1764	3 360 627	6 455 602	3 094 975	92.3
1765	2 752 841	4 894 917	2 142 076	77.8
1766	1 373 676	2 425 749	1 052 073	76.6
1767	2 434 115	4 558 419	2 124 304	87.3
1768	2 599 217	4 583 855	1 984 638	76.4

续表

年份	货物买价(盾)	售货收益(盾)	毛利(盾)	毛利率(%)
1769	2 362 553	3 654 480	1 291 927	54.7
1770	2 405 232	4 620 000	2 214 768	92.2
1771	2 442 769	5 342 819	2 900 050	118.7
1772	2 255 148	3 976 631	1 721 483	76.3
1773	2 299 212	4 077 539	1 778 327	77.4
1774	2 274 202	3 814 822	1 540 618	67.7
1775	2 263 529	3 909 834	1 646 314	72.8
1776	2 451 597	3 666 312	1 214 715	49.6
1777	523 825	947 978	424 153	81.0
1778	754 315	1 533 120	778 805	103.3
1779	1 876 799	3 909 609	2 032 810	108.3
1780	508 781	245 802		
1781	(无记录)			
1782	(无记录)			
1783	823 802	1 221 432	397 630	48.3
1784	2 378 995	4 060 253	1 681 258	70.7
1785	2 604 895	4 416 194	1 811 299	69.5
1786	4 538 034	5 478 999	940 965	20.7
1787	2 075 796	2 240 446	164 650	7.9
1788	4 039 114	4 413 848	374 734	9.3
1789	4 327 372	5 038 283	710 911	16.4
1790	591 962	734 467	142 505	24.1
1791	1 534 680	2 668 576	1 133 896	73.9
1792	2 269 758	2 511 416	241 658	10.6

资料来源：C.J.A. Jörg, *Porcelain and the Dutch China Trade*, The Hague, 1982, pp. 212-213.

根据第二表可知,中国对荷输出的货物,除运往巴达维亚卖给荷人,再由后者运销往欧洲及亚洲若干地区外,自 1729 年起,又由荷船自广州直接运回本国出售。这种华货出口贸易越来越发达,18 世纪中叶后,每年输出总值约为直接通航初期的 10 倍,有时更多。荷兰东印度公司经营这种贸易的利润很大,每年毛利多在 100 万盾以上,在 1764 年更超过 300 万盾。但到了 80 年代,由于第四次英、荷战争(1780—1784 年)的爆发,荷兰海上贸易蒙受非常严重的影响①,利润急剧下降。

三

17、18 世纪中、荷贸易的发展,和东来荷人自欧洲带来巨额银子有密切的关系。自 1492 年西班牙政府派遣哥伦布发现美洲新大陆后,移殖到那里去的西班牙人,发现储藏丰富的金、银矿(尤其是银矿),于是投资开采,大量运回本国。但这许多运抵西班牙的金、银(以银为多),并不能长期停留国内,由于对外贸易入超及其他因素而流出国外。约自 16、17 世纪间开始,荷兰因为对西班牙贸易出超,每年都把后者自美洲输入的银子,大量赚回本国。

荷人航海东来,看见亚洲银价远高于欧洲,便自欧运来巨额白银,购买香料等东方货物,运欧出售获利。在 1603 年,荷兰向东印度输出的白银,其价值约为输出货物的 5 倍;及 1615 年,更多至为货物的 15 倍。② 由 1700 年至 1750 年,荷向东印度输出的货物价值,占输出总值 1/3 少点,输出贵金属(以银为主)则占 2/3 有多。③ 有人估计,由 1570 年至 1780 年,西班牙大帆船自美洲运银至菲律宾,共约 4 亿盾;约在同一时期,由荷兰运往亚洲的金、银至 5.9 亿盾以上。④ 荷兰东印度公司在 17 世纪运往亚洲的金、银共值 1.25 亿盾,及 18 世纪,激增至 4.48 亿盾。⑤ 关于该公司每十年运往亚洲的金、银,参考第三表。

---

① C.R. Boxer, *The Dutch Seaborne Empire 1600 - 1800*, London, 1966, pp.298 - 299.
② M.A.P. Meilink-Roelofsz,前引书,p.378。
③ Ivo Schöffer and F.S. Gaastra,前引文,in Maurice Aymard, eds.,前引书,pp.222 - 223。
④ 同上,pp.230。
⑤ F.S. Gaastra, "The Dutch East India Company and Its Intra-Asiatic Trade in Precious Metals," in Wolfram Fischer, R. Marvin McInnis and Jügen Schneider, eds., *The Emergence of a World Economy 1500 - 1914: Papers of the IX International Congress of Economic History*, Wiesbaden, 1986, p.990.

第三表　1602年至1795年荷兰东印度公司运往亚洲金、银的总值

年　　份	总值(盾)	年　　份	总值(盾)
1602—1610	5 179 000	1700—1710	39 125 000
1610—1620	9 638 000	1710—1720	38 827 000
1620—1630	12 479 000	1720—1730	66 027 000
1630—1640	8 900 000	1730—1740	42 540 000
1640—1650	8 800 000	1740—1750	39 940 000
1650—1660	8 400 000	1750—1760	55 020 000
1660—1670	11 900 000	1760—1770	54 580 000
1670—1680	10 980 000	1770—1780	47 726 000
1680—1690	19 720 000	1780—1790	48 042 000
1690—1700	29 005 000	1790—1795	16 168 000

资料来源：Ivo Schoffer and F.S. Gaastra, 前引文, in Maurice Aymard, ed., 前引书, p.224.

在这许多由荷兰运往亚洲的金、银中，银占绝大多数，金只占一小部分。例如自1720至1730年，荷兰东印度公司17人董事会决议运往亚洲的贵金属共65 956 449盾，金条只占3 200 000盾，金币只占3 490 000，其余是银条及各种银币。[①] 复次，我们又可根据荷兰东印度公司17人董事会的决议，估计该公司向亚洲输出金、银的数量。参考第四表。

第四表　1602至1795年荷兰东印度公司运往亚洲金、银数量的估计

年　　份	银(公斤)	金(公斤)
1602—1610	53 726	248
1610—1620	102 816	49
1620—1630	123 360	40
1630—1640	89 436	147

① F.S. Gaastra, "The Dutch East India Company and Its Intra-Asiatic Trade in Precious Metals," in Wolfram Fischer, R. Marvin McInnis and Jügen Schneider, eds., *The Emergence of a World Economy 1500 - 1914: Papers of the Ⅸ International Congress of Economic History*, Wiesbaden, 1986, p.990.

续表

年　份	银(公斤)	金(公斤)
1640—1650	90 464	—
1650—1660	86 352	—
1660—1670	91 556	1 845
1670—1680	107 524	240
1680—1690	172 980	1 269
1690—1700	259 518	1 476
1700—1710	334 423	3 303
1710—1720	325 517	3 656
1720—1730	579 425	4 701
1730—1740	390 636	926
1740—1750	377 240	—
1750—1760	487 966	4 458
1760—1770	377 631	9 503
1770—1780	363 508	7 305
1780—1790	459 233	1 882
1790—1795	144 140	862

资料来源：F.S. Gaastra, "The Export of Precious Metal from Europe to Asia by the Dutch East India Company, 1602–1795," in J.F. Richards, ed., *Precious Metals in the Later Medieval and Early Modern Worlds*, Durham, N.C., 1983, p.475.

在1743年出版的《荷兰素描》(*A Description of Holland*)中，其隐名作者报导：荷兰东印度公司每年向东印度输出二三百万盾的金、银，运回价值一千五六百万盾的东方货物。这些货物输入荷兰后，只有1/14至1/12在国内消费，其余运销于欧洲其他国家，赚回更多的货币。这位隐名作家的话可能有些夸大，但我们由此可知，荷兰因为长期自亚洲输入各种货物，大量转运往各国出售获利，赚取更多的金、银，故有充分金、银(尤其是银)向亚洲输出。①

---

① C.R. Boxer,前引书,p.280。

17、18世纪荷人东来贸易，带来巨额银子，在久处于银价高昂地区的中国商人看来，是非常强大的购买力，故后者乐于发展中、荷贸易，把银赚取回国。明代中国流通的货币，本来以"大明宝钞"为主，价值初时相当稳定。但到了中叶前后，因为发行太多，宝钞价值低跌，以致废弃不用，市场上改用银作货币来交易。另一方面，中国银矿蕴藏并不丰富，银产有限。由于求过于供，银的价值非常昂贵。故自16、17世纪之交开始，当荷人携带大量白银来东印度贸易的时候，中国商人自然努力扩展中、荷贸易，赚取白银回国。

17世纪初期，中国商船运载生丝、丝绸、麝香及其他商品往爪哇下港出卖，在回航时运走胡椒、檀香、象牙等货物；因为后者价值远不如中国货物那么大，贸易不能平衡，于是输出大量银子。故荷人虽然自欧洲运来巨额白银，下港市面流通的银币仍感缺乏，不能满足市场交易的需要。① 荷兰东印度公司在巴达维亚建立贸易根据地后，在那里存储大量现银，以便"为中国贸易"（For the China Trade）之用。② 到巴达维亚贸易的中国商船，由于贸易顺差，自那里返国时，经常运走巨额银子。因为银子长期大量流出，到了1653年8月，巴达维亚市面深以交易筹码不足为苦，政府不得不准许人民使用已被剥夺货币资格的钱币来交易，同时设法限制中国商人输出白银。③

荷人东来贸易所需的白银，除自欧洲运来外，在17世纪中叶前后，又通过贸易的途径自日本取得大量白银来加强他们的购买力。自1624年占据台湾后，由于地理上的近便，荷人在那里积极扩展对日输出的丝货贸易。因为贸易顺差，他们把在日赚得的银子大量运走。参看第五表。

---

① M.A.P. Meilink-Roelofsz，前引书，p.246；William S. Atwell,"International Bullion Flows and the Chinese Economy circa 1530 – 1650", in *Past and Present: A Journal of Historical Studies*, Oxford, May 1982, no.95, p.75；同上作者,"Notes on Silver, Foreign Trade, and the Late Ming Economy," in *Ch'ing-shi wen-ti*, Vol.Ⅲ, no.8, p.3；J.B. Harrison, "Europe and Asia," in G.N. Clark, *et al.*, eds., *The New Cambridge Modern History*, Vol.Ⅳ (Cambridge University Press, 1970), p.654.
② On Prakash, "Precious Metal Flows in Asia and World Economic Integration in the Seventeenth Century," in Wolfram Fischer, *et al.*, eds., 前引书，p.89。
③ Leonard Blussé，前引文，in *Inter-disciplinary Studies*, Archipel 18, p.205。

第五表　1622 至 1640 年荷兰东印度公司自日输出白银总值

年　份	输出白银总值(盾)	年　份	输出白银总值(盾)
1622	410 600	1634	849 579(＋)
1623	252 064(＋)	1635	1 403 119(＋)
1625	338 513(＋)	1636	3 012 450
1626	236 207(＋)	1637	4 024 200
1627	851 045	1638	4 753 800
1632	643 273(＋)	1639	7 495 600
1633	194 803(＋)	1640	2 080 500

资料来源：Eiichi Kato, "Unification and Adaptation, the Early Shogunate and Dutch Trade Policies." in L. Blussé and F. Gaastra, eds., *Companies and Trade*, Leiden, 1981, p.224.

又据另外一个统计,自 1640 年至 1649 年,荷人自日本输出银 15 188 713 盾；自 1650 年至 1659 年,输出 13 151 211 盾；自 1660 年至 1669 年,输出 10 488 214 盾。[1] 此外,根据日本小叶田淳教授的研究,自 1648 年至 1667 年,荷船每年平均自日输出银 18 750 公斤。[2]

把第五表中荷兰东印度公司于 1625 及 1636 年自日输出白银的数字做一比较,可知该公司于 1636 年自日输出的银,增加至为 1625 年刚占据台湾不久时的 8.9 倍。[3] 在当日荷船自台湾运销往日本的中国货物总值中,生丝约占 2/3,其余为丝绸及其他商品。[4] 因为要收购生丝等中国货物运往日本出售获利,荷人自日输出的银子,自然有不少落入中国商人之手。根据 1640 年正月 8 日荷兰方面的报导,荷人在台收购中国丝货等物,一年多至用银 500 万盾,或 150 万两有多。其后到了 1651 年正月 20 日,又有一个报导说一年

---

[1] Carlo M. Cipolla, *Before the Industrial Revolution: European Society and Economy*, 1000 - 1700, London, 1976, p.214; J.B. Harrison, 前引文, in G.N. Clark, et al., eds., 前引书, Vol.Ⅳ, p.659.

[2] Atsushi Kobata, "The Export of Japanese Copper on Chinese and Dutch ships during the Seventeenth and Early Eighteenth Centuries," paper presented to 31st International Congress of Human Sciences in Asia and North Africa, Kyoto, 1983.

[3] Eiichi Kato, "Unification and Adaptation, the Early Shogunate and Dutch Trade Policies," in L. Blussé and F. Gaastra, eds., *Companies and Trade*, Leiden, 1981, pp.224, 226.

[4] 同上,p.222.

用银约 55 万盾。①

荷人与华商贸易所用的白银,除经由巴达维亚及台湾流入中国外,自 1729 年(荷船于 1728 年 12 月自本国启航)开始,荷兰东印度公司派船由本国直航广州,购买丝、瓷、茶等货物,因为对华贸易入超,也运银前往支付货价。参看第六表。

第六表　1728—1729 年至 1795 年广州直接由荷兰输入银数

年　　份	广州输入荷银(盾)	亚洲输入荷金、银总值(盾)	广州输入荷银占亚洲输入荷金、银的百分比(%)
1728—1729	300 000	5 356 000	5.3
1729—1730	250 000	4 725 000	5.2
1730—1731	725 000	4 825 000	15.0
1731—1732	900 000	3 862 000	19.0
1732—1733	660 000	4 250 000	13.6
1733—1734	300 000	2 375 000	12.5
1756—1760	3 354 000	23 554 000	14.0
1760—1770	11 352 000	54 588 000	19.0
1770—1780	9 876 000	47 726 000	20.0
1780—1790	12 826 000	48 042 000	25.0
1790—1795	4 620 000	16 168 000	29.0

资料来源:F.S. Gaastra,前引文,in J.F. Richards, ed.,前引书,pp.458－459.

根据第六表可知,自 1729 至 1795 年,荷船由本国直航广州,运往广州的银子在对亚洲输出的荷金、银总值中,初时占 5% 多点,后来增加到占 29%。在这 60 多年中,荷船自本国直接运抵广州的银超过 4 400 万盾,或 1 200 多万两。如果把中、葡商船自巴达维亚长期运往中国,及荷人占据台湾时,自日本输入的银子都加在一起,因中、荷贸易而输入中国的银子,数额当然更大。蔡新在乾隆六年(1741 年)左右估计,由于中国货物对荷大量输出,"闽、广两省

---

① John E. Wills, Jr.,前引书,p.10.

所用者皆番钱,统计两省岁入内地约近千万(两?)"①,数额可能有些夸大,但我们不能否认,当日中国因为对荷贸易出超,每年有巨额白银输入这一事实。

四

荷人以巴达维亚为基地来经营东至日本、西抵波斯湾的广大地区的贸易,他们自欧洲带来的银子,分别用来在亚洲各地收购货物,并不以中国为限。但明朝中叶后,中国银价高昂,中国商人看见荷人有那么多银子,购买力很大,自然努力扩展出口贸易,自荷人手中赚取白银回国。中国输出的货物有种种的不同,而丝货(生丝及丝绸)、瓷器及茶叶,更是中、荷贸易中比较重要的商品。

当16、17世纪间葡、荷战争爆发的时候,1603年2月25日,一艘由澳门开往印度的葡船,途经马六甲海峡时,为荷海军掳获。船上载有生丝1 200包(每包重200荷磅,或225英磅),及其他货物。其后生丝运回荷兰,于1604年8月在阿姆斯特丹拍卖,全欧商人蜂拥而至,售价高达2 250 000盾;再加上其他货物,共得价350万盾,约银100万两。② 于是阿姆斯特丹成为欧洲最主要的生丝市场,荷兰东印度公司自创办时开始,即把生丝与胡椒及其他香料并列为最能获利的商品来经营。③ 该公司于1621年正月在雅加达(Jacatra)购买生丝1 868荷磅(1 556斤),运往阿姆斯特丹出售,毛利为投资

---

① 《漳州府志》(台南市,1965年影印本)卷三三,人物六,页64—65,《蔡新传》;蔡新《辑齐文集》卷四(引自许涤新、吴承明主编《中国资本主义发展史》,第一卷,《中国资本主义的萌芽》,北京,1985年,页407);田汝康《十七世纪至十九世纪中叶中国帆船在东南亚洲航运和商业上的地位》,《历史研究》,1956年,第八期。又《清朝文献通考》(修于乾隆末年)卷一六乾隆十年(1745年)项下说:"福建、广东近海之地,又多行使洋钱。……闽、粤之人称为番银,或称为花边银。凡荷兰、佛郎机(葡萄牙)诸国商船所载,每以数千万圆计。……而诸番向化,市舶流通,内地之民咸资其利,则实缘我朝海疆清晏所致云。"
② C.R. Boxer, *Fidalgos in the Far East 1550 - 1770*, Oxford, 1968, pp.50 - 51; Kristof Glamann, 前引书, pp.112 - 113;陈小冲前引文,《中国社会经济史研究》第二期,1986年,页84—85;曹永和《从荷兰文献谈郑成功之研究》,《台湾早期历史研究》,页383—384。
③ Kristof Glamann, 前引书, p.112; Niels Steensgaard, *The Asian Trade Revolution of the Seventeenth Century: The East India Companies and the Decline of the Caravan Trade*, Chicago, 1973, p.158; K.N. Chaudhuri, *The Trading World of Asia and the English East India Company 1660 - 1760*, Cambridge University Press, 1978, pp.344 - 345.

的 320%。又有一批在台湾采购的白丝,重 1 009 斤,于 1622 年在荷售出,毛利为 325%。① 在荷兰市场上,中国生丝要和来自波斯、孟加拉国等地的生丝竞争,但在 1624 年 2 月 27 日的阿姆斯特丹生丝价目单上,因为品质比较优良,中国产品的评价较高。② 由于地理距离较近,荷兰自波斯等处输入的生丝,多于自中国输入的。③ 但在 17 世纪 30 年代,荷商运波斯生丝到阿姆斯特丹出卖,利润为投资的 100%,中国生丝则高至 150%。④

中国生丝对荷输出,虽然因波斯、孟加拉国生丝的竞争而受到限制,但在东亚方面,荷人自 1624 年占据台湾后,以台湾为基地来扩展对日输出的华丝贸易。在 1627 年,荷船自台湾运往巴达维亚再转运往荷兰的生丝,共值 560 000 盾,运往日本的更多至 620 000 盾。⑤ 由 1635 年至 1639 年,荷船输入日本的华丝大量增加,每年都超过 1 000 担,在 1640 年更多至 2 700 担。荷船运往日本平户的货物总值中,以 1636 年为例,生丝占 59.4%,丝绸占 21%,两者共占 80.4%。1635 年后,荷船每年运往日本售卖的生丝,已经远较葡萄牙船为多。例如 1636 年,荷船输日的生丝多至 1 422 担,葡船却只有 250 担。其后到了 1639 年,日本政府驱逐葡人出境,禁止葡船再到长崎贸易,过去葡人在日本华丝入口贸易中所占的重要地位,遂为荷人及中国商人所取代。⑥ 当日本大量输入生丝的时候,荷人曾经尝试把波斯丝运日出卖,但结果亏本;反之,他们运华丝往日本售卖,利润却高至 150%。荷人运销华丝于日本,在当日是最有利的一种贸易,他们因此而赚

---

① Kristof Glamann,前引书,pp.113 - 114;Ts'ao Yung-ho, "Chinese Overseas Trade in the Late Ming Period," in *International Association of Historians of Asia*, *Second Biennial Conference Proceedings*, Taipei, 1962, pp.450.
② Kristof Glamann,前引书,p.113;陈小冲,前引文,《中国社会经济史研究》第二期,1986 年,页 84—85。
③ Kristof Glamann,前引书,pp.116 - 117,127 - 129。
④ M.A.P. Meilink-Roelofsz,前引书,p.263.
⑤ Rev. Wm. Campbell, *Formosa under the Dutch: Described from Contemporary Records*, Taipei, 1987, p.57;D.W. Davies, *A Primer of Dutch Seventeenth Century Overseas Trade*, The Hague, 1961, p.62.
⑥ Kato Eiichi, "The Japanese-Dutch Trade in the Formative Period of the Seclusion Policy: Particularly on the Raw Silk Trade by the Dutch Factory at Hirado, 1620 - 1640," in *Acta Asiatica*, XXX, pp.65 - 66;拙著《明中叶后中日间的丝银贸易》,《"中央研究院"历史语言研究所集刊》,第五十五本第四分(台北,1984 年),页 646—647。

取的利润,远较在亚洲其他地区经商获得的利润为大。① 因为利润较大,荷兰东印度公司购买到的中国丝,在地域分配方面,往往优先用来满足日本市场的需要,然后才考虑其他地区。②

荷人经营的中国丝货贸易,除生丝外,还有丝绸或丝织品。上述 1636 年荷船运往日本平户的华货总值中,生丝占 59.4%,丝绸占 21%。荷人在巴达维亚建立东方贸易基地后,中国商船(有时加入葡船)把生丝、丝绸运往,再由荷船转运回国出卖。除经由台海、巴达维亚转运外,自 1729 年起荷兰东印度公司派船自本国直航广州,在那里采购丝货回国。参看第七表和第八表。

根据第七表和第八表可知,自 1729 年以后的半个多世纪内,荷船自广州直接运返本国的生丝,每年多半占不到华货入口总值的 10%,其中只有 6 年占 10%以上;这可能是由于在荷兰生丝市场上,华丝先后遭受波斯丝及孟加拉丝竞争的原故。反之,由于地理上的近便,荷船大量运往日本出售的生丝,几乎全部来自中国。以丝绸为主的纺织品,由广州直接运回荷兰,在 1736 年、1757 年及 1790 年,都占华货入口总值 30%以上,在中、荷贸易中显然占有相当重要的地位;但丝绸贸易的利润似乎并不很大,这可能是由于荷兰本国丝织工业的产品,要在市场上和中国丝绸竞争的原故。

第七表　1729 年至 1793 年荷兰自广州输入丝货价值

年 份	生　　丝		纺织品(以丝绸为主)	
	入口值(盾)	占华货入口总值的百分比(%)	入口值(盾)	占华货入口总值的百分比(%)
1729			11 921	4.2
1732			18 564	3.3
1736			117 670	32.2
1737	45 332	7.6		

---

① 拙著《明清间中国丝绸的输出贸易及其影响》,陶希圣先生九秩荣庆祝寿论文集编辑委员会编,《陶希圣先生九秩荣庆祝寿论文集:国史释论》,台北市,1987 年,页 231—237;拙著《三论明清间美洲白银的输入中国》,《第二届国际汉学会议论文集:明清与近代史组》上册,1989 年,页 83—94。
② Kristof Glamann,前引书,p.114。

续表

年 份	生丝 入口值（盾）	占华货入口总值的百分比（%）	纺织品（以丝绸为主）入口值（盾）	占华货入口总值的百分比（%）
1739			144 567	27.5
1740			297 190	27.6
1742			140 692	13.5
1743			128 226	14.2
1744			174 244	17.5
1745	59 005	5.1	208 878	17.9
1746			205 179	16.7
1748	129 034	9.7	205 245	15.4
1749	125 384	16.2	109 889	14.2
1750	126 205	9.2	187 824	13.7
1751	123 812	9.1	314 192	22.9
1752	42 884	2.2	199 356	10.0
1753	70 826	2.6	349 813	12.9
1754	142 496	4.1	437 095	12.5
1755	143 358	5.5	406 222	15.5
1756	153 915	7.4	446 617	21.6
1757	43 478	7.6	201 138	35.3
1758	40 342	3.4	247 867	20.7
1759	123 088	6.5	163 062	8.7
1760			7 609	0.4
1761			11 830	1.0
1762	77 679	3.9	8 015	0.4
1763	193 182	10.3	86 895	4.6
1764	167 288	6.1	211 164	7.7
1765	79 140	2.9	210 394	7.6

续表

年　份	生　丝 入口值(盾)	生　丝 占华货入口总值的百分比(%)	纺织品(以丝绸为主) 入口值(盾)	纺织品(以丝绸为主) 占华货入口总值的百分比(%)
1766	50 986	2.0	131 083	5.1
1768	147 559	5.7	288 295	11.1
1769	51 153	2.2	147 565	6.2
1770	185 329	7.7	136 332	5.7
1771	190 360	7.8	181 613	7.4
1772	112 248	5.0	209 433	9.3
1773	140 145	6.1	204 688	8.9
1774	121 702	5.3	236 390	10.4
1775	132 171	5.8	224 899	9.9
1776	201 334	8.2	265 010	10.8
1777	184 940	6.8	225 252	8.3
1778	225 791	8.0	311 058	11.0
1779	224 284	8.7	327 845	12.7
1780	230 171	9.3	294 458	11.9
1783	162 918	10.1	152 406	9.5
1784	207 623	6.5	326 011	10.2
1785	280 940	10.8	300 156	11.5
1786	372 268	8.2	344 501	7.6
1787	489 081	10.3	386 274	8.2
1788	143 764	3.6	326 334	8.1
1789	352 433	8.1	351 645	8.1
1790	39 622	5.8	209 916	30.7
1791	188 518	12.3	203 825	13.3
1792	93 013	4.1	203 486	9.0
1793	52 833	1.9	237 848	8.8

资料来源：C.J.A. Jörg, *Porcelain and the Dutch China Trade*, pp.217-220.

第八表　1729年至1792年荷兰东印度公司
自广州运丝绸返国出售的毛利

年份	丝绸匹数(匹)	买价(盾)	卖价(盾)	毛利(盾)	毛利率(%)
1729	570	11 921	22 436	10 515	88
1740	8 450	297 190	325 149	27 959	9
1750	6 195	180 598	275 927	90 329	53
1758	5 780	228 266	255 544	27 278	8
1765	2 800	103 924	164 572	60 648	58
1776	4 669	205 125	231 702	26 577	13
1786	4 742	181 864	194 397	12 533	7
1792	3 340	136 681	147 974	11 293	8

资料来源：C.J.A. Jörg,前引书,p.85.

五

除丝货外,到东方来贸易的荷人又为中国瓷器在欧洲拓展了广大的市场。

上述1603年荷海军在马六甲海峡掳获的葡船,船中除载运大量生丝外,又载有瓷器约重60吨,包括大批精瓷。当1604年这批货物在阿姆斯特丹拍卖的时候,整个欧洲为之风靡,中国瓷器在欧洲市场从此名声大震。[1] 欧洲人认为中国瓷器比水晶还要优美,是一种不是本地陶器所能比拟的器皿。中国瓷器所特备的优点,那种不渗透性、洁白、具有实用的美,以及比较低廉的价格,都使其很快成为欧洲人喜爱的物品。[2] 由于对中国瓷器的喜爱,欧洲人愿意出高价购买,从而贸易利润上升,故荷兰东印度公司努力购运,以满足欧洲市场的需要。[3]

---

[1] C.R. Boxer, *Fidalgos*, pp.50-51;同上作者, *Dutch Seaborne Empire*, p.174; T. Volker, *Porcelain and the Dutch East India Company*, Leiden, 1954, p.22;陈小冲,前引文,《中国社会经济史研究》第二期,1986年,页85;陈万里《再谈明清两代我国瓷器的输出》,《文物》第十期,1964年,页33。

[2] T. Volker,前引书,p.225; *Dutch Seaborne Empire*, pp.174-175;陈万里《宋末清初中国对外贸易中的瓷器》,《文物》第一期,1963年,页22。

[3] T. Volker,前引书,pp.7,225;C.R. Boxer, *Dutch Seaborne Empire*, p.174;陈小冲,前引文,《中国社会经济史研究》第二期,1986年,页85。

荷兰东印度公司购运中国瓷器，主要以巴达维亚为根据地。及荷人占据台湾，从中国大陆驶往台湾的船舶，多半运载大批瓷器。在1638年，台湾安平港库存瓷器多至89万件，其中一小部分运往日本，此外大部分运往巴达维亚，再转运往荷兰。① 自1602年至1657年，荷船由巴达维亚运往欧洲的瓷器，共300多万件，此外又有数百万件运销于印尼、马来西亚、印度及波斯等地市场上。② 从1602年至1682年，荷兰东印度公司输入欧洲的瓷器，共达1 200万件；如加上运往亚洲其他地区的瓷器数百万件，则在这80年间，中国通过该公司输出的瓷器，超过1 600万件。③

荷兰东印度公司经营中国瓷器的对欧输出贸易，在17世纪及18世纪初期，主要以台湾、巴达维亚为转接基地。自1729年开始，该公司开辟荷兰、广州间航线，在广州瓷器市场成为最大主顾之一④，中国瓷器出口贸易遂呈现出一个新局面。上述由1602年至1682年，该公司输入欧洲的瓷器共1 200万件，每年平均15万件。及荷船自广州直接航行返国，由1730年至1789年，共输入瓷器425万件，每年平均7.2万件，将近为17世纪的5倍。⑤ 关于1729年至1793年荷兰自广州输入瓷器价值，参看第九表。

第九表　1729年至1793年荷兰自广州输入瓷器价值

年　　份	瓷器入口值（盾）	占华货入口总值的百分比（%）
1729	30 561	10.7
1730	30 541	13.0
1731	54 222	10.3
1732	91 191	16.2
1733	89 236	19.9

---

① T. Volker,前引书,p.59；林仁川《试论明末清初私人海上贸易的商品结构与利润》，《中国社会经济史研究》第一期,1986年；同上作者，《明末清初私人海上贸易》,上海,1987年,页282。
② C.R. Boxer, Dutch Seaborne Empire, pp.174 – 175; T. Volker,前引书,p.59。
③ T. Volker,前引书,pp.48,227 – 228；林仁川,前引文,《中国社会经济史研究》第一期,1986年；陈万里《宋末清初中国对外贸易中的瓷器》,《文物》第一期,1963年,页22。
④ C.J.A. Jörg,前引书,p.194。
⑤ C.J.A. Jörg,前引书,p.149。据同书,p.359,荷兰东印度公司于1730至1789年间,共卖出瓷器42 689 898件。

续表

年　　份	瓷器入口值（盾）	占华货入口总值的百分比（%）
1736	37 284	10.2
1737	80 024	14.4
1738	58 331	14.8
1739	37 681	7.2
1740	96 599	9.0
1742	102 535	9.8
1743	77 035	8.5
1744	67 637	6.8
1745	79 241	6.8
1746	70 175	5.7
1748	63 864	4.8
1749	38 444	4.9
1750	70 690	5.2
1751	72 745	5.3
1752	121 466	6.1
1753	94 250	3.5
1754	148 311	4.3
1755	88 511	3.4
1756	96 823	4.7
1757	14 864	2.6
1758	62 933	5.3
1759	49 455	2.6
1760	95 326	5.3
1761	41 517	3.4
1762	84 717	4.3

续表

年　份	瓷器入口值(盾)	占华货入口总值的百分比(%)
1763	91 472	4.9
1764	94 730	3.5
1765	104 889	3.8
1766	114 703	4.4
1768	92 910	3.6
1769	129 540	5.5
1770	132 066	5.5
1771	129 510	5.3
1772	106 305	4.7
1773	106 675	4.6
1774	124 434	5.4
1775	96 567	4.3
1776	89 784	3.7
1777	85 126	3.2
1778	131 415	4.6
1779	122 151	4.7
1780	93 460	3.8
1783	56 775	3.5
1784	104 825	3.3
1785	85 849	3.3
1786	113 526	2.5
1787	117 536	2.5
1788	127 195	3.1
1789	108 917	2.5
1790	28 271	4.1

续表

年　份	瓷器入口值(盾)	占华货入口总值的百分比(%)
1791	48 928	3.2
1792	42 242	1.9
1793	61 842	2.3

资料来源：C.J.A. Jörg,前引书,pp.217-220.

根据第九表可知,荷兰东印度公司船舶在 1754 年自广州直接运回本国的瓷器,价值达 15 万盾,约为 1729 年的 5 倍;其后减少,但大部分时间每年都超过 10 万盾。在 1733 年华货入口总值中,瓷器曾占 20%左右,其后下降。此外由巴达维亚转运前往荷兰的瓷器贸易仍然继续,同时私商也被允许运瓷器回荷售卖。① 关于 1729 年后该公司自广州运瓷器返国出售的毛利,及经由巴达维亚转运瓷器返国出售的毛利,参看第十表和第十一表。

第十表　1729 年至 1792 年荷兰东印度公司自广州运瓷器返国出售的毛利

年份	买价(盾)	卖价(盾)	毛利(盾)	毛利率(%)
1729	30 561	90 920	60 359	197.6
1730	30 541	101 306	70 765	232.0
1731	54 222	150 450	96 228	177.6
1732	91 191	275 020	183 829	201.6
1733	89 236	219 660	130 424	146.2
1736	37 284	83 473	46 189	123.9
1737	86 027	174 643	88 616	103.1
1738	58 331	86 443	28 112	48.2
1739	37 681	70 280	32 599	91.4
1740	100 897	216 887	115 984	115.1
1742	102 535	179 735	77 200	75.3

---

① C.J.A. Jörg,前引书,pp.92,191。

续表

年份	买价(盾)	卖价(盾)	毛利(盾)	毛利率(%)
1743	77 039	131 997	54 962	71.4
1744	67 637	107 295	39 658	58.6
1745	79 241	124 069	44 828	56.6
1746	70 175	100 432	30 257	43.1
1748	63 864	121 917	58 053	90.0
1749	38 444	76 292	37 848	98.5
1750	70 690	128 384	57 694	81.6
1751	34 793	73 519	38 726	111.4
1752	121 466	157 964	36 498	30.0
1753	94 250	167 204	72 954	77.5
1754	148 311	234 345	86 034	58.0
1755	88 511	148 655	60 144	68.0
1756	96 823	142 444	45 621	47.1
1757	14 864	49 357	34 493	232.6
1758	62 933	206 013	143 080	227.8
1759	49 455	145 684	96 229	194.9
1760	95 326	256 900	161 574	169.8
1761	41 517	118 084	76 567	184.5
1762	84 717	235 045	150 328	177.6
1763	60 836	166 642	105 806	174.2
1764	125 365	314 040	188 675	150.6
1765	104 889	254 017	149 128	142.2
1766	114 703	230 901	116 198	101.3
1768	92 910	209 641	116 731	125.8
1769	129 540	240 309	110 769	85.5
1770	132 066	234 537	102 471	77.6

续表

年份	买价(盾)	卖价(盾)	毛利(盾)	毛利率(%)
1771	129 510	217 636	85 126	68.1
1772	106 305	169 582	63 277	59.3
1773	106 675	162 408	55 733	52.2
1774	124 434	200 380	75 946	61.0
1775	96 567	138 228	41 661	43.2
1776	89 784	165 088	75 304	83.9
1777	85 126	170 967	85 841	100.9
1778	68 267	135 681	67 414	98.8
1779	86 857	146 961	60 104	69.2
1783	27 896	52 226	24 320	87.7
1784	75 129	133 324	58 195	77.5
1785	85 849	122 407	36 558	42.6
1786	113 526	132 527	19 001	16.7
1787	40 684	59 013	18 329	45.1
1788	127 195	119 584		
1789	57 819	52 808		
1790	28 271	44 956	16 685	59.0
1791	21 204	32 765	11 561	54.5
1792	44 242	50 914	8 672	20.5

资料来源：C.J.A. Jörg，前引书，pp.221-223.

第十一表　1735年至1745年荷兰东印度公司自巴达维亚运瓷器返国出售的毛利

年份	买价(盾)	卖价(盾)	毛利(盾)	毛利率(%)
1735	54 426	102 550	48 124	88.5
1736	35 047	56 971	21 924	62.8
1737	26 550	26 719	169	0.6

续表

年份	买价(盾)	卖价(盾)	毛利(盾)	毛利率(%)
1738	24 238	14 706		
1740	4 298	9 713	5 475	127.4
1741	32 105	47 578	15 473	48.2
1742	21 010	37 332	16 322	77.7
1743	33 235	50 850	17 615	53.0
1745	24 154	41 386	17 232	71.4

资料来源：C.J.A. Jörg,前引书,p.224.

根据以上两表可知,在1729年开始的半个多世纪内,荷船自广州直接运瓷器回国出卖,在1757年毛利率超过232%,在1729至1792年每年平均超过85%;其中某几年毛利率较低,则或由于瓷器在运输途中受损,或第四次英、荷战争爆发的原故。[1] 和由巴达维亚运瓷器回荷出售比较,由广州直接贩运的毛利率显然较高,这可能是因为由广州直航返国,中间人负担的费用可以减轻的原故。

六

除丝、瓷外,近代中国茶叶的对欧输出贸易,在欧洲各国商人中,首先由荷人经营。早在1607年,已有荷人自澳门购运茶叶往下港,据说这是欧洲人在东亚购运茶叶的首次纪录。荷兰东印度公司于1610年首先运茶往欧洲,比英国东印度公司于1669年才第一次运茶赴英出卖,要早半个多世纪。荷人独占对欧输出的华茶贸易,他们运茶回国,约于1635年转运往法国出卖,于1645年运销于英国,于1650年运销于德国、斯堪的纳维亚半岛。[2]

---

[1] 同书,p.134。
[2] T. Volker 前引书,pp.48 - 49;G.B. Masefield,"Crop and Livestock," in E.E. Rich and C.H. Wilson, eds., *The Cambridge Economic History of Europe*, Vol. IV (Cambridge University Press, 1967), pp.297 - 298. 又 Walter Minchinton, "Patterns and Structure of Demand 1500 - 1750," in Carlo M. Cipolla, ed., *The Fontana Economic History of Europe: The Sixteenth and Seventeenth Centuries*, Glasgow, 1974, p.126,说荷兰东印度公司于1609年第一次自中国运茶往欧洲。

当华茶最初运抵欧洲的时候,因为价格昂贵,只有富人才买得起来饮用,被认为是一种奢侈品。其后饮茶风气自荷兰传播至法、德、英等国,在1660年伦敦的咖啡室有茶供应,到了17世纪末期已经成为欧洲街头的大众饮品。① 为着要满足欧洲人日益增加的需要,荷兰东印度公司在巴达维亚大量收购华茶,运欧出售。由17世纪90年代至1719年,中国及葡萄牙船运茶往巴达维亚,每年平均五六百担;由1720年至1723年,由澳门葡船运往,每年二三千担;由1724年至1729年,由中、葡船运往,每年一千五百余担至四千担,再由荷船转运回国。② 由1716年至1728年,荷兰东印度公司17人董事会每年命令巴达维亚采购中国茶的数额增加10倍。③ 1730年夏,一位英国商船的商业事务负责人在巴达维亚报导,那里有来自广州、厦门及舟山的商船20艘,来自澳门的商船6艘,共运到华茶25 000担,其中5 500担由当地人士消费,已经够用,此外全部转运往欧洲出卖。这个报导可能有些夸大,当日荷人在巴达维亚经营华茶贸易的规模之大,却是不容否认的事实。

除在巴达维亚收购华茶,转运回荷出售外,上文说过,荷兰东印度公司于1729年(第一艘船于1728年12月出发)开始,派船由本国直航广州,购买茶叶及其他货物,结果运回茶27万荷磅,及丝绸、瓷器等物。货物拍卖所得,净利为投资的一倍有多。此后继续派船自广州购运回荷出卖。关于1729年至1793年荷兰由广州输入茶叶的价值及出售的毛利,参考第十二表及第十三表。

第十二表　1729年至1793年荷兰自广州输入茶叶价值

年　份	茶叶入口值(盾)	占华货入口总值的百分比(%)
1729	242 420	85.1
1730	203 630	86.7
1731	330 996	63.1
1732	397 466	70.7

---

① T. Volker,前引书,p.49;C.R. Boxer, *Dutch Seaborne Empire*, p.177.
② George Bryan Souza,前引书,pp.145 - 146。
③ Kristof Glamann,前引书,pp.220 - 221。

续表

年　份	茶叶入口值(盾)	占华货入口总值的百分比(%)
1733	336 881	75.2
1736	201 584	55.3
1737	410 882	68.8
1738	283 452	72.0
1739	290 461	55.2
1740	590 328	54.9
1742	719 462	69.0
1743	630 590	69.6
1744	694 759	69.8
1745	731 356	62.7
1746	875 529	71.3
1748	897 442	67.6
1749	483 317	61.4
1750	960 403	70.3
1751	823 435	60.1
1752	1 564 114	78.6
1753	2 110 708	78.1
1754	2 722 870	78.3
1755	1 951 440	74.4
1756	1 351 450	65.4
1757	279 901	49.0
1758	777 409	65.1
1759	1 486 611	78.9
1760	1 614 841	89.6
1761	1 037 991	85.6

续表

年　　份	茶叶入口值(盾)	占华货入口总值的百分比(%)
1762	1 615 976	84.1
1763	1 427 968	76.1
1764	2 093 534	76.5
1765	2 199 097	79.9
1766	2 087 036	80.8
1768	1 829 786	70.4
1769	1 864 660	78.9
1770	1 777 256	73.9
1771	1 740 889	71.3
1772	1 632 644	72.4
1773	1 657 285	72.1
1774	1 608 419	70.8
1775	1 625 045	71.8
1776	1 723 870	70.3
1777	2 028 413	75.1
1778	1 970 198	69.5
1779	1 744 791	67.6
1780	1 738 936	70.4
1783	1 076 991	67.1
1784	2 255 619	70.9
1785	1 768 428	67.9
1786	3 342 391	73.7
1787	3 435 415	72.5
1788	3 171 942	78.5
1789	3 316 479	76.7

续表

年　份	茶叶入口值(盾)	占华货入口总值的百分比(%)
1790	367 316	53.7
1791	1 017 519	66.3
1792	1 821 461	80.2
1793	2 150 190	79.2

资料来源：C.J.A. Jörg,前引书,pp.217-220.

第十三表　1729年至1792年荷兰东印度公司自广州运茶叶返国出售的毛利

年份	买价(盾)	卖价(盾)	毛利(盾)	毛利率(%)
1729	242 420	598 101	355 681	147
1733	336 881	988 510	651 629	194
1739	290 461	603 022	312 561	108
1744	694 759	1 715 120	1 020 361	147
1749	483 317	919 585	436 268	90
1754	2 722 870	2 920 334	197 464	7
1758	777 409	2 303 340	1 525 931	196
1765	2 199 097	4 050 797	1 851 700	84
1776	1 723 870	2 541 055	817 185	47
1785	1 768 428	3 033 436	1 265 008	72
1792	1 821 461	2 110 780	289 319	16

资料来源：C.J.A. Jörg,前引书,p.81.

　　根据第十二、第十三两表可知,荷兰东印度公司船于1729年自广州贩运茶叶回国,其价值为24万余盾,到了1754年增加至270余万盾,其后在1786年至1789年,每年都超过300万盾。在华货入口总值中,1729年茶占85.1%,1760年占89.6%,其他年份多半占70%以上,成为输荷华货价值最大的商品。华茶运荷出售获得的毛利,多时高达将近投资的2倍,但在1754年低至投资的7%,这是因为在此年以前中国茶加倍输入,市场供过于求,价格剧跌的原故①；其后到了 80 年代，因为受到第四次英、荷战争的影响，华茶贸易的毛利率也下降了。

1729 年后华茶除由广州直接运荷出售外，过去荷船由巴达维亚转运返国的华茶贸易仍然继续进行。② 自 1739 年起，华茶已经成为荷兰东印度公司船舶自东方运返欧洲的价值最大的商品。到了 1740 年，该公司自东方输入的货物总值中，华茶和咖啡约占 1/4。③

自 17 世纪初叶开始，华茶的输欧贸易，曾经长期为荷人垄断，英国东印度公司要晚几十年才运第一批华茶回英售卖。其后两国互相竞争，到了 18 世纪 30 年代，荷人购买华茶数量，仍然有几年多过英国。④ 可是后来形势转变，到了 1787 年，共有 83 艘外国船舶抵达广州购运茶叶，其中英国东印度公司船多至 29 艘，英国私商的船多至 31 艘，而荷船只有 5 艘。到了 1789 年，荷方承认不再是欧洲市场上的华茶的最大供应者，其地位为英国取而代之。⑤ 在 1802 至 1803 年，英船在广州购运茶叶总值，多至为荷兰及欧洲其他国家商船合起来的 6 至 7 倍。⑥

七

荷人于 16、17 世纪之交到东方来，以巴达维亚为根据地，经营日本、波斯湾广大地区间的贸易。荷兰水道交通方便，商业发达，和西班牙贸易保持长期出超的记录，把西班牙自美洲输入的金、银（尤其是银）大量赚回本国。荷人在欧、亚间往来贸易，发现银在亚洲的购买力远较欧洲为大，每艘向东方航

---

① C.J.A. Jörg, 前引书, p.33。
② 同书, p.28。
③ C.R. Boxer, *Dutch Seaborne Empire*, p.177; Kristof Giamann. "European Trade 1500－1750", in Cario M. Cipolla, ed., 前引书, p.447。
④ J.H. Parry, 前引书 p.85; George Bryan Souza, 前引书, p.147。
⑤ C.J.A. Jörg, 前引书, p.43, 按：英国东印度公司于 1760 年至 1764 年，每年平均自中国输英的茶叶量为 42 065 担；于 1785 年至 1789 年，增加至 138 417 担；于 1775 年至 1799 年，为 152 242 担；于 1800 年至 1804 年，激增至 221 027 担（严中平等辑，《中国近代经济史统计资料选辑》，科学出版社，1955 年，页 15）。
⑥ C. Northcote Parkinson, *Trade in the Eastern Seas, 1793－1813*, Cambridge University Press, 1937, p.93.

行的船都载运巨额白银，以便贸易获利。这在生活在银价高昂社会的中国商人看来，是非常强大的购买力，故自中国开往东印度的商船，运载大量货物卖给荷人，把后者手中持有的银子，赚取回国。

中国商人卖给荷人的货物，有种种的不同，而丝货、瓷器及茶叶尤其重要。自17世纪初开始，中国瓷器之所以能大量运往欧洲，在那里开拓广大的市场，主要是荷人的贡献。中国茶叶对欧洲的输出贸易，在欧洲各国商人中，荷人最早经营，曾长期垄断华茶输欧贸易，英国东印度公司要晚几十年才首次运茶赴英出卖。自1739年开始，华茶成为荷兰船舶每年自东方运欧的价值最大的商品。中国生丝对荷输出，虽然由于波斯、孟加拉国生丝的竞争而受到限制，但在东亚方面，荷人占据台湾后，以台湾为基地来发展对日本出口的华丝贸易。

荷人虽然要花费许多银子在东方收购货物，但把这些货物运回荷兰，除一小部分在本国消费外，大部分转运往欧洲其他国家出售获利，换取更多的银子，故能源源不绝地运银往东方。而且，当日本盛产白银的时候，荷人在台湾扩展华丝对日输出贸易，赚到巨额银子，也增强了他们的购买力。荷人在欧洲、日本做买卖获得的银子，分别用来在亚洲广大地区收购货物，并不以中国为限，但中国物产丰富，输出能力很大，中国商人自然通过贸易的出超，使荷人手中持有的银子源源流入中国，润滑了中国商业的轮子。由于中、荷贸易的发达，中国造船、航运及其他与出口贸易有关的工商业，因投资规模扩大而利润增加，使更多人口得到就业的机会，从而造成清朝的经济繁荣。

（本文于1980年8月15日通过刊登）

鸦片战争前的中英茶叶贸易

一

世界新航路发现后,自明季至清中叶,中国海外贸易较前发展,对外输出的各种货物,尤其是丝货(生丝及丝绸),更成为特别重要的出口品。当16、17世纪太平洋成为"西班牙湖"的时候,航行于墨西哥、菲律宾之间的大帆船,把自中国向菲岛输出的丝货运往美洲出售,有"丝船"之称。墨西哥的纺织工业,以中国生丝作原料来加工织造,有14 000余人因此获得就业的机会。除西班牙大帆船外,葡萄牙、荷兰的商船,也沿着好望角航路把中国丝货运销于欧洲各地。[①]

在明、清间出口贸易中占据第一位的丝货,尤其是生丝,到了康熙(1662—1722年)末叶,或1718年,因为茶叶出口激增,其地位却给茶叶抢夺了去,以后茶叶在海外贸易中都高居第一位。[②] 当17、18世纪间欧洲人饮茶风气盛行的时候,欧洲各国商船纷纷来中国购运茶叶,而英国人特别喜爱饮茶,茶的销路越来越大,更促进中、英间的茶叶贸易,使中国茶叶输出激增。因为茶叶的大量出口,和中国人民所得与就业机会的增大有密切的关系,本文拟对清中叶或鸦片战争前中、英茶叶贸易的历史,做一初步的探讨。

[①] 拙著《自明季至清中叶西属美洲的中国丝货贸易》,《香港中文大学中国文化研究所学报》,第一卷,香港九龙,1971年;拙著《略论新航路发现后的海上丝绸之路》,《"中央研究院"历史语言研究所集刊》,第五十七本第二分,台北,1986年;拙著《明清间中国丝绸的输出贸易及其影响》,陶希圣先生九秩荣庆祝寿论文集编辑委员会编,《陶希圣先生九秩荣庆祝寿论文集:国史释论》,上册,台北,1987年;拙著《略论明清之际横越太平洋的丝绸之路》,《历史月刊》第十期,台北,1988年11月。

[②] 陈慈玉,《近代中国茶业的发展与世界市场》,台北,1982年,页7。

二

近代中国茶叶的对欧出口贸易,在欧洲各国商人中,最先由荷兰人经营。荷兰东印度公司于1610年首次运茶前往欧洲,比英国东印度公司于1669年才把第一批茶叶运英出卖,要早半个多世纪。荷人垄断对欧输出的华茶贸易,他们运茶回国,约于1635年运销于法国,于1645年运销于英国。①

当华茶最初运抵欧洲的时候,由于价格昂贵,只有富人才买得起来饮用,被认为是一种奢侈品。后来饮茶风气自荷兰传播至法、德、英等国,在1660年伦敦的咖啡室可供顾客饮茶,到了17世纪末叶,茶已经成为欧洲街头的大众饮品。② 因为要满足欧洲人越来越大的需要,荷兰东印度公司在爪哇巴达维亚(Batavia)大量收购华茶,运欧出售。自1729年开始,该公司派船由荷直航广州,购买茶叶及其他货物,运回本国出卖。自1739年起,中国茶叶已经成为荷兰东印度公司船舶自东方运欧的价值最大的商品。③

大约由于荷兰商人的垄断,1650年英国市场上每磅茶价为6镑至10镑,因品质而异。到了1703年,每磅茶价平均跌至16先令。④ 英国东印度公司直接输入华茶后,于1678年至1686年在英卖茶,每磅平均卖价为11先令6便士至12先令4便士;由1708至1710年,每磅卖11先令11便士。其买价每磅不过1先令至2先令,除运费、纳税等开支外,利润当然很大。⑤ 由于巨额利润的吸引,东印度公司自中国输入英国茶叶越来越多,在亚洲贸易中的地位越来越重要。现在根据该公司的纪录,把1669年至1760年自中国

---

① T. Volker, *Porcelain and the Dutch East India Company*, Leiden, 1954, pp. 48–49; G. B. Masefield, "Crop and Livestock", in E. E. Rich and C. H. Wilson, eds., *The Cambridge Economic History of Europe*, Vol. Ⅳ (Cambridge University Press, 1967), pp. 297–298. 又 Walter Minchinton, "Patterns and Structurs of Demand 1500–1750", in Carlo M. Cipolla, ed., *The Fontana Economic History of Europe: The Sixteenth and Seventeenth Centuries*, Glasgow, 1974, pp.126,说荷兰东印度公司于1609年首次自中国运茶往欧洲,和上述1610年略异。
② C. R. Boxer, *The Dutch Seaborne Empire 1600–1800*, London, 1965, p.177; T. Volker,前引书,p.49。
③ C. R. Boxer,前引书,p.177。
④ E. E. Rich and C. H. Wilson, eds.,前引书,pp.297–298。
⑤ Bal Krishna, *Commercial Relations between India and England*, London, 1924, pp.152–153.

输入茶叶的数量、价值及其在自亚洲输入货物总值中所占的百分比,列表如下。

第一表　1669 年至 1760 年英国输入华茶的数额与价值

年　份	数额(磅)	入口值(镑)	茶入口值在亚洲货物入口值中的百分比(%)
1669	222	120	0.1
1671	264	20	0.0
1673	44	50	0.0
1678	4 713	207	0.1
1679	340	36	0.0
1682	7	13	0.0
1685	12 070	2 422	0.5
1686	5 055	371	0.0
1688	1 666	177	0.1
1689	26 200	781	0.6
1690	38 390	1 723	1.4
1691	12 228	471	0.6
1692	6 374	1 255	4.8
1697	8 921	8 091	5.5
1699	13 082	1 581	0.4
1701	121 417	17 638	3.0
1702	43 625	9 125	2.5
1703	19 395	3 072	1.2
1704	19 974	4 750	3.0
1705	2 523	2 718	1.3
1706	460	47	0.0
1713	158 107	9 746	1.8
1714	213 499	24 416	4.9

续表

年 份	数额(磅)	入口值(镑)	茶入口值在亚洲货物入口值中的百分比(%)
1717	397 532	35 085	7.0
1718	542 443	38 000	8.2
1719	516 105	39 174	6.1
1720	318 416	26 243	4.5
1721	1 241 629	120 750	18.7
1722	1 355 764	98 017	19.2
1723	663 311	46 457	6.2
1724	1 078 600	76 032	9.7
1725	132 256	8 438	1.9
1726	717 236	43 896	7.3
1727	265 087	16 733	2.4
1728	262 911	19 701	3.6
1729	1 452 628	68 379	9.2
1730	1 710 440	113 038	18.5
1731	1 811 115	118 721	16.4
1732	1 554 684	68 448	10.2
1733	820 422	38 008	6.7
1734	727 499	27 502	3.8
1735	568 546	32 273	4.3
1736	672 089	39 338	6.4
1737	1 644 516	87 228	14.8
1738	778 498	44 146	7.5
1739	1 765 694	76 308	10.1
1740	1 320 935	75 497	13.0
1741	877 370	42 156	5.4
1742	1 762 061	86 727	10.0

续表

年　份	数额(磅)	入口值(镑)	茶入口值在亚洲货物入口值中的百分比(%)
1743	1 645 892	88 651	11.5
1744	725 928	30 289	4.6
1745	883 070	48 156	6.1
1746	410 990	23 001	2.9
1747	3 168 558	158 915	20.0
1748	3 688 082	205 823	31.0
1749	2 324 755	139 418	21.2
1750	4 727 992	229 237	22.6
1751	2 855 164	142 195	16.4
1752	3 110 427	155 384	18.0
1753	3 524 859	153 869	18.3
1754	3 881 264	165 611	21.2
1755	3 977 092	203 763	21.8
1756	3 612 233	175 595	22.3
1757	3 735 596	168 380	27.1
1758	2 795 130	101 017	15.7
1759	3 928 628	146 129	19.8
1760	6 199 609	280 755	39.5

资料来源：K.N. Chaudhuri, *The Trading World of Asia and the English East India Company, 1660-1760*, Cambridge University Press, 1978, pp.538-539, 97.

根据第一表可知，英国东印度公司自1669年起输入华茶，初时数量不大，后来在1721年超过120万磅，到了1747年超过300万磅，再往后在1760年更超过600万磅。在自亚洲输入英国的货物总值中，华茶初时所占比例不大，及1748年占31%，到了1760年更占39.5%。

英国东印度公司购运华茶，既然越来越多，自然要与过去独占华茶对欧输出贸易的荷兰东印度公司互相竞争。在1730年至1731年，英国东印度公司在英国拍卖茶1 049 593 英磅,而荷兰东印度公司在荷兰拍卖茶1 005 845荷磅(1 荷磅等于1.09 英磅,故合共为1 096 371.05 英磅),略较前者为多。①自1729 年至1732 年,荷兰商人在广州收购福建武夷茶(红茶),大约因为善于利用市场供求的变化,买价比英商便宜得多;其后到了1733 年,英人改进了购茶的策略,买茶所付价格,开始比荷人便宜。参考第二表。

第二表　1729 年至1733 年英、荷商人在
广州购买一担红茶的价格(两)

年 份	英商所付茶价	荷商所付茶价
1729	27.3	24.6
1730	21.4	18.8
1731	17.4	17.3
1732	16.8	14.5
1733	13.2	14.9

资料来源:Kristof Glamann, *Dutch-Asiatic Trade*, 1620 -1740, The Hague, 1958, pp.235.

三

饮茶可以消解油腻,有益健康。随着茶叶输入量增大,价格下降,茶在英国成为大众饮品,许多人吃早餐时要饮茶。因为茶成为英国人的必需品,需要弹性不大,18 世纪中叶后,英国政府由于对外战争,开支庞大,乘机提高茶税税率,以增加财政收入。由1768 年至1772 年,英国政府征收茶叶进口税,税率为64%;其后由1773 年至1777 年,增至106%;由1778 至1779 年,100%;1783 年,114%;1784 上半年,119%。② 由于茶税太重,英国茶价上涨,高达荷兰的3 倍。③

---

① Kristof Glamann, *Dutch-Asiatic Trade*, 1620 -1740, The Hague, 1958, p.225.
② Earl H. Pritchard, *The Crucial Years of Early Anglo-Chinese Relations*, 1750 -1800, Pullman, Washington, 1936, pp.146 -147.
③ C.J.A. Jörg, *Porcelain and the Dutch China Trade*, The Hague, 1982, p.39.

由于英、荷茶价的悬殊，荷兰及其他欧陆国家商人乘机把茶叶走私运入英国，以赚取超额的利润。自 1772 至 1780 年，每年华茶平均对欧输出 18 838 140 磅，其中只有 5 639 938 磅(占 29.9%)为英国东印度公司船只运输至英国，其余除在欧陆消费外，每年平均走私运入英国的茶叶，多至 7 698 202 磅。为着要杜绝走私，英国政府于 1784 年实施减税法(Commutation Act)，把茶叶税税率由 119% 剧减为 12.5%。① 减税法实施后，英、荷茶价不再那么悬殊，走私无利，英国合法进口的茶叶越来越多。自 1776 至 1780 年，英国东印度公司由广州输出茶 210 207 担，占出口总额 31%；减税法实施后，自 1786 年至 1790 年，由广州输出茶增加至 774 386 担，占出口总额 67%。② 关于英国东印度公司在实施减税法前后经营华茶贸易的情况，参考第三表和第四表。

第三表　东印度公司每年平均自华输英茶叶量

年　份	茶叶量(担)	指数(1780—1784 年平均=100)
1760—1764	42 066	75.7
1765—1769	61 834	111.2
1770—1774	54 215	97.5
1775—1779	33 912	61.0
1780—1784	55 590	100.0
1785—1789	138 417	249.0
1790—1794	136 433	245.4
1795—1799	152 242	273.9
1800—1804	221 027	397.6
1805—1809	167 669	301.6

---

① Earl H. Pritchard, 前引书, pp.146-148；陈慈玉, 前引书, 页 8。
② H.B. Morse, *The Chronicles of the East India Company Trading to China*, *1635-1834*, Oxford, 1926, Vol. II, p.117; Kuo-tung Anthony Ch'en, *The Insolvency of the Chinese Hong Merchants*, *1760-1843*, Taipei, 1990, p.45.

续表

年　份	茶叶量（担）	指数（1780—1784年平均＝100）
1810—1814	244 446	439.7
1815—1819	222 301	399.9
1820—1824	215 811	388.2
1825—1829	244 704	440.2
1830—1833	235 840	424.2

资料来源：严中平等编，《中国近代经济史统计资料选辑》，科学出版社，1955年，页15。

第四表　东印度公司每年自广州输出茶叶量

年　份	茶叶量（磅）	年　份	茶叶量（磅）
1767	17 348 472	1782	18 768 495
1768	19 416 996	1783	28 989 060
1769	21 886 788	1784	28 114 728
1770	22 089 769	1785	29 891 591
1771	13 118 293	1786	31 957 939
1772	22 521 899	1787	36 425 603
1773	17 723 851	1788	31 206 445
1774	17 812 861	1789	28 258 432
1775	16 243 915	1790	25 404 280
1776	21 785 434	1791	19 480 397
1777	19 695 488	1792	25 408 614
1778	15 674 321	1793	26 165 635
1779	17 419 906	1794	29 311 010
1780	18 572 203	1795	24 950 300
1781	14 243 531	1796	42 870 060

资料来源：Earl H. Pritchard, *Anglo-Chinese Relations during the Seventeenth and Eighteenth Centuries*, Rainbow-Bridge Book Co., 1970, p.216.

根据第三表和第四表可知,减税法实施后,英国东印度公司输入的华茶越来越多,到了1800年至1804年,每年平均输入的茶额,增加至约为1780至1784年每年平均的4倍,其后更多。在欧陆方面,当英国茶价因税重而高涨的时候,荷兰、法国、丹麦及瑞典,由1776年至1780年,共自广州购茶488 372担,其中有不少走私转运入英国。减税法实施后,因为走私茶至英国无利可图,荷兰等国于1786至1790年,在广州购茶锐减为322 386担。① 在1789年,荷兰人承认不再是欧洲市场上华茶的最大供应者,其地位为英国人取而代之。② 在英国方面,因为茶税降低,茶价便宜,茶销路增大,东印度公司自广州输出的茶叶,数量越来越大。在1802年至1803年,英船在广州购运的茶叶总值,多至为荷兰及其他欧陆国家商船合起来的6倍至7倍。自1808年至1811年,由于拿破仑战争,除美国为中立国,其商船仍然贩运茶叶外,在广州布场上,只有英船购运茶叶出口。③

1784年减低茶税后,到1795年,由于财政上的迫切需要,英国政府把茶税税率提高至25%;后来继续增加,到1806年增至96%,1819年增至100%。因为英人喝茶风气越来越普遍,茶消费量有增无减,华茶贸易继续扩大。东印度公司对中英贸易的独占权至1833年为止。在1833年之前若干年内,东印度公司每年获利在100万镑至150万镑之间,其利润全部来自华茶贸易。英政府对输入的华茶征收的税款,每年多至330万镑,约占一年国库收入的1/10。英国人饮茶要加糖,英国每年输入的食糖,至少有一半用于饮茶,而政府又征收糖税。据1812年计算,英国政府每年直接或间接因人民饮茶而征收到的税款,多至500万英镑。因为茶在英国成为全国人民的饮料(National Drink),英国国会特地通过法案,规定东印度公司必须经常存储足够一年消费的茶叶。④ 有鉴于华茶贸易的重要性,东印度公司船只每年自广州购运茶叶的价值,在输出商货总值中都占很大的比重,尤其是自1784年减税法实施之后。参考第五表。

---

① Kuo-tung Anthony Ch'en,前引书,p.45。
② C.J.A. Jörg,前引书,p.43。
③ C. Northcote Parkinson, *Trade in the Eastern Seas*, *1793 – 1813*, Cambridge University Press, 1937, p.93。
④ 同书,pp. 93 – 94; Michael Greenberg, *British Trade and The Opening of China 1800 – 42*, Cambridge University Press, 1951, pp.3 – 4。

第五表 1760年至1833年东印度公司每年
平均自广州输出茶叶的价值

年　份	每年平均输出值(两)	占输出商货总值的百分比(%)
1760—1764	806 242	91.9
1765—1769	1 179 854	73.7
1770—1774	963 287	68.1
1775—1779	666 039	55.1
1780—1784	1 130 059	69.2
1785—1789	3 659 266	82.5
1790—1794	3 575 409	88.8
1795—1799	3 868 126	90.4
1817—1819	4 464 500	86.9
1820—1824	5 704 908	89.6
1825—1829	5 940 541	94.1
1830—1833	5 617 127	93.9

资料来源：严中平等编，前引书，页14。

在19世纪头1/3的时间，英国每年输入华茶约20万担，或3 000万磅左右。[①] 到了1834年，英国国会取消东印度公司对华贸易的独占权，英国商人纷纷来广州设立商行，购运茶叶，在1836年多至48 520 508磅。[②] 英商自1834年4月1日至1835年3月31日，由广州购运茶叶出口，共值银11 149 674元，或8 027 885.28两；自1835年4月1日至1836年3月31日，出口值多至13 852 899元，或9 656 814.96两。[③] 这和东印度公司独占华茶贸易末期每年在广州购茶约值银500多万两比较起来，显然增加许多。

---

① 本文第三表；Michael Greenberg，前引书，p.3。
② *Chinese Repository*，Vol.XII，1843年10月，pp.516-517，原书未见，兹引自姚贤镐编，《中国近代对外贸易史资料，1840—1895》第一册，北京，1962年，页284。
③ Hsin-pao Chang, *Commissioner Lin and the Opium War*, Cambridge, Mass., 1964, pp.225-227.

四

东印度公司一方面自广州购运大量茶叶,他方面输出羊毛织品等英国货物,可是后者在华销路不甚理想。因为自英运华的货物,其价值远不及以茶为主的中国出口货那么大,东印度公司不得不把巨额白银运往中国,以弥补贸易入超。在三十多年前,作者曾发表过一篇论文,指出自 1708 年至 1757 年,英国白银输入中国,共达 6 485 327.35 镑;在 1776 年至 1791 年间,其中 7 年,共输入 3 676 010 镑。[①] 关于英国白银输入中国情况,参考第五表和第六表。

第六表 1760 至 1800 英国及印度白银输入中国数额

年　份	数额(两)	年　份	数额(两)
1760—1761	765 414	1777—1778	230 400
1761—1762	216 000	1778—1779	90 720
1762—1763	322 410	1783—1784	8 640
1763—1764	528 609	1786—1787	2 062 080
1764—1765	338 781	1787—1788	1 912 320
1765—1766	1 690 479	1788—1789	2 094 878
1766—1767	1 930 593	1789—1790	1 521 920
1767—1768	620 040	1790—1791	2 106 041
1768—1769	521 427	1791—1792	172 800
1769—1770	489 186	1792—1793	518 400
1770—1771	822 044	1796—1797	120 960
1771—1772	879 630	1797—1798	626 965
1772—1773	574 872	1798—1799	1 326 830
1773—1774	81 452	1799—1800	1 623 171
1776—1777	394 016		

资料来源:Earl. H. Pritchard, *The Crucial Years of Early Anglo-Chinese Relations*, 1750 - 1800, Pullman, Washington, 1936, p.399.

[①] 拙著《美洲白银与十八世纪中国物价革命的关系》,《"中央研究院"历史语言研究所集刊》第二十八本,台北,1957 年;又见于拙著《中国经济史论丛》第二册(新亚研究所,1972 年),页 502。

第七表　1786年至1823年英国白银输入中国数额

年　份	数额（西元）	年　份	数额（西元）
1786	2 742 566.40	1799	2 158 917.43
1787	2 543 385.60	1800	585 336.99
1788	2 786 187.74	1801	108 222.10
1789	1 748 153.60	1803	1 912 342.22
1790	2 801 034.53	1804	1 104 253.78
1791	231 824.00	1815	1 455 935.04
1792	688 812.00	1816	3 406 266.99
1796	160 876.80	1820	2 637 311.53
1797	833 338.10	1823	916 665.01
1798	1 758 238.72		

资料来源：W. E. Cheong, *Mandarins and Merchants: Jardine Matheson & Co., A China Agency of the Early Nineteenth Century*, London, 1979, p.19.按：4西元等于3两，又等于1镑。见 H.B. Morse,前引书,Vol. I , XXII 。

为着要改变英国白银流入中国的趋势，东印度公司特别拓展印、华贸易，把印度出产的货物，尤其是棉花、鸦片，大量运往中国出卖。中国的棉纺织业，到了清朝（1644—1911年）中叶，消费棉花越来越多，本国出产的棉花有供不应求的趋势，印度棉花的输入正好满足国内市场的需要。在1785至1833年，广州输入印度棉花共达13 404 659担，每年平均输入273 564.4担。[①] 以棉花为最大宗的印、华贸易，东印度公司特许私家商人经营，后者把印棉运往广州出卖，把出卖所得银款交由东印度公司支配。[②] 自1776年至1833年，印度棉花输华价值越来越大，参看第八表。

---

① 方显廷，《中国之棉纺织业》，商务印书馆，1934年，页41—43。参考拙著《鸦片战争前江苏的棉纺织业》，《清华学报》，新第一卷第三期，台北，1958年9月；又见于拙著《中国经济史论丛》第二册，页625—649。

② John K. Fairbank, *Trade and Diplomacy on the China Coast: The Opening of the Treaty Ports, 1842-1854*, Combridge, Mass., 1953, Vol. I , pp.59-60.

第八表　1775年至1833年印度棉花输华价值

年　份	每年平均价值(两)	指数(1780—1784年平均＝100)
1775—1779	288 334	123.7
1780—1784	233 074	100.0
1785—1789	1 698 001	728.5
1790—1794	1 683 486	722.3
1795—1799	1 875 677	804.8
1817—1819	4 527 211	1 942.4
1820—1824	2 958 249	1 269.2
1825—1829	4 307 677	1 848.2
1830—1833	4 097 033	1 767.8

资料来源：严中平等编，前引书，页11。

根据第八表可知，在1780年至1784年，印棉每年平均输华价值为银20多万两；其后越来越多，到1817年至1819年，每年平均高达450万两，为1780年至1784年每年平均的19倍半左右。自1775年至1795年，英商在广州出售印棉所得价款，约占东印度公司收入的1/3。直至1823年，棉花都是自印度输华价值最大的商品。[1] 自1824年起，鸦片输华激增，其价值开始超过棉花。[2] 在19世纪30年代及40年代，印棉入口值约为鸦片入口值的一半。[3] 由于印度棉花、鸦片的输入中国，英国对华贸易由入超变为出超，自1818年至1834年，英船自华输出的白银约值5 000万元。[4]

五

由于18世纪中、英茶叶贸易的发展，中国茶叶成为出口贸易价值最大的

---

[1] 同上；Michael Greenberg,前引书，p.81。
[2] W.E. Cheong, *Mandarins and Merchants*, London, 1979, p.8.
[3] John K. Fairbank,前引书，pp.287-288。
[4] Hsin-pao Chang,前引书，p.42。

商品。随着茶叶输出的增多,中国人民因茶的生产与贸易而获得更大的就业机会,更多的国民所得。自广州输出的茶叶,主要来自福建武夷山。约在清朝中叶左右,其中"瓯宁一邑,不下千(茶)厂。每厂大者百余人,小亦数十人"①。可见当时受雇在瓯宁茶厂做工的茶工,多至1万余人。又位于武夷山地区的崇安县,"乾隆(1736—1795年)间,邑人邹茂章以茶叶起家二百余万(两)"②。邹氏因投资于茶业而大发其财,显然和中、英茶叶贸易畅旺,利润增加,有密切的关系。

因为大量华茶向英输出,中国对英贸易长期出超,从而导致英国巨额白银流入中国,润滑了中国商业的轮子,对中国经济当然有利。英国因为要避免白银长期流入中国,除输出英国货物外,又发展印、华贸易,把印度出产的棉花、鸦片运往中国出卖。在中国方面,大量印度棉花的输入,正好满足棉纺织业对于原料的需要,为男耕女织的广大地区带来就业的机会。可是,英国人把印度鸦片输入中国,伤害了中国人的身体,同时又使中国对外贸易入超,白银外流,最后引致鸦片战争,可说是中国的大不幸!

---

① 蒋蘅,《禁开茶山议》,见《云寮山人文钞》卷二,页21;原书未见,兹引自彭泽益,《清代前期茶业资本主义萌芽的特点》,《中国社会经济史研究》第三期,1982年,厦门,页19。
② 衷幹著,《茶市杂咏》,见林馥泉,《武彝茶叶之生产制造及运销》附录,页81;引自彭泽益,前引文。

财政与物价

明中叶后太仓岁入银两的研究*

全汉昇　李龙华

一

明代(1368—1644年)初期的赋税以米、麦本色为主,金、银等项折色的数量不多。洪武九年(1376年),除已下令蠲免夏税秋粮的地区外,其余各地准许人民用银、钞、钱、绢来代输税粮。同时,规定各项折率,其中米一石折银一两。[①] 十七年(1384年),准许僻处西南的云南用金、银、海贝、布、漆、朱砂、水银代缴秋租。[②] 三十年(1397年),准许全国各地用金、银、钞、绢、布及土产折纳二十八年(1395年)以前所欠的赋税。户部初定银一两折米二石,明太祖改为四石,即每石折银二钱五分。[③] 到了正统元年(1436年),明英宗沿用这个银、米折率,每年把漕粮改折,收银100万两多点,称为"金花银",运入内承运库。[④] 这些金花银除了给武臣俸禄十余万两外,其余都充作宫廷的用度。[⑤] 正统七年(1442年),户部设立"太仓库",最初只收贮南直隶苏州、常州等府解送户部的草价银,以及各处都转运盐使司和盐课提举司因变卖缉获私盐、车、船而得的银两。[⑥] 后来各省、直的派剩麦、米折银,内府十库的绵、丝、绢、布和各处起运马草、盐课、关税等项折银,以及籍没家财、变卖田产、追收

---
* 本文资料的搜集,荷蒙哈佛燕京学社给予财政上的补助,谨此致谢!
[①]《明实录》(台湾"中央研究院"历史语言研究所校刊本)第四册,《明太祖实录》卷一〇五,页二下至三,洪武九年三月己卯;同卷,页四下至五,九年四月己丑。
[②]《明太祖实录》第六册,卷一六九,页三,洪武十七年十二月壬子。
[③]《明太祖实录》第八册,卷二五五,页三下,洪武三十年九月癸未。
[④] 王鸿绪《明史稿》(台北,文海出版社影印《横云山人集》本)志六〇,页三,《食货》二,《赋役》;张廷玉等《明史》(台北,艺文印书馆影印清乾隆武英殿刊本)卷七八,页三下至四,《食货志》二,《赋役》。
[⑤] 鹿善继(伯顺)《认真草》(明崇祯甲戌(七年)刊本,收入《畿辅丛书》)卷一,页一下,《金花始末》。
[⑥] 申时行等《明会典》(台北,中文书局影印明万历十五年司礼监刊本)卷三〇,页一七,《户部》一七,《库藏》一,《太仓库》。

店钱、援例上纳各项银两,都须解送太仓库。因为太仓库专门用来贮银,故又称为"银库"。① 在明代中叶以后,太仓银库成为国家重要财赋(指折色银方面)的主要收放机构,它的岁入盈亏和国家财政有密切的关系;不独如此,它岁入银数的增减,又反映出当时社会经济的动态和白银在流通货币中所占的地位。对于明代中叶以后太仓银库每年收入银两的多寡,本文拟从它历年岁入银数的变动情况来加以观察,并进一步探讨变动的原因和背景。

二

太仓银库最初只用来贮藏银两,每年并没有固定的收入数额。京师府库每年收入的银两,都各有支销,用剩了的,才送入太仓库收贮。太仓库银累积的数字,初期[大约成化(1465—1687年)以前]通常为200万至400万两左右②;最高纪录曾经多达800万两,把太仓的"中库"都贮满了。继续收进来的银两只好贮在太仓的"两庑",以便发放。而贮在"中库"的银两暂不动用,称为"老库";"两庑"则称为"外库"。③ 在正德元年(1506年)5月和10月,户部曾经两次分别追述弘治(1488—1505年)后期的岁入数字,前者为149万余两(包括夏税秋粮、马草、盐课折银、云南闸办四项),后者为150余万两(除上述四项外,还有"各钞关船料银两"一项)。这些都可说是"京库"的岁入数字。④ 而"京库"和"太仓"显然不是同一机构。《明史》卷七九,页一六,《食货志》三,《仓库》载:"成化时,巡盐御史杨澄始请发各盐运提举司赃罚银入'京库';弘

---

① 《明史稿志》六一,页一〇至一一,《食货》三,《仓库》;《明史》卷七九,页一三至一四,《食货志》三,《仓库》。所谓内府十库,是指甲字、乙字、丙字、丁字、戊字、承运、广盈、广惠、广积、赃罚十库。
② 徐孚远等辑《皇明经世文编》(台北,国联图书有限公司影印明崇祯间平露堂刊本)第六册(卷八五),页六四七至六四八,韩文为《缺之银两库藏空虚事》说:"……其间支剩马草等银(?)该本部题准:俱送太仓收贮。……故太仓之积,多至三四百万,少亦不下二百余万。"又《武宗实录》第六二册,卷一三,页一二,正德元年五月甲辰,户部尚书韩文会同英国公张懋等说:"……以岁用言之,给边、折俸及内府成造宝册之类,为一百万两,余皆贮之太仓。……故太仓之积多或至四百万,而少亦半之。"
③ 参考前引《明会典》《明史稿》《明史》。据《辞海》(1968年台北中华书局大字丙种修订版)上册,页三一六载:"殿宇祠庙中之东西两廊谓之两庑。"又据《校正康熙字典》(1965年台北艺文印书馆校正一版)上册,页八〇三,及《辞海》上册,页一〇六三,"庑"解作"堂下周屋"(《说文》)、"大屋"(《释名·释宫室》)、"门屋"(《汉书·窦婴传》)及"廊下周屋"(《后汉书·侯览传》)。
④ 参考本页注②二书所引韩文语:《明武宗实录》第六二册,卷一八,页五,正德元年十月甲寅户部言。

明中叶后太仓岁入银两的研究

治时,给事中曾昂请以诸布政司公帑积贮征徭羡银尽输'太仓'。"而且,夏税秋粮折银达99万余两①,极接近"金花银"的岁额,与后来属太仓岁额中的"派剩麦、米折银"不同。至于钞关折银方面,据正德(1506—1521年)初年司钥库太监庞瑱说:"自弘治间,榷关折银入承运库。"②可见此时征收的关银也不属于太仓库。另一方面,上述岁入银的主要支出是给边、折俸和内府成造宝册等,而这些岁出项目(尤其是后二者),原来都是由初入南京户部、后入内承运库的折粮银项下支放的(参考本书第217页脚注⑥和第218页脚注①、②),并不为太仓银库所管辖。从这些收入和支出的项目与数字来看,可以证明上述两个岁入数字并不全部先送到太仓银库,然后再由太仓银库发放支销,因而二者都不是太仓银库的岁入。因为这个缘故,本文第一表"明代(1368—1644年)中叶后太仓银库岁入银数"将由嘉靖七年(1528年)户部明言的太仓岁入银数开始,按照年代的先后,依次胪列。

第一表　明代(1368—1644年)中叶后太仓银库岁入银数

年　　代	太仓银库岁入银(两)	资　料　来　源
嘉靖七年(1528)	1 300 000	《明世宗实录》第七五册,卷九七,页一〇下,嘉靖八年正月壬戌,户部尚书梁材等言;王鸿绪《明史稿列传》七三,页一八,《梁材传》;张廷玉等《明史》卷一九四,页一九下,《梁材传》。
约嘉靖十八年(1539)	2 000 000(+)	《明史稿志》六〇,页八下至九,《食货》二,《赋役》;《明史》卷七八,页八下至九,《食货志》二,《赋役》。
嘉靖二十七年(1548)及以前	2 000 000	《明世宗实录》第八五册,卷三五一,页一,嘉靖二十八年八月己亥,户部覆议。
嘉靖二十八年(1549)	2 125 355	《明世宗实录》第八五册,卷三五六,页三,嘉靖二十九年正月甲午,户部会计去年(即二十八年)的岁出入说:"太仓每岁额入银二百一十二万五千三百五十五两。"但二十八年除正常岁额外,还催

---

① 前引《皇明经世文编》所收韩文《疏》说:"查得京库银两,以岁入言之,夏税共该五万五百余两,秋粮九十四万四千八百余两。……"二项合计共得995 300余两。
② 《明史》卷八一,页五,《食货志》五,《钱钞》。又《明史稿志》六二,页一七下至一八,《食货》四,《钱钞》,所载略同。

续表

年　　代	太仓银库岁入银（两）	资　料　来　源
嘉靖二十八年 (1549)	2 125 355	征到"节年解欠及括取开纳事例等银"，因此，是年岁入共有 3 957 116 两。又徐孚远等辑《皇明经世文编》第一三册（卷一九九），页三九九至四〇〇，潘潢《弘远虑责实效以济富强疏》（《会计岁开》）说，嘉靖二十八年钱粮岁出入之数，大约太仓岁征该银 2 125 355 两，而是年岁入实收银 2 957 116 两。与《实录》比较，实在岁入相差达 100 万两。又据同书第一三册（卷一九八），页二六九至二七三，潘潢《会议第一疏》（《理财十议》），嘉靖二十八年的"正入"银数（包括夏税、秋粮、马草、盐钞、盐课等项折银）为 1 106 100 两，加上各运司余盐银、富户签秸、扣省、由闸等项银，以及多方搜括的开纳事例、河道、司府赃罚、香税、南京户部草场子粒、商税、临清和德州等仓折粮、征催节年拖欠税粮等项折银，合算起来，共收入银 3 952 744 两。这个数字与《实录》的数字比较接近。
嘉靖三十年 (1551)	2 000 000(＋)	《明世宗实录》第八六册，卷三八〇，页四下，嘉靖三十年十二月癸未，户部言。
嘉靖三十一年 (1552)	2 000 000(＋)	《明世宗实录》第八七册，卷三九九，页一至二，嘉靖三十二年六月戊寅，户部覆南京科道祁清、徐栻等奏。
嘉靖三十二年 (1553)	2 000 000(＋)	《明世宗实录》第八八册，卷四五六，页三下至四，嘉靖三十七年二月戊戌。
嘉靖三十三年 (1554)	2 000 000(＋)	同上。
嘉靖三十四年 (1555)	2 000 000(＋)	同上。
嘉靖三十五年 (1556)	2 000 000(＋)	同上。
嘉靖三十六年 (1557)	2 000 000(＋)	同上。

续表

年　　代	太仓银库岁入银(两)	资　料　来　源
嘉靖四十二年(1563)	2 200 000(+)	《明世宗实录》第九〇册,卷五二八,页一下,嘉靖四十二年十二月丁未,户部言。
嘉靖四十三年(1564)	2 470 000(+)	《明世宗实录》第九一册,卷五五二,页二,嘉靖四十四年十一月癸卯,户部尚书高燿言。
嘉靖四十四年(1565)	2 200 000(+)	《皇明经世文编》第一九册(卷三〇三),页九七,殷士儋《贺太子太保户部尚书熙斋高公序》说,高燿(熙斋)"迩者上疏陈会计之数,曰户部岁入……"据《明史》卷一一二,页一四下,《七卿表》,户部尚书高燿在嘉靖四十五年三月加太子太保。这里所说的岁入,大概指嘉靖四十四年而言。
隆庆元年(1567)	2 014 200(+)	《明穆宗实录》第九二册,卷一二,页六下,隆庆元年九月丁卯,户部尚书马森奏。
隆庆二年(1568)	2 300 000(+)	《明穆宗实录》第九四册,卷四八,页一下,隆庆四年八月辛丑,户部尚书张守直言;清嵇璜等撰《钦定续文献通考》(商务印书馆影印本,以下简称《续通考》)卷三〇,页三〇八六,《国用考》一,《历代国用》。但《明穆宗实录》第九三册,卷三一,页五,载隆庆三年四月癸未,大学士张居正等上疏说:"备查御览揭帖,计每岁所入析色钱粮及盐课、藏(赃)赎、事例等银两不过二百五十余万。"这大概是隆庆二年或以前的数字,兹并列以备参考。
隆庆三年(1569)	2 300 000(+)	同上。又《明穆宗实录》第九三册,卷三〇,页七下,隆庆三年三月辛酉,户部说:"今年京边诸费约用银三百七十余万两,而赋入不过二百二十余万两。"数目略有差异。
隆庆四年(1570)	2 300 000(+)	同前引《明穆宗实录》第九四册,卷四八,页一下;《续通考》卷三〇,页三〇八六。
隆庆五年(1571)	3 100 000(+)	《明神宗实录》第九六册,卷五,页四下,隆庆六年九月己丑,户部言。
隆庆六年(1572)十二月至万历元年(1573)十一月	2 819 153(+)	《明神宗实录》第九七册,卷二〇,页六下,万历元年十二月辛未,仓场侍郎郭朝宾奏。

续表

年　　代	太仓银库岁入银(两)	资　料　来　源
万历五年(1577)	4 359 400(＋)	《皇明经世文编》第二〇册(卷三二五),页三九二,张居正《看详户部进呈揭帖疏》。
万历六年(1578)	3 559 800(＋)	同上。另据《万历会计录》(万历九年序刻本,台北"中央研究院"傅斯年图书馆藏显微胶卷)卷一,页一六至一八,《岁入》,太仓银库各项银两相加在一起,共为3 676 181两6钱2分5厘8毫,数目与张居正所说略有差异。又《明史》卷七九,页一五,《食货志》三,《仓库》说:"万历六年太仓岁入凡四百五十余万。"这个数目可能包括各地直接送纳各边镇的842 379两3钱8分2厘在内(参考《万历会计录》同卷同页)。
万历八年(1580)	2 845 483(＋)	孙承泽《春明梦余录》(1965年香港龙门书店影印古香斋鉴赏袖珍本)卷三五,页八至一〇,《赋役》,《岁入》引《万历八年太仓考》。按:其中细目,较《万历会计录》少若干项,似非全数。
约万历九年(1581)	3 704 281(＋)	陈仁锡《皇明世法录》(1965年台北学生书局影印明刻本)卷三六,页一五下至一六,《理财》引《会计录》。查《万历会计录》原载万历六年太仓岁入3 676 181两6钱2分5厘8毫,加上后来增加的商税银28 100余两,才有3 704 281两6钱2分5厘8毫的数目。而《万历会计录》于万历九年四月编成,翌年二月刻竣。故暂将这个岁入数字系于万历九年,以作参考。
万历十一年(1583)	3 720 000(＋)	《明神宗实录》第一〇二册,卷一四八,页三,万历十二年四月甲寅,户部尚书王遴言。又同册,卷一四四,页三下,万历十一年十二月甲子,户部尚书王遴也说:"太仓银库岁入银三百六十七万六千一百有奇。"按:王遴所说的数字与《万历会计录》所载万历六年的岁入额数相同。
约万历十三年(1585)	3 700 000(＋)	《明神宗实录》第一〇四册,卷一八四,页五,万历十五年三月癸卯,户部题。
约万历十四年(1586)	3 890 000(＋)	《明神宗实录》第一〇四册,卷一八八,页二,万历十五年七月辛卯,礼科左给事中袁国臣据户部副册内开数。

续表

年　　代	太仓银库岁入银(两)	资　料　来　源
万历十七年(1589)正月起至十二月初十日止	3 270 000(＋)	《明神宗实录》第一〇五册,卷二一八,页八下,万历十七年十二月庚寅,户部言。
约万历十八年(1590)	3 740 500(＋)	《明神宗实录》第一〇六册,卷二三四,页二,万历十九年闰三月己巳。
约万历二十年(1592)	4 512 000(＋)	《明神宗实录》第一〇七册,卷二六二,页六,万历二十一年七月丁卯,总督仓场户部右侍郎褚鈇题。
万历二十一年(1593)	4 723 000(＋)	《皇明经世文编》第二四册(卷三八九),页一二五至一二六,杨俊民《边饷渐增供亿难继酌长策以图治安疏》载户科抄出总督仓场都察院右都御史兼户部右侍郎褚鈇题。按:《皇明经世文编》旁注:"杨公神庙十九年为司农,则此出数是二十年后岁例也,查系二十一年。"
约万历二十八年(1600)以前	4 000 000	《皇明经世文编》第二七册(卷四四四),页四九七,王德完《稽财用匮竭之源酌营造缓急之务以光圣德以济时艰疏》;《续通考》卷三〇,页三〇八七,《国用考》一,《历代国用》载万历二十八年八月给事中王德完奏。按:《明神宗实录》第一一一册,卷三五〇,页六,系此疏于万历二十八年八月辛卯,有目无文。
约万历三十年(1602)及以前	4 700 000(＋)	《明神宗实录》第一一三册,卷三八一,页三下,万历三十一年二月庚子,户部题本部钱粮出入之数。
万历三十二年(1604)	4 582 000	《明神宗实录》第一一四册,卷四一六,页一〇下至一一,万历三十三年十二月甲寅,户部言。
万历三十三年(1605)	3 549 000	同上。
万历三十四年(1606)	4 000 000	《明神宗实录》第一一五册,卷四一九,页五,万历三十四年三月丁亥,仓场总督游应乾言。
万历三十七年(1609)	4 000 000	《明神宗实录》第一一七册,卷四六五,页一下,万历三十七年十二月癸丑,户部尚书赵世卿言。
万历四十年(1612)	4 000 000(＋)	《明神宗实录》第一一八册,卷五〇二,页一〇,万历四十年闰十一月丁亥,户科给事中官应震奏。
约万历四十一年(1613)	4 000 000	《明神宗实录》第一一九册,卷五一六,页四,万历四十二年正月丁卯,户科给事中官应震奏。

续表

年　　代	太仓银库岁入银（两）	资　料　来　源
万历四十四年（1616）	4 000 000	《明神宗实录》第一二〇册，卷五五〇，页一下，万历四十四年十月辛丑，户科给事中商周祚等言。
约万历四十五年（1617）	3 890 000	《明神宗实录》第一二一册，卷五七一，页一〇，万历四十六年六月戊寅，户部尚书李汝华言。
万历四十六年（1618）	6 000 031（＋）	督饷户部侍郎李长庚奏："入太仓者，除本色外，折色四百万余（两）。"（《明神宗实录》第一二二册，卷五八四，页一五，万历四十七年七月甲午；《明史稿·列传》一三五，页六下，《毕自严传》附《李长庚传》；《明史》卷二五六，页八下，《李长庚传》。）又万历四十六年开始加派 2 000 031 两四钱三分八毫零，"限文到日，即将见在库银星速那（挪）解，随后加派补入。"（《明神宗实录》第一二二册，卷五七四，页一一下至一三，万历四十六年九月辛亥。）二者相加，共 600 万两以上。
万历四十八年，即泰昌元年（1620）	5 830 246（＋）	这是本年内"太仓银库共收过浙江等处布政司并南北直隶等府州解纳税银、粮、马草、绢布、钱钞、子粒、黄白蜡扣价、舡料、商税、税契、盐课、赃罚、事例、富户协济、俸粮附余、辽饷、漕折等项"银两的数目（《明熹宗实录》第一二四册，卷四，页三〇下至三一，泰昌元年十二月）。其实当年的额数尚不止此。《明光宗实录》第一二三册，卷六，页一，泰昌元年八月庚申，户部题："旧库止税（据《明实录校勘记》第二九册，页三三，广方言馆本，税作岁）饷四百余万，今又益以新饷银五百余万。"《明史稿志》六〇，页一一，《食货》二，《赋役》；《明史》卷七八，页一一下，《食货志》二，《赋役》；卷二二〇，页二五下，《李汝华传》；《续通考》卷二，页二七九四，《田赋》二，都说万历四十八年通前后增（辽饷）9 厘，共增赋 520 万（两），遂为岁额。因此，新旧饷的岁额应该是 920 万两以上。此外，还有在全国各地征收而不用解进太仓银库的金、银、户口盐钞银、牧地子粒银、屯折银、额征解京盐课并赃罚等银，各运司径解宣、大、山、陕等镇银，广东、福建、四川、云南本省留充兵饷银等，共 5 123 932 两 8 钱 3 分 4 厘 6 毫 4 丝 7 忽 7 微（参考同上引《明熹宗实录》同卷，页二九下至三〇）。

续表

年　　代	太仓银库岁入银（两）	资　料　来　源
天启元年(1621)	7 552 745(＋)	这是新旧二饷的实收总数。《明熹宗实录》第一二六册,卷一七,页三一至三二,天启元年十二月,"是岁……太仓银库共收过浙江等布政司并南北直隶等府州解纳税粮、马草、绢布、钱钞、籽粒、黄白蜡扣价、船料、商税、税契、盐课、赃罚、事例、富户协济、俸粮附余、漕折等项三百二十五万二千五百五十六两九钱六分二厘"。又页三二,"新饷银库应收浙江等省、南北直隶府州新饷加派额银五百二十万六十余两……实收银三百五万一千五百一十三两五钱九分零,新饷杂项……实收银一百一十四万五千九百三两,巡抚军饷、巡按公费节裁充饷……收过银一万四千一百三两六钱四分,新饷盐课……实收银五万九千四百二十五两八钱七厘,新饷关税……实收银二万九千二百四十二两四钱二分"。合计各项,新饷银库总共实收 4 300 188 两 4 钱 5 分 7 厘。此外,还有全国各地征收而不用解进太仓银库的金、银、户口盐钞银、牧地籽粒银、屯折银等(缺盐课赃罚银、迳解边饷银、留充兵饷银等项),共 3 342 418 两多点(参考上引《明熹宗实录》同条)。
天启二年(1622)	4 968 795(＋)	这是新旧二饷的实收总数。《明熹宗实录》第一二七册,卷二九,页三〇下至三一,天启二年十二月,"太仓银库共收过浙江布政司并南北直隶等府州解纳税粮、马草、绢布、钱钞、子粒、黄白蜡扣价、船料、商税、税契、盐课、赃罚、事例、富户协济、俸粮附余、漕折等项银二百五万二千六百九十八两七分七厘二毫九丝"。又同条载:"是年新饷银库应收浙江等省、南北直隶府州新饷加派额银五百二十万六十余两……实收银一百八十一万五百二十五两七钱六分零,新饷杂项……实收银六十五万四千四百一十三两,巡抚军饷、巡按公费节裁充饷……实收银六千两,新饷芦课额银二万八千九百七十四两,未解,新饷盐课……实收银三十六万三千七百一十六两七厘,新饷关税……实收银五万二千四百七十二两五钱二分。"芦课暂定如额解进,则新饷共收 2 916 097 两 2 钱 8 分 7 厘零。

续表

年　　代	太仓银库岁入银（两）	资　料　来　源
天启三年(1623)	7 893 137(＋)	这是旧太仓银库的岁入银数（包括岁入太仓银 3 173 734 两 7 钱,入贮老库银 82 484 两）与新饷岁入银数(4 636 918 两 3 钱)的总和（参考《皇明世法录》卷三五,页四六,《理财》,《旧太仓银库入数》;卷三六,页一九,《新饷入数》）。此外还有各地征收的金价银、银、户口盐课折银、盐课银额征解京并赃罚等银,各运司迳解宣、大、山、陕等镇银,广东、福建、云南本省留充兵饷银、屯折银、牧地子粒银等项,约共 510 余万两（参考《明熹宗实录》第一二九册,卷四二,页三一至三二,天启三年十二月条）。
天启五年(1625)	3 030 725(＋)	这是本年内太仓银库收过"浙江等处布政司并南北直隶等府州县解纳税银、马草、绢布、钱钞、子粒、黄蜡扣价、船料、商税、税契、盐课、赃罚、事例、富户协济、俸粮附余、辽饷、漕折"等项银数。除此之外,还有其他地区征收的户口盐钞银 259 703 两 3 钱 7 分 3 厘 6 毫 8 丝,牧地子粒银 28 604 两 4 钱 7 分 7 厘 7 毫 5 丝,屯折银 24 822 两 8 钱 8 分 7 厘 6 毫（参考《明熹宗实录》第一三一册,卷六六,页三一下至三二,天启五年十二月条）。
天启六年(1626)	3 986 241(＋)	这是本年内太仓银库收过"浙江等布政司并南北直隶等府州县解纳税银、马草、绢布、钱钞、子粒、黄蜡扣价、舡料、商税、税契、盐课、赃罚、事例、富户协济、俸粮附余、辽饷、漕折"等项银数。除此之外,还有其他地区征收的户口盐钞银 259 703 两 3 钱 7 分 3 厘 6 毫 8 丝,牧地子粒银 28 604 两 4 钱 7 分 7 厘 7 毫 5 丝,屯折银 24 822 两 8 钱 8 分 7 厘 6 毫（参考《明熹宗实录》第一三二册,卷七九,页三三至三四,天启六年十二月条;《明实录校勘记》第二九册,页二三五）。

续表

年　　代	太仓银库岁入银(两)	资　料　来　源
崇祯元年(1628)	7 064 200(+)	这是太仓旧库岁入银 310 余万两与新饷正杂各项岁入银 3 964 200 余两的总和。参考明毕自严《度支奏议》(台北"中央研究院"历史语言研究所藏明崇祯六年刊本)第一函,第一册,《堂稿》卷一,页一八下至一九,崇祯元年九月初一日具题《辽饷不敷济急无期疏》;同函,第二册,《堂稿》卷二,页四下,崇祯元年十月十一日具题《申饬京边考成疏》;同函,第三册,《堂稿》卷三,页四,崇祯元年十月二十九日具题《召对面谕清查九边军饷疏》。
崇祯三年(1630)	9 136 357(+)	这是旧饷银 3 975 795 两 5 钱零(包括自崇祯三年正月到八月初十日止所收到的 2 625 462 两 5 钱零,以及尚未解到的 1 350 337 两余)与新饷银 5 160 558 两 3 钱 9 分 4 厘 9 毫的总和。参考《度支奏议》第二七函,第六册,《边饷司》卷四,页四至六,崇祯三年八月十七日具题《清查京卿催到旧饷完欠收放疏》;第二四函,第二册,《新饷司》卷二七,页三下,崇祯四年十二月初二日具题《奏报新饷出入大数疏》。
崇祯四年(1631)	12 249 195(+)	这是旧饷银 3 866 502 两零(包括"额设旧饷"所入 3 125 229 两 6 钱零,以及"议补旧饷"所入 741 272 两 4 钱零)与新饷银 8 382 693 两 5 钱 2 分 1 厘 7 丝 9 忽 2 微 4 沙 6 尘(包括新饷旧派 9 厘、新派 3 厘、额内杂项、盐课、关税、额外杂项等银)的总和。参考《度支奏议》第三○函,第二册,《边饷司》卷九,页八七,崇祯五年正月二十一日具题《旧饷出入大数疏》;第二四函,第二册,《新饷司》卷二七,页九至四五,崇祯四年十二月初二日具题《奏报新饷出入大数疏》。
崇祯七年(1634)	12 812 000(+)	这是崇祯八年四月户部奏报两饷岁入银两之和。旧饷是 4 239 000 余两,新饷是 8 573 000 余两。参考《续通考》卷三○,页三○八八,《国用考》一,《历代国用》。
崇祯十年(1637)	16 700 000	《明史稿列传》一三八,页一三,《杨嗣昌传》;《明史》卷二五二,页六至八,《杨嗣昌传》。

续表

年　　代	太仓银库岁入银(两)	资　料　来　源
崇祯十二年 (1639)	20 000 000	《明史稿志》六〇,页一二,《食货》二,《赋役》;《明史》卷七八,页一三,《食货志》二,《赋役》。
崇祯十四年 (1641)	21 451 736(+)	这是旧饷、辽饷和练饷三者的总和。孙承泽《春明梦余录》卷三五,页一一至一二,《户部》一,《太仓银库》说:"太仓银库有旧库。余于崇祯十四年巡视查册。……是旧饷额数统而计之,不过四百九十六万八千五十六两一钱五分四厘。……至一加辽饷,遂有九百一十三万四千八百八十余两之多;再加练饷,遂有七百三十四万八千八百余两之多。"
崇祯十五年 (1642)	23 000 000(+)	《明清史料》("中央研究院"历史语言研究所编)乙编第五本,页四二四下,崇祯十五年九月二十九日署司事员外郎尹民兴题《核饷必先清兵》残稿。
崇祯十六年 (1643)	21 300 000(+)	这是旧饷(500万两)、新饷(900余万两)与练饷(730余万两)三者的总和。参考《明史稿·列传》一三〇,页二四,《蒋德璟传》;《明史》卷二五一,页二四,《蒋德环传》。

　　从第一表中,我们约略可以看到历年太仓银库岁入银两的情况。为了便于明了岁入银数的变动趋势,我们暂以嘉靖二十七年(1548年)的岁入银数为基期,将历年的岁入银两制成指数。

第二表　明代中叶后太仓银库岁入银两指数(基期:1548年=100)

年　　份	太仓银库岁入银数(两)	指　　数
1528	1 300 000	65.00
约1539	2 000 000(+)	100.00
1548及以前	2 000 000	100.00
1549	2 125 355	106.27
1551	2 000 000(+)	100.00

明中叶后太仓岁入银两的研究

续表

年　　份	太仓银库岁入银数(两)	指　　数
1552	2 000 000(＋)	100.00
1553	2 000 000(＋)	100.00
1554	2 000 000(＋)	100.00
1555	2 000 000(＋)	100.00
1556	2 000 000(＋)	100.00
1557	2 000 000(＋)	100.00
1563	2 200 000(＋)	110.00
1564	2 470 000(＋)	123.50
1565	2 200 000(＋)	110.00
1567	2 014 200(＋)	100.71
1568	2 300 000(＋)	115.00
1569	2 300 000(＋)	115.00
1570	2 300 000(＋)	115.00
1571	3 100 000(＋)	155.00
1573	2 819 153(＋)	140.96
1577	4 359 400(＋)	217.97
1578	3 559 800(＋)	177.99
1580	2 845 483(＋)	142.27
约1581	3 704 281(＋)	185.21
1583	3 720 000(＋)	186.00
约1585	3 700 000(＋)	185.00
约1586	3 890 000(＋)	194.50
1589	3 270 000(＋)	163.50
约1590	3 740 500(＋)	187.03

续表

年　份	太仓银库岁入银数(两)	指　数
约 1592	4 512 000(＋)	225.60
1593	4 723 000(＋)	236.15
约 1600 以前	4 000 000	200.00
约 1602 及以前	4 700 000(＋)	235.00
1604	4 582 000	229.10
1605	3 549 000	177.45
1606	4 000 000	200.00
1609	4 000 000	200.00
1612	4 000 000(＋)	200.00
约 1613	4 000 000	200.00
1616	4 000 000	200.00
约 1617	3 890 000	194.50
1618	6 000 031(＋)	300.00
1620	5 830 246(＋)	291.51
1621	7 552 745(＋)	377.64
1622	4 968 795(＋)	248.44
1623	7 893 137(＋)	394.66
1625	3 030 725(＋)	151.54
1626	3 986 241(＋)	199.31
1628	7 064 200(＋)	353.21
1630	9 136 357(＋)	456.82
1631	12 249 195(＋)	612.46
1634	12 812 000(＋)	640.60
1637	16 700 000	835.00

明中叶后太仓岁入银两的研究

续表

年　　份	太仓银库岁入银数(两)	指　　数
1639	20 000 000	1 000.00
1641	21 451 736(＋)	1 072.59
1642	23 000 000(＋)	1 150.00
1643	21 300 000(＋)	1 065.00

资料来源：见第一表《明代中叶后太仓银库岁入银数》。

从第二表太仓银库岁入银两的指数中，我们可以较清楚地看出，在 1570 年以前大都与基期接近；1571 年至 1617 年间，为从前的一倍半到 2 倍多点，平均大约为基期的 1.9 倍；1618 年辽饷征收后至 1630 年，平均岁入指数大约为基期的 3 倍；1631 年至 1643 年，岁入指数上升为基期的 6 倍到 11 倍，平均大约为基期的 9 倍。虽然当中有些是岁额，不一定能够如额征收，但在明中叶后，大约一个世纪的期间内，太仓银库岁入银两的激增是一件非常显著的事实，而它的增长的原因，也正是本文探索的主要对象。

三

首先，我们要知道太仓银库的岁入中，究竟有哪几种赋税项目，尤其是那些足以影响太仓银数增加的项目。为了便于比较起见，这里暂用万历六年（1578 年）太仓银库岁入的各项税目来加以说明，因为明政府官方纂修的《万历会计录》曾经详细列出这一年太仓银库的各项岁入银数。①

在第三表所列的 27 项岁入银两中，以"各盐运司并各提举司余盐、盐课、盐税等银"为大宗，其次则为"六镇民运改解银""马草折银""派剩麦米折银"

---

① 《万历会计录》最先由户部尚书王国光编辑，后由户部尚书张学颜修订，在万历九年四月完成，翌年二月刻竣。此外，孙承泽《春明梦余录》卷三五，页八至一〇，引《万历八年太仓考》[疑即为清嵇璜等撰《钦定续文献通考》(商务印书馆影印本，以下简称《续通考》)卷三〇，页三〇八七，所引刘斯洁《太仓考》]也详列细项，但其中缺若干项，又有若干项名称稍有不同。

第三表　万历六年(1578年)太仓银库各项岁入银数

项目编号	岁入项目名称	岁入银数（两）
1	派剩麦米折银	257 025.406（＋）
2	丝绵、税丝、农桑绢折银	90 681.27（＋）
3	绵布、苎布折银	38 613
4	府部等衙门禄俸米折银	26 850.6
5	马草折银	353 240.22（＋）
6	京五草场草折银	63 040.7
7	各马房仓麦豆草折银	200 738.11（＋）
8	户口盐钞折银	46 900.091 6
9	蓟、密、永、昌、易、辽东六镇民运改解银	853 819.544 2（＋）
10	各盐运司并各提举司余盐、盐课、盐税等银	1 003 876.37
11	神乐观麦米折银	1 177.627
12	黄白蜡折银	68 324.8
13	坝、大等马房子粒银	23 439.57
14	备边并新增地亩银	45 135.83（＋）
15	京卫屯牧地增银	18 355.497（＋）
16	崇文门宣课分司约解商税正余银	16 662（＋）
	猪口牙税银	2 429
17	张家湾宣课司约解商税正余银	2 479.2
18	河西务钞关轮年约解折色船料银	8 000（＋）
	每年商税银	约 4 000（＋）
	船铺户经纪牙税银	约 4 000（＋）
19	临清钞关轮年约解折色船料、商税银	83 800（＋）
20	浒墅钞关轮年约解折色船料银	39 900（＋）
21	九江钞关轮年约解折色船料银	15 300（＋）
22	淮安钞关轮年约解折色船料银	22 700（＋）
23	扬州钞关轮年约解折色船料银	12 900（＋）
24	北新钞关轮年约解折色船料、商税银	36 800（＋）

续表

项目编号	岁入项目名称	岁入银数(两)
25	泰山香税银	20 000(＋)
26	赃罚银	171 700(＋)
27	商税、鱼课、富户、历日、民壮、弓兵并屯折、改折、月粮等项银	144 292.79(＋)
	合　　计	3 676 181.625 8(＋)

资料来源:《万历会计录》(万历九年序,台北"中央研究院"傅斯年图书馆藏显微胶卷)卷一,页一六至一八,《岁入》。

"各马房仓麦豆草折银""折色船料商税银"等项。换句话说,盐利、商税和粮草折色是太仓银库的主要收入。

因为盐是人民日常生活的必需品,明朝政府特别对这项资源加以利用,实行"开中法",鼓励商人纳米中盐,使政府获得米粮来维持北方的边防军,而商人也可因此换到食盐来发售图利。弘治五年(1492年),户部尚书叶淇变更"开中法",规定商人只要赴盐运司纳银,便可领引取盐,而运司则将银两汇送户部太仓。① 不久,纳粮中盐再复施行,并且逐渐演变为"正盐纳粮输边,余盐纳银解部"的形式。② 嘉靖元年(1522年)议准,各运司以后有私余引盐,"俱令本处召商纳价(引价银)解部"。③ 从此,盐课银(包括余盐、盐税和折课)便大为增加。

第四表　明代中叶后岁解太仓盐课银数

年　　代	岁入盐课银(两)	资　料　来　源
嘉靖元年(1522)	533 811(＋)	《明世宗实录》第七一册,卷二一,页一五。
嘉靖十一年(1532)	801 316(＋)	同上,第七八册,卷一四五,页九下。

① 徐学聚《国朝典汇》(1965年台湾学生书局影印明刻本,收入《中国史学丛书》第七种)卷九六,页一一;《明史稿志》六二,页八,《食货》四,《盐法》;《列传》六二,页二下至三,《李敏传》附《叶淇传》;《明史》卷八〇,页九,《食货志》四,《盐法》;卷一八五,页三下,《李敏传》附《叶淇传》;《续通考》卷二〇,页二九六四。
② 李龙华《明代的开中法》,香港中文大学《中国文化研究所学报》(香港沙田,1971年)第四卷,第二期,页371—492。
③ 《明会典》卷三四,页三,《余盐》。

续表

年　　代	岁入盐课银（两）	资　料　来　源
嘉靖二十一年(1542)	1 106 792(＋)	同上，第八三册，卷二六九，页七下至八。
嘉靖三十一年(1552)	1 103 811(＋)	同上，第八六册，卷三九二，页七下至八。
嘉靖四十一年(1562)	1 323 811(＋)	同上，第九〇册，卷五一六，页六下。
隆庆元年(1567)	634 217.9(＋)	《明穆宗实录》第九三册，卷一五，页一一下。按：今年"诏蠲其半。"（同册，卷一二，页六下。）
隆庆二年(1568)	1 268 435.9(＋)	同上，第九三册，卷二七，页一二。
隆庆三年(1569)	1 268 435.9	同上，第九四册，卷四〇，页一二。
隆庆四年(1570)	1 268 435.9	同上，第九五册，卷五二，页一一下。
隆庆五年(1571)	1 268 435.9(＋)	同上，第九五册，卷六四，页一四。
万历六年(1578)	1 003 876.37	《万历会计录》卷一，页一六至一八。据《明会典》卷三二，页三至二五；卷三三，页一下至二六，万历六年盐银总收入为1 292 206两7钱5分，除留充兵饷和解边等银外，解赴户部太仓的盐银只有983 321两3钱7分。
万历八年(1580)	1 001 664	《春明梦余录》卷三五，页八至一〇。按：《明会典》卷三三，页二五下至二六，载万历六年云南盐课提举司岁解太仓银35 547两3钱7分，并注明遇闰该银38 528两9钱7分。而万历八年适值闰年（参考陈桓《二十史朔闰表》，1962年北京中华书局出版，页179），岁入太仓盐银总数最少应增加云南司的2 981两6钱。何以岁入总数反少于万历六年？是否由于蠲免、逋欠，抑解不足额？其详待考。
万历三十年(1602)	1 151 519.5	《明神宗实录》第一一三册，卷三七九，页一二。

续表

年　　代	岁入盐课银（两）	资　料　来　源
天启(1621—1627)年间	1 445 309.37(＋)	《皇明世法录》卷三五，页八至一一，《理财》，《盐课》载，长芦、山东、河东、两淮、两浙、福建、广东等盐运司岁解太仓各项盐银的总和为1 102 589两3钱7分6厘9毫。又卷三六，页一九，《新饷人数》称："新增盐引银三十二万二千七百二十两零。"
崇祯元年(1628)	1 500 000(＋)	这是新旧盐课的岁入。参考《度支奏议》第九函，第四册，《山东司》卷一，页三二，崇祯元年十月二十三日《题覆诸臣条议盐政疏》。

正德元年(1506年)，户部尚书韩文上疏，追述弘治(1488—1505年)后期的盐课折银只有20余万两。[①] 根据上文第四表岁入盐银的数字，除了嘉靖元年(1522年)、十一年(1532年)和隆庆元年(1567年)外，其他年份都超过100万两，大约为弘治后期的5倍。还有，自从万历末年加派田赋银之后(详下)，天启年间又加派盐课银(参考上表)。到了崇祯四年(1631年)，盐课加派的数字达939 855两3钱4分[②]，差不多与嘉靖(1522—1566年)中叶以来的盐课常额相等。

从商税和关税方面观察，我们也可以看出二者与太仓岁入银数增长的关系。钞关在宣德四年(1429年)才开始设置，共有七所，其中也有兼榷商税的。钞关收入的本色钱钞归内承运库，折色银则归太仓银库。[③] 正德五年(1510年)，各钞关的本色钱钞也折成银两，解进内承运库；十五年(1520年)，只有九江钞关仍用这个办法。嘉靖八年(1529年)，议准各钞关税课折收银两。二十七年(1548年)，改为本折轮年征解，九江和浒墅二关在应纳本色之年，仍须将其中1/6折银解送太仓库；三十九年(1560年)，折银比例增加为2/7；而其他河西务、临清、杭州、淮安、扬州五钞关在应纳本色之年，也依这个

[①] 《皇明经世文编》第六册(卷八五)，页六四七至六四八，韩文《为缺乏银两库藏空虚等事》；《明武宗实录》第六二册，卷一三，页一二下，正德元年五月甲辰。
[②] 毕自严《度支奏议》第二四函，第二册，《新饷司》卷二七，页三三至三六，崇祯四年十二月初二日具题《奏报新饷出人大数疏》。
[③] 《明会典》卷三五，页一，《钞关》；《续通考》卷一〇，页二八六二，《钱币考》四，《钞》附《银》；卷一八，页二九三一，《征榷考》一，《征商》。

比例,折银解送太仓库。① 以下是万历初年(大约是万历六年,1578年)七所钞关岁入银数。

第五表　万历初年各钞关岁入银数

钞关与税课名称	岁入银数(两)
河西务船铺牙行税银	约 4 000(＋)
商税正余银	4 000(＋)
条船二税银	14 900(＋)
临清折色船料、商税正余银	83 800(＋)
浒墅折色船料正余银	39 900(＋)
九江折色船料正余银	15 000(＋)
杭州折色船料、商税正余银	36 800(＋)
淮安折色船料正余银	22 700(＋)
扬州折色船料正余银	12 900(＋)
合　　计	约 234 000(＋)

资料来源:《明会典》卷三五,页一下至二,《户部》二二,《钞关》。

商税,广义来说,包括钞关的关税在内。但在钞关设立以前,洪武(1368—1398年)初年已经开始征收商税,而且多数兼收钱、钞②,因为在宣德(1426—1435年)以前,民间贸易禁用金、银。③ 自正统元年(1436年)弛用银之禁后④,成化(1465—1487年)年间,抽分税课开始折银。⑤ 弘治元年(1488年),各税课司局都准许折收银两。⑥ 到了嘉靖八年(1529年),各省、直商税

---

① 《明会典》卷三五,页七,《收钞规则》。
② 《明太祖实录》第四册,卷九八,页一下,洪武八年三月辛酉朔;《明会典》卷三五,页一,《钞关》;页三七至三九,《商税》。
③ 禁用金银交易的命令始于洪武八年(1375年),见上注。后来在洪武(1386—1398年)、永乐(1403—1424年)、宣德(1426—1435年)三朝都重申禁令。参考《明会典》卷三一,页一至四;《皇明世法录》卷三三,页一下至四;《明史稿志》六二,页一五至一七;《明史》卷八一,页一至四;《续通考》卷一〇,页二八五九至二八六一。
④ 《明史稿志》六〇,页三下;《明史》卷七八,页三下至四;卷八一,页四下。
⑤ 《国朝典汇》卷一九九,页三,《抽分税课》,成化七年条;《明宪宗实录》第四九册,卷二五六,页一下至二,成化二十年九月乙酉。
⑥ 《明会典》卷三五,页四四,《商税》。

明中叶后太仓岁入银两的研究

的折收银两便成为定制。① 而嘉靖二十八年(1549年)太仓岁入中,商税(包括钞关关税在内)共达154 460两。② 第六表是万历六年(1578年)除去钞关关税以外的商税收入。

第六表　万历六年(1578年)各地商税银的收入

地名与税名	岁入商税银(两)	备　　注
崇文门宣课分司商税银 　　　　条税银 　　　　船税银	约 19 816 约 15 996 4 515	按:《续通考》卷一八,页二九三五,左列三税,加上猪口牙税,共银40 300余两。
通州张家湾宣课司商税银 　　　　条税银 　　　　船税银 通州盐牙税银	约 3 009 155.6 22.7 555	《续通考》同卷同页说:"通州张家湾宣课司及抽分并条税、船税、通州盐牙税、居庸关商税,共银一万六百余两。"
江西商税银	3 295.69	《续通考》载江西商税银3 550两2钱。
山东税课钞折银	8 861.309 9	
陕西税课银	4.656	
广东南雄府太平桥每岁南北抽盘商税、铁课等银	43 000(＋)	《续通考》所载同。
云南税课钞银	13 764.255	《续通考》载商税门摊约15 135两2钱有奇。
合　　计	约 112 995.210 9(＋)	

资料来源:《明会典》卷三五,页三二下至三七,《商税》。

如果把第五、第六两表与第三表比较一下,我们可以看出钞关银差不多都解送到太仓库,而商税则仅有崇文门和张家湾二宣课司银解送到太仓库,因为其他商税多数留在地方作军事、赏赐、买办、赈济等用途。③ 若将上述两

---

① 《明世宗实录》第七六册,卷一〇五,页三,嘉靖八年九月丙申;《明史稿志》六三,页一三;《明史》卷八一,页一九;《续通考》卷一〇,页二八六四。
② 《皇明经世文编》第一三册(卷一九八),页二六九至二七三,潘潢《会议第一疏》(《理财十议》)。
③ 参考佐久间重男《明代における商税と财政との关系(二)》,日本《史学杂志》六五之二,页45—47。

表的总数相加,就知道万历六年(1578年)钞关和商税的收入大约为346 995两。而根据第三表,把有关商税和钞关的第十六项至第二十四项相加,总和只有248 970两多点。可见解入太仓银库的商税、钞关银占征收额的七成左右。自此以后,解进太仓银库的商税(包括钞关关税折银)银两有愈来愈多的趋势。但到了万历二十九年(1601年),因榷税使在过去数年四处出动搜括,使不少店铺倒闭,商人不敢往来,以致当年的商税只有本折银万166 800两3钱解到户部。① 现在把万历六年以后解进太仓银库的商税数列成下表。

第七表 明代后期每年解进太仓银库的商税、钞关银数

年 代	银数(两)	资 料 来 源
万历六年(1578)	248 970(+)	《万历会计录》卷一,页一六至一八,《岁入》。
万历二十五年(1597)以前	325 500(+)	《明神宗实录》第一一三册,卷三七六,页七下至八,万历三十年九月丙子,户部尚书赵世卿《疏》。
万历二十六年(1598)	407 500(+)	同上。
万历二十九年(1601)	266 800.3	同上。
万历末年(1620)以前	344 729(+)	《度支奏议》第二函,第二册,《堂稿》卷五,页六三至六四,崇祯二年闰四月初四日《题覆户科都给事中解学龙等会议疏》;《春明梦余录》卷三五,页四二,《钞关》。
天启元年(1621)	407 929(+)	同上。
天启五年(1625)	514 929(+)	同上。
崇祯二年(1629)	566 421.9(+)	同上。

在粮草折色中,以民运粮折银为最多。明室自从正统末年(1449年)在土木堡为瓦剌打败之后,北方沿边地带便被异族盘踞②,军屯和商屯先后隳坏,民运艰难。成化十三年(1477年),李敏巡抚大同时,见山东、河南民粮转运,道远耗费,于是准许输银。二十三年(1487年),李敏为户部

---

① 《明神宗实录》第一一三册,卷三七六,页七下,万历三十年九月丙子,户部尚书赵世卿《疏》。
② 《明史》卷九一,页三至四,《兵志》三,《边防》。

尚书，准许畿辅、山西、陕西输往各边的米粮，每石折征银一两。① 弘治十四年（1501年），火筛入据河套；嘉靖二十九年（1550年），俺答侵扰沿边（同本书238页注②），明政府对民运粮、银的需求愈来愈大，而民运的改折也愈来愈普遍。而且在嘉靖（1522—1566年）末年至万历（1573—1620年）初年，有不少地方的民运银改解太仓银库转发输边。② 到了万历六年（1578年），由地方直接解送边镇的民运银有842 379两多点，另外改解太仓转发的有853 819两多点。③

太仓银库开始设立时（正统七年），已经有马草折银的收贮。④ 嘉靖八年（1529年），各该司府州县起解内府和各仓场的粮料草束，题准征银解送太仓库，召商上纳。⑤ 万历六年（1578年），解入太仓银库的马草折银、京五草场折银和各马房仓麦、豆、草折银三项，总数在60万两以上（参考第三表），约占同年太仓岁入银总数的1/6。

一条鞭法大约在嘉靖十年（1531年）开始实行⑥，其后屡行屡止。到了嘉靖四十年（1561年）前后普遍施行，而施行的区域先南后北，尤以江西、浙江、南直隶、福建、广东最为典型。万历九年（1581年）正式颁行全国。⑦ 一条鞭法的主要特征是赋役合并，按亩征银。在嘉靖十年以后的半个世纪中，这种租税制度的改革，显然大受过去长期赋税折银的影响，因而总结到一个只收折色、不收本色的办法；而与这个制度息息相关的，就是地方起运到中央的折银数目的增加，同时也间接使太仓银库的岁入银数增加。

太仓银库岁入银数增长的另一个原因，是"辽饷"的加派。这是万历末年由于抵抗满族入侵辽东地区，而在全国范围内推行的田赋银的增加征收。在

---

① 《明史稿列传》六二，页一下，《李敏传》；《明史》卷一八五，页一下至二，《李敏传》；《续通考》卷二，页二七九〇，《田赋》二；王琼《双溪杂记》（民国二十五年上海商务印书馆据《今献汇言》本影印）页一八下至一九。
② 《明会典》卷二八，页三〇下，三二下至三三，三四下，三六下，《边粮》。
③ 《万历会计录》卷一，页一六至一八，《岁入》。
④ 《明会典》卷三〇，页一七，《太仓银库》；卷二九，页一七，《征收草料》。
⑤ 《明会典》卷二八，页九下，《召商买纳》。
⑥ 《明世宗实录》第七七册，卷一二三，页一七，嘉靖十年三月己酉，御史傅汉臣语。
⑦ 梁方仲《明代一条鞭法年表》，《岭南学报》第十二卷第一期（广州私立岭南大学中国文化研究室编，1952年）页15—49。

此以前，明朝政府为着要解决财政上的困难，早已实行过加派的办法。正德十年(1515年)，因为营建宫室(主要是乾清宫火灾后的重修工作)，估计须用银100万两，于是将这笔款项分别摊派于浙江等布政司和南北直隶府州县。① 从嘉靖四十四年(1565年)巡按直隶御史温如璋的奏疏中，知道苏州、松江、常州、镇江自嘉靖十六年(1537年)以后，加派各项钱粮至 478 000 余两。② 嘉靖三十年(1551年)正月，由于去年俺答入侵，为了加强防御，各边召募兵马日增，供费不给，政府便命浙江等省和南直隶应天等府坐派"京料银"，共约 1 157 340 两，限十月以前解到户部支用。③ 在嘉靖三十七年(1558年)左右，因为近年倭寇入侵东南沿海，闽、浙诸省及南直隶诸府加派兵饷银 435 900 两。④ 这些加派都只是暂时性质，但自万历四十六年(1618年)加派辽饷以后，便将加派的银数定为岁额。初时是每亩加派银3厘5毫，因十七年(1619年)再加3厘5毫，四十八年(1620年)又加2厘，通前后9厘，总共增赋520万余两。⑤ 同年八月庚申，明政府特地将太仓银库里的"陪库"改称"新库"，专司辽饷。⑥ 到了崇祯三年(1630年)，再复增加3厘，又增赋银 1 654 000 两多点。崇祯八年(1635年)，明政府增收"助饷银"；十二年(1639年)，继"剿饷银"停征之后，又增收"练饷银"。⑦ 结果，辽饷、练饷、加上原来的旧饷，额征达 2 000 万两以上(参考第一表)。

四

为着要说明太仓银库岁入银两增长的原因，上文已经就太仓岁入项目

---

① 《明武宗实录》第六六册，卷一一九，页二下及页四下，正德九年十二月丙午，广东道御史王光语；同月癸丑，工部奏。
② 《明世宗实录》第九一册，卷五四三，页四，嘉靖四十四年二月丁丑，巡按直隶御史温如璋《条陈议处江南兵食三事》。
③ 《明世宗实录》第八六册，卷三六九，页五下，嘉靖三十年正月丁未，户部言；《明史稿志》六〇，页九下，《食货》二，《赋役》；《列传》七九，页一三页，《孙应奎传》；《明史》卷七八，页一〇，《食货志》二，《赋役》；卷二〇二，页一一下，《孙应奎传》。
④ 《明史稿志》六〇，页一〇，《食货》二，《赋役》；《明史》卷七八，页一〇下至一一，《食货志》二，《赋役》；《明世宗实录》第九〇册，卷五二五，页二，嘉靖四十二年九月己丑，巡抚应天周如斗语。
⑤ 《明史稿志》六〇，页一〇下至一一；明史卷七八，页一一。
⑥ 《明光宗实录》第一二三册，卷六，页一，泰昌元年(即万历四十八年)八月庚申。
⑦ 《明史稿志》六〇，页一二；《明史》卷七八，页一三。

中，从制度的变革来寻求答案。现在我们可以再从银的来源方面探讨一下。太仓银库每年银的收入，不消说是来自人民的赋税、关市的征榷以及国家资源的收益诸方面。不过，当日太仓银库岁入银数之所以能够增加，显然与银两流通量的激增有密切的关系。银的来源不外来自两方面：一是本土的出产，一是外地的输入。明政府每年的银课收入占银矿产额的30%或以上，北宋（960—1126年）约占20%。因此，这两个时期即使岁入银课相同，后者的银矿产量也显然要比前者为多。可是，明政府每年平均银课收入只有10万两左右，而北宋政府却达到20万两以上。[①] 由此可知，自宋至明，中国本土的银矿产额可能有下降的趋势，决不能由自己供给银子来达到全国普遍用银的地步；而区区的产额，也决不能满足日趋发达的商业社会的需求。

明代国内白银的出产虽然有限，自中叶后却有不少银子自国外输入。这些输入的白银，主要来自日本和西属美洲。中国沿海地区，在明代屡次遭受倭寇的侵扰，故明室禁止本国人民与日本通商。可是，当日本人对中国工商业品的需求很大，故闽、浙沿海有不少人经营走私贸易[②]，把中国货私运往日本出售，而运回在日产量比较丰富的银子。自嘉靖三十六年（1557年）开始占领澳门的葡萄牙人，因为不受明朝政府有关中、日通商禁令的束缚，更乘机以澳门为基地，把中国丝货及其他商品大量运往日本长崎出售，而自那里运回白银。在16世纪最后25年内，日本出产的白银约有一半输出国外，而输出的大部分由澳门葡人运走，每年约为五六十万两。及17世纪，在最初30余年内，葡人每年自日运出白银100余万两，有时更多至二三百万两。这许多自日运往澳门的银子，大部分转运入中国，用来购买输日丝货及其他商品。不特如此，当日澳门葡人日常生活所需的消费品，大部分（或甚至全部）来自中国，故他们自日本赚回的银子有不少流入中国，从而影响到国内白银流通量的增加。[③]

[①] 全汉昇《明代的银课与银产额》，《新亚书院学术年刊》第九期（香港新亚书院，1967年），页256—259。
[②] 全汉昇《明季中国与菲律宾间的贸易》，香港中文大学《中国文化研究所学报》第一卷（1968年），页31—33。
[③] 以上详细论证，见全汉昇《明代中叶后澳门的海外贸易》，《中国文化研究所学报》第1期，1972年，页245—273。

除了日本外，在明中叶后的长时间内，中国每年又自菲律宾大量输入美洲白银。明政府在隆庆元年（1567年）正式开放海禁，准许人民往来东、西二洋贸易。① 而在较早两年，即嘉靖四十四年（1565年），西班牙人自美洲属地出发，横渡太平洋来占领菲律宾，而菲律宾正好位于中国政府准许人民前往贸易的东洋范围之内。在占领菲岛的二十年前（1545年），西班牙人在美洲秘鲁南部（Upper Peru，现今属于Bolivia）的波多西（Potosi），发现一个非常丰富的银矿，在开采最盛时（1581—1600年），每年出产的白银约占世界总产量60%。他们在那里采炼出的银子，除大量运回本国之外，又利用大帆船把银运往菲律宾来维持殖民地的开销和从事贸易。因为菲律宾开发较晚，生产力低下，西班牙人在那里消费的生活用品和军需品（包括钢、铁、铅、锡、硝石、火药、铜炮及其他军用品），都要依靠外间输入来接济，但由于距离太远，费时太长，如果全部由美洲属地横渡太平洋运往菲律宾，运费昂贵，不合经济原则，同时又要冒很大的风险。刚好距离菲律宾不远的地方，有一个历史悠久、文化水准较高、生产力较强、工艺制作比较精巧的中国，可以作为这些物品的供应者。为着要满足他们在菲岛的需要，西班牙人便每年都把价值相对较大、体积和重量相对较小、而在美洲属地正在大量出产的白银，由大帆船自墨西哥经太平洋运往菲律宾，以便购买自中国运来的粮食、军需品及其他消费品。那时中国国内普遍以银作为流通的货币和交纳给政府的折色赋税，正苦于本国的银产量不足以应付庞大的需求。这种互通有无的贸易，正好解决这个难题，而且双方都得到利益。

还有值得注意的，这种贸易不单只限于中国和菲律宾之间，而且更扩展到西班牙的美洲属地。因为西班牙大帆船自菲律宾开往美洲时，如果空船回航，当然很不经济，所以要把各种东方商品运回美洲属地出售，以便赚取利润。而在众多商品之中，价值较高、重量较轻、而体积较小的中国丝货（包括生丝和丝织品），更成为最大宗的贸易货物。这些丝货大量输入美洲，由于价

---

① 张燮《东西洋考》（《惜阴轩丛书》本）卷七，页二，《饷税考》。按：东洋和西洋的划分，以婆罗洲（Borneo）北岸的文莱（Brunei）为界，文莱以东为东洋，以西为西洋。参考梁方仲《明代国际贸易与银的输出入》，《中国社会经济史集刊》第六卷第二期，1939年，页307—308。

廉物美,甚至夺取了西班牙丝织品的美洲市场。①

随着中国货物在中、西贸易中的大量输出,中国商人自然赚到不少白银,运回本国。在福建漳州府海澄县每年饷税的收入中,我们如果以隆庆(1567—1572年)年间的3 000两作为基期,那么,以后数十年的岁入银两大约增加8倍到10倍左右;而在万历三十年(1602年)以前,广州市舶提举司每年收入的税饷也多至4万余两。②又从当时外籍人士的信件和记载中我们可以看到,中国每年自菲律宾输入的美洲白银,在16世纪末年已达100万西班牙银元(Peso,以下简称西元);踏进17世纪初期,增至200万或200余万西元。③对于美洲白银经菲大量流入中国的盛况,在1638年一位西班牙海军上将说:"中国国王(按:应作皇帝)能够用来自秘鲁(Peru)的银条来建筑一座宫殿!"因为中国自西班牙帝国中输入这许多银子,根据17世纪一位意大利人的记载,中国皇帝曾经称呼西班牙国王为"白银之王"。④

由此可知,在16、17世纪的长时间内,随着中外贸易的发展,中国货物出口的激增,世界重要产银国家曾经有大量白银流入中国。这些白银在国内普遍流通以后,有不少被用来作为粮草的折色、田赋的加派、商税的征收和盐课的纳价,自然直接或间接助长太仓银库岁入银两的增加。

五

明代(1368—1644年)自中叶以后,太仓银库成为国家岁入银两的主要收放机构。关于它的收支盈亏,他日当另文讨论。本文光是谈岁入银两问题。从上面研究的结果,我们知道太仓银库的岁入银两数目日见增加,同

---

① 以上参考全汉昇《明季中国与菲律宾间的贸易》,页27—44;《明清间美洲白银的输入中国》,香港中文大学《中国文化研究所学报》第二卷第一期(1969年),页59—74;《自明季至清中叶西属美洲的中国丝货贸易》,同上《学报》第四卷第二期(1971年),页345—369。
② 漳州府海澄县的饷税包括:a 水饷(相当于船钞);b 陆饷(即货物进口税);c 加增饷(自菲律宾回来的船舶,因为只载银钱,少载他货,所以除征水、陆二饷外,每船加征150两,万历十八年减至120两)。参考《明季中国与菲律宾间的贸易》页38,第一表《明季漳州海澄每年饷税收入》;关于广州的饷税收入,参考页39。
③ 参考《明清间美洲白银的输入中国》,页68,第二表《明清间美洲白银每年经菲输华数额》。
④ 参考上引文页70。

时也可察知当日货币经济发展的消息。至于增加的比率，我们可以更进一步来观察。倘若以嘉靖二十七年(1548年)的200万两为基期的岁入银两，那么把本文第二表的指数计算一下，我们可以清楚知道历年增加的大概趋势。除较基期早20年的嘉靖七年(1528年)的岁入为基期的65%之外，隆庆四年(1570年)以前的岁入银两大抵与基期接近；由基期以后的十五个数据计算所得，平均每年增加6.37%。隆庆五年(1571年)至万历四十五年(1617年)的岁入，与基期比较，增加40.96%至135%不等，平均每年增加92.75%。万历四十六年(1618年)至崇祯三年(1630年)，增加51.54%至356.82%不等，平均每年增加208.13%。崇祯四年(1631年)至十六年(1643年)，增加512.46%至1050%不等，平均每年增加810.81%。为了清楚明了起见，现在把太仓银库平均岁入银数及指数列表如下。

第八表 明中叶后太仓平均岁入银数及指数(基期：1548年=100)

年 份	最低指数	最高指数	平均指数	平均岁入银数(两)
1548	100.00	100.00	100.00	2 000 000
1549—1570	100.00	123.50	106.37	2 127 300
1571—1617	140.96	235.00	192.75	3 854 982
1618—1630	151.54	456.82	308.13	6 162 511
1631—1643	612.46	1 150.00	910.81	18 216 140

备注：本表数字，主要根据本文第二表《明代中叶后太仓银库岁入银两指数》的数据计算而得。

从这个表内四个时期的岁入所显示的结果可知，太仓银库的岁入银两是以倍数来递增的。说到递增的原因，本文已经从制度的变革和白银的来源两方面来寻求答案。在太仓银库岁入的项目中，最大宗为盐利的收入(包括各盐运司及各提举司余盐、盐课、盐税等银)，粮草的折色(包括民运改解银、马草折银、派剩麦米折银和各马房仓麦、豆、草折银等)和商税的征榷(包括商税银和钞关银)。明太祖即位第三年(1370年)便开始实行"开中法"，命商民纳米中盐，政府并没有什么盐银的收入。后来有充公私盐的变卖和盐课的折银，数量仍然很少。到了弘治五年(1492年)，由于叶淇的变法，使纳银代替输粟，以及后来正德（1506—1521年）、嘉靖（1522—1566年）年间发展为"余盐纳银解部"，盐银的收入才多达百万两，成为国家的重要收入。钞关的关税和地方上一部分起运到京师的商税，初期以钱、钞为征收的主要对象，称为本色。正德五年（1510年）折收银两，但并不解入太仓银库，而解入内承运库。嘉靖以后改为本折，轮年征解，本色年分钱钞入内承运库，仍将其中2/7（初时是1/6）折成银两，解进太仓银库；折色年分则全部折银解送太仓银库。至于粮草的折色，最大宗的是不入太仓银库而入内承运库的金花银（100万两多点），后来有派完金花额数而另外开派的"派剩麦、米折银"，则仍入太仓银库。民运粮的折银，在叶淇以前充任户部尚书的李敏，已经开始实施，而在嘉靖后期至万历（1573—1620年）年间普遍推行，或直接解送边镇，或解送太仓银库转发。这是由于俺答等外族经常侵扰沿边的缘故。马草折银和仓场料草折银早已实行，并且在嘉靖八年（1529年）明令批准征银解送太仓银库。至于民间的赋役合并征银，则有赖于在嘉靖年间酝酿而到了万历九年（1581年）颁行全国的一条鞭法。除了上述这些折色的原因外，致使明代末期太仓银库岁入银两急剧增加的，为田赋的加派。而最先大规模的加派的"辽饷"，是由于满洲部族入侵辽东地区而引起的。太仓银库还另外特设"新库"来处理这些饷银。后来又增加"助饷""剿饷"和"练饷"，以致太仓银库的总收入比从前增加得更多。

从另外一个角度来看，太仓银库岁入银两的增加，可以反映出当时社会用银的普遍。明初政府发行大明宝钞和铸造铜钱，作为流通的标准货币，而禁用金、银。不久宝钞币值狂跌[1]，不受民间欢迎；而铜钱面值小，只能作零星交易之用。自从正统元年（1436年）准许用银之后，白银便渐渐成为价值比较稳定、购买力比较高昂的通行货币；民间的买卖、赋税的缴纳，大多用银。但中国本土的银产量有限，故有赖于外来的输入。除了东邻的日本外，经菲律宾流入中国的美洲白银为数甚巨。西班牙人因为要维持这个东方殖民地

---

[1] 关于明代钞值的贬降，可参考彭信威《中国货币史》（原三版，上海人民出版社二版，1965年）页671—672，《大明宝钞价格表》；全汉昇《宋明间白银购买力的变动及其原因》，《新亚学报》第八卷第一期（香港九龙新亚研究所，1967年），页172，第七表《明代每贯钞换钱数》；页173，第八表《明代每两银换钞数》。

的统治,在那里所需的日用品和军需品不能老远从美洲属地运来,故不得不利用在美洲属地丰富银矿中开采出来的白银,来购买中国商人供应的货物。不但如此,他们除了在当地开销外,还把贵重的物品(主要是中国的丝货)运回美洲属地出售,赚取利润。故中国商人能够借着这个海外贸易的机会,把巨额白银赚回本国,以满足国内对于银子的大量需求。西班牙人从美洲属地运往菲律宾的货物以白银为主,而运回的是丝货和其他商品;中国商人从本土运往菲律宾的是一船一船的丝货、粮食及其他商品,而运回的几乎全是白银。难怪当时福建漳州府海澄县的海关除了征收水饷和陆饷之外,还特别对来自菲律宾的船只中所载的白银,加收一种加增饷。这些白银流入中国后,在国内各地普遍流通。人民用来交纳赋税或购买盐引,无形中自然因起运和解送的关系而被送入太仓银库,而太仓银库也因为赋税的改折和各种加派而提高了岁入银两的数字。

明中叶后太仓岁出银两的研究

全汉昇　李龙华

一

在《明中叶后太仓岁入银两的研究》(《中国文化研究所学报》第五卷第一期)一文中,我们得到一个结论,就是太仓银库的岁入银两自明代(1368—1644年)中叶后长期增加,指数不断上升。关于它的增长原因和背景,已经从多方面作过详细的分析和说明。这里拟从太仓银库岁出银两方面,观察它的增减情况,并作进一步的讨论。

一个国家财政的岁出入,大体上可以分为"中央政府的"和"地方政府的"两大类。在明代中国,又可以加上"宫廷的"一类。从收支的项目来看,在正常的情形下,明宫廷的财政显然具有独立的系统。例如在折色银方面,它的最大宗收入是金花银和后来增加的买办银(额定的岁入总共在120万两以上),主要的支出是宫廷用度和数量不多的武臣俸禄。但在某些情况下处理宫廷的财政问题,有时会损害中央政府的财源,例如诏取太仓银入内承运库;有时又会弥补中央政府收支的不平衡或地方政府意外的支出,例如发放内帑银济边和赈灾等。

从赋税征收和发放的项目来说,在明代可分为本色和折色两大项。本色有米、麦、料、草等;折色项下又有物料折色和货币折色之别,前者如绢、布、丝、绵,后者如金、银、钱、钞。其中以"两"为单位的折色银和以"石"为单位的本色米、麦,占主要地位。又从财政收支的职责分配上说,中央政府分开部、院、寺、库等部门,而地方政府有省、府、州、县的区划以及存留、起运的类别。

属于户部的太仓银库是明代中叶以后国家最重要的贮银机构(宫廷的内承运库和兵部太仆寺的常盈库比较次要),担当了支付巨额的军事和行政等费用的主要角色。本文讨论的问题,拟以户部太仓银库岁出的折色银两为限。中央政府其他部门和地方政府各行政单位的本折收支等财政问题,将留待异日再进行探讨。

二

我们在《明中叶后太仓岁入银两的研究》一文中曾经指出,在正统七年(1442年)成立的太仓银库,最初只用来贮藏银两,每年并没有固定的收入数额。同时,太仓银库初期也没有定期性的岁出数额。在正德元年(1506年)五月和十月,户部曾经追述弘治(1488—1505年)后期的岁入数字,上述论文已经考证是属于"京库"的。至于岁出方面,是年户部说:"以岁出正数言之,宣(府)、大(同)等六镇年例34万两,进库给军官俸粮共335 000余两,至于内府成造宝册之类,其数不得与知,大约并前折俸不下五十万两,通计用百余万两。"①这些岁出项目里面,夹杂着中央政府和宫廷两方面的支出,如边镇年例是由户部负责发放的,而军官折俸和内府成造宝册却由宫廷岁入金花银项下支付。为了证明岁出往往超过常数,户部曾以弘治十八年(1505年)五月至正德元年(1506年)十月为例,胪列这17个月内各项支出的名称和数目。为清楚起见,现在制表如下。

第一表　明弘治十八年(1505年)五月至正德元年
(1506年)十月间政府与宫廷的支出

项目编号	支 出 各 项 名 称	支出银数(两)
1	诸边年例	约 984 400*
2	添送(济边)银	2 774 000(+)
3	给赏征进京军	69 600(+)
4	给过盐米商人	250 000(+)

---

① 《明实录》("中央研究院"历史语言研究所校印本)第六二册,《武宗实录》卷一八,页四下至五,正德元年十月甲寅,户部臣言(文中"军官俸粮"一作"官军俸粮")。参考《明实录校勘记》第一三册,页九〇,引广方言馆本;徐学聚《国朝典汇》(1965年台北学生书局影印明刻本,收入《中国史学丛书》第七种)第三册(卷一〇二),页一三一二,《户部》一六,《查理各项钱粮》,正德元年十月条。

续表

项目编号	支 出 各 项 名 称	支出银数(两)
5	赏在京官军	724 200(+)
6	赏各边官军	693 300(+)
7	陕西赈济	200 000
8	密云、居庸、紫荆、倒马等关召买粮草	128 000(+)
9	大婚礼	400 000
10	买金送内库	26 500(+)
	以上十项支出总数	6 250 000(+)

注：* 代表诸边年例银数系由支出总数减去各项支出计算而得。
资料来源：《明实录》第六二册，《武宗实录》卷一八，页四下至五，正德元年十月甲寅(初九日)，户部臣言；《国朝典汇》第三册(卷一○二)，页一三一二，《户部》一六，《查理各项钱粮》。

表一胪列的十项支出中，夹杂不清地混淆着中央政府和宫廷的支出，容易令人产生误会，以为各项支出全由中央政府户部的太仓银库发放。大体上说，表中第一、二、四、七、八诸项应由户部负责，而第三、五、六、九、十诸项婚赏支出，则属宫廷用度。这样把宫、府开支混杂在一起，在短短的一年零五个多月内，支出竟达625万余两。其中属于户部的支出为440万两左右，若以一年来计算，则岁出为300万两左右。这个数字因为并没有明确指出这是太仓银库项下支付的，在这里只能当作参考之用。

嘉靖二十八年(1549年)八月，户部检讨当日财政问题时，曾经提及先年太仓银库的岁出入情形，其中说："太仓银库岁入二百万两，先年各边额用主兵年例银四十一万余两，各卫所折粮银二十三万余两，职官布绢银一十一万余两，军士布花银十万余两，京营马料银一十二万余两，仓场粮草银三十五万余两，一年大约所出一百三十三万，常余六十七万。嘉靖八年(1529年)以前，内库积有四百余万，外库积有一百余万。"①原文述及的六项支出都可说是在户部职权范围内，由太仓银库发放的。问题在这些岁出是属于"先年"中的那一年或那些年分？原文说，在嘉靖八年以前，太仓内外库合起来共积贮

---

① 《明实录》第八五册，《世宗实录》卷三五一，页一至二，嘉靖二十八年八月己亥，户部覆议。

银 500 余万两。但据当年户部尚书梁材的报告,在嘉靖七年(1528 年)这一年中,由于收支不平衡,财政上出现赤字 111 万余两。① 因此,要在嘉靖六年(1527 年)以前若干年已经积贮 600 余万两,经过嘉靖七年抵消赤字 100 余万两,才能有嘉靖八年以前积贮 500 余万两这个数字。原文说每年常余 67 万两,假定这个收支盈余数额没有任何变更的话,十年内便有 600 余万两的盈余。如果从嘉靖六年往后推算,大约在正德十三年(1518 年)左右,太仓银库便应有 200 万两的岁入和 133 万两的岁出,故能在一年之内盈余 67 万两。

另一方面,户部说"先年各边额用主兵年例银四十一万余两",没有提及客兵京运年例银。事实上,先有主兵,后有客兵。故每年定额解发客兵京运年例银要比解发主兵京运年例银为晚。在十四边镇中,除了正德十四年(1519 年)延绥因"达贼出套",开始每年解发客兵京运年例银(数额仍未固定,历年常有变更)外,其余都在嘉靖(1522—1566 年)年间或以后才正式开始每年定额解发。在此以前,某些边镇如密云、昌平、易州、辽东、大同、宁夏等,虽然有解发客兵京运年例银的例子,但都是不定期的,断断续续的,视所需而发,或"数岁一发",或"增发不等",或"请发不一",或"事宁即止",或与主兵年例"通融兼支",或"递年奏讨,解发不一"。② 而且,在嘉靖二十八年十月开始接任户部尚书的潘潢,在《会议第一疏》中说:"直至正德(1506—1521 年)末年,通计各边年例,亦止银四十三万两。"③因此,同年八月户部所说的"先年各边额用主兵年例银四十一万余两",应当在正德末年以前而不会在正德末年以后。因为年例银日益增加,到

---

① 《明实录》第七五册,《世宗实录》卷九七,页一〇下,嘉靖八年正月壬戌,户部尚书梁材等言:"臣等查嘉靖七年太仓所入,至一百三十万金,而费出之数,乃至二百四十一万有余。"因此,嘉靖七年的收支赤字为 111 万余两。此外,王鸿绪《明史稿》(1962 年台北文海出版社影印《云横山人集》本)《列传》七三,页一八,《梁传》,以及张廷玉等撰《明史》(1963 年台北艺文印书馆影印乾隆武英殿刊本)卷一九四,页一九下,《梁材传》,所载略同。
② 参考申时行等撰《明会典》(台北中文书局影印明万历十五年司礼监刊本)卷二八,页二七下至五三下,《边粮》,十四边镇的《客兵京运年例银》条。
③ 徐孚远等辑《皇明经世文编》(1964 年台北国联图书出版有限公司影印明崇祯间平露堂刊本)第一三册(卷一九八),页二七五,潘潢《会议第一疏》(《理财十议》),《修屯政》。按:《明史》卷一一二,页九下至一〇,《七卿年表》二,潘潢在嘉靖二十八年十月至二十九年七月任户部尚书。此外,同书第二七册(卷四四四),页四七九至四八〇,王德完《国计日诎边饷岁增乞筹画以裕经费疏》(原注:此疏上奏于万历二十一年)说:"总计弘(治)、正(德)间各边年例大约四十三万(两)而止。"又同书第二六册(卷四二六),页三三五,陈于陛《披陈时政之要乞采纳以光治理疏》说:"然在弘、至间,各边饷银通共止四十余万(两)。"

了嘉靖初年已达 59 万余两或更多。① 此后年例银的数额还不断增加,每年高达一百余万两或数百万两(参考本文第四表《明中叶后各边镇京运年例银总数》)。

综合上述各方面的论证,把这个 133 万两的"先年岁出数额"的"先年"判断为正德十三年或以前数年,虽然不是最精确的年份,却可算是比较近似的年份。最低限度,上述嘉靖二十八年户部所说,太仓银库先年的收支曾经出现盈余数字,是一个毋庸置疑、也不须争辩的事实。

为了明了户部太仓银库每年支出银两的情形,我们编制成第二表,将由正德十三年或以前数年开始,按照年代的先后,依次胪列岁出银数,先从"量"的观念来了解一下每年的支出。自万历四十八年(1620年)开始,把原属太仓银库的"陪库",而后来改称"新库"的新饷岁出银数,也一并列出。

第二表 明代(1368—1644 年)中叶后太仓银库岁出银数

年　份	岁出银数(两)	资　料　来　源
约正德十三年(1518)或前数年至嘉靖六年(1527)	约 1 330 000	《明实录》第八五册,《世宗实录》卷三五一,页一至二,嘉靖二十八年八月己亥,户部覆议(关于这个岁出银数的近似年代,上文已有考证,兹不赘)。
嘉靖七年(1528)	2 410 000(＋)	《明实录》第七五册,《世宗实录》卷九七,页一〇下,嘉靖八年正月壬戌,户部尚书梁材等言;《明史稿・列传》七三,页一八,《梁材传》;《明史》卷一九四,页一九下,《梁材传》。
嘉靖二十七年(1548)及以前数年	约 3 470 000	《明实录》第八五册,《世宗实录》卷三五一,页一,嘉靖二十八年八月己亥,户部覆议:"近岁来,除进用、修边、给赏、赈灾诸项外,每年各边加募军银五十九万余两,防秋、摆边、设伏、客兵银一百一十余万两,补岁用不敷盐银二十四万余两,马料银一十八万余两,商铺料价银二十余万两,仓场粮草银五万余两,一年大约所出三百四十七万(两)。"

---

① 《皇明经世文编》所载陈于陛前引文;同书第二〇册(卷三一八),页四八,王崇古《陕西岁费军饷疏》。据户科给事中韩光祐和官应震说,嘉靖初年的京运年例银为六十万两左右(参考《明实录》第一一六册,《神宗实录》卷四四九,页六下,万历三十六年八月庚辰;第一一八册,《神宗实录》卷五〇二,页一〇下,万历四十年闰十一月丁亥)。

续表

年　份	岁出银数(两)	资　料　来　源
嘉靖二十八年(1549)	4 122 727	《明实录》第八五册,《世宗实录》卷三五六,页三,嘉靖二十九年正月甲午,户部会计去年岁用。
嘉靖三十年(1551)	5 950 000	关于本年岁出银数的记载,有下列数种:(A)《明实录》第八六册,《世宗实录》卷三八〇,页四下,嘉靖三十年十二月癸未;(B)《明实录》第八八册,《世宗实录》卷四五六,页三下至四,嘉靖三十七年二月戊戌;(C)《国朝典汇》第三册(卷一〇二)页一三一五,《户部》一六,《查理各项钱粮》,嘉靖三十年十二月,户部言;(D)《明史稿志》六〇,页九下,《食货》二,《赋役》;(E)《明史稿列传》七九,页一三,《孙应奎传》;(F)《明史》卷七八,页一〇,《食货志》二,《赋役》;(G)《明史》卷二〇二,页一一下,《孙应奎传》。按:上引七项资料中,(A)、(C)、(E)、(G)都说岁出 600 余万两,(B)、(D)、(F)都说岁出 595 万两。从数字出现的时间来说,(A)虽在嘉靖三十年年底最后一天(据 1962 年北京中华书局出版陈桓《二十史朔闰表》页 177 推算),但当年各边各地的岁出不可能在年底同日结算完毕并于即日汇报北京;另一方面,中央政府也可能仍未制成精确的岁报,故户部上奏时仅说"六百余万两",这是大约的数目。从取材方面来说,嘉靖三十年比较精确的岁出数字,当为稍后结算所得,而(B)说又为(D)、(F)二《食货志》所采用,故比较可靠。
嘉靖三十一年(1552)	5 310 000	《明实录》第八八册,《世宗实录》卷四五六,页三下至四,嘉靖三十七年二月戊戌。
嘉靖三十二年(1553)	5 730 000	同上。按:《明实录校勘记》第二〇册,页二三九〇,据天一阁本作 473 万。校勘者说:"疑是也。"他的理由可能是基于自嘉靖三十年到三十六年间的岁出年年递减,由此怀疑三十二年那项 473 万两——比三十一年少而比三十三年多——的岁出较为合理。事实上,自嘉靖二十九年俺答入侵后,三十年还是

续表

年　　份	岁出银数(两)	资　料　来　源
嘉靖三十二年 (1553)	5 730 000	"寇掠如故",三十一年连马市也取消了。跟着,"辽(东)、蓟(州)、宣(府)、大(同)连岁被兵"。到了三十四年,因修筑牛心诸堡和二千八百多个烽堠,宣、大间才稍为宁静,但蓟镇的虏患仍未解除(参考《明史》卷九一,页六下至七,《兵志》三,《边防》)。而且,嘉靖三十二年是闰年(据《二十史朔闰表》页177,是年闰三月),一共有13个月,照正常情形来说,各项支出最少都比常年多出1/12(按:与上年比较,的确如此)。因此岁出超过三十一年,并不是意外。故本表仍然采用原来数字。
嘉靖三十三年 (1554)	4 550 000	同上。
嘉靖三十四年 (1555)	4 290 000	同上。
嘉靖三十五年 (1556)	3 860 000	同上。
嘉靖三十六年 (1557)	3 020 000	同上。
嘉靖四十二年 (1563)	3 400 000(＋)	《明实录》第九〇册,《世宗实录》卷五二八,页一下,嘉靖四十二年十二月丁未,户部言。
嘉靖四十三年 (1564)	3 630 000	《明实录》第九一册,《世宗实录》卷五五二,页二,嘉靖四十四年十一月癸卯,户部尚书高燿言。
约嘉靖四十四年 (1565)	3 700 000	《皇明经世文编》第一九册(卷三〇三),页九七,殷士儋《贺太子太保户部尚书熙斋高公序》。按:原文说高燿(熙斋)"迩者上疏陈会计之数……。"据《明史》卷一一二,页一四下,《七卿年表》二,户部尚书高燿在嘉靖四十五年三月加太子太保(按穆宗在是年二月即位)。因此,他列举的岁出银数暂时系于四十四年。

续表

年　份	岁出银数（两）	资　料　来　源
隆庆元年(1567)	5 530 000(+)	本年岁支原仅有"在京俸禄米草一百三十五万(两)有奇,边饷二百三十六万(两)有奇。"(《明实录》第九二册,《穆宗实录》卷一二,页六下,隆庆元年九月丁卯,户部尚书马森奏;《皇明经世文编》第一八册(卷二九八),页五七〇,马森《明会计以预远图疏》)。后来又加上"补发年例一百八十二万(两)有奇。"(《明实录》第九三册,《穆宗实录》卷一五,页五下,隆庆元年十二月戊戌;《明实录附录》第二一册,《明穆宗宝训》卷二,页二二下至二三,隆庆元年十二月戊戌,户部尚书马森奏)。
隆庆二年(1568)	4 400 000(+)	《明实录》第九四册,《穆宗实录》卷四八,页一下,隆庆四年八月辛丑,户部尚书张守直言;清嵇璜等撰《钦定续文献通考》(商务印书馆影印本,以下简称《续通考》)卷三〇,页三〇八六,《国用考》一,《历代国用》引张守直言,但系于隆庆四年七月。
隆庆三年(1569)	3 790 000	同上。
隆庆四年(1570)	3 800 000(+)	同上。按,原文说："一岁所出,京师百余万(两),而边饷至二百八十余万(两),其额外请乞者不与焉。"
隆庆五年(1571)	3 200 000(+)	《明实录》第九六册,《神宗实录》卷五,页四下,隆庆六年九月己丑,户部言。
隆庆六年(1572)十二月至万历元年(1573)十一月	2 837 104(+)	《明实录》第九七册,《神宗实录》卷二〇,页六下至七,万历元年十二月辛未,仓场侍郎郭朝宾奏。
万历五年(1577)	3 494 200(+)	《皇明经世文编》第二〇册(卷三二五),页三九二,张居正《看详户部进呈揭帖疏》;孙承泽《春明梦余录》(1965年香港龙门书店影印古香斋鉴赏袖珍本)页444(原卷三五,页三一至三二)引张居正《岁赋出入疏》。

明中叶后太仓岁出银两的研究

续表

年　　份	岁出银数(两)	资　料　来　源
万历六年(1578)	3 888 400(+)	同上。另据《万历会计录》(原为刻本,万历九年编成,翌年刻竣,现已制成显微胶卷,藏"中央研究院"傅斯年图书馆,编号R.1126-29)卷一,页一八至二二,《岁出》,太仓银库各项岁出的额数共为银4 224 739两9钱5厘。可见张居正《疏》中的岁出仍未达到额数。
约万历九年(1581)	4 424 730(+)	陈仁锡《皇明世法录》(1965年台北学生书局影印明刻本,收入《中国史学丛书》第二册(卷三六),页一〇二九至一〇三〇,《理财》,《旧太仓出数》。
万历十一年(1583)	5 650 000(+)	《明实录》第一〇二册,《神宗实录》卷一四八,页三,万历十二年四月甲寅,户部尚书王遴言。
约万历十四年(1586)	5 920 000(+)	《明实录》第一〇四册,《神宗实录》卷一八八,页二,万历十五年七月辛卯,礼科左给事中衰国臣据户部副册内开数。
万历十七年(1589)	约4 390 000(+)	谈迁《国榷》(1958年北京古籍出版社排印本)第五册(卷七五),页四六二九,万历十八年六月甲申,户部奏:"去年因荒蠲免,岁入三百三十九万金有奇,出数加百万有奇。"按:《明实录》第一〇五册,《神宗实录》卷二一八,页八下,万历十七年十二月庚寅,户部言:"万历十七年正月起至十二月初十日止,除旧管外,岁入太仓银三百二十七万有奇,岁出太仓银三百四十六万有奇。"
约万历十八年(1590)	4 065 000(+)	《明实录》第一〇六册,《神宗实录》卷二三四,页二,万历十九年闰三月己巳。按:这项岁出包括"京官俸、商价等银六十三万两,各边年例等银三百四十三万五千余两"。
约万历二十年(1592)	5 465 000(+)	《明实录》第一〇七册,《神宗实录》卷二六二,页六,万历二十一年七月丁卯,总督仓场户部右侍郎褚鈇题。

续表

年　　份	岁出银数(两)	资　料　来　源
约万历二十一年(1593)	3 999 700(+)	《皇明经世文编》第二四册(卷三八九),页一二五至一二六,杨俊民《边饷渐增、供亿难继、酌长策以图治安疏》载户科抄出总督仓场都察院右都御史兼户部右侍郎褚鈇题:"去岁太仓……放过各项银三百九十九万九千七百两有奇。"据《皇明经世文编》的旁注说:"杨公(俊民)神庙(万历)十九年为司农(户部尚书),则此'出数'是二十年后'岁例'也,查系二十一年。"
约万历二十八年(1600)以前	4 500 000(+)	《皇明经世文编》第二七册(卷四四四),页四九七,王德完《稽财用匮竭之源、酌营造缓急之务、以光圣德、以济时艰疏》;《续通考》卷三〇,页三〇八七,《国用考》一,《历代国用》载万历二十八年八月给事中王德完奏。按:《明实录》第一一一册,《神宗实录》卷三五〇,页六,系此《疏》于万历二十八年八月辛卯,有目无文。
约万历二十九年(1601)	约4 700 000(+)	冯应京《皇明经世实用编》(台北成文出版社影印万历刊本)第一册,页二五〇至二五一,万历昭阳(癸)单阏(卯)年(三十一年)劳养魁《国计考》。
约万历三十年(1602)	4 500 000(+)	《明实录》第一一三册,《神宗实录》卷三八一,页三下,万历三十一年二月庚子,户部题本部钱粮出入之数。
万历三十二年(1604)	4 582 000	《明实录》第一一四册,《神宗实录》卷四一六,页一〇下至一一,万历三十三年十二月甲寅,户部说:"万历三十二年管库主事余自强差满考覆,收过太仓银四百二十二万三千(两),京粮银三十五万九千(两),其放总数如之。"
万历三十三年(1605)	3 549 000(+)	同上。户部又说:"顷管库主事张联奎差满候考,据收过太仓银三百二十五万七千(两),京粮银二十九万二千(两),其放过总数亦如之。"按:这次岁入顿减百万两,究其原因,"匪第灾渗亏折之不敷,省、直通欠之不前,而各处挪抵、借留,其侵越有不可言者在也"(同卷,页一一)。大概户部量入为出,放银较

明中叶后太仓岁出银两的研究

续表

年　份	岁出银数(两)	资　料　来　源
万历三十三年 (1605)	3 549 000(＋)	紧,因而影响岁出偏低。同时,这个考成数字是户部在当年十二月甲寅上奏的。据《二十史朔闰表》页一八二推算,甲寅即十四日。这只是截至十三日或以前的统计数字,当然比一整年的岁出入数字为少。
万历四十年 (1612)	4 000 000(＋)	《明实录》第一一八册,《神宗实录》卷五〇二,页一〇,万历四十年闰十一月丁亥,户科给事中官应震奏。
万历四十五年 (1617)	4 219 029(＋)	《明实录》第一二一册,《神宗实录》卷五七一,页一〇,万历四十六年六月戊寅,户部尚书李汝华言:"太仓……岁出边饷三百八十一万(按:同页下载边饷额银共三百八十一万九千二十九两余),一应库局内外等用又(一作共)约四十万。"
万历四十八年, 即泰昌元年 (1620)	6 086 692(＋)	《明实录》第一二四册,《熹宗实录》卷四,页二九下至三一,泰昌元年十二月条:"共放过京、边、辽饷等银六百八万六千六百九十二两八钱六分一厘一毫六丝九忽。"
天启元年(1621)	8 568 906(＋)	《明实录》第一二六册,《熹宗实录》卷一七,页三一至三二,天启元年十二月。按:本年岁出银数包括"京边等银"(旧饷)三百一十八万七千八百九十九两五钱六分六厘五毫四丝五忽,"新兵饷银"(新饷)五百三十八万一千零七两三钱三分四厘。
天启二年(1622)	5 927 721(＋)	《明实录》第一二七册,《熹宗实录》卷二九,页三〇下至三一,天启二年十二月。按:本年岁出银数包括"京边等银"(旧饷)一百九十六万(两)九分六厘八毫三丝,"新兵饷银"(新饷)三百九十六万七千七百二十一两一钱七分。
天启三年(1623)	10 776 982(＋)	《皇明世法录》第二册(卷三六),页一〇三〇,《理财》,《旧太仓出数》;页一〇三二,《新饷出数》。按:本年岁出银数包括旧饷四百四十九万三千四百八十九两三钱五分六厘一丝四忽,新饷六百二十八万三千四百九十三两四钱。

续表

年　　份	岁出银数(两)	资　料　来　源
天启五年(1625)	2 854 370(＋)	《明实录》第一三一册，《熹宗实录》卷六六，页三二下，天启五年十二月条："放过京、边、辽饷银共二百八十五万四千三百七十两一钱三分一厘七毫一丝五忽。"
天启六年(1626)	4 279 417(＋)	《明实录》第一三二册，《熹宗实录》卷七九，页三四下，天启六年十二月条："放过京、边、辽饷共银四百二十七万九千四百一十七两三钱九分八厘二毫一忽。"
崇祯元年(1628)	9 568 942(＋)	本年岁出包括旧饷各边年例、京支杂项、蓟辽抚赏、辽东提塘、辽左旧饷改充新饷等项银共4 433 759两以上(参考《明实录·附录》第八册，《崇祯长编》卷一九，页三四，崇祯二年三月壬申户部尚书毕自严疏；《明史稿·列传》第一三五，页四，《毕自严传》；《明史》卷二五六，页六，《毕自严传》)。新饷银5 135 183两1钱6分4厘7毫8丝8忽(参考《度支奏议》第一七函，第二册，《新饷司》卷三，页四四下至四八，崇祯二年三月初七日具题《通算元年辽饷之数疏》)。
崇祯三年(1630)	9 500 628(＋)	这是本年新旧饷岁出之和。旧饷岁出4 369 741两6钱以上(包括崇祯三年正月到八月初十日止，发放过京、边等银2 537 458两7钱有奇，漕折192 661两5钱零，轻赍206 868两4钱零，以及八月以后应发边镇年例1 032 753两零，京支廪俸、料草、布花等项共40余万两)。新饷岁出额5 130 889两9钱6厘(参考《度支奏议》第二七函，第六册，《边饷司》卷四，页四至六，崇祯三年八月十七日具题《清查京卿催到旧饷完欠收放疏》；第二四函，第二册，《新饷司》卷二七，页三下，崇祯四年十二月初二日具题《奏报新饷出入大数疏》)。

明中叶后太仓岁出银两的研究

续表

年　份	岁出银数(两)	资　料　来　源
崇祯四年(1631)	11 125 252(＋)	本年岁出包括旧饷、京支共银 3 978 258 两 5 钱零(参考《度支奏议》第三〇函,第二册,《边饷司》卷九,页八六,崇祯五年正月二十一日具题《旧饷出入大数疏》)。新饷银 7 146 994 两 7 钱 6 分 8 厘 8 丝(参考《度支奏议》第二四函,第二册,《新饷司》卷二七,页五,页四五至五四,崇祯四年十二月初二日具题《奏报新饷出入大数疏》)。事实上,新饷岁出不止此数,因为援兵行粮、盐菜、花布、闰月等项开支尚未计算在内(参考同卷,页五四。据《二十史朔闰表》页一八五,崇祯四年闰十一月)。
崇祯七年(1634)	12 153 000(＋)	《续通考》卷三〇,页三〇八八,《国用考》一,《历代国用》。本年岁出银数包括旧饷 4 293 000 两有奇,新饷 7 860 000 两有奇。
崇祯十二年(1637)	20 000 000	《明史稿志》六〇,页一二,《食货》二,《赋役》,御史郝晋言;《明史》卷七八,页一三,《食货志》二,《赋役》,御史郝晋言。
崇祯十五年(1642)	23 000 000(＋)	《明清史料》(1935 年"中央研究院"历史语言研究所编)乙编第五本,页 424 下,崇祯十五年九月二十九日署司事员外郎尹民兴题《核饷必先清兵》残稿。

从第二表中,我们可以看到明代中叶后太仓银库历年岁出银两的数字。嘉靖七年(1528 年)岁出为 241 万两,而从这一年开始至嘉靖二十余年间,每年岁出为 200 万两左右,并且曾经有过岁出约七八十万两的最低纪录。[①] 但在嘉靖二十七年(1548 年)左右,岁出已经达到 300 余万两。此后,除了万历元年(1573 年)和天启五年(1625 年)岁出各为 280 余万两外,其余的年份,岁

[①] 《明史稿志》六〇,页九下,《食货》二,《赋役》:"世宗中年,岁支多者不过二百万,其少者仅七八十万。"《明实录》第八八册,《世宗实录》卷四五六,页三下,嘉靖三十二年二月戊戌:"嘉靖己酉(二十八年)以前,岁支最多不过二百万,而其少者乃仅至七八十万。及庚戌(二十九年)虏变后,周章备御,每岁调兵遣戍中外,所增兵马数多,饷额增倍。"按:嘉靖二十七年及以前数年已有岁出 347 万两的纪录(参考本文第二表),故最多不过 200 万两的岁出银数应比这些年份为早。

出银数从来没有低到300万两以下的。在万历(1537—1620年)末数年加派以前,岁出通常在300余万两到500余万两之间,而以300余万两和400余万两的时候为多。加派之后,旧饷(包括京支和边支)和新饷(即辽饷)岁出照额应在600万两以上,但天启(1621—1627年)年间却参差不齐,最低时为280余万两,最高时达1 000余万两。崇祯(1628—1644年)初年,岁出900余万两。自崇祯四年(1631年)完成第四次加派后,迄于明亡,岁出由千余万两到两千余万两。为了便于明了岁出银数的变动趋势,我们暂以正德十三年(1518年)作为基期,把历年岁出银两制成指数,列表如下。

第三表　明代中叶后太仓银库岁出银两指数(基期：1518年＝100)

年　份	岁出银数(两)	指　数
约1518—1527	约1 330 000	100.00
1528	2 410 000(＋)	181.20
1548及以前数年	约3 470 000	260.90
1549	4 122 727	309.98
1551	5 950 000	447.37
1552	5 310 000	399.25
1553	5 730 000	430.83
1554	4 550 000	342.11
1555	4 290 000	322.56
1556	3 860 000	290.23
1557	3 020 000	227.07
1563	3 400 000(＋)	255.64
1564	3 630 000	272.93
约1565	3 700 000(＋)	278.19
1567	5 530 000(＋)	415.79
1568	4 400 000(＋)	330.83
1569	3 790 000	284.96
1570	3 800 000(＋)	285.71

明中叶后太仓岁出银两的研究

续表

年　份	岁出银数（两）	指　数
1571	3 200 000（＋）	240.60
1573	2 837 104（＋）	213.32
1577	3 494 200（＋）	262.72
1578	3 888 400（＋）	292.36
约1581	4 424 730（＋）	332.69
1583	5 650 000（＋）	424.81
约1586	5 920 000（＋）	445.11
约1589	约4 390 000（＋）	330.08
约1590	4 065 000（＋）	305.64
约1592	5 465 000（＋）	410.90
约1593	3 999 700（＋）	300.73
约1600以前	4 500 000（＋）	338.35
约1601	约4 700 000（＋）	353.38
约1602	4 500 000（＋）	338.35
1604	4 582 000	344.51
1605	3 549 000（＋）	266.84
1612	4 000 000（＋）	300.75
1617	4 219 029（＋）	317.22
1620	6 086 692（＋）	457.65
1621	8 568 906（＋）	644.28
1622	5 927 721（＋）	445.69
1623	10 776 982（＋）	810.30
1625	2 854 370（＋）	214.61
1626	4 279 417（＋）	321.76
1628	9 568 942（＋）	719.47

续表

年　　份	岁出银数(两)	指　　数
1630	9 500 628(+)	714.33
1631	11 125 252(+)	836.49
1634	12 153 000(+)	913.76
1639	约 20 000 000	1 503.76
1642	约 23 000 000(+)	1 729.32

资料来源：见本文第二表《明代中叶后太仓银库岁出银数》。

把第三表历年岁出指数和基期(正德十三年，1518 年)比较一下可知，除了嘉靖七年(1528 年)为基期的 1.8 倍外，其余都在 2 倍以上。指数虽然上升，却不是等加级数地或连续不断地提高，而是参差不齐地或波浪式地增加。在万历(1573—1620 年)末叶加派以前，岁出指数大约为基期的 2 倍多到 4 倍。加派以后，天启(1621—1626 年)年间岁出指数比较参差，但在某些年份高达为正德十三年(1518 年)的 6 倍到 8 倍；崇祯(1628—1644 年)年间为 7 倍多到 17 倍多。

明中叶后岁出指数之所以不规则地提高，主要由于不定期战事的爆发，银粮料草的需求突然增加，以致岁出数额也随着不定期地上升。明代前期，包括洪武、永乐、洪熙和宣德四朝(1368—1435 年)，供给边镇或应付战事所需的粮物料草，主要来源为军屯、民运和商屯三者。那时候，正值国盛兵强，边境宁静无事，军队可以一面屯田、一面戍守；商人可以就地屯种，纳粟中盐；同时，北直隶、河南、山东、山西、陕西等北部省份的民运又可以补给屯粮的不足。可是，自从正统末年(1449 年)土木堡战役之后，边患迭起，国境终无宁岁，长久太平的日子就不复多见了。因为异族入侵越来越猖獗，原有定额的卫所军队应付不了，中央政府便派人募兵，按月发饷。又因为漫长的边境经常受到异族的突袭或骚扰，各边镇之间遂有客兵的调集往来，故除了月饷外，又有所谓行粮。从前屯田的军队上前线去了，新募的兵士又得加入作战的行列。这样，生产粮料的劳动力减少了，消费粮料的人马却反而增加。在此消彼长的情形下，军屯、商屯和各省民运的粮料供给既然不足以应付庞大的需求，自然要由中央政府发放银子来籴买补救了。①

正统(1436—1449年)年间，某些边镇开始领到中央政府发下来的年例银(主要是主兵年例银)。但在战争期间，单靠区区的年例银是不足以解决粮料缺乏的困难的。因此，各边镇在年例银之外，又有奏讨的银子；在中央政府的京运年例银之外，又有地方政府的民运年例银。② 例如弘治十三年(1500年)四月火筛入寇之后③，至弘治十五年(1502年)十月为止，在这两年半的期间内，类解过大同、宣府、延绥等边镇银数高达4 230 200余两，每年平均大约类解1 692 080两零。④ 又自弘治十五年至正德三年(1508年)五月，在这六年半的期间内，共解过辽东、大同、宣府、宁夏、甘肃、榆林等边镇银数，光是年例银和奏讨银便已达5 046 753两有奇，平均每年大约解发776 423两零。同期间内，各边又有解去折粮、折草、户口食盐、农民赃罚和盐价诸项，以及带运马草、麦、钞、布折银等，共5 134 570余两，平均每年大约解运789 934两零。⑤ 京、民二运合计，每年达到1 566 357两以上。

明中叶以后，异族的侵凌并不以骚扰性质或饱掠远飏为限，他们还霸占一部分中国领土。例如河套地区就是由于异族住牧其中而被迫放弃的。⑥ 因此，为了防止异族进一步的侵略，户部太仓银库每年都有经常性的军事费

---

① 参考王崇武《明代的商屯制度》(《禹贡(半月刊)》第五卷第十二期，1936年)，页2—3，6—7；吴晗《读史札记》(三联书店三版，北京)，《明代的军兵》(原载《中国社会经济史集刊》第五卷第二期，1937年)，页127，《募兵》，及页132—135，《军饷与国家财政》；王毓铨《明代的军屯》(北京，中华书局出版，1965年)，页208—212，《军屯的作用》；李龙华《明代的开中法》(香港中文大学《中国文化研究所学报》第四卷第二期，1971年)，页375，474；寺田隆信《山西商人の研究》(日本京都，东洋史研究会出版，1972年)，页28—79，《北边における军事の消费地带の经济结构》。
② 《明会典》卷二八，页二七至五二，《边粮》，主、客兵的京运和民运年例银条。
③ 据《明史》卷一五，页八至一二，《孝宗本纪》，弘治十三年夏四月，火筛开始入寇大同，其后数年与小王子等异族相继骚扰边境。
④ 《明实录》第五九册，《孝宗实录》卷一九二，页八下，弘治十五年十月辛酉，户部上会计盈缩之数。按：解发总数，原文作四百二十五万二百余两，据《明实录校勘记》第一二册，页六四九载，三本(广方言馆本、抱经楼本、天一阁钞本)皆作四百二十三万二百余两。兹从三本。平均数字以两年半为除数计算而得。
⑤ 《明实录》第六三册，《武宗实录》卷三八，页七，正德三年五月丙寅，太监刘瑾奏。按：这两个平均数字都用六年半为除数计算而得。
⑥ 《明史》卷四〇，页二下，《地理志》一："世宗(1522—1566年)时，复弃哈密、河套。"按：位于中国北边的东胜、大宁、开平三卫和西北边境地区的哈密卫的先后弃守，使北方国防线上失去几个重要的前哨；而河套的弃守，又使中国失去一块广大辽阔的沃土。关于弃守河套的详情，可参考《明史论丛》(1968年台湾学生书局出版)第六册，《明代边防》，页189—204，伊志《明代弃套始末》(原载《禹贡(半月刊)》第二卷第七期，1934年)。

用的支出,这就是包括主、客兵在内的京运年例银。兹将明中叶以后各边镇每年所获发给的京运年例银总数胪列如下,以便观察太仓银库对经常军事费用负担的情况。

第四表 明中叶后各边镇京运年例银总数

年　份	岁支京运年例银数(两)	资　料　来　源
正德(1506—1521)末年	430 000(＋)	《皇明经世文编》第一三册(卷一九八),页二七五,潘潢《会议第一疏》(《理财十议》),《修屯政》。并参考本书217页注⑤。
嘉靖(1522—1566)初年	590 000(＋)	《皇明经世文编》第二〇册(卷三一八),页四八,王崇古《陕西岁费军饷疏》;第二六册(卷四二六),页三三五,陈于陛《披陈时政之要乞采纳以光治理疏》。据户科给事中韩光祐和官应震的报告,嘉靖初年的京运年例银为六十万两左右(《明实录》第一一六册,《神宗实录》卷四四九,页六下,万历三十六年八月庚辰;第一一八册,《神宗实录》卷五〇二,页一〇下,万历四十年闰十一月丁亥)。
嘉靖十八年(1539)以后	约 1 000 000	陈于陛前引文。
约嘉靖二十六年(1547)	1 015 000(＋)	这个数额是宣府、大同、山西、辽东、陕西固原、宁夏、甘肃、蓟州八边镇的京运年例银的总和。参考《明实录》第八四册,《世宗实录》卷三一七,页三下至四,嘉靖二十五年十一月庚辰;卷三一八,页一下,嘉靖二十五年十二月庚寅。
嘉靖二十八年(1549)	2 210 000	王崇古前引文。按:陈于陛前引文说是年各边饷银为220万两。
嘉靖三十八年(1559)	2 400 000(＋)	王崇古、陈于陛前引文。
嘉靖四十三年(1564)	2 510 000	王崇古前引文。按陈于陛前引文说该年各边饷银为250万两。

续表

年　份	岁支京运年例银数（两）	资　料　来　源
隆庆元年(1567)	2 360 000(＋)	《明实录》第九三册,《穆宗实录》卷一五,页五下,隆庆元年十二月戊戌,户部尚书马森奏;《皇明经世文编》第一八册(卷二九八),页五七〇,马森《明会计以预远图疏》。
隆庆三年(1569)	2 400 000(＋)	《明实录》第一一六册,《神宗实录》卷四四九,页六下,万历三十六年八月庚辰,户科给事中韩光祐言。按:《明实录》第九三册,《穆宗实录》卷三一,页四下,隆庆三年四月癸未,户部尚书刘体乾说,九边年例"该发"二百七十六万两有奇;《国朝典汇》第三册(卷一〇一),页一三〇八,《户部》一五,《仓储》附《库贮》,"隆庆三年四月"条说,是年九边年例"该发"二百七十九万有奇;同册(卷一〇二),页一三一七,《户部》一六,《查理各项钱粮》,"隆庆三年"条,及《明实录》第九四册,《穆宗实录》卷三九,页二,隆庆三年十一月乙亥,刘体乾等说,各边年例"当用"银二百八十万两。这些都是当年的预算岁额,而不是实际岁出。
万历五年(1577)以前	2 600 000(＋)	《明实录》第一〇〇册,《神宗实录》卷七三,页一二,万历六年三月甲子,户部题。
万历六年(1578)	3 223 051(＋)	《万历会计录》卷一,页一八至二二,《岁出》,十四边镇年例银额数的总和。
约万历十四年(1586)	3 159 400(＋)	《明实录》第一〇四册,《神宗实录》卷一八六,页六下至七,万历十五年五月癸卯,户部题。
万历十八年(1590)	3 435 000(＋)	《明实录》第一〇六册,《神宗实录》卷二三四,页二,万历十九年闰三月己巳。
约万历二十一年(1593)	3 800 000(＋)	《皇明经世文编》第二七册(卷四四四)页四七九至四八〇,王德完《国计日诎边饷岁增乞筹画以裕经费疏》(原注:此疏上奏于万历二十一年)。

续表

年　份	岁支京运年例银数（两）	资　料　来　源
约万历二十八年（1600）	约 4 000 000（＋）	《明实录》第一一二册，《神宗实录》卷三五五，页二下，万历二十九年正月己未，户部尚书陈蕖等言："九边额饷逾四百万。"冯应京《皇明经世实用编》第一册，页二六〇，劳养魁《国计考》："十四镇年例通计主客兵饷岁费，京运、民运银共七百二十万有奇。"原注："照万历二十九年呈《御览册》，京运银约四百万，太仓银库所发也；民运银约三百二十余万，派各省直径（迳）解者也。"
万历二十九年（1601）	约 4 000 000	《皇明经世实用编》第一册，页二五〇，劳养魁前引文。
万历三十六年（1608）	4 900 000（＋）	《明实录》第一一六册，《神宗实录》卷四四九，页六下，万历三十六年八月庚辰，户科给事中韩光祐言。
万历四十年（1612）	3 890 000（＋）	《明实录》第一一八册，《神宗实录》卷五〇二，页一〇，万历四十年闰十一月丁亥，户科给事中官应震奏。
万历四十五年（1617）	3 819 029（＋）	《明实录》第一二一册，《神宗实录》卷五七一，页一〇，万历四十六年六月戊寅，户部尚书李汝华言。

上述第四表所列举的岁支京运年例银总数，在嘉靖（1522—1566 年）中叶为 100 万两左右；中叶以后至万历五年（1577 年）以前，为 200 余万两；万历六年（1578 年）至四十五年（1617 年），则为 300 余万两至 400 余万两之间。但御史郝晋说："万历末年，合九边饷止二百八十万。"① 户科右给事中黄承昊也说："祖宗朝边饷止四十九万三千八十八金，神祖'万历'时至二百八十五万五千九百余金。"② 这个偏低的年例银数字，可能是指万历朝（1573—1620 年）

---

① 《明史稿志》六〇，页一二，《食货》二，《赋役》；《明史》卷七八，页一三，《食货志》二，《赋役》。
② 《国榷》第六册（卷八九），页五四四五至五四四六，崇祯元年六月己酉。按：《明实录·附录》第一册，《崇祯实录》（影印嘉业堂旧藏钞本）卷一，页一三，崇祯元年六月丁未条，所载较略。

年例银的额定数字;也可能是边镇因奏留、改解而扣抵部分年例外,另由户部太仓银库补发的余数。① 无论如何,起运地方银至太仓,再由太仓解发边镇;或者是边镇就地扣抵,或邻省改解太仓银作为年例,都可算作太仓银库项下的支出。从第四表所列年例银的递增来看,太仓银库对军事费用的负担显然愈来愈重。况且,军事费用的支出,不单只是年例而已,在战争紧张时间,还有很多额外的支出。例如,俺答大举侵犯中国时期,自嘉靖二十九年(1550年)十月至三十一年(1552年)正月止,在这 15 个月内,户部银的支出,除了各边主客兵年例银 280 万两外,还有新增军饷银 245 万两有奇,修边和赈济的费用约 300 万两,总数共达 800 余万两;而工部付出的工食银和料价银也有 345 000 两。② 其中光是直接军事费用就已达 525 万余两,占户部军备开支总数 65% 左右。

自明中叶以后,中央政府的岁出通常有哪些主要的项目? 而平时军事费用所占的比例又怎样呢? 在隆庆元年(1567年)和万历三十一年(1603年),马森和劳养魁曾经先后提及,但只有岁出各项名称和总额,而没有各项开支的详细数字。③ 户部在万历九年(1581年)编制成的《万历会计录》,刊载万历六年(1578年)岁出各项,本色折色的名称和数目都很清楚完备,现在仅将其中岁出的折色银数胪列如下,然后再作统计。

---

① 《万历会计录》卷一,页二二,《岁出》,户部胪列万历六年(1578年)十四边镇的年例银数额,下面跟着附有一段解释说:"以上各边镇年例银两,内除奏留、改解赃罚、事例、商税等银扣抵外,余数太仓补发。"
② 《明实录》第八六册,《世宗实录》卷三八一,页六下,嘉靖三十一年正月己酉,户、工二部奉旨奏上京边备房粮草军器用银实数。
③ 隆庆元年(1567年),马森《明会计以预远图疏》说:"及查岁支公、侯、驸马、伯禄米折银,及在京文武百官、京城内外各卫所官军勇士折俸、折绢、布、钞、冬衣布、花,并各营将官家下军士马匹折色口粮、料、草,内府各监局会无买办枣儿等项,神乐观舞生夏衣、冬夏,太常寺猪价,钦赏番僧、夷人,各卫所军伴杂役折米银,京五场草召买草束商价,共约岁支银一百三十五万余两。九边近年岁发主客二兵年例银,增至二百三十六万余两。"[《皇明经世文编》第一八册(卷二九八),页五六九至五七〇。按:《明实录》第九三册,《穆宗实录》卷一五,页五下,隆庆元年十二月戊戌条,有总数,无细目。]又万历三十一年(1603年),劳养魁《国计考》说:"计额内之出也,九边年例岁费太仓银约四百万,竭一岁之入已不能支。而供用库之香、蜡、草、料,惜薪司之糯米,京官员之俸折,光禄、太常之果品、猪价,修仓军夫之米折,昌平之协济,宝钞司之稻草,诸仓场之草、料,兵部之筏夫,酒醋面局之豆、麦,光禄寺之银、钞,厨役,神乐观之舞生,礼部之赏夷折绢,工部器皿厂之小麦,丙字库之召买丝、绵,司苑局之豆、草,京卫所官之布、绢,军伴营卫之草、料,三都司之行、月粮,诸额内之出约岁费七十万。皆取办于太仓。"(《皇明经世实用编》第一册,页二五〇至二五一。)

第五表　明万历六年(1578年)太仓银库各项岁出银额

项目编号	岁出项目名称	岁出银额(两)
1	公、侯、驸马、伯每年约支禄米折银	16 561
2	吏部等衙门官员每年约支折俸并折绢布银	44 660.25(＋)
3	光禄、太常寺、神乐观、文思院、司苑局、皮作局、宝钞司、京卫、武学等衙门厨役、官匠、武生、乐舞生、甲军、并教坊司俳色长每年约支折色银	10 807
4	锦衣等柒拾捌卫所官吏旗校军士匠役每年约支折色银	216 884.39
	官员每年约支折俸并折绢布银	268 397.08(＋)
	军士冬衣布折银	82 121
	各仓库草场官攒甲斗每年约支折色银	2 134.02(＋)
5	内府各监局库民匠每年约支折色银	152.95
6	宛、大贰县孤老	(全支本色米、布)
7	五军、神枢、神机三大营将官并选锋军每年约支冬衣布折银	2 230
	营操马匹每年约支折色料草银	79 639.42
8	巡捕营官军家丁每年约支马匹料草折银	29 810.4
9	锦衣、旗手等卫上直宣官捕盗马匹每年约支料草折银	16 818.97
10	腾骧四卫营马匹每年约支料草折银	14 859.18
11	中都留守司并山东、河南二都司班军每年约支行粮并做工盐粮折银	50 410.9(＋)
12	京五草场每年约支商价银	16 271(＋)
13	御马三仓并象马等房仓每年约支商价银	148 403(＋)
14	太常寺猪价银	570
15	内宫监、宝钞司召买稻草商价银	949.3(＋)
16	宣府镇年例银	296 000
17	大同镇年例银	450 638
18	山西镇年例银	206 300

明中叶后太仓岁出银两的研究

续表

项目编号	岁出项目名称	岁出银额（两）
19	延绥镇年例银	377 515.21
20	宁夏镇年例银	39 294.875
21	固原镇年例银	63 721.82
22	甘肃镇年例银	51 497.8(＋)
23	辽东镇年例银	409 984.36(＋)
24	蓟州镇年例银	424 892.38(＋)
	军门抚夷银	28 800(＋)
25	密云镇年例银	394 037.19
26	永平镇年例银	241 858.6(＋)
27	昌平镇年例银	175 540.81(＋)
28	易州镇年例银	59 000
29	井陉镇年例银	3 970
	合　　计	4 224 730.905(＋)

资料来源：《万历会计录》卷一，页一八至二二，《岁出》。

从上表胪列的29项岁出中，由第1项至第15项，是首都各部门的行政费，卫所的警备费，各类粮料器物的开销，以及官、贵、军、役的俸、禄、薪、津等，都属于"京支"，可以说是首都的经常费用。除了发给顺天府的宛平和大兴二县的孤老福利，全用本色米和布来支付外，其余14项岁出折色银，合计共为1 001 679两8钱6分零。由第16项至29项，是十四边镇的军事费用的岁出，合计共为3 223 051两4分5厘零。可见边境军事费用约为首都经常费用的3倍，占全年支出总额76％以上。

万历初年，边境比较宁静，再加上张居正对财政的整顿，故万历六年（1578年）的实际岁出仅为3 888 400两有奇[1]，比上述第五表的额定岁出4 224 730两9钱5分零为少。关于该年实际开支的军费和首都经费，张居正没有透露，我

---

[1] 《皇明经世文编》第二〇册（卷三二五），页三九二，张居正《看详户部进呈揭帖疏》；《春明梦余录》页四四四（原卷三五，页三一至三二）引张居正《岁赋出入疏》。

们很难加以比较。为了进一步了解军费与京支的比重,这里把有军费记载的年份依次列成一表,并计算军费在岁出总数中所占的百分比。

第六表 明中叶后太仓支付军费在岁出银总数中所占的百分比

年 份	太仓岁出银总数（两）	太仓支付军费银数（两）	军费占岁出银总数的百分比(%)	备 注
嘉靖二十七年(1548)	3 470 000	2 310 000(+)	66.57	本年军费的支出包括募军、防秋、摆边、设伏、客兵、马料、商铺料价、仓场粮草,以及补岁用不敷等项。
嘉靖二十八年(1549)	4 122 727	2 210 000	53.65	表中军费指的是京运的"边费"。
嘉靖四十三年(1564)	3 630 000	2 510 000	69.15	同上。
隆庆元年(1567)	3 710 000(+)	2 360 000(+)	63.61	这个军费银数仅指本年边饷银,而岁出总数则包括边饷与京俸禄米草等项折银。
	5 530 000(+)	4 180 000(+)	75.61	同年补发年例银182万两,岁出与边支均告上升,军费的比重也随着增加。
隆庆三年(1569)	3 790 000	2 400 000(+)	63.33	表中军费仅指"京运年例"。
隆庆四年(1570)	3 800 000(+)	2 800 000(+)	73.68	表中军费指的是"边饷"。
万历五年(1577)	3 494 200(+)	2 600 000(+)	74.41	表中军费指的是"主客兵年例等银"。

明中叶后太仓岁出银两的研究

续表

年　份	太仓岁出银总数（两）	太仓支付军费银数（两）	军费占岁出银总数的百分比(%)	备　注
万历六年(1578)	4 224 730（＋）	3 223 051（＋）	76.29	表中军费是根据《万历会计录》计算出来的额定年例银，而不是当年的实际支出。
万历十四年(1586)	5 920 000（＋）	3 159 400（＋）	53.37	表中军费指的是"各边年例"。
万历十八年(1590)	4 065 000（＋）	3 435 000（＋）	84.50	表中军费指的是"各边年例等银"。
万历二十八年(1600)	4 500 000（＋）	4 000 000（＋）	88.89	表中军费指的是"京运年例"。
万历二十九年(1601)	4 700 000（＋）	4 000 000	85.11	表中军费指的是太仓库银额内支出的九边年例的岁费。
万历四十年(1612)	4 000 000（＋）	3 890 000（＋）	97.25	表中军费指的是"边饷"。
万历四十五年(1617)	4 219 029（＋）	3 819 029（＋）	92.49	表中军费指的是"岁出边饷"，而岁出总数则包括边饷与库、局内外等项用度。

资料来源：本文第二表《明中叶后太仓银库岁出银数》，第四表《明中叶后各边镇京运年例银总数》，并参考二表引用书籍原文。

　　在第六表中，最后两年军费占岁出银总数的百分比似乎有些偏高，因为把岁出总数减去军费计算出来的首都经费，在万历四十年只有11万两，在万历四十五年只有40万两，与首都经费的实际数字相差很远（参考第五表及本书第267页脚注③）。表中所列军费都只是当年边境经常性的军事开支，如果遇到边境紧张或大规模战争爆发的时候，除地方上动员额外的人力、物力、财力之外，户部的太仓银库，兵部太仆寺的常盈库，宫廷的内承运库,甚至留都南京各部门,都要提供额外的支援(参考本文前述有关军费开销的事例和《明代的开中法》,页四八六,第十六表《万历年间的借饷数目》)。可是,光是就本表所列经常军费在岁出总数中所占的百分比来说,我们可以看出,最低没有少过占岁出总数的一半,而通常占 60% 至 80%之间。

除上述外,明代最后二十余年军费在岁出总数中所占的百分比,在第六表中并没有列出,现在让我们补充一下。自从万历最末三年(1618—1620年)经过三次加派之后,光是应付辽东战争的新饷定额就已经达到520万两;崇祯四年(1631年)完成第四次加派后,每年新饷总额更高达680余万两。不久以后,又有剿饷和练饷的先后征收。再加上各边镇原有的旧饷,每年额定的军费总数达 2 000 万两以上。虽然有时实际支出未必如额,但也相去不远。① 而且,新饷、剿饷(先)、练饷(后),再加上大部分的旧饷是军事费用的开支,首都经费仅占旧饷中的小部分。如果和全部岁出总额比较一下,军费要占绝大多数,这是非常明显的。例如户部尚书毕自严报告崇祯元年(1628年)的岁出银数中,旧饷开支为 4 433 759 两零,而其中首都经费("京支杂项")为 84 万两②,只占 18.94%。同年的新饷开支为5 135 183 两零,百分之百都是军费。③ 如果新、旧二饷合计,岁出总数共达 9 568 943 两零。因此,首都经费在该年实际仅占岁出总数 8.78%;其余91.22%都属于军事费用的开支。

从上述一系列的论证中,我们可以知道,军费支出是造成岁出银数增加的主要因素。而岁出银数之所以作不规则性的递增,主要由于不定期战事的爆发。明朝虽然把中国本部完全统一,但只有太祖和成祖两朝(1368—1424年)的半个多世纪是极盛时期,具有应付外敌的能力;此后 200 余年间,几乎

---

① 《明史稿志》六○,页一○下至一二,《食货》二,《赋役》;《明史》卷七八,页一一至一三,《食货志》二,《赋役》。并参考本文第二表。
② 《明实录·附录》第八册,《崇祯长编》卷一九,页三四,崇祯二年三月壬申,户部尚书毕自严《疏》;《明史稿·列传》一三五,页四,《毕自严传》;《明史》卷二五六,页六,《毕自严传》。
③ 《度支奏议》第一七函,第二册,《新饷司》卷三,页四四下至四八,崇祯二年三月初七日毕自严具题《通算元年辽饷之数疏》。

时时刻刻都要抵抗外侮的进袭。① 早在宣德(1426—1435年)年间,蒙古部族已经蠢蠢欲动,兀良哈部和属于鞑靼部的阿鲁台都曾先后入寇。正统(1436—1449年)年间,另一蒙古部族瓦剌部强大起来,实力派领袖也先在著名的土木堡战役中获得胜利,把中国皇帝明英宗俘虏了去。到了景泰(1450—1456年)、天顺(1457—1464年)年间,边患日增,孛来、毛里孩、阿罗出、孛罗忽等异族相继入犯,阿罗出在河套地区驻牧。成化(1465—1487年)年间,余子俊在边境大规模修筑防御工事,建立城墙和堡垒,暂时阻挡一下异族的入侵。但到了弘治(1488—1505年)后期,小王子部与火筛又来侵扰②,使明政府消耗不少军费。这都是明中叶以前边患的情形。

明代中叶以后,北方边患日趋严重。正德(1506—1521年)年间,位于西北远边的吐鲁番占据哈密卫;同时,吉囊和俺答经常出入河套,侵犯边境。自嘉靖九年(1530年)开始,俺答与吉囊诸部或分或合,寇掠榆林、宁夏、大同和宣府等处。当时总制陕西三边军务的王琼加紧修筑城墙,也无济于事。十九年(1540年),二部联合大举入侵,纵横驰骋于宣府和大同之间,杀掠人畜以万计。二十一年(1542年),吉囊去世,俺答更为强大,于是纠合诸部及汉奸等入塞,由六月丁酉(十八日)至七月庚午(二十二日),凡寇十卫三十八州县,杀掳男女二十余万口,掠夺牛、马、羊、豕二百万头,以及相当数目的衣缣金钱,此外又焚毁公私庐舍八万区,蹂躏禾田数十万顷。像这样的侵扰,无时或已。③ 到了嘉靖二十九年(庚戌年,1550年),更爆发了自土木堡战役以来最严重的虏患事件,史称"庚戌之变"。当年八月乙亥(十四日),俺答越过宣府,由蓟州进攻古北口,力逼通州,直薄东直门,在首都近郊驻兵,要胁互市。明廷一方面檄召诸边镇军队勤王,一方面交涉互市事宜。幸而俺答没有久留,

---

① 雷海宗《中国文化与中国的兵》(1940年2月初版,1968年1月香港龙门书店影印)页60—61。
② 参考《明史稿·本纪》七至一二,及《明史》卷九至一五,宣宗、英宗(前、后)、景帝、宪宗与孝宗诸本纪;《明史稿志》六八,页一至八,《兵》四,《防边》,及《列传》二〇一,页一至四〇,《外国》八,《鞑靼》《瓦剌》《朵颜》;《明史》卷九一,页一至四,《兵志》三,《边防》,卷三二七,页一至一五,《外国》八,《鞑靼》,及卷三二八,页一至七,《外国》九,《瓦剌》。
③ 谷应泰《明史纪事本末》(1969年台北三民书局排印本)下册(卷六〇),页六三五至六三九,《俺答封贡》;《明史稿志》六八,页一〇至一三,《兵》四,《防边》;《明史》卷九一,页四下至六,《兵志》三,《边防》。

在八月癸未(二十二日)便饱掠而去。① 经过这次兵临城下的惊险的一幕，明廷才锐意加强首都的防卫力量。② 翌年(1551年)虽开宣、大马市，但俺答供给骡马而索取高价，大同总督史道不允照价给予，俺答便在十二月分内三次寇掠大同。不特如此，俺答常常趁着大同开市的时候寇掠宣府，当宣府开市的时候又寇掠大同，甚至"朝市暮寇"，或"币未出境，而警报随至"③。明廷不胜其扰，遂于嘉靖三十一年(1552年)九月癸卯(24日)罢各边马市。④ 由于这个容易获利的贸易被取消，俺答遂故态复萌，再用武力掠夺财物人畜。自成化以来，明政府在北方边境不断建筑城墙和堡垒来应付房患。破坏了的，再复修理；不足够的，增加营造。⑤ 可是，事实上，这些防御工事只能抵挡一时，或保卫一地，俺答及北方诸部仍旧照常侵扰，并没有丝毫收敛。直至隆庆四年(1570年)十二月，俺答把汉奸叛徒赵全等九人交还中国处理，而中国方面送回自愿来降的俺答的孙子把汉那吉，并在翌年(1571年)三月己丑(28日)封俺答为顺义王，双方交好，北边西部的房患才暂告平息。⑥ 在隆庆(1567—1572年)年间和万历(1573—1620年)初年，北边东部虽然仍有土蛮、朵颜和炒蛮的零星骚扰，但都被李成梁、戚继光等名将一一击退。⑦

---

① 《明史纪事本末》下册(卷五九)，页六二七至六三五，《庚戌之变》。
② 加强首都的防卫力量分两途进行：一方面增加作战的兵源，另一方面增筑防御的城墙。军队的来源有二：一是来自内地的招募，从京畿附近的山东、河南、山西诸道募兵入卫京师；一是来自边镇的挑选，从宣府、大同、甘肃、宁夏、延绥等镇精选锐卒入卫，由首都将领分别训练(参考《明史纪事本末》下册，页六三三，《庚戌之变》；《明实录》第八五册，《世宗实录》卷三六六，页一至二，嘉靖二十九年十月甲子)。关于防御工事方面，早在嘉靖二十一年(1542年)，毛伯温已有增筑京师外城的提议，但当时"庙工方兴，物力难继"，因而作罢(《明史稿·列传》七四，页一四，《毛伯温传》；《明史》卷一九八，页一八，《毛伯温传》)。庚戌之变以后，兵部尚书聂豹、掌锦衣卫都督陆炳、总督京营戎政陈圭、协理戎政侍郎许论、钦天监监生杨纬等，才于嘉靖三十二年(1553年)，策划在首都外面另筑一座高厚的外城，增加一条周围七十余里的外围防线，估计费用需银60万两，由户部负责其中的24万两，兵、工二部各负责18万两(参考《明实录》第八六册，《世宗实录》卷三九六，页一下至四，嘉靖三十二年闰三月丙辰)。
③ 《明史纪事本末》下册(卷六〇)，页六四一，《俺答封贡》。
④ 《明实录》第八六册，《世宗实录》卷三八九，页七，嘉靖三十一年九月癸卯；《明史稿·本纪》一四，页一六，《世宗本纪》；《明史》卷一八，页五下，《世宗本纪》二。
⑤ 参考李漱芳《明代边墙沿革考略》(《禹贡半月刊》第五卷第一期，1936年，香港新亚书院藏显微胶卷编号 R.4)，页1—15。
⑥ 章潢《图书编》(台湾成文出版社有限公司影印明万历四十一年刊本)第一二册，页五一八一至五一九九，《北房贡市纪事》；《明史纪事本末》下册(卷六〇)，页六因四至六五一，《俺答封贡》。
⑦ 《明史稿·列传》九一，页一一至一四，《戚继光传》，及《列传》一一五，页一至六，《李成梁传》；《明史》卷二一二，页一三至一七，《戚继光传》，及卷二三八，页一至八，《李成梁传》。

在俺答寇掠北方沿边的同时,中国南方沿海地区也正遭受到倭寇的侵扰。正统以前,倭寇在沿海地区曾有劫掠的行为。成化、弘治、正德三朝(1465—1521年),沿海各地比较宁静。到了嘉靖二年(1523年)五月,来自日本的两大势力,为了争夺在中国朝贡贸易的特权,互相追杀,并乘机大掠宁波沿海诸郡邑,杀死中国守备官兵。中国方面因而取消专司朝贡贸易的市舶司,并拒绝日本入贡。嘉靖十九年(1540年)二月,由于去年日本国王源义晴要求恢复贡市,中国方面允许十年一贡,人不过百,船不过三。但日本方面很少遵守。而且,自嘉靖二十五年(1546年)至四十四年(1565年)间,倭寇大规模地攻掠山东、江苏、浙江、福建、广东等沿海省份,几乎没有间断,使沿海军民疲于奔命,甚至出动土兵、狼兵和僧兵等来作战。尤其是在嘉靖三十四年(1555年),情况更为严重。是年倭寇在江、浙一带劫掠,竟辗转侵犯到留都南京,几经追剿,才能歼灭。这次寇乱历时80多天,杀掠居民财产及焚毁民房无算。他们的犯境,少则数十人,多时至万人,饱掠之后便退回海上,很难剿灭净尽。及嘉靖(1522—1566年)末期,经俞大猷和戚继光等名将训练军队,有计划的作战,倭患方告平息。其后到了隆庆(1567—1572年)及万历初年,偶然有倭寇犯境,但军民因嘉靖年间倭祸的惨痛教训,早已加强海防和江防的措施,严密戒备,故侵略者不易得逞。①

在北虏南倭的疯狂肆虐之后,到了万历二十年(1592年)至二十八年(1600年)间,又有"三大征"的军事行动。"三大征"包括两次平定内乱和一次援助邻国抗拒侵略。第一次军事行动是征讨原为鞑靼种的宁夏副总兵官哱拜父子的叛乱,由万历二十年二月十八日起至九月十七日止,历时7个月,

---

① 以上参考王直淮辑《倭变事略》(1936年上海神州国光社编《中国内乱外祸历史丛书》。此书包括作者不详的《嘉靖东南平倭通录》、明采九德《倭变事略》、郑茂《靖海纪略》、茅坤纪《剿除徐海本末》、赵士桢《倭情屯田议》、殷都《日本犯华考》及清玉垒山人《金山倭变小志》、蔡尔康《中东古今和战端委考》、金安清《东倭考》);《明史纪事本末》下册(卷五五),页五八四至六〇七,《沿海倭乱》;《明史稿志》六九,页一至一三,《兵》五,《防海》《防江》《民壮、土兵》《乡兵》《列传》九一,页一至一一,《俞大猷传》与《戚继光传》,及《列传》一九六,页一至一五,《日本传》《明史》卷九一,页一〇至二〇,《兵志》三,《海防》附《江防》《民壮、土兵》附《乡兵》,卷二一二,页一至一三,《俞大猷传》与《戚继光传》,及卷三二二,页一至一八,《日本传》;顾炎武《日知录》(上海商务印书馆万有文库本,1929年)第九册(原卷二九),页九七至九九,《少林僧兵》;何格恩《明代倭寇侵扰沿海各地年表》,《岭南学报》第二卷第四期(广州私立岭南大学中国文化研究室编,1933年,香港新亚书院藏显微胶卷编号R.5),页136—232。

耗费饷银1 878 000余两。第二次军事行动是援助朝鲜抵抗日本的侵略，由万历二十年五月至二十六年(1598年)年底，前后历时7年，耗费军饷及援兵等项银两共7 822 000两以上。第三次军事行动是征讨四川播州土司官杨应龙的叛乱，由万历二十八年二月十二日进兵时算起，至同年六月六日凌晨破城灭贼时止，前后一百多天，耗费饷银2 003 000余两。①

万历中叶以后，在中国东北远边的建州卫势力逐渐壮大，首领努尔哈赤并吞诸夷，拓展土地，锐意练兵，有觊觎中国的企图。到了万历四十六年(1618年)四月甲辰(十五日)，成熟的时机终于降临，努尔哈赤率领他的军队，借贡市为名，突袭抚顺，占领辽东镇这座重要的城堡。② 从此之后，清朝

---

① 参考明茅瑞征《万历三大征考》(1934年北平燕京大学图书馆据明天启元年东园老人《序》本排印)页一至三七；《明史纪事本末》下册(卷六二至六四)，页六七○至六九八，《援朝鲜》《平哱拜》《平杨应龙》；《皇明经世文编》第二七册(卷四四四)，页四九七至四九八，王德完《稽财用匮竭之源、酌营造缓急之务、以光圣德、以济时艰疏》；《国榷》第五册，页四八六一，万历二十八年八月辛卯工科给事中王德完言；《皇明经世实用编》第一册，页二五三，万历三十一年劳养魁《国计考》；《明实录》第一二一册，《神宗实录》卷五七○，页二下，万历四十六年五月甲寅河南道御史唐世济奏；清高宗敕选《明臣奏议》(1935年上海商务印书馆据《聚珍版丛书》本排印)第七册(卷三六)，页七○○，天启二年朱燮元《请发帑金疏》(按：此疏说征播费金钱270万两)。据贵州总督杨述中与贵州乡官、云南道御史王尊德等在天启三年分别追述万历年间征播事时，都说共耗饷银八百余万两(《明实录》第一二七册，《熹宗实录》卷三二，页二四下至二七，天启三年三月己酉及庚戌条)。这个数字可能是自万历二十一年四川和贵州的地方军队追剿杨应龙时算起，至万历二十八年动员陕西延绥、宁夏、甘肃、固原四镇，与河南、山东、浙江、湖广、广西、云南、贵州、四川诸省，以及各地土司的军队，联合征讨成功之日止，包括京、民二运和地方奏留借用的总数。而前引各条史料所载播饷200万两或200余万两，是指万历二十八年(1600年)前后应付大征讨时所费银数。翌年(1601年)，王嘉谟将当时负责平播的总督李化龙在这次战役中所写的奏议、咨文、牌票和书札编成《平播全书》(1937年长沙商务印书馆据《畿辅丛书》本排印)，其中第四册(原卷六)，页三七一，《销算军饷疏》说："题为征播事竣，造报动用军饷以备覆核事：据四川布政使司呈造覆核过征播军饷钱粮，自万历二十七年六月起至二十八年九月止，綦江、南川、合江、永宁四路与所属府、卫、州、县，总计支发户、兵二部并本省、外省、蜀府义助及派征未完地亩、夫价等银共二百四十七万五千八百零六两四钱八分六厘八毫七丝八忽九微一尘四纤四沙(按：重量单位忽以下顺次应为微、纤、沙、尘，而非微、尘、纤、沙，兹暂依原文照录)。铜钱一百七十三万一千八百零四文。"页三七五，同《疏》又说："但兴师虽在二十八年二月十二日方行进兵，然自二十七年六月以来，即值此役，其中调募主客官兵分布防守，买办粮、马、器具，预备听支，陆续动用，无月无之，是防、剿虽或不同，经费原系一事。"可见这个数字是包括大征讨之前有关动员备战的费用。另据户部尚书毕自严《度支奏议》第一函，第三册，《堂稿》卷三，页三，崇祯元年十月二十九日具题《召对面谕清查九边军饷疏》说："兼以征倭之费用过一百余万(两)，两次征倭之费用过五百九十五万四千余两，征播之费用过一百二十二万七千余两。"这些数字比较前引各条史料所载为少，可能仅指由太仓库银库直接支出的银数，并没有将就地扣抵和邻省转解太仓银数，以及借饷与凑办的银数合计(参考前引《皇明经世文编》载王德完《疏》与编者的旁注，以及《明代的开中法》，页四八六，第十六表《万历年间的借饷数目》)。

② 《明实录》第一二一册，《神宗实录》卷五六八，页四，万历四十六年四月甲辰；《明史稿·本纪》一六，寅一八，《神宗本纪》；《明史》卷二一，页一○下，《神宗本纪》二。

和中国在侵略和反侵略的战争中,于辽东地区胶结缠斗了二十余年,消耗数目巨大的人力、财力和物力,直至朱明王朝灭亡(1644年)方告结束。在这20余年的岁月里,除了应付在东北边境抗拒异族入侵的辽东战争外,自天启元年(1621年)九月至崇祯二年(1629年)八月,在西南地区,明朝政府又要镇压原为猓猡种的四川永宁宣抚使奢崇明和贵州水西苗人头目安邦彦等少数民族的叛乱,而邻近各省所给予粮物和军饷的支援,数量多至计不胜计。[1] 同时,自天启七年(1627年)至崇祯十七年(1644年),由于严重的饥荒和经济压迫(主要是加派),各地又发生规模庞大的民变,蔓延至中国本部山、陕以南和湖广以北的辽阔地区,其中李自成和张献忠更成为民变极盛时期(崇祯六年冬至十七年)最强大的两支队伍的首领。[2] 为了除掉这腹心大患,在崇祯十年(1637年)三月,兵部尚书杨嗣昌策划了一个由"四正""六隅"组成的所谓"十面网"的剿乱方案,并增加一种特别的军事费用,名为"剿饷"。两年后(1639年),因为要加强训练地方上的民兵和抽练边疆的军队,又增加一种练兵费,名为"练饷"。[3]

总括来说,无论是嘉靖年间备御北方沿边的胡虏和追剿南方沿海的倭寇,万历中叶应付包括两次内乱和一次抗日援朝的所谓"三大征",万历末年和天启、崇祯年间在东北抵抗满族的侵略,在西南镇压少数民族的反叛,或是在腹里地区扫荡到处流窜的乱民,都必须支付数额庞大的军费。这显然是明中叶后岁出增加的主要原因。

三

上文论述明代中叶以后岁出银数的增加,主要由于军费膨胀。并且,根

---

[1] 《明史纪事本末》下册(卷六九),页七七二至七八三,《平奢、安》;《明史》卷二二,页三至九,《熹宗本纪》;及卷二三,页三,《庄烈帝本纪》一。

[2] 《明史纪事本末》下册(卷七七及卷七八),页九一一至九四五,《张献忠之乱》《李自成之乱》;李文治《晚明民变》(1945年脱稿,1948年中华书局初版,1966年香港远东图书公司翻印),第三、四、五各章。

[3] 夏燮《明通鉴》(1962年台北世界书局印刷)第六册(卷八五),页3269,崇祯十年三月条,及页三四六○,崇祯十七年三月辛卯条;《明史稿·列传》一三八,页五下至一三,《杨嗣昌传》;《明史》卷二五二,页一下至八,《杨嗣昌传》。所谓"四正"是指陕西、河南、湖广、江北四地,负责"分剿而专防";所谓"六隅"是指延绥、山西、山东、江南、江西、四川六地,负责"分防而协剿"。把"四正"和"六隅"合起来,就好像张开一个"十面之网"。

据指数表的显示,在辽东战事爆发(1618年)以前,岁出约为基期(1518年)的 2 倍到 4 倍;战事爆发的初期(1621—1627 年)比较参差,岁出约为基期的 2 倍到 8 倍;以后迄于明亡(1628—1644 年),岁出约为基期的 7 倍多到 17 倍。面对这些急剧上升的岁出,太仓银库的岁入银两能否与之平衡相抵呢?关于明代中叶以后太仓银库岁入银数的情形,我们曾经进行过研究(见前引文),现在把研究所得的岁入数字和本文第二表的岁出数字进行比较,以观察它的盈亏状况,然后再加以讨论。

第七表 明代中叶后太仓银库岁出入银数比较 (单位:两)

年　　份	太仓银库岁入银数	太仓银库岁出银数	岁出入盈亏约数
约 1518—1527	约 2 000 000	约 1 330 000	盈 670 000
1528	1 300 000	2 410 000(+)	亏 1 110 000
1548 及以前数年	2 000 000	约 3 470 000	亏 1 470 000
1549	3 957 116	4 122 727	亏 165 611
1551	2 000 000	5 950 000	亏 3 950 000
1552	2 000 000(+)	5 310 000	亏 3 310 000
1553	2 000 000(+)	5 730 000	亏 3 730 000
1554	2 000 000(+)	4 550 000	亏 2 550 000
1555	2 000 000(+)	4 290 000	亏 2 290 000
1556	2 000 000(+)	3 860 000	亏 1 860 000
1557	2 000 000(+)	3 020 000	亏 1 020 000
1563	2 200 000(+)	3 400 000(+)	亏 1 200 000
1564	2 470 000(+)	3 630 000	亏 1 150 000
约 1565	2 200 000(+)	3 700 000(+)	亏 1 500 000
1567	2 014 200(+)	5 530 000(+)	亏 3 515 800
1568	2 300 000(+)	4 400 000(+)	亏 2 100 000
1569	2 300 000(+)	3 790 000	亏 1 149 000

续表

年　　份	太仓银库岁入银数	太仓银库岁出银数	岁出入盈亏约数
1570	2 300 000（+）	3 800 000（+）	亏 1 500 000
1571	3 100 000（+）	3 200 000（+）	亏 100 000
1573	2 819 153（+）	2 837 104（+）	亏 17 951
1577	4 359 400（+）	3 494 200（+）	盈 865 200
1578	3 559 800（+）	3 888 400（+）	亏 328 600
约 1581	3 704 281（+）	4 424 730（+）	亏 720 449
1583	3 720 000（+）	5 650 000（+）	亏 1 930 000
约 1586	3 890 000（+）	5 920 000（+）	亏 2 030 000
约 1589	3 390 000（+）	约 4 390 000（+）	亏 1 000 000
约 1590	3 740 500（+）	4 065 000（+）	亏 324 500
约 1592	4 512 000（+）	5 465 000（+）	亏 953 000
约 1593	4 723 000（+）	3 999 700（+）	盈 723 300
约 1600 以前	4 000 000	4 500 000	亏 500 000
约 1602	4 700 000（+）	4 500 000（+）	盈 200 000
1604	4 582 000	4 582 000	注 A
1605	3 549 000	3 549 000	注 A
1617	3 890 000	4 219 029（+）	亏 329 029
1620	5 830 246（+）	6 086 692（+）	亏 256 446
1621	7 552 745（+）	8 568 906（+）	亏 1 016 161
1622	4 968 795（+）	5 927 721（+）	亏 958 926
1623	7 893 137（+）	10 776 982（+）	亏 2 883 845
1625	3 030 725（+）	2 854 370（+）	盈 176 335
1626	3 986 241（+）	4 279 417（+）	亏 293 176
1628	7 064 200（+）	9 568 942（+）	亏 2 504 742

续表

年　份	太仓银库岁入银数	太仓银库岁出银数	岁出入盈亏约数
1630	9 136 357（＋）	9 500 628（＋）	亏 364 271
1631	12 249 195（＋）	11 125 252（＋）	盈 1 123 943
1634	12 812 000（＋）	12 153 000（＋）	盈 659 000
1639	约 20 000 000	约 20 000 000	注 B
1642	约 23 000 000（－）	约 23 000 000（＋）	注 C

资料来源：全汉昇、李龙华《明中叶后太仓岁入银两的研究》，《中国文化研究所学报》第五卷第一期，页90—101，第一表《明代中叶后太仓银库岁入银数》；本文第二表《明代中叶后太仓银库岁出银数》。

注 A：这两年的岁出入银数由管库主事余自强和张联奎分别在万历三十二年（1604 年）和三十三年（1605 年）任期内经手收放，是差事结束时盘点移交的数目，准备差满候考的，不能算作当年真正的岁出入数，姑并列之以作参考。

注 B：这是御史郝晋约略估计当时三饷起运输京（岁入）和发放输边（岁出）的数额，实际盈亏的情形不详，姑存待考。

注 C：这是署司事员外郎尹民兴在崇祯十五年九月二十九日上奏时所列三饷岁数银数（其中练饷岁用至 8 709 000 两有零，比原定 7 290 000 两的额数超出百余万两）。并且说："入尝（常）不足，出尝（常）有余。"《明清史料》乙编第五本，页四二四下，《核饷必先清兵》残稿很明显地表示岁出银数超过岁入银数。至于赤字是多少，却没有进一步详述清楚。

根据第七表所列太仓银库岁出入的盈亏数字来看，我们可知，在正德十三年（1518 年）以后的 120 余年中，除了正德十三年、万历五年（1577 年）、二十一年（1593 年）、三十年（1602 年）、天启五年（1625 年）、崇祯四年（1631 年）及七年（1634 年）七个年度的岁入银数，在当年发放后尚有盈余外，其余都不能完全支付当年的岁出而产生财政赤字。财政盈余的原因，从正常的情形来说，不外是当年的战事缓和（如房患未炽之时或大征战之后），或理财得当（如万历初年张居正和崇祯初年毕自严执政时）；从不正常的情形来说，有时增税加赋之后影响岁入（可能仅是数字上的）突然上升，或因中央政府拖欠不发，以致岁出在数字上较为降低。

财政赤字在表中出现的次数非常频密，几乎年年都是这样。而赤字有时低至万余两，最高时达三百余万两，通常在数十万两或百余万两之间。赤字的出现，表示财政上入不敷支。根据我们的研究，自明中叶以后户部太仓岁入银数曾经长期递增，但递增的数字或者未必如额实收，或者收入后被宫廷或别的部门吸收过去，或者着实收足了，但仍然赶不上岁出上升的速度。至于岁出的增加，如上文所述，主要由于军费的膨胀。现在我们要研究一下，军费方面究竟有哪些支出增加了呢?

为着要抗拒异族的侵扰,明政府采取的办法,就是加强军队的作战力量。明初经过大半个世纪的升平之后,质素精锐的京师军队以及分布边、海和内地的卫所军队逐渐废弛。北方虏祸从土木之役(1449 年)到庚戌之变(1550年),南方倭患从争贡之役(1523 年)到侵犯留都(1555 年),不论入塞掳掠或登陆屠杀,如入无人之境,很少遭遇固若金汤的防守,或坚强有力的截击。这些事实都充分显示卫所军队的软弱无能,证明了卫所制度的全面崩溃。因为这个缘故,明政府不得不招募兵员,补充新血,以便加强北方边境和沿海地区的防御。这个募兵的措施大约始于正统(1436—1449 年)末年,而在嘉靖(1522—1566 年)年间大加发展。自此以后,募兵就取代了隳坏不振的卫所军队的地位,而成为明政府对内对外的作战主力。①

---

① 参考吴晗《读史札记》页 92—141,《明代的军兵》。关于开始募兵的年代,明末蒋德璟说:"且自来征讨皆用卫所官军,嘉靖末始募兵,遂置军不用。"[《明史稿·列传》一三〇,页二三,《蒋德璟传》;《明史》卷二五一,页二下,《蒋德璟传》;《明通鉴》第六册(卷九〇),页三四六〇,崇祯十七年三月辛卯,蒋德璟言]。按:吴晗前引文,页一二七至一三〇,征引《明史》有关政军大员本传,证明"土木之变"后,于正统末年及景泰年间已开始募兵;嘉靖年间为了对抗北虏南倭,在边镇和沿海大事招募,甚至京军也用募兵充伍。此外,《明实录》也记载嘉靖中叶时太仓银库屡次发给募军银或新军粮饷。例如,嘉靖二十三年三月甲辰,"诏岁加三关例银三万两,给新募军马支用"。复诏给费约五万两,募军买马,以守要冲(《明实录》第八三册,《世宗实录》卷二八四,页一下)。同年六月癸巳,"发太仓银三万两,借新募军马粮草"(同册,卷二八七,页四)。同年八月辛未,"发太仓银二万七千两,于(山西)北楼口充新募游兵之费"(同册,卷二八九,页一)。嘉靖二十四年六月己亥,以召募新军,"加给大同镇岁饷银十有五万四千二百五十三两"(同册,卷三〇〇,页四下)。同年八月戊申,"诏明年加给甘肃饷银五万二千六百八十余两,闰月增四千三百九十一两有奇,岁为例,以庄(浪)、凉(州)增兵故也"。同月辛亥,"发太仓银四万三千六百两于延绥镇,作次年新旧募军及加添草银之数"(《明实录》第八四册,《世宗实录》卷三〇二,页四及页四下)。嘉靖二十五年正月壬申,"发太仓银十五万四千余两,于大同备新军年例粮饷"(同册,卷三〇七,页一下)。嘉靖二十八年正月乙未,"发太仓银一万一千二百两,备延绥镇新设游兵月粮"(《明实录》第八五册,《世宗实录》卷三四四,页一下)。嘉靖三十年正月戊戌,"以宣府召募新军,添给年例银十万一千二百两"(《明实录》第八六册,《世宗实录》卷三六九,页三)。同年四月丙戌,"加给延绥募军饷银二万四千两有奇,宁夏抽捕(应作'抽补',参考《明实录校勘记》第一九册,页一九五五)。新军饷银二万三千四百两,延绥挑选家丁通事饷银九千三百两,俱岁以为例"(同册,卷三七二,页七下)。同年五月丙午,"发太仓银六万一千两,于保定充募兵用"(同册,卷三七三,页三下)。同年六月丁卯,"发太仓银万九千二百两有奇,于延绥充新军饷"(同册,卷三七四,页三)。同年八月己卯,"发太仓银万二千六百两,于甘肃充新选军饷"(同册,卷三七六,页五)。同年九月癸卯,"发太仓银三千九百余两,于辽东充新抽军士粮饷"(同册,卷三七七,页三下)。同年十月丁卯,"发太仓银二万两,于蓟州充新军饷"(同册,卷三七八,页二下)。嘉靖三十一年五月丁酉,"发太仓银六万九千余两、临清仓米五万六千石,于大宁都司给新选官军"(同册,卷三八五,页四下)。同年十月丁巳,"发太仓银万有一千六百两,于宁夏添给新军月粮"(同册,卷三九〇,页一下至二)。嘉靖三十二年三月辛丑,居庸关至横岭选增戍卒,"乃给新募军士盔甲及营房、衣鞋银三千余两"(同册,卷三九五,页六下)。这些事例自嘉靖后期迄于明末也很常见,兹不赘举。

卫所军队主要由军屯、民运和盐粮来维持①,国家仅负担小部分的支出。但募兵必须按月发给饷银,征调时又要附加行粮银,全部由国家支付,这笔开销非常巨大。上述第四表《明中叶后各边京运年例银总数》所胪列的银两数字,主要就是支付边境主客兵粮饷和马匹料草的耗费,其递增的程度也是十分明显的。隆庆三年(1569年),靳学颜在讨论财政问题时说:"其尤耗天下财者曰兵。有边兵,有京兵,有留都兵,有腹内卫所兵。此四者坐食同,而缓急则异。其目曰见伍,曰招募,曰征调,曰清勾,曰充发。"②边兵方面,本来只有主兵和客兵,后来又添募标兵和家丁等兵种。③ 不管名目怎样,反正总得要让他们领饷吃粮。况且,招募没有定数,升赏多是冗员;纵使有士兵逃亡和马匹倒失,将官还是照额领取银粮料草,中饱私囊。④ 因此,政府无形中要增加支出。不特如此,自嘉靖二十九年(1550年)庚戌之变后,为了应付当前危急的局势,政府曾经临时按年增发客兵银二百余万两;但从此以后,竟沿为常例,而且有增无已。⑤ 此外,在万历(1573—1620年)后期,十余万巩卫首都的营兵每年耗费饷银也达到二百余万两的惊人数字。⑥ 这些岁用对明政府来说,实在是一个很沉重的负担。

辽东战事爆发(1618年)后,新募的军兵愈来愈多。从万历四十八年(1620年)七月甲辰户部尚书李汝华的报告中,可知辽东镇旧额官军82 377员名,新募和调援辽东的官军约计18万员名,共262 377员名;若加上其他十二镇和天津等处团练的官军,通共885 419员名。⑦ 所谓"新饷",就是专门用

---

① 《皇明世法录》第二册(卷二九),页八五七,隆庆二年都御史庞题《议处本折》及《皇明经世文编》第二二册(卷三五七),页三〇五,庞尚鹏《清理盐法疏》说:"盖九边额供之数,以各省民运为主,屯粮次之……而盐粮乃补其所不足。"又同本书281页注①引蒋德璟语:"祖制:各边养军,止屯、盐、民运三者。"
② 《明通鉴》第五册(卷六四),页二五一七至二五一九,隆庆三年夏条。
③ 《皇明经世文编》第二六册(卷四二六),页三三八,陈于陛《披陈时政之要乞采纳以光治理疏》(时政六要)。
④ 《明实录》第八七册,《世宗实录》卷四二二,页一至二,嘉靖三十四年五月乙未,巡抚延绥都御史王轮奏。
⑤ 《明实录》第八七册,《世宗实录》卷四一四,页五至六,嘉靖三十三年九月乙卯,户部言。
⑥ 《明实录》第一一五册,《神宗实录》卷四二八,页一下至二,万历三十四年十二月丁酉,工科右给事中王元翰言时事可痛哭者八事。
⑦ 《明实录》第一二三册,《光宗实录》卷二,页一三至一四。按,原文说:"通共一十三镇并团练官军共八十八万五千二十八员名。"与计算所得总数略有不符。

来接济辽东镇的山海关、宁远一带及关内宣府、大同、蓟州、密云、永平、天津各镇新兵的。① 天启(1621—1627年)初年,光是山海关内外 11 万余的骑兵和步兵,每年支出本色折色之费,养马草料之费,海运脚价之费,以及文武将吏、班军、匠役人等的俸薪、廪给、杂项之费,合计起来,已达 400 余万两;其他各处新兵每年约费银 120 万两②;毛文龙镇守登、莱、皮岛,每年费饷 80 余万两。③ 到了崇祯(1628—1644 年)年间,战事吃紧,岁出更为增多。崇祯十年(1637 年)和十一年(1638 年)为了应付民变而增兵 12 万,每年加征剿饷高达 330 万两。又自崇祯十二年(1639 年)开始,因为要提高士兵的质素,加强作战力量,而抽练边军和民兵共 73 万,每年增加练饷银 730 余万两。④ 到了崇祯十五年(1642 年),练饷银更高达 8 709 000 两有零(参考本文第七表注 C)。在没有征收练饷之前,岁出新、旧二饷(或加上剿饷)已达 900 余万两到 1 000 余万两;增加练饷之后,岁出更高达 2 000 万两(参考本文第二表)。这些数目巨大的岁出银两,大部分用来募兵、养兵、练兵,以及购买粮料、火器和其他战略物资。而且,各项支用的名目也甚为繁杂:以守城官军来说,有"盐菜银""米折银""料草银""姜椒银""煤炭银",又有巡军、门军、勇士和民夫的"盐菜银";以援兵来说,将领有"廪粮银",家丁有"口粮银",士卒有"盐菜银",新募各兵又加"月粮银";以发运来说,米豆草束都有"运价银";以熟食来说,有"烧饼银""煨炒银""熟肉银""烧酒

---

① 《明实录・附录》第八册,《崇祯长编》卷二〇,页二九至三〇,崇祯二年四月戊申,户科给事中解学龙上疏说:"新饷原为辽患接济关、宁、宣、大、蓟、密、永、津新兵,取之田赋加派与杂项补凑。……旧饷专接济蓟、密、永、津、延绥、宁夏、甘肃、固原等镇旧兵,取之田赋正额与盐课、杂项、□库、榷关等件。"
② 《明实录》第一二八册,《熹宗实录》卷三六,页二下至四,天启三年七月辛卯,工科给事中方有度疏中引天津督饷户部右侍郎毕自严最近的奏疏。
③ 《明实录・附录》第一三册,《崇祯长编》卷五三,页一三及页二六,崇祯四年闰十一月庚戌及壬戌;卷五五,页三,崇祯五年正月辛丑,都说登、莱、皮岛岁饷八十余万两。按:《明实录・附录》第一册,《崇祯实录》卷二,页六下,载崇祯二年六月庚戌,毛文龙"索饷又过多,岁百二十万,兵二十万,朝议多疑而厌之"。
④ 《明史稿志》六〇,页一二,《食货》二,《赋役》,及《列传》一三八,页五下至一三,《杨嗣昌传》;《明史》卷七八,页一三,《食货志》二,《赋役》,及卷二五二,页一下至八,《杨嗣昌传》。按:二书《食货志》都说"剿饷三百三十万,(崇祯十二年)业已停罢,旋加练饷七百三十余万"。《杨嗣昌传》载:"因议增兵十二万,增饷二百八十万。"计六奇《明季北略》(1936年上海商务印书馆据康熙十年序刊本排印)第二册,页二〇一,说杨嗣昌"议加剿饷三百万两。"今从前引二书《食货志》。

银"和"黄酒银";以召买来说,有"豆价银"和"口袋银";以督运官员来说,有"发运委官口粮银"。① 再加上旧例边镇戍兵有"军装银"②,京营选兵有"器械银"③,募兵征调有"安家银"④。名目之滥,是明代中叶以前所没有的。至于供养一个新募或调援的士兵,每年所费饷银,在万历(1573—1620 年)后期每名约 18 两至 23 两⑤;但到了崇祯(1628—1644 年)初年增加至 30 两以上。⑥ 这当然是明朝末年军费上升速度加快的主要因素。

除了调募军兵以致增加饷银外,籴买和运输巨额的粮料草束也是一笔庞大的开支。辽东地区是明朝最后二十余年中的战争重点。在嘉靖(1522—1566 年)中叶,辽东镇每年只有屯粮 259 990 石,秋青草 3 585 260 束,山东省民运每年供给该镇粮 18 万石,中央政府发给的年例银、额派客兵盐银和补岁用不敷盐银共 201 364 两。⑦ 及万历九年(1581 年),辽东镇有主兵屯粮 279 212 石 3 斗 1 升 4 合,改解太仓转发的民运折银 159 842 两 5 钱 9 分 5 厘,主

---

① 《度支奏议》第三函,第四册,页九三下,《堂稿》卷一〇,崇祯三年正月七日具题《奉旨开报军兴钱粮疏》。
② 《明实录》第八五册,《世宗实录》卷三三八,页三下,载嘉靖二十七年七月癸未,辽东巡抚都御史李珏奏准增置辽东要害城堡戍兵三千二十九名,每名给军装银六两,马价银八两,共发太仆寺银四万二千四百六两。
③ 《明实录》第八六册,《世宗实录》卷三九四,页三,载嘉靖三十二年二月丁巳,"总督京营戎政丰城侯李熙奏:'京营已选兵四万,原议每兵器械银一两,请以时给。'诏户部如数给之"。
④ 《明臣奏议》第九册,页六二〇,万历二十五年李颐《条陈海防疏》:"其客兵安家银照例每名五两,月饷银一两五钱。"又《明实录》第一二一册,《神宗实录》卷五六八,页九,载万历四十六年四月戊午,署兵部尚书薛三才说:"转饷征兵,时刻难缓。……新募者有安家、月粮、买马、草料之费。"又第一二二册,《神宗实录》卷五八四,页八至九,载万历四十七年七月戊子,兵部尚书黄嘉善题,新调边镇的腹内兵每名给安家银五两,马价银十两,分别由户部和兵部负责。
⑤ 参考上注李颐《疏》,每兵月饷银 1 两 5 钱,以 1 年计算,常年为 18 两,闰年为 19 两 5 钱;新募时加发安家银 5 两,则入伍第一年每兵年饷,常年为 23 两,闰年为 24 两 5 钱。按:《明实录》第一二一册,《神宗实录》卷五七〇,页五,载万历四十六年五月甲午,蓟、辽总督汪可受奏:"每兵一名,月给粮(饷)一两六钱,另器械(银)二两,一岁共该二十一两二钱。"又按:沈云龙编《明清史料汇编》(1967 年台北文海出版社印行)第九本,熊廷弼《经辽疏牍》(泰昌元年序,湖北通志局用东洋钞本重雕)卷二,页一〇下,《敬陈战守大略疏》,及《明实录》第一二三册,《神宗实录》卷五八八,页八下,万历四十七年十一月癸卯,经略辽东熊廷弼的题奏,却说:"每兵一名,岁计饷银十八两。"另外,"每军月给本色五斗。"
⑥ 《明实录·附录》第一一册,《崇祯长编》卷三七,页二五下至二六,崇祯三年八月癸酉,兵部尚书梁廷栋说:"臣就九边额设兵饷考之,兵不过五十万,二运折色乃一千五百三十余万,而本色不与焉。是以三十余金而待一兵也。"又第一二册,《崇祯长编》卷五二,页二四,载崇祯四年十一月癸巳,户部尚书毕自严说:"昔援兵到辽,止食饷一分。今则行(粮)、月(饷)兼支,盐、菜并急,如川、贵援兵有月给近三两者。"
⑦ 《明史论丛》第六册,《明代边防》,页 40—41,转载明魏焕《皇明九边考》《辽东镇》《钱粮考》。

客兵京运年例银、荒田粮折银和主兵盐银共 449 492 两 3 钱 5 分 9 厘 7 毫 5 丝。① 其后到了万历二十八年（1600 年），辽东镇仅有主兵粮 171 384 石 7 斗，料 160 388 石 6 升，而主客兵额银增至 685 458 两 1 钱 2 分。② 辽战爆发（1618 年）后，原有 82 000 余名额兵，再加上 18 万名召募或征调赴辽的援军集结在一起，饷银的给发和粮料的籴买都大为增加。光是援军 18 万名就需粮 108 万石，马 9 万匹需料豆 972 160 石，这笔籴买费用估计需银 200 余万两；把这些粮料运往辽东前线所需用的船只、牛车和人力等运输费用约需银 1 365 700 两；而 18 万名援军的军饷银数每年为 350 万两左右。通盘计算，发饷购粮及运输诸费，总共需银 800 万两。③ 除此之外，还有截留原来要解往首都的漕粮④，以及额定解送随着漕粮北运的"带运粮"⑤。虽然天启（1621—1627 年）以后，辽东部分地区失守，防线据点往后移退至山海关外的宁远一带，运输费

---

① 《万历会计录》卷一七，页二至四，《辽东》，《本镇饷额》。
② 《皇明经世实用编》第二册，页四九一至四九五，万历壬寅（三十年，1602 年）梁斗辉《边防》。
③ 《明实录》第一二三册，《神宗实录》卷五八九，页一至二，万历四十七年十二月壬子，阅视边务姚宗文言；同卷，寅九至一〇，同月壬子，户部覆阅视（边务）姚宗文言措饷诸款；同卷，页一一下至一二，同月己巳，户部覆总督辽饷侍郎李长庚题。按：除粮豆之外，又载每年需草二千一百六十万束，但没有列入召买项内，可能是由邻省民运和当地措办。
④ 关于辽东镇每年所用漕粮的数目，朱庆永在他的《明末辽饷问题》一文中有详细的研究，现在把他的研究结果制成下表。

年　份	辽东截用漕粮(石)	年　份	辽东截用漕粮(石)
万历四十六年(1618)	50 000(+)	六年(1626)	250 000
四十七年(1619)	120 000	七年(1627)	200 000
四十八年(1620)	500 000	崇祯元年(1628)	250 900
天启元年(1621)	500 000	二年(1629)	150 900
二年(1622)	300 000	三年(1630)	447 190
三年(1623)	500 000	四年(1631)	301 000
四年(1624)	350 000	五年(1632)	288 256
五年(1625)	150 000	六年(1633)	288 256

资料来源：《明末辽饷问题》（一），《政治经济学报》(1935 年天津南开大学经济研究所主编，香港大学冯平山图书馆藏显微胶卷编号 MF1070)第四卷第一期，页 70。
⑤ 带运粮自天启五年开始，每年随漕粮带运约三十万石。参考吴缉华《明代社会经济史论丛》(1970 年台湾永裕印刷厂印刷，学生书局总经销)下册，页 351—361，《明末辽饷与带运粮》（原载台北《大陆杂志》第二十一卷第十一期，1960 年）。

用因路程缩短而略减①,但由于调募军兵的增加②,以及粮物价格的上涨③,军饷和粮料(或粮料折银,如盐菜银和料草银)的支出并没有减少。例如崇祯四年(1631年)辽东粮饷的岁出预算中,有新饷主客兵马旧额该银 3 215 662 两 7 钱零,新增该银 1 341 112 两 1 钱零,援兵盐菜和料草该银 1 698 156 两 7 钱零,又旧额新增省直召贡辽米、辽豆、草束和关、鲜海运价值该银 1 634 520 两 3 钱 8 分,如果加上闰月的饷银、盐菜银和蓟州、永平的漕粮运价约五六十万两,通共需银 870 余万两。④ 可见维持军队马匹的银、粮、料、草,实在是一宗数目庞大的支出,要占岁出总数的大部分。

在抵抗北方胡虏入侵的过程中,最初的一个办法是筑城固守。明代中叶以前,余子俊已开始大规模地建筑城堡。⑤ 中叶以后,杨一清议筑延绥城墙131里。结果花去数十万两,仅成 40 里而止。⑥ 王琼在宁夏自横城筑城至定边营,长 300 余里。⑦ 翟鹏总督宣、大并兼督山东、河南军务期间,修城墙 390 余里,增新墩 292 座,护墩堡 14 座,建营舍 1 500 间。⑧ 翁万达修筑宣府和大同二镇的城墙共长 800 里,加上斩崖削坡和建造墩堡等,共费银 60 余万两。⑨

---

① 《明末辽饷问题》(二),《政治经济学报》第四卷第二期,页 399。
② 《明末辽饷问题》(一),《政治经济学报》第四卷第一期,页 92,载崇祯六年以后,关门防兵增加。到了崇祯十三、四年间,增至 13 万名。
③ 泰昌元年(1620年),辽东米价每石 4 两(《明实录》第一二三册,《光宗实录》卷七,页八下,泰昌元年八月庚午)。天启元年(1621年),辽东镇辽阳、广宁一带,米价每石高达 8 两到 12 两(《明实录》第一二五册,《熹宗实录》卷一三,页五及页二七,天启元年八月甲戌和丁酉)。崇祯(1628—1644年)年间,北边米价大约每石由 3 两至 7 两。例如崇祯元年陕西石米 4 两(《明实录·附录》第八册,《崇祯长编》卷一九,页四二,崇祯二年三月壬午);二年,延绥石米 4 两(同书第九册,卷二五,页四,崇祯二年八月庚申);三年,边塞石米 3 两(同书第一一册,卷三九,页九,崇祯三年十月戊午);五年,山西石米 3 两(同书第一三册,卷五七,页六,崇祯五年三月辛丑);七年,(陕西)文县石米 7 两(同书第一册,《崇祯实录》卷七,页七,崇祯七年五月辛卯)。按:寺田隆信前引书,页 150,天启(1621—1627年)年间北边平均米价为每石 2.84 两,崇祯年间为 6.06 两。
④ 《度支奏议》第二函,第五册,《新饷司》卷一八,页一三〇至一四二,崇祯四年三月二十九日题《主客兵马并出入大数乞从长酌议疏》。
⑤ 《明史稿·列传》五六,页九至一二,《余子俊传》;《明史》卷一七八,页一〇至一四,《余子俊传》。
⑥ 《明史稿·列传》七一,页一一,《杨一清传》;《明史》卷一九八,页三,《杨一清传》。
⑦ 《明实录》第八四册,《世宗实录》卷一三八,页三,嘉靖二十五年十二月庚子。
⑧ 《明史》卷二〇四,页四至五,《翟鹏传》。按:《明史稿·列传》八三,页二,《翟鹏传》载:"修边墙九百三十余里。"疑数字有误,待考。今暂依《明史》本传。
⑨ 《明实录》第八四册,《世宗实录》卷三二三,页六至七,嘉靖二十六年五月戊寅;《明史稿·列传》七四,页一七至一九,《翁万达传》;《明史》卷一九八,页二二至二四,《翁万达传》。

明中叶后太仓岁出银两的研究　　287

周尚文修筑宣府至山西间的城墙650余里,建敌台1 000余座。① 总督陕西三边的曾铣,与延绥、宁夏的抚臣,计划在定边营和黄浦川之间,分三段营建总长1 500余里的城墙,估计费银数十万两,世宗仅批准20万两。② 这一系列的防御工事,由于俺答等异族多年来的攻掠,被毁坏了一半以上。因此,在嘉靖三十一年(1552年)取消互市后,防边工作又再展开。被毁坏了的城堡重新修建,城垣上增筑高台和房庐来放置火器③;并将翁万达原在城内建置的墩台移建城外,以增强外围防御力量。④ 此外,兵部尚书杨博又修筑牛心诸堡和烽堠2 800余所,浚濠千余里(同本页注③);总督陕西三边侍郎贾应春获准继续建造延绥西路300多里的城墙,用来屏障陕西。⑤ 到了隆庆五年(1571年),俺答受封通贡,北边西部相安无事,但北边东部的土蛮、朵颜等虏患还没有完全解决,故调守蓟州的抗倭名将戚继光便在城墙外增建墩台1 200座,严为戒备,俟机反击。⑥

修筑城堡本非户部的责任,而是兵部的职掌,费用由太仆寺的马价银来支付。⑦ 但事实上,嘉靖年间边镇城堡的修筑,往往要动用到户部的太仓银。⑧ 嘉靖二十五年(1546年)二月,宣、大间增筑城墙,预算费用29万两。

---

① 《明实录》第八四册,《世宗实录》卷三一五,页七,嘉靖二十五年九月己卯;《明史稿·列传》九〇,页六下,《周尚文传》;《明史》卷二一一,页七,《周尚文传》。
② 《明实录》第八四册,《世宗实录》卷三一八,页二下至四,嘉靖二十五年十二月庚子;《明史稿·列传》八三,页六下,《曾铣传》;《明史》卷二〇四,页一〇,《曾铣传》。
③ 《明史纪事本末》下册(卷六〇)页六四二,《俺答封贡》;《明史稿志》六八,页一五,《兵》四;《明史》卷九一,页七,《兵志》三。
④ 《明实录》第八七册,《世宗实录》卷四一五,页二下至三,嘉靖三十年十月丙子。
⑤ 《明实录》第八七册,《世宗实录》卷四二二,页一一,嘉靖三十四年五月甲寅。
⑥ 《明史稿·列传》九一,页一三至一四,《戚继光传》;《明史》卷二一二,页一五至一七,《戚继光传》。
⑦ 《明实录》第八四册,《明世宗实录》卷三二一,页一,嘉靖二十六年三月甲寅,户部言:"本部钱粮原无修边事例,修边系兵部职掌,当以太仆寺马价给之。况累年边臣额外请发军饷银两以百二十万计,借用、修边、募军、犒赏之费又二十万计。"又第八六册,《世宗实录》卷三六九,页三,嘉靖三十年正月戊戌,户部复言:"修边事隶兵部。"
⑧ 例如嘉靖中叶,大同修筑墩堡和边墙等防御工事,户部太仓银库先后在二十三年(1544年)发过5万两,在二十六年(1547年)发过7万两,在三十四年(1555年)发过55 400两(《明实录》第八三册,《世宗实录》卷二八三,页三下至四,嘉靖二十三年二月甲申;第八四册,卷三二二,页三下至四,嘉靖二十六年四月甲午;及第八七册,卷四二六,页六下,嘉靖三十四年九月丁未)。又延绥增营堡,诏发太仓银1万两(《明实录》第八三册,《世宗实录》卷二九〇,页三,嘉靖二十三年九月己巳);宁夏修边,发太仓银2.4万两(同册,卷二九八,页六下,嘉靖二十四年四月庚申);大同至宣府间添筑边墙,浚濠建堡,增设墩哨,户部凑发太仓银20万两(《明实录》第八四册,《世宗实录》卷三〇八,页一下至二,嘉靖二十五年二月己丑);辽东修边,发太仓银30 600两(同册,卷(转下页)

户部发太仓银 20 万两,而兵部仅发太仆寺马价银 9 万两,比例大约是户二兵一。① 嘉靖二十六年(1547 年)三月,当户兵两部对建造防御工事费用的负担问题发生争执的时候,世宗下诏书劝他们协心共济。② 同年四月,大同修筑边墙,估计工费需银 21 万两有奇。户兵两部会议的结果,由户部发太仓银 7 万两有奇,由兵部发太仆寺马价银 14 万两,比例是户一兵二。③ 嘉靖二十七年(1548 年)三月,密云修筑边城及墩台,太仓银库银和太仆寺马价银各出 2 万两,比例是户兵各半。④ 三十二年(1553 年)闰三月,营建京师外城,估计费银 60 万两,议定户部负担其中的 24 万两,兵工两部各负担 18 万两,比例是户四兵三工三。⑤ 三十三年(1554 年)八月,重新制定在边境建筑防御工事的费用负担,规定户部负责 75%,兵部负责 25%,比例是户三兵一。但是,同年十月,在一桩边改建墩台(由城内移至城外)的工程中,却例外地出现户一兵二(太仓银 3 万两,太仆银 6 万两)的特殊比例。⑥ 三十七年(1558 年)十二月,杨博在大同建筑边墙,复依循户三兵一(太仓银 105 000 两,太仆银 35 000 两)的正常比例。⑦ 在万历三年(1575 年)六月壬辰(二十五日)以前更早的某些日子里,负担建造防御工事费用的比例,经过户兵二部会议之后,又改为户部负责 70%,兵部负责 30%,比例是户七兵三。⑧ 一直到崇祯(1628—1644

(接上页)三一〇,页三,嘉靖二十五年四月庚子);密云修筑边城和墩台,给太仓银 2 万两(同册,卷三三四,页一下至二,嘉靖二十七年三月甲申;宣府建造边墙及墩、舍、水门等,户部给发 366 600 两(《明实录》第八册,《世宗实录》卷三四七,页一〇下,嘉靖二十八年四月己未;卷三四八,页八,同年五月戊戌);山海关等处修筑边墙墩堡,户部发太仓银 31 万两(《明实录》第八六册,《世宗实录》卷三六九,页三,嘉靖三十年正月戊戌);宣府修补边墙和增筑敌台,户部给发 2 万余两(同册,卷三七二,页四下,嘉靖三十年四月庚午);营建京师外城,户部处发 24 万两(同册,卷三九六,页三下,嘉靖三十二年闰三月丙辰)。除此之外,其他防边工事的费用(因为只有总数,没有说明户部太仓银库负担的数字),以及自嘉靖中叶至明亡的修墙建堡的费用,尚未一一详细枚举。
① 《明实录》第八四册,《世宗实录》卷三〇八,页一下至二,嘉靖二十五年二月己丑。
② 《明实录》第八四册,《世宗实录》卷三二一,页一,嘉靖二十六年三月甲寅。
③ 《明实录》第八四册,《世宗实录》卷三二二,页三下至四,嘉靖二十六年四月甲午。
④ 《明实录》第八四册,《世宗实录》卷三三四,页一下至二,嘉靖二十七年三月甲申。
⑤ 《明实录》第八六册,《世宗实录》卷三九六,页三下,嘉靖三十二年闰三月丙辰。
⑥ 《明实录》第八七册,《世宗实录》卷四一三,页四下,嘉靖三十三年八月戊子;及卷四一五,页二下至三,同年十月丙子。
⑦ 《明实录》第八九册,《世宗实录》卷四六七,页四,嘉靖三十七年十二月甲子。
⑧ 《明实录》第九八册,《神宗实录》卷三九,页六下,万历三年六月壬辰。

年)初年,这个户七兵三的比例还是沿用不改。① 由此可见,对于军事上必需的防御工事的建造,大部分费用是由户部太仓银库负担的。

除了增募军队、买运粮料和建筑防御工事外,大量制造投射距离远和爆破力强的"火器",也是一宗费用不少的支出。大约到了 16 世纪,由于战争的迫切需要,明政府一方面改良中国原有的火器,他方面制作自葡萄牙等西方国家输入的先进火器,以广泛应用于战场上。火器的制造原本限制只准由工部负责进行,后来渐渐放宽禁令,准许边镇制造使用。② 嘉靖二十五年(1546 年),总督宣、大侍郎翁万达仿效古代火器,造成"三出连珠""百出先锋""铁棒雪飞""母子地雷""火兽布地雷"等,屡经试验,性能良好,因而奏讨帑银二万两制造,分发宣、大、三关和各边城堡应用。③ 工部又如式仿制巡按山东御史张铎解进的"十服铜炮"和"四眼铁枪"。④ 到了万历十四年(1586 年),兵部报告陕西地区各边镇贮备战略物资的情形时说,当日在延绥镇有军器、火器、炸药共 2 158 300 件,火箭、火线、药桶、缸坛等项 430 420 个、条、枝,铅、铁、石子 3 163 600 余斤、个;在宁夏镇有军器、火器共 1 157 699 件,火药、火线、铅、铁、石子、药袋、硫磺、焰硝共 1 362 741 斤、件;在甘肃镇有军器、火器共 2 298 716 件,火药、硝、磺共 57 368 斤,火线、铅、铁、石子共 973 552 条、个;在固原镇的靖虏、临巩、洮岷各道,有军器、火器 952 702 件,火药、料物、硝磺共 33 910 斤,火线、药袋、铳子共 1 169 105 件、条、个;河西、关西、平凉各道有军器、火器、火药、火线、石子、火箭等项共 2 037 500 有零。⑤ 从这些战略物资丰富的贮备量看来,我们可以推想到它们已被广泛使用。其后到了万历二十五年(1597 年),沿海备御方面也有"营路""偏厢"(或作"偏箱")等战车 540 余辆,"大将军"等石礅 700 余

---

① 《度支奏议》第一九函,第三册,《新饷司》卷一〇,页八三,崇祯三年六月二十二日《覆边工犒赏盐粮规则疏》。
② Ray Huang, "Military Expenditures in Sixteenth Century Ming China," in *Oriens Extremus*, Jahrgang 17, Heft 1/2, December, 1970, pp.53 - 54.按:《明史稿志》七〇,页九,《兵》六,《火器》,及《明史》卷九二,页一二下,《兵志》四,《火器》,都说各边自造火器是由正统十四年(1449 年)四川开始。《明史稿·兵志》注中还列举弘治四年(1491 年)湖广和广西、正德六年(1511 年)青州左卫、七年(1512 年)徐州以及十二年(1517 年)凉州等地制造火器的个别例子。但就普遍性来说,Ray Huang(黄仁宇)所说的 16 世纪比较合理。
③ 《明实录》第八四册,《世宗实录》卷三一三,页一〇下,嘉靖二十五年七月己卯。
④ 《明实录》第八四册,《世宗实录》卷三一六,页三下,嘉靖二十五年十月丁酉。
⑤ 《明实录》第一〇三册,《神宗实录》卷一七六,页八下至一〇,万历十四年七月癸丑。

位,"佛郎机"860余架,以及随营随车快枪、铳炮、火箭等器械。①

在抚顺失守(万历四十六年四月)后,明政府部署征讨,大量制造火器和战车。火器的发展很快,种类也多,有"战器""埋器""攻器""守器""陆器"和"水器"等。② 当时宣、大二边也赶紧完成一批"大将军""灭虏"等炮和"鸟铳""三眼铳"等枪共12 753件,牛心盔20 687副,分给各城堡应用。③ 辽东镇除了从内库和各边获得各式装备和武器外,还在本镇打造过重二百斤以上的大炮以数百计,重一百七八十斤的也以数百计,百子炮以千计,三眼铳和鸟铳以七千余计,双轮战车以五千余辆计,其余盔甲、胸包、臂手、甲梁(胄)、刀枪、弓箭、钢轮、火人、火马、火罐、钉撅、牌楯等项以数千万计。这些武器和装备,要从宣、大、延绥等边镇征调专门技术人员前来协助,才能完成。④ 不仅边镇如此,在崇祯(1628—1644年)年间,内地也要动员来帮忙制造或买办原料,例如湖广要解进军器和火药,河南要派买硝、磺、铅子等。⑤ 此外,又从澳门解进火力威猛的红夷巨炮和重达2 700斤的铁铸大铳。⑥

这些装备和武器本来都由工部负责,现在分散到地方或边镇制造,可以说是减轻了工部的负担,但同时也可以说是加重了户部的负担。因为有些地区派买武器弹药原料,很可能要赔累银子。⑦ 有时候,某些因召买而受牵累的地区会被蠲减赋银。⑧ 这自然要间接影响户部的正常收入。而边镇制造

---

① 《明臣奏议》第九册,页六一九至六二〇,万历二十五年李颐《条陈海防疏》。
② 《明实录》第一二一册,《神宗实录》卷五七〇,页五下,万历四十六年五月乙未。
③ 《明实录》第一二一册,《神宗实录》卷五七〇,页六,万历四十六年五月丙申。
④ 《明季北略》第一册,页一四下至一五,《熊廷弼回籍》,《交代疏》;《明臣奏议》第九册,页六八四,泰昌元年熊廷弼《请敕台臣查勘辽东疏》。
⑤ 《明实录·附录》第九册,《崇祯长编》卷三〇,页一三,崇祯三年正月癸巳;第一一册,《崇祯长编》卷四三,页四下至五,崇祯四年二月己巳。
⑥ 《国榷》第六册(卷八七),页五三三四,天启六年八月壬戌;《明实录·附录》第一〇册,《崇祯长编》卷三一,页二四,崇祯三年二月庚申,及卷三三,页二八,崇祯三年四月乙亥。按:本书289页注②引《明史稿》和《明史》二书《兵志》所载,有些红夷巨炮长二丈余,重达三千斤,"能洞裂石城,震数十里"。
⑦ 《明实录·附录》第一一册,《崇祯长编》卷四三,页三至五,载崇祯四年二月乙巳,礼部右侍郎罗喻义说:"去年派价四万,买硝、磺、铅子于河南,一时价遂腾贵,铅子一斤银二钱,民间赔至十余万(两)。"
⑧ 例如泰昌元年(1620年)九月庚辰,明政府宣布:"其保(定)、河(间)、真定、顺德、广平、大名"等六府……许自(万历)三十五年起至四十二年,亦与蠲免,以宽转运、召买等项偏累之苦。(《明实录》第一二四册,《熹宗实录》卷一,页一七下)天启二年(1622年),原定加派银两"因畿辅(北直隶)召买而告蠲。"(《度支奏议》第一八函,第四册,《新饷司》卷八,页五一,崇祯三年二月三十日《题请派分工部饷银疏》。)

武器,多少总会增加当地军费的开支①,因而减少起解户部或转运他省。还有,工部因织造、水利工程和府第建筑工程等不敷开支,在万历三十七年(1609年)至四十六年(1618年)间,共借去户部150余万两。② 又自万历四十八年(1620年)开始,户部每年在加派辽饷银中抽取20万两分给工部作为制造器械之用。虽然在天启二年(1622年),因川、黔暴乱和畿辅蠲免以致辽饷缺额数多,而暂时收归户部作兵饷之用,但后来仍然陆续分给工部,如天启四年(1624年)分饷10万两,六年(1626年)及七年(1627年)各分饷14万两,崇祯元年(1628年)分饷9万两,二年(1629年)分饷20万两,三年(1630年)分饷14万两。四年(1631年)分饷情况不详,但当年批准将刑部的赃罚银划归工部。又自天启六年开始,每年增派盐课145 965两给予工部。此外,还有搜括盐银、动支税契、借用事例以及其他各种形式的助工银,大部分是工部直接或间接取自户部或属于户部收入的项目。③

自万历四十六年(1618年)九月至四十八年(1620年)三月间,户部经过三次定额加派,全部合共9厘,而其中最后加派的2厘是分给兵部和工部的。除工部获得20万两作为制造器械费用以外,兵部也获得100万两,作为发给

---

① 例如天津附近的葛沽,由土兵屯种,每名"岁纳稻谷八石。兵二千名,合稻谷一万六千石,共折银四千八百两。以一千二百两为修造船只置买器械、火药、马、骡之用,令其修整武备;仍豁其一千二百两,以宽兵力,俾借以资操练、泛哨;其余二千四百两仍抵卖价。"(《明实录·附录》第一○册,《崇祯长编》卷三一,页四,崇祯三年二月壬子。)又崇祯五年九月乙巳,宣、大总督张宗衡奏报续造各炮数目说:"先造佛郎机母炮一百具,子炮九百具,业已奏闻。兹又造佛郎机母炮一百具,子炮六百具,小西洋炮一百五十具,灭卤(虏)炮一百具,鸟枪、三眼枪各一百杆,俱在营练放外,又有山西造成未运到小西洋炮一百具。前后大小子母炮共计二千二百五十具,所费工料皆出阳和(今山西阳高悬)……"(《明实录·附录》第一四册,《崇祯长编》卷六三,页一○下至一一)。
② 《明实录》第一二一册,《神宗实录》卷五七一,页一○至一一,万历四十六年六月戊寅,户部尚书李汝华语。
③ 参考《明实录》第一二三册,《光宗实录》卷四,页一四下至一五,泰昌元年八月甲寅,户部尚书李汝华题;《度支奏议》第一七函,第一册,《新饷司》卷二,页六一下至六四,崇祯元年十二月十九日具题《请宽allow崔犯变产银项免还工部疏》;同函,第二册,《新饷司》卷三,页五五下至五九,崇祯二年三月十三日《题议工部分饷二十万疏》;同函,第三册,《新饷司》卷四,页四九至五○,崇祯二年闰四月六日具题《参书办周之文详加鞫讯疏》;第一八函,第一册,《新饷司》卷六,页一六,崇祯三年七月二十二日《覆户科题核新饷入数疏》;同函,第四册,《新饷司》卷八,页五一至五三,崇祯三年二月三十日《题请派分工部饷银疏》;第九函,第七册,《山东司》卷四,页六八下至七○,崇祯四年四月二十七日《题覆工部分饷助工疏》。

安家银和马价银之用。① 安家银本来由户部负责②，现在分饷后移给兵部发放，故户部收入所减少的并不是 100 万两的全部，而只是其中的 2/3 或更少一点，主要是由兵部用来发给骑兵的马价银。③ 兵部对于每名征调或新募的军队只需要发给一次的安家银和马价银，无须像户部那样每年每月向他们发给月饷、行粮和盐菜银，因此，兵部并不是每年分饷百万两的（参考下列第八表《崇祯二年新饷加派与蠲留今饷银数》，表中并没有兵部分饷数额）。况且，长期以来，每当户部发生财政困难时，经常要向属于兵部的太仆寺借取马价银。由万历十八年（1590 年）至天启七年（1627 年），户部向太仆寺借银共 32 次，总共借去 12 999 861 两④，其中由万历十八年至三十五年（1607 年）的最初十七年已借去 983 万两。⑤ 平时战局不太紧张，或者用骑兵的机会较少，市马的数量不多，太仆寺的马价银闲着没用，每年定额收入的 40 余万两便积贮起来⑥，以帮助户部济边之急。因此，兵部在辽战爆发后，为着要应付局势所需，而向户部分饷给调募的军士买马，也是很合乎常理的。可是，户部太仓银库在加派之后，岁入虽然增加，却由于把一部分收入分给兵、工二部，使总岁入追不上总岁出，也是一个不可争辩的事实。

另一方面，宫廷分取或吸进户部的财政收入也为数甚巨。远的从金花银说起，这本来是户部管辖下的田赋收入，但为了维持宫廷用度的开销，不能不

---

① 《明实录》第一二二册，《神宗实录》卷五七四，页一一下至一三，万历四十六年九月辛亥；第一二三册，《神宗实录》卷五九二，页六，万历四十八年三月庚寅；同册，《光宗实录》卷四，页四下至五，泰昌元年八月庚戌；《明史稿志》六〇，页一〇下至一一，《食货》二，《赋役》；《明史》卷七八，页一一，《食货志》二，《赋役》。
② 《明实录》第一二二册，《神宗实录》卷五八四，页八至九，万历四十七年七月戊子，兵部尚书黄嘉善题准："……已(以)上马价银一十六万八千两，兵部给发；其安家银七万七千五百两，户部给发。"
③ 辽战开始时，调募军队大概每名获发安家银 5 两，马价银 10 两（同上注）。后来稍为增加，调安家银 5 两，募兵安家银 10 两；调马价银和距离前线较近的募兵马价银都是 12 两，而距离前线较远的募兵马价银为 15 两（《明实录》第一二五册，《熹宗实录》卷一三，页一一下至一二，天启元年八月辛巳，署兵部尚书张鹤鸣语）。假如调、募各半，那么，依照这些数字计算，安家银和马价银大约是一与二之比，或五与八之比，或五与九之比。因此，兵部获分饷银 100 万两，而分担应由户部给发的安家银，实际上约得户部分饷银 60 万两左右。
④ 《明实录》第一三三册，《熹宗实录》卷八一，页二九下至三〇，天启七年二月丁卯，太仆寺卿洪赡祖语。
⑤ 《明实录》第一一五册，《神宗实录》卷四三七，页四至五，万历三十五年八月癸酉，太仆寺少卿李思孝疏。
⑥ 同上注。据李思孝说，在嘉靖、隆庆年间，太仆寺老库已积有 1 000 余万两。

让它有独立的财政收支系统。于是自正统元年(1436年)开始,每年定额将赋粮银400万余石折征金花银100万两多点,归入宫廷内承运库。① 严格地说,这只是中央政府和宫廷在财政收入上的分配,而不能算是巧取豪夺。而且,开始征收金花银的时候,户部的太仓银库事实上还没有成立。

宫廷内承运库虽然已经得到大宗定额的收入,但仍然经常仗着君主的权力来取用太仓银库的银两。明代中叶以前,成化十七年(1481年)十一月戊子,宪宗诏取太仓银30万两入内承运库供用②;十八年(1482年)十月丙子,诏取太仓折粮银40万两,并各衙门去任官皂隶柴价银3 440余两,入承运库供用。③ 弘治十五年(1502年)十月辛酉,户部统计近年来内承运库5次取过太仓银共195万两。④ 弘治十八年(1505年)五月壬寅,武宗即位,迄于正德元年(1506年)十月甲寅期间,因大婚礼取过户部银40万两,买金送内库用银26 500余两。⑤ 中叶以后,正德二年(1507年)八月戊寅,武宗诏取太仓银20万两贮于内承运库;五年(1510年)十二月壬寅,承运库太监李时请支太仓银30万两入宝藏库应用,经户部尚书杨一清等力争,才减为10万两。⑥ 嘉靖二十九年(1550年)三月戊寅,世宗诏取户部太仓银7万两进内库⑦;三十二年(1553年)二月庚戌,又诏取太仓银15万两进承运库买办金宝珍珠⑧;同年十二月己亥,因建醮事诏取太仓银10万两送御前用。⑨ 嘉靖中叶后,世宗越来越醉心道教,经常举行铺张浪费的斋醮;再加上因修建宫殿而大兴土木,以致开销甚巨。每当宫廷收入不敷应用的时候,便往往向户部取银补救。那时正值外患日亟,军费激增,而宫廷又多方需索,因此户部不得不广开财源来应付。除

---

① 明鹿善继《认真草》[明崇祯甲戌(七年)刊本,收入《畿辅丛书》]卷一,页一,《金花始末》。
② 《明实录》第四八册,《宪宗实录》卷二二一,页四。
③ 《明实录》第四八册,《宪宗实录》卷二三三,页一下。
④ 《明实录》第五九册,《孝宗实录》卷一九二,页八。并参考同书第五八册,《孝宗实录》卷一六四,页二,弘治十三年七月丁巳,及卷一七一,页一〇下,弘治十四年二月丙午。
⑤ 《明实录》第六二册,《武宗实录》卷一八,页四下至五,正德元年十月甲寅,户部臣言;《明史稿·本纪》一三,页一,《武宗本纪》;《明史》卷一六,页一,《武宗本纪》。
⑥ 《明实录》第六二册,《武宗实录》卷二九,页二;第六四册,《武宗实录》卷七〇,页五下,及《明实录校勘记》第一三册,页二七〇。
⑦ 《明实录》第八五册,《世宗实录》卷三五八,页二下至三。
⑧ 《明实录》第八六册,《世宗实录》卷三九四,页二。
⑨ 《明实录》第八七册,《世宗实录》卷四〇五,页四下。

"括赃赎、算税契、折民壮、提编均徭、推广事例",甚至"变卖寺田、收赎军罪"①之外,还实行了几次田赋的加派②,才勉强渡过难关。

嘉靖三十七年(1558年)十二月庚午,世宗命户部在每年解进金花银100万两外,还要增加一种"预备钦取银"。③ 四十四年(1565年)十二月己亥,又谕户部取"没官银"40万两入内库。④ 本来这些"抄没犯人家财、变卖地土房产"等项折银都是规定要解进太仓库的⑤,现在却被豪夺过去。隆庆三年(1569年)四月癸未,穆宗谕户部取太仓银30万两进内库,经过户部尚书刘体乾,大学士李春芳、陈以勤、张居正,给事中李己、杨一魁、龙光,御史刘思问、苏士润、贺一桂、傅孟春等交章上疏,才减为10万两。⑥ 四年(1570年)正月戊寅,内承运库用"空头札子"传谕户部进银10万两,户部尚书刘体乾认为中官拿取白纸一张,不具姓名,不钤印信,完全没有凭据,不肯发给。可是,穆宗却下令:"所取银两,令如数解进。"⑦从此以后,内承运库的中官便有恃无恐来支取太仓库的银两了。到了万历三年(1575年)二月丙申,户部尚书黄国光统计,自嘉靖以来,内承运库挪用过的太仓银,几达200万两。⑧ 不特如此,自万历六年(1578年)开始,除了每年供进内承运库金花银100万两外,又增

---

① 《明史纪事本末》下册(卷五二),页五四七至五五八,《世宗崇道教》;《明实录》第八八册,《世宗实录》卷四五六,页四;《明史稿志》六〇,页一〇及一五,《食货》二,《赋役》;《明史》卷七八,页一〇及页一六,《食货志》二,《赋役》。
② 《明中叶后太仓岁入银两的研究》,《中国文化研究所学报》第五卷第一期,页112—113。
③ 《国朝典汇》第三册(卷一〇一),页一三〇七,《户部》一五,《仓储》附《库贮》载,嘉靖三十六年(1557年),世宗问户部尚书方钝有没有"备钦取"的银子,方钝说:"(太仓)外库现在之银,其十万(两)者,即备钦取数也。"世宗说:"备取银贮之,候旨取用。"翌年(1558年)十二月庚午,便有在金花银额外增加一种"预备钦取银"的命令(《明实录》第八九册,《世宗实录》卷四六七,页四下至五)。
④ 《国朝典汇》第三册(卷一〇一),页一三〇八,《户部》一五,《仓储》附《库贮》;《明史稿志》六一,页一二,《食货》三,《仓库》;《明史》卷七九,页一五,《食货志》三,《仓库》;《续通考》卷三〇,页三〇八五,《国用考》一,《历代国用》。按:《明实录》第九一册,《世宗实录》卷五五三,页二,载嘉靖四十四年十二月己亥,"上谕户部取没犯严世蕃赃银四十万两入内库。户部奏:'江西等布政司及扬州等府并在京解到没官银共收过二十五万四千三百余两,除一半济边,余尚(未)到。今先进十万两,余三十万两解到续进。'……"
⑤ 《明史稿志》六一,页一一下,《食货》三,《仓库》。
⑥ 《明实录》第九三册,《穆宗实录》卷三一,页四下至五;《国朝典汇》第三册(卷一〇一),页一三〇八;张卤辑《嘉隆疏钞》(万历间刻本)卷八,页六二至六三,李春芳等《谨题为恳乞圣明停止钦取银以裕国计事》;《皇明经世文编》第一七册(卷二八一),页七二七至七二九,李春芳《请停止钦取银两疏》;《明通鉴》第五册(卷六五),页二五三二,隆庆四年七月条。
⑦ 《明实录》第九四册,《穆宗实录》卷四一,页四;《国朝典汇》第三册(卷一〇一),页一三〇九。
⑧ 《明实录》第九八册,《神宗实录》卷三五,页一五。

加供进"买办银"20万两,岁以为常。① 结果每年解入宫廷的定额岁入,高达120万两。② 但所加"买办银"并没有额外派征民间,仅就太仓岁入常额中挪移20万两改入内承运库而已。③ 后来又再增加"内操马刍料银"7万余两(同本页注①)。而且,每当民间拖欠金花银的时候,宫廷便向户部挪取太仓银,甚至要用边饷银来抵补。④ 直至万历十年(1582年)八月丁酉,户部统计近年来因拖欠金花而挪借过太仓备边银100余万两,没有归还。⑤ 此后诏取太仓银的情形仍很常见,这里不再赘举。但到了万历二十七年(1599年)闰四月丙申,神宗为了替诸皇子办喜事而诏取的太仓银数,竟高达2 400余万两。当时户部和大学士沈一贯等指出婚封诸费太多,超过往时的规定数额百倍以上,力求裁减。神宗不允,并下令通告各省直严催未解积余银两,以济急需。⑥ 后来据劳养魁的报告,在万历二十七(1599年)、二十八(1600年)、二十九(1601年)等三年,户部先后提取太仓银290万两有奇来为宫廷办理这些喜事。⑦ 在万历四十六年(1618年)辽战爆发前后,为了办理明皇室的红白

---

① 《明史稿志》六一,页一二,《食货》三,《仓库》;《明史》卷七九,页一五,《食货志》三,《仓库》。
② 《明实录》第一〇一册,《神宗实录》卷一二七,页二,载万历十年八月丁酉,户部说:"旧例岁征金花银一百万两,续增买办银二十万两,每年共一百二十万两,皆供皇上赏赐之用。"又第一二二册,《神宗实录》卷五八四,页二一下,载万历四十七年七月癸卯,户科给事中官应震说:"夫金花总数一百二十万。……且原数一百万,而自皇上(神宗)之敛而内也,多增二十万。"
③ 《度支奏议》第四函,第二册,《堂稿》卷一二,页七七,载崇祯三年二月十七日具题《金花积通认罪披诚疏》:"始于万历六年,钦奉神宗皇帝传谕加增买办银二十万两。维时管钥之司不过就太仓常额那移以进,非有额外派征也。"同卷,页七八,又说:"自内库加增买办银二十万两,每岁取之太仓。"
④ 《明实录》第九八册,《神宗实录》卷四八,页六下至七,万历四年三月丁未;第一〇一册,《神宗实录》卷一一一,页八下,万历九年四月己未。
⑤ 《明实录》第一〇一册,《神宗实录》卷一二七,页二。
⑥ 《明实录》第一一〇册,《神宗实录》卷三三四,页一〇;《明史稿·本纪》一六,页一二下,《神宗本纪》;《明史》卷二一,页二,《神宗本纪》二;《资治通鉴纲目三编》第九册,卷二八,页二一下;《明通鉴》第五册(卷七二),页二七九六。按:诏取太仓银数后来似乎减为1 000余万两。因为在万历二十八年八月辛卯,工科给事中王德完说:"婚礼珠宝等项约九百三十四万三千余两;传造袍服四万一千余匹,约一百万四千余两;山西潞绸缎织四千七百余匹,婚礼传买段一万二千七百余匹,约十余万两。"通共约1 030余万两[《国榷》第五册(卷七八),页四八六一]。又万历二十九年正月己未,户部尚书陈蕖等说:"昨御用监办钱粮,除金、宝石、杂料,只珍珠一样照估计银一千五十七万有奇。"(《明实录》第一一二册,《神宗实录》卷三五五,页二下。)又同年四月丙子,户部说:"簿查二年来……通计前后(九次)所进用过银二百二十一万。……今查太仓银库仅有银一千九百两,该库(内承运库)题讨共该银一千三十五万(两)。"(同册,卷三五八,页一。)
⑦ 《皇明经世实用编》第一册,页二五三至二五四,《国计考》。按:户部报告,自万历二十七年至二十九年十二月乙亥,"节次所进珠宝金两约费银二百五十万(两)"。数字比较偏低,可能不包括婚礼费用在内。而且这些银两"非别项额派,直于发边数内那借耳!"(《明实录》第一一二册,《神宗实录》卷三六六,页七下。)

二事,又用去太仓银 70 余万两。① 天启三年(1623 年)十月辛巳,熹宗以皇子诞育喜事,诏取太仓银 20 万两②;七年(1627 年)十月己亥,太监涂文辅搜括太仓库节省余银 12 000 两,用来献给熹宗备恩赉之用。③ 崇祯二年(1629 年)三月壬申,连那位克勤克俭的庄烈帝也因皇子诞生而向户部提取太仓银 34 000 两。④ 不过,和那时近千万两或千万两以上的岁出入比较一下,这些诏取太仓银数已是微不足道了。况且,自万历四十六年(1618 年)至天启六年(1626 年)的期间内,宫廷先后把从前多年来搜括聚敛所得的银子,拨出共 2 000 余万两来应付局势的急需⑤,这对当日户部的财政赤字当然给予了很大的帮助。但因为内帑银的收支不经太仓,故在太仓岁出入银两的数字上并没有引起变化。

除了中央兵、工两部和宫廷吸取太仓银外,地方政府也因奏留应解银两而间接影响户部的收入。其中最大宗的,是自天启元年(1621 年)至崇祯二年(1629 年),为应付四川和贵州两省少数民族的叛乱,而奏留四川、湖广、云南、广西等四省的加派银两。贵州因为土地贫瘠,向来不受加派浪潮的波及,因而该省的奏留对户部加派的总收入并没有什么影响。湖广是最富庶的省份之一,所缴纳的加派银数为全国之冠⑥,再加上杂项和"南粮改折"等项,共银 110 余万两。初时把其中约 70 万两解充黔饷,天启二年(1622 年)曾以 75 万两作为解黔额饷⑦,其后略有增减。天启三年(1623 年)七月辛卯,工科给事中方有度说:"湖广七十一万九千两,广西六万两,四川一十二万两,云南一万六千两,俱留作黔(贵州)饷用矣。"合计各省每年留作黔饷银共约 915 000

---

① 《明实录》第一二一册,《神宗实录》卷五七〇,页一五,载万历四十六年五月丙辰,户科给事中官应震说:"近以慈圣宾天,福王桐封,瑞王燕喜,惠、桂二婚并举,共费七十余万(两)。"
② 《明实录》第一二八册,《熹宗实录》卷三九,页一八。
③ 《明实录·附录》一册,页一三,《明□宗□皇帝实录》卷之□,页二;《国榷》第六册(卷八八),页五三九一,天启七年十月己亥条。
④ 《明实录·附录》第八册,《崇祯长编》卷一九,页三四。
⑤ 《明实录》第一三二册,《明熹宗实录》卷七六,页六,天启六年九月乙亥。
⑥ 《度支奏议》第一八函、第一册,《新饷司》卷六,页一二下至一四,崇祯二年七月二十二日《覆户科核新饷入数疏》载,在各省直的九厘加派原额中,最多是湖广,达 742 476 两 1 钱 6 分 3 厘 9 毫;其次是南直隶,为 676 928 两 1 钱 7 分 5 厘 7 毫 9 丝。
⑦ 《明实录》第一三二册,《熹宗实录》卷七五,页一九,天启六年八月甲子。

两。① 稍后更增加至100余万两。② 除此之外,还要付出解蜀(四川)和解滇(云南)的饷银③,以及负责藩封铺设等项非军事性的费用。④ 而且,明军虽然在崇祯二年八月甲子击毙奢崇明和安邦彦两个叛乱头子⑤,结束了西南地区的战事,但湖广仍要自加派岁入中提出二十万两解黔充饷。⑥ 这可以说是维持绥靖军队留驻当地的费用。

除上述外,尚有不少地方政府留用应解太仓银的例子。在嘉靖年间,浙江和南直隶由于备御倭寇,四川和贵州由于采木建造宫殿,山西、陕西、宣府、大同等由于防边抗敌,各地方政府官员都因此而奏留赋银。⑦ 在万历后期,湖广司道的赃罚和"南税"等银原系济边正项,但为了采木的缘故,历年来共留用78 290余两。山东在万历四十三年(1615年)和江西在万历四十四年(1616年),都因为灾荒而题留税银和抚按赃罚银,共92 000余两;万历四十五年(1617年)两地又题留4 000两。广东在万历四十四年题留本年分的赃罚银和监税银共2 800两,而四川税契银又留充陕西协饷。⑧ 到了天启年间,除了需要协济黔饷的西南诸省外,远在东北的山东省也曾因白莲教之乱而题留加派银28 687两。⑨ 天

---

① 《明实录》第一二八册,《熹宗实录》卷三六,页三下。
② 《皇明世法录》第二册(卷三六),页一〇三五,《理财》:"今以旁漏言之,京、通、蓟、门、登、莱已用一百九十余万;而奢、安二酋之乱,又用湖广、四川、广西、云南、贵州银一百余万,是皆非辽而用辽饷者也。"又《度支奏议》第一函,第三册,《堂稿》卷三,页四九,崇祯元年十二月初三日《奉旨清查边饷增减缘繇疏》:"今日辽饷之五百余万,黔饷之百余万,已括尽海内之藏。"
③ 《明实录》第一三一册,《熹宗实录》卷七〇,页一五,载天启六年四月丙寅,湖广巡抚杨楷说:"连年交与黔省不下三百余万,而解川之六十万不与焉。"又第一三二册,《熹宗实录》卷七四,页六,载天启六年七月戊寅,云南巡抚闵洪学疏报滇南情形说:"(户)部覆议天启六年为始,拨给湖广加派银二十五万,已奉明旨,乞申饬湖务遵旨一一给滇实数。……"结果,"上命行湖广抚按如议按季解滇,务以实数"。
④ 《明实录》第一三三册,《熹宗实录》卷八六,页二九,载天启七年七月辛卯,巡抚湖广姚宗文题:"今两藩并开楚省(湖广),三王并出湘江,经费浩繁。……计藩封铺设等费共该一十七万,楚省已勉任其半,其八万五千两坐江西、河南、陕西三省。……"
⑤ 《明史》卷二三,页三,《庄烈帝本纪》一。
⑥ 毕自严在崇祯四年十二月初二日具题《奏报新饷出入大数疏》中,报告崇祯四年分新饷入数时,说湖广解部的加派银内除"解黔饷银二十万两,蠲减巴陵等县新加银七千七百八十二两八钱二分六厘。"《度支奏议》第二四函,第二册,《新饷司》卷二七,页九。)
⑦ 《明史稿志》六〇,页一〇,《食货》二,《赋役》;《明史》卷七八,页一〇,《食货志》二,《赋役》。
⑧ 《明实录》第一二一册,《神宗实录》卷五七一,页一〇下,万历四十六年六月戊寅,户部尚书李汝华语。
⑨ 《皇明世法录》第二册(卷三四),页九六五,《理财》,《山东太仓银库》,《加派新饷》;《明史纪事本末》下册(卷七〇),页七八四至七八六,《平徐鸿儒》;《明史》卷二二,页四下至五,《熹宗本纪》。

启三年(1623年),山东省题留加派银 448 000 两作登、莱兵饷。① 崇祯五年(1632年),山东省的正、杂各项和新饷银共 80 余万两,俱留供登、莱、皮岛兵饷。② 北直隶保定等六府,也留用崇祯三年(1630年)分和四年(1631年)分的"生员优免银",共 75 000 两。③ 山西省在崇祯四年三月癸未,又获准留用"驿站裁银"十余万两。④ 陕西省经常留用饷银⑤,或赈济饥军饥民⑥,或用作剿寇劝农⑦,甚至提出"留秦(陕西)饷,结秦局"⑧,企图集中全力来解决省内问题,而不解京援辽。上述各省直的留用银两,一部分仍可算是太仓库的正常支出,如登、莱军饷之类;另一部分却作为其他用途,而没有补解太仓库,因此间接影响太仓岁入不足原定的额数。

另一个令户部太仓库收入不足额数的原因,是地方解运中央银两的逋欠和中央对地方逋欠的蠲减。平日省、府、州、县局部地区性的逋欠和蠲减,史不绝书,随处可见。但是逋、蠲的范围甚广,材料比较零碎,种类也很繁杂,我们在这里不便一一细举,只能陈述一些比较大宗的。明代每当新君登位的时候,照例实行全国性的蠲减措施,把过去一朝全部或大部分的逋欠一笔勾销。例如,武宗在弘治十八年(1505年)五月壬寅登位,立即大赦天下,蠲免赋税逋欠,单就户部钱粮来说,"弘治十六年(1503年)十二月以前,各处拖欠税粮马草、秋青草束、屯种子粒、农桑丝绢、门摊商税、户口食盐米钞、银课、鱼课、茶课、差发、金银供应、黄白蜡、马牙速香、黄速香、厨料果品、牲口、药材等项,及一应岁办、买办、采办物料,除已征在官者照旧送纳,中间有被水火盗贼,所在官司告有堪信文凭到部者,悉与除豁,未征之数尽行蠲免;其正德元年

---

① 《明实录》第一二八册,《熹宗实录》卷三六,页三,天启三年七月辛卯,工科给事中方有度语。
② 《明实录·附录》第一三册,《崇祯长编》卷五六,页一〇下,崇祯五年二月己巳,户部尚书毕自严疏。
③ 《度支奏议》第二三函,第六册,《新饷司》卷二五,页六九至七一,崇祯四年十一月十四日《覆保抚量留四年分生员优免抵饷疏》。按:崇祯三年分留 4 万两,四年分留 35 000 两。
④ 《国榷》第六册(卷九一),页五五五八。
⑤ 《度支奏议》第二六函,第六册,《新饷司》卷三六,页二〇至二四,崇祯六年正月二十八日《覆陕西留饷疏》。
⑥ 《明实录·附录》第九册,《崇祯长编》卷二二,页三,崇祯二年五月庚寅。
⑦ 《明实录·附录》第一册,《崇祯实录》卷五,页一下至二,崇祯五年正月癸卯;《国榷》第六册(卷九二),页五五八二及五五八四,崇祯五年正月癸卯及同月甲子条。
⑧ 《国榷》第六册(卷九三),页五六五七,崇祯七年八月己卯。

(1506年)该征户口食盐钱钞,不拘存留起运,尽行蠲免"①。到了正德十六年(1521年)四月壬寅,世宗登位,也将"正德十五年(1520年)十二月以前,各处实征税粮马草、农桑人丁丝、绢、布匹、丝绵、花绒、屯田皇庄庄田子粒、牧马草场子粒租银,及甲丁二库蜡、茶、铜、漆、银、朱、盐课、厨料、户口食盐、猪、羊、鸡、鹅、备用孳生马骡、山厂柴夫、后府柴炭、军器、沿河军卫有司芦苇茭草夫价,及闸坝泉溜洪浅等夫,并椿草等料及旷役等项银两,一应岁派、岁办、奏派,但系该纳官钱粮物件——拖欠未征者,尽数蠲免,以苏民困。已征在官该起解者,照旧起解,准作本户以后年分该纳之数。"除此之外,又把嘉靖元年(1522年)的全国税粮,除漕运400万石之外,不分存留起运,蠲减50%。② 其后到了嘉靖四十五年(1566年),穆宗在他的登位文告中说:"天下军民十分穷困,国用虽诎,岂忍照常征派! 隆庆元年分漕运米,特与改折十分之三;其余不分京边起存本折各(项),特免十分之五。……其嘉靖四十三年以前,一应户部钱粮已征在官者,截数起解;拖欠者尽数蠲免。……四十三年以后未完者,查开的数,分作三年带征(按即分期补缴)。"③

可是,到了隆庆六年(1572年)六月甲子神宗登位时,蠲免钱粮方面却显得特别谨慎,因为"近来边费浮于岁额,若不计有无,概拟蠲免,后复搜括,小民反受其害"。因此,蠲免的地区、年分和数额,都有严格限制。关于户部钱粮的蠲免内容,当日规定:"今自嘉靖四十三年、四十四年、四十五年、并隆庆元年钱粮,除金花银不免外,其余拖欠夏秋税粮、马草、农桑人丁丝、绢、布匹、棉、花绒、户口盐粮、盐钞、皇庄子粒、各色料价、屯田牧马草场子粒、租银、砖价、匠价、砍柴、柴炭等项,悉从蠲免;其(隆庆)二年、三年、四年,各量免十分之三;淮安府徐州地方屡被水灾,民不堪命,及广东、惠、湖(潮)二府兵伤特重,除前蠲免外,仍再全免隆庆二年、三年,以示优恤。"④ 在泰昌元年(即万历四十八年,1620年)八月丙午,光宗登位后,立即颁告

---

① 《明实录》第六一册,《武宗实录》卷一,页七。
② 《明实录》第七〇册,《世宗实录》卷一,页七下至八。
③ 《明实录》第九二册,《穆宗实录》卷一,页七下。又按《明实录》第九三册,《穆宗实录》卷一五,页七,载隆庆元年十二月戊戌,工部主事杨时乔说:"……加以改元诏蠲其半,故今日缺乏,视往岁尤甚焉。"
④ 《明实录》第九六册,《神宗实录》卷二,页四下至五。

全国："凡被灾地方，一应夏税秋粮、马草、农桑人丁丝、绢、布匹、绵、花械、户口盐钞、皇庄子粒、屯田牧马新增草场子粒、租银、历日、防夫、水夫、民壮、弓兵、机户、芦课、灶课、富户，及门摊、商税、鱼课、枣株钞贯、果品等项，自（万历）三十五年（1607年）起至四十一年（1613年）止，查系小民拖欠者，悉与蠲免。"至于各省直九厘加派银的逋欠，原用带征的办法分期补缴，现在又蠲免带征钱粮银数20%。① 不久，光宗逝世。在同年九月庚辰，熹宗即位，把光宗的蠲减措施稍为更改。熹宗的登位文告说："各省小民拖欠钱粮，近奉恩诏，自（万历）三十五年起至四十一年悉与蠲免。惟顺、永二府所属因四十三年旱灾异常，题将三十八年以前蠲免讫；今次蠲免应自三十九年起至四十五年止。其保、河等六府征兵措饷，召买草、料、豆、粟，视外省更为烦苦，许自三十五年至四十二年亦与蠲免。"②

地方上的逋欠对中央政府的收入来说，已经是一种名义上的损失，不过分期补缴，还可在若干年后陆续收回。但如果下令蠲免，中央财政收入的损失便成为事实了。除了新君登位的全国性蠲免外，平时也有一些大规模的蠲免。例如嘉靖三十年（1551年），曾经蠲免过南直隶、北直隶、河南、江西、辽东、贵州、山东、山西等被灾地区的税粮。③ 万历十年（1582年）二月丁酉，大学士张居正讨论带征钱粮问题，他认为当时人民很难有能力补缴历年来积压的逋欠，而地方官员为了规避罪责，往往将当年所征挪作带征，名义上补缴旧欠，实际上减少新收，于是年年都有拖欠，年年都要带征。为了要让人民舒一口气和免使官员挪移塞责，除金花银例不议免外，其余历年带征逋欠钱粮应予勾销。根据当日户部的调查报告，自隆庆元年（1567年）至万历七年（1579年），江南的苏州、松江等府拖欠本折银711 350余两，淮安、扬州等府拖欠239 630余两，山东拖欠332 710余两，通共拖欠1 283 690余两。于是神宗下令全部蠲免。④ 万历二十五年（1597年）七月丁酉，神宗又来一次全国性的蠲

---

① 《明实录》第一二三册，《光宗实录》卷三，页二下至三。
② 《明实录》第一二四册，《熹宗实录》卷一，页一七下。
③ 《明史》卷一八，页五，《世宗本纪》二。
④ 《明实录》第一〇一册，《神宗实录》卷一二一，页三至四。按：除了户部钱粮外，还有属于兵部的题准带征未完银295 997两，未题拖欠银164 260两有奇，以及属于南京户部的湖广等处拖欠"南储钱粮"本折银275 010余两，也一同蠲免。

减措施。其中比较重要的是：（一）"各省、直军民人户拖欠,除金花、漕运粮料、王府禄粮照旧催征外,其余夏税秋粮、马草、农桑人丁丝、绢、布匹、丝绵、花绒、屯田庄田籽粒、门摊、商税、户口食盐米钞、诸色课程、盐课、鱼课、富户等项,自万历十七年以前,如已征在官及已经解户人等收受者,仍截数起解,其有未征在官,系小民拖欠者,悉准蠲免。"（二）"苏、松、常、镇四府钱粮,较各省、直拖欠独多,念先年连被水灾,特与蠲免万历十八年一年。"（三）"山东、河南、南北直隶各该牧马草场籽粒租银,自万历十七年以前悉准蠲免。"① 根据户部的年终报告,天启元年（1621年）,蠲免过北直隶的顺天、永平、保定三府,和山东省的青、登、莱三府的新饷加派银,共 217 950 两 2 钱②；二年（1622年）,又蠲免过北直隶各府,以及山东省的青、登、莱三府,和兖州府的邹、滕二县的新饷加派银,共 600 892 两。③

新饷因辽战而加派递增至额数 500 万两以上,人民实在没有能力完全缴纳,所以一向很难完额。天启三年（1623年）已缺额达 186 万两有奇,以后年年告匮,甚至有缺额 200 余万两的。崇祯元年（1628年）也缺额至 125 万两有奇。④ 崇祯二年（1629年）七月二十二日,户部尚书毕自严曾经把省直九厘的加派额数,和各地的蠲、留、分饷数额详细地胪列出来,现在再将这些材料整理成下列第八表。

第八表　崇祯二年新饷加派与蠲留分饷银数　　（单位：两）

省直名称	加派银数	蠲、留、分饷银数	
北直隶	465 144.596 95	蠲免北直隶银	465 144.596 95
南直隶	676 928.175 79	蠲减淮安府盐、桃二县银	18 206（＋）
湖广省	742 476.163 9	蠲免潞庄长沙银	90 000
		本省留用银	652 476.163 9
四川省	121 344.905 07	本省留用银	121 344.905 07

---

① 《明实录》第一一〇册,《神宗实录》卷三一二,页五下。
② 《明实录》第一二六册,《熹宗实录》卷一七,页三二,天启元年十二月。
③ 《明实录》第一二七册,《熹宗实录》卷二九,页三一,天启二年十二月。
④ 《度支奏议》第一八函,第一册,《新饷司》卷六,页七下,崇祯二年七月二十二日《覆户科题核新饷人数疏》。

续表

省直名称	加派银数	蠲、留、分饷银数	
云南省	16 194.229 2	本省留用银	16 194.229 2
广西省	60 917.35	本省留用银	20 000
山东省	555 751.973 241	登州府留用银	87 211.2
浙江省	420 272.842 3	迳解工部分饷银	40 000
江西省	361 036.143 99	迳解工部分饷银	20 000
河南省	667 421.568	迳解工部分饷银	40 000
山西省	318 589.614 53	迳解工部分饷银	60 000
陕西省	263 631.465	迳解工部分饷银	40 000
总数	5 022 917.892 871		1 670 577.095 12

资料来源:《度支奏议》第一八函,第一册,《新饷司》卷六,页一二下至一六,崇祯二年七月二十二日《覆户科题核新饷入数疏》。

就第八表观察,我们可知,新饷加派银已经少去大约 1/3 的收入。虽然还有杂项、关税、盐课等其他加派的收入,但仍难于弥补这些蠲免、留用和工部分饷的差额。何况,有时杂项银也在蠲免之列,如崇祯四年(1631 年)六月十一日,批准蠲免天启六年和七年各省直未完旧饷银 104 774 两 4 钱 7 厘 2 毫,和未完新饷杂项银 521 524 两 6 钱 7 分 7 毫 8 丝。① 此外盐课也有巨额的亏欠,如崇祯六年(1633 年)以前,两淮盐课亏欠达 200 余万两。② 距离亡国前两年,崇祯十五年(1642 年)正月庚子,明廷还蠲免各省、直在崇祯十二年(1639 年)以前逋欠的蜡、茶等税;二月庚戌,又蠲免各省、直在崇祯十二年以前逋欠的税粮。③

从以上多方面的探讨,我们可以知道,明中叶后的财政,一方面主要由于军事费用的膨胀而促使户部太仓银库岁出银数急剧上升,他方面却由于中央兵、工两部和宫廷的分饷需索,以及地方上的留用、蠲免和停征,致使岁入银

---

① 《度支奏议》第五函,第二册,《堂稿》卷一七,页一一八至一二三,崇祯四年六月初七日具题《题蠲六七两年未完京边杂项钱粮疏》。同月十一日奉圣旨:"天启六、七年各省、直未完旧饷并杂项银两,依拟照数蠲免。"
② 《国榷》第六册(卷九五),页五七七二,崇祯九年十二月戊戌,户部类报两淮盐课。
③ 《明实录·附录》第一册,《崇祯实录》卷一五,页三。

数遭受减损。在收入分薄和支出激增的此消彼长的情形下,财政上便经常会因收支不平衡,以致出现赤字。关于弥补赤字或广开财源的办法、过程、得失与影响,他日当另文讨论。

四

现在我们可以把太仓银库岁出银两的影响讨论一下。明中叶后太仓每年支出银数,增长率虽然参差不齐,但大体上有愈来愈上升的趋势。这许多银子,长期流到边镇和民间去,会产生什么影响呢?

自嘉靖(1522—1566年)中叶后至万历(1573—1620年)末叶加派以前,太仓岁出银数大约在300万两至500万两之间;自加派以后至明朝灭亡(1644年),大约在600万两至2 000万两之间。这许多银子每年都要输送到边镇,作为军兵月饷、行粮、盐菜以及其他军事费用的开销,或者输送到北方各省,作为购买粮料和军用物资的支出。军兵领到了饷银,要向民间买饭面、置衣装、购器物等;地方政府也要用银子向商人购买粮食及其他物品,或派价给商人包纳代办。当日边境各地既然因为银两支出增多,购买力强大,而对粮料及其他物资的需求增加,各地商人自然纷纷到这些地区来做买卖,以赚取巨额的利润,从而促进商业上的畸形繁荣。

北边地区所需求的,主要为军兵用来果腹充饥的米、麦,饲养马匹的料豆,用以防腐和佐食的盐,御寒的棉衣和制衣用的棉布,制造武器和农具的铁,制火药用的硝石和硫磺,以及其他军需品和消费品。明代早期,宣府镇是国境北面的门户,很多刍粟粮物都由北直隶、河南、山东和山西等地运来;两淮、长芦、河东等地盐商也在这里麇集,准备输纳米粮,换取盐引。而山西、河南、山东临清、北直隶真定和保定等处的军民客商,在明中叶以前,已经前往大同、宣府等边镇输纳粮草、军装,及贩卖马、牛、布、绢、香、茶、器皿、果品、铁器、耕具等。在嘉靖(1522—1566年)年间,宣府镇城内由于商业繁荣,政府对商人课税的名目很多,如布缕店课银、马骡店课银、米粟店课银、猪羊店课银、木植行课银、盐麻行课银、鞭仗行课银、东米市课银、西米市课银、鲜菜行课银、鲜果行课银、皮袄行课银、柴草行课银、斛斗行课银等;行业的内容包括衣料、家畜、米谷、肉食、木材、食盐、马具、武器、蔬菜、果实、皮制衣料、薪炭和量器等类。隆庆五年(1571年)以后,俺答与明修好,宣府、大同、山西、延绥、宁夏、甘肃等地开设马市,商业更为繁盛。因为在非战争时期,贸易内容偏重日常消费品,如从江南运来的缎匹和丝绢织物,湖广运来的虎、狸、水獭的皮草,广东和山西运来的铁锅等。

  用以充饥的米粮和御寒的棉衣、棉布,是北边军队大量消费的物品。自正统末年以后,北方边患日趋严重,为了巩固国防,明政府在边境经常集结大量军队;每当局势紧张的时候,又增加募兵和调兵。这些与国防有关的数目庞大的消费者,全部由国家财政来维持。他们既然聚在一起,自然要使北方边镇发展成为购买力很大的市场,而米粮和棉衣或棉布更成为其中交易最大宗的商品。明初维持边军的粮食,主要靠军屯、民运和盐粮。约自明朝中叶以前开始,军屯隳坏,军队不能边屯边守,从而粮食不再能自给自足;民运粮多半改为折银,或迳解边镇,或解进太仓,再由太仓转发;盐粮又因开中法的变制纳银和商屯的撤业南归,输边数量也大为减少。为着要解决庞大军队的吃饭问题,明政府不得不经常支出大量银子,在北直隶及邻近各省召商买粮输边,或发放京运年例银给边镇自籴。因此,明政府巨额银两的岁出,便造成北边米粮市场的兴盛,上面提及宣府镇有东米市和西米市的出现,以及米粟店的林立,就是其中一个明显的例子。从前商人窖粟输粮,目的不过是兑换盐引,赚取盐利。如今商人转售粮食射利,却直接赚取更多的银子。自明中叶后,北边粮价长期上涨,而每年又有季节性的波动。由于粮食市场交易旺盛及粮价高涨的鼓舞,农民自然要开辟荒田,增垦耕地,努力种植农作物。当日北边农业生产力遂因此而有所提高,同时广大面积的边际土地也投入生产的范围。北方边镇粮食贸易的利润既然增大,商人自然要挟携资本,挨村访屯,搜购粮物,趁着适当的时机,赚取优厚的利润。

  当日庞大的军队,因为要在严寒的北方边境戍守,必须穿着足够的棉衣才能御寒。而且,棉花和棉布不单可以制造棉衣,同时也是军装甲胄如"青甲"和"绵甲"等的重要制造材料。因此,棉衣、棉布和棉花的需求量非常之大。明政府岁出边饷军费中有冬衣、布花、折布等项,约自明中叶左右开始,差不多都折成银两,发给边镇或军士来采购和制造。这些对棉花、棉布和棉衣的巨额需求,当然会刺激国内各地棉花生产和棉纺织业的加速发展。在长江下游,以苏州、松江为中心的广大地区,及在长江中游的湖广等地,人民从事棉纺织业的愈来愈多,不但在城市中出现织布的"机户"以及"踹布"("碾布")和"染布"等加工行业,就是在农村里也有不少农民利用农闲时间来从事纺织,甚至有弃耕从织,或改种棉花的。"庄户"商人购入乡民制成的棉布,批发给"标商"(客商)。"标商"便把布匹运往北方边镇及其他省份出售。由于长距离舟车运输的关系,沿途出现不少中间市场或转运站,如南直隶的芜湖和山东的临清就是其中最著名的两个。总括来说,明政府每年发出巨额的银子给予边镇或军士购买棉衣、棉布和棉花,一方面直接造成北方布匹市场的兴旺,他方面又连带促进长江流域各地纺织工业的发展。这样一来,各地从事生产纺织工业原料(如纺纱用的棉花、饲蚕用的桑叶、作染料的蓝草等)的农民,负责养蚕、抽丝、纺纱、织布的技术工人,用舟车负载来运输的苦力,收购、转运、批发、零售的大小商贾,便都因此而有就业和经营的机会,以赚取银子。①

明中叶后,随着世界新航道的发现,欧人航海东来,海外贸易跟着发展。由于丝货及其他商品的大量输出,美洲及日本出产的银子都长期大量流入中国。当中国银的流通量较前特别增大的时候,户部太仓银库岁入的银两,每年都大量支出,最初集中在北方边镇来发放,后来辗转流通至国内各地,银自然成为全国社会普遍流通的交易媒介。② 当日以银代替实物赋税和力役的一条鞭法之所以得以普遍推行,按亩加派银子的办法之所以能够实施,都和这现象有密切的关系。

前节提及辽战爆发后,辽东地区一下子增加征调和新募的援兵 18 万名,这些数目庞大的消费者集中一地,对粮料、器械、衣装的需求量遂突然激增。

---

① 以上三段,主要参考寺田隆信《山西商人の研究》页 123—133,第三章第一节《商人の活动と商业都市の成立》,及页 181—199,第四章第一节《棉布、棉花の需要と布商》;全汉昇《明代北边米粮价格的变动》,《新亚学报》(香港九龙新亚书院研究所出版)第九卷第二期(1970 年);《鸦片战争前江苏的棉纺织业》,《清华学报》(台北复刊)新第一卷第三期(1958 年);韩大成《明代商品经济的发展与资本主义的萌芽》,及黄佩瑾《关于明代国内市场问题的考察》(二文俱载入《明清社会经济形态的研究》,上海人民出版社,1957 年)。
② 全汉昇《明清间美洲白银的输入中国》,《中国文化研究所学报》第二卷第一期(1969 年);《明代中叶后澳门的海外贸易》,同上《学报》第五卷第一期(1972 年)。

而且，北直隶、河南、山东等邻近省分，也因官方派买或商人抢购运赴辽东，而造成一片繁荣景象。可是，尽管消费者需求甚殷，急不容缓，供应物料的速度和数量却往往不能满足他们的需要。在供不应求的情况下，粮物价格更为上涨，而银子的购买力则相反地下降。换句话说，同样一两银子，在战争时期所能购买到的粮食或其他物品，在数量方面固然要比从前减少，就是在品质方面也要较前恶劣。根据熊廷弼在泰昌元年（1620 年）的报告，当日辽东援军月饷每名 1 两 5 钱，平均每日约银 5 分。但米粮异常昂贵，蜀米每斗值 2 钱 2 分，粟米、黄豆每斗值 2 钱 5 分，稻米每斗值 7 钱，青草 1 束值 1 分，每马一顿要吃五六束以上才得一饱；其他一切衣食用度都约比往日价格增加 10 倍。有一次，熊廷弼亲眼看见两名军人到饭店中买饭，其中一人说："我钱少，买蜀饭吃。"另一人说："我买面吃。"结果，买蜀饭吃的用银 5 分，买面吃的用银 1 钱 2 分。但两人都没吃饱，相对嗟叹而去。① 从这个具体事例中，可见粮价昂贵严重影响了军人的生活。军人不得温饱，工作情绪自然要大受影响，从而缺乏坚强的战斗能力来和满洲军队周旋作战。而且，粮贵是明代后期北边的普通现象，消费者除军人之外，还有当地的土著和居民，他们当然也受着同样的苦难。中央政府岁出饷银虽然不少，但因收纳不足、转解延缓或拖欠停征等因素，对边镇常有供不及额或欠解未完等事发生。② 在这种影响下，有些

---

① 《明清史料汇编》第九册，页二一七，熊廷弼《经辽疏牍》卷三，页二〇，《官军劳苦乞恩慰劳疏》；同册，页三一〇至三一一，《经辽疏牍》卷四，页二一下至二二，《钦赏犒军户部抵饷疏》。
② 例如万历二十九年或以前，十镇年例共欠 150 余万两（《皇明经世实用编》第二册，页五二〇，梁斗辉《边防》）。陕西人民十八年来输过边饷 150 万两，而逋欠边饷却达 204 万两[《明通鉴》第五册（卷七五），页二九二三，万历四十四年八月，陕西巡抚龙遇奇言]。天启二年，据洮岷（？）、临巩（？）、西宁、肃州、庄浪等兵备道报京民二运的逋欠，共达 370 余万两（未知拖欠历时多久）（《明臣奏议》第九册，页七〇四至七〇五，高榷《新饷苦累难支疏》）。天启六年正月二十三日，据陕西巡按刘其忠的报告，河西五道在五年之内，民运共欠 77 万两有奇，京运共欠 69 万两有奇；临洮（？）、巩岷（？）、靖房三道在五年之内，京运各积欠二十五六万两有奇（《明实录·附录》第五册，《明熹宗七年都察院实录》，页六四二至六四三）。同年七月甲戌，户部清查欠解延缓京民二运，自万历四十七年至天启五年，共欠京运 738 135 两 3 钱，自万历四十六年至天启四年，民运本折共欠 610 890两（《明实录》第一三二册，《熹宗实录》卷七四，页二，天启六年七月甲戌）。天启七年七月壬午，宣府的京民二运积欠共 2 929 000 两有奇（《明实录》第一三三册，《熹宗实录》卷八六，页二一）。崇祯元年三月丁亥，据户科给事中段国璋奏，榆关缺饷至六十余万两及各州县召买银 30 余万两（《明实录·附录》第六册，《崇祯长编》卷七，页三五下）。同年七月丁亥，辽东欠四月分部分兵饷 7 万两，全欠五、六、七等三个月兵饷；又班军盐菜银自三月至七月共欠 135 000 余两。（《明实录·附录》第七册，《崇祯长编》卷一一，页二三下）。

军兵因长时间没有获得发饷而逃离岗位,加入民变队伍①;或者喧哗鼓噪,就地造反,杀伤长官,其中最著名的就是"宁远兵变",巡抚毕自肃被严重殴伤,后来被迫自杀身亡。② 对于军饷不足的情形,能干的官员不得不把仅有的银子作适当的运用,利用秋收禾熟时,廉价籴贡,以减省被商人居奇抬价的中间剥削和在价格上涨时费多籴少的损失。③ 有些官员更利用他们的驻守地作居间贸易的转运站,从中取利。④ 为了彻底解决粮食问题,不少官员提出恢复屯田的办法,并且有局部地区付诸实行而获得成功。⑤

明政府既然感到岁入不敷问题的严重,便尽量避免岁出的增加,尤其要避免边境军费的增加。崇祯二年(1629年)四月,张宗衡认为把抚赏银发给北边的胡虏插部,不如用军事力量把他们消灭。庄烈帝集合殿阁辅臣,五府、六部、科、道诸臣和翰林院记注官、锦衣卫堂上官等,召开会议讨论。当时兵部尚书王洽认为,如果同时进行另一场战争,消费将会十分浩大,光是购买战

---

① 例如崇祯元年十二月,固原缺饷,军兵哗变,劫固原州库后,遂加入"贼党"[《明通鉴》第五册(卷八一),页三一二四]。崇祯三年五月壬子,兵科给事中刘懋说,陕西因缺饷三十余月,军兵变为"流贼"(《明实录·附录》第一册,《崇祯实录》卷三,页九下至一〇)。崇祯八年九月甲寅,援西辽兵五六百人,以阙饷逃回乡间[《国榷》第六册(卷九四),页五七一三]。
② 崇祯元年,辽东宁远军兵乏粮四月,逋饷至53万两有奇。巡抚右佥都御史毕自肃曾向户部请发粮银,户部未能及时发给,遂引起军兵哗变,把毕自肃和总兵官朱梅、推官苏涵淳、州同知张世荣等缚至谯楼,拳脚交加,毕自肃被打至血流披面。当时兵备道副使郭广赶到,保护着毕自肃,立刻发放抚赏银及朋椿银2万两,不足,又向商民借5万两发放,才得解围。毕自肃上奏引罪,自杀身亡。后来中央派袁崇焕亲来处理这次兵变事件[参考《明实录·附录》第一册,《崇祯实录》卷一,页一七;第七册,《崇祯长编》卷一一,页二一;《资治通鉴纲目三编》第一〇册,卷三四,页下四至五,《明通鉴》第五册(卷八一),页三一一七]。
③ 例如管理延(绥)、宁(夏)粮储户部郎中夏时亨,搜括抚赏、杂项各库银8 000余两,分发绥德、清涧等州县,照秋成时价收购。后来时价增加时,计算一下,除了归还8 000余两外,还积出余米2 468石,当时值银1 762两8钱5分7厘2毫。省回原银两成有多(《明实录》第一三三册,《熹宗实录》卷八六,页二,天启七年七月乙丑朔)。
④ 例如镇守登、莱、皮岛的毛文龙广招商贾,贩易禁物,容许辽东的人参和貂皮经登州而运销中土,南方的布匹经登洲而转销辽东(《明实录·附录》第一三册,《崇祯长编》卷五五,页三,崇祯五年正月辛丑;《明史稿·列传》一三一,页二三至二四;《袁崇焕传》;《明史》卷二五九,页三四至三六,《袁崇焕传》附《毛文龙传》)。
⑤ 泰昌元年八月癸酉,右谕德兼侍读张鼐疏请屯田,认为是辽左持久用兵的长策[《明实录》第一二三册,《光宗实录》卷八,页下五至六;《国榷》第五册(卷八四),页五一七三]。天启三年十二月辛卯,加佃田太仆寺卿兼监察御史董应举为都察院右副都御史,督理顺天等处屯田、屯兵事务,他说屯种成功,其利十倍;而屯众多,米草之价自平[《明实录》第一二九册,《熹宗实录》卷四二,页五;《国榷》第六册(卷八五),页五二四七]。崇祯年间,卢象昇总督宣、大、山西军务,曾大兴屯利,实行二年,积谷至二十万石。庄烈帝遂下诏九边,以这个屯田事例为典范,广开屯种[《明通鉴》第六册(卷八五),页三二五八,崇祯九年九月辛酉]。

马和铸造火炮就需银 120 万两,而这笔款项也无从措办。结果议定继续仍用开放马市和发给抚赏银的办法来羁縻插部,相机行事。① 同年十一月,黑谷关守备道张延庚接获情报,知道插部有 5 万人欲犯龙门,总督刘策向中央请示,兵部尚书王洽力诫不得动手,宜用好语相诱,勿与兴衅。② 可见财政入不敷支的压力,竟令明政府忍辱负重,不敢开辟另一个战场,极力避免两面作战,而只专心对付辽东地区的满洲军队。

从另一个角度来观察,明政府的岁出,由于客观形势的迫切需要,不得不过分集中在军事费用方面。这些军费的开销项目中,不论是军马用来充饥的粮料,或使用火器时发放的弹药,都是消耗性的开销,尤其是在抵抗侵略的防御性的战争中,消耗得更为厉害。在辽战爆发后二十六年(1618—1644 年)的漫长战争岁月里,由于粮料、弹药及其他物资的大量消耗,军事费用的巨额开支是理所当然的。

除此之外,明室对宫殿和皇陵的建筑,也用去不少银子。③ 这些建筑虽然不如战争那样消耗,但究竟也不是生产性的投资。如果把这许多岁出银两投资在农田水利、屯田开垦、工业制造或其他生产性的事业上,那么,在以后的日子里,整个社会便可因生产力的提高而富裕起来,而不会像上述那样发生经济困难。

总括来说,明政府每年支出巨额的银子,有好的影响,也有坏的后果。银子在社会上的流通量增加,本来可以促进经济繁荣,增加就业机会。但事实上,在明季的长时间内,由于战争的大量消耗,巨额岁出仍未能满足军费粮饷的开销,而岁入又不能追及岁出的增长率,再加上供不应求,百物腾贵,银子购买力下降,军兵饷银不足维持温饱,作战能力便随着退减。崇祯元年,兵部尚书王在晋和大学士孙承宗曾先后提议在山海关外的欢喜岭或窟窿山建筑

---

① 《明实录·附录》第八册,《崇祯长编》卷二〇,页三,崇祯二年四月己丑,及页三三至四二,同月辛亥。
② 《明实录·附录》第九册,《崇祯长编》卷二八,页一,崇祯二年十一月癸未。
③ 在这里仅举天启朝的三殿大工为例,自天启五年二月二十三日起,至七年八月初二日报告竣工止,共费银达 5 957 519 两 7 钱 6 分 8 厘 4 毫 1 丝 6 忽 1 微(《明实录》第一三三,《熹宗实录》卷八七,页二五下至二六,天启七年八月己酉)。熹宗逝世后,他的皇陵建筑费也议定为二百余万两(《明实录·附录》第一册,《明□宗□皇帝实录》卷之□,页三下,天启七年十月甲辰)。

大规模的防御工事，但由于费用过于庞大，岁入不足以应付，因此，这两个合理而必须实行的建议都不得不取消作废。① 结果，不幸得很，十六年之后，满洲的多尔衮便因夺得欢喜岭这个重要的军事据点而攻破山海关，再进而夺取了大明的江山。②

五

关于明代中叶后户部太仓银库历年岁出银两的数字，从正常的情形来说，嘉靖以前，约为100万两；嘉靖七年（1528年）至二十六年（1547年）左右的20年中，约为200万两；嘉靖二十七年（1548年）至万历四十五年（1617年）的70年中，约由300万两至500万两，而以300万两和400万两的时候为多。在与满洲军队胶着缠斗的26年中，前13年，即自万历四十八年（1618年）至崇祯三年（1630年），岁出银数约由600万两至1000万两；后13年，即自崇祯四年（1631年）至十六年（1643年），约由1100万两至2000万两。在历年岁出中，也有些特殊的例子。如弘治十三年（1500年）至正德三年（1508年）间，每年光是军费的支出，平均约达一百五六十万余两，如果加上首都经费，岁出总数当在200万两以上；在那时期来说，这个数字偏高。又如万历元年（1573年）和天启五年（1625年）的岁出银数各为280余万两，天启六年（1626年）为400余万两，数字却极为偏低。除这些特殊例子之外，明中叶后一百多年来的太仓岁出指数，大体上显示出长期上升的趋势，其中尤以最后26年的陡升，最为瞩目。可是，在几个阶段的上升过程中，岁出指数并不是等加级数地连续递增，而是参差不齐、忽高忽低、如同波浪式的不规则地前进。

在太仓岁出银数中，经常性的军事费用要占很大的比例。在没有和满洲军队交战以前，记载有军费开支和岁出总数的年份中，显示出经常性的军费数额通常占岁出总数的60%至80%多点，而占90%或50%多点的比较少，但总没有低过50%的。而且，这些百分比还没有把非经常性军费或额外军费

---

① 《明实录·附录》第七册，《崇祯长编》卷一三，页二四，崇祯元年九月壬午。
② 《明季北略》第四册，页三六八至三七三，《吴三桂请清兵始末》。

计算在内。在万历(1573—1620年)末叶施行定额加派以后,岁出总数包括旧饷和新饷在内,旧饷中除了一成到两成是首署经费外,其余都作军事用途;而数额超过旧饷的加派新饷银中,100%都是军费。后来因剿乱而增加的"剿饷"和因练兵而增加的"练饷",也是纯粹的军事费用。由此可见,军费在岁出总数中所占的比例要比从前为高。因为这个缘故,军费开支的增减,自然要影响到岁出总数的升降。在嘉靖(1522—1566年)和隆庆(1567—1572年)两朝的半个世纪中,北方沿边经常有胡虏的寇掠,南方沿海又不断遭受倭寇的侵扰。万历二十年(1592年)至二十八年(1600年)间,又发生所谓"三大征"的军事行动,包括平定国内西北部宁夏哱拜之乱和西南部四川播州杨应龙的反叛,以及援助东邻朝鲜来抗拒日本的鲸吞。在万历四十六年(1618年)至明亡(1644年)的26年中,除了要在东北边境抵御满洲军队的侵略,在西南地区镇压四川奢崇明和贵州安邦彦等少数民族的叛乱外,还要在山、陕以南和湖广以北广大的腹里地区中,应付人数庞大的民变。在战争激烈和局势紧张时期,军事费用的支出急剧增加,自不待言;而岁出总数因军费膨胀而随着上升,也是不难理解的。不过,因为这些战事并没有规律性的安排,全都是不定期地突然爆发的,当日岁出军费也就无从预算或有效地节制,更不能量入为出,令战事立刻停顿,让岁出不能超越至某一限度。事实上,明季政府最多只能消极避免点燃新的战火和挑起兵衅,以免除双边或多边作战的消耗;或者采取开市和抚赏的方式,羁縻胡虏和招安乱民,以减少其他方面的敌人。

在明代正德十三年(1518年)以后的120余年中,我们搜集得到46个同时有太仓岁出和岁入银数记载的年份,其中除了正德十三年(1518年)、万历五年(1577年)、二十一年(1593年)、三十年(1602年)、天启五年(1625年)、崇祯四年(1631年)及七年(1634年)7个年份在岁出入比较中出现盈余数字外,其他全部因入不敷支而产生财政赤字。财政盈余的原因,从正常的情形来说,主要是战事缓和,军费支出减少,或者理财得当,适当地开源节流,一面增加收入,一面减少支出;从不正常的情形来说,在增赋加税之后,岁入数字突然上升,或者中央拖欠兵饷,或发不足额,从而岁出数字下降。太仓岁入银数自明中叶以后也是长期递增的,但递增的银数,一方面因地方上的奏留、蠲免或停征而不能如额实收,他方面又因中央兵、工二部和宫廷的分饷需索而遭受减损。同时,由于盐粮和民运的改折而粮料供应不足,由于调募军队的激增而粮料需求加倍,以致运费昂贵,粮价高涨,再加上月饷、行粮和盐菜银的给发,建筑防御工事和制造火器的费用的分担,太仓银库便不得不发放巨额银两来应付这许多方面的开销。在这个收入分薄和支出增加的此消彼长的情况下,财政上便经常因收支不平衡而出现赤字。明代财政赤字的出现显得非常频密,几乎年年都是这样。赤字最低为1万余两,最高达300余万两,通常在数十万两至百余万两之间,遂使明朝政府想尽办法广开财源、增收加派来应付。

自明朝中叶后,政府每年支出巨额银两,输送到边镇,用来发给军士饷银和其他军费开销,或者派发北方各省来籴买粮草料豆和收购军用物资。因为军士领到饷银之后,要向民间买饭面、置衣装,地方政府要用银向商人购买粮食及其他物品,故大量的银子便跟着在社会上普遍流通。这许多消费者拥有强大的购买力,因为利之所在,自然促进了工农的努力生产和商贾的贸易往来。当日北方粮食市场既然交易旺盛,粮价既然长期高涨,农民遂大事开垦荒地,努力耕耘;粮商也携带资本,挨村访屯,收购粮食,利用粮价的波动来居奇取利。棉花和棉布除了用来制造棉衣外,同时也是军装甲胄的重要制造材料,需求量非常之大,因此也刺激了长江流域棉花产区和棉纺织工业中心的发展和加速扩大生产。城市中出现不少织布的"机户",以及"踹布"(碾布)和"染布"等加工行业。农村的农民也利用农闲期间来从事纺织,或增加工业原料(如桑、棉等)和染料作物(如蓝草、红花等)的种植。布商从这些地方大量收购布匹运往北边各省出售,造成布匹市场的繁荣。

另一方面,明中叶后由于海外贸易的发展,大量外国银子流入中国,以致银成为主要的货币而流通于国内各地,人民能够用来缴纳赋役,促成一条鞭法的普遍推行和后来加派赋银的实施。明政府每年收到这些赋银后,便发往边镇作为军饷、军事之用,从而再复流到民间来。由此我们可以看见当日银子在社会上循环不息的流通情形。像唐朝(618—906年)中叶刘晏"自言如见钱流地上"[①]那样,我们也可以说,明中叶后的社会是一个"银流地上"的

---

① 《新唐书》(《百衲》本)卷一四九,页三,《刘晏传》。

社会。

可惜,由于战争的迫切需要,明政府的岁出过分集中于军事方面,作消耗性的开支;而很少用于农田水利、工业制造或其他建设性的事业上作生产性的投资,从而增加国民所得,提高人民生活水准。因此,岁出银两虽然很多,但由于银子购买力的减弱,始终不能满足与日俱增的军事费用的需索;而岁入不敷,却成为历次加派的借口。人民抵受不了加派的重压,往往揭竿而起;有些军队因缺饷挨饥,也加入他们的行列。结果,明政府在外患未靖的时刻,又再加上萧墙以内的隐忧。这个"内忧"首先结束了朱明皇朝的统治,而"外患"也随着入关,来夺取大明帝国的江山。

清康熙年间(1662—1722年)
江南及附近地区的米价

一

　　清代的君主,为着要巩固政权,利用他们宠信的臣工,或外省地方官员,在各地方打听种种消息,直接而秘密地写报告上达宫中。这些秘密呈送给皇帝的奏折,往往报导当日各地军事、政治、经济、社会以及其他方面的动态。约自康熙年间(1662—1722年)开始,君主在密奏上用朱笔批写谕旨,以作对臣工的回复或指示。

　　故宫博物院多年来负责保存这些宫中档案,并加以整理,早在民国二十年(1931年)前后,就已经印行《文献丛编》《史料旬刊》等刊物。迁到台湾以后,整理工作仍然继续进行。在1969年的冬天,创办了《故宫文献》季刊。1973年,刊印《宫中档光绪朝奏折》。及1976年,又有《宫中档康熙朝奏折》的刊行。在这些出版品中,作者对于《宫中档康熙朝奏折》一书,尤其感兴趣。因为清朝的统治者,约自康熙帝开始,有鉴于明季因粮荒米贵而引起的流寇之乱,特别注意民生疾苦,故经常命令各省官员向他报告各地年岁丰歉及米价贵贱等情况。① 而过去以"苏常熟,天下足"著称的江南,位于长江三角洲,人口密度最大,因此在《宫中档康照朝奏折》中,关于江南及其附近地区的米价资料,尤为丰富。现在根据这些资料,再参考其他有关记载,撰成下列各表。因为各地官员在报导米价奏折中所提及的米,有种

---

① 《东华录》(文海出版社影印本)卷二〇,页一二载康熙五十六(1717年)十月癸卯谕:"朕理事五十余年,无时不以民生为念。凡巡行所至之地,即加访问。故于民之疾苦,无有不知。各省奏事之人,伊所过地方,年岁丰歉,米价贵贱,无不详悉问之。故总督、巡抚、提督、总兵官等,一切事皆无敢隐匿者。如有隐匿,朕即知之。……朕念切民生,尔诸臣当体朕恤民之意,凡有闻见之处,即当奏闻,不可佯为不知也。"

种不同的名称，现在为便于列表比较起见，试把它们加以简化，归纳为上米、平常食米两类。前者包括上好米、上白米、上熟米、陈熟上米、熟米、好米、白米及细米；后者包括民间食米、平常细米、次米、中米、粗米、糙米、籼米、红米、早稻米、晚米、尖米、仓米、新熟米、次熟米、陈熟次米、陈米及新米。此外，我们之所以要以雍正二年（1724年）苏州次米价为基期（1.17两＝100）来计算康熙年间（1662—1722年）各地米价指数，主要是因为是年共有七个月，苏州次米都有价格纪录，故以是年各月平均价作基期，可能较为合适。①

表一　清康熙年间江南每石米价　　　（单位：两）

康熙（公元）年月	上米价格	平常食米价格	根　据　资　料
三(1664)		0.50	贺长龄辑《皇朝经世文编》（国风出版社影印）卷二九，页三六，任源祥《食货策》。
三十七(1698)四		0.80(＋)	故宫博物院故宫文献编辑委员会编辑《宫中档康熙朝奏折》（以下简称《宫中档》，台北市，1976年）第一辑，页22，江宁织造曹寅奏折。
三十八(1699)十二		0.80—0.90（糙米、仓米）	同书第一辑，页二八，曹寅奏折；《故宫文献》（台北市故宫博物院，1970年）第二卷第一期，页133，曹寅奏折。
四十二(1703)八		0.70	《宫中档》第一辑，页六四，及《故宫文献》第二卷第一期，页134，曹寅奏折。
四十三(1704)四	0.91—0.92（熟米）	0.83—0.84（仓米）	《宫中档》第一辑，页七二，及《故宫文献》第二卷第一期，页137—138，曹寅奏折。
四十五(1706)七	1.20—1.30（好米）	0.80—0.90（仓米）	《宫中档》第一辑，页286，及《故宫文献》第二卷第一期，页147，曹寅奏折。
四十五(1706)七	1.05（白米）	0.91（稷米）	《宫中档》第九辑，页219，孙文成奏折。

---

① 拙著（与王业键合著）"清雍正年间（1723—1735年）的米价"，《"中央研究院"历史语言研究所集刊》（以下简称《集刊》）第三十本（台北，1959年）；后编入拙著《中国经济史论丛》（香港新亚研究所，1972年）第二册，参考其中页521。

清康熙年间(1662—1722年)江南及附近地区的米价

续表

康熙(公元)年月	上米价格	平常食米价格	根 据 资 料
四十七(1708)三	1.20(—)—1.30(—)(上白米)	1.00(—)(平常细米)(0.90)(—)(糙米)	《故宫文献》第二卷第一期,页151,曹寅奏折;故宫博物院明清档案部编《关于江宁织造曹家档案史料》(以下简称《曹家档案史料》,中华书局,1975年),页47。
四十七(1708)闰三		1.00	《故宫文献》第二卷第一期,页155,曹寅奏折。
四十七(1708)四		1.00	同书第二卷第一期,页156,曹寅奏折。
四十七(1708)九	1.20—1.30(细米)	1.00(粗米)	《宫中档》第一辑,页902,曹寅奏折。
四十八(1709)二		1.20—1.30	同书第二辑,页52,及《故宫文献》第二卷第一期,页163,曹寅奏折;《曹家档案史料》,页63。
四十八(1709)三		1.20—1.30(平常食米)	《宫中档》第二辑,页99—100,及《故宫文献》第二卷第一期,页164—165,曹寅奏折;《曹家档案史料》,页65。
四十八(1709)七		1.10—1.20	《宫中档》第二辑,页264—265,及《故宫文献》第二卷第一期,页167—168,曹寅奏折。
四十八(1709)八		0.84—0.85(早稻米)	《宫中档》第二辑,页300,及《故宫文献》第二卷第一期,页168,曹寅奏折。
四十八(1709)九		0.80(新米)	《宫中档》第二揖,页350—351,及《故宫文献》第二卷第一期,页169,曹寅奏折。
四十九(1710)三		1.10—1.20	《宫中档》第二辑,页471,及《故宫文献》第二卷第一期,页172,曹寅奏折。
四十九(1710)四		1.20	《宫中档》第二辑,页486,及《故宫文献》第二卷第一期,页172,曹寅奏折。
四十九(1710)五	1.00(熟米)	0.80—0.90(糙米)	《宫中档》第二辑,页519,及《故宫文献》第二卷第一期,页172—173,曹寅奏折。
四十九(1710)六		0.90	《宫中档》第二辑,页568—569,及《故宫文献》第二卷第一期,页173,曹寅奏折。

续表

康熙(公元)年月	上米价格	平常食米价格	根 据 资 料
四十九(1710)闰七		0.80	《宫中档》第二辑,页644—645,及《故宫文献》第二卷第一期,页174,曹寅奏折。
四十九(1710)九		0.70	《宫中档》第二辑,页698,及《故宫文献》第二卷第一期,页175,曹寅奏折;《曹家档案史料》,页77—78。
五十(1711)九		0.60—0.80	《宫中档》第三辑,页300,及《故宫文献》第二卷第一期,页181,曹寅奏折。
五十(1711)十		0.60—0.70(新米)	《故宫文献》第二卷第一期,页182,曹寅奏折;《曹家档案史料》,页86。
五十一(1712)二		0.70—0.80	《宫中档》第七辑,页781,及《故宫文献》第二卷第一期,页182,曹寅奏折。
五十一(1712)四		0.90(籼米)0.95(晚米)	《宫中档》第三辑,页601—603,及《故宫文献》第四卷第一期,页76,江西巡抚郎廷极奏折。
五十二(1713)一		0.80—0.90	《宫中档》第四辑,页117,江宁织造主事曹颙奏折。
五十二(1713)五初一日		0.80—0.90	同上,页248,曹颙奏折。
五十二(1713)五二十日		0.90—1.00	同上,页314,及《故宫文献》第二卷第一期,页190,曹颙奏折。
五十二(1713)六		0.80—0.90	《宫中档》第四辑,页376,曹颙奏折。
五十二(1713)八初二日		0.80—0.90	《故宫文献》第二卷第一期,页190,曹颙奏折。
五十二(1713)八初六日	1.30—1.40(上白米)	1.00—1.10(红米)	同书第一卷第四期,页183,及《宫中档》第四辑,页495—496,巡抚江宁等处地方张伯行奏折。
五十二(1713)九		0.80—0.90	《宫中档》第四辑,页538,及《故宫文献》第二卷第一期,页190,曹颙奏折。
五十二(1713)十		0.80—0.90	《宫中档》第七辑,页783,曹颙奏折。

清康熙年间(1662—1722年)江南及附近地区的米价

续表

康熙(公元)年月	上米价格	平常食米价格	根 据 资 料
五十二(1713)十一初一日		0.80—0.90	同书第四辑,页600,曹颙奏折。
五十二(1713)十二二十六日		1.00	同上,页622—623,及《故宫文献》第一卷第四期,页183,张伯行奏折。
五十三(1714)五		0.90—1.00	《宫中档》第四辑,页878,及《故宫文献》第二卷第一期,页193,曹颙奏折。
五十三(1714)六		0.90—1.00	《宫中档》第五辑,页4,曹颙奏折。
五十三(1714)七		0.90—1.00	同书第四辑,页767,及《故宫文献》第二卷第一期,页194,曹颙奏折。
五十三(1714)八		1.10	《宫中档》第五辑,页99,曹颙奏折。
五十四(1715)四		1.20—1.30	同上,页425,江宁织造主事曹頫奏折。
五十四(1715)六		1.00—1.10	同书第六辑,页395,及《故宫文献》第二卷第二期,页60,曹頫奏折。
五十四(1715)七		1.00—1.10	《宫中档》第五辑,页574,及《故宫文献》第二卷第二期,页60,曹頫奏折。
五十四(1715)八		0.70(新米)	《宫中档》第五辑,页662,及《故宫文献》第二卷第二期,页61—62,曹頫奏折。
五十四(1715)九		0.68—0.74	《宫中档》第五辑,页698,曹頫奏折。
五十四(1715)十		0.60—0.74	同书第六辑,页641,及《故宫文献》第二卷第二期,页63,曹頫奏折。
五十四(1715)十一		0.60—0.74	《宫中档》第五辑,页801,曹頫奏折。
五十四(1715)十二		0.60—0.74	同上,页872,及《故宫文献》第二卷第二期,页64,曹頫奏折;《曹家档案史料》,页135。
五十五(1716)一		0.60—0.74	《宫中档》第六辑,页4,曹頫奏折。

续表

康熙(公元)年月	上米价格	平常食米价格	根 据 资 料
五十五(1716)五		0.78—0.86	同上,页346—347,及《故宫文献》第二卷第二期,页64—65,曹頫奏折。
五十五(1716)六		0.78—0.86	《宫中档》第六辑,页414,曹頫奏折。
五十五(1716)七		0.80—0.98	同上,页474,502,及《故宫文献》第二卷第二期,页66,曹頫奏折。
五十五(1716)八		1.00—1.20	《宫中档》第六辑,页519,及《故宫文献》第二卷第二期,页67—68,曹頫奏折。
五十五(1716)九		1.00—1.10	《宫中档》第六辑,页588,曹頫奏折。
五十五(1716)十		1.00—1.10	《宫中档》第六辑,页631,及《故宫文献》第二卷第二期,页68,曹頫奏折。
五十五(1716)十一		1.00—1.10	《宫中档》第六辑,页668,曹頫奏折。
五十五(1716)十二		1.00—1.10	同上,页705,曹頫奏折。
五十六(1717)一		1.00—1.10	同上,页736,曹頫奏折。
五十六(1717)二		1.00—1.10	同上,页781,曹頫奏折。
五十六(1717)三		0.90—1.00	同上,页846,曹頫奏折。
五十六(1717)四		1.00—1.10	同上,页970,曹頫奏折。
五十六(1717)五	1.03—1.04	0.94—0.95	同上,页936,曹頫奏折。
五十六(1717)六	1.03—1.04	0.94—0.95	《宫中档》第七辑,页50,曹頫奏折。
五十六(1717)七	0.93—0.94	0.82—0.83	同上,页162,及《故宫文献》第二卷第二期,页69,曹頫奏折。
五十六(1717)八		0.74—0.75	《宫中档》第七辑,页177,及《故宫文献》第二卷第二期,页70—71,曹頫奏折。
五十六(1717)九		0.70—0.85	《宫中档》第七辑,页209,曹頫奏折。

清康熙年间(1662—1722年)江南及附近地区的米价

续表

康熙(公元)年月	上米价格	平常食米价格	根 据 资 料
五十七(1718)五		0.80—0.90	同上,页324,及《故宫文献》第二卷第二期,页71,曹頫奏折。
五十七(1718)六		0.80—0.90	《宫中档》第七辑,页349,及《故宫文献》第二卷第二期,页71,曹頫奏折。
五十七(1718)七		0.80—0.90	《宫中档》第七辑,页382,曹頫奏折。
五十七(1718)八		0.70—0.80	同上,页416,曹頫奏折。
五十七(1718)闰八	0.70—0.80	0.64—0.65	同上,页437,曹頫奏折。
五十九(1720)二	0.74—0.75	0.64—0.65	同上,页633,及《故宫文献》第二卷第二期,页73,曹頫奏折。

表二　清康熙年间上海每石米价　　　　　　　　（单位：两）

康熙(公元)年月	上米价格	平常食米价格	根 据 资 料
一(1662)一	2.10	1.90(糙米)	除特别注明者外,均见于叶梦珠《阅世编》(上海掌故丛书)卷七,页三,食货二。
一(1662)七	1.30—1.40	1.20(早米)	
二(1663)十	0.90		
四(1665)	0.40*		清应宝时修《上海县志》(同治十一年刊)卷三〇,页一一,祥异;金福曾等修《南汇县志》(成文出版社影印)卷二二,页一二七六,杂志。
五(1666)	0.40*		吴馨等修《上海县续志》(民国七年修,成文出版社影印)卷二三,页一七〇七——一七〇八,祥异补遗;陈方瀛等修《川沙厅志》(学生书局影印)卷一四,页九下,杂记;杨开第等修《华亭县志》(光绪四年刊)卷二三,页二〇,杂志;吴如林等修《松江府志》(嘉庆二十二年刊)卷八〇,页二二,祥异志。

续表

康熙(公元)年月	上米价格	平常食米价格	根 据 资 料
八(1669)		0.50—0.60(新米)	
九(1670)六	1.03		
九(1670)八		0.90(新米)	
九(1670)九		0.80(新米)	
九(1670)十	0.90—1.30		
十(1671)		1.10(早米)	
十二(1673)		0.63(新米)	
十七(1678)		0.73(早新米)	
十八(1679)春	1.40—1.50		
十八(1679)八	2.00	1.70(早新米)	
	2.40		《上海县志》卷三〇,页一二下,祥异。
十九(1680)夏	2.00		
二十一(1682)五	0.85		
二十一(1682)冬		0.56—0.57(新糙米)	
二十二(1683)秋		0.80—0.90(糙米)	
二十三(1684)冬	0.80—0.90		
三十四(1695)	0.60(一)*		《上海县续志》卷三〇,页一八一九——一八二〇,杂记。
四十七(1708)秋	2.80*		《上海县志》卷三〇,页一四,祥异。

注：* 代表可能是平常食米的价格。

清康熙年间(1662—1722年)江南及附近地区的米价

表三　清康熙年间南昌每石米价　　　　　（单位：两）

年(公元)月	上米价格	平常食米价格	根　据　资　料
顺治十八(1661)		0.40	《皇朝经世文编》卷二九,页三六,任源祥《食货策》。
康熙四十二—四十三(1703—1704)		1.50—1.60	《宫中档》第一辑,页241—242,及《故宫文献》第一卷第四期,页49,巡抚江西等处地方郎廷极奏折。
四十四(1705)	1.10	1.04—1.05	同上。
四十五(1706)四	0.73—0.74	0.70	同上。
四十五(1706)七		0.60	《宫中档》第一辑,页288,及《故宫文献》第二卷第一期,页147,曹寅奏折。
四十五(1706)十	0.70	0.67—0.68	《宫中档》第一辑,页336,及《故宫文献》第一卷第四期,页49,郎廷极奏折。
四十六(1707)六	0.60	0.57—0.58	《宫中档》第一辑,页460,郎廷极奏折。
约四十六(1707)七		0.80(＋)	同上,页488,及《故宫文献》第一卷第四期,页52,郎廷极奏折。
四十六(1707)八	0.71—0.72（上好白米）	0.65—0.66	同上。
四十七(1708)二	0.86—0.87	0.82—0.83	《宫中档》第一辑,页601,及《故宫文献》第一卷第四期,页54,郎廷极奏折。
四十七(1708)四	0.84—0.85	0.80	《宫中档》第一辑,页729,及《故宫文献》第一卷第四期,页55,郎廷极奏折。
四十七(1708)六	0.76—0.77	0.73—0.74	《宫中档》第一辑,页821,及《故宫文献》第一卷第四期,页56,郎廷极奏折。
四十八(1709)二	0.93—0.94	0.90	《宫中档》第二辑,页66,及《故宫文献》第一卷第四期,页58,郎廷极奏折。
四十八(1709)五	0.97—0.98	0.92—0.93	《宫中档》第二辑,页202,及《故宫文献》第一卷第四期,页202,郎廷极奏折。
四十八(1709)八		0.90—0.93（陈米）0.80—0.87（新米）	《宫中档》第二辑,页326—328,及《故宫文献》第一卷第四期,页62,郎廷极奏折。

续表

年(公元)月	上米价格	平常食米价格	根 据 资 料
四十八(1709)十		0.82—0.87(江西省米价)	《宫中档》第二辑,页366,及《故宫文献》第一卷第四期,页63,郎廷极奏折。
四十九(1710)二	1.00	0.92—0.93	《宫中档》第二辑,页450—451,及《故宫文献》第一卷第四期,页65,郎廷极奏折。
四十九(1710)六	0.90(上熟米)	0.84—0.85(次熟米)0.77—0.78(齐米)	《宫中档》第二辑,页602,及《故宫文献》第一卷第四期,页67,郎廷极奏折。
五十(1711)一	1.00	0.92—0.93	《宫中档》第二辑,页843,及《故宫文献》第一卷第四期,页71,郎廷极奏折。
五十(1711)三	0.87—0.88	0.80	《宫中档》第三辑,页36—37,及《故宫文献》第一卷第四期,页71,郎廷极奏折。
五十(1711)五	0.83—0.84	0.80	《宫中档》第三辑,页105;《故宫文献》第一卷第四期,页72;《文献丛编》第十二辑,郎廷极奏折。
五十(1711)六		0.62—0.63	《宫中档》第三辑,页150,及《故宫文献》第一卷第四期,页73,郎廷极奏折。
五十(1711)八		0.90(陈米)0.67—0.70(新米)	《宫中档》第三辑,页281—282,及《故宫文献》第一卷第四期,页74,郎廷极奏折。
五十一(1712)二	0.82—0.83	0.73—0.74(次米)	《宫中档》第三辑,页504,及《故宫文献》第一卷第四期,页75,郎廷极奏折。
五十一(1712)五	0.72	0.65(次米)	《宫中档》第三辑,页651,及《故宫文献》第一卷第四期,页77,郎廷极奏折。
五十一(1712)六	0.75(熟米)	0.65(齐米)	《宫中档》第三辑,页757,及《故宫文献》第一卷第四期,页78,郎廷极奏折。
五十二(1713)一、二、三		0.50—0.70	《宫中档》第四辑,页392—393,江西巡抚佟国勷奏折。
五十二(1713)四、五		1.20—1.30	同上。

清康熙年间(1662—1722年)江南及附近地区的米价

续表

年(公元)月	上米价格	平常食米价格	根 据 资 料
五十二(1713)六		0.80	同书第四辑,页395—396,佟国勷奏折。
五十三(1714)六		0.67	同书第五辑,页16,佟国勷奏折。
五十三(1714)十		0.91—0.92	同上,页173—174,佟国勷奏折。
五十四(1715)六		0.85—0.86	同上,页527,佟国勷奏折。
五十四(1715)十		0.67—0.68	同上,页760—761,佟国勷奏折。
五十五(1716)六		0.85—0.86	同书第六辑,页417,佟国勷奏折。
五十五(1716)十		0.75—0.76	同上,页639—640,佟国勷奏折。
五十六(1717)六		0.77—0.78	同书第七辑,页83—84,佟国勷奏折。
五十六(1717)十		0.75—0.76	同上,页252—253,及《故宫文献》第一卷第一期,页134,江西巡抚白潢奏折。
五十七(1718)六		0.55—0.67(江西省米价)	《宫中档》第七辑,页372—373,及《故宫文献》第一卷第二期,页140,白潢奏折。
五十八(1719)六		0.50—0.60(江西省米价)	《宫中档》第七辑,页554—555,及《故宫文献》第一卷第二期,页144,白潢奏折。

表四　清康熙年间湖北每石米麦价格　　　　（单位：两）

康熙(公元)年月	上米价格	平常食米价格	麦 价	根 据 资 料
三十八(1699)及以前		0.60—0.70(荆、郧价)		郭琇《郭华野疏稿》卷二《改折兵粮》(又见于《皇清名臣奏议》卷二三郭琇《请改折兵粮疏》)。
四十三(1704)九		0.63(每担价)		《宫中档》第一辑,页81,及《故宫文献》第二卷第一期,页139,曹寅奏折。

续表

康熙(公元)年月	上米价格	平常食米价格	麦　价	根　据　资　料
四十六(1707)九	0.80(+)	0.74—0.75(中米)		《宫中档》第一辑,页503,及《故宫文献》第三卷第一期,页80,湖广巡抚刘殿衡奏折。
四十八(1709)五		1.10—1.20(汉口价)		《宫中档》第二辑,页197—200,及《故宫文献》第二卷第一期,页92—93,巡抚湖广等处地方陈诜奏折。
四十八(1709)七		0.80(新米)		《宫中档》第二辑,页330—332,及《故宫文献》第二卷第一期,页93—94,陈诜奏折。
四十九(1710)九	0.75—0.76(郧、荆、襄价)			《宫中档》第二辑,页701,及《故宫文献》第二卷第一期,页98—99,陈诜奏折。
五十(1711)三	0.80	0.75(中米)		《宫中档》第三辑,页25—26,及《故宫文献》,第二卷第一期,页99,陈诜奏折。
五十(1711)八	0.70	0.65—0.66(中米)		《宫中档》第三辑,页298,及《故宫文献》第三卷第一期,页82,刘殿衡奏折。
五十一(1712)八		0.65—0.66(稻米)	0.55—0.56(小麦)	《宫中档》第三辑,页856—857,及《故宫文献》第三卷第一期,页83,刘殿衡奏折。
五十二(1713)五	0.72—0.73	0.67—0.68(中米)	0.42—0.43(小麦) 0.24—0.25(大麦)	《宫中档》第四辑,页254,及《故宫文献》第三卷第一期,页85,刘殿衡奏折。
五十二(1713)八	0.68—0.69	0.63—0.64(中米)	0.48—0.49(小麦) 0.28—0.29(大麦)	《宫中档》第四辑,页487—488,及《故宫文献》第三卷第一期,页87,刘殿衡奏折。

清康熙年间(1662—1722年)江南及附近地区的米价

续表

康熙(公元)年月	上米价格	平常食米价格	麦 价	根 据 资 料
五十三(1714)六	0.74—0.75	0.67—0.68（中米）	0.43—0.44（小麦）0.22—0.23（大麦）	《宫中档》第五辑，页30—31，及《故宫文献》第三卷第一期，页88，刘殿衡奏折。
五十三(1714)八	0.74—0.75	0.67—0.68（中米）	0.46—0.47（小麦）0.25—0.26（大麦）	《宫中档》第五辑，页106—107，及《故宫文献》第三卷第一期，页89，刘殿衡奏折。
五十四(1715)六	0.81—0.82	0.73—0.74（中米）	0.51—0.52（小麦）0.28—0.29（大麦）	《宫中档》第五辑，页536，及《故宫文献》第三卷第一期，页91，刘殿衡奏折。
五十四(1715)八	0.78—0.79	0.67—0.68（中米）	0.51—0.52（小麦）0.28—0.29（大麦）	《宫中档》第五辑，页684，及《故宫文献》第三卷第一期，页92，刘殿衡奏折。
五十五(1716)四	1.10（武昌、汉阳价）	0.90—1.05（武昌、汉阳价）		《宫中档》第六辑，页310—311，及《故宫文献》第三卷第一期，页94，刘殿衡奏折。
五十五(1716)五		0.84—0.85		同上。
五十五(1716)六		0.82—0.83（武昌、汉阳价）	0.55—0.56（小麦）0.31—0.32（大麦）	《宫中档》第六辑，页445—446，及《故宫文献》第三卷第一期，页95，刘殿衡奏折。
五十五(1716)八		0.78—0.80	0.54—0.55（小麦）	《宫中档》第六辑，页553—554，及《故宫文献》第三卷第一期，页96，刘殿衡奏折。
五十六(1717)六		0.74—0.75	0.40（小麦）0.23—0.24（大麦）	《宫中档》第七辑，页87—88，及《故宫文献》第三卷第一期，页97，刘殿衡奏折。

续表

康熙(公元)年月	上米价格	平常食米价格	麦价	根据资料
五十六(1717)九	0.68—0.69	0.61—0.62（中米）		《宫中档》第七辑，页220—221，及《故宫文献》第三卷第一期，页98，刘殿衡奏折。
五十七(1718)五		0.58—0.59	0.47—0.48（小麦）0.14—0.15（大麦）	《宫中档》第七辑，页330—331，及《故宫文献》第三卷第一期，页118，湖广巡抚张连登奏折。
五十七(1718)六	0.63—0.64	0.53—0.54		《宫中档》第七辑，页375，及《故宫文献》第一卷第四期，页19，张连登奏折。
五十八(1719)六		0.55—0.56		《宫中档》第七辑，页550—551，及《故宫文献》第一卷第四期，页121，张连登奏折。

表五　清康熙年间湖南每石米价　　　　　（单位：两）

康熙(公元)年月	上米价格	平常食米价格	根据资料
四十二(1703)以前		0.60—0.70（平时）0.80—0.90（贵时）	《雍正朱批谕旨》(文源书局影印)，(一)布兰泰，页五二至五三，雍正五年七月十四日署理湖南巡抚布兰泰奏。
四十二(1703)		1.00(+)	同上。
四十六(1707)		1.30—1.40	同上。
四十六(1707)七		0.60	《宫中档》第一辑，页483，偏沅巡抚赵申乔奏折。
四十六(1707)十二		0.70	同上，页545，赵申乔奏折。

清康熙年间(1662—1722年)江南及附近地区的米价

续表

康熙(公元)年月	上米价格	平常食米价格	根 据 资 料
四十八(1709)二		0.80(+)	《宫中档》第二辑,页61,赵申乔奏折。
四十八(1709)四上旬		0.90	同上,页155,赵申乔奏折。
四十八(1709)四中旬		1.20—1.30	同上,页207—209,赵申乔奏折。
四十八(1709)九		0.80	同上,页347—348,赵申乔奏折。
四十九(1710)闰七		0.70	同上,页691,赵申乔奏折。
四十九(1710)八		0.74—0.75	同上。
四十九(1710)十		0.80(粗米)	同上,页774,赵申乔奏折。
五十二(1713)		1.30—1.40(不久即下降)	《雍正朱批谕旨》,(一)布兰泰,页五二至五三,布兰泰奏。
五十三(1714)五	0.75—0.76(白米)	0.68—0.69(中米)	《宫中档》第四辑,页907,偏沅巡抚李锡奏折。
五十五(1716)六前		0.70—1.10(各属米价)	同书第六辑,页458,及《故宫文献》第一卷第一期,页179,偏沅巡抚李发甲奏折。
五十五(1716)六		0.60—0.70(各属米价)	同上。
五十五(1716)八		0.50—0.70(各属米价)	同书第六辑,页578,李发甲奏折。
五十六(1717)四,五,六		0.60—0.80	同书第七辑,页114,及《故宫文献》第一卷第一期,页181,李发甲奏折。
五十六(1717)八		0.50—0.60(各属米价)	《宫中档》第七辑,页207,及《故宫文献》第一卷第一期,页180,李发甲奏折。

表六　清康熙年间浙江每石米价　　　（单位：两）

康熙(公元)年月	上米价格	平常食米价格	根 据 资 料
三十五(1696)		0.50(萧山县米价)	彭延庆等修《萧山县志稿》（民国二十四年刊本）卷五引乾隆旧志。
四十五(1706)七	1.40	1.23	《宫中档》第九辑，页219，孙文成奏折。
四十七(1708)四		1.30—1.40(杭、嘉、湖各府米价)	《宫中档》第一辑，页775，及《故宫文献》第二卷第一期，页162—163，总督福建、浙江等处地方梁鼐奏折。
四十八(1709)八		1.30—1.40	《宫中档》第二辑，页333—334，梁鼐奏折。
五十(1711)五	1.20		同书第三辑，页342—343，及《故宫文献》第一卷第一期，页61、63，浙江巡抚王度昭奏折。
五十(1711)九		0.70(＋)(北新关商贩船米) 0.90(＋)(浙东新出尖米) 1.00(＋)(杭城存贮旧米)	《宫中档》第三辑，页342—344，及《故宫文献》第一卷第一期，页63，王度昭奏折。
五十一(1712)五		0.80—1.00(＋)	《宫中档》第三辑，页697，及《故宫文献》第一卷第一期，页67，王度昭奏折。
五十一(1712)		1.50(浙西米价)	钱仪吉编《碑传集》（文海出版社）卷四二，页5，沈炳震《沈公涵行状》。
五十二(1713)闰五	1.20(＋)(上好米)	1.00(＋)(民间食米)	《宫中档》第四辑，页363，及《故宫文献》第一卷第一期，页71，王度昭奏折。
五十二(1713)七		1.40(＋)(宁波米价) 1.20(＋)(杭州米价) 0.80—0.90(－)(其余各府米价)	《宫中档》第四辑，页478—479，及《故宫文献》第一卷第一期，页72，王度昭奏折。

清康熙年间(1662—1722年)江南及附近地区的米价

续表

康熙(公元)年月	上米价格	平常食米价格	根 据 资 料
五十二(1713)八		1.30—1.40(宁、绍两府,浙西杭、嘉、湖米价)	《宫中档》第四辑,页523,及《故宫文献》第一卷第一期,页73,王度昭奏折。
五十二(1713)九		1.30—1.40(同上) 1.00(+)(金、衢、台、温各府米价)	《文献丛编》第三十五辑,李煦《奏报浙江衢州府等处旱灾折》。
五十三(1714)五		1.20(+)(嘉、湖粳米) 0.80—0.90(温、台诸府籼米)	《宫中档》第四辑,页923,及《故宫文献》第一卷第一期,页77,王度昭奏折。
五十五(1716)七		1.10—1.20(杭州府仁和、钱塘、余杭三县,嘉兴府石门、桐乡二县,湖州府乌程、德清二县) 1.20—1.30(金华府兰溪县,衢州府龙游县) 1.30—1.40(严州府建德等六县)	《宫中档》第六辑,页503—504,505—507,及《故宫文献》第二卷第二期,页66,江宁织造主事曹頫奏折。
五十六(1717)五	1.40(白米)	1.20(尖米)	《宫中档》第七辑,页6—7,及《故宫文献》第一卷第一期,页171,浙江巡抚朱轼奏折。
五十六(1717)七上半		1.50—1.60*	《宫中档》第七辑,页156—158,及《故宫文献》第一卷第一期,页172—173,朱轼奏折。
五十六(1717)七下半	1.30(白米)	1.20(尖米)	同上。
五十六(1717)十	1.00(白米)	0.90(尖米)	《宫中档》第七辑,页270,及《故宫文献》第一卷第一期,页173,朱轼奏折。
五十八(1719)五	0.90(宁、绍等八府及杭、嘉、湖三府白米价)	0.80(宁、绍等八府及杭、嘉、湖三府尖米价)	《宫中档》第七辑,页520,朱轼奏折。

注:＊代表可能是上米的价格。

表七　清康熙年间福、漳、泉平常食米每石价格　　（单位：两）

康熙(公元)年月	福州每石价格	漳、泉每石价格	根 据 资 料
六(1667)		0.25	陈寿祺等撰《福建通志》(华文书局影印同治十年重刊本)卷二七二,页一一,祥异。根据每两银买谷八石推算。
二十三(1684)		0.20	谢道承等辑《福建通志》(乾隆二年)卷六五,页一六、四二,祥异。
四十六(1707)十一	1.20—1.30	0.80—1.00	《宫中档》第一辑,页534—535,及《故宫文献》第二卷第二期,页130—131,总督福建、浙江等处地方梁鼐奏折。
四十七(1708)四	1.40—1.50		《故宫文献》第二卷第二期,页162—163,梁鼐奏折。
四十七(1708)九	0.80—1.00	0.80—1.00	《宫中档》第一辑,页899—900,及《故宫文献》第一卷第四期,页138—139,巡抚福建等处地方张伯行奏折。
四十七(1708)十	0.60—0.70		《宫中档》第一辑,页929,及《故宫文献》第二卷第二期,页185—186,梁鼐奏折。
四十八(1709)一	1.00	0.60—0.70	《故宫文献》第二卷第二期,页192—193,梁鼐奏折。
四十八(1709)六	0.70—0.90	0.70—0.90	《宫中档》第二辑,页250,及《故宫文献》第二卷第二期,页199—200,梁鼐奏折。
四十八(1709)八	0.60—0.90	0.60—0.90	《宫中档》第二辑,页333—334,梁鼐奏折。
四十九(1710)七	0.90	0.90(+)	同上,页625,梁鼐奏折。
四十九(1710)冬		1.20—1.30	同上,页877,威略将军吴英奏折。
五十(1711)春初		1.40—1.50	同上。
五十(1711)六		1.00	同书第三辑,页234,吴英奏折。
五十一(1712)三	1.35	1.25	《宫中档》第九辑,页326,觉罗满保奏折。

清康熙年间(1662—1722年)江南及附近地区的米价

续表

康熙(公元)年月	福州每石价格	漳、泉每石价格	根 据 资 料
五十一(1712)九	1.05	1.00	同上,页350,觉罗满保奏折。
五十一(1712)十	1.05	1.00	同上,页356,觉罗满保奏折。
五十二(1713)三	1.25	1.25	同上,页366,觉罗满保奏折。
五十二(1713)五	0.75(1.75?)	1.55	同上,页378、384,觉罗满保奏折。
五十二(1713)闰五	1.95	1.35	同上,页384,觉罗满保奏折。
五十二(1713)六	1.35	1.25	同上,页385、389,觉罗满保奏折。
五十三(1714)十	1.15	1.15	同上,页448,觉罗满保奏折。
五十三(1714)十一	0.95—1.15	0.95—1.15	同上,页452,觉罗满保奏折。
五十四(1715)一	1.15	1.15	同上,页460,觉罗满保奏折。
五十四(1715)四	1.05	1.05	同上,页465,觉罗满保奏折。
五十四(1715)六	1.15	1.20	同上,页471,觉罗满保奏折。
五十四(1715)八	0.95	1.25	同上,页481,觉罗满保奏折。
五十四(1715)十	1.15	1.15	同上,页487,觉罗满保奏折。
五十四(1715)十一	0.95	1.15	同上,页491,觉罗满保奏折。
五十五(1716)二	1.00	1.25	同上,页514,觉罗满保奏折。
五十五(1716)四	1.15	1.25	同上,页520,觉罗满保奏折。
五十五(1716)五	1.00	1.27	同上,页526,觉罗满保奏折。
五十五(1716)七	1.15	1.35	同上,页534,觉罗满保奏折。
五十七(1718)六	1.08	1.08	同上,页615,觉罗满保奏折。
五十七(1718)七	1.25	1.25	同上,页619,觉罗满保奏折。
五十七(1718)八	1.25	1.35	同上,页622,觉罗满保奏折。
五十七(1718)十	1.13		同上,页629,觉罗满保奏折。
五十八(1719)一—五日	1.05	1.25	同上,页639,觉罗满保奏折。

续表

康熙(公元)年月	福州每石价格	漳、泉每石价格	根 据 资 料
五十八(1719)一三十日	1.15	1.35	同上,页 643,觉罗满保奏折。
五十八(1719)三	1.27	1.32	同上,页 651,觉罗满保奏折。
五十八(1719)四	1.30	1.42	同上,页 657,觉罗满保奏折。
五十八(1719)六四日	1.25(上米) 1.00(常米)	1.35(上米) 1.20(常米)	同上,页 660,觉罗满保奏折。
五十八(1719)六	1.00(次米)	1.10—1.20(次米)	《宫中档》第七辑,页 539—540,及《故宫文献》第一卷第一期,页 201,福建巡抚吕犹龙奏折。折中又说是月福州府上米每石一两二三钱,漳、泉两府则为一两三四钱。
六十一(1719)四	1.25	1.25	《宫中档》第九辑,页 682,觉罗满保奏折。

表八　清康熙年间江南米价指数
雍正二年(1724 年)苏州次米价＝100

康熙(公元)年	每石价格(两)	指 数
三(1664)	0.50	43
三十七(1698)	0.80(＋)	68
三十八(1699)	0.85	73
四十二(1703)	0.70	60
四十三(1704)	0.84	72
四十五(1706)	0.87	74
四十七(1708)	0.98	84
四十八(1709)	1.06	91
四十九(1710)	0.93	80
五十(1711)	0.63	58

清康熙年间(1662—1722年)江南及附近地区的米价

续表

康熙(公元)年	每石价格(两)	指　　数
五十一(1712)	0.87	74
五十二(1713)	0.90	77
五十三(1714)	0.99	85
五十四(1715)	0.85	73
五十五(1716)	0.94	80
五十六(1717)	0.93	80
五十七(1718)	0.75	64
五十九(1720)	0.65	56

注：这里说的江南，以江宁府及附近地区为主。表中的米价，指的是平常食米，而不是上米的价格。
资料来源：表一。

表九　清康熙年间苏州米价指数
雍正二年(1724年)苏州次米价＝100

康熙(公元)年	每石价格(两)	指　　数
四(1665)	0.65	56
三十二(1693)	0.70	60
三十七(1698)	0.85	73
四十五(1706)	1.35	115
四十六(1707)	1.30	111
四十八(1709)	1.25	107
五十一(1712)	0.70	60
五十二(1713)	0.89	76
五十三(1714)	0.96	82
五十四(1715)	1.06	91
五十五(1716)	0.97	83
五十六(1717)	0.95	81
五十七(1718)	0.84	72

续表

康熙(公元)年	每石价格(两)	指数
五十八(1719)	0.73	62
六十一(1722)	1.00	86

注：表中的米价，以平常食米的价格为主，而不是上米的价格。
资料来源：见拙著《美洲白银与十八世纪中国物价革命的关系》第二表(《中国经济史论丛》，香港，1972年，第二册，页480—483)。其中康熙四十六年的苏州米价，以李煦奏折中所报较低米价为代表。康熙四十八年的米价，据故宫博物院文献编委会编辑《宫中档康熙朝奏折》(台北市，1976年)第二辑，页99—100,264—265,曹寅奏折；《故宫文献》第二卷第一期，页164—165,167—168,曹寅奏折；故宫博物院明清档案部编《关于江宁织造曹家档案史料》，中华书局，1975年，页65。此外，康熙六十一年的米价，据顾公燮《消夏闲记摘抄》(涵芬楼秘笈本)卷上，页三九下。

表十　清康熙年间扬州米价指数
雍正二年(1724年)苏州次米价＝100

康熙(公元)年	每石价格(两)	指数
三十六(1697)	0.70(＋)	60
五十一(1712)	0.70	60
五十二(1713)	0.89	76
五十三(1714)	0.96	82
五十五(1716)	1.00	86
五十六(1717)	0.95	81
五十七(1718)	0.81	69

注：表中的米价，以平常食米的价格为主，而不是上米的价格。
资料来源：拙著《美洲白银与十八世纪中国物价革命的关系》第四表(《中国经济史论丛》第二册，页484—487)。

表十一　清康熙年间上海米价指数
雍正二年(1724年)苏州次米价＝100

康熙(公元)年	每石价格(两)	指数
元(1662)	1.55	133
二(1663)	0.90	77
四(1665)	0.40	34

清康熙年间(1662—1722年)江南及附近地区的米价

续表

康熙(公元)年	每石价格(两)	指 数
五(1666)	0.40	34
八(1669)	0.55	47
九(1670)	0.85	73
十(1671)	1.10	94
十二(1673)	0.63	54
十七(1678)	0.73	62
十八(1679)	1.70	145
二十一(1682)	0.57	49
二十二(1683)	0.85	73
三十四(1695)	0.60(一)	51
四十七(1708)	2.80	239

注：表中的米价，以平常食米的价格为主。
资料来源：表二。

表十二　清康熙年间南昌米价指数
雍正二年(1724年)苏州次米价＝100

(公元)年	每石价格(两)	指 数
顺治十八(1661)	0.40	34
康熙四十二—四十三(1703—1704)	1.55	133
四十四(1705)	1.05	90
四十五(1706)	0.66	56
四十六(1707)	0.68	58
四十七(1708)	0.79	68
四十八(1709)	0.88	75
四十九(1710)	0.85	73

续表

（公元）年	每石价格（两）	指　　数
五十(1711)	0.79	68
五十一(1712)	0.66	56
五十二(1713)	0.88	75
五十三(1714)	0.79	68
五十四(1715)	0.77	66
五十五(1716)	0.81	69
五十六(1717)	0.77	66
五十七(1718)	0.61	52
五十八(1719)	0.55	47

注：表中的米价，以平常食米的价格为主。
资料来源：表三。

表十三　清康熙年间湖北米价指数
雍正二年(1724年)苏州次米价＝100

康熙（公元）年	每石价格（两）	指　　数
三十八(1699)	0.65	56
四十三(1704)	0.63	54
四十六(1707)	0.75	64
四十八(1709)	0.98	84
五十(1711)	0.70	60
五十一(1712)	0.66	56
五十二(1713)	0.66	56
五十三(1714)	0.68	58
五十四(1715)	0.71	61
五十五(1716)	0.86	74

续表

康熙(公元)年	每石价格(两)	指　　数
五十六(1717)	0.68	58
五十七(1718)	0.56	48
五十八(1719)	0.56	48

注：表中的米价，以平常食米价格为主。
资料来源：表四。

表十四　清康熙年间湖南米价指数
雍正二年(1724年)苏州次米价＝100

康熙(公元)年	每石价格(两)	指　　数
四十二(1703)以前	0.75	64
四十二(1703)	1.00(＋)	86(＋)
四十六(1707)	0.88	75
四十八(1709)	0.94	80
四十九(1710)	0.75	64
五十二(1713)	1.35	115
五十三(1714)	0.69	59
五十五(1716)	0.72	62
五十六(1717)	0.63	54

注：表中的米价，以平常食米的价格为主。
资料来源：表五。

表十五　清康熙年间浙江米价指数
雍正二年(1724年)苏州次米价＝100

康熙(公元)年	每石价格(两)	指　　数
三十五(1696)	0.50	43
四十五(1706)	1.23	105
四十七(1708)	1.35	115
四十八(1709)	1.35	115
五十(1711)	0.90	77

续表

康熙(公元)年	每石价格(两)	指　　数
五十一(1712)	1.20	103
五十二(1713)	1.16	99
五十三(1714)	1.03	88
五十五(1716)	1.25	107
五十六(1717)	1.21	103
五十八(1719)	0.80	68

注：表中的米价，以平常食米的价格为主。
资料来源：表六。

表十六　清康熙年间福州、漳州、泉州米价指数
雍正二年(1724年)苏州次米价＝100

康熙(公元)年	福州每石价格(两)	指　数	漳、泉每石价格(两)	指　数
六(1667)			0.25	21
二十三(1634)			0.20	17
四十六(1707)	1.25	107	0.90	77
四十七(1708)	1.00	86	0.90	77
四十八(1709)	0.85	73	0.73	62
四十九(1710)	0.90	77	1.08	92
五十(1711)			1.23	105
五十一(1712)	1.15	98	1.08	92
五十二(1713)	1.33	114	1.35	115
五十三(1714)	1.10	94	1.10	94
五十四(1715)	1.07	92	1.16	99
五十五(1716)	1.10	94	1.56	133
五十七(1718)	1.18	101	1.23	105
五十八(1719)	1.13	97	1.28	109
六十一(1722)	1.25	107	1.25	107

注：表中的米价，以平常食米的价格为主。
资料来源：表七。

清康熙年间(1662—1722年)江南及附近地区的米价

图一　清康熙三～五九年(1664—1720年)江南米价指数
雍正二年(1724年)苏州次米价＝100

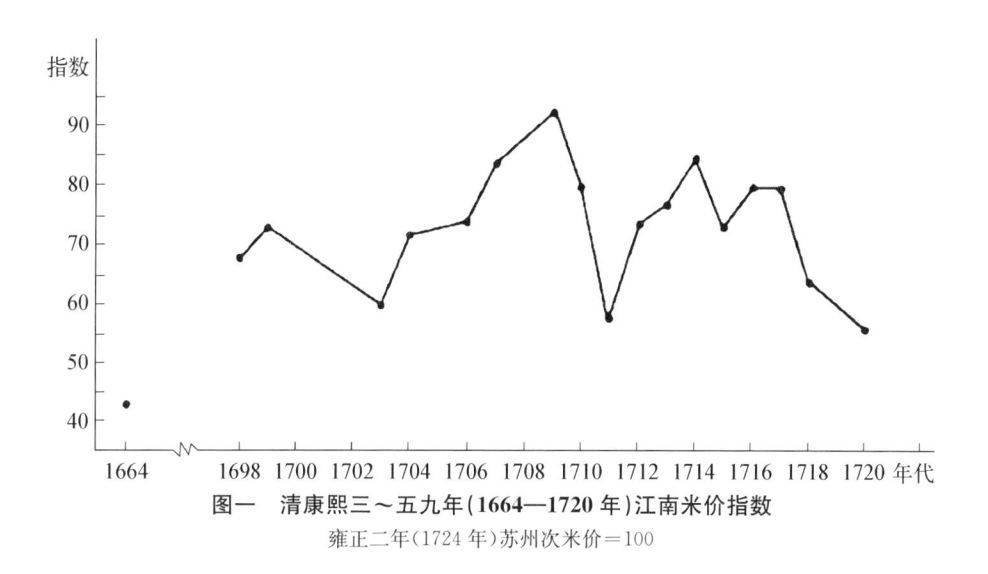

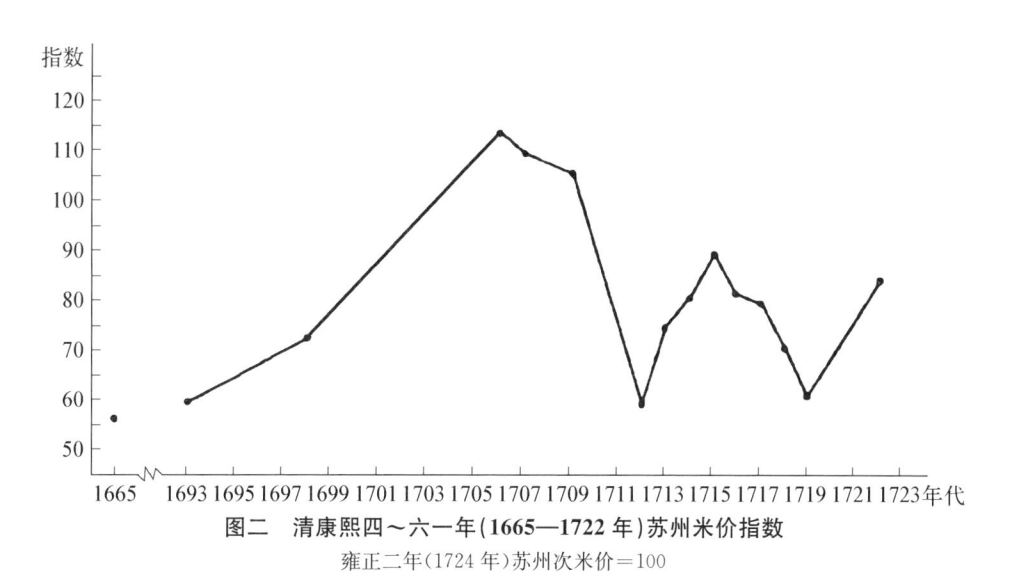

图二　清康熙四～六一年(1665—1722年)苏州米价指数
雍正二年(1724年)苏州次米价＝100

图三　清康熙元年～四七年(1662—1708年)上海米价指数

雍正二年(1724年)苏州次米价＝100

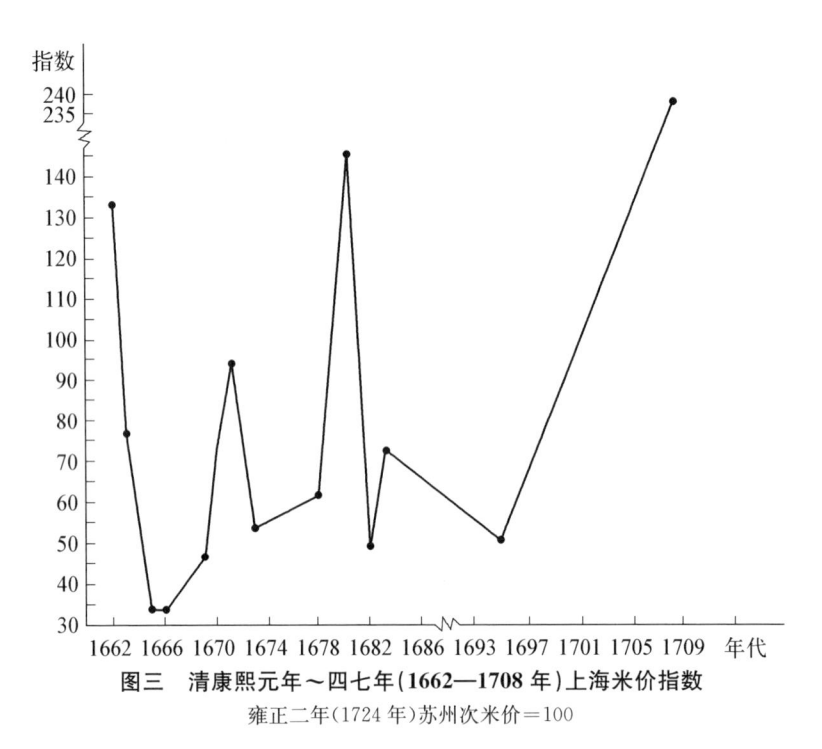

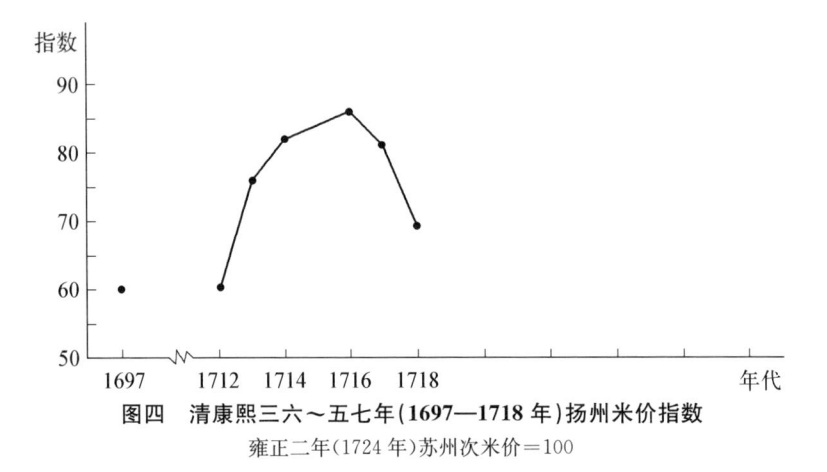

图四　清康熙三六～五七年(1697—1718年)扬州米价指数

雍正二年(1724年)苏州次米价＝100

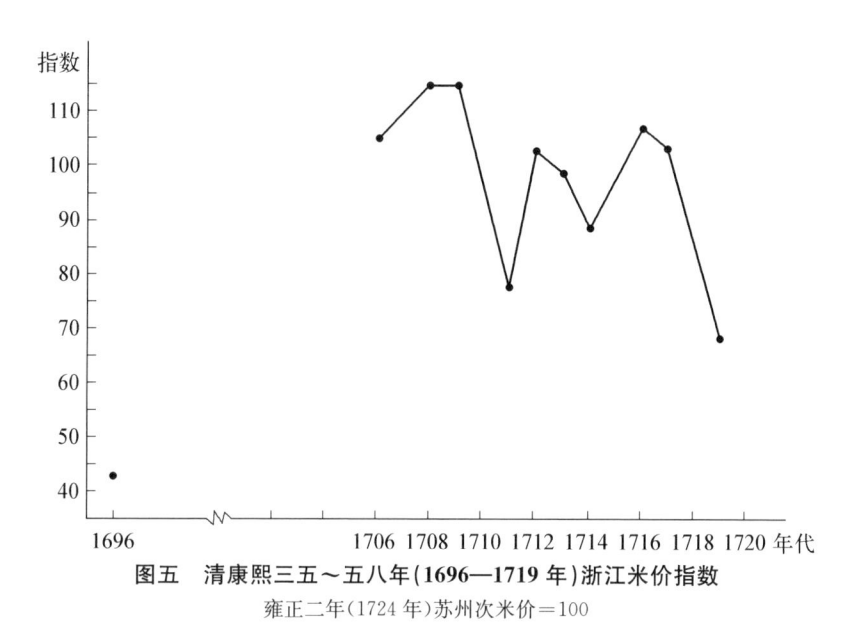

清康熙年间(1662—1722年)江南及附近地区的米价

图五　清康熙三五～五八年(1696—1719年)浙江米价指数
雍正二年(1724年)苏州次米价＝100

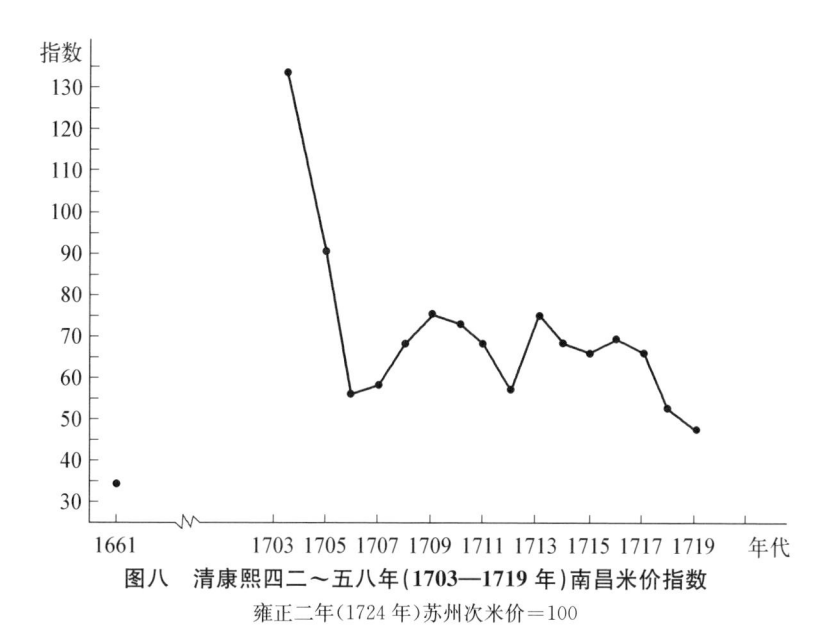

图八　清康熙四二～五八年(1703—1719年)南昌米价指数
雍正二年(1724年)苏州次米价＝100

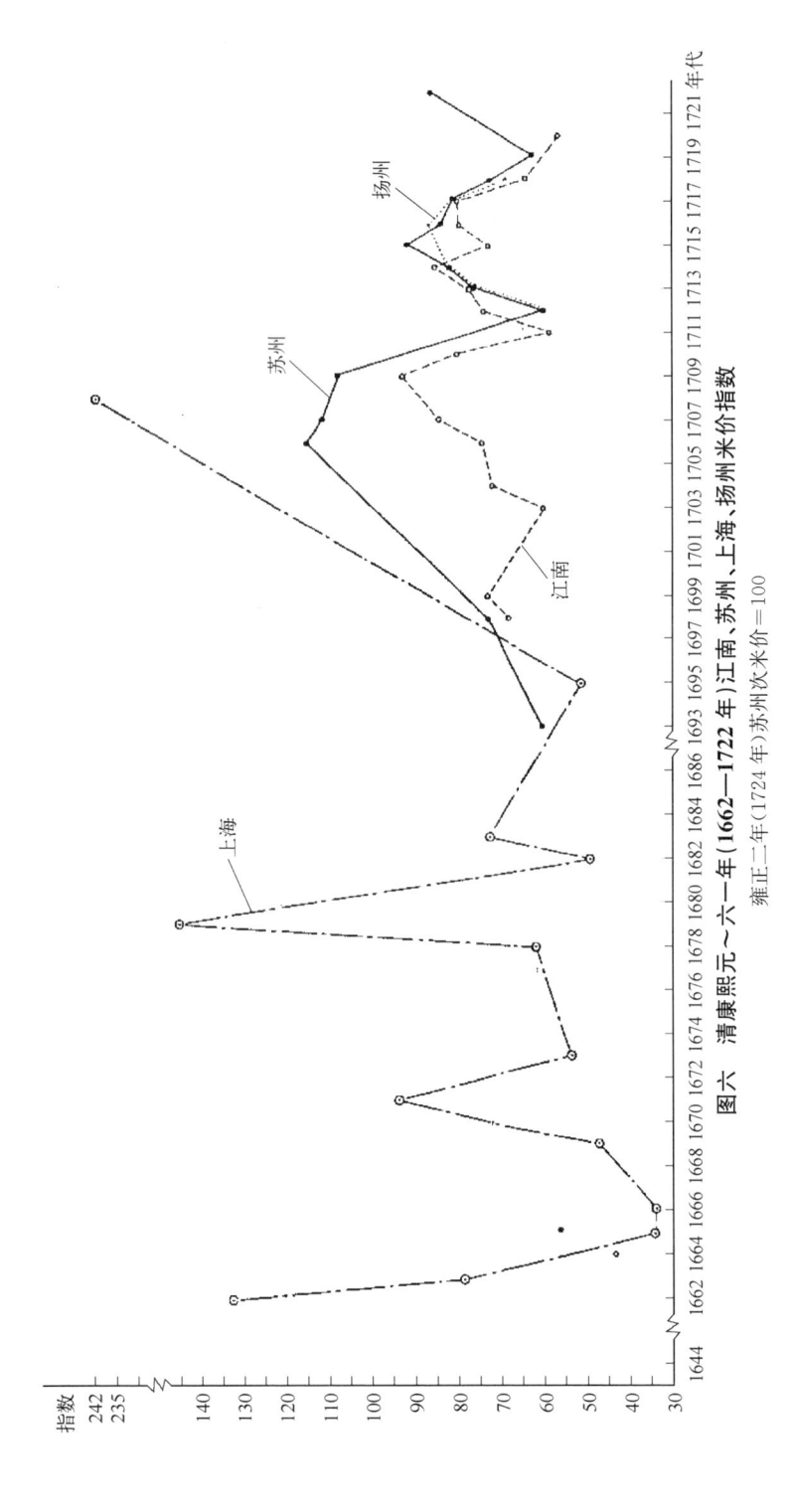

图六　清康熙元～六一年(1662—1722年)江南、苏州、上海、扬州米价指数
雍正二年(1724年)苏州次米价=100

清康熙年间(1662—1722年)江南及附近地区的米价

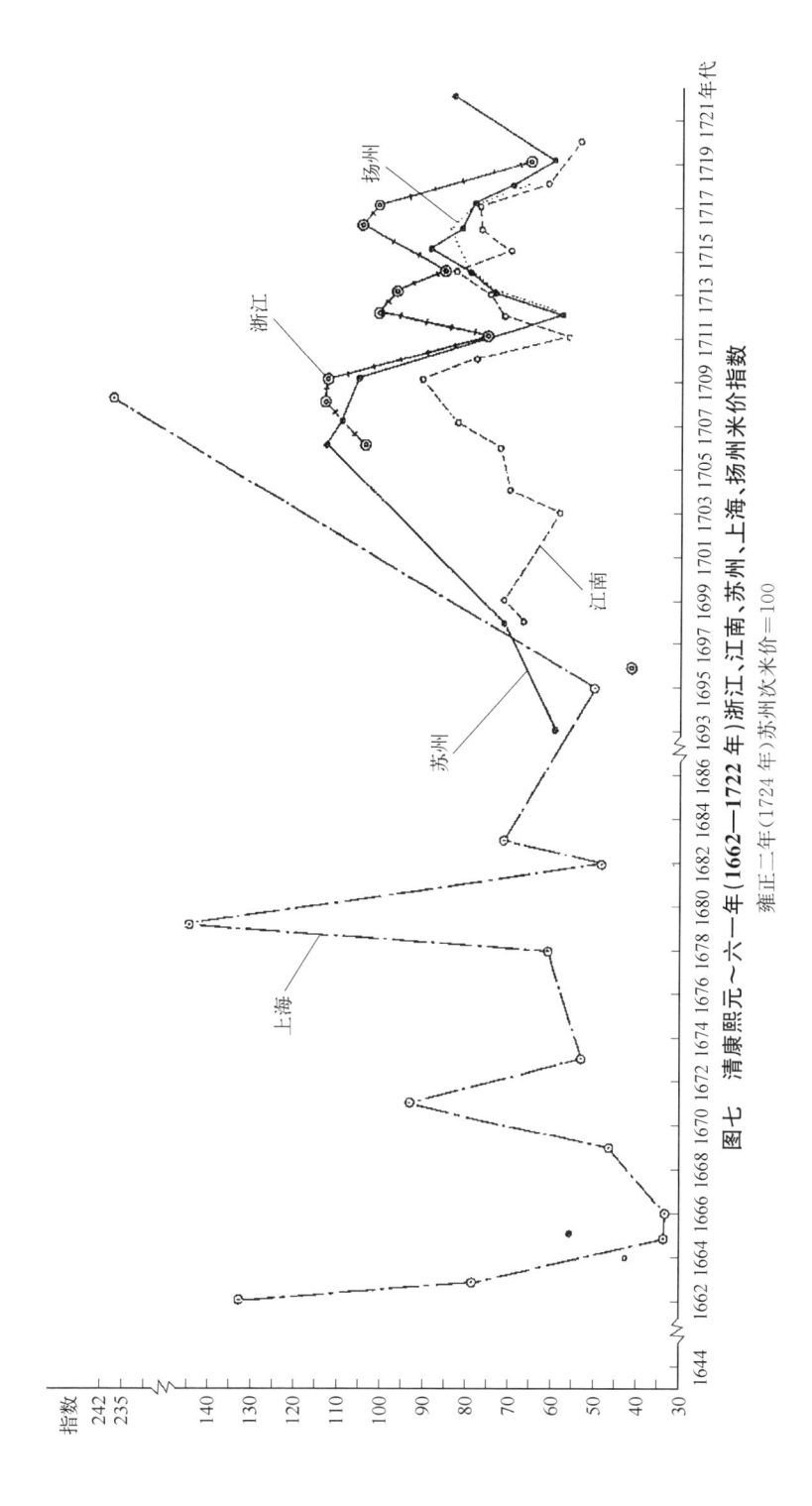

图七 清康熙元～六一年(1662—1722年)浙江、江南、苏州、上海、扬州米价指数
雍正二年(1724年)苏州次米价=100

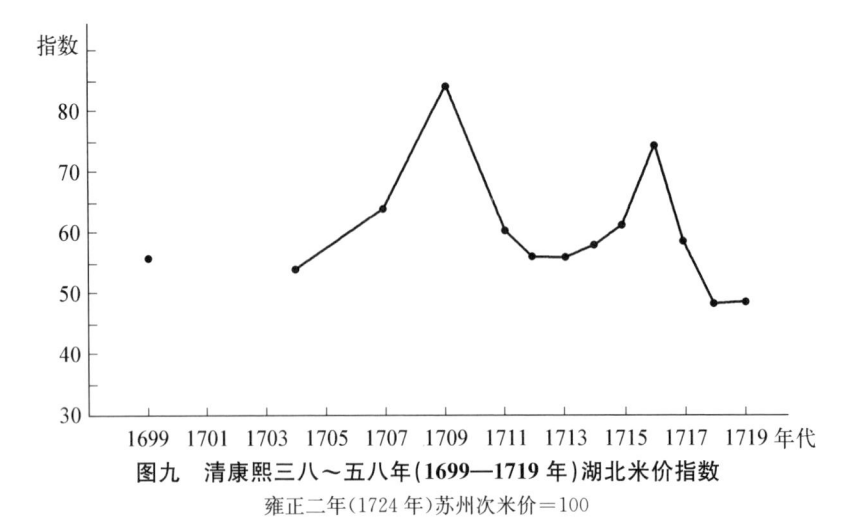

图九　清康熙三八~五八年(1699—1719年)湖北米价指数
雍正二年(1724年)苏州次米价＝100

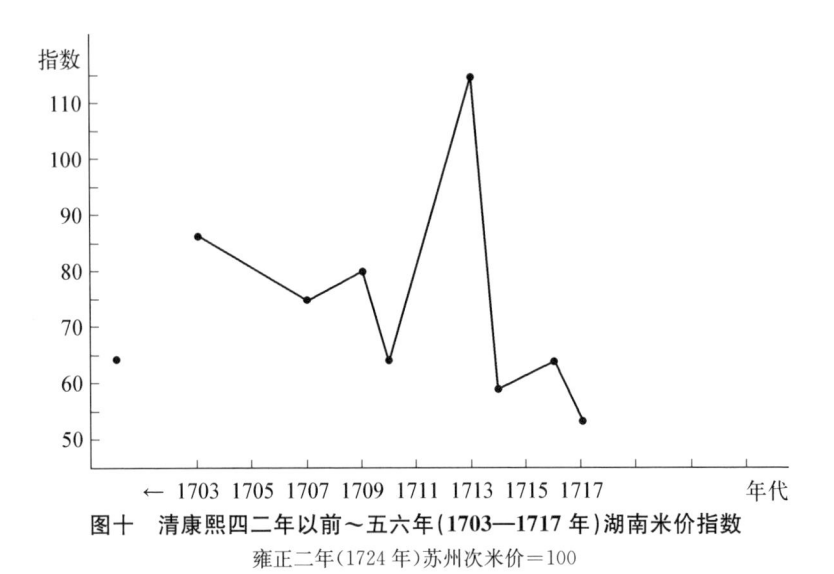

图十　清康熙四二年以前~五六年(1703—1717年)湖南米价指数
雍正二年(1724年)苏州次米价＝100

清康熙年间(1662—1722年)江南及附近地区的米价

图十一　清康熙三八～五八年(1699—1719年)南昌、湖南、湖北米价指数
雍正二年(1724年)苏州次米价＝100

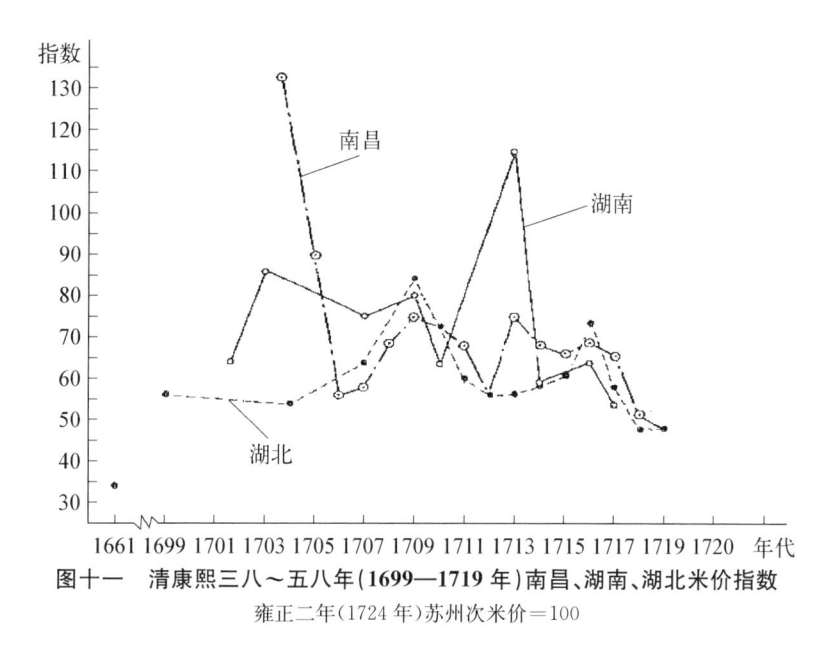

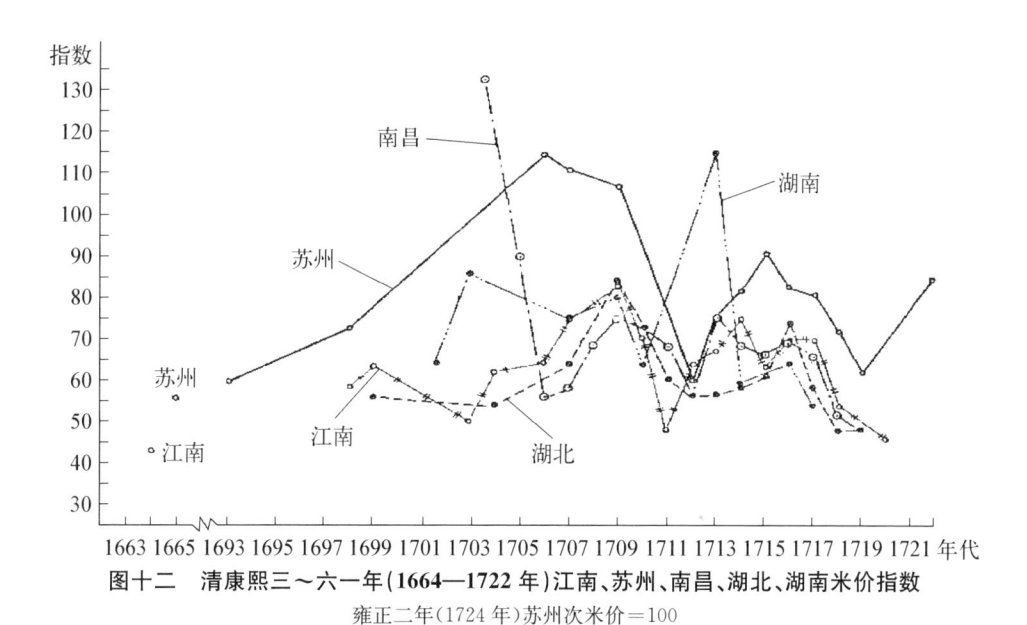

图十二　清康熙三～六一年(1664—1722年)江南、苏州、南昌、湖北、湖南米价指数
雍正二年(1724年)苏州次米价＝100

图十三　清康熙四六～六一年(1707—1722年)福州米价指数

雍正二年(1724年)苏州次米价＝100

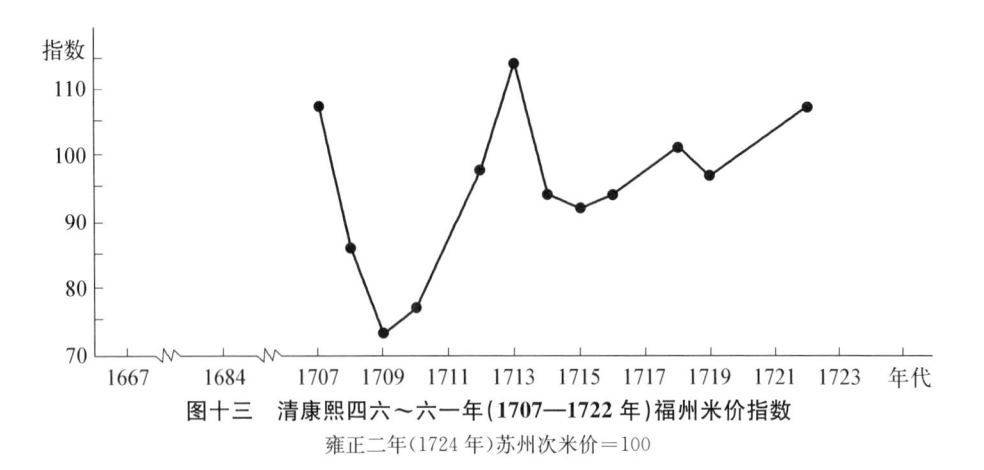

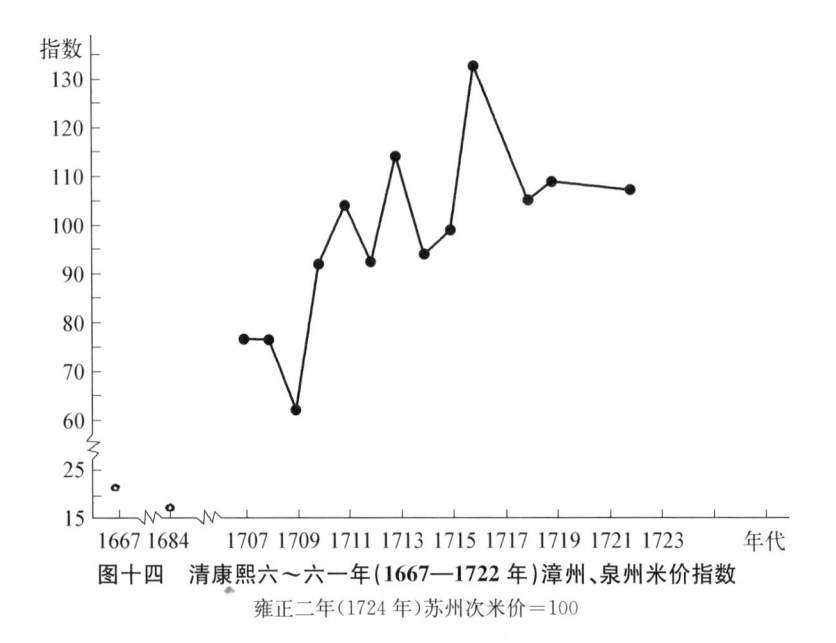

图十四　清康熙六～六一年(1667—1722年)漳州、泉州米价指数

雍正二年(1724年)苏州次米价＝100

清康熙年间(1662—1722年)江南及附近地区的米价　　　　　　　　　　　　　　　347

图十五　清康熙六～六一年(1667—1722年)福州、漳、泉州米价指数

雍正二年(1724年)苏州次米价＝100

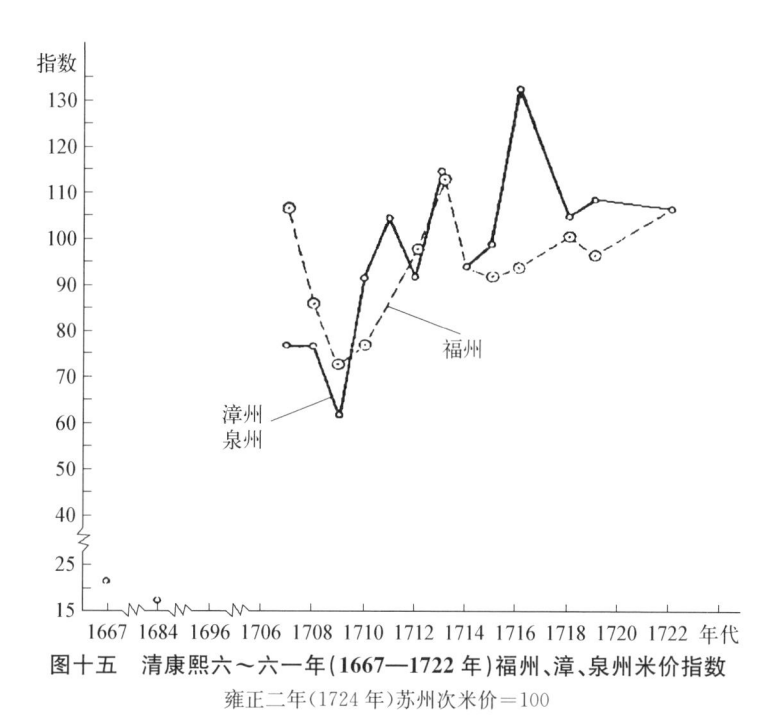

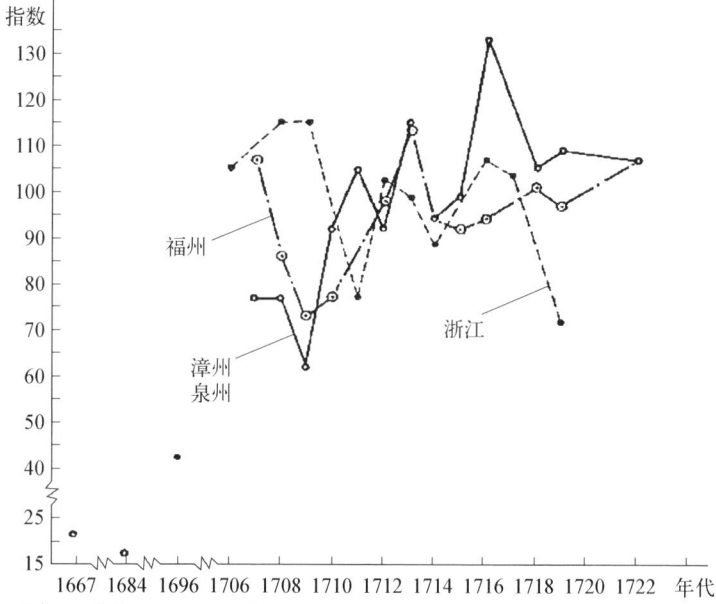

图十六　清康熙六～六一年(1667—1722年)浙江、福州、漳、泉州米价指数

雍正二年(1724年)苏州次米价＝100

图十七　清康熙四～六一年(1665—1722年)苏州、福州、漳、泉州米价指数
雍正二年(1724年)苏州次米价＝100

图十八　清康熙六～六一年(1667—1722年)江南、福州、漳、泉州米价指数
雍正二年(1724年)苏州次米价＝100

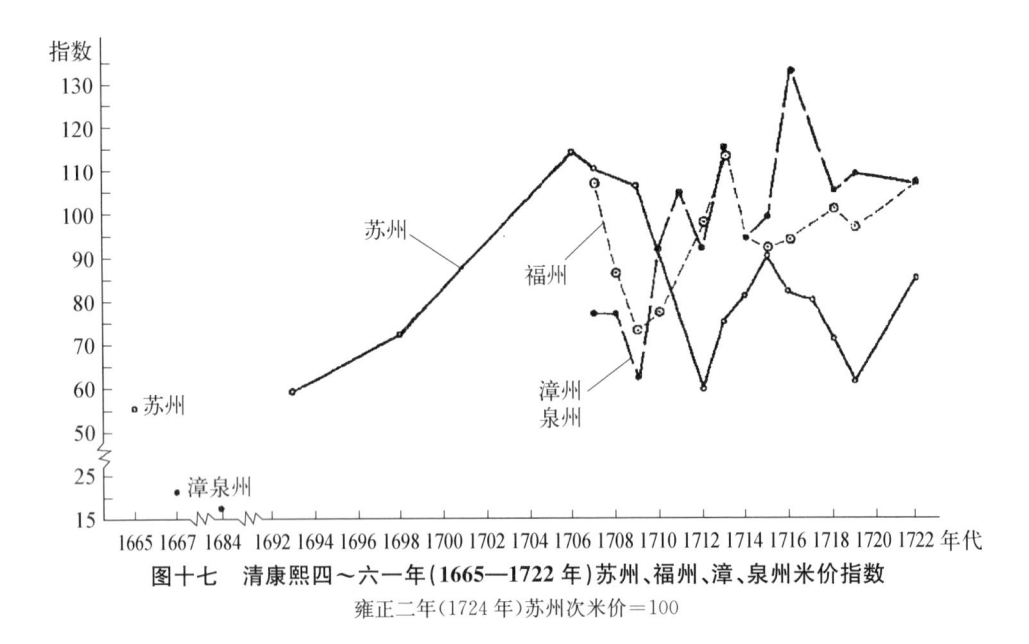

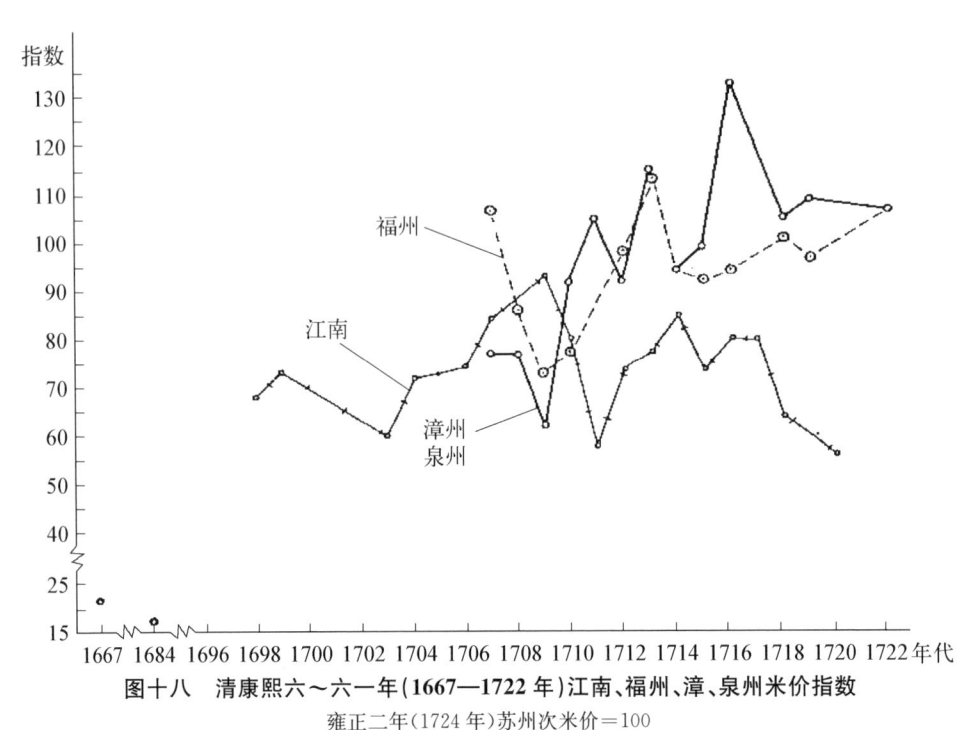

清康熙年间(1662—1722年)江南及附近地区的米价

图十九　清康熙六～六一年(1667—1722年)江南、浙江、福州、漳、泉州米价指数
雍正二年(1724年)苏州次米价＝100

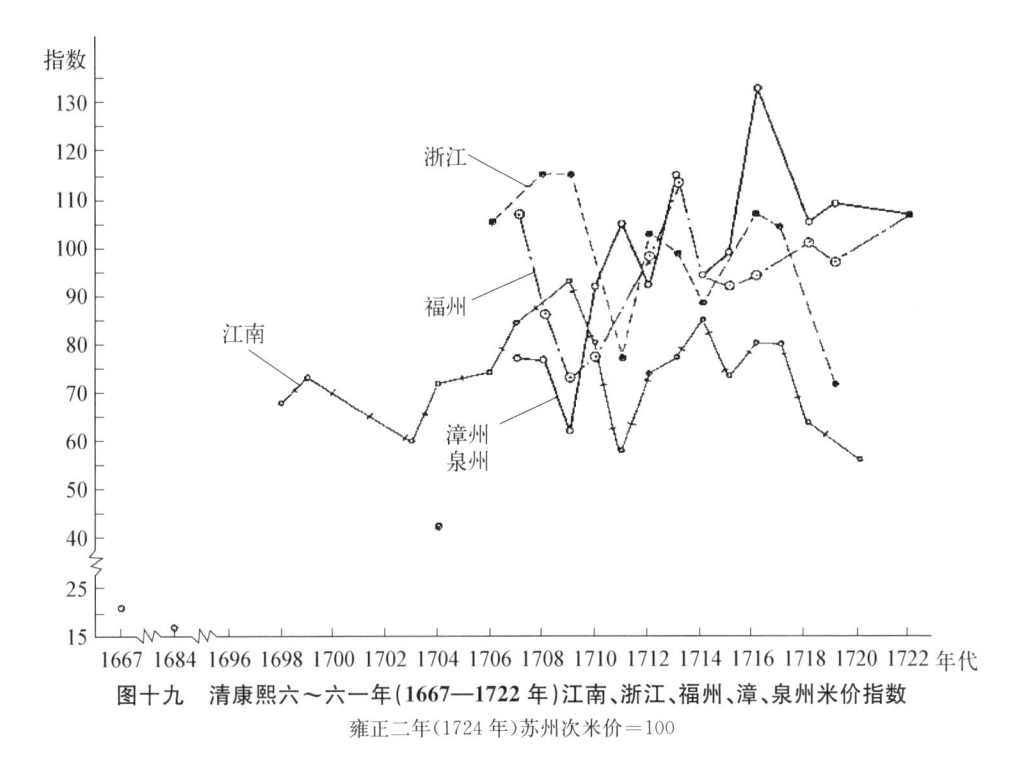

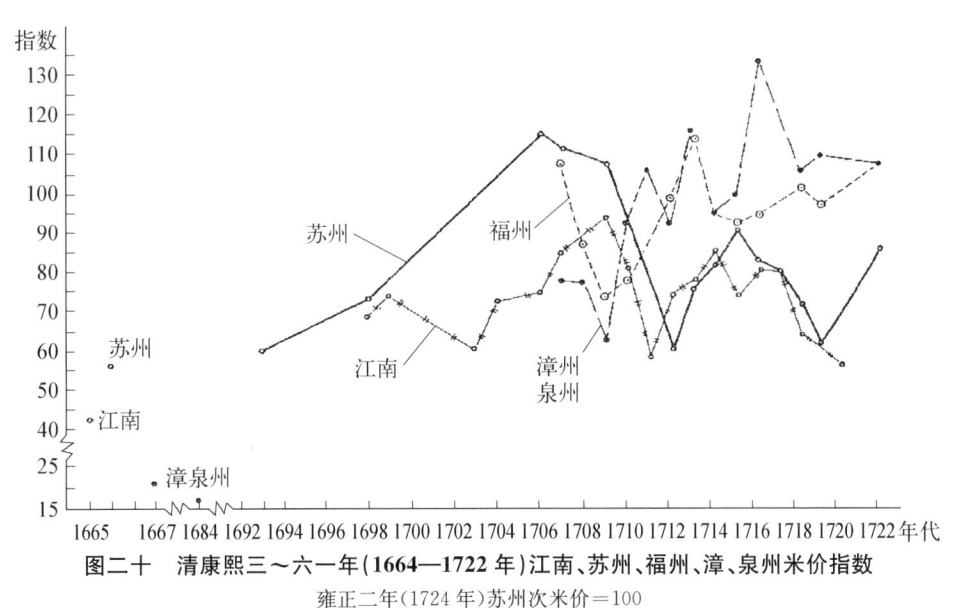

图二十　清康熙三～六一年(1664—1722年)江南、苏州、福州、漳、泉州米价指数
雍正二年(1724年)苏州次米价＝100

图二十一 清康熙三～六一年(1664—1722年)江南、苏州、浙江、福州、漳、泉州米价指数
雍正二年(1724年)苏州次米价=100

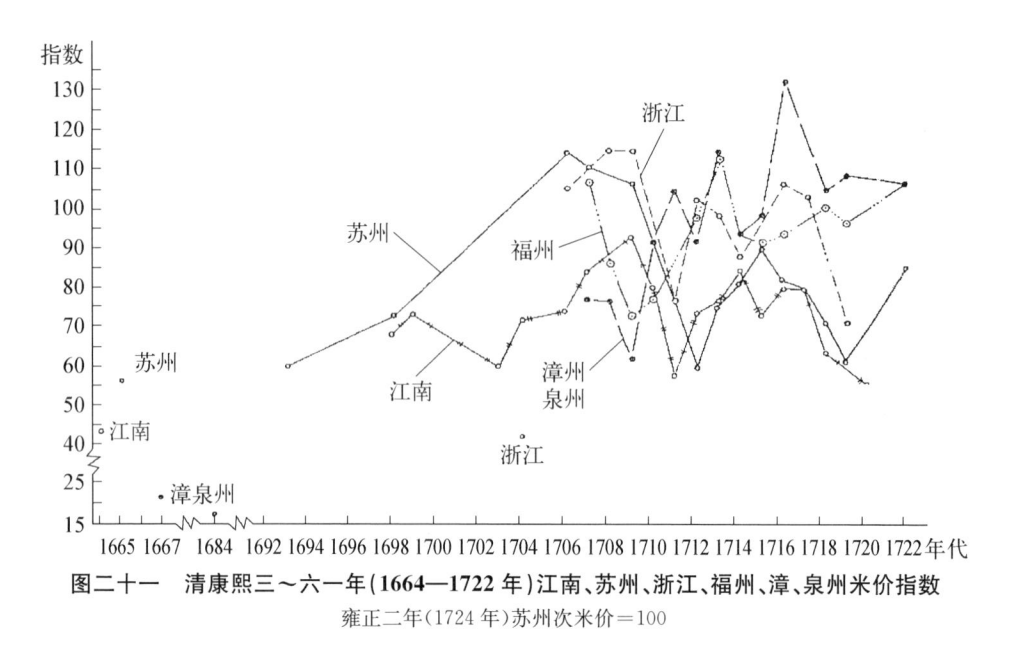

二

就以上各表观察，我们可以看出，康熙年间(1662—1722年)江南等地米价的变动，很明显有两个特点：(1)从时间上看，康熙一朝的米价，如果约略以康熙中叶为界线，康熙初期价格比较低下，到了后期则比较高昂。这从江南、苏州、上海及漳州、泉州的米价指数中，都可以看得出来。江西南昌的米价，如果自顺治末年到康熙初年没有太大变化的话，那么，在康熙初期也是很低廉的。(2)从空间方面来观察，在康熙数十年间，江南(南京及附近地区)、扬州、苏州及上海米价的变动，大体上互相一致，但湖广、江西的米价和江南或苏州比较起来，显然比较低下，浙江、福建的米价则较为高昂。

当明、清之际，全国大部分地方遭受战火与天灾的蹂躏，水利失修，田地荒芜，从而粮产歉收，价格上涨。及清朝定都北京以后，流寇逐渐肃清，和平秩序次第恢复，再加上政府努力奖励垦荒，粮食生产跟着增加。因此到了康

熙初叶，江南等地米价日渐下降。①

复次，康熙初期江南等地米价之所以日趋下降，和当日因实行"海禁"政策而引起的通货紧缩有密切的关系。原来自明朝（1368—1644年）中叶以后，随着新航路发现，欧人东来，我国商人乘机扩展对外出口贸易，把西班牙人自美洲运往菲律宾的银子大量赚回本国②；同时，葡萄牙人自嘉靖三十六年（1557年）占据澳门后，便以澳门为基地，大规模地经营澳、日贸易，把中国丝绸及其他商品大量运往长崎出售，并把日本银子运入中国。③ 因此，由于巨额银钱与银货的输入，银在我国货币方面占着非常重要的地位。但在清初四十年间，因为以台湾为根据地的郑成功在东南沿海非常活跃，而清政府的海军却很薄弱，并没有足够的力量渡海远攻，故只好在消极方面采取坚壁清野的政策。例如在顺治十八年（1661年），大规模地实行海禁政策，自山东至广东沿海的居民，连沿海各岛的居民包括在内，都被迫迁往内地。实行海禁后，对外贸易自然要长期停顿，从而白银便不能像过去那样大量流入。被赋予货币资格的白银因海禁而中止流入，而我国银矿的产额又非常有限，因此国内产生一种通货紧缩的现象。对于这种现象，慕天颜在海禁实行二十年后曾撰《请开海禁疏》加以讨论，他在该文中说："银两之所由生，其途二焉：一则矿砾之银也；一则番舶之银也。自开采既停，而坑冶不当复问矣。自迁海既严，而片帆不许出洋矣。生银之两途并绝，则今直省之所流转者，止有现在之银两。凡官司所支计，商贾所贸市，人民所恃以变通，总不出此。而消耗者去其一，埋没者去其一，埋藏制造者又去其一。银日用而日亏，别无补益之路。用既亏而愈急，终无生息之期。如是求财之裕，求用之舒，何异塞水之源，而望其流之溢也？岂惟舒裕为难，而匮诎之忧，日甚一日，将有不可胜言者矣。由今天下之势，即使岁岁顺成，在在丰稔，犹苦于谷贱伤农，点金无术。……于此思穷变通久之道，不必求之天降地出，惟一破目前之成例，曰开海禁而已矣。盖矿砾之开，事繁而难成，工费而不可必，所取有限，所伤必多，

---

① 拙著（与王业键合著）《清中叶以前江浙米价的变动趋势》，《集刊》外编第四种（台北，1957年）；又见于拙著《中国经济史论丛》第二册，页509—515。
② 拙著《明清间美洲白银的输入中国》，《中国文化研究所学报》（香港九龙，1969年）第二卷第一期，页57—79；《明季中国与菲律宾间的贸易》，同上学报（1968年）第一卷，页27—49。
③ 拙著《明代中叶后澳门的海外贸易》，同上学报（1972年）第五卷第一期，页245—272。

其事未可骤论也。惟番舶之往来,以吾岁出之货,而易其岁入之财。岁有所出,则于我毫无所损,而殖产交易,愈足以鼓艺业之勤。岁有所入,则在我日见其赢,而货贿会通,立可以祛贫寡之患。银两既以充溢,课饷赖为转输,数年之间,富强可以坐致。……犹记顺治六、七年间,彼时禁令未设,见市井贸易,咸有外国货物,民间行使,多以外国银钱,因而各省流行,所在多有。自一禁海之后,而此等银钱绝迹,不见一文。即此而言,是塞财源之明验也。可知未禁之日,岁进若干之银,既禁之后,岁减若干之利。揆此二十年来,所坐弃之金钱,不可以亿万计,真重可惜也!"①由此可见,在顺治末年开始实行海禁以后的二十年内,即约在康熙中叶以前,因为对外贸易停顿,白银不能自海外流入,在国内曾经发生通货紧缩、经济不景气等现象,影响非常不利,故慕天颜提出开海禁的主张。

在康熙初期,当白银不再像过去那样自国外源源流入的时候,国内银的流通自然不免短缺,从而国计民生都要蒙受影响。对于这个问题,除慕天颜以外,和他差不多同时的人,都有深切的认识,例如:(1) 鞠珣说:"近代以来,始闻用银,为其轻便而易行也。……年来……民间愈穷愈困。所以然者,民间之所有,不过菽、粟、布帛,而公家所征者,则惟银。夫银之在世,止有此数。民间日觅银以输国帑,或解司农,或输协饷,远而闽、广、云、贵,岁动数十百万,出而不复入,积而不复散,而民间乃日搜月括,以办每岁之额赋。如此则银愈少,愈少则愈贵。银愈贵,则民间之菽、粟、布帛反愈贱,而民将弃田亩而不事,而民生遂愈困。"②(2) 赵廷臣说:"若钱法不行,止用白镪,勿怪乎白镪日贵。幸而米、盐、丝布,价值不昂。……职身任外吏,目击市廛之萧条,井庐之荒凉,千室之村,无百金之家,则赤白金之流贯间阎者亦既鲜矣。"③(3) 高珩说:"今国家无银,天下亦无银,而今年每粟六斗,不能易银一钱,比较敲扑而死者无算,终不能有银。盖地亩止出粟,原不能生银也。……查山左明末每钱一百买银一钱,康熙二年至三百文,今遂六百有余,尚苦无银可买。是国家未曾加赋,而百姓一年若纳四五年之粮矣。今各县有储粟几百石,弃之,携家而逃者,比比见告矣。来岁恐将益

---

① 《皇朝经世文编》卷二六,页三九至四一,慕天颜《请开海禁疏》。文中说慕天颜上疏时海禁已经实行了二十年,由此可以推知此疏撰于康熙二十年(1681年)左右。
② 同书卷五三,页四一,鞠珣《广铜斤通钱法疏》(约康熙初期)。
③ 同书卷五三,页四三至四四,浙江总督赵廷臣《疏钱法以济民用疏》。此疏撰于康熙四年(1665年),参考《清史稿》列传六○《赵廷臣传》。

甚,逃愈多,地愈荒,而赋愈逋矣。"①(4) 唐甄说:"至于市易……自明以来,乃专以银。至于今,银日益少,不充世用。有千金之产者,尝旬月不见铢两。谷贱不得饭,肉贱不得食,布帛贱不得衣;鬻谷、肉、布帛者,亦卒不得衣食;银少故也。当今之世,无人不穷;非穷于财,穷于银也。于是(苏州)枫桥之市,粟、麦壅积;(苏州)南濠之市,百货不行;良贾失业,不得旋归。万金之家,不五七年而为窭人者,予既数见之矣。"②根据这些人的言论,我们可以得知,自顺治末或康熙初实行海禁后,由于对外贸易停顿,海外白银不能流入,国内各地银的流通量却因人民须以银纳税而日益减少,以致通货紧缩现象非常严重。因为通货紧缩,物价水准自然下降,故江南等地的米价都跟着低落。

可是,清政府于康熙二十二年(1683年)平定台湾,翌年开海禁,过去停顿多年的对外贸易遂重新发展起来。约自康熙中叶以后,由于茶、丝等出口贸易的扩展,中国在国际贸易上经常维持巨额出超,结果白银又复自国外源源流入。③ 因为国内银流通量激增,物价水准自然上升,故康熙中叶后江南等地的米价也较前昂贵。

康熙后期江南等地米价之所以较初期昂贵,除如上述由于货币方面的原因外,又由于人口的增加。通常米价的升降,一般人以为主要是由于收成的丰歉。不过,这只能解释米价的短期波动。因为今年米价虽然因歉收而上涨,但假定其他情况不变,只要明年丰收,米价自然要回复至原来较低的水准。可是,康熙一朝,自中叶以后,已经上升的米价,虽然遇到丰收,但并不因此而下降。关于康熙后期江南等地米价长期上升的趋势,当日人们已经觉察到,和人口的增加有密切的关系。例如《圣祖仁皇帝实录》(华文书局影印)卷一七,页二七,载康熙四十八年(1709年)十一月庚寅:"(上)谕大学士等……江、浙前两年无收,今年大熟,米价仍未平者,亦必有故。李光地奏曰:今人口甚多。即如臣故乡福建一省,户口繁息,较往年数倍。米价之贵,盖因人民繁庶之故。"④又同书卷二

---

① 同书卷五三,页五七至五八,高珩《行钱议》(约康熙初期)。
② 唐甄(1630—1704年)《潜书》(中华书局,1963年)下篇上,页140,《更币》。
③ 拙著《美洲白银与十八世纪中国物价革命的关系》,《集刊》第二八本(1957年),又见于拙著《中国经济史论丛》第二册,页475—508。又参考拙著《明清间美洲白银的输入中国》。
④ 又见于《东华录》卷一七,页二七。

五〇，页一一至一二，载康熙五十一年（1712年）四月乙亥，"上谕大学士等曰：从来米价腾贵，由于收成歉薄。比来屡岁丰登，米价并未平减。……今地少人稠……比年又皆丰收……而米价终未贱者，皆生齿日繁，闲人众多之故耳"。又同书卷二五六，页一四，载康熙五十二年（1713年）十月丙子上谕，"今岁不特田禾大收，即芝麻、棉花，皆得收获。如此丰年，而米粟尚贵，皆由人多地少故耳"。又同书卷二七二，页六下至七，载康熙五十六年（1717年）四月丁酉，"（上）谕大学士、九卿等曰：近来米价，必不能如往年之贱。昔大学士张英曾奏（安徽）桐城县米价，银一两可得三石。……大抵户口稀少，则米价自贱。今太平日久，生齿蕃息，安能比数十年前之米价乎？户口殷繁，固是美事，然当预筹安养之策"。

清代到了康熙中叶，随着全国统一，各地太平无事，人口激剧增加，从而对米粮的需要越来越大。为着要满足这种需要，除原来比较肥沃的耕地以外，农业还须利用报酬递减的硗瘠土地来耕种，以增加粮食的生产。① 这样一来，农业生产成本便要增高，从而米粮等农产品的价格便要上涨。由此可知，康熙帝对于人口激增与米价长期上涨关系的认识，是很有道理的。当然，中国人口在康熙后期的增加，不过是一个开始，其后到了乾隆（1736—1795年）年间增加更多，故米价更为昂贵。②

三

在上文中，我们又指出，康熙年间，湖广、江西的米价，要低于江南或苏州，而后者则不及浙江、福建的米价那么昂贵。这可拿长江流域的米粮运销情况来加以解释。长江流域米粮的运销，在南宋（1127—1279年）时代，有如长江水流那样，其方向为由西往东。③ 到了清代康熙年间，情形大体一样，不

---

① 例如《圣祖仁皇帝实录》（华文书局影印本）卷二四九，页一五至一六，载康熙五十一年（1712年）二月壬午上谕："今海宇承平已久，户口日繁。……自平定（三藩）以来，人民渐增，开垦无遗。或沙石堆积，难于耕种者，亦间有之。而山谷崎岖之地，已无弃土，尽皆耕种矣。由此观之，民之生齿实繁。……"参考拙著《美洲白银与十八世纪中国物价革命的关系》。
② 参考上引拙著，及拙著《乾隆十三年的米贵问题》，《庆祝李济先生七十岁论文集》（台北，1965年），又见于拙著《中国经济史论丛》第二册，页547—566。
③ 拙著《南宋稻米的生产与运销》，《集刊》第十本（上海，1948年），又见于拙著《中国经济史论丛》第一册，页265—294。

过,经过数百年的变迁以后,在宋代流行的"苏常熟,天下足"这句谚语,到了清代中叶前后,已经改变为"湖广熟,天下足"①。湖广既然成为天下第一的出米之区,在那里出产的米自然大量运销于江南各地,故当加上运费等开支后,江南的米价自然要较长江中游为高了。

  由"江南"改称的江苏,到了清中叶左右,在全国各省中,人口密度最大,数量最多,对米粮的消费也较前增大。可是,为着要满足棉纺织业在原料方面的需要,江苏若干州县的耕地,种棉的多至百分之七八十,种稻的只有百分之二三十。沿太湖地区,由于丝织业发展,对蚕丝需要增大,耕地多半用来种桑,种稻的也相对减少。其邻近的浙江省,人口密度只次于江苏而居全国第二位,种桑的耕地面积更大,故稻米种植面积有限,产量也不能满足需要。② 因此,曾经长期作为全国谷仓的长江三角洲,到了康熙年间,要倚赖长江中游大量生产的米来接济。③ 如果湖广、江西的米源源运到,江南的米价便比较低廉。④ 反

---

① 拙著《清朝中叶苏州的米粮贸易》,《集刊》第三九本(台北,1969年),又见于拙著《中国经济史论丛》第二册,页567—582。
② 同上。
③ 例如《东华录》卷一四,页二下,载康熙三十七年(1698年)三月戊子上谕:"湖广、江西地方粮米素丰,江南、浙江咸赖二省之米。"又同书同卷,页一八下,载康熙三十八年(1699年)六月戊戌上谕:"谚云:湖广熟,天下足。江、浙百姓,全赖湖广米粟。"又《故宫文献》第一卷第四期,页49,载康熙四十五年(1706年)十月初六日巡抚江西等处地方郎廷极奏折:"窃查江西地方夙称产米之区,不惟一省之民食是赖,即江、浙等省亦皆资远籍(借)江、楚丰收,以资邻省接济。"(又见于《宫中档》第一辑,页335。)
④ 例如《宫中档》第二辑,页264—265,载康熙四十八年(1709年)七月初三日江宁织造曹寅奏折:"近来江南全省,俱太平无事。……江宁、苏、扬各处米价已减。皆因江(西)、(湖)广之米一齐运到,而民间屯仓积谷之家,亦竞出杀卖。将来江、广船来愈多,则米价日贱一日。"(又见于《故宫文献》第二卷第一期,页167—168。)又同书同辑,页350—351,载康熙四十八年九月初二日曹寅奏折:"江南上下江俱太平无事,目下米价平定……江西、湖广米船接踵而下,处处丰收,万姓安生乐业。"(又见于《故宫文献》第二卷第一期,页169。)又同书同辑,页471,载康熙四十九年(1710年)三月十五日曹寅奏折:"江南目下米价,每石一两一二钱不等。百姓皆知皇上特谕湖广官员尽开米禁,以致江南饶足,耕商负贩,鼓舞乐业。"(又见于《故宫文献》第二卷第一期,页一七二。)又同书同辑,页486,载康熙四十九年四月初四日曹寅奏折:"目下江宁食米价值,不出一两一二钱。江、广客船转运相续。"(又见于《故宫文献》第二卷第一期,页172。)又同书第四辑,页三一四,载康熙五十二年(1713年)闰五月初二日江宁织造主事曹颙奏折:"江南……米价,前五月二十,边因江、广客船未到,巢九钱、一两不等。目下米船已陆续运至,其价已平。"(又见于《故宫文献》第二卷第一期,页190。)又同书第五辑,页99,载康熙五十三年(1714年)八月初二日曹颙奏折:"江南……幸湖广丰熟,客船云集,米价虽低昂不时,不出一两一钱之外。百姓太平无事。"又同书第六辑,页588,载康熙五十五年(1716年)九月初三日江宁织造主事曹頫奏折:"江南目下米价比前稍贱,每石一两至一两一钱不等。将来若湖广、江西客船云集,米价尚可望贱。百姓俱太平无事。"

之,如果湖广、江西米船不能按时到达,江南米价便要上涨。① 当江南米价上涨的时候,康熙帝便命令湖广官员不要禁籴,"将湖广米放下,救江浙百姓"②。当自湖广、江西贩往江、浙的米,被富商大贾收购,囤积居奇,以致江、浙米价上涨的时候,康熙帝又命令大学士、九卿等会议,商讨有效应付的办法。③ 结果米价又复下降。④ 不过,就大体上说,当加上运费等支出后,江、浙

---

① 例如《东华录》卷一四,页一八下,载康熙三十八年(1699年)六月戊戌上谕:"朕南巡江、浙,询问地方米贵之由。百姓皆谓数年来湖广米不至,以致价值腾贵。"又《宫中档》第一辑,页28(《故宫文献》第二卷第一期,页133),载康熙三十八年十二月十二日曹寅奏折:"江宁自冬至后,雨雪连绵,江西、湖广各路米船未到,米价少贵。"又同书同辑,页286(《故宫文献》第二卷第一期,页147),载康熙四十五年(1706年)七月初一日曹寅奏折:"江西、湖广早稻大收,晚稻间又甚好。只因各处地方官无故禁籴,(江南)米贩不行,价值少昂。"又同书第二辑,页99—100(《故宫文献》第二卷第一期,页164—165;《曹家档案史料》,页65),载康熙四十八年(1709年)三月十六日曹寅奏折:"臣探得苏州平常食米,每石一两三四钱不等;江宁平常食米,每石一两二三钱不等。总因江西、湖广禁籴,兼近日东北风多,客船不能下来之故。"又同书第六辑,页519(《故宫文献》第二卷第二期,页67—68),载康熙五十五年(1716年)八月初一日江宁织造主事曹頫奏折:"江南太平无事,近来因天旱无雨,客商米船来得稀少,米价比前复长。"又参考《文献丛编》第九辑,曹寅《奏报米价及熊赐履行动并进诗稿折》(康熙四十八年三月);第三一辑,李煦《奏报太仓彩贼供有一念和尚给札惑众折》(康熙四十六年十二月);第三五辑,李煦《奏报督催煎盐并报米价折》(康熙五十二年六月初九日)。
② 《宫中档》第二辑,页207—209,康熙四十八年六月初一日偏沅巡抚赵申乔奏折;页93—94,同年八月十八日巡抚湖广等处地方陈诜奏折。
③ 《圣祖仁皇帝实录》卷二三八,页一〇,载康熙四十八年七月乙亥,"谕大学士等曰:偏沅巡抚赵申乔、湖北巡抚陈诜、江西巡抚郎廷极等奏,湖广、江西稻谷丰收,沿江贩米甚多,而近日江、浙米价愈贵。朕为民生计,时切忧劳。辗转思之,上江之米,不禁其沿江而下者,特欲使江、浙米价平平。今富豪之家,广收湖广、江西之米,囤积待价,从中取利。虽米船沿江而下,而粜卖之米愈少。此事关系贫民甚大,尔大学士及九卿诸臣……当何如有济于民,著公同详议速奏"。又页一一下至一三,载同年同月己卯,"大学士、九卿等遵旨议覆:江西、湖广产米甚多,但恐富豪奸商,广收米石,囤积图利,以致贫民愈困。应檄各督、抚,选委廉能官员,凡有名马头,令其严行察访。如有富豪人等将市米囤积者,即令在囤积之处,照时价发粜,不许囤积;违者以光棍例治罪。……使湖广、江西贩买之米,俱入江南、浙江地方,则米价自平,似于贫民有益。上谕大学士等曰:……朕因湖广、江西之米,商贩由江而下者多,而江、浙米价不减,故命尔等会议。阅尔等所议,与朕意迥殊。如照尔等所议定例禁止囤积米石,则胥役借此稽查,徒滋需索而已。……朕意以为必于本源之地清查,自无收买囤积之弊。湖广、江西之米,或江、浙客商,或土著人民,某人于某处买米石若干,清查甚易。应行文湖广、江西督、抚,委贤能官,将有名马头、大镇店买卖人姓名,及米数,一并查明,每月终一次奏闻。并将奏闻之数,即移知江、浙督、抚。湖广、江西之米,不往售于江、浙,更将何往? 此米众所共知,则买与卖不待申令,而米之至者多,即大有利于民也。可将朕谕旨宣示在京九卿,令檄行湖广、江西、江南、浙江督、抚"。又《宫中档》第二辑,页347—348,载同年九月初一日赵申乔奏折:"臣遵查湖南之米,上年及今年春夏,商贩络绎不绝,而江、浙之米仍不能贱。臣相隔数千里,虽不能确知其故,但风闻搬运之米,俱为富家囤积,以待增价,而民间食米未能平减。此亦得之传闻,未悉真实情形,故前折未敢冒昧陈奏。今奉谕旨查明贸易之人姓名、米数,并咨会江、浙督、抚,则买卖有所稽查,自不致仍前囤积,而米价可得平减矣。"
④ 《圣祖仁皇帝实录》卷二三九,页一二下,载康熙四十八年十月丙午上谕:"朕因江、浙年岁歉收,米价腾贵,令江西、湖广米商报名,不许积囤。……闻江、浙米价皆平矣。"

米价是要比湖广、江西昂贵的。

　　康熙年间,每年自湖广、江西运往长江下游的食米,数量可能很大。以略后于康熙年间的雍正十二年(1734年)为例,是年自湖广运往江、浙的食米,约多至1 000万石。装载这1 000万石的湖广米船,沿江东下,大部分都运往苏州出卖。① 在苏州出卖的米,除供应那里及附近广大人口的消费以外,又有一部分运销于浙江、福建。浙江因为种桑用去不少耕地,食米供不应求,须自苏州米市购入,故米价贵于江南。② 福建地势多山,前临大海,后面没有大平原,耕地面积狭小,也时感粮食不足。为着要满足福建人口的需要,早在康熙年间,粮食商人就已经在苏州购米,由乍浦(港名,在浙江平湖县东南)或上海经海道运往福建出卖。③ 除湖广外,由江西运销于江、浙的米,多时一个月将达10万石,平时每月将近6万石,其中以自南昌输出的为多。④ 江西米也像湖广米那样,有一部分经乍浦出海,运往福建出售。⑤ 因为湖广、江西的米,大量运销于长江下游、东南沿海及其他地区,故康熙帝曾说:"湖广、江西

---

① 拙著《清朝中叶苏州的米粮贸易》。
② 《宫中档》第七辑,页156—157,载康熙五十六年七月十六日浙江巡抚朱轼奏折:"臣伏查浙西杭、嘉、湖三府,地窄民稠,产米无多,市卖者多由苏、松运至,虽遇丰年,价亦少昂于邻省。"
③ 《皇朝经世文编》卷四四,页二二,蔡世远《与浙江黄抚军请开米禁书》(约撰于雍正七、八年间)说:"福建之米,原不足以供福建之食,虽丰年多取资于江、浙。亦犹江、浙之米,原不足以供江、浙之食,虽丰年必仰给于湖广。数十年来,大都湖广之米辏集于苏郡之枫桥,而枫桥之米,间由上海、乍浦以往福建。故岁虽频祲,而米价不腾。"又《文献丛编》第三○辑李煦《奏报苏州米价腾贵折》(康熙四十五年)说:"苏州地方去年收成甚好,今岁菜、麦俱茂盛,而米价忽然腾贵,卖至每石一两三钱五分、一两四钱三分不等。臣煦留心打听,盖因各行家有揽福建人买米,每石价银一两八钱,包送至乍浦出海,以致本地米价顿贵。"
④ 《宫中档》第二辑,页366(《故宫文献》第一卷第四期,页63),康熙四十八年十月初九日江西巡抚郎廷极奏折:"江南、浙江来(江西)贩米者,九月分共计五万六千四百余石。……今十月分共计九万六千七百余石。"又页616—617(《故宫文献》第一卷第四期,页68—69),康熙四十九年七月初四日郎廷极奏折:"近自康熙四十八年正月起至七月止,查省城南昌府牙行卖过商贩米共一十五万三千一百四十石有零,谷共七千八百二十七石有零,其余外府不在此内。迨至四十八年八月……起,至今年五月止,南昌省城以及外府属县牙行卖过商贩米,共五十八万五千四百四十九石有零,谷共一万二千四百一十石有零。内南昌一府,计米二十五万一千三百二十石有零,计谷一万一千八百石有零。即以一府而论,去年七月以前七个月分,共卖过米谷一十六万八百余石,八月以后十个月分,共卖过米谷二十六万三千一百余石。……总之多寡不齐之故,只因商贾意在趋利。彼值江、浙价贵,又遇江西收获之时,米多价贱,则贩运自多。若江、浙价平,江西米价亦不甚贱,则贩运自少。故一年之中,或多或少,难以定准也。"
⑤ 《圣祖仁皇帝实录》卷二九三,页六,载康熙六十年(1721年)六月甲辰上谕:"湖广、江西等处米,尽到浙江乍浦地方出海,虽经禁约,不能尽止。福建地方,正在需米之时……其福建贩买米石,不必禁止。"

大熟,天下不愁米吃了!"①福建商人既然要自苏州购买湖广、江西食米,当加上运费及其他开支后,在福建售价自然要贵于江南了。

上文我们探讨了长江中下游及东南沿海地区米粮运销的情况,以便解释江南及附近地区米价水准之所以有高低的不同。当然,这不过是其中一个比较重要的原因,因为除此以外,还有其他因素也或多或少地要使各地米粮供求状况发生变化,从而影响到价格的涨落。例如,由湖广运往长江下游的米,事实上并不完全产于湖北、湖南,其中有一部分是由四川运往的。四川在明末遭受流寇张献忠的屠杀,人口锐减,耕地相对较多。因为地广人稀,四川农民自然选择肥沃的土地来耕种,故生产成本低廉,在康熙年间米价便宜到银一两可买米三石。②四川盛产的米,售价既廉,除供本省人口消费外,多借赖长江水道运输,沿江东下,运往湖北汉口出卖。四川和湖南的米,以汉口为集散地,使湖北米粮供应增加,价格稳定③,故能大量运往长江下游出售。因此,康熙年间江南的米价,不仅受湖广米价的影响,就是远在长江上游的四川,其米价也要影响到江南米价的升降。

当江南米价因长江中上游出产的米的到达而受到影响的时候,在江南偏东的上海,以及浙江、福建沿海地区,约自康熙中叶左右开始,随着海道交通的发展,又获得若干粮食的供应。这可分三点来说:(1)由康熙廿四年(1685年)至嘉庆九年(1804年),关东(山海关以东,指东北各省)每年运往上海的豆、麦,多至千余万石。④(2)台湾自康熙二十二年(1683年)归入清朝版图

---

① 《宫中档》第七辑,页374,康熙五十七年六月二十六日江西巡抚白潢奏折朱批。
② 《圣祖仁皇帝实录》卷二七二,页六下至七,载康熙五十六年(1717年)四月丁酉:"谕大学士、九卿等曰:……昔大学士张英曾奏,桐城县米价,银一两可得三石。见今四川米价亦复如此。……大抵户口稀少,则米价自贱……"(《东华录》卷二〇,页五同。)
③ 《高宗纯皇帝实录》卷三一一,页三三下,载乾隆十三年(1748年)三月,署理湖北巡抚彭树葵覆奏:"湖北在康熙年间,户口未繁,俗尚俭朴,谷每有余;而上游之四川、湖南,人少米多,商贩日至,是以价贱。遂号称产米之乡。"又《故宫文献》第二卷第一期,页95—96,载康熙四十八年(1709年)十月二十日陈诜奏折:"楚省……米价,自奉皇上圣谕,四川、湖南米艘通行,六月二十五六以后,每石顿减四五钱。万姓欢腾,家祝圣寿,咸谓若非皇恩通商,米价不知何所底止。"
④ 包世臣《中衢一勺》(《安吴四种》,文海出版社影印本,卷一)卷一,页二,《海运南漕议》(嘉庆九年,1804年)。又见于《皇朝经世文编》卷四八,页二三,齐彦槐《海运南漕议》。

后,闽、粤滨海州县人民多前往垦殖,结果稻米产量激增,每年都有不少运往福建漳、泉州出卖。①（3）为着要解决东南沿海地区的民食问题,康熙帝曾于康熙六十一年(1722年)命令自暹罗输入米30万石,分别运往福建、广东、宁波出卖,并予以免税优待。② 这些由海道运来的粮食,可能也有助于当日沿海地区米价的稳定。

四

以上我们主要根据《宫中档》的记载,研究康熙年间江南及附近地区米价变动的情况,发现康熙末年的米价要比初年昂贵。康熙初期米价之所以比较低廉,主要是由于当日人口较少,需求不大,同时又因为清政府为防御郑成功自海上来攻,实行海禁政策,故海外贸易停顿,国外白银不能像从前那样大量输入,以致通货紧缩,物价下跌。其后到了康熙末期,情势发生变化。那时经过长期休养生息,人口增加;同时自康熙二十二年(1683年)统一台湾后,清政府撤除海禁,发展国际贸易,茶、丝出口激增,造成对外贸易巨额出超,因此白银自海外源源流入,货币流通量增加,物价上涨。

如就各地区的米价来加以考察,我们发现,和江南米价比较起来,湖广、江西等地的米价较为低廉,而浙江、福建的米价则较为昂贵。这是因为当日湖广为全国稻米最大产区,每年都大量运往江南出售,而其中又有一部分转运往浙江、福建销售的原故。这和雍正年间(1723—1735年)的情况有些相像③,可见长江流域及东南沿海地区的米粮供求状况,及各

---

① 《雍正朱批谕旨》,(八)高其倬,页六五下,载雍正四年(1729年)七月二十六日浙、闽总督高其倬奏:"窃查闽省泉、漳二府,向资台湾之米,以济民食。自朱一贵变后,巡台御史等恐其运出接济洋盗,又恐听民搬运,以致台湾米价腾贵,或生事端,遂禁止台米不许过海,泉、漳之民有米无米,在所不顾。……"按:朱一贵在台起义,事在康熙六十年(1721年)。
② 《圣祖仁皇帝实录》卷二九八,页三,载康熙六十一年(1722年)六月壬戌上谕:"暹罗国人言其地米甚饶裕,价值亦贱,二三钱银即可买稻米一石。朕谕以尔等米既甚多,可将米三十万石,分运至福建、广东、宁波等处贩卖。彼若果能运至,与地方甚有裨益。此三十万石米,系官运,不必收税。"
③ Han-sheng Chuan and Richard A. Kraus, *Mid-Ch'ing Rice Markets and Trade: An Essay in Price History*, Cambridge, Mass., 1975, pp.44-46.

地区米价的高下,在自康熙(1662—1722年)至雍正的长时间内,事实上并没有多大的变化。

1978年6月20日,香港沙田。

附记: 文中各图的绘制,荷蒙王业键、黄国枢两先生给予帮助,特此致谢!

工矿业

清代苏州的踹布业

全汉昇

一

在拙著《鸦片战事前江苏的棉纺织业》一文①中，作者曾经指出，最早种于印度的棉花，约在宋末元初就已经由中亚陆路移植至中国西北的陕西，由海道移植至东南沿海的广东和福建，其后又在松江府及附近各地种植起来。在长江下游的棉产区中，松江乌泥泾（在上海县西南 26 里）有一名叫黄道婆的妇女，曾经在较早移植棉花的海南岛居住，在那里学会了把棉花的纤维和棉籽分开，把棉花弹松，以及纺成纱、织成布的方法。她于元朝元贞年间（1295—1296 年）返回故乡松江，把这些与棉纺织有关的各种技术传授给她的同乡，此后以松江为中心的广大地区，棉纺织工业便发展起来。

松江及附近地区的棉纺织业，经过多年的发展，到了明、清之交，仍然具有家庭工业的特点，因为在由棉花制成棉布的生产过程中，纺纱织布等工作都在各人家庭中进行，而生产所需的工具和原料也为各人所私有。可是，布匹纺织好以后，在生产过程中的最后阶段，还要用一千斤重的巨石、木滚、家伙（器具）来碾压，以便布质紧薄而有光，换句话说，比较美观耐用。这些碾布所用的生产工具及其他有关设备，远较手纺车、手织机的规模为大，其所需资本也远较纺纱织布为多，故不便像纺织工具那样在各人家中安装，同时一般人家也不能出资购置。因此，随着棉纺织业的发达，碾布工作首先脱离家庭工业的阶段，而改由财力较大的"包头"投资设立踹坊（又

---

① 原刊于《清华学报》新第一卷第三期，台北市，1958 年 9 月；又编入拙著《中国经济史论丛》（香港，新亚研究所，1972 年 8 月）第二册，页 625—649。

称踹布坊、躘布坊、踏布坊、踹作或踏布房）来进行。因为布匹在各人家庭中纺织后，经过这种加工碾压的最后手续，便可卖给各地消费者使用，故踹坊多设于交通便利、商业发展的地方，以便自广大产区中收集布匹来加工碾制，然后转运往各地市场上出卖。在明代，松江、洙泾（今江苏金山县治，在松江府西南 36 里）及枫泾（在浙江嘉善县东北 18 里，松江府西南 56 里）都设有踹坊，来替数百家布号碾压布匹。① 但到了清朝中叶前后，随着长江下游棉布产销规模的扩大，苏州显然更适合踹坊设立的条件，故那里的踹布业特别发达起来。

在上引拙文中，作者对清代苏州的踹布业，曾经约略加以研讨。该文发表后的第二年，江苏省博物馆编《江苏省明清以来碑刻资料选集》（北京，1959 年，以下简称《碑刻集》）出版，其中刊出有关清代苏州踹布业的碑刻十二种。这些碑刻的发表，再加上其他有关资料，使我们对清代苏州踹布业发展的情况，认识得更加清楚。虽然日本横山英教授及寺田隆信教授都曾经利用这些碑刻资料来研究清代苏州的踹布业②，但因为各人研究的着眼点不尽相同，故现在作者不揣冒昧，撰写此文。

二

松江及邻近地区的棉纺织业者，在明代已经纺织成各种不同的布匹③，获得广阔的销场。其中一种上阔尖细的布匹，名叫标布，"走秦、晋、京、边诸路"。另外一种较标布稍狭而长的布匹，名叫中机（一作中机布），"走湖广、江西、两广诸路，价与标布等"。当明代标布盛行的时候，"富商巨贾，操重赀而来市者，白银动以数万计，多或数十万两，少亦以万计"。可是到了清朝初叶，"标客巨商罕至……而中机之行转盛。而昔日之作标客者，今俱

---

① 清顾公燮《消夏闲记摘钞》（涵芬楼秘笈第九册，台湾商务印书馆）卷中，页一三，《芙蓉塘》。
② 横山英《中国近代化の经济构造》，东京，1972 年，页 63—143；寺田隆信《山西商人の研究》，京都，1972 年，页 327—410。
③ 在明代，松江府（包括华亭、上海、青浦诸县）出产的棉布，有标布、中机、扣布、稀布、紫花布、药斑布、番布、斜文布、飞花布、尤墩布、眉织、衲布、锦布、绫布、云布等。参考罗敬颜《明代景德镇的瓷器业和松江的棉织业》，见李光璧编《明清史论丛》，武汉，1957 年，页 85—87。

清代苏州的踹布业

改为中机"①。

因为要经营布匹的买卖,"前明数百家布号,皆在松江、枫泾、洙泾乐业"②。这里说的松江,当包括上海在内,因为上海县属松江府。由于交通方便,有许多布匹都以上海为集散地,在那里有人专门充任秦(陕西)、晋(山西)布商的经纪(或牙行),介绍他们收买布匹,获利甚厚,因此富甲一邑。③ 因为利之所在,故那里"牙行奉布商如王侯,而争布商如对垒"④。

到了清代,除上海以外,苏州因为位于棉布产区,同时又有运河等水道交通的便利,也发展为非常重要的布匹贸易中心。当原来大量运销于西北及华北的标布,到了清朝初叶,销路减少,而"走湖广、江西、两广诸路"的中机布销路转盛的时候,苏州因为要大量输入湖广、江西的米,它在棉布贸易上的地位便特别重要起来。以苏州一带为中心的长江三角洲,在过去本来是全国的谷仓,故宋代有"苏常熟,天下足"这句俗语的流行。可是,到了清中叶前后,因为江、浙人口激增,当地粮产不足,故苏州等地每年都要自江西、湖广输入大量食米。以雍正十二年(1734年)为例,自湖广运往江、浙的食米,约多至1 000万石。装载这1 000万石的湖广米船,由汉口出发,沿长江东下,大部分都运往苏州出售。⑤ 这些沿江东下的船,在苏州等地卸下食米以后,回航时多半在扬州载运淮南食盐,或就近在苏州载运苏、松棉布。⑥ 因为每年自湖

---

① 清叶梦珠《阅世编》(明清史料汇编六集,文海出版社)卷七,页五,食货五。
② 顾公燮前引书卷中,页一三,《芙蓉塘》。
③ 清褚华《木棉谱》(上海掌故丛书),页一〇下。
④ 清叶梦珠《阅世编》(明清史料汇编六集,文海出版社)卷七,页五,食货五。
⑤ 拙著《清朝中叶苏州的米粮贸易》,(《"中央研究院"历史语言研究所集刊》)第三十九本,台北,1969年10月;又参考拙著《中国经济史论丛》第二册,页572—574。
⑥ 以湖广、江西的米,和江苏的布互相交换,可说是清朝中叶前后长江流域贸易最习见的方式。关于此点,我们可从崇明岛商人要运布往江宁与江西、湖广商人换米,得到一些消息。清贺长龄辑《皇朝经世文编》(文海出版社影印本)卷四七,页二〇,晏斯盛《上制府论布商易米书》(约雍正末年)说:"查本年四月,经苏藩司议准,令崇(明)商每年载布前往江宁,易米三万石。……本司随将江宁省会地广人稠,本处产米无多,尚赖江(西)(湖)广客米接济,不便又令崇商易买,致滋昂贵等情禀详。续据苏司详请仍照前议,令其在江宁易米,奉前宪批允在案。本司覆查江南省城,烟户稠密,需用食米甚多,历系仰给客米接济。三五日内客贩不到,米价即昂。而上元、江宁等县,现有偏灾,赈恤平粜,需米甚多,势难再听崇商搬运。……至所云江、广米商稔知江宁有布可易,故岁岁载米,依期而来,今若闻崇商载布他往,恐楚商亦因之而别赴,似觉反有未便云云。查江、广米船开江东下,其口岸有三:棕阳、芜湖、苏州是也,其来至江宁者不过十之一二。崇商如欲以布易米,远则原派之棕阳,近则芜湖、运漕,俱可易换,何必定在江宁? 即江、广米客如欲易布,亦可在于棕阳、运漕二处,何必迂道而至省城? ……"

广运往苏州的米,数量大到要把"苏常熟,天下足"改为"湖广熟,天下足"①,我们可以推想得到,由苏州输往湖广的布匹,为数也一定非常之大。②

自然,以苏州为集散地的布匹,并不以"走湖广、江西、两广诸路"的中机布为限。苏州的青蓝布匹,大量运销于南北各省。③ 自西北贩运货物往苏州的商人,往往把赚获的利银购买梭布等物回去。④ 在苏州有一位姓赵的商人,曾利用别人存放的50万两银子作资本来"走京、西两标"(把标布运销于北京及山西、陕西等地)。⑤

这许多自苏州输往各地市场上出卖的布匹,并不限于当地或附近的产品,此外又有不少由专人在上海收购,转运往苏州出售的。⑥ 苏州的布商,因为要自广大产区中收购布匹,然后加工精制,运销于全国各地,需要的资本非常之大。上述苏州商人赵某"走京、西两标"的资本,主要来自别人的存银50万两。这些布商或布号,在康熙三十二年(1693年)苏州碑刻上列名的,共67家⑦;此外当日苏州另外一些布商,可能尚有未列名的,不包括在内。其中有

---

① 拙著《清朝中叶苏州的米粮贸易》,(《"中央研究院"历史语言研究所集刊》)第三十九本,台北,1969年10月;又参考拙著《中国经济史论丛》第二册,页572—574。

② 由苏州运往湖广布匹的数量之所以增大,一方面由于当地人士的消费,他方面又由于汉口交通方便,有不少布匹转运往西北、西南各省出卖的缘故。关于此点,我们可由乾隆初叶,汉阳县南乡出产的扣布,"乡逐什一者,盈千累万,至汉口加染造,以应秦、晋、滇、黔远贾之贸"(乾隆《汉阳县志》卷一○物产;原书未见,兹引自藤井宏《新安商人的研究(一)》,《东洋学报》第三六卷第一号,昭和二十八年六月)推断出来。

③ 拙著《中国经济史论丛》第二册,页634—635。

④ 《史料旬刊》(北平故宫博物院出版)第二八期,页13—14,《伊龄阿折》(乾隆四十三年十一月二十二日朱批)说:"据王洪绪供:小的是陕西同州府蒲城县人,年三十三岁。……闻得西安人徐子建从口外贩回玉石,买到苏、扬转卖,得利甚大,遂……向徐子建买玉。……运到苏、扬卖出银两……小的名下……利银一千五百六十两,在苏州盘缠用去二百几十两,置买梭布、绸缎、皮衣,共去九百余两……"

⑤ 许元仲《三异笔谈一集》(中华图书馆印行)卷三,页一三,《布利》说:"某年横云山人假归(苏州),山人侄为曼园弟茹英员外,归舣之。酒间言及闻尊府解库(典铺)颇多,某积有廉俸,欲祈附存。问数,举手示之。曼园诺。明日送汇票,则五十万(两)也。曼园恐难于转运,召赵商之。赵曰:息若何?曰:八分。曰:舅已诺之,不可辞矣。惟为数太多,解库难存,兼走京、西两标,始可得利。曼园从之。后十年,山人再归,曼园已老,赵公手为归楚,本利井井,而借以营运,赵资亦与王、张埒矣,即雪舫、云垂两君先德也。临终嘱二子业农,尽以置产,产亦万亩。……"按:许元仲序此书于道光七年(1827年),时年七十三岁,故所记事约发生于乾隆年间。

⑥ 许元仲前引书卷三,页一三,《布利》又说:"沪渎梭布衣被天下,良贾多以此起家。张少司马未贵前,太翁已致富巨万。五更篝灯,收布千匹,运售(苏州)阊门,每匹可赢五十文。计一晨得五十金,所谓鸡鸣布也。"

⑦ 《碑刻集》,页34—36,《苏州府处理踹匠罗贵等聚众行凶肆凶科敛一案,并规定以后踹布工价数目碑》(康熙三十二年十二月)。

清代苏州的踹布业

些布商,如汪益美(后改为程益美)设立的布号,其出品遍行天下,远及滇南漠北,一年消布以百万匹论,获利很大。① 由于巨额利润的赚取,苏州布商的财富,在乾隆皇帝的心目中,认为可与扬州盐商互相媲美。② 这些苏州布商,也和扬州盐商一样,大部分都是明、清时代善于经商致富的新安商人(或徽州商人)。③

三

苏州各布号自广大产区中收集布匹后,先行染色精制,然后运销于各地市场上。布匹染色之后,要用大石脚踹砑光,以便光滑美观,同时又可使布质紧薄,比较耐用。因为要有一千斤重的巨石及其他设备才能碾压布匹,而布号的业务须集中于布匹的买卖,不宜把资金分散,用来购置踹布所需的各种设备,故另外由"包头"投资开设踹坊,"置备菱角样式巨石、木滚、家伙、房屋,招集踹匠居住,垫发柴、米、银、钱,向客店领布发碾"④。碾布

---

① 许元仲前引书卷三,页一三下,《布利》说:"新安汪氏设益美字号于吴阊,巧为居奇。密嘱衣工,有以本号机头缴者,给银二分。缝人贪得小利,遂群誉布美,用者竞市,计一年消布约以百万匹论。匹赢利百文,如泒机头多二万两,而增息二十万贯矣(作者此处计算,疑有错误——汉昇)。十年富甲诸商,而布更遍于天下。嗣汪以宦游辍业,属其戚程。程后复归于汪。二百年间,滇南漠北,无地不以益美为美也。"此外,康熙《具区志》卷一三,《人物篇》也记载苏州府吴江县盛泽镇两个商人,主要由于布匹贸易的经营而发了大财。其中一个名叫翁边,号少山,他命子弟"以布缕、青靛、棉花货赊往来荆、襄、建业、闽、粤间,甚至辽左、江北闻其名,非少山布勿衣勿被,于是南北转毂无算,海内有翁百万之称"。另一商人名席端樊,号左源,他"运筹握算,遣宾客北走齐、燕,南贩闽、广,不二十年,累资巨万。凡吴会之梭布,荆、襄之土靛,往来车毂,无非席商人左右源者"(原书未见,兹引自丛翰香《中国封建社会内资本主义萌芽诸问题》,《历史研究》,1963年,第六期;又见于存萃学社编集《中国近三百年社会经济史集》,香港崇文书店,1974年,第四集,页55—56)。
② 《乾隆东华续录》(文海出版社影印本)卷二○,页三下至四载乾隆二十七年(1762年)三月"癸亥,谕军机大臣等:朕车驾所经……其彩亭、镫棚一切饰观之具,屡经降旨饬禁。今江、浙两省涂巷,尚有踵事因仍者。此在苏、扬盐、布商人等出其余赀,偶一点缀,本地工匠贫民,得资力作以沾微润,所谓分有余以补不足,其事尚属可行。若地方官专欲仿而效之,以为增华角胜,则甚非奉职之道。……"
③ 参考本页注①。又参考藤井宏前引文,《东洋学报》第三六卷第一号至第四号;《碑刻集》,页33,《奉督抚各大宪核定踹匠工价给银永遵碑记》(康熙九年十月);页52—53,《吴县永禁六坊坊户领踹布匹毋得再定随牌名目,应听铺户自行发踹,不得垄断把持碑记》(道光十二年十二月十八日);页53—54,《苏州府为布商坊户应照章听号择坊发踹,不得无端另换,致碍贫民生计出示碑记》(道光十四年十二月三十日)。按:后两种碑刻,在末了都说明"发新安会馆竖立",或"新安会馆竖立",可见苏州布号大部分或甚至全部都由新安商人设立。
④ 《雍正朱批谕旨》(文源书局影印本),第八册,页四八一四至四八一五,雍正八年(1730年)七月二十五日李卫奏折;拙著《中国经济史论丛》第二册,页634。

所用的巨石,在明末"每块佳者值十余金"①,而雍正九年(1730年)苏州340余名包头开设的450几处踹坊,共有10 900余块巨石②,故我们可以估计巨石的投资共10余万两银子。此外,包头又须置备木滚、家伙、房屋,向踹匠垫发柴、米、银、钱,故他们开设踹坊,必须筹措相当大的一笔资金才成。

另一方面,在苏州为布商踹布的工匠(踹匠),大多数来自江南、江北各县人口过剩的农村。他们往苏州出卖劳力,都是"孑身赤汉,一无携带""率多单身乌合不守本分之辈"③,自然得不到布商的信任。为着要避免损失,布商不直接把布匹交给他们碾压,而让有身家之人的包头先由同业互保,向布号领布发碾。这样一来,在布商、踹匠之间,包头便加重了他的责任。他要担保踹匠不为非作歹,拐窃盗逃;负责使踹匠把布踹得光明,以免灰黯不能行销;同时答应把碾好的布匹"克(剋)期交(布)号",而且不"短交布匹"。④ 因此,包头又称为"保头"。

关于苏州包头与布商、踹匠的关系,康熙九年(1670年)政府"饬谕徽商布店、踹布工匠人等知悉,嗣后一切踹工人等,应听作头(包头开设两三家踹坊时,为他管理踹坊的人,又名坊长)稽查,作头应听商家约束"⑤。及康熙四十年(1701年),为免踹坊容留为非作歹的踹匠,包头组织起来,互相稽察防范,并设循环簿(一作循环印簿),分别登记踹匠的姓名、籍贯、何人保引、何日

---

① 明宋应星《天工开物》(中华丛书本)卷上,页六八至六九,《布衣》。
② 《雍正朱批谕旨》(文源书局影印本),第八册,页四八一四至四八一五,雍正八年(1730年)七月二十五日李卫奏折;拙著《中国经济史论丛》第二册,页634。
③ 同上;《碑刻集》,页34—36,《苏州府处理踹匠罗贵等聚众行凶肆凶科敛一案,并规定以后踹布工价数目碑》(康熙三十二年十二月);燕石《几块有关镇压踹坊染纸坊手工工人的碑刻资料》,《文物参考资料》,北京,1957年,第九期,页38。
④ 上注引康熙三十二年十二月碑刻说:"踹匠皆系膂力凶悍之辈,俱非有家土著之民,散漫无稽,盗逃叵测,且异方杂处,奸宄易生。故择有身家之人,踹坊领布转发,则踹匠之来历,货物之失错,悉与布商无预,责有攸归。……又缘踹匠孑身赤汉,一无携带,保头租赁房屋,备买踹石,家伙(此四字据燕石前引文补入——汉昇)……是亦有本。……至于踹匠,如有拐窃盗逃,为非作歹,责成保头,与字号、染坊店主无涉。……"又参考同书,页53—54,《苏州府为布商坊户应照章听号择坊发踹,不得无端另换,致碍贫民生计出示碑记》(道光十四年十二月三十日)。
⑤ 《碑刻集》,页34,《奉督抚各大宪核定踹匠工价给银永遵碑记》(康熙九年十月);燕石前引文。

进坊,及何日出坊等项。① 可是,包头虽然对踹匠加以防范,但因为苏州踹匠人数众多,良莠不齐,故包头仍然要因踹匠偷窃布匹等盗贼行为而受累。②为着免受害累,包头们于康熙五十九年(1720年)提出对策说:"身等同为包头,约有三百余户,或有两作,或有三坊,不能分身稽察,每作用管账一人,专责稽查,名曰坊长。凡有踹匠投坊佣趁,必须坊长认识来历,方许容留。然坊长之责,必自包头,即将包头立于居民之外,每十二家编为一甲,每月轮值甲长,每岁周而复始。各给循环印簿,开明某月甲长某人,查填踹匠姓名。仍于众包头中,择一老诚练达者,举充坊总,颁给团牌,管押各甲。踹匠五人连环互保,取结册报,一人犯事,四人同罪。日则做工,夜则关闭在坊。如有拐布盗逃、赌博、行奸、斗殴、聚众插盟、停工科敛、闲闯花鼓、纠众不法者,坊长报明包头,会同甲长,填簿交坊总,申明拿究。如有徇隐发觉,互结保人,本坊坊长,一体同罪。簿列管、收、除、在四柱开填,每月朔日,甲长汇交坊总稽查,循环倒换。倘甲内擅留匪类,坊总协同甲长,立刻驱逐,仍将窝顿之坊长,按以窝盗之例,通同徇庇,一体治罪。查簿内无名,即系流棍,如此则来历彰明,奸良易辨。"③其后到了雍正九年(1731年),由于李卫的提议,苏州踹坊也设立坊总、甲长,以便防范踹匠的不法行为。④

包头出资设立踹坊,在那里预备工作场所和生产工具,由踹匠利用来碾

---

① 《碑刻集》,页38—39,《遵泰督抚各宪定例永禁碑记》(康熙四十年十月)说:"如请将包头编甲,责其互相稽察□□,其内择一能(此字据燕石前引文补入)干老成者充任坊长,今(令)其管辖□家□□,盘查来历,一家有事,九家连坐,则彼此俱有责成。再设循环簿,著令登填何处籍贯、何人保引、何日进坊、何日出坊,分例(列)旧管、新收、开除三项,每逢朔望,必与坊长倒换,则来踪去迹自明,而奸宄之徒无处隐藏矣。"参考燕石前引文。
② 《碑刻集》,页43—44,《长吴二县踹匠条约碑》(康熙五十九年十一月)说:"案照先据各踹坊包头业主邢庆生、吴义生、王文卿、吴元凯、陈公茂、尤禹生等词内称:苏城内外,踹匠不下万余,均非土著,悉系外来,奸良莫辨。奉宪设立管坊汛役,昼夜巡查,凡有踹匠游荡邪僻,把总确查,立行驱逐。经今日久法弛,奸匠得以逞志。其中奸宄窃发,窃布逃逋,害累包头。更有为贼为盗,已经出坊,尽皆□窝,饯歇赌场,一经败露,彼党毫不拉扳。其踹作包头,原为风马,尽(俘?)有遭其扳害,倾家荡产,异冤莫伸。……踹匠为匪事发,扳害包头,必如何立法,永杜为匪妄扳之弊,仰江苏按察司酌议妥协详夺……"
③ 同上。
④ 《皇朝文献通考》(浙江书局本)卷二三,页一七下至一八,《职役考》三载雍正"九年,令江南苏州踹坊设立坊总、甲长。南北商贩青蓝布匹,俱于苏邵染造,踹坊多至四百余处,踹匠不下万有余人。时浙江总督李卫节制江南,因陈地方营制事宜,言此等踹匠多系单身乌合,防范宜严,请照保甲之法,设立甲长,与原设坊总互相稽查。部议从之。"又参考顾公燮前引书卷下,页一六,《李制台治吴》。

压布匹。除投资于踹坊外,包头又由同业互保,向布号领布发碾,并负责管束踹匠,担保后者把布踹得光明,而不偷窃盗逃。踹布的工价银,按匹计算,为踹匠所得,但每人每月须扣除三钱六分给包头,以偿房租家伙之费。① 雍正八年(1730年),苏州共有踹匠10 900余人,包头340余人,踹坊450余处。由此我们可以推知,踹匠每月约给包头银3 900余两。这些银两如由340余名包头均分,每人约月入银11两半有多;如由450余处踹坊均分,每坊约月入银8两7钱多点。

因为踹坊由包头出资设立,布商便可不用另外花钱购置踹布所需的设备。包头因为是有身家之人,在社会上的信用远较孑身赤汉的踹匠为大,故宜于充任布商、踹匠的中间人,向布号领布发碾,同时负责稽察踹匠,以免布被偷窃,或踹不光明,致使布商蒙受损失。包头提供的服务,对于布商的专心经营布匹买卖,显然大有帮助,故他除每月自每一踹匠的工价银中扣除三钱六分以外,又时常借踹向布号勒借银两,甚至有借无还,以增加收入。当布号可以自由择坊发踹的时候,踹坊的包头向布商勒借的情形,可能还不致过于严重。可是,到了嘉庆(1796—1820年)末叶,踹坊"私议随牌领踹",即规定某一布号的布,一定要交某一家或某几家踹坊来碾压。这样一来,开设踹坊的包头便可乘机把持垄断,向布商勒索借贷了。对于包头的把持勒借,自嘉庆二十五年(1820年)至道光(1821—1850年)中叶,政府曾应布商的请求,先后命令禁止。② 可是,到了同治十一年(1872年),苏州布业庆昌丰等仍控告"踹方

---

① 《雍正朱批谕旨》,第八册,页四五一四至四五一五,雍正八年(1730年)七月二十五日李卫奏折;拙著《中国经济史论丛》第二册,页634。又《碑刻集》,页36,上引康熙三十二年(1693年)十二月的碑刻也说:"踹石坊户,每月得赁石租银三钱六分。"其后,在乾隆四十四年(1779年)十月,苏州府长洲、元和、吴三县布商等公立的碑记说:"该商等给发坊主伙食银两,应照陈平九□□□□□□□□□ □□□□□□□□□□银一两,给钱八百二十文。"(同书,页50。)又乾隆六十年(1795年)十一月苏州踹匠建立的碑记说:"嗣后布号给发踹布工价,遵照新定章程,统以陈平九八兑九六色银给坊,该坊户即以布号所发之银,亦以陈平九八兑九六色,每两给匠九钱五分,听其自行换钱,余银五分留坊,以为添备家伙之用。"(同书,页52。)这些发给坊主伙食及用作添备家伙的银两,很可能包括在自踹匠工价银中扣除的三钱六分之内。

② 《碑刻集》,页53—54,《苏州府为布商坊户应照章听号择发踹,不得无端另换,致碍贫民生计出示碑记》(道光十四年十二月三十日)说:"查苏城各号发踹布匹,向听布号择发踹。嘉庆二十五年,坊户私议随牌领踹,经前督粮厅讯断禁革。嗣于道光十二年,复借米贵勒借。……十三年七月……坊户又以发布不公,禀厅议请随牌。……查坊户领踹布匹,先由同业互保,写立承揽交号,然后立折(摺?)领踹。其所立经折(摺?),不过登记布数,稽查坊号,并非一经立折(摺?),即应认定随牌,不准另换也。且百工艺业,首禁把持随牌名目,本属私议,虽名(转下页)

清代苏州的踹布业　　　　　　　　　　　　　　　　　　　　　　　371

坊户硬行捼折(霸折?)领踹,把持坊务,增添踹价,停领踹布挟制"①。

四

包头投资设立踹坊,一方面向布号领布发碾,另一方面招集精壮而强有力的人,把布用大石脚踹砑光。这些人多半来自江南、江北各县,其中尤以来自江苏西部的江宁,及安徽东南部的太平、宁国为多。由于人口过剩,耕地不足,他们在家乡生计困难,故成为单身游民,流浪到"上有天堂,下有苏杭"的苏州去。在另外一方面,以苏州为集散地的布匹,需要体力劳动者来加以碾制,因此他们有机会充当踹匠,在18世纪上半叶人数多至一万余人。② 可是,他们到苏州时,都是"孓身赤汉,一无携带",并不像家庭纺织工业者那样在家中自有手纺车、手织机来纺纱织布,而须住进踹坊,利用包头出资置备的一千斤重巨石及其他设备来碾压布匹,故每月所得的工价银,须扣除三钱六分给包头,以偿房租家伙之费。不独如此,踹匠又要受到包头的监管,因为他们本是单身游民,得不到布商的信任,须由有身家之人的包头向布号领布发踹。

(接上页)为杜布号营私勾串之弊,正所以启坊户把持勒借之端,一经准行,势必挟制布号,不能改发。该坊任意勒索,有借无还,借得银两,坊户分肥克(剋)扣,匠工转无实济,而布业累何底止? 讼蔓迨无已日。且查坊户向号揽踹布匹,是犹佃户向业揽种田亩。佃户拖欠租籽,尚得退田另召。坊匠踹不光明,岂竟不能更换? 任其把持垄断,殊非平允。欲期商匠相安,故特示遵守。为此示仰布商、坊户人等知悉,自示之后,务各遵照规定章程,听号择坊发踹,择其踹踏光明,又无勒借情弊,即行照旧交踹,不得无端另换,致力作贫民,失其生计。设有领布积压,不能克(剋)期交兑,及灰黯不能行销,准号另择发踹,不准借折(摺?)把持。……惟遇灾劝借一节,坊户果无前欠勒借情事,该号仍当照旧通融,以示体恤,仍于工价内扣还归款,不致悬宕。如有前欠未清,不得再行借给。则坊户无从把持,布号不致累业,踹匠不致失生,实属三面皆平,彼此各安生业。"又同书,页52—53,《吴县永禁六坊坊户领踹布匹毋得再立随牌名目,应听布号自行发踹,不得垄断把持碑记》(道光十二年十二月十八日)说:"据布铺程三茂、元记、正记……禀称:前控坊棍王协昌、陶善、缪万和、程阿三等私议随牌霸折,借端勒借累业一案,荷蒙讯明定断,详奉府宪,转详抚臬二宪,沐(蒙?)批,永禁坊户私议随牌名目,布匹应听布号自行择坊发踹;至遇灾借贷,本系通情,如有借欠未清,各铺号概不准再行借给等谕示在案。王等……固非安分之徒,即此外坊户,亦良莠不齐,若再故智复萌,布业仍遭其害。……为此示仰六坊坊户人等知悉:嗣后尔等领踹布匹,毋许再立随牌名目,硬行霸折(摺?),应听铺号言行择坊发踹,不得垄断把持。至偶遇歉岁,如有前欠未清,不得再向各铺劝借钱米。如敢故违,一经该布铺指告,立即严提,通详究办,决不姑宽。"

① 同书,页57,《苏州府规定踹价……碑记》(同治十一年十月初九日)。
② 《雍正朱批谕旨》,第八册,页四五一四至四五一五,雍正八年七月二十五日李卫奏折;拙著《中国经济史论丛》,第二册,页634。

同时，关于他们踹布所得的工价，他们既然只是一无携带的孑身赤汉，自然没有讨价还价的力量，而被听命于"一年消布约以百万匹论"的大布商了。现在根据有关资料，撰成第一表，看看在清代有记载的二百年中，苏州踹布工价与米价变动的情形。

第一表　清代苏州踹工价与米价的变动

年　　代	踹布每匹工价（两）	指　　数（1693＝100）	上米每石价格（两）	指　　数（1693＝100）
康熙四年(1665)			0.85	87
康熙九年(1670)及以前	0.011	100		
康熙三十二年(1693)	0.011	100	0.98	100
康熙三十七年(1698)			1.00	102
康熙四十年(1701)	0.011	100		
康熙四十五年(1706)			1.39	141
康熙四十六年(1707)			1.25	128
康熙四十七年(1708)			1.65	168
康熙四十八年(1709)			1.35	138
康熙五十一年(1712)			0.80	82
康熙五十二年(1713)			0.99	101
康熙五十三年(1714)			1.05	107
康熙五十四年(1715)	0.011 3	103	1.17	119
康熙五十五年(1716)			1.10	112
康熙五十六年(1717)			1.05	107
康熙五十七年(1718)			0.96	98
康熙五十八年(1719)			0.86	88
康熙五十九年(1720)	0.011 3	103		
雍正元年(1723)			1.10	112

续表

年　代	踹布每匹工价(两)	指　数 (1693=100)	上米每石价格(两)	指　数 (1693=100)
雍正二年(1724)			1.26	129
雍正三年(1725)			1.33	136
雍正四年(1726)			1.11	113
雍正五年(1727)			1.19	121
雍正七年(1729)			0.94	96
雍正八年(1730)	0.011 3	103		
雍正九年(1731)			1.20	122
雍正十一年(1733)			1.55	158
雍正十二年(1734)			1.31	134
雍正十三年(1735)			1.10	112
乾隆四年(1739)	0.011 3	103		
乾隆十三年(1748)			2.00	204
乾隆三十五年(1770)			4.46	455
乾隆三十七年(1772)	0.013	118		
乾隆四十四年(1779)	0.013	118		
乾隆五十一年(1786)			4.30(+)	439
同治十一年(1872)及以前	0.014	127		

资料来源:《碑刻集》,页33—36,41—45,47,49—50,57;《雍正朱批谕旨》,第八册,页四五一四至四五一五,雍正八年七月二十五日李卫奏折;拙著《中国经济史论丛》,第二册,页483—484,521—522。除表中所列踹布每匹工价外,康熙五十九年又规定:"工价每匹一分一厘三毫……其米价贵至一两五钱,每踹布千匹,加银二钱四分,米价一两二钱则止。"(《碑刻集》,页四四)。

根据第一表,我们可知,在康熙(1662—1772年)初叶以后的两个世纪中,踹布工价的增加不及米价上升得那么快;换句话说,踹匠劳动所得的货币工资,其购买力下降的时候多,上升的时候非常之少。如以康熙三十二年(1693年)为基期,当康熙、雍正年间(1662—1735年),米价有时下降,而踹布工价仍旧,这时踹匠的生活可能还过得去。可是,这种年头,在康熙、雍正两朝的长时间内,前后只有四年(即康熙五十一年、五十七至五十八年及雍正七年),其余绝大部分时间,踹布工价都远落在米价之后,故由于工价银购买力的下降,踹匠生活往往不免受到影响。其后到了乾隆年间(1736—1795年),当米价上涨的时候,布价亦步亦趋。① 当布价上涨而踹布工价仍然滞留在较低水准的时候,布商自然可因布匹生产成本与售价的悬殊而赚得巨额的利润。上文说乾隆皇帝认为苏州布商的富有和扬州盐商不相上下,显然是有事实作根据的。

当苏州70余家布商因做布匹买卖而大赚其钱的时候,人数多至1万余名的踹匠,却因为本来都是外来单身游民,孤立无助,而被迫按件计工,为低微工资来辛苦工作。他们过去在家乡时,可能曾经倚赖家庭手工业为生,或以它为副业。在这种制度之下,他们自己预备工作场所及生产工具来从事手工业活动,仍然保持自由独立的地位。可是,当他们到达苏州,要靠踹布为生的时候,却发现踹布所需的固定资本设备太大,自己无力购置,不得不前往踹坊,使用为包头所有的生产设备,在包头(或他的代表作头、坊长)监督之下,从事工作,以致每月所得的工价银被包头扣除三钱六分。

因为布匹要用大石脚踹砑光,踹匠体力的消耗非常之大。雍正八年(1730年),浙江总督李卫等奏:"习此(踹布)业者,非精壮而强有力不能。"② 踹匠从事这样剧烈的体力劳动,自布商方面领得的低微工资,还要被包头和扣除一部分,才成为自己的净收入。在这种情形之下,他们的生活自然不免发生种种问题,亟须社会福利的援助。例如,为着要救济失业,早在康熙四十年(1701年)左右,苏州踹匠曾经各捐银二三分。③ 在康熙五十四年(1715

---

① 洪亮吉《卷施阁文甲集》(四部备要本)卷一,页七,《生计篇》(撰于乾隆五十八年,1793年)说:"闻五十年以前,吾祖若父之时,米之以升计者钱不过六七,布之以丈计者钱不过三四十。……今则不然。……昔之以升计者,钱又须三四十矣;昔之以丈计者,钱又须一二百矣。"按:洪氏的家乡阳湖(江苏常州府治),和苏州距离很近,文中所说米布价格的变动趋势,当指苏州一带而言。参考吕培等编《洪北江先生年谱》;拙著《中国经济史论丛》,第二册,页四七九。
② 《雍正朱批谕旨》,第八册,页四五一四至四五一五,雍正八年七月二十五日李卫奏折;拙著《中国经济史论丛》,第二册,页634。
③ 《碑刻集》,页38,《遵奉督抚各宪定例永禁碑记》(康熙四十年十月)说:"盖(苏州踹)匠之数万人,奸良不一,好恶易投。棍从而笼络之,诱导之,东挑西拨,借景生端。或曰……某匠无业,□许□每匠应出银二分、三分不等,而众匠无一不出。"

年),踹匠要求增加踹布工价,以便帮助普济院、育婴堂。① 其后到了雍正七年(1729年),踹匠密谋暴动,被人误以为匪,但他们辩解说:"异乡在外,止图疾病扶持,别无为匪之情。"②

踹匠们希望得到社会福利的救济而改善生活,事实上不容易达到目的。当他们所过的悲惨贫困的生活,和富有布商(或甚至包头)的奢侈享受,在社会上形成一个强烈的对照的时候,他们对现状不满的情绪自然要爆发出来。踹匠生活之所以贫困,主要由于踹布工资水准的低下,故在清朝中叶前后的长时间内,他们屡次发动要求增加工资的罢工。例如康熙九年(1670年),由于水灾,收成歉薄,米价上涨③,踹匠感到生活困难,由窦桂甫倡道,索添工银;他们停工汹汹,为着要一致行动,便把不肯附会的踹匠加以处罚。④ 及康熙三十一、三十二年(1692—1693年),踹匠在甘贵、罗贵、张尔惠等领导之下,"聚众齐行威胁罢市……倡议加价……结党横行……"⑤其后到了康熙三十九、四十年(1700—1701年),踹匠的罢工暴动,延续到将近一年之久,迫使布商蒙受损失。关于这次罢工暴动的规模之大,政府"据布商程同言、吴永亨、程广泰、郑元贞等呈词前事内称:切苏邵出产布货,所用踹匠,盈万成千,俱责包头约束,工价有例,食用有条,原自相安。……不意去年(康熙三十九年)四月,流棍之祸复起。……流棍之令一出,千百踹匠景从,成群结队,抄打竟无虚日。以致包头畏避,各坊束手,莫敢有动工开踹者。变乱之势,比诸昔年尤甚,商民受害,将及一载"。这次罢工暴动,在"踹匠夥而强,包头寡而弱"

---

① 见下文。按《雍正朱批谕旨》,第三册,页一九二二,雍正三年(1725年)九日初六日法敏奏折说:"普济堂之设,使老疾无依之人,得有栖息,最为善举。"普济院的业务,当即指此而言。
② 《雍正朱批谕旨》,第七册,页四四五七至四四五八,雍正七年十二月初二日李卫奏折;拙著《中国经济史论丛》,第二册,页635。
③ 王业键教授根据叶梦珠《阅世编》的记载,说上海米价指数(1682=100)在1663年为113;1669年为94,及1670年(康熙九年),因水灾歉收,上涨至138(王业键《清代物价的长期趋势》,见《香港中文大学中国文化研究所学报》,第五卷第二期,页349,1972年)。因为苏州和上海的距离很近,故苏州米价变动的趋势,可以约略拿上海这几个指数来作代表。
④ 《碑刻集》,页33,《奉督抚各大宪核定踹匠工价给银永遵碑记》(康熙九年十月)说:"(苏州)所用踹布之人,俱从江宁属县远来。……今岁六(燕石前引文作一)月间,□(燕石前引文作突)有窦桂甫倡言年荒米贵,传单约会众匠停踹,索添工银。布商程、高、张□□□□□□□□□□开,相率呈县。而地方陈全等见此辈停工汹汹,恐成乱萌,亦具呈该县,申报宪台。……窦桂甫□□□□□□□□□□敢于鼓众添价,因(踹)王明浩不肯附会,辄罚令唱戏酬神,以致余人皆停工观望,凶横如此,实系罪□□□□□□□□□□也。"又见于燕石前引文。
⑤ 《碑刻集》,页35,上引康熙三十二年十二月碑刻;燕石前引文。

的情况之下,声势非常浩荡。① 再往后,到了康熙五十四年(1715年),踹匠"复要各(布)商增价(踹布工价),以助普济院、育婴堂之用"②。及康熙五十九年(1720年),仍"有一班流棍,寄迹寺院,隐现踹坊,或称同乡,或认亲戚,煽惑众匠齐行增价……倡乱不绝"③。

对于踹匠屡次提出的增加踹布工资的要求,苏州布商利用当日劳工供过于求的特殊情况④,事实上并没有给予满意的答复。根据第一表可知,每踹布一匹的工价银,在康熙朝(1662—1722年)的大部分时间是一分一厘,自康熙五十四年(1715年)起才增加至一分一厘三毫,增加不到3%。后来到了康熙五十九年(1720年)规定,如米价贵至一两五钱,每踹布千匹,加银二钱四分,增加的幅度也非常之小。

踹匠增加工资的要求既然没有达到目的,他们便被迫忍受低微的工资来工作,忍受不了的,则自己组织起来,从事暴动,以争取本身的利益。在康熙四十年(1701年)左右,踹匠"多在西山庙、半塘寺、西园禅院、菩隄场、乡山庙等处,为聚众倡乱之场"⑤。到了康熙五十四年(1715年),他们计划创立踹匠会馆,以便加强团结,保护自身的权益。可是,对于踹匠设立会馆的计划,政府同意布商的看法,认为足以"谋害商民",而加以禁止。⑥

创立踹匠会馆的计划既然没有成为事实,到了雍正(1723—1735年)年间,苏州踹匠便私下拜把结盟,密谋颠覆活动,以发泄对现状不满的情绪。例如雍正八年(1730年),七月二十五日李卫等奏:"苏郡……踹匠……率多单身乌合不守本分之辈。因其聚众势合,奸良不一。雍正元年(1723年),有踹

---

① 《碑刻集》,页37—40,《遵奉督抚各宪定例永禁碑记》(康熙四十年十月);燕石前引文。
② 《碑刻集》,页41,《奉钦差部堂督抚各宪驱逐踹染流棍禁碑》(康熙五十四年十二月);燕石前引文。
③ 《碑刻集》,页43—44,《长吴二县踹匠条约碑》(康熙五十九年七月);燕石前引文。
④ 清朝中叶左右,以苏州为中心的江苏省,其人口密度,居全国第一位。参考拙著《中国经济史论丛》,第二册,页600、627—628。
⑤ 《碑刻集》,页39,《遵奉督抚各宪定例永禁碑记》(康熙四十年十月);燕石前引文。
⑥ 《碑刻集》,页41—42,《奉钦差部堂督抚各宪驱逐踹染流棍禁碑》(康熙五十四年十二月)说:"又布商程同言等告王德等煽惑踹匠加价敛银,欲助普济院、育婴堂,结党创立会馆等情……今欲倡踹匠会馆,暗害□□占地,又可科敛钱财。倘会馆一成,则无籍之徒,结党群聚,将végaler测。程同言等请禁止控府。……奉批:邢春林等创立会馆,谋害商民,不法已极!……"又见于燕石前引文。

匠栾晋公、徐乐也纠集拜把，商谋约会，欲于五月五日放火劫库，如遇官出救护，即乘便为害，势败则夺船下海。被包头吴景范（一作凡）知风出首。拿获夥犯三十五人，其为首之栾晋公、徐乐也在逃，至今未获。彼时地方官止将十三人处死，给赏吴景范银二十两结案。"①踹匠栾晋公等企图暴动的阴谋，虽然因为包头吴景范知风出首而遭受挫折，但他的侄儿踹匠（一作砑匠）栾尔集，又于雍正七年（1729年）"九月初十日，纠合段秀卿等共二十二人，拜把结盟，祀神饮酒。……尔集又复为首，邀众结盟……其听从之段秀卿等坚称：异乡在外，止图疾病扶持，别无为匪之情。……"这些踹匠被捕后，他们的拜把结盟，祀神饮酒，虽然因为辩称"异乡在外，止图疾病扶持"而从轻发落，为首的栾尔集却仍受到枷责、监禁的处分。②

雍正年间，苏州一部分踹匠，因为不能忍受生活的压迫，拜把结盟，企图暴动，却由于包头的告发、统治阶级的镇压而失败。自此以后，踹匠们为生计所迫，不得不继续忍受低微的工资来工作。可是，在乾隆（1736—1795年）年间，物价不断上涨，原定的踹布工价更觉偏低，故到了乾隆三十七年（1772年），每踹布一匹的工价银，由旧日的一分一厘三毫，增加至一分三厘，约增加15%。不过在此时前后，米价作加速度地上升，故踹匠的生活并不好过。③

康熙五十九年（1720年）曾经规定，如米价贵至一两五钱，每踹布千匹，加银二钱四分。但米有各种不同的等级，从而价格亦有高下的不同，布商

---

① 《雍正朱批谕旨》，第八册，页四四一五，雍正八年七月二十五日李卫奏折。又同书，第七册，页四四五七至四四五八，载雍正七年十二月初二日李卫奏："其在苏州者，则布坊砑匠栾尔集……之叔栾晋公，于雍正元年，同徐乐也纠聚砑匠党众，拜把约会，欲于五月五日放火劫库，夺船下海。有吴景凡（一作范）知风出首。该地方官止将现拿同谋之人处死数名，其首犯二人在逃，至今未获。"又同书，第九册，页五一八一，载雍正元年四月初五日苏州织造胡凤翚奏："查苏州系五方杂处之地，阊门、南濠一带，客商辐辏……又有染坊、踹布工匠，俱系江宁、太平、宁国人民，在苏俱无家室，总约有二万余人。凡遇盗案发觉，常有踹匠在内。"参考拙著《中国经济史论丛》，第二册，页635—636。

② 《雍正朱批谕旨》，第七册，页四四五七至四四五八，雍正七年十二月初二日李卫奏折。又同书，第十册，页六三一九，载雍正七年十二月初四日苏州巡抚尹继善奏："续拿各犯有系苏城踹匠拜把结盟之二十余人，当即拿获，并搜出结拜盟单。……谨将追出踹匠盟单抄呈圣览。"参考同书，第七册，页四四七〇，雍正八年正月十七日李卫奏折；第八册，雍正八年七月二十五日李卫奏折；顾公燮前引书卷下，页一六，《李制台治吴》；拙著《中国经济史论丛》，第二册，页635—636。

③ 参考第一表。

到底根据哪种食米的价格来决定应否补贴踹匠呢？因为这个问题，乾隆二年(1737年)至四年(1739年)，苏州踹匠、布商间曾经发生纠纷，踹匠并因此而控告布商扣克工价。结果由政府派人调解，议定米价以"土米中名上色者"为准，"查土（原误作上）米之上色者，即黄米白米是也，其价素贵于籼"①。

乾隆年间苏州踹匠、布商间的另一项纠纷，是支付踹布工价的银、钱问题。乾隆末叶，布商曾经以"轻平短色"（重量、成色不足）的银来支付踹布工价。在此以前，布商、包头（或踹坊坊主）支付踹布工价，往往把银换成钱来发给，例如在乾隆四十四年(1779年)，参照市场上的银、钱比价，规定每银1两，给钱820文。② 可是，到了乾隆六十年(1795年)，由于私钱充斥，市场上银每两换钱多至1300文③，而布商、包头仍以钱820文代替银1两来给付踹布工价。这样一来，踹匠们无形中收入锐减，大吃其亏，故"停工观望"来抗议。为着要解决踹匠的罢工风潮，政府特地规定："嗣后各布号给发踹布工价，遵照新定章程，统以陈平九八兑九六色银给（踹）坊，该坊户即以布号所发之银，亦以陈平九八兑九六色，每两给匠九钱五分，听其自行换钱，余银五分留坊，以为添备家伙之用。布号、坊户，不得再以钱文放给，其所发银两，亦不得轻平短色。各踹匠如再滋生事端，定各从严究办，断不稍贷。"④

五

在本文中，我们曾经对清代苏州踹布业发展情况，布商、包头及踹匠在该业中扮演的角色，及他们相互间的关系，分别加以研讨。大约自13世纪末叶黄道婆传授棉纺织技术后，以松江为中心的长江三角洲及附近各地，棉纺织业便特别发展起来。这个棉纺织区出产的布匹，约自明、清之间开始，大部分

---

① 《碑刻集》，页47—48，《长吴元三县规定踹匠踹布千匹，加贴银二钱四分，店商不得扣克，致启争端碑记》（乾隆四年七月）。
② 《碑刻集》，页49—50，《苏州府规定踹匠每布一匹，工价连薪菜米加等计银一分三厘，该商等给发坊主伙食银一两给钱八百二十文，以后不许增加碑记》（乾隆四十四年十月）。
③ 陈昭南《雍正乾隆年间的银钱比价变动》，台湾商务印书馆，1966年，页14、16。
④ 《碑刻集》，页51—52，《长元吴三县规定各布号给发踹布工价，统以陈平九八兑九六色银给坊，即以所领之银每两给匠九钱五分，听其自行换钱，余银留为添备家伙之用，各踹户如再滋事定从严办碑记》（乾隆六十年十一月）。

先集中于苏州加工精制,然后转运往各地出售。因为苏州成为苏、松棉布的重要集散中心,布商便在那里投资开设布号,在康熙(1662—1722年)年间多至70余家,其中资本雄厚的,一家"一年消布约以百万匹论",销路伸展至滇南漠北。他们的财富,可与扬州盐商互相媲美。

苏州布匹买卖的扩展,一方面刺激附近各县,"家家纺织,赖此营生"[①];另一方面又促使苏州成为踹布业中心,因为各地纺织的布匹,分别收集到苏州后,须先加以碾压,使之美观耐用,然后运销于各地市场上。随着销路的扩大,须在苏州碾制的布匹越来越多。为着满足业务上的需要,雍正(1723—1735年)年间,苏州共有踹坊450余处,由包头340余人投资开设。他们由同业互保,向布号领取布匹,转交给踹匠用大石脚踹砑光。踹匠人数多至1万余人,主要来自江苏、安徽间人口过剩、耕地不足的地区。故苏州踹布业的发达,为这些地区的过剩人口创造了就业的机会。

可是,当这许多过剩人口移入苏州的时候,布商往往利用劳工供过于求的特殊情况,乘机压低踹匠的工资,以便减轻生产成本,赚取更多的利润。不特如此,因为踹匠都是无产阶级,他们要使用包头在踹坊装置的巨石及其他设备才能踹布,故他们因劳动而得到的微薄工资,又要被包头扣除一部分,才算是自己的净收入。这样一来,他们虽然消耗大量体力来劳动,但由于待遇的低下,只能过着非常贫苦的生活,和富有的布商比较起来,简直有天渊之别。因此,康熙(1662—1722年)、乾隆(1736—1795年)间,他们屡次发动罢工来争取待遇的改良。例如在康熙三十九至四十年(1700—1701年)踹匠罢工的时候,"包头畏避,各坊束手,莫敢有动工开踹者。……商民受害,将及一载"。群众的力量着实不容轻视!不过,在清朝中叶前后的长时间内,由于人口增加,劳动力供过于求,踹布工价的增加,远不及米价增长得那么厉害。故当布商大发其财的时候,踹匠却因入息微薄而生活水准非常低下。

1975年7月6日初稿。
1978年8月15日改订毕。

[①] 拙著《中国经济史论丛》,第二册,页629。

清代云南铜矿工业

一

清代的货币制度,以银两与制钱一同行用为其中一个主要的特点。二者在使用时有一个法定的比价,即银 1 两等于钱 1 000 文,可是市场上的比价却因时因地而有不同。大体上说,价值比较大的买卖都用银来交易,价值小的买卖则用钱。① 为着要满足各地市场上制钱流通的需要,清政府的宝泉局(属户部)和宝源局(属工部)每年都大量鼓铸制钱,此外各省的铸钱局也分别铸钱行用。铸钱所用的铜,在康熙二十二年(1683 年)开放海禁后,多数来自日本,称为"洋铜"。可是,自 18 世纪中叶以后,日本铜的出口越来越少②,故清政府铸钱所用的铜不得不在国内开源来满足需要。

中国铜矿分布于南北各省,可是由于过去长时间的开采,到了清代,大部分渐趋耗竭,产量非常有限。反之,云南蕴藏丰富的铜矿,因为僻处西南一隅,开发时间较晚,故到了清朝中叶左右,随着产量的激增,能够长期满足全国铸钱的需要。③ 在乾隆(1736—1795 年)、嘉庆(1796—1820 年)年间,云南每年产铜多半超过 1 000 万斤,最多时高达 1 400 余万斤,所铸出的钱约占全国铸钱额的 80% 至 90%。④

---

① 《皇朝文献通考》(浙江书局本)卷一六,页四三下,乾隆十年项下说:"臣等谨按,银与钱相为表里,以钱辅银,亦以银权钱,二者不容畸重。凡一切行使,大抵数少则用钱,数多则用银。……"
② 日本每年铜的输出量,在 1751 至 1763 年为 200 万斤,1764 至 1788 年为 150 万斤,1789 至 1803 年为 130 万斤,1804 至 1817 年为 100 万斤,1818 至 1829 年为 70 万斤,及 1830 至 1837 年只有 60 万斤。参考木宫泰彦著、陈捷译《中日交通史》(商务印书馆,民国二十一年)下册,页 369。
③ 《清史稿》(香港文学研究社本)页四五六,《食货志》五,《矿政》说:"百余年来,云、贵、两湖、两粤、四川、陕西、江西、直隶报开铜、铅矿以百数十计,而云南铜矿尤甲各行省。盖鼓铸铅、铜并重,而铜尤重。秦、鄂、蜀、桂、黔、赣皆产铜,而滇最饶。"
④ 严中平《清代云南铜政考》(中华书局,1957 年),页 23—24。

清代云南铜矿工业

　　当清朝中叶云南铜矿业兴旺的时候,由于巨额利润的吸引,三江(江苏、安徽、江西)、两湖、四川及广东的富商大贾,都厚集资本,前往投资经营。政府因为要保障铸钱原料的源源供应,自乾隆三年(1738年)至咸丰(1851—1861年)初年,每年都由户部发银100万两,向云南"办铜"。① 所谓"办铜",即由政府预先贷款(或预付铜价)给云南各铜厂来采矿冶炼,及冶炼成铜后,以其中若干充作税课(称"课铜")及其他用途,大部分为政府以固定价格收购,运京鼓铸;此外又有一部分由其他十一省采买,或充云南本省铸钱之用。由于各省富商大贾的投资,和政府的贷款收购,云南经常有数十家铜厂采矿冶炼;其中规模大的,一家雇工数万人,有些甚至多达十余万人,不特雇用云南当地人民,就是贵州、四川、两湖及两广的过剩人口,也有不少被吸引前往云南铜矿地区工作。② 在道光二十三至二十五年(1843—1845年)任署云贵总督的吴其濬,当谈到云南铜矿生产时曾经说过:"数十万众待以生。"③

　　清代云南的铜矿工业,不独对全国各铸钱局长期供应大量的铜料,而且吸收官方的贷款和私人的投资,为省内外过剩人口创造许多就业的机会。由于它与云南经济及全国经济的密切关系,让我们对云南铜矿工业发展情况及它所遭遇的问题,分别探讨一下。

二

　　云南在唐代为蒙氏南诏所据;五代至宋,为段氏大理国所据。到了元宪宗三年(1253年)十二月,云南重新归入中国版图,此后该省的矿产资源逐渐被开发。对于云南澄江铜矿的矿砂,政府于"至元二十二年(1285年),拨漏

---

① 《钦定大清会典事例》(台湾中文书局影印本)卷二一五,页一至一二,《办铜》;王文韶修《续云南通志稿》(文海出版社影印本)卷四七,页二至四,《食货志》,《矿务》,《事例》。
② 王云五主持(编)?《道咸同光四朝奏议》(《故宫博物院清代史料丛书》,台湾商务印书馆,1970年)第一一册,页4606,岑毓英、杜瑞联《整顿铜政事宜疏》(光绪九年)说:"从前大厂(铜厂)动辄十数万人,小厂亦不下数万。非独本省穷民,凡川、湖、两粤力作苦之人,皆来此以求生活。滇谚所谓丁由利集,铜由丁出也。"(《续云南通志稿》卷四五,页二下,《食货志》,《矿务》,《厂员》同。)又《清史稿》页四五六,《食货志》五,《矿政》说:"近则土民,远及黔、粤,仰食矿(云南铜矿)利者,奔走相属。"
③ 吴其濬纂《滇南矿厂图略》(一作《云南矿厂工器图略》,道光二十五年)卷下,页二四,《帑第四》。

籍户于萨矣山煽炼,凡一十有一所。"① 其后到了天历元年(1328年),由于铜矿的采炼,云南省一年的铜课(铜矿矿产税)为铜 2 380 斤。② 这是当日全国各地铜课收入中唯一有纪录的数字,由此我们可以得知云南铜矿开采的消息。到了明代,在正统十年(1445年)以前,云南路南州铜场每年缴纳铜课 1 080斤,其后减半。③ 开采铜矿煎炼成铜后,明朝政府在云南就地铸钱。嘉靖三十七年(1558年),巡抚云南都御史王昺奏:"云南额派铸钱三千三百一万二千一百文,以盐课银二万两为工费。后因物料艰难,转输不便,盐银之外,又加赃罚银一万一千两,止铸钱二千八百七十四万七百文,费多入少,乞罢之。"可是,明世宗"以云南产铜,不宜惜小费,以亏国用。命给银铸钱如故"④。

元、明时代云南铜矿的开采,事实上还没有脱离草创的阶段,其生产规模和后来的清代比较起来,有如小巫见大巫。清康熙二十一年(1682年),吴三桂之乱刚刚平定,云南因为经过长期的战乱,地方经济满目疮痍。为着筹措驻军的粮饷,云贵总督蔡毓荣建议开矿藏,增设铸钱炉至八九十座,广为铸造,以增加收入。他的建议付诸实行⑤,此后内地的资本与劳工便陆续移入云南,开发那里富饶的铜矿及其他矿产资源。到了康熙四十五年(1706年),云南各种矿产的课税,总额值银 81 482 两,比康熙二十四年(1685年)大 20 余倍。那时税率为各种矿产产额的 20%,故产量也必增加 20 余倍。⑥ 云南在采(正在采炼)的铜厂,在康熙二十四年不过 1 家,及康熙四十四年(1705年)却增加至 19 家⑦;由此可以推知,在产量增加的各种矿产中,铜矿是增加最快的一种。

康熙(1662—1722年)以后,到了雍正(1723—1735年)年间,云南铜矿业更加兴盛。雍正五年(1727年),云贵总督鄂尔泰奏:"今岁闰三月以来,仰赖圣主福庇,山祇效灵,铜矿增盛倍常,数十年来所未有。"⑧现在根据鄂尔泰及

---

① 《元史》(《百衲》本)卷九四,页四,《食货志》。
② 同书卷九四,页七,《食货志》。
③ 《明实录》("中央研究院"历史语言研究所校印本),《英宗实录》卷一三二,页五下,正统十年八月乙卯。
④ 同书,《世宗实录》卷四六一,页四,嘉靖三十七年七月丙辰。
⑤ 严中平前引书,页一至三。
⑥ 同书,页六。
⑦ 彭泽益编《中国近代手工业史资料》(三联书店,1957年)第一卷,页 362。
⑧ 《雍正朱批谕旨》(有雍正十年清世宗序,文源书局影印本)第五册,《鄂尔泰》卷二,页七五,雍正五年五月初十日奏折。

署理云南巡抚杨名时的奏折,把雍正元年至七年(1723—1729年)云南铜厂办获铜及余息银(或作息银,按指利润而言)列表如下:

第一表 雍正元年至七年(1723—1729年)云南铜厂办获铜及余息银

年　代	办获铜(斤)	余息银(两)
雍正元年(1723)	1 000 000(＋)	20 000(＋)
雍正二年(1724)	不详	不详
雍正三年(1725)		17 960(＋)
雍正四年(1726)	2 150 000	47 000(＋)
雍正五年(1727)	4 013 000(＋)	147 300(＋)
雍正六年(1728)	2 700 000(＋)	
雍正七年(1729)	4 000 000	

资料来源:《雍正朱批谕旨》第一册,《杨名时》页三四至三五,雍正五年六月十七日奏折;第五册,《鄂尔泰》卷二,页五七,雍正五年闰三月二十六日奏折;卷三,页一一一,六年四月二十六日奏折;卷四,页一八,六年五月二十一日奏折;卷六,页一〇三至一〇四,七年十一月七日奏折。在最末一奏折中,鄂尔泰解释雍正六年办获铜减少的原因,他说:"缘夏秋之间,时气盛行,厂地尤甚,厂丁难以存住,故铜数大减。"

看过第一表之后,我们可知云南各铜厂每年办获铜斤数,由雍正元年(1723年)的100余万斤,增加至雍正五年(1727年)的400万斤以上,余息银则由2万余两增加至147 000余两。在当日兴旺起来的各铜厂中,尤其值得我们注意的是滇北东川府的汤丹厂。该厂在明代已经开采,及雍正四年增资经营,自是年九月至次年二月,前后半年左右,获净息银5 340余两。[①] 到了乾隆初叶,"获铜极盛"[②]。由于铜政主持得人,在雍正末叶乾隆(1736—1795年)初期,"旧厂复增旺盛;新厂如大龙、汤丹、碌碌,所得之铜自数十万(斤)以至七、八、九百万(斤),足供京局鼓铸……"[③]

汤丹等大厂在雍正年间的开发,奠定了后来云南铜矿业兴旺的基础。自顺治元年(1644年)至道光十八年(1838年),云南全省共报开铜厂175家,前后停

---

① 同书第五册,《鄂尔泰》卷二,页五七,雍正五年闰三月二十六日奏折。
② 吴其濬前引书卷下,页四,《铜厂第一》。
③ 钱仪吉纂《碑传集》(《四库善本丛书初编》本)卷二六,页二〇下至二一,陈宏谋《大学士广宁张文和公(允随)神道碑》。按:主持云南铜政的张允随,于雍正二年(1724年)迁粮储道,五年(1727年)擢布政使,其后又升任巡抚、总督。参考《清史稿》列传九四,页一一五二,《张允随传》;严中平前引书,页八至九。

闭 136 家,到了道光十八年,在采铜厂为 39 家。① 如自康熙二十四年(1685 年)算起,至道光十一年(1831 年)止,全国及云南在采铜厂家数,约如第二表。

第二表　清代全国及云南铜厂在采厂数　（单位：家）

年　代	全国	云南	年　代	全国	云南
康熙二十四年(1685)	2	1	十三年(1735)	44	33
四十四年(1705)	20	19	乾隆 元年(1736)	38	33
四十六年(1707)	15	14	三年(1738)	35	27
四十七年(1708)	16	15	四年(1739)	42	26
四十八年(1709)	19	15	五年(1740)	37	21
四十九年(1710)	16	15	六年(1741)	40	23
五 十 年(1711)	19	15	七年(1742)	35	21
五十一年(1712)	20	16	八年(1743)	39	24
五十三年(1714)	19	16	九年(1744)	48	32
五十七年(1718)	16	16	十年(1745)	55	36
六 十 年(1721)	17	17	十一年(1746)	47	31
雍正 元年(1723)	16	16	十二年(1747)	43	33
二年(1724)	19	19	十三年(1748)	44	32
四年(1726)	23	23	十四年(1749)	41	28
五年(1727)	24	24	十五年(1750)	37	27
六年(1728)	30	25	十六年(1751)	40	27
七年(1729)	38	26	十七年(1752)	44	29
八年(1730)	46	26	十九年(1754)	46	31
九年(1731)	47	27	二十年(1755)	40	29
十年(1732)	41	27	二十一年(1756)	46	29
十一年(1733)	40	28	二十二年(1757)	50	32
十二年(1734)	40	29	二十三年(1758)	58	38

---

① 彭泽益前引书第一卷,页 386。

清代云南铜矿工业

续表

年　代	全国	云南	年　代	全国	云南
二十四年(1759)	60	40	四十七年(1782)	58	41
二十五年(1760)	57	38	乾隆　四十八年(1783)	59	42
乾隆　二十六年(1761)	56	37	四十九年(1784)	59	44
二十七年(1762)	54	36	五十年(1785)	58	42
二十八年(1763)	61	37	五十一年(1786)	56	40
二十九年(1764)	59	36	五十五年(1790)	55	40
三十年(1765)	58	36	五十七年(1792)	56	40
三十一年(1766)	55	33	五十八年(1793)	56	41
三十二年(1767)	52	32	六十年(1795)	55	41
三十三年(1768)	61	38	嘉庆　元年(1796)	56	41
三十四年(1769)	64	38	三年(1798)	53	41
三十六年(1771)	62	41	四年(1799)	56	41
三十七年(1772)	67	46	六年(1801)	55	40
三十八年(1773)	71	52	七年(1802)	54	40
三十九年(1774)	73	51	八年(1803)	53	40
四十年(1775)	73	50	九年(1804)	50	37
四十一年(1776)	66	46	十一年(1806)	52	39
四十二年(1777)	56	36	十九年(1814)	51	39
四十三年(1778)	55	36	二十一年(1816)	50	39
四十四年(1779)	55	38	道光　五年(1825)	51	39
四十五年(1780)	55	39	十一年(1831)	52	39
四十六年(1781)	56	40	未详	6	6

资料来源：彭泽益编《中国近代手工业史资料》第一卷，页362。按：表中资料，系根据清代矿课、钱法档案、历朝会典、事例、则例，各省方志及有关记载整理而成。

根据第二表，我们可知，在由康熙四十四年(1705年)至道光十一年(1831年)的120余年中，云南铜厂每年在采厂数，约占全国总额的70%至80%，其中自康熙五十七年(1718年)至雍正五年(1727年)，前后10年，全国更只有云南一省的铜矿开工采炼。大约康熙(1662—1722年)后期，云南在采铜厂经常有 10 余家；雍正(1723—1735 年)时期，大部分时间有 20 余家；自雍正十三年(1735 年)以后，直至道光十一年，将近一个世纪的时间内，全省的在采铜厂，以 30 余家至 40 余家的时候为多，乾隆三十八、九年(1773—1774 年)更超过 50 家，乾隆四十年(1775 年)也多至 50 家。

在全国铜矿业中占有这样重要地位的云南铜厂，其每年产额到底有多少？严中平在他的著作《清代云南铜政考》中，曾对乾隆五年(1740 年)至嘉庆十六年(1811 年)云南每年铜产量加以估计。他首先把云南运京铜(每年 6 331 440 斤)、本省鼓铸用铜及各省采买铜加在一起，然后用 90% 来除，便得出产量估计数字。现在根据他的估计结果，列表如下。

第三表　云南每年铜产量估计

年　代	铜产量(斤)	年　代	铜产量(斤)
乾隆　五年(1740)	10 286 227	二十二年(1757)	11 463 102
六年(1741)	9 349 998	二十三年(1758)	11 463 102
七年(1742)	10 295 401	二十四年(1759)	11 995 559
八年(1743)	8 985 049	二十五年(1760)	11 706 966
九年(1744)	10 252 783	二十六年(1761)	12 324 989
十年(1745)	9 272 782	二十七年(1762)	12 647 858
十一年(1746)	10 577 662	二十八年(1763)	11 988 040
十二年(1747)	10 967 901	二十九年(1764)	12 685 821
十三年(1748)	10 352 100	三十年(1765)	12 504 668
十四年(1749)	10 205 437	三十一年(1766)	14 674 481
十五年(1750)	9 155 974	三十二年(1767)	14 127 249
十六年(1751)	10 955 144	三十三年(1768)	13 792 711
十七年(1752)	10 271 331	三十四年(1769)	14 567 697
十八年(1753)	11 496 527	三十五年(1770)	11 844 596
十九年(1754)	11 595 694	三十六年(1771)	11 685 646
二十年(1755)	10 888 782	三十七年(1772)	11 891 110
二十一年(1756)	11 155 003	三十八年(1773)	12 378 446

清代云南铜矿工业

续表

年　代	铜产量（斤）	年　代	铜产量（斤）
三十九年(1774)	12 357 442	五十八年(1793)	11 049 678
四十年(1775)	13 307 975	五十九年(1794)	10 260 946
四十一年(1776)	13 088 522	六十年(1795)	10 260 946
四十二年(1777)	14 018 172	嘉庆　元年(1796)	10 260 946
四十三年(1778)	13 363 786	二年(1797)	11 027 412
四十四年(1779)	11 238 032	三年(1798)	10 968 454
四十五年(1780)	10 945 059	四年(1799)	10 968 454
四十六年(1781)	10 469 584	五年(1800)	10 925 217
四十七年(1782)	10 403 857	六年(1801)	10 897 703
四十八年(1783)	10 403 857	七年(1802)	11 972 056
四十九年(1784)	11 115 406	八年(1803)	9 611 783
五十年(1785)	11 049 678	九年(1804)	10 355 363
五十一年(1786)	11 115 406	十年(1805)	11 228 475
五十二年(1787)	11 049 678	十一年(1806)	10 355 363
五十三年(1788)	11 049 678	十二年(1807)	9 558 720
五十四年(1789)	11 115 406	十三年(1808)	12 025 119
五十五年(1790)	11 049 678	十四年(1809)	9 558 720
五十六年(1791)	11 049 678	十五年(1810)	10 574 916
五十七年(1792)	11 115 406	十六年(1811)	10 538 656

资料来源：严中平《清代云南铜政考》，页 81—84。又参考彭泽益前引书第一卷，页 349—351。[1]

---

[1] 另据翁文灏的研究，自雍正四年(1726 年)至乾隆三年(1738 年)，云南每年平均产铜 3 600 吨；乾隆六年(1741 年)，3 799 吨；自乾隆十九年(1754 年)至三十七年(1772 年)，6 000 吨；自乾隆三十八年(1773 年)至三十九年(1774 年)，8 100 吨；自乾隆四十年(1775 年)至咸丰八年(1858 年)，6 000 吨(见杨大金编《现代中国实业志》，长沙商务印书馆，民国二十七年，下册，页 660—661 引翁文灏文)。又据袁见齐、朱熙人等的估计，自 1726 至 1737 年，云南每年平均产铜，由 2 813 吨至 3 125 吨；自 1738 至 1858 年，由 5 713 吨至 7 024 吨(袁见齐、朱熙人《云南矿产志略》，云南大学出版，页 24—25；原书未见，兹引自陈真编《中国近代工业史资料》，北京三联书店，1961 年，第三辑，页 616)。

第三表告诉我们：自乾隆五年（1740年）至嘉庆十六年（1811年），云南每年的铜产量，大部分时间都在1 000万斤以上，其中乾隆三十一年（1766年）更多至1 460余万斤，或约8 700余吨。在19世纪的40年代，全世界一年不过产铜5万短吨左右。① 由此可以想见，18世纪云南铜矿的采炼，在当日世界铜矿工业中应该占有一个重要地位。

乾、嘉时代云南年产1 000万斤以上的铜，分别由数十家铜厂探炼出来。不过，这几十家铜厂，由于矿藏多少不同，产量并不一样。同时，经过长期开采之后，矿藏不免耗竭，各厂便于附近开采小矿，不另纳课，其出产只备补大矿课额之不足，这些小矿或小厂称为某厂"子厂"。现在把乾隆四十三年（1778年）云南各厂产铜定额，及道光二十五年（1845年）实办课余额（扣除课铜及其他开销后由官厅收购的铜），分别列表如下：

第四表　清代云南铜厂概况

地点	铜厂名称	位　置	开办年代	乾隆四十三年定额（斤）	闰加（斤）	道光二十五年实办课余额（斤）	子厂
云南府	万宝厂	易门西北50里	乾隆三十七年	300 000	25 000	省铜271 500	
	大美厂	罗次北30里	乾隆二十八年	24 000	15 000	省铜32 400	1
武定州	狮子尾厂	禄劝北200(+)里	明开,后停。乾隆三十七年复开。	2 400（后增）	2 900	京铜5 400	
	大宝山厂	州西120里	乾隆三十年	7 200	800	省铜8 640	3
东川府	汤丹厂	巧家西北	明开。乾隆初获铜极盛。	3 160 000(+)（后减）		京铜2 081 499(+)	9
	碌碌厂	会泽西	雍正四年	1 200 040（后减）	51 066	京铜561 100	4
	大水沟厂	巧家西南	雍正四年	510 000（后减）	33 330	京铜361 999(+)	2
	大凤岭厂	巧家西	乾隆十五年	80 000		京铜72 000	1
	紫牛坡厂	巧家西	乾隆四十年	33 000	2 750	京铜29 700	
	茂麓厂	巧家西北	乾隆三十三年	280 000	23 330	京铜253 395(+)	1

---

① William B. Gates, Jr., *Michigan Copper and Boston Dollars* (Cambridge, Mass., 1951), vii.

续表

地点	铜厂名称	位　置	开办年代	乾隆四十三年定额（斤）	闰加（斤）	道光二十五年实办课余额（斤）	子厂
昭通府	人老山厂	大关西北490里	乾隆十七年	4 200	350	京铜 3 780	
	箭竹塘厂	大关西北230里	乾隆十九年	4 200	355	京铜 3 780	
	乐马厂	鲁甸龙头山西		36 000（后减）	833	京铜 9 000	
	梅子沱厂	永善东南		40 000（后减）	1 666	京铜 18 000	
	长发坡厂	镇雄西北	乾隆十年	13 000	1 083	京铜 11 700	
	小岩坊厂	永善北400(＋)里	乾隆二十五年	22 000	1 833	京铜 19 800	
澄江府	凤凰坡厂	路南距城60里	乾隆六年复开	12 000	1 000	京铜 10 800	
	红石岩厂	路南东60里	乾隆六年复开	12 000	1 000	京铜 10 800	
	红坡厂	路南东15里	乾隆二十五年	48 000	4 000	京铜 43 200	
	大兴厂	路南距城30里	乾隆二十三年	48 000	4 000	京铜 43 200	1
	发古厂	路南发古山	乾隆三十七年	48 000	4 000	京铜 43 200	
曲靖府	双龙厂	寻甸北90里	乾隆四十六年	13 500（乾隆四十八年定额）	1 125	京铜 10 800	1
顺宁府	宁台厂	顺宁东北520里	乾隆四十六年	2 900 000（乾隆四十六年定额）	240 000	京铜 2 000 000（一作 2 900 000）省铜及采买589 537(＋)	4
永北厅	得宝坪厂	在永北厅	乾隆五十八年	1 200 000（嘉庆三年定额，后减）	35 000	京铜 270 000	
大理府	白羊厂	云龙西北270里	乾隆三十五年	108 000	9 000	省铜 97 200	
	大功厂	云龙大功山	乾隆三十八年	400 000	33 333	京铜 361 999(＋)	4

续表

地点	铜厂名称	位置	开办年代	乾隆四十三年定额（斤）	闰加（斤）	道光二十五年实办课余额（斤）	子厂
楚雄府	寨水箐厂	南安东北 300(＋)里	乾隆三十六年	11 200	933	省铜 10 800	
	马龙厂	南安西南 250(＋)里	雍正七年	4 400	366	省铜 3 960	
	香树坡厂	南安东南 215里	乾隆九年复开	107 200	600	京铜 100 500 省铜 24 240(＋)	
	秀春厂	定远南 130里	乾隆四十六年	4 500（乾隆五十年定额）	375	省铜 3 600	
丽江府	回龙厂	丽江西 300(＋)里	乾隆三十八年	70 000	5 833	京铜 20 000 省铜 63 000	3
临安府	义都厂	嶍峨西 150里	乾隆二十三年	80 000	6 666	省铜 72 000	
	金钗厂	蒙自西南 90里	乾隆四十三年	900 000	70 000	京铜 400 000	1
	绿矿硐厂	宁州北	嘉庆十一年	12 000（嘉庆十三年定额）	1 000	省铜 9 700	
元江州	青龙厂	元江东北 70里	乾隆四十二年	60 000	5 000	省铜 54 000	1
京运厂额铜 7 645 650(＋)斤 省铸、采买厂额铜 1 700 710(＋)斤 共厂额铜 9 346 370(＋)斤							

资料来源：吴其濬纂《滇南矿厂图略》卷下，页 1—14，《铜厂第一》。又参考周钟岳等《新纂云南通志》卷一四三，页 3（引自彭泽益前引书第一卷，页 336—337）。

看了第四表以后，我们可知，清中叶左右云南最重要的铜矿产区，位于滇北东川府，在那里的汤丹、大水沟、碌碌等厂，曾经长期生产大量的铜料。其次，在云南西部，如顺宁府宁台厂、永北厅得宝坪厂，产量也相当的大，不过采炼开始的时间比较的晚。乾隆二十五年(1760年)，前云南巡抚刘藻奏："中外鼓铸，取给汤丹，大(水沟)、碌(碌)者十八九；至于诸小厂，奇零凑集，不过十之一二。"[①]又乾隆四十

---

① 吴其濬前引书卷下，页九五，王太岳《铜政利病状》。又见于《碑传集》卷八六，页 12，《王公太岳行状》；《续云南通志稿》卷四八，页一三，王太岳《铜政议》。

年(1775年)云南布政使王太岳说:"云南矿厂,其旧且大者,汤丹、碌碌、大水、茂麓为最,而宁台、金钗、美都次之。新厂之大者,狮子山、大功为最,而发古山、九渡、万宝、万象诸厂次之。"①

三

在18世纪及19世纪前半,每年产铜多在1 000万斤以上的云南铜矿,因为有利可图②,自然会吸引许多人前往投资经营。

吴其濬告诉我们:"凡厂(铜厂)之辟也,不过数十人,裹粮结棚而栖,曰伙房。所重者油米,油以然镫,米以造饭也。"③这就是说,在云南某些铜矿区域,最初尝试采矿的人,大约不过数十人,他们只要携带简单工具(如槌凿之类),再加上自己吃的米和点灯用的油,便可进行工作。这些因采掘而消耗的油米,由合伙朋开的人出资预备,称为"米分"或"石分"。等到开采成功,各人便按照出米石数的多少来分配矿砂。④

以"米分"或"石分"为主来投资试采的铜矿,生产规模不会很大。当采矿资本主要用来购备油米的时候,铜厂事实上没有足够资力深开远入,仅就山肤寻苗;因此只在距离地面不远的地方采矿,称为"草皮矿",或称"鸡窝矿",

---

① 吴其濬前引书卷下,页八六,王太岳《铜政利病状》。又见于《碑传集》卷八六,页7,《王公太岳行状》;《续云南通志稿》卷四八,页六,王太岳《铜政议》。又参考《清史稿》页四五六,《食货志》五,《矿政》。
② 吴其濬前引书卷上,页二八,附浪穹王崧《矿厂采炼篇》说:"太史公曰:天下熙熙,皆为利来;天下攘攘,皆为利往。斯言也,所指甚宏,而于厂(铜厂)尤切。游其地者,谓之厂民。厂之大者,其人以数万计,小者以数千计。杂流竞逐,百物骈罗,意非有他,但为利耳。"(王崧等《云南通志》卷七三,页一四下至一五;《续云南通志稿》卷四三,页一五至一六,《矿务》同。)
③ 吴其濬前引书卷上,页三〇,王崧《矿厂采炼篇》;《续云南通志稿》卷四四,页一七,《矿务》。
④ 林则徐《林文忠公政书》(光绪十一年刊本)丙集,《云贵奏稿》卷九,页二四下至二五,《查勘矿厂情形试行开采折》(道光二十九年)说:"查矿厂向系朋开,其股分多寡不一。有领头兼股者,亦有搭股分尖者。自必见有好矿,而后合伙。滇省有一种诈伪之徒,惯以哄骗油米为伎俩,于矿砂堆中择其极好净块,如俗名墨绿及朱砂、荞面之类,作为样矿示人,唉以重利,怂恿出赀。"又《皇朝文献通考》卷一七,页五四四载乾隆三十一年(1766年),大学士云贵总督杨应琚奏:"滇省近年矿厂日开……有无业之徒,借言某山现有矿引,可以采铜,具呈试采,呼朋引类,群向有米之家借食粮米,名曰米分。以米分之多寡,定将来分矿之盈缩,往往开采数年无益,又复引而之他有米之家,希图加借,前后并还。"又《续云南通志稿》卷四四,页七,《矿务》说:"曰石(俗读作担)分。数人伙办一硐,股分亦有大小,厂所首需油米,故计石而折银焉。退出添入,或相承顶,令其明立合同,后即无争。"

产额少得可怜。① 在另外一方面，蕴藏丰富的矿藏，称为"堂矿"或"塘矿"，必须深入山腹四五百丈，凿破坚石，才能大规模的开采。② 因为要往矿坑深处采掘，故"向来办厂（铜厂），见功迟速，不能预期，而分尖泄水，置备器具，修桥开路，以及油、米、柴、炭，需费甚巨"③。这样大规模的投资开采，一个铜厂往往要经一二年，更三四辈，而后得矿。④ 因为要长时期深入试采，每开一厂，约费银十万两、二十万两不等，款项都由三江、两湖、四川、广东富商大贾募集而来。⑤ 有

---

① 吴其濬前引书卷下，页八六下，王太岳《铜政利病状》说："其在厂地采矿，又皆游惰穷民，苟图谋食，既无赀力深井远入，仅就山肤寻苗。而取矿经采之处，比之鸡窝，采获之矿，谓之草皮、草荒，是虽名为采矿，实皆侥幸尝试已耳。矿路既断，又觅他引。一处不获，又易他处。往来纷籍，莫知定方。"（《续云南通志稿》卷四八，页六，《矿务》同。）又同书卷上，页三三下，倪慎枢《采铜炼铜记》说："若浮露山面，一劂即得，中实无有者，为草皮矿。稍掘即得，得亦不多者，为鸡抓矿。参差散出，如合如升，或数枚或数十枚，谓之鸡窠矿。是皆不耐久采者也。"（《续云南通志稿》卷四四，页一九，《矿务》同。）又同书卷上，页三九，《铜政全书咨询各厂对》说："若山面有松脆绿石，挖下二三尺即得矿，谓之草皮。亦有见苗引，开挖穿山，破碛而入，或数丈、十余丈，得矿数个，多至一二十个，且采无根之矿，谓之鸡窝。"又同书卷上，页四〇，《铜政全书咨询各厂对》说："开挖草皮数尺即得矿，挖完又易其地，是谓草皮矿也。鸡抓等与草皮，开采不远，即得矿砂一窝，或半日即完，或一日便罄。再往前攻，又得一窝，依然无几，名曰鸡窝矿，盖形其小也。"

② 吴其濬前引书卷上，页三一，王崧《矿厂采炼篇》说："石坚谓之碛硬。……大矿谓之堂。土石夹杂，请之松塇；松塇易攻凿，其矿不长久。凡攻凿宜碛硬，硬则久，可获大堂。"又页三三下，倪慎枢《采铜炼铜记》说："大抵矿砂结聚处必有石甲包藏之。破甲而入……宽大者为堂矿，宽大而凹陷者为塘矿，斯皆可以久采者也。"（《续云南通志稿》卷四四，页一九，《矿务》同。）又页四〇下，《铜政全书咨询各厂对》说："攻采既久，遇有墙壁，破坚直进，忽得大矿，其盖如房间，其底如平地，有三间五间屋之大，为堂矿。亦有两边俱硬，中间独松，几问巷道，矿之面窄底宽，形如池塘，为塘矿。大抵堂矿、塘矿，皆形其大，实相仿也。"（《续云南通志稿》卷四四，页一一，《矿务》同。）又《清朝续文献通考》（商务印书馆本）卷四四，考七九九〇，《征榷》十六，载光绪十四年（1888年），唐炯奏："惟是新开铜、铅各厂……必须深入山腹四五百丈，始得连堂大矿。……臣询之老于在厂者，亦谓数丈、数十丈即获矿，系属草皮，不能结堂以供久远，其言近理。"

③ 《道咸同光四朝奏议》第一一册，页四六〇六至四六〇七，岑毓英、杜瑞联《整顿铜政事宜疏》（光绪九年）；续云南通志稿》卷四五，页三，《矿务》。

④ 《道咸同光四朝奏议》第六册，页二四六八至二四六九，岑毓英《复陈云南铜厂情形请筹拨工本疏》（同治十二年）说："从前……又由办厂之炉户头人等，筹垫油、米、炭薪，广招丁役，通力合作，从容攻采。彼时民物滋丰，财力充裕，纵旷日持久，此或无力，彼复继之。有一厂经一二年，更三四辈，而后得矿，进山锤凿深入，真脉显露。故百余年厂多丰旺，铜不缺乏。"又同书第一〇册，页四三九九至四四〇〇，刘长佑、杜瑞联《请酌复滇省铜政旧制疏》（光绪七年）说："当承平之时，民物滋丰，各处均有殷实厂户，先行筹垫油、米、炭薪，广招丁役，通力合作，从容攻采。此次无力，彼复继之。此峒稍衰，又易他矿。有一厂数百人，经一二年而后得矿，进山锤凿深入，直（真）脉显露者。"又吴其濬前引书卷上，页五〇下，《铜政全书咨询各厂对》说："且凡珍重之物，理自深藏。大矿曰堂，言深邃也。当民物之滋丰，各财力之优裕，办厂之人携有资本，此或无力，彼复继之。……故有一峒经一二年，更三四辈，而后得矿。进山既远，上下左右，路任分行，故其旺也久，而其衰也渐。"

⑤ 陈真编《中国近代工业史资料》，第三辑，页605，唐炯《筹议云南矿务疏》（一八八七年八月二十七日《申报》）说："伏查滇省旧有铜厂……从前开办皆系川、湖、江、广大商巨贾，每开一厂，（转下页）

清代云南铜矿工业

些铜厂更要经历十余年,投资数十万两,而后大旺。①

当各省富商大量投资开采云南铜矿的时候,"一厂之碏碉,多者四五十,少者二三十,计其数曰口"②。砂丁们在"碏碉内分路攻采,谓之尖子,计其数曰把,有多至数十把者。"③故在一个铜厂内,往往有四五十口碏碉,或二三千把尖子,同时攻采。当日"弟兄入碏碉曰下班,次第轮流,无论昼夜,视路之长短,分班之多寡。"④连同入碏碉攻采的弟兄在内,在铜厂中参加采炼工作的"打厂之人"或砂丁,由于工作性质的不同,有十种之多:"(1)曰管事,经管工本,置办油米一切什物。(2)曰柜书,亦曰监班书记,获矿方顾。每碉一人,旺碉或有正副。每日某某买矿若干,其价若干,登记账簿,开单呈报。(3)曰镶头,每碉一人,辨察闩引,视验墭色,调拨槌手,指示所向。松墭则支设镶木;闷亮则安排风柜;有水则指示安笕;得矿则核定卖价。凡初开碉,先招镶头;如得其人,碉必成效。(4)曰领班,专督众丁碉中活计,每尖每班一人,兼帮镶头支设镶木。(5)曰槌手,专司持槌;每尖每班一人挂尖,一人持槌,随时互易,称为双换手,选以年力壮健。(6)曰背墭,每尖每班无定人,碉浅硗硬,则用人少;碉深矿大,则用人多。(7)曰亲身,常时并无身工,得矿共分余利。(8)曰月活,不论有矿无矿,月得顾价。(9)曰炉头,熟识矿性,谙练配煎,守视火候。无论银、铜,炉户之亏成,在其掌握。碉之要在镶头,炉之要在

(接上页)率费银十万、二十万两不等。其时各延矿师,能识地脉之衰旺,引路之浅深,结堂之大小,矿质之佳劣,相度既定,然后施工。一经开成,历数十年取用不竭。又能煎炼得法,分汁甚易。故获利既厚,招徕愈多;即有亏折,亦不中止。"(又见于"中央研究院"近代史研究所编《矿务档》第六册,页三一九二至三一九三,光绪十二年五月十四日《总署收户部文附唐炯原奏》;页三一九八至三一九九,《总署收军机处交出唐炯抄折》;唐炯《成山老人自撰年谱》,文海出版社影印本,附录,页二;葛士浚编《皇朝经世文续编》卷二六,页一八,唐炯《筹议矿务拟招集商股延聘东洋矿师疏》;《清朝续文献通考》卷四四,考七九八九,《征榷》十六。又《道咸同光四朝奏议》第一一册,页四六〇九,岑毓英、杜瑞联《整顿铜政事宜疏》(光绪九年)说:"查开办厂务,全在资本厚实。从前厂利丰旺,皆由三江、两湖、川、广富商大贾,厚集资本,来滇开采。至于本省,原不过零星夥办。"

① 《续云南通志稿》卷四五,页一四,《矿务》,载光绪十八年(1892年),云贵总督王文韶、云南巡抚谭钧培、督办云南矿务唐炯奏:"臣等博访厂(铜厂)情,较核成案,始知……当日皆外省巨商,挟资来滇开办,甲或力竭,乙复继之,往往一厂历十余年,费数十万,而后大旺。"(《成山老人自撰年谱》,附录,页九同。)
② 吴其濬前引书卷上,页三〇下,王崧《矿厂采炼篇》。
③ 同书卷上,页二九下,王崧文。又页三三下,倪慎枢《采铜炼铜记》说:"募丁开采,穴山而入,谓之碏,亦谓之碉。浅者以丈计,深者以里计,上下曲折,靡有定址,谓之行尖。"
④ 同书卷上,页二八下,王崧文。同书卷上,页一四至一五,《丁第九》说:"顾力称碉户曰锅头,锅头称顾力曰弟兄。"

炉头。(10)曰草皮活，硐之外杂事，皆系月活。"①这许多职责不同的员工，在铜厂中分工合作，组织相当严密。每一磉硐，"管事管镶头，镶头管领班，领班管众丁，递相约束，人虽众不乱"②。

关于清朝中叶云南铜矿业兴旺时砂丁人数之多，我们可由上文说一厂有四五十口磉硐，每口磉硐有数十把尖子，由砂丁昼夜轮班工作，推算出来。光绪九年(1883年)署云贵总督岑毓英等回忆说："从前大厂动辄十数万人，小厂亦不下数万。非独本省穷民，凡川、湖、两粤力作攻苦之人，皆来此以求生活。滇谚所谓丁由利集，铜由丁出也。"③就以铜矿为主的云南矿业来说，"合计通省厂丁，无虑数百十万，皆各省穷民来厂谋食"④。云南的铜矿业，不独养活本省贫民，而且给川、湖、两粤的过剩人口以就业的机会。由此可以想见，它在西南地区经济中的重要性。

如上述，清朝中叶云南的铜矿业，曾经得到长江流域及广东富商的巨额投资，可是因为生产规模越来越大，营运资金仍感不足。幸而清政府在北京等地铸钱，必须获得充分铜料的供应，故自乾隆三年(1738年)至咸丰(1851—1861年)初叶，每年都拨银100万两，向云南办铜。100万两中，有837 000余两，由户部指令各省协济解滇，备作"工本"，其余分由湖北、江苏、直隶各省司库提取，备作运铜船只沿途脚费。⑤

乾隆元年(1736年)，李绂提及当日政府在云南贷款采炼铜矿的情形，说："矿民入山采铜，官必每百斤预发价银4两5钱。至铜砂煎出时，抽去国

---

① 吴其濬前引书卷上，页一四至一五，《丁第九》；《续云南通志稿》卷四四，页五下至六，《矿务》；彭泽益前引书第一卷，页三三九至三四〇。
② 《续云南通志稿》卷四四，页七下，《矿务》。
③ 《道咸同光四朝奏议》第一一册，页四〇六，岑毓英、杜瑞联《整顿铜政事宜疏》；《皇朝经世文续编》卷四九，页一一，岑毓英《奏陈整顿滇省铜政事宜疏》(光绪九年)。又同书卷二六，页一八，唐炯前引文说："开凿背运，悉赖人工，从前大厂率七八万人，小厂亦万余人。"(又见于陈真前引书第三辑，页六〇五；《矿务档》第六册，页三一九二至三一九三，及页三一九八至三一九九；《成山老人自撰年谱》，附录，页二下；《清朝续文献通考》卷四四，考七九八九，《征榷》十六。)又吴其濬前引书卷下，页三七，倪慎枢《采铜炼铜记》说："厂之大者其人以万计，小者亦以千计。"(又见于《续云南通志稿》卷四四，页二二，《矿务》。)又《滇黔奏议》卷一〇，页三，《会奏查明云南铜厂实在情形请另筹拨工本以资采办折子》说："厂之大者以万人计，小者亦以千人计。"
④ 陈真前引书第三辑，页六〇五；唐炯前引文；《皇朝经世文续编》卷二六，页一八，唐炯前引文；《矿务档》第六册，页三一九二至三一九三，及页三一九八至三一九九；《成山老人自撰年谱》，附录，页二下。
⑤ 严中平前引书，页二七至二八。

课二十斤,秤头加长三十斤,共交一百五十斤。此无本之矿民所由困也。其有不愿(领)官价,自备工本,入山开采者,至铜砂煎出时,令矿民……领银,每百五十斤给银五两。"①政府收购同样数量的铜,预付价银为 4 两 5 钱,如由矿民自备工本,到交货时领银,则为 5 两,两者的差额大约相当于预付铜价的利息。其后,政府预先贷放的工本,分为"月本"和"底本"(一作垫本)两类。月本上月发散,下月收铜,厂民多半利用这些贷款来购买油、米、柴、炭,即作流动资金之用。底本时限较长,例如"乾隆二十三年(1758 年),预借汤丹厂工本银五万两,以五年限完;借大水(沟)、碌碌厂工本银七万五千两,以十年限完。三十六(1771 年),又请借两月底本银七万数千两,以四年限完"②。这些长期贷款,主要用作固定资本的支出,亦有一部分用来购备屯积油、米、柴、炭,以便增加生产,赚取更多的利润。光绪九年(1883 年),岑毓英等说:"查嘉(庆)、道(光)以前,铜额日增,于月本之外,尚有垫本。月本则上月请领,下月缴销。垫本则不限月,展年推销。盖历来办厂,分硐开尖,拉龙泄水,修桥买马,设炉置器,费用不资。一切米、油、柴、炭,又须先时购备屯积。但遇发堂,不惟垫本全清,亦且获利无算。"③关于底本的贷借与缴铜归还,政府又规定:"凡滇厂采办已逾十年,硐穴深远,准预借两月底本银两。每厂民办交铜百斤,带交余铜五斤,定限四十个月扣交清楚。"④

对于云南铜矿的采炼,除由川、湖、江、广富商厚集资本以外,清政府又给予短期的及长期的贷款,使生产得以顺利进行,故在乾、嘉、道(1736—1850 年)三朝的长时间内,每年产铜多在 1 000 万斤以上,有时甚至高达 1 400 余万斤。可是,当日政府对于云南铜矿业的贷款援助,并不是无条件的,其中主

---

① 贺长龄辑《皇朝经世文编》(国风出版社影印本)卷五二,页四〇,李绂《与云南李参政论铜务书》(乾隆元年)。
② 《续云南通志稿》卷四五,页二二,《矿务》。又同书卷四八,页一二,王太岳《铜政议》说:"预借之底本,与所谓接济之油米,固所赖以赡厂民之匮乏,而通厂政之穷者也。谨按:乾隆二十三年,预借汤丹厂工本银五万两,以五年限完;借大水、碌碌厂工本银七万五千两,以十年限完。皆于季发铜本之外,特又加借,使厂民气力宽舒,从容攻采,故能得铜以偿宿逋也。三十六年又借,特奉谕旨……仅借两月底本银七万数千两,而以四年限完。厂民本价之外,得此补助,虽其宽裕之气不及前借,而犹倚以支延,且三四载,此预借底本之效也。"(又见于吴其濬前引书卷下,页九四至九五,王太岳前引文;《碑传集》卷八六,页一一,《王公太岳行状》。)
③ 《道咸同光四朝奏议》第一一册,页四六一〇,岑毓英、杜瑞联《整顿铜政事宜疏》(光绪九年);《续云南通志稿》卷四五,页五下至六,《矿务》。
④ 吴其濬前引书卷下,页二七,《䂥第四》。

要的条件为：铜厂每年须按照官价把定额的铜卖给政府,以便后者用来铸钱。政府向铜厂购铜所付的官价,由于财政预算的限制,不能随便增加;可是,在当日人们对矿山地质、矿脉走向和矿砂品质认识粗浅,矿坑设备简陋,及采冶工具落后①的情形下,经过多年开采以后,云南银矿生产不可避免地出现报酬递减、成本递增的现象。随着生产成本的增加,政府购铜给付的官价不足以偿本,云南铜矿业的前途自然要发生问题。

四

虽然累积了多年的经验,但清代云南的铜矿生产并没有任何技术上的突破;反之,随着时间的推移,因各种问题不易解决而成本较前增大。早在乾隆四十年(1775年),云南布政使王太岳已经说:"兹者(铜矿)硐路已深,近山林木已尽,夫工炭价数倍于前。"②其后,到了道光二十七年(1847年),云贵总督林则徐、云南巡抚程矞采上疏报告云南铜矿的动态说:"近年各厂(铜厂)开采既久,虽宝藏所钟,生生不息,究难供旦旦而伐之需。况窝路既远且深,从前以丈计者,今则须以里计。入必凿险缒幽,土人谓之打吊井。出必连梯接架,土人谓(之?)悬天棚。厂丁背运矿砂,往返愈形艰险。是以近来数日之所获,不及从前一日之取赢。兼之产矿处所,注水者多。前此矿高水小,掣泄尚不甚难。近则矿低水深,提厔尤为不易,盖土语每以拉龙为苦,盖指厔水言之也。且矿质不尽凝厚,成分每觉低潮。净矿万斤,前可煎铜二千数百斤者,今仅得铜一千数百斤。前只煎炼数次者,今须煎炼多次。故土人有九冰九罩之语,谓大炉煎至九次,乃如冰片,又入罩炉九次,方揭净铜;每炉所出铜斤,仅得从前之半,而工火倍之,时日亦倍之。更以所需炭薪,系赖近厂老林伐树烧炭,就便买用;今树木俱已伐尽,新植尚未成林,须于四五站外买炭供煎,脚费既多,炉户益增成本。此厂地今昔不同,办铜较前竭蹶之实在情形也。"③根

---

① 严中平前引书,页五〇至六四。
② 吴其濬前引书卷下,页八〇下,王太岳《论铜政利病状》;《续云南通志稿》卷四八,页二,《矿务》。
③ 《道咸同光四朝奏议》第二册,页七八五至七八六,林则徐、程矞采《筹办滇铜以资鼓铸疏》(道光二十七年)。又卢靖编《隆文节公(建瀛)奏议》(文海出版社影印本)卷一,页一,《查明铜厂情形及现办缘由折》(道光二十六年)说:"滇南本系产铜之区……开采既久,窝路远而且深,厂丁背 (转下页)

据王太岳的报导,我们可知,在 18 世纪 70 年代,由于硐路已深,近山林木已尽,云南铜矿生产成本已经有上涨的趋势。其后,到了 19 世纪中叶,根据林则徐等的报告,可知除因为矿坑越挖越深、燃料供应越来越困难以外,云南铜矿又因为矿低水深,水患问题严重,同时优良矿脉开采耗竭以后,不得不采炼含铜成分较低的矿砂,以致生产成本更为高昂。关于云南铜矿所遇到的这些问题,现在让我们分别探讨一下。

第一个问题是矿坑越挖越深。清代云南铜矿业者,最初多半开采距离地面不远的"草皮矿""鸡窝矿",后来进一步开采深入地下的"堂矿"或"塘矿"。这些矿藏经过多年采掘以后,越掘越深,到了 19 世纪中叶,林则徐等说当日铜矿的窝路远到以里计算,而不像从前那样以丈来计算。其后,到了光绪九年(1883 年),岑毓英等报道:"滇省各厂(铜厂)……近年来……老厂开采年久,礌硐深入百数十里,转搬不易。"①当日云南铜矿的设备因陋就简,并不像现代化的矿井那样有电车、升降机等机械装备,矿砂运输非常困难。② 因此,当矿坑越挖越深的时候,便要像王太岳所说,"夫工……价数倍于前"③,即劳力成本增大;或者像林则徐等所说,"近来数日之所获,不及从前一日之取赢",即报酬递减。不特如此,深远的窝路,由于采矿工人的呼吸,照明灯火的

(接上页)运矿砂,往返不能迅速。是以数日所得,尚不及从前一日之获。又此矿采取既尽,不能另开新槽,分投觅办,宝气所聚,水亦注之。每开一槽,必先设法泄水,然后可以得矿。前此矿高而水小,近则矿底而水深,掣泄需时,采办亦遂不易。又矿砂虽生生不已,而赋质尚未凝厚,成色即属单薄。前净矿万斤,可煎铜二千数百斤,今只煎一千数百斤,遂致年额不敷。且开厂之初,附近老林甚多,炭薪甚便。近来购炭或四五站不等,驮运既远,脚费不轻……则炉户遂增成本……此各厂今昔不同之实在情形也。"又《大清历朝实录》(华文书局影印本),《文宗显皇帝实录》卷三三,页二一,载咸丰元年(1851 年)五月丙申,"谕军机大臣等:张亮基奏滇省铜务现办情形一折,据称近年矿少质劣,礌硐愈深,窝路愈远,且附近炭山砍伐殆尽,工费益繁……"

① 《道咸同光四朝奏议》第一一册,页四六○九,岑毓英、杜瑞联《整顿铜政事宜疏》(光绪九年);《续云南通志稿》卷四五,页五,《矿务》。
② 吴其濬前引书卷上,页二八至二九,王崧《矿厂采炼篇》说:"硐内虽白昼,非镫火不能明。路直则鱼贯而行,谓之平推;一往一来者,侧身相让。由下而上,谓之钻天,后人之顶,接前人之踵。由上而下,谓之钓井,后人之踵,接前人之顶。作阶级以便陟降,谓之玀夷楼梯,两人不能并肩。一身之外,尽属土石,非若秦、晋之窑,可为宅舍。释氏所称地狱,谅不过是!"(又见于王崧《云南通志》卷七三,页一四下至一五;《续云南通志稿》卷四三,页一五至一六,《矿务》。)又周钟岳等《新纂云南通志》卷一四六,页六(引自彭泽益前引书第一卷,页三四一)说:"至运搬矿璜,则以十四五岁之少年任之,曲背屈腰,承荷背上,喘息出入,劳不堪言。坑道愈远,其苦愈甚。"
③ 又《大清历朝实录》,《高宗纯皇帝实录》卷一一○六,页一九下至二一,载乾隆四十五年(1780 年)五月戊子,"谕军机大臣等:……兹据和珅面奏……滇省各厂(铜厂),开采日久,铜(硐?)老山深,所费工本较多。……"

燃烧,里面空气非常恶浊①,必须设法通风才成②;因此要另开风洞来调节空气,用风箱(一作风柜)吹拂来使空气流通。③ 这些通风设备的开支,由于矿坑开采加深而增大,自然要影响到铜的生产成本的提高。

第二个问题是水患的严重。清代铜矿业者深信"金水相生"之说,认为有水之矿,其矿才品质高而藏量富。最初开矿时,如矿高水小,"可以开硐,平推直进,引水下流,矿砂显露",便可进行开采工作。④ 可是,开采久了,便矿低水深,不能自下向上挖穴疏水,必须"制水车推送而出,谓之拉龙(一作竜)"⑤。所谓竜,"或竹或木,长自八尺以至一丈六尺,虚其中,径四五寸。另有棍,或木或铁,如其长,鬄皮为垫,缀棍末,用以摄水上行。每竜每班用丁一名,换手一名;计竜一条,每日三班,共用丁六名。每一竜为一闸,每闸视水多寡,排竜若干。深可五六十闸,横可十三四排,过此则难施"⑥。根据这里所说竜一条用丁六名,而深可五六十闸(一条竜的深度为一闸),横可十三四排的情形来推算,可知有些为大水淹浸的铜矿,竟要雇用约5 000名工人分三班轮流抽水,开支未免太大。事实上,当日因水患而安竜递扯的铜矿,"竜至十余闸后,养丁多费,每至不敷工本"⑦。因此,经过多年开采以后,云南铜矿每因矿低水深,水泄费用开支太大,而影响到生产成本的提高;如果因为水淹而不敷工本,无法补救,矿坑采掘工作便要被迫停歇,变成废硐。⑧ 可是,政府

---

① 严中平前引书,页五九。
② 李焜《蒙自县志》(成文出版社影印乾隆五十六年抄本)卷三,页三六,《厂务》说:"硐口亟需,莫甚于风;无风即硐内有矿,亦不能运于硐外。"又《续云南通志稿》卷四四,页二,《矿务》说:"硐中窝路深远,风不透入,则火不能然,难以施力。"
③ 本书397页注②引王崧《矿厂采炼篇》说:"硐中气候极热,群裸而入。人深苦闷,掘风洞以疏之,作风箱以扇之。"又参考严中平前引书,页五九。
④ 吴其濬前引书卷上,页四七下至四八,附《铜政全书咨询各厂对》。
⑤ 见本书397页注②引王崧《矿厂采炼篇》。
⑥ 《续云南通志稿》卷四四,页一五,《矿务》。
⑦ 吴其濬前引书卷上,页二下,《患第十二》。又同书卷上,页四七下至四八,附《铜政全书咨询各厂对》说:"或磏硐开采本低……只得于硐内层开水套,用长竹通节作竜,逐层竖立,穿索提拉,使套内蓄水逐层自下扯上,仍由硐口提出。少者数条,多者十数条及二三十条不等。工费浩繁,即矿砂宽大,而扯竜费工,窃恐所入不敷所出。"(《续云南通志稿》卷四四,页一五,《矿务》略同。)
⑧ 《林文忠公政书》丙集,《云贵奏稿》卷九,页一四,《查勘矿厂情形试行开采折》(道光二十九年)说:"夏秋磏硐多水,宣泄倍难,往往停歇。若水过多,而无处可泄,则美矿被淹,亦成废硐。"又杨中润纂辑《路南县志》(成文出版社影印民国六年抄本)卷一,《物产》,页五五说:"尖山厂产铜矿……前曾开采兴旺,因洞中多水停歇。"又页五六说:"鸭子塘源兴厂产铜矿……前曾开采兴旺,(转下页)

购铜铸钱,有赖于铜矿的继续生产,故对于它们的水患问题,不得不帮助解决。上文说过,在18世纪中叶以后,政府向铜厂贷放底本(长期贷款),以便帮助它们拉龙泄水,及作其他固定资本的支出。其后到了道光十二年(1832年),为免水淹铜矿时误攻采,政府规定每年以水泄银津贴给汤丹等厂。[1]

第三个问题是矿砂含铜成分的降低。清代云南的铜矿业者,为着要赚取巨额的利润,在开采铜矿的时候,自然先采品质优良的矿砂。[2] 可是,开采时间久了,优良的矿脉渐趋耗竭,便不得不采挖含铜成分较低的矿砂,有如上引林则徐等的奏疏所说。早在乾隆四十年(1775年),王太岳在谈及云南铜政的时候就已经说"近年矿砂渐薄"[3]。到了道光二十七年(1847年),林则徐等更指出,一万斤矿砂炼出的铜,由从前的二千数百斤,减为他们那时的一千数百斤,而且要煎炼多次才能炼出铜来。其后采得的矿砂品质更差,大多数只含铜10%左右。[4] 因为要以较劣矿砂作原料来煎炼,铜的生产成本自然较前增大。

第四个问题是燃料供应的困难。矿砂须先在窑里煨煅,然后入大炉煎炼;煨煅及煎炼都要以木炭作燃料,大约炼铜100斤,需炭一千四五百斤。[5]

(接上页)因洞深浸水停歇。"又说:"大兴厂产铜矿……前曾采掘兴旺,因洞深及水停歇。"又页五七说:"三道沟厂产铜矿,在南区距城三十三里,有森林,山势倾斜。业主殷姓曾开办,亦因洞内水深停歇。"

[1] 《钦定大清会典事例》卷二一五,页二一至二三,《办铜》说:"(道光)十二年奏准:云南省汤丹等四厂,因磲硐深远,矿路低洼,厂民无力宣泄,以致水淹之处时误攻采,每年给汤丹厂水泄银六千两,碌碌厂水泄银四千两,大水、茂麓二厂各水泄银一千五百两。……倘有不敷,商民自行凑办。……按:该省节年铜厂奏销册造该四厂支销水泄银数,照额办铜斤核算,汤丹厂每办铜百斤,给银二钱;碌碌厂每办铜百斤,给银二钱二分二厘二毫二丝;大水、茂麓二厂,每办铜百斤,给银二钱五分。又大功山厂,采挖日深,地泉上涌,矿砂被淹,必须开修安牐(闸),逐层向上,提泄积水,方可攻采,每年酌给银三千两。按:该省节年铜厂奏销册造大功厂水泄银数,照额办铜四十万斤核算,每百斤给银七钱五分。又宁台厂开采年久,磲深硐远,地泉内注,浸淹磲窝,必须提泄干涸,方能进内攻采,每年酌给水泄工费银五千两。按:该省节年铜厂奏销册造支销水泄银数,宁台厂、得宝坪厂,照额办铜斤核算,每百斤给银一钱六分九厘四毫九丝一忽五微二纤零;义都厂,照额办铜斤核算,每百斤给银六钱五分二厘一毫七丝四忽一微四纤。……"

[2] 《道咸同光四朝奏议》第二册,页七八六,林则徐、程矞采《筹办滇铜以资鼓铸疏》(道光二十七年)说:"从前各厂矿质较厚,煎炼尚不费时。"

[3] 吴其濬前引书卷下,页九〇下,王太岳《论铜政利病状》;《续云南通志稿》卷四八,页九,《矿务》;《碑传集》卷八六,页九,《王公太岳行状》。

[4] 《续云南通志稿》卷四五,页一三至一六,《矿务》。

[5] 吴其濬前引书卷上,页四三下至四四,《铜政全书咨询各厂对》说:"文山县……者囊厂……每铜一百斤,翻煅七八次,煎二次,需炭一千四五百斤。蒗达厂……每铜百斤,前后烧煅七八次,煎推罩三次,需炭一千四五百斤,柴头二百余斤。"又页三五,倪慎枢《采铜炼铜记》说:"计得铜百斤,已用炭一千数百(斤)矣。此煎炼之大略也。"

由此推算，云南在乾隆、嘉庆年间(1736—1820年)，每年产铜多在1 000万斤以上，需炭在15 000万斤以上；如年产量多至1 400余万斤，耗炭更多至2亿斤以上，或12万吨左右。因为树木生长的速度远不及木炭消耗的速度那么快，经过长期冶炼以后，铜厂附近的森林往往砍伐净尽，必须在远处伐林才能得到燃料的供应，从而炼铜的燃料成本要因运费的沉重负担而增大。关于此点，上引乾隆四十年(1775年)王太岳的话就已经指出，当日若干铜矿因为近山林木已尽，炭价数倍于前。他又说："近年……近厂柴薪待尽，炭价倍增。"[1]其后再过两年，云南布政使孙士毅也说："铜砂出矿，必需炭薪煎炼，近已渐取渐远，竟有待给于数百里之外者。从此由数百里而至千里，炭薪价值必致数倍于前，所有铜斤工本势将逐渐加增。"[2]这种因木炭供应困难、价格腾贵而促使炼铜成本高涨的情况，到道光末叶更为严重，有如林则徐等所报导。

综括上文可知，在清朝中叶采炼多年的云南铜矿，随着时间的推移，矿坑越挖越深，矿砂含铜成分越来越少，再加上水患的严重与木炭供应的困难，以及其他因素，生产成本有上涨的趋势。当生产成本上涨的时候，政府购铜所付官价虽然也有增加[3]，但总落在生产成本之后。[4] 因为官价不敷成本，铜厂营业不免亏蚀，以致对过去政府贷给的工本，不能如约缴铜偿还，称为"厂欠"。[5] 厂民积

---

[1] 吴其濬前引书卷下，页九〇下，王太岳《论铜政利病状》；《续云南通志稿》卷四八，页九，《矿务》；《碑传集》卷八六，页九，《王公太岳行状》。

[2] 《皇清奏议》卷七二，页一九至二〇，孙士毅《陈滇铜事宜疏》(乾隆四十二年)。

[3] 例如《高宗纯皇帝实录》卷八〇九，页三下至四，乾隆三十三年(1768年)四月癸酉，"云贵总督暂管巡抚鄂宁奏：滇省旧铜厂，硐深矿薄，其新开子厂甚少；更兼办理军务之际，牛马不敷，油、米、炭等杂项到厂，价昂费倍，厂民竭蹶。请每铜百斤增价银六钱，以纾厂力。……得旨：着照所请行"。又参考《皇朝文献通考》卷一七，页二三下至二五，《钱币考》；严中平前引书，页三六至三八。

[4] 《皇朝文献通考》卷一七，页二三下至二四，《钱币考》，载乾隆十九年(1754年)，云南巡抚爱必达奏："东川府属汤丹、大碌等厂所产铜斤，岁以解运京局，定例每百斤以价银九两二钱报销，原系合算耗铜，余铜及铜厂杂费在内；其铜厂实得之价，向系每斤给银六分。……但汤丹、大碌二厂，铜质最高，厂民采铜百斤，除去抽收十五斤，实止得工本银五两一钱。开采年久，磋硐日深，费用加重，所给工本实属不敷。……"又《皇清奏议》卷六一，页六至八，裴宗锡《筹滇省铜政疏》(乾隆四十年)说："自乾隆十九年以后，历任抚臣陆续陈奏，以各该厂(汤丹、大水等铜厂)硐深炭远，油米昂贵，叠次请增(价)，皆蒙恩允。自是大厂增价至六两及六两四钱，小厂至五两一钱五分，最下金钗厂亦加至四两六钱。……顾臣甫履滇境，即闻各厂颇以工价不敷为累。……数月以来，明察暗访，取各厂打矿、扯炉之夫工、粮食，并灯油、炉炭价值，逐一核实折中牵算，即以矿砂稍旺之厂计之，百斤之铜，实少一两六钱；若更矿薄铜稀，则暗折更无底止。此臣亲自钩稽，得其确数，非同泛拟者也。"(闵尔昌纂《碑传集补》，《四库善本丛书初编》本，卷一四，页五，章学诚《兵部侍郎巡抚云南副都御史裴公家传》略同。)

[5] 严中平前引书，页三六至四一。

欠，必致官铜无着，政府不得不设法补救。上述政府以底本贷给铜厂，其中一个目的就是用来抵补厂欠。① 此外，政府又采取两种措施来解决厂欠问题：(1) 以铸息(铸钱所得的利润)补助铜厂——自乾隆十八年(1753年)起增设炉座铸钱，以铸息给予铜厂，以补铜本之不足。② 及乾隆"三十七年(1772年)，复请加铸，以铸息代偿厂欠。"③ 其后到了乾隆四十一年(1776年)，又增炉鼓铸，以铸息增加铜价，使之足敷工费。④ (2) 准铜通商——自乾隆三十七年冬开始，准许铜厂以所产铜 1/10 通商，即在自由市场上按照较高价格出售，以增加收入。通商铜在铜产额所占的比例，有时更多至 2/10 或 3/10。⑤ 这些补救措施实行以后，铜厂的经济状况较为改善，但事实上，日积月累，有

---

① 同书，页三九。
② 吴其濬前引书卷下，页九〇下至九一，王太岳《论铜政利病状》说："按：乾隆十八年(1753年)东川增设新局五十座，加铸钱二十二万余千，备给铜铅工本之外，岁赢息银四万三千余两。九年之间，遂有积息四十余万。自是以后，云南始有公贮之钱，而铜本不足亦稍稍知所取资矣。二十余年，东川加半卯之铸，岁收息银三万七千余两，以补汤丹、大水四厂之不足。……以厂民之铜铸钱，即以铸钱之息与厂……铜即不增，亦断无减。"(又见于《续云南通志稿》卷四八，页九下至一〇，《矿务》;《碑传集》卷八六，页九下至一〇，《王公太岳行状》。)又《皇朝文献通考》卷一七，页三一至三二，《钱币考》，载乾隆二十一年(1756年)，"又令云南东川府新局加卯鼓铸。云南巡抚郭一裕奏言：……请于东川府新局内加铸十八卯，即令汤丹、大碌等处厂民，于常额之外，加办余铜，照厂价收买供用。……核计铸出钱文归还铸本之外，将息银增给各厂工本;以本厂铜斤加铸之余息，即为该厂添补工贤之不足。……户部议如所请。从之。"按：吴其濬前引书卷下，页六八，《铸第十二》，解释"卯"的意义说："每铸十日为一卯……铸钱一百四千文。"
③ 《续云南通志稿》卷四五，页一三，《矿务》。又同书卷四八，页五下至六，《矿务》，及吴其濬前引书卷下，页八五，王太岳《论铜政利病状》说："(乾隆)三十七年(1772年)冬……仍有民欠十三万余两。……以铸息代之偿欠，今之东川局加铸是也。"
④ 《皇朝文献通考》卷一八，页九至一一，《钱币考》说："(乾隆)四十一年(1776年)，署云贵总督觉罗图思德等言：滇省近年大小各厂，岁获铜一千二百三四十万斤，除京外鼓铸年需九百余万斤外……已足敷复炉加铸之用。请……增炉……共五十六炉，统成一百四十一炉……计可获息十六万四千八百两有奇。查汤丹、大碌等四厂，年办蟹壳铜五百五十余万斤，工费不敷，每百斤加价一两五钱。大功厂系新开，费用稍省，年办蟹壳铜一百余万斤，每百斤加银一两二钱。此外中小各厂共计年获铜五百七十余万斤，每百斤加银一两，足敷工费。统计加价共需银十五万三千余两，核之所铸余息，尚有存剩。……均得旨允行。"又《碑传集补》卷一四，页六下至七，《裴公家传》说以铸息"分给各厂，大厂可增价一两五钱，小厂可增一两。云南五金所产，生生不穷，厂户果能有利无累，获铜自可有增无减，厂欠可以永清。……"
⑤ 吴其濬前引书卷下，页八五，王太岳《论铜政利病状》说："(乾隆)三十七年冬……仍有民欠十三万余两。重蒙恩旨特下指挥，俾筹利便，然后厂铜得以十一通商，而以铸息代之偿欠。"(《续云南通志稿》卷四八，页五下至六，《矿务》同。)又同书卷下，《铜厂第一》，页二说："定例各厂每办铜一百斤，抽课十斤，公廉捐耗四斤二两，一成通商铜十斤，余铜七十五斤十四两给价收买。或免抽课铜，或免抽公廉捐耗铜，或通商二成，额外多办，并准加为三成。"又页九说："(曲靖府)双龙厂……每铜百斤，抽课十斤，照不拘一成例，通商二十斤。……"又页一二说："(楚雄府)秀春厂……抽课如例，通商二成。"又页一三说："(临安府)绿矿厂……每铜百斤，抽课如例，通商二成。"又页二六，《帑第四》说："滇课铜九百余万斤……通商者什一，或什二。"

些厂民仍然不免拖欠,无力偿还;对于这些厂欠无著银两,政府只好加恩豁免。①

五

综括上文,我们可知,自康熙二十一年(1682年)吴三桂之乱平定以后,开采越来越盛的云南铜矿,在乾、嘉、道三朝(1736—1850年)每年产额多在1 000万斤以上,占全国总额的绝大部分,成为政府铸钱所用铜料的主要来源。在采的铜厂,经常有30余家至40余家,分布于全省各地,其中以滇北东川府为最重要,而在那里的汤丹厂更是位居第一。这些铜厂多半由三江、两湖、四川、广东的富商大贾投资经营,其中最大的厂多至十余万人,不独雇用本省贫民,就是贵州、四川、湖广、两粤的过剩人口,也有不少移居云南,获得就业的机会。

可是,曾经这样兴盛的云南铜矿业,自咸丰六年(1856年)回汉大起义爆发后,却陷于长期衰落的状态。在此之前,云南铜矿因为经过多年的采炼,已经先后为各种问题所困扰,从而发生报酬递减、成本递增的现象。其后太平天国革命爆发,太平军于咸丰三年(1853年)占领南京,长江交通阻塞,滇铜便不能像从前那样经长江、运河运往北京,或运至他省。② 及咸丰六年发生回汉大起义,至同治十三年(1874年)始告结束。在这18年中,由于战乱的影响,各地铜矿一律封闭,全省没有一斤铜的出产。③ 同治十三年,战乱告一段落,铜厂由官督商办,恢复生产,可是此后生产成绩却大不如前。自同治十三

---

① 《高宗纯皇帝实录》卷一三七二,页一九下至二〇,载乾隆五十六年(1791年)二月癸丑上谕:"滇省采办铜斤,不得不预发工本,以资接济。炉户等多系无业贫民,日积月累,逋欠自所不免。前于乾隆四十四年(1779年)、四十九年(1784年),查明实在厂无著确数,曾降恩旨豁免。今据富纲奏四十九年以后至五十四年(1789年)厂欠无著银两,委系近年物价增昂,用费较多,致成积欠……其无著银三十九万八千四百余两,著即加恩豁免。"
② 《道咸同光四朝奏议》第三册,页一一九三,翁同书《通筹财用大源敬陈管见疏》(咸丰六年)说:"近因小丑跳梁,长江梗塞,滇铜不达于京师,亦不行于各省,以致铜价腾贵,不足以供鼓铸之用。"
③ 同书第六册,页二四六八至二四六九,岑毓英《覆陈云南铜厂情形请筹拨工本疏》(同治十二年)说:"自军兴以来,铜务停办十余年,炉户逃亡,砂丁星散,各厂碏硐矿路,或被荒土填塞,或被积水淹没,废弛已久。……"又参考《续云南通志稿》卷四五,页一一下,《矿务》;严中平前引书,页四五。

年至光绪十五年（1889年），前后十六年中，云南一共只解运京铜837万斤。光绪十三年（1887年），政府委前云南巡抚唐炯为矿务督办，专理滇铜。唐氏创设招商矿务公司，自行采矿炼铜，同时替官放本收铜。自光绪十三年起，至光绪三十二年（1906年）唐氏辞职时止，前后20年，云南运京铜约在2 700万斤以上，产铜量据估计为3 550余万斤，即年产铜170余万斤。自光绪三十三年（1907年）起，每年办获铜约130万斤。① 这和过去每年产铜多在1 000万斤以上的情形比较起来，当然是减少得多了。

战乱后的云南铜矿业，为什么不能恢复至从前的盛况？这一方面由于铜矿遭受上述各种问题的困扰，情形越来越严重；另一方面又有如丁文江先生所说，"推求其故，固由乱后户口凋落，恢复不易，其大原因，则在资本不足，铜价太低，有以致之"②。当日云南铜矿生产还没有开始机械化，采炼及其他有关工作都需要大量劳工来做。可是，根据光绪九年（1883年）岑毓英等的报道，云南"自经兵燹，加以疾疫，户口凋残，仅存十分之一"③。这里说的疾疫，云南在战乱后不断流行，有许多人畜损亡或患病，以致采炼工作大受影响。④ 说到"资本不足"，刘长佑等在光绪七年（1881年）的奏疏中指出，是因为铜厂常常亏欠赔累，大家不愿投资的缘故。云南当局本拟在长江流域及两广各地

---

① 严中平前引书，页四五至四九。又参考丁文江《东川铜矿之历史》，《独立评论》第八五期（引自陈真前引书，第三辑，页五九九至六〇一；"中央研究院"院刊》第三辑，台北，1956年，页432—434）。
② 见上注丁文江文。又《道咸同光四朝奏议》第一〇册，页四三九九至四四〇〇，刘长佑、杜瑞联《请酌复滇省铜政旧制疏》（光绪七年）说："滇省铜厂……自兵燹后，停办已十有九年。从前之厂户、砂丁，逃亡殆尽。各厂礐硐，或被填塞，或被水淹。其可提办者，频皆硐老山空，新开子厂亦无连堂大矿，仅就零星砂块，成色极低。从前一火可成，见煅炼再三而色犹不足，需炭既多，本资因之倍蓰。加以偏灾疫疠，人畜损亡，马价人工，均加腾贵，日食厂用，亦无不数倍于往时。砂丁本属穷民，厂户无资筹垫。多方招募，率皆谓开办以来，绅商等亏欠于东川，道员钟念祖赔累于顺宁，若陷阱然，无不望而却顾。致前开四厂（东川、顺宁、永北、易门等厂），顺宁一处铜质甚低，自钟停工后，见尚无人接办。仅此东川等三厂，尚可敷衍，然今已七年，取矿则礐硐益深，费工甚巨，购炭则林木愈远，需价尤昂。……至未开之三十四厂，叠曾严饬招徕，奈富商则以为余利毫无，各怀观望。……仅三数砂丁，日就山肤寻苗采取，未克深入，效岂能期？此……办理艰窘之实在情形也。"
③ 同书第一一册，页四六〇六，岑毓英、杜瑞联《整顿铜政事宜疏》。
④ 《续云南通志稿》卷四五，页一二，《矿务》，载光绪五年（1879年）云南巡抚杜瑞联奏："频年或时疫流行，或旱潦地震，各厂（铜厂）非灾即病，作辍靡常。"又载光绪七年杜奏："滇省……兵燹之后疫疠流行，人畜繁多损亡，（铜厂）作辍因之靡定。"又《光绪东华续录》（文海出版社影印本），页二六二一，载光绪十五年（1889年）七月壬戌，唐炯奏："现在厂（云南铜厂）地瘴疫盛行，炉头、砂丁染患甚重，不能施工。"

招商集股来开采滇矿,可是因为适值光绪九年发生经济恐慌①,上海等地商号纷纷倒闭,计划终于失败。② 因此,"所谓招商矿务公司者,并无实在商股,其资本皆由唐炯以个人名义向商号挪借"③。此外,所谓"铜价太低",是说政府收购滇铜所付官价,远低于生产成本。例如光绪十六年(1890年)每百斤铜的成本为银十五两,但收购官价不过十两三钱,其后也只增加至十一两三钱,远在成本之下。④ 铜厂不堪赔累,自然要减少生产了。

1974 年 4 月 16 日,香港沙田。

---

① 拙著《从徐润的房地产经营看光绪九年的经济恐慌》,拙著《中国经济史论丛》(新亚研究所,1972年),页 777—794。
② 《矿务档》第六册,页三一八七,《总署收云贵总督岑毓英函》(光绪十年六月十二日)说:"查云南矿务,自毓英与前任巡抚唐鄂生接办以来,因工本缺乏,奏明招商集股来滇开办。凡三江、两湖、两广、四川各省官绅,但有相识之人,无不致函招致,譬喻百端,多方引诱。该官绅等或愿集资百万,或愿集资数十万,颇为踊跃。正筹画间,而上海、汉口各商号,纷纷倒闭,市面萧条,股分遽难凑集。"又《道咸同光四朝奏议》第一二册,页五三五五至五三五六,张凯嵩《覆陈滇省铜矿办理情形疏》(光绪十年)说:"为滇省集股开采铜矿……前经督抚臣……奏请仿照公司,于上海总汇地方,招商集股,克期举行……适值上年秋间沪商倒闭,生业萧条,其已经入股之人,又以云南边隅弯远,法越兵端未息,群情疑阻,观望不前,久无成效。"(又见于张凯嵩《抚滇奏议》,文海出版社影印本,卷一,页三,《覆矿务折》。)
③ 参考丁文江《东川铜矿之历史》,《独立评论》第八五期(引自陈真前引书,第三辑,页 599—601;《"中央研究院"院刊》第三辑,台北,1956 年,页 432—434)。
④ 《续云南通志稿》卷四五,页一三、一八,《矿务》。

清季的商办铁路

全汉昇　何汉威

一

清季铁路的经营，可以划分为三个时期，即试办铁路时期、列强攫夺中国路权时期、民营时期，而以甲午及日俄战争为各时期的分界线。日俄战后是收回路权运动高涨的时期，也是商办铁路空前发展的时期。[1] 对于清季商办铁路，学者多着眼于它们与收回路权运动[2]，或与辛亥革命[3]的关系，作为研究的对象。另一方面，对晚清商路的经营情况、资本筹措，及其在近代中国经济史上之意义的分析，则较少人注意。[4] 本文的目的，即希望对晚清商办铁

---

[1] 参考 Mongton Chih Hsu, *Railway Problems in China* (The Faculty of Political Science of Columbia University (ed.), *Studies in History, Economics and Public Law*, Vol. LXVI, No. 2, 1915), pp. 15—16；李国祁《中国早期的铁路经营》("中央研究院"近代史研究所，以下简称"中研院"近史所，专刊，1961年)，页2—3。凌鸿勋对中国铁路史的分期，也大致和前引二书相同，但在宣统三年(1911年)，别立一"收回国有"时期。见氏著《中国铁路志》(台北世界书局大学用书，1963年)，页5—7;《中国铁路概论》(编译馆，1950年)，页3—6。

[2] 参考赵金钰《苏杭甬铁路借款和江浙人民的拒款运动》，载《历史研究》(北京，科学出版社)，1959年第九期；祁龙威《论清末的铁路风潮》，载前引刊物，1964年第二期；Madeleine Chi (戚世皓)，"Shanghai-Hangchow-Ningpo Railway Loan, A Case Study of the Rights Recovery Movement," in *Modern Asian Studies* 7, 1(1973);李恩涵《中美收回粤汉路权交涉——晚清收回铁路利权运动的研究之一》，载"中研院"近史所《集刊》第一期(台北，1969年); "The Chekiang Gentry-Merchants vs. the Peking Court Officials: China's Struggle for Recovery of the British Soo-chow-Hangchow-Ningpo Railway Loan, A Case Study of the Rights Recovery Movement," in *Bulletin of the Institute of Modern History*, Academia Sinica, Vol. Ⅲ, Part Ⅰ (Taipei, 1972)。

[3] 参考全汉昇《铁路国有问题与辛亥革命》，载氏著《中国经济史研究》(香港新亚研究所，1976年，以下简称《经济史研究》)下册；市古宙三，"The Railway Protection Movement in Szechwan in 1911," 载氏著《近代中国の政治と社会》(东京大学出版会，1971年)。

[4] 全汉昇《清季铁路建设的资本问题》，载《经济史研究》下册，曾对这问题作出初步的探讨，不过所讨论的范围，是以整个清季铁路系统为对象，并不局限于商办铁路。最近李恩涵撰写"China's Struggle for a Native-financed Railway System"一文，刊"中研院"近史所《集刊》第五期(台北，1976年)，对清季民办铁路的经营，资本筹措，有较为详尽的分析。

路,作一较为全面的讨论,借此更深切地认识它们在中国近代工业化运动中的地位和意义。

二

日俄战争以后是清季商路的蓬勃发展时期。可是,中国第一家商办铁路公司,早在光绪十二年(1886年)就已经出现。① 光绪十一年(1885年),因为唐胥铁路路线过短,对于开平煤矿的煤运十分不方便,该路总工程师金达(C. W. Kinder)遂由天津税务司德璀琳(G. Detring)带引,前往谒见直隶总督李鸿章,力陈延展该路之必要。李鸿章接受他的意见,向清廷奏请把该路向南延展六十里,至蓟河边阎庄止。翌年,设立开平铁路公司,由伍廷芳董理其事。伍氏一方面收买唐胥路股,他方面招集股本银廿五万两,作为筑路资金。工程于光绪十三年(1887年)完成,同时铁路也变成完全商办。②

清廷鉴于军事上的需要,建议把这条铁路向南接至大沽,向北接至山海关,以便提督周盛波率领的盛军万人,在这范围内"驰骋援应"。③ 于是开

---

① 与津沽铁路差不多同时的台湾铁路,初办时名义上是官督商办,但用的却是官款,承招商股的人或死或病,以致无人负责集股。光绪十四年(1888年),台湾巡抚刘铭传奏请改由官办。因为该铁路迄台湾被日本侵占时的八九年间,除去一年多外,都全由官办,故本文不把它看作商办。有关台湾铁路的历史,参考吴铎《台湾铁路》,载"中央研究院"社会科学研究所编《中国社会经济史集刊》(香港龙门书店影印,1968年),第六卷第一期(民国28年六月)。

② 开平煤矿局商董向李鸿章请求展筑铁路的禀牍,载《申报》,光绪十二年六月二十日;原文未见,转引自宓汝成编《中国近代铁路史资料 1863—1911》(中国科学院经济研究所《中国近代经济史参考资料》)(以下简称科学院《经济史资料》),第七种,北京,中华书局,1963年。以下简称《铁路史资料》),页126。铁路修筑经过,参考交通部、铁道部交通史编纂委员会编《交通史·路政篇》(香港中文大学图书馆藏 Washington D. C., Center for Chinese Research Material Association Libraries 摄制显微胶卷,编号 mic 153, UL, Chinese,以下简称《路政篇》),rl.4,页2,518。资金一项,见上海申报馆编辑《申报》(吴相湘主编《中国史学丛书》之十七,台湾学生书局据中央图书馆藏本影印,1965年),5036号,光绪十三年四月初四日。铁路长度,见刘锦藻纂《清朝续文献通考》(上海商务印书馆《万有文库》第二集,民国二十五年,以下简称《清续通考》),考11071,卷363,《邮传考》四,《路政》。可是,"中研院"近史所编《海防档》(《中国近代史资料汇编》,台北,1957年),(戊)《铁路》,页18,文5;王彦威、王希隐编《清季外交史料》(台北文海出版社,1964年再版,以下简称《外交史料》)《光绪朝》,卷70,页18b,《军机处奏试办天津等处铁路以便商贾而利军用折》(光绪十三年二月廿三日),都作65里,而不是60里。

③ 《清续通考》,考11071,卷363,《邮传考》四,《路政》;《海防档》,(戊)《铁路》,页18,文5;《外交史料·光绪朝》卷70,页18b,《军机处奏试办天津等处铁路以便商贾而利军用折》(光绪十三年二月廿三日)。《清续通考》系此事于光绪九年(1883年),误。

平铁路公司改名为中国铁路公司,资本额扩充为一百万两。① 公司招股章程声言:"全照生意规矩,不办文移,不领关防,不请委员,不用差役。凡遇应商事件,先邀董事公议……决无不经董事议准而迳行之事。"② 但李鸿章自始对招股一事,并没有多大信心,因为当日风气未开,集股甚为困难,费尽唇舌仅招得商股银 108 500 两,与原定款额 100 万两,相去甚远。铁路的修筑,不得不倚赖官款及洋债来接济。李鸿章借拨天津支应局银 16 万两,又以年息 5 厘,向英商怡和洋行借款 637 000 余两、德商泰华银行 439 000 余两③,津沽至阎庄的一段工程,方能着手动工。翌年二三月间,铁路修至塘沽;六七月间,修至天津。④ 铁路全长 175 里,共用银 130 万两。⑤ 因为铁路路线所经,大半僻处海滨,商业难期繁盛,铁路收入不免受到影响。同时中国铁路公司的财政基础,也不很健全稳固。所以解决方法,只有缓筑原定的唐山至山海关一段,先行修建往来客货比较频繁的津通线,希望这样对公司财政稍有帮助。可是,津通铁路修筑的倡议,却引起清廷内部一场猛烈的论争。⑥ 其后,清廷采用折衷办法,接纳两广总督张之洞的主张,先筑卢(或作芦)汉路,缓筑津通路,作为调停,争端才告平息。⑦ 光绪十六年(1890 年),铁路向东推展与古冶。⑧

因为俄、日分别谋我东北及朝鲜之野心日亟,清廷要巩固国防安全,遂把每年原定拨给卢汉铁路的建筑费 200 万两,改作兴筑关东路之用,并设北洋官铁路局于山海关来负责督修。⑨ 光绪十八年(1892 年),铁路通至滦州,二

---

① 《路政篇》(rl.4),页 2、518。
② 《申报》,5036 号,光绪十三年四月初四日。
③ 吴汝纶编录《李文忠公全集》(台北文海出版社据中央图书馆藏本影印,1962 年,以下简称《李集》)《海军函稿》,卷三,页 2b,《条覆四事》(光绪十三年正月初十日);页 4,《议覆台湾铁路并津路借款》(光绪十三年四月二十日);页 29b,《详陈创修铁路本末》(光绪十五年四月二十日);同书《电稿》11,页 16b,《覆醇邸》(光绪十五年四月初九日申刻);21,《覆醇邸》(光绪十五年四月廿二日未刻)。
④ 《路政篇》(rl.4),页 2。
⑤ 《清续通考》,考 11071,卷 363,《邮传考》四,《路政》。
⑥ 详见吴铎《津通铁路的争议》,载《中国近代经济史研究集刊》第四卷第一期(民国二十五年五月),页 67—131;李国祁《中国早期的铁路经营》("中研院"近史所专刊,台北,1961 年),页 75—81。
⑦ 李国祁前引书,页 84—85。
⑧ 《路政篇》(rl.4),页 2。
⑨ 李国祁前引书,页 86—88、93;王业键《甲午战争以前的中国铁路事业》,载"中央研究院"历史语言研究所《集刊》第 31 本(台北,1960 年),页 181。

年后通至山海关。关外一段,至中日甲午战争时,修至中后所。① 铁路从而分为官办、商办两段:古冶至中后所一段为官办,天津至古冶一段,则为商办。光绪廿一年(1895年),北洋大臣王文韶以"天津至古冶一路,名为商路,其实商股无多,全赖官款、洋款接济,事权不一,窒碍多端",奏请并归官局办理。② 以前之商股,均换给五厘公债票。③

在甲午战争时期,铁路对国防安全发挥的效能,皆有目共睹,朝野上下一致公认修筑铁路为最迫切之事。光绪廿一年十月,清廷谕令民间集资千万两以上,特准设立公司,承筑最为重要的卢汉铁路。④ 因为修筑该路,需款甚巨,而人们对该路的展望,并不乐观,故该路建设,不得不依赖官款及洋债。⑤ 同时粤、湘、鄂三省绅商,亦谋集资修筑粤汉铁路,但因为款项无着,只好向美国合兴公司(The American China Development Company)借资修筑。⑥ 举借洋款的结果,导致久已觊觎中国路权的列强,你争我夺;以卢汉路借款为导火线的列强对华路权争夺战于是展开,而中国则成为这场争夺战中的唯一受害者。⑦ 光绪廿四年(1898年)十一月,清廷谕令:"除已与各国定有成议及近于要路,地不过百里,款不出百万,不在停办之列外,凡华洋各商,请办各支路,此时概不准行。"⑧为了避免列强乘机攫夺路权,中国只好放弃商办铁路的政策。

根据上述,可知我国商办铁路的历史,约有如下的特点:(1)政府对于商办铁路,已从单纯着眼于军事上的考虑,进一步认识到商路的经济价值。从

---

① P.H. Kent, *Railway Enterprise in China: An Account of Its Origin and Development* (London: Edward Arnold, 1907), pp.36 - 37.
② 《清续通考》,考11083,卷364,《邮传考》五,《路政》。
③ 《路政篇》(rl.4),页209。
④ 朱寿朋编《光绪朝东华录》(北京,中华书局,1958年,以下简称《东华录》)卷130,页154,光绪廿一年冬十月丁亥。
⑤ 李国祁前引书,页148—174。
⑥ 《中美收回粤汉路权交涉》,页151—152。《清续通考》,考11133,卷368,《邮传考》九,《路政》说湘、粤人士,在光绪廿四年集资百余万,修筑该路。
⑦ 详见何汉威《京汉铁路的建设及其对于近代中国经济之影响》(香港中文大学图书馆藏,香港中文大学研究院历史学部硕士论文,手稿本,1975年),第七章第二节;另参考胡滨《十九世纪帝国主义瓜分中国铁路利权的阴谋活动》,载《历史研究》,1956年第五期。
⑧ 《东华录》卷151,页256—257,光绪廿四年十一月庚戌朔。

清廷对修筑天津至阎庄铁路的谕令，与修筑卢汉铁路之不同①，可以看出这种变化。(2) 当时人们对商办铁路并没有多大的信心，商款数目寥寥可数，故对官款及洋债的倚赖非常之大。以天津至阎庄一段铁路为例，商款的筹集，不过是全部路款的 8.07％而已。(3) 铁路虽名为商办，但政府的影响力都具有举足轻重之势。天津至阎庄的一段铁路，虽由商办的中国铁路公司来经营，在一定的程度上，却须受李鸿章的亲信，前福建布政使沈葆靖，直隶津海关道周馥的监督。②

以上所述，就是 1904 年，商办铁路公司较大规模发展以前，中国商办铁路的一般情形。

三

20 世纪初年，中国社会频频出现主权、自主之权、国权等字眼，表示人们对这些名词的意义，已有较深入、较敏感的认识。③ 另一方面，清政府对工商业的发展，也注意奖励，如对大量投资于工商业的人，不惜打破成例，予以嘉奖；派遣大员前往南洋各地，招徕侨资回国兴办实业④；一反历来对结社的嫉

---

① 清廷谕令招商修筑卢汉路，即强调铁路是"通商惠工要务"。见本书 409 页注④。又张之洞在初议筑卢汉路时，也指出"铁路之利，首在利民，民之利既见，而国之利因之"。卢汉路则为"铁路之枢纽，干路之始基，而中国大利之所萃也。"参考《张文襄公全集》(台北文海出版社据北平楚学精庐藏版影印，1963 年，以下简称《张集》，卷 25，《奏议》25，页 13，16，《请缓造津通铁路改建腹省干路折》(光绪十五年三月初三日)。
② 《海防档》，(戊)《铁路》，页 19，文 5；清续通考》，考 11071，卷 363，《邮传考》四，《路政》。
③ 根据 John Schrecker 的统计，在《清季外交史料》一书中，主权、自主之权、国权等字眼，早在 19 世纪 60 年代已经使用。但在 1875—1894 年，在每百页中上述字眼平均只出现一次。在 1895—1899 年，这些字眼较为常用，但平均每百页亦只出现 2.5 次。及 1900—1901 年，上述字眼的使用次数却显著上升，每百页约出现 8.8 次。其后到了 1902—1910 年，出现的频率更增加到每百页 22 次。在一年中出现次数最多的是在 1909 年，每百页达 37 次，差不多每三页出现一次以上。见氏著 *Imperialism and Chinese Nationalism: Germany in Shantung*. (Harvard East Asian Series, 以下简称 HEAS, 58, Cambridge, Mass.: Harvard University Press, 1971), pp.253-254; "The Reform Movement, Nationalism and China's Foreign Policy," in *Journal of Asian Studies* (The Association for Asian Studies, Inc., 以下简称 JAS), Vol.XXIX, No.1 (Nov.1969), pp.53-54.
④ 李陈顺妍《晚清的重商主义运动》，载"中研院"近史所《集刊》第三期，页 219—220；Michael R. Godley, "The Late Ch'ing Courtship of the Chinese in Southeast Asia," in JAS, Vol.XXXIV, No.2 (Feb. 1975), pp.373, 379-381.

视压抑态度,对商会的设立,加以支持和鼓励。① 在这种较为有利的环境下,民族工业遂作进一步发展。1905—1911 年,中国厂矿的资本总额,较 1875—1895 年增加了 1.4 倍;棉纱业设备则从甲午战争前的 9 万枚纱锭,增至 1911 年的近 50 万枚。这些事实,显示工业资本家已经出现,他们的重要性及地位,正在升高。② 为着保障他们自己的利益,国内各地常常发生抵制外货运动。③ 清末收回利权的运动,就在这样的背景中澎湃奔腾地展开。在这个运动中,铁路更是人们所注视的目标,因为铁路借款是帝国主义列强借以控制中国的工具④,同时人们又了解到经营铁路是一种很有利的投资。在这种情形下,铁路商办常与收回路权运动交织在一起⑤,而促成商办铁路公司纷纷成立的最直接的近因,就是 1904—1905 年,粤、湘、鄂三省人民反对美国合兴公司违背合约,把粤汉铁路路权转让给比利时人,从而掀起的粤汉铁路赎回运动。⑥

---

① Edward J.M. Rhoads, *China's Republican Revolution: The Case of Kwaungtung*, 1895–1913 (HEAS, 81, Cambridge, Mass.: Harvard University Press, 1975), pp.24, 58.
② 彭雨新《辛亥革命前夕中国资本主义工业与工业资产阶级》,载湖北省哲学社会科学联合会编《辛亥革命五十周年纪念论文集》(北京,中华书局,1962 年),页 58—59。
③ 参考 C.F. Remer, *A Study of Chinese Boycotts: With Special Reference to Their Economic Effectiveness* (Taipei: Ch'eng-wen Publishing Company, 1966), pp.19, 29–45;张存武《光绪卅一年中美工约风潮》("中研院"近史所专刊,13,台北,1966 年),第二、三章;朱士嘉编《美国迫害华工史料》(北京,中华书局,1959 年),页 146—164;又参考本页注①,页 83—86、88、135—139、141—143。Edward J. M. Rhoads, "Late Ch'ing Response to Imperialism: The Case of Kwangtung," in *Ch'ing Shih Wen-ti* (Society for Ch'ing Studies), Vol. II, No.1, Oct. 1969. Marie-Claire Bergere, "The Role of the Bourgeoisie," in Mary C. Wright (ed.), *China in Revolution: The First Phase 1900–1913* (New Haven: Yale University, 1968), pp.252–253.
④ 参考《东方杂志》(台湾商务印书馆影印,1971 年),第二年第十期(光绪卅一年十月廿五日),《交通》,页 83—84,《论铁路与国家之关系》(录乙巳五月三十日《时报》);第二年第十一期(光绪卅一年十月廿五日),《交通》,页 111,《美国协丰公司驳议》(录乙巳六月十四日《中外日报》);第四年第七期(光绪卅三年七月十五日),《交通》,页 138,《论铁路国有主义与民有主义之得失》(录丁未四月二十日《南方报》)。
⑤ 祁龙威前引文,页 41;Madeleine Chi,前引文,页 86;John Schrecker,前引书,页 195;J. O. P. Bland, *Recent Events and Present Policies in China* (London: William Heniemann Ltd., 1912), pp.232–233;Y.C. Wang, *Chinese Intellectuals and the West 1872–1949* (Chapel Hill: The University of North Carolina Press, 1966), p.264.
⑥ 《中美收回粤汉路权交涉》,页 198—199。在赎路运动中,表现得最积极的湘绅王先谦说:"……筹画经年,始得废去粤汉铁路旧约,归我自办,从此各省皆知借洋债办路之害,竞请筹款自办,盖中国一大转机也。"见氏撰《葵园自订年谱》(沈云龙主编《近代中国史料丛刊》,以下简称《史料丛刊》,第 51 辑,504 册,台北文海出版社影印戊申长沙王氏刊本,1970 年),卷中,页 92。

自粤汉铁路赎回运动爆发后,各省商办铁路公司,有如雨后春笋,纷纷成立(表一)。

表一 清季各省商办铁路公司创设年表

创　设　年　月	公　司　名　称
1903年(光绪廿九年闰五月)	川汉铁路有限公司
1903年(光绪廿九年)	潮汕铁路有限公司
1904年(光绪三十年三月)	湖南全省枝路总公司
1904年(光绪三十年九月)	江西全省铁路总公司
1905年(光绪卅一年三月)	滇蜀铁路总公司
1905年(光绪卅一年六月)	安徽全省铁路有限公司
1905年(光绪卅一年七月)	同蒲铁路公司
1905年(光绪卅一年七月)	浙江全省铁路有限公司
1905年(光绪卅一年八月)	福建全省铁路有限公司
1905年(光绪卅一年十二月)	新宁铁路有限公司
1905年(光绪卅一年十二月)	陕西铁路有限公司
1906年(光绪卅二年正月)	湖北商办粤汉、川汉铁路股份有限公司
1906年(光绪卅二年二月)	广东全省粤汉铁路总公司
1906年(光绪卅二年闰四月)	江苏省铁路股份有限公司
1906年(光绪卅二年七月)	广西铁路公司
1907年(光绪卅三年八月)	河南铁路公司
1908年(光绪卅四年八月)	津浦铁路商股有限公司
1910年(宣统二年)	山东烟潍铁路公司

资料来源:《铁路史资料》,页1147—1148。

《轨政纪要》(王有立主编《中华文史丛书》,第11辑,台湾华文书局据邮传部图书通译局本影印),《初编》,《轨》四,页9—10,《商部奏尊绅承办潮汕铁路请予立案折》(光绪廿九年十月廿四日)。

前引书,页16b—17,《商部奏绅商筹办新宁铁路拟准先行立案折》(光绪卅二年正月廿一日)。

《海防档》,(戊)《铁路》,页679—680、686—687,文439。

陈夔龙《庸盦尚书奏议》(《史料丛刊》,第51辑,507册,台北,文海出版社,1970年)卷16,页21,《奏请官办烟潍铁路折》(宣统三年六月廿九日);又见《外交史料·宣统朝》,卷21,页50,《直督陈夔龙等奏烟潍铁路关系紧要请收归官办折》(宣统三年闰六月初三日)。

附注:黑龙江齐昂铁路,据《路政篇》(rl.10)的分类,属于商办(见页949—950)。可是,赵尔巽等纂《清史稿》(香港文学研究社翻版),页556,《交通志》一,《铁路》则说是官办。按该路股款卅二万两,由黑龙江省五司八旗荒价公益项下及各地找回领地银作股,都是官方之款。因此这里不把齐昂铁路列入商办。

四

清季商办铁路公司的筹措资本,除了由人民自愿购股(又称商股)外,"大率不外开办米、谷、盐、茶、房屋、彩券、土药等捐,及铜圆余利,随粮认股数者"①。当日商路公司中,只有广东的粤汉、潮汕、新宁,福建漳厦②,浙路,苏路和山东烟潍铁路的股款,来自商股,其余主要依靠带有强迫性的捐输。③为什么会有这种现象出现?各商路公司筹集到的资本数目共有多少?现在让我们讨论一下(表二)。

除自由购股及上表所载筹款方法外,湖南又有赈粜捐④、安徽又有印花捐⑤,

---

① 《清史稿》,页555,《交通志》一,《铁路》;又参考曾鲲化《中国铁路史》(《史料丛刊》,第98辑,973册,1973年),页420—421。
② 闽路股款虽然主要来自南洋侨资,可是因为要招徕股款,却征收盐捐及粮捐来作保息之用。盐捐是每勘盐加价一文,一年约得5万串。粮捐是随粮银1两或米1石,加捐200文,年额银145 000(+)两。见《路政篇》(rl.7)页5627;《福建全省财政说明书》《岁入部·杂捐类》,页12,《铁路之随粮捐》;福建通志局编《福建通纪》(台北大通书局影印壬戌福州本,1968年),《赋税志·杂税》,页7。
③ 如川路的招股章程第卅二条,即声明:"各业户应抽租谷,若敢违抗不完,即由经理之绅董团保一禀,请州、县官提案究追,以为吝惜私财,阻挠公益者戒。"见《轨政纪要·初编》,《章程》第一下,《轨》三,《川汉铁路集股章程》,页8;《东方杂志》第二年第五期(光绪卅一年五月廿五日),《交通》,页40—41,《四川总督锡奏川汉铁路筹费开办议定集股章程折》。又宣统三年内阁侍读学士甘大璋奏:"窃川路抽租作股,比于加赋。平日追呼敲剥,竭数百万家之膏血,始哀集而成此巨款。"见邮传部编《邮传部奏议续编》(《史料丛刊》,第十四辑,140册,台北,文海出版社,1968年。按邮传部奏议有二种:一为《邮传部奏议类编》,另一为《邮传部奏议续编》,前者以下简称《邮传类编》,后者则简称《邮传续编》),《路政》,页67,《代奏四川京官甘大璋等呈请彻查川路租股片》。又盛宣怀《愚斋存稿》(台北文海出版社据思补楼藏版影印,1963年,以下简称《存稿》,卷77,《电报》54,页24b,《寄成都王采帅》(宣统三年三月初五日)说:"在粤股真是商股,而川股实系民捐。似民捐初办时,赖官力而后成。"又同书卷18,《奏疏》18,页32b,《遵旨议覆川省路股办法折》(宣统三年八月)说:"如湖南之米捐、盐捐,湖北之振粜捐,四川之土药、盐、茶、灯捐、土厘,率量假官力筹措而得。"(又见于《东方杂志》第八年第八期,宣统三年八月廿五日,《中国大事记》,页14。)都可证明上述股款是带有强迫性质的。
④ 两湖赈粜捐在光绪廿八年,由湖南巡抚俞廉三奏请开办,每米一石,抽钱四百文,谷则减半,备作湖南、湖北两省赈粜之用。光绪卅一年,湖南士绅同巡抚端方请求自该年五月起,把赈粜捐拨充铁路应用。参考赵滨彦《湘藩案牍抄存》(沈云龙主编《近代中国史料丛刊续辑》,以下简称《史料丛刊续辑》,第31辑,302册,台北,文海出版社,1976年),第三册,页19,《会议两湖赈粜米捐暨衡、永、宝配销盐厘非因路捐不应停收详文》(宣统三年五月);页21b,《遵饬将赈粜米捐及衡、永、宝配销盐课两款开办拨收据并近三年征收实数开折呈核详文》(宣统三年五月);《存稿》卷78,《电报》55,页13,《端大臣来电》(宣统三年六月十二日,并致泽公);《湖北通志》(上海商务印书馆,民国二十三年),页1384,卷50,《经政志》八,《榷税》。
⑤ "China's Struggle for a Native-financed Railway System 1903–1911,"页481。

表二 清季商办铁路公司具有强迫性质的股款

铁路名称	租股	亩捐	粮捐	土药捐	盐勒加价	派股	米捐	茶股	房股	货股
川路[1]	按每年实收之数，百分抽三。			照落地厘每百斤收银5.2两完纳。		地方官向盐茶商劝派股票。				
滇路[2]	每50石认股1石；每石折银1圆，不便之处，抽收1 300文。[+]		粮1升，中路捐2文。[*]		5文					
湘路[3]					4文	湘人在本省幕局，或在军充将弁者，均按廉薪酌量出资入股。			每年派捐一月房租入股。先从长沙益阳,沅江,津市,衡州,宝庆,岳州,每月收洋5元以上,方行劝股。	
赣路[4]					4文	总理每月派购卅二股；协理每月廿四股；司员月薪水30—40元者,每月一股；50—60元者,每月二股；70—80元者,每月三股；90—	米每担抽洋2角,谷每担抽洋1角。	每引抽视银6钱。		夏布：每千文抽洋14元。纸张：出口税二分,七折抽收。木料：每两抽洋200元。土靛：每桶抽洋1角。

续表

铁路名称	股款类别									
	租股	亩捐	粮捐	土药捐	盐斤加价	派股	米捐	茶股	房股	货股
赣路[4]						100元者,每月四股。				磁器:照所完官之税,每千斤抽50文。
皖路[5]						大商十股,共银100两;小商一股,10两;外官除著名苦缺外,每年人股10两。	每石抽2分5厘。	每引抽银6钱。		
津浦(直隶段)[6]					4文					
洛潼[7]					4文	官员按大、中、小派购,凡有地50亩以上的地主,劝购一股。富商资本在200两以上者,劝购一股,500两以上者二股,以次类推。				

续表

铁路名称	股款类别								
	租股	亩捐	粮捐	土药捐	盐勸加价	派股	米捐	茶股	房股	货股
同浦[8]		每粮银1两，征银钱5分。								
西潼[9]			土粮1石，捐麦3斗。△	每两加厘12文。		官员一等每年1 200两，二等每年800两，三等每年400两，四、五等每年100两，六等以下每年50两。				

资料来源：1《轨政纪要·初编》，《章程》第一下，《轨》三，页5b—6，《川汉铁路川省集股章程》；页28b，《川督锡良奏议增土药税厘片》；页29—30，《商外三部议覆川督铁路集股章程并认股折》；《川督图书馆藏排印原件》，《邮传末见，《保路末见》《四川保路运动史料》（北京科学出版社，1959年，以下简称《保路史料》）。页35—37；《四川川汉铁路公司第三所主稿《锡良遗稿·奏稿》执札编《四川保路堂锡行知抽收盐茶商股札稿》，北京，中华书局，1959年，以下简称《保路史料》，页43；中国科学院历史研究所第三所主稿《锡良遗稿·奏稿》《中国近代史资料丛书》，页454，文421，卷五，《加收一倍土药厘片》（光绪三十年十二月十三日）。2《轨政纪要·初编》，《章程》第一下，《轨》六，页38b—39，《滇蜀铁路总公司集股章程》；同书，《岁人·田赋》，岁入田赋》，页8，《随粮铁路股本》；同书，《岁人》，页9，《盐茶税课》。3《政治官报》（台北文海出版社影印本，1964年）第533号（宣统元年三月初五日）；页13，《折奏类·湖广总督陈夔龙、湖南巡抚岑春蓂奏湘省铁路股款请饬川滇鄂筹派工暨股捐各款情形折》（宣统二年九月十二日）；《查明湘鄂路工暨股捐各款情形折》（宣统二年九月十二日）；《清续通考》，卷11133，考11、《邮传考》九，卷368，《路考》；《路政》；《大清宣统政纪实录》（台北，华联出版社，1964年，以下简称《宣统政纪》），卷11，页6，宣统元年三月壬子，《铸铁《湘路纪要》载《湘路危言》，《湘路纪要》，第四册，页539。《大清德宗（景皇帝）实录》（台北，华联出版社，1964年，以下简称《德宗实录》），卷592，页上海，人民出版社，1957年），宣统元年五月癸丑，湖南省志编纂委员会编纂《湖南近百年大事记述》（长沙，湖南人民出版社，1959年，以下简称《湖南近百年》），9，光绪卅四年四月王癸丑；湖南省志编纂委员会编《湖南近百年大事记述》（长沙，湖南人民出版社，1959年，以下简称《湖南近百年》）。

416　中国近代经济史论丛

页244。
4 盐捐见《江西全省财政说明书》,《岁入部·盐捐》,页21;《路政篇》(r1.10),页860、876;端方《端忠敏公奏稿》(r1.10),页21;《路政篇》(r1.10),页860、876;端方《端忠敏公奏稿》(r1.10),页21,《路西铁路经费折》,《光绪卅年十月》;《东华录》卷四,页40b,《江西铁路经费折》,光绪卅年十月;《东华录》卷190,页113,光绪卅年十一月癸未。米股及空股,参考黄家瑜,陈永懋《南浔铁路调查记》页74;原书未见,转引自《铁路史资料》,页971。曾鲲化《中国铁路现势通论》,《长沙化华铁路学社,1967年,文海出版社,1967年影印。以下简称《铁路通论》》上册,页297则说赣路米捐为每石5分。按米股抽收率,九江为每石抽银2钱,以七成解归路局,湖口米股,则每石抽洋2角。见《路政篇》(r1.10),页863。
5 派股见《轨政纪要·初编》《章程第一下,机》四,页1017。《东方杂志》第六年第六期(宣统元年五月廿五日,即铁路公司报第五期,卷五,页29b,《安徽铁路招股告议》;米股及茶股,参考《北新杂志》卷13,页21—22;原文未见,转引自《铁路史资料》,页1017。《东方杂志》第六年第六期(宣统元年五月廿五日,即铁路公司报》)卷五,页29b,《安徽铁路招股告议》;米股及茶股,参考《北新杂志》卷13,页21—22;原文未见,转引自《铁路史资料》,页1131。赣路米捐每石约2分5厘,与《北新杂志》所载相同。芜湖出口的米,每石向买客抽银5分,路矿之用,每石5分。作保息之用,《复同乡京论路矿平分无湖出口的米,每石向买客抽银5分,路矿之用,每石5分。作保息之用,《复同乡京论路矿平分。同。芜湖出口的米,每石向买客抽银5分,路矿之用,每石5分。作保息之用,台北文海出版社据民国18年江宁刊本影印,1969年。卷五,页1b—2,说皖省米捐,一为归路支用,一为内河米捐,每石五分。作保息之用,《金票斋遗集》第31辑,304册,台北文海出版社据民国18年江宁刊本影印,1969年。卷五,页1b—2,说皖省米捐,一为归路支用,一为内河米捐,每石五分。安徽全省铁路总册,页1b—2说皖省米捐,一为归路支用,一为内河米捐,每石五分,专归路支用;一为内河米捐,每石五分。作湖米捐,每150斤,捐银一钱。又《通商各关华洋贸易总册》,光绪34年,芜湖口,1908年下卷,页52,载芜湖米捐,每150斤,捐银一钱。
6 《宣统政纪》卷7,页15,宣统元年正月丙午《清续通考》九,《邮传考》,考11127,卷368,《邮传八》,《路政》;《政治官报》第467号,宣统元年正月廿七日,《清续通考》九,《邮传考》,考11127,卷368,《邮传八》,《路政》;《政治官报》第467号,宣统元年正月廿七日。《直隶总督杨士骧奏直隶应摊津浦路款请奏加收盐捐折》。《清续通考》八,《邮传考》八,《路政》;《东方杂志》第五年第六期(光绪卅四年六月廿日),《交通》,页103,《河南巡抚林绍年自办铁路招股章程》,第五年第六期(光绪卅四年六月廿日),《交通》,页103,《河南巡抚林奏豫省自办铁路有限公司招股章程》,第五年第六期(光绪卅四年六月廿日),《交通》,页103,《河南巡抚林奏豫省自办铁路有限公司招股章程》;林绍年《林文直公奏稿》《清末民初史料丛书》第20种,《折奏稿》卷6,《抗许奏稿》,页17b,《豫省自办铁路酌加盐捐折》,光绪卅四年正月;日文,经济研究所藏日文档案,转引自《铁路史资料》,页69—70,《议覆滇省减收随粮捐》,《路政》;《邮传续编·路政》,页69—70,《议覆滇省减收随粮捐股路程折》(宣统三年八月度支部会奏);《邮传续编·路政》,页69—70,《关于洛潼铁路调查概况》,日文,经济研究所藏日文档案,转引自《铁路史资料》,页1131。
7 《清续通考》,考11115,卷367,《邮传七》,《铁路通论》上册,乙编,页270。
8 《路政篇》(r1.10),页216,《铁路通论》上册,乙编,页39。
9 《山西全省财政说明书·藩库内外销支款》,页244。

附注:
 * 光绪卅四年,改为每粮1升,收银5分。见《清实录》光绪卅四年七月十三日,(又见《政治官报》第282号,光绪卅四年七月十三日,页796—797,文735,《邮传考》8,《路政》;《锡良遗稿·奏稿》,光绪卅四年七月十三日,页796—797,文735,《邮传考》8,《路政》;《锡良遗稿·奏稿》,光绪卅四年七月十三日,页9—10,《折奏类》)。宣统二年,滇省部分地区,改征收率为每粮石收1两,收股银2两;军粮则每石1两。参考《存稿》卷20,《邮部奏疏》下,页50—51,《议覆滇省减收随粮路股章程折》(宣统三年八月度支部会奏);《邮传续编·路政》,页69—70,《议覆滇省减收随粮股路程折》(宣统三年八月度支部会奏)。
+ 1910年,改行累进租捐:收租五十石者入股1圆;百石者3圆;百五十石者6圆;两百石者10圆;三百石者18圆;千石者30圆;千石以上,所其自由增入。见《湖南近百年》,页243—244。
△ 除粮捐外,社又有按石加捐,如咸宁县每石粮捐五升,富平县每石粮捐一斗,均拨作童路本。见《陕西全省财政说明书》,《岁入部·漕粮类》,页133。

清季的商办铁路

湖北、安徽、云南则发行彩票[1],同时政府又从财政收入中拨款购买股票,作为官股[2],用来补助商办铁路的建设。

清末各商办铁路公司曾经运用这许多方法来筹集资本,成绩到底怎样? 我们可把清季商路公司筹集到的资本用表格来加以说明:表三是纯粹由人民自愿购股(即商股)筹集到的款项;表四是除购股外,包括其他各种强迫性捐输、彩票、官股的款项。

表三 清季商办铁路的商股筹集情况

铁路名称	款额(圆)	铁路名称	款额(圆)
闽路[1]	1 733 915.00	浙路[5]	9 254 085.50
粤路[2]	19 584 176.50	苏路[6]	4 098 715.00
潮汕[3]	3 025 870.00	烟潍[7]	550 000.00
新宁[4]	3 243 450.00	合共	41 490 212.00

资料来源:1《中国铁路史》,页987。
2 自开办至宣统三年(1911年)五月底止,共收过头期股银8 817 562元,二期股银10 766 614.5元,七二伸算,共银14 100 607两。见《存稿》卷80,《电报》57,页24b—25,《张坚帅来电》(宣统三年七月初八日)。路政篇(rl.10),页322则说二期股款数额为11 090 000(+)元,与前述稍有不同。
3《邮传续编·路政》,页13b,《覆陈勘查福建潮汕新宁惠潮铁路路线投资折》(宣统二年二月廿八日);《政治官报》第901号,宣统二年三月廿五日,页7,《折奏类·邮传部奏勘查福建潮汕新宁惠潮路线股资情形折》。Mongton C. Hsu,前引书,页90则载该路集资共3 303 303元;"China's Struggle for a Native-financed Railway System",页490则说共3 123 000元。
4 该路股款计有从美洲金山、香港、内地各埠招募所得2 743 450元,展筑白沙支线所募集之50万元,共3 243 450元。见《路政篇》(rl.10),页410。Mongton C. Hsu,前

---

[1] 云南彩票捐内容,是每月出彩票1万张,每张在滇售银1两,外埠来荩,每张9钱5分,留5分作荩者红利。共售银1万两,每月出彩800号,以银4 000两酬之。余6 000两,以5 000两作为外埠来荩减价之数,并设局办公费。见《轨政纪要·初编》,《章程》第一下,《轨》六,页41b—42,《滇蜀铁路公司集股章程》。安徽则购票2张,值7两。购票者有机会获奖,并拥有路股一股,价值10两。见 North China Herald, Oct.5, 1906, 14;原文未见,转引自"China's Struggle for a Native-financed Railway System,"页482。

[2] 如川路,滇路从铜圆局余利拨出若干,作为公司股本,川省当局更从藩库拨出宝川局鼓铸存本若干,给予川路公司,参考《轨政纪要·初编》,《章程》第一下,《轨》三,页9—10,《川汉铁路川省集股章程》;同书,《轨》六,页40b—41,《滇蜀铁路公司集股章程》;《奏设川汉铁路集股章程》,四川省图书馆藏,原文未见,转引自《保路史料》,页37—38。广西则以溢额捐款部分,作为铁路股本。见《德宗实录》卷579,页11,光绪卅三年九月乙亥;《邮传类编·路政》,12—13,《度支部会奏遵议赵炳麟等请将广西捐款溢额拨充路股折》;《路政篇》(rl.9)页913;《政治官报》补第16号,光绪卅三年九月十一日,页51,《广西巡抚张鸣岐奏铁路请归商办并拨官款提倡折》。

引书,页 92,则作 4 306 120 元(包括借款 100 万元在内)。
5 截至宣统元年(1909年)止,浙路股款募集情形,可列表说明如下:

股 款 名 称	款额(圆)
各府分任实缴股额	8 299 617.32
未派行车盈余	320 364.41
未给提存股息	612 049.94
各经理预缴股款	22 053.84
合　　计	9 254 085.51

以上见《路政篇》(rl.10),页 192。又《铁路通论》,上册,乙编,页 286 说浙路实集有股款 1 500 万元,未知何据。
6 苏路 1906—1911 集股实数,可列表说明如下:见《路政篇》(rl.10),页 104—105。

年　份	股　名	款额(圆)
1906—1907	丙午 丁未 年正股	2 332 768.00
1908	戊申年正股	620 682.00
1909	己酉年正股	374 044.00
1910	庚戌 年正股 又五 息股	104 930.00 443 066.00
1911	辛亥 年正股 又五 息股	39 786.00 183 439.00
总　计		4 098 715.00

7 同表一注 d。

根据表七,可知清季商办铁路筹集股款的成绩,以沿海的广东、浙江、江苏及内陆的四川、湖南为佳,五省筹得的股款,约达当日商路股款总额的 73.62(+)%,其余都不大令人满意。粤、浙、苏三省股款,都来自人民自由认购,而四川、湖南则主要来自带有强迫性的租股或米捐。为什么这几省筹集股款的成绩,要比其他地方为高? 现在让我们讨论一下。

粤、浙、苏三省人民有能力购买商办铁路公司的股票,显然和这些地方商业繁盛,具有密切的关系。这三省位于沿海地区,交通便利,商业早就相当发达,其后到了 19 世纪中叶,由于香港、上海的崛兴,商业更进一步地发展起来。以香港为例,1899 年的贸易要占中国对外贸易总额的 41.6%;到了 1913

表四　清季商办铁路的股款(商股、强迫性捐输、彩票、官款)筹集情况

(单位：两)

铁路名称	商股	租股	亩捐	粮捐	米捐	茶股	土药股	彩票	盐股	茶项	官款	派股	总额	商股占全部股款百分比(%)
川路[1]	2 600 000 (+)	9 500 000 (+)	—	—	—	—	2 000 000 (+)	—	—	3 300 000[+]	—	—	17 400 000 (+)	14.94 (+)
滇路[2]	—	—	—	1 467 060 (+)	—	—	—	—	1 456 950	—	—	—	2 924 010	—
鄂路*[3]	1 092 924	—	—	—	—	—	—	430 461	—	—	—	—	1 523 385	71.74 (+)
湘路[4]	1 506 079 (+)△	905 980	—	—	964 687	—	—	—	1 286 680[+]	687 725○	—	—	5 350 853	28.14 (+)
桂路[5]	—	—	—	—	—	—	—	—	—	—	1 000 000	—	1 000 000	—
赣路*[6]	260 836 (−)	—	—	—	—	893 960 (−)	—	—	144 345 (+)	—	—	170 200	1 459 341 (+)	17.87 (+)
皖路[7]	143 850 (+)	—	—	—	441 765 (+)×	101 772 (+)	—	173 152 (+)	—	—	—	—	860 540 (−)ᵃ	16.71 (+)
津浦[8]	—	—	—	—	—	—	—	—	1 400 000	—	—	—	1 400 000	—
洛潼[9]	606 666 (+)ʰ	—	—	—	—	—	—	—	420 000	—	—	—	1 026 666ᵇ	59.09 (+)

续表

铁路名称	商股	租股	亩捐	粮捐	米捐	股款性质类别 茶股	土药股	彩票	盐股	杂项	官款	派股	总额	商股占全部股款百分比(%)
同蒲[10]	73 638(十)	—	218 783(十)	—	—	—	—	—	—	—	—	—	292 421(十)c	25.18(十)
西潼[11]	—	—	—	—	—	—	—	—	—	—	—	—	(参资料来源)	(?)
	6 283 993(十)	10 405 980(十)	218 783	1 467 060	1 406 452	985 732	2 000 000	603 613	4 707 975	3 987 725	1 000 000	170 200	33 237 216(十)	18.90

资料来源：1《存稿》卷18.《奏疏》18，页32.《遵旨议覆川省路股办法折》(宣统三年八月)《存稿》卷18，页85.《电报》62，页18b.《寄武昌岑督军、端制军、夔州端大臣，成都赵制军、广州张制军，长沙余中丞》(宣统三年八月初十日)；《东方杂志》第八年第八号，《中国大事记》，页14；督宪发阅电文，载《四川保路同志会电录》，《四川保路同志会会电要录》第7—8页，原文未见。《保路史料》，页171。

2 表中数字，乃根据各种资料推算出来。滇蜀铁路集股总数，据方树梅《新纂云南通志》卷57，页18说共三百数十万两（原书未见。转引自《铁路史资料》，页1098)。秦光玉《陈小圃先生传》，载方树梅《滇南碑传集》卷25，页14则说共集股二百数十万两(原书未见。转引自《铁路史资料》，页1111)。盐股一项，每斤加价5文，年可得264 900(十)两，共应得银1 486 045两，另补包银5 290(十)两。 见《云南全省财政说明书•岁入部》油捐2文。年约得银31 030(十)两。计从光绪州二年起，至宣统四年，改为每粮1石，年可得银100万两。到宣统二年，岁入田赋》页8.《随粮铁路股本》；《清良遗稿•奏稿》，考11120，卷367《邮传续编•路政》，页69—70.《邮传部奏稿工巨款铁路工程工巨费跟议改酌改随粮加股章程折》《光绪州四年六月初四鄂属支部会奏》；《邮传续编•路政》八，《路政》卷六，页796—797.文735.卷六，《路政》，《存稿》卷20.《邮部奏疏》下，页50—51.《议覆滇省减收随粮捐股折》(宣统三年。《存稿》卷8.《电报》78.《电报》，页20b—21端大臣电》(宣统三年六月二十日)。

3 鄂路款，计有官钱局招募粤汉路商股472 597圆，川汉商股75 353圆，又劝协公募集商股970 000(十)圆，彩票捐597 862.5圆。见《外交史料•宣统朝》卷22，页15.《湘抚杨文鼎致邮査明湘路收支各款实数电》(宣统三年九月二十日)。《存稿》卷79.《电报》56.页4.《折奏类•电报》；《政治官报》补第16号，光绪州三年九月十一日，页5.《折奏类•广西巡抚张鸣岐奏铁路请归

5 《德宗实录》卷579，页11，光绪州三年九月己已。《政治官报》补第16号，光绪州三年九月十二日》则说有路款240(十)万

清季的商办铁路

商办并拨官款提塈倡折》；《邮传类编·路政》，页13，《会奏遵将赵炳麟等请将广西捐款溢额拨充路股折》说白万两为路矿"等并用，与《德宗实录》所载不符，待考。

6 《路政篇》(r1.10)，页859—864。商股项下，包括光绪州二年七月至卅四年六月自由投资人股的25万圆，地价人股的11 830圆，各省经理处招募的100 442圆；货股最早于光绪卅二年招募，最迟结束于民国四年(1916年)，共收入1 227 722圆。盐股收入200 480圆。派股236 389圆。据周馥《周悫慎公全集》，卷11，台北文海出版社据民国11年秋浦周氏校刊本影印，1966年，以下简称《周集》，第五册，《电稿》，页4，《致军机处，户部电》(宣统元年十月廿五日)所载，江西铁路盐斤加价，只见得银8万两，与此不符。又《东方杂志》第六年第十一期(宣统二年六月十二日)，《纪事》，页361，《江西铁路股东会冲突评记》载赣省盐捐，"自开办以来，共解过湘平银十四万余两"。与表中数字相近，疑《周集》数字较为偏低。

7 《东方杂志》第六年第六号，《调查》，页6，《皖路公司报部情形》。

8 从宣统元年开始，长户盐商按新增盐价，每年包缴70万两，作为直隶津浦铁路公司股本。至宣统三年中，估计应得数如表中所列。详见甘厚慈辑《北洋公牍类纂续编》，袁世凯主编《沈云龙主编《近代中国史料汇刊》)。8. 台北文海出版社据宣统二年绛雪斋书局版影印，1966年，以下简称《北洋公牍》，卷11，《鹾政》二，页34b，《运同详津浦铁路股认附津浦铁路股分先向银行借盐由银行借余款分年归还文并批》；页35b，《运同详明津浦铁路加价交款章程八条并批》。

9 见经济研究所藏日文档案，转引自《铁路史资料》，页1132。

10 《路政篇》(r1.10)，页238。

11 该路报税招集股款已有80(十)万两，但并未收实。见《路政》(r1.10)，卷20，《邮部奏疏》下，页48，《议覆两童铁路收归官办折》(宣统三年八月度支部会奏，《邮传续编·路政》，页110b，《议覆两童铁路请改归官办折》。

附注：十 包括廉薪股。
　　　 ○ 包括息任内。
　　　 △ 包括廉薪股。

† 包括盐斤加价614 427两，衡、永、宝溢销湘厘672 253两。按：衡、永、宝溢销盐厘是光绪州三年度支部以衡、永、宝本系废岸，应极力推广。因此以13 415引为定额，如销引多于定数的，即等数归该岸应用。当时湘路因路款支绌，请求把溢销的盐厘拨归湘厘作路款。参考《湘潘案牍钞存》，第三册，页19b—20，《会议两湖赈来书捐暨衡、永、宝配销额盐厘非因路捐不应停收详文》(宣统三年七月十二日)。

O 包括三佛余利304 921两，广东干路售价、月息存款，杂项共382 804两。
× 包括米股银336 322(十)两，米捐105 443(一)两。
a 表中款项乃截至1909年止的。
b 表中款项数目是至1910年七月为止所筹得的。
h 计有优先股41万圆，普通股银50(十)万圆。
c 表中数目是至民国二年(1913年)十二月底为止所收的数额。

* 单位原作圆，今折算成佛。各省铁路公所集股金，有银两、银圆之别。银两又有不同的成色。为求统一简明起见，对银两成色未加以细别。除洛潼路款1.5圆折算银1两按1圆折算，统按1两合0.72两折算。以下一律依此办理。

表五　清季商办铁路各类股款在总额中所占之百分比

股款名称	数　　额(两)	百分比(%)
商　股	36 156 945(＋)	57.29(＋)
租　股	10 405 980	16.49(－)
粮　捐	1 467 060(＋)	2.32(＋) ⎱ 19.15
亩　捐	218 783	0.34(＋)
盐　股	4 707 975(＋)	7.46(＋)
杂　项	3 987 725	6.31(＋)
土药股	2 000 000(＋)	3.17(－)
米　捐	1 406 452(＋)	2.23(－)
官　款	1 000 000	1.58(＋)
茶　股	985 732(＋)	1.56(＋)
彩票捐	601 613(＋)	0.95(＋)
派　股	170 200	0.27(－)
合　计	63 108 465(＋)	100.00

资料来源：见表三、表四。表三单位原以圆表示，今概折算成两。

附注：据谢彬估计，在 1905—1913 年这一段时期，商办铁路公司等筹得的股款总额为 11 310 万元，其中商款总额为 5 190 万元，约占商路股款总数的 45.89(－)%，比表中所估计的百分比还要低。参考 Lee En-han, *China's Quest for Railway Autonomy 1904－1911* (Singapore: Singapore University Press, 1977), p.134.

年，它的相对重要性虽然减少，但仍占 29.1%。[①] 难怪粤路的股款，有不少是以港币兑交的。[②] 无怪粤人自诩："粤省境内铁路，全系商股、与湘、川、鄂三省之路，集征于租、房等股者不同。"[③] 上海工商业的发达，更是苏、浙商办铁

[①] C.F. Remer, *The Foreign Trade of China* (Taipei: Ch'eng-wen Publishing Company, reprinted ed., 1967), p.160.

[②] 从 1906 年 7 月至 1909 年 3 月 20 日，粤省粤汉铁路有限公司筹集到的款项，计有银 8 856 852.828 两、银(大元)350 496 两、港币 2 252 659.76 圆。参考《稽查粤路公司收支所历年进出银数造造简明四柱清册并签询答复呈报清单》，页 1—17；原文未见，转引自《铁路史资料》，页 1055。

[③] 见《民立报》(王季陆主编《中华民国史料丛编》，台北，中国国民党中央委员会党史史料编纂委员会，1969 年)，第 241 号，辛亥年五月十九日，页二，《新闻》一，《四省人之铁路政策》；又参考《存稿》卷 84，《电报》61，页 16，《广州张坚伯制军来电》(宣统三年八月初一日，并致度支部)。

表六　清季商办铁路股款中商股与强迫性捐款、彩票股、官股的比较

（单位：两）

铁路名称	时期	商股	茶股	盐股	米股（捐）	租股亩捐	官股	土药股	彩票股	总额	商股在全部股款中所占的百分比（％）
川路[1]	光绪卅年(1904)至卅三年(1907)五月						7 575 789	600 000		8 175 789	
	光绪卅四年(1908)至宣统元年(1909)宣统元年 }[a]	69 420 584 36 589 841		56 660.5 64 281.5		1 519 259 935 1 343 459 464	37 375 250 099(－) 9 875 196 797(＋)			1 932 815(＋) 1 651 002(＋)	3.59(＋) 2.21(＋)
湘路[2]	光绪二年(1906)二月至宣统二年(1910)七月	1 238 400	108 426.24		694 242.2				182 610	3 856 598(＋)	32.11(＋)
皖路[3]*	自开办至民国三年(1914)三月	146 714.4				200 000				1 131.993(－)	12.96(＋)
同蒲[4]	自开办至宣统元年	27 000(＋)		241 000						227 000(＋)	11.89(＋)
洺[5]	光绪二年	322 000(－)								563 000(－)	57.19(＋)
漳[5]	自开办至民国三年(1914)二月	1 277 419(＋)[b]		1 500 388(－)						2 777 807(＋)	45.98(＋)

资料来源：1 a《邮传续编·路政》，页109b。《查明四川川汉铁路公司出入款目并酌筹办法折》；《东华录》卷211，页147，光绪卅三年冬十月乙亥；陈璧《望岩堂奏稿》《史料丛刊》第10辑，93册，台北，文海出版社，1967年，卷七，页25。《查明四川川汉铁路公司出入款目并酌筹办法折》（光绪卅三年十月十七日）。
b《路政篇》（r.10），页47—48。
2《邮传续编·路政》，页62。《查明湘鄂路工暨股捐各款情形折》（宣统二年九月十二日）；《外交史料·宣统朝》卷22，页44。《邮部奏明

3 《中国铁路史》,页846。商股原作203 770圆,商股原作150 592圆,茶股包括米股676 753圆,米捐206 993两。
4 《邮传续编·路政》,页84b,《覆陈勘查山西同蒲铁路线股资折》(宣统元年);《政治官报》第624号,宣统元年六月初八日,页6,《折奏类·路政·邮传部奏覆陈勘查山西同蒲铁路线股资大概情形折》。
5 《路政篇》(r1.10),页248,252。

附注：a 湘路除商股外的股款总数(包括租股、盐厅加价、米捐、杂项、三佛支路余利),是以全部款额3 856 598.84两,减去商商股款数得来。
b 包括利息在内。

＊ 单位原作圆,今折算成两。

据《铁路通论》,上册,乙编,页337说川路,由光绪卅年十二月至卅二年八月所筹得的股款,计有商股2 290 131两,租股2 045 679两,土药厘220 761两,报劝款6 728两,共4 563 299两。不过,商股数目占全部股款的50.18(十)%,恐不可据。

清季的商办铁路

表七 清季商办铁路至1911年为止筹集到的股款　（单位：两）

铁路名称	款额	铁路名称	款额
川路	17 400 000	津浦(直隶)	1 400 000
粤路	14 100 607	闽路	1 248 418(＋)
浙路	6 662 941(＋)	洛潼	1 026 666(＋)
湘路	5 350 853	皖路	860 540(－)
苏路	2 951 075(－)	烟潍	396 000
滇路	2 924 010	同蒲	292 421(＋)
新宁	2 335 284	桂路	——
潮汕	2 178 626(＋)	西潼	——
鄂路*	1 523 385	合计	62 110 168(＋)
赣路	1 459 341(＋)		

资料来源：见表三、表四。

附注：＊包括川汉、粤汉二段。

桂路所筹集款项，本由广西溢额捐款拨给，全属政府款项，故本表不把它包括在内。表三所列数目为圆，今概折算成两。

表八 上海历年直接对外贸易货值表(1865—1910年)

年代	上海直接对外贸易货值(关两)	上海占全国对外贸易货值总数的百分比(%)
1865	61 003 051	55.55
1870	78 108 105	65.64
1875	76 670 680	56.08
1880	92 225 309	56.68
1885	87 070 958	56.83
1890	98 993 486	46.21
1895	168 839 947	53.60
1900	204 129 362	55.16
1905	336 343 009	54.27
1910	373 958 182	44.32

资料来源：全汉昇《上海在近代中国工业化中的地位》，载氏著《中国经济史论丛》(香港新亚研究所，1972年)，页703。

路筹款成绩较好的重要因素。1911年,上海工厂总数为48家,约占全国总数的28.1%①;在对外贸易方面,更毫无疑问地居于领导的地位。

就广东来说,还有一个特别有利的因素,那就是侨资的支援。华侨的汇款,一方面对中国平衡国际收支,裨益至大②,他方面和沿海各省人民生活水准的提高③,又有密切的关系。广东是华南的大门,每年侨资的汇入,数额非常之大④,故"粤路股东,以南洋、美洲华侨资本最多"⑤,绝不是一件偶然的事。

因为广东、浙江、江苏三省的经济力量比较雄厚,负责商办铁路的人员自然得到较大的发言权,而不为政府官员所左右;由于政府干涉的减少,人民对投资自然较有信心,这又是上述铁路筹款成绩较令人满意的关键。粤汉路粤段初办时,粤督岑春煊提出除劝股外,"拟加收台炮费三成、粮捐、沙田亩捐;并试办基塘租捐、商渔船捐、盐斤加价"⑥。结果引起粤省绅商不满,指为"加

---

① R.H. Tawney, *Land and Labour in China* (London: George Allen & Unwin Ltd., 1964), p.199, Table Ⅸ.

② 据R.F. Remer估计,1899—1913年中国国际收支中,债方为237 100万关两,贷方为228 100万关两;在后一项目中,华侨汇款数目为105 000万关两,约占总额的46.03(+)%。见氏著前引书,页223,表十。又据郑友揆较为保守的估计,1912年的华侨汇款,约占该年中国对外贸易入超的39%。见 Yu-Kwei Cheng, *Foreign Trade and Industrial Development of China* (Washington, D.C.: The University Press of Washington, 1956), p.86, Table 29.

③ 《东华录》卷115,页43,载光绪十九年秋七月庚寅薛福成奏:"南洋各岛华民不下百余万人,约计沿海贸易,落地产业所有利权,欧洲、阿拉伯、巫来由各居十之一,而华人乃占十之七。华人中,如广、嫂、惠、嘉各籍约居七之二。粤之潮州,闽之漳、泉乃占七之五。……近年各省筹赈筹防,多捐巨款,竞邀封衔翎顶,以志荣幸。……衣食之外,颇积余财,至今滨海郡县稍称殷阜,未始不借乎此。"

④ 以广东汕头附近的一区为例,在20世纪的30年代,华侨汇款最低限度要占该区家庭平均收入的75%。见 Edward J.M. Rhoads, 前引书,页120。

⑤ 《存稿》卷81,《电报》58,页4b,《广东张坚帅来电》(宣统三年七月初九日,并致度支部、端大臣);《民立报》,第345号,辛亥年八月初六日,页三,《新闻》一,《粤路股东之血本每股每年还一角》。又《存稿》卷18,《奏疏》18,页34b—35,《遵旨议覆川省路股办法折》(宣统三年八月)说:"粤省股票,且多散之于南洋各岛。"(又见《东方杂志》第八年第八号,《中国大事记》,页15。)广东新宁路的股款,也大半由美洲、南洋华侨募集得来。见《路政篇》(rl.10),页354。关于华侨在粤路的势力,从下列事例中可见一斑。当清政府宣布把干路收归国有时,广东"每伺外埠华侨向背"的善堂行商,"盘踞票根不交",以示反抗。而善堂"又为商民所信仰,政界畏之如虎,莫敢谁何?动称只认股东,不认部官。"所以粤督张鸣岐向邮传部报告时,"屡以华侨生心,及乱民煽言相挟"而感到忧虑。见《存稿》卷80,《电报》57,页27b,《广州龙参议来电》(宣统三年七月初八日);卷82,《电报》59,页7b,《城陵埠端大臣来电》(宣统三年七月十九日,并致泽公);页15,《沙市端大臣来电》(宣统三年七月廿一日,并致泽公)。

⑥ 《德宗实录》卷554,页10b,光绪卅三年春正月庚寅;《路政篇》(rl.10),页256—257。

征苛抽"。岑春煊遂将闹事绅商黎国廉、梁庆桂等逮捕①,并严禁广州各报议论路事。② 粤省民情大愤,推粤人前闽浙总督许应骙等为首,奏劾岑春煊③,风潮愈闹愈大。素主铁路官办的湖广总督张之洞④,也劝岑春煊放弃前议,释放黎、梁等。⑤ 粤路遂全归商办,逮捕黎、梁的番禺知县柴维桐也因而免职。⑥ 政府的压力既已消除,加上最初由合兴公司建造的支线广三铁路相当赚钱⑦,人民购股十分踊跃,数月间即收第一期股银 8 817 562 圆,"为数之巨,认股之速,实为中国创办公司以来所仅见"⑧。除广东外,闽路资本的来源,差不多是南洋侨资,该路总理陈宝琛且亲往南洋招募。⑨ 反之,云南和四川的商路公司,虽也曾打算派人到南洋招股⑩,却因为缺乏福建很早便有移民海外的历史背景,筹款成绩当然要差得多了。

苏、浙方面,当浙江商办铁路公司成立时,英人即向清廷施展外交压力,

---

① 《张集》卷 195,《电牍》74,页 29b,《致香港粤商杨蔚彬等》(光绪卅二年正月十一日申刻发);梁嘉彬《番禺黄埔梁氏五世传略》,载《史学汇刊》(中国文化学院史学研究所、中华学术院中华史学协会出版),第七期(1976 年 7 月),页 88、94;《东方杂志》第三卷第九期(光绪卅二年八月廿五日),《交通》,页 182—183,《署两广总督岑奏粤汉铁路请准归商接收办理折》;《周集·奏稿》卷四,页 19,《遵旨查覆粤督参案折》(光绪卅二年四月廿一日);胡思敬《国闻备乘》,《史料丛刊》,第 45 辑,456 册,台北文海出版社据宣统甲子南昌退庐本影印,1970 年),卷一,页 16,《袁岑气焰》;甘荼《光绪末年广东的一次大风潮》,载《艺林丛录》第三编(香港商务印书馆,1973 年重印),页 251—252。
② 《新闻丛报》(台北艺文印书馆影印本,1966 年),第四年十一号,《中国大事月表》,页六。
③ 《国闻备乘》卷一,页 16,《袁岑气焰》;梁嘉彬前引文,页 88—89、94;甘荼前引文,页 252。
④ 早在粤汉路赎路运动期间,张之洞即主张:"铁路事固赖绅民协力,然将来若全不由官主持,则意见分歧,情势涣散,流弊亦多。……粤省官款仍亦不可少于商款……以存路权而重路政。"见《张集》卷 192,《电牍》71,页 26b—27,《致广州岑制台、张抚台》(光绪卅一年四月廿三日戌刻发)。
⑤ 《张集》卷 195,《电牍》74,页 30b—31,《致广州岑宫保》(光绪卅二年正月十一日)。
⑥ 《周集·奏稿》卷四,页 19b—20,《遵旨查覆粤督参案折》(光绪卅二年四月廿一日)。
⑦ 《存稿》卷 74,《电报》51,页 10,《寄张中堂、陈尚书》(光绪卅四年八月初二日)说:"粤路商股之易集,皆因佛山、三水先成短路,获有厚利,树之先声。"
⑧ 《东方杂志》第三年第 12 号(光绪卅二年十一月廿五日),《交通》,页 235,《署两广总督岑奏陈粤汉路交商接办情形折》;《清续通考》,考 11101,卷 365,《邮传考》六,《路政》。又参考《路政篇》(rl.10),页 258。
⑨ 参考《路政篇》(rl.7),页 5627;《邮传续编·路政》,页 83,《福建铁路举员暂管并筹善后事宜折》;《存稿》卷 20,《邮部奏疏》下,页 17,《福建铁路公司应令举员接管并筹善后事宜折》(宣统三年闰六月)。据 Michael R. Godley, "Chang Pi-shih and Nanyang Chinese Involvement in South China's Railroads, 1896-1911," in *Journal of Southeast Asian Studies*, (Singapore: McGraw Hill Far Eastern Publishers Ltd.), vol. IX, No.1, p.29, 马来亚华侨, 锡矿业巨子胡子春曾斥资廿万圆,购买闽路股票,由此可知侨资与闽路修筑的密切关系。
⑩ 川路向新加坡华侨招募股款,见《大公报》,光绪十九年十月廿五日;原文未见,转引自《铁路史资料》,页 1059。滇路招股,见《商务官报》,光绪卅二年六月第 11 期,页 38,原文未见,转引自《铁路史资料》,页 1106。

迫使清廷履行 1898 年与英签订的草约，把苏杭甬铁路修筑权让给英国，结果引致苏、浙两省掀起保路运动。浙路总理汤寿潜实为这运动最重要的领导人。清廷终于妥协，把英筑路贷款转贷给苏、浙商路公司，以商办的名义筑路，风潮才告平息。宣统二年，清廷准备实行借款筑路政策，与汤氏意见不合，英人又嗾使清政府把他革职。浙人大哗，清政府只好把邮传部借款撤回，用来修筑徐海清路，苏、浙商路遂名副其实地完全商办。①

另一方面，苏、浙、粤以外的商办铁路公司，既然要靠强迫性的力量来募集股款，便自然地加深对政府的倚赖，从而受到官方的左右和控制。这自然要影响人民购股的信心，损害筹款的成绩。如 1906 年，湖南商会协理陈文玮，坐办周声洋欲在张之洞支持的湖南全省支路总公司外，另组湖南全省铁路有限公司，摆脱政府官员的干涉和支配，结果因遭张之洞的阻禁而失败。张氏认为："湘省情形，专门富商大贾，向来不多，凡筹公事，大率地方官邀集正绅，公司筹议，由大吏核定举办"；因此"商会所集之款，应令其附入公司，亦作为筹款招股之计，不能自树一帜""令共帮同招股，不许越分争权。"②至于由他直接统治的湖北，情形更不用说了。张之洞说："江、浙、粤等省铁路，绅民皆争商办，气习嚣张，极为无理。鄙人在鄂筹办路事以来，从未令绅民干预，所以一事权而免纷扰。"③这不单说明了清季商办铁路受政府控制程度的不同，也揭示了各商路之间，筹款成绩不同的一个关键所在。④

除粤、苏、浙外，四川也是当日筹集商路股款最有成绩的一省。可是，四川和上述三省不同，它的股款的主要来源，不是来自由人民自由认购的商股，

---

① "The Chekiang Gentry-Merchants vs. the Peking Officials: China's Struggle for Recovery of the British Soochow-Hangchow-Ningpo Railway Concession," pp.261－265；Madeleine Chi，前引文，页 97—105；祁龙威前引文，页 50—53。
② 《张集》卷 68，《奏议》68，页 9、12、15，《湘路商办窒碍难行应定为官督商办并举总理协理折》(光绪卅二年十一月十七日)。
③ 《张集》卷 201，《电牍》80，页 4b，《致武昌陈制台、李藩台、高学台、杨臬台、铁路总局各道台、吴星陔侍御、费小鲁观察、刘聘之、杨惺吾、刘襄迨》(光绪卅四年八月廿三日)；日本驻汉口总领事水野幸吉，在 1906 年 6 月 27 日致日本驻华使馆报告书中也指出，"湖北方面，绅、商皆无势力，全赖总督之措置。"见经济研究所藏日文档案，转引自《铁路史资料》，页 1022。
④ 此点可以四川为例："川路自锡督奏定自办之时，督办管理纯由官派，厥后商办局定，官权尚在；三总理皆川人，然非趋仕宦京朝为达官者，莫能为也。商人虽趋权募势，知官可贵，一涉财利，则畏官吏如螳蛭，不敢与之共事。……计川路已收之股一千二三百万中，自由股才居十之二三。"见《民立报》，第 347 号，辛亥年八月初十日，页一，《要件·留东川人反对国有铁道意见书》。

而是来自带有强迫性的租股。① 四川有一得天独厚之处,就是土地肥沃,生产力特别高。"……川省膏腴,每田种一石,可收谷百余石。"②据 20 世纪 30 年代初年,由美国农业专家卜凯(John Lossing Buck)领导调查的结果,"本区(四川水稻区)作物产量指数为 108,超过全国平均数高 8%,每人所产谷物为 713 公斤,为各区之冠"③。另一项报道也说:"四川稻谷播种面积,占粮食作物 1/3 以上,一向是我国最重要的稻米产区。……生产力也最稳定。这一方面因为本省有较为充足的劳动力,农民对稻作经营非常细致。同时各年自然灾害也不甚严重,不只广大丘陵地区水田遭受洪渍灾害的面积很少;即成都平原,也因都江堰的排水系统,很少受到渍涝之患。……一般年份,单产高于两湖、两广(均指一般稻),并高于长江下游的江、浙。"④

除四川外,湖南也是中国一个很重要的产米区域。清代湖南种植稻米土地的生产力,不断上升。在 18 世纪中叶,每亩上地或中地约可产(去壳)米 3 石,19 世纪中叶,可产 4 石,到 19 世纪末,产量更增至每亩 5 石。⑤ 据宣统元年湖广总督陈夔龙的估计,全省租额有 56 736 300(＋)石之多,征收租股,年约得银圆百余万。⑥ 除了供应本省消费外,湖南每年还有大量食米出口。根据一位学者的研究,湖南"稻米占全省粮食总产量十分之九左右。湖南是我国第二个稻米比重极大的省份,仅次于江西。……按稻米输出量而

---

① 关于川省征收租股的缘起,参考周询《蜀海丛谈》(《史料丛刊》,第一辑,七册,台北,文海出版社,1966 年),卷二,页 50b—51,《制度类》下,《川汉铁路》;吴晋航《四川辛亥革命见闻录》,载中国人民政治协商会议全国委员会文史资料委员会编《辛亥革命回忆录》第三集(北京,中华书局,1962 年),页 99—100。
② 《朱批谕旨》(台湾文源书局影印本,1965 年),《鄂弥达奏折》下,页 24。
③ 卜凯主编、黄席群等译《中国土地利用》(《中国史学丛书续编》18,台湾学生书局据金陵大学农业经济系出版版本影印,1971 年),页 92。
④ 孙敬之主编《西南地区经济地理》(四川、贵州、云南)(中国科学院华中地理志《经济地理丛书》之六,北京,科学出版社,1960 年),页 26—27。
⑤ Yeh-chien Wang, *Land Taxation in Imperial China 1750 - 1911* (HEAS 73, Cambridge, Mass.: Harvard Uuiversity Press, 1973), p.97.据陈正祥《农业地理道论》(台北敷明产业地理研究所《地理教育丛刊》第 12 号,1960 年),页 32—33,表 5:2 所载,1931—1937 年中国稻米每年平均产量,以湖南为最高,每公顷达 22.4 担;其次是四川,每公顷 22.1 担。二省产额都比全国平均产量为高。又参考 Dwight H. Perkins, *Agricultural Development of China 1368 - 1968* (Chicago: Aldine Publishing Co. 1969), p.275, Table. D.3.
⑥ 《宣统政纪》卷 11,页 6,宣统元年三月壬子;《清续通考》,考 1133,卷 368,《邮传考》九,《路政》;《政治官报》第 533 号(宣统元年三月初五日),页 13,《折奏类·湖广总督陈夔龙、湖南巡抚岑春蓂奏湘省铁路股款请援川滇章程按租认缴折》。

论,经常居我国第一位。……稻米及其副产品的产值,占全省农业总产值二分之一"①。出口米捐,在湖南商办铁路筹款中,占有非常重要的地位。到了清季,单是洞庭湖滨地区,每年生产稻米,盈余可供出口的,已经超过100万担(约67 000吨)。② 在这个基础上,靖港、易俗河成为两大稻米输出港,前者每年输出稻米100万石以上,后者更多至200万石左右。由于稻米集散的关系,长沙、常德等地相继繁荣起来。③ 据长沙海关人员估计,湖南每年盈余供出口的食米,约为450万到750万担;光是湖北一省,每年就要从湖南输入食米350万石。大约说来,湖南米产的5%—10%都是准备供应出口的。④

所以四川、湖南的商办铁路公司,虽然要以强迫性质的方法来筹款,但成绩仍然比较满意。

其他各省,不像粤、浙、苏、湘、川那样具备了有利的环境,筹款的成绩自然要瞠乎其后。如河南"地瘠民贫,若专恃招股兴修,实苦力有未逮"⑤;安徽"矿产农工,尚待兴办,其物产富厚,又非江、浙各邻省可比,论铁路之利,实不如他省"⑥;广西"匪乱将及十年,民间元气凋残已极……工商素称凋敝,佣力并属无从,民间绝少盖藏,公款早经罄尽"⑦。山西当局因为要吸引人民购买同蒲路股,实施下列强迫性质的捐款办法:盐斤加价、烟户抽捐、差徭提款、土膏业捐、斗捐加抽,作为保息⑧,但成绩仍欠理想。可知上述各省商办铁

---

① 胡兆量《湖南省经济地理》(长沙,湖南人民出版社,1956年),页52。
② Charlton M. Lewis, *Prologne to the Chinese Revolution: The Transformation of Ideas and Institutions in Hunan Province* (Harvard East Asian Monographs, 以下简称 HEAM, 70, Cambridge, Mass.: East Asian Research Center, Harvard University, 1976), p.6.
③ 胡兆量《湖南省经济地理》(长沙,湖南人民出版社,1956年),页29。
④ Arthur L. Rosenbaum, "Gentry Power and the Changsha Rice Riot of 1910," in *JAS*, Vol.XXXIV, No.3, (May 1975), p.701.
⑤ 《东方杂志》第五卷第六期,《交通》,页102,《河南巡抚林奏豫省自办铁路酌加盐捐折》;《林文直公奏稿》卷六,《抚汴奏稿》,页17b,《豫省自办铁路酌加盐捐折》(光绪卅四年正月),《清续通考》,考11125,卷367,《邮传考》8,《路政》。
⑥ 李经芳《安徽全省铁路图说》,光绪卅一年;原书未见,转引自《铁路史资料》,页1013。
⑦ 《邮传类编·路政》,页12b—13,《邮传部度支部会奏遵议赵炳麟等请将广西捐款溢额拨充路股折》。
⑧ 《宣统政纪》卷八,页33b—34,宣统元年二月甲戌。至于保息款项内容,盐觔加价是把潞纲花小蒙盐、丰宁各盐,每斤一律加抽2文,年约收钱11万数千串;差徭提款是在省地当大道之十五处地区及次要地区卅二处,照帮贴兵差办法,每年酌派一次,年约收银5万两;烟户抽捐是按等抽收,第一等食户年捐银8两、二等4两、三等2两,年可收银约10万两;土膏捐是把土膏店营业照费,从原定上则每缴洋6元、中则4元、下则2元,加倍抽收,年约可收银数千两;斗捐加抽是按原额,每斗再加2文,年约可收银5万两。见《山西全省财政说明书·沿革利弊》,页183—184,《清续通考》,考11127—11128,卷368,《邮传考》九,《路政》。

路公司,由于条件所限,即使以强迫方法来招募股款,也无济于事。

在带有强迫性的股款里面,我们又可把它分为共同性和特殊性两种。前者如盐股,因为盐是人民日常生活的必需品,清季商办铁路公司筹集股款,盐斤加价成为最重要的方法,原因就在这里。① 特殊性质的股款,计有茶股、磁股、土药股、租股等。这些股款并不是在每地区都可征收,而要受到地理环境的限制。如磁股只在江西征收,这和景德镇是当日中国最重要的磁(瓷)器制造业中心有关。② 四川是当日征收土药股款最多的省份,因为鸦片在四川经济中占有重要的地位。根据宜昌海关的报告,"在1892—1902年的十年当中,鸦片出口的显著发展,已几乎使购买力加倍"③。英领事 Sly 也说:"鸦片是该省最发达和具有价值的资产。对四川来说,鸦片就是金钱,因为全省与外界的所有贸易,实际上是控制棉纱入口,丝与鸦片出口的商业资本家手中

---

① 关于盐捐与清季铁路发展的关系,参考 S.A.M. Adshead, *The Modernization of the Chinese Salt Administration, 1900 - 1920*（HEAS, 53, Cambridge, Mass: Harvard University Press, 1970）, pp.45 - 48.
② 清季江西浮梁县景德镇每年瓷器产值,约为银300万两。见《清续通考》,考11419,卷392,《实业考》15,《商业》。又关于当日江西粗细瓷器的出口,参看下表:

年　别	数量(担)
光绪二十七年(1901)	26 423
二十八年(1902)	54 513
二十九年(1903)	51 513
三十年(1904)	36 614
三十一年(1905)	45 704
三十二年(1906)	59 874
三十三年(1907)	67 824
三十四年(1908)	52 445
宣统元年(1909)	53 201
二年(1910)	66 779
三年(1911)	59 750

资料来源:江西省轻工业厅陶瓷研究所编《景德镇陶瓷史稿》(北京,三联书店,1959年),页326。
③ *Imperial Maritime Custom Decennial Reports, 1892 - 1901*, Vol.1, p.183;原书未见,转引自 S.A.M. Adshead, "The Opium Trade in Szechwan 1881 to 1911," in *Journal of Southeast Asian History*, Vol.7, No.2 (Sept. 1966), p.96.

的货物交换。"① 因为种植鸦片的利润非常之大,在鸦片普遍种植的地方,地租加倍增值。② 事实上,鸦片已变成加速四川经济发展的必需成分,及该省的一种都市习惯。③ 租股只在四川、湖南两省征收,而米捐在湘路筹款中特别重要,这显然和当地自然环境的特殊有关。

五

我们在上文已经讨论过清季商办铁路经营的背景、经过,以及这些铁路的资本筹集情况。现在我们要问:从1903—1911年这8年中,商路建设的成绩到底怎样?对于这个问题,我们可从不同的角度,如商路的拟筑与实筑里数,拟筹与实筹的资本的比较,来加以探讨。

表九　清季商办铁路公司的筑路成绩　　　　（单位:里）

铁路名称	拟筑里数[a]	实筑里数[b]	百分比(%)
川路[1]	2 300	30	1.30(+)
滇路[2]	700	——	0
鄂路[3]	1 560△	——	0
湘路[4]	1 370	105	7.66(+)
粤路[5]	408	193	47.30(+)
潮汕[6]*	76	76	100.00
新宁[7]	90	164(+)*	182.22(+)
桂路[8]	306	——	0
浙路[9]	234	517(+)*	220.94(+)
苏路[10]*	130(−)	160	123.07(+)
闽路[11]	90	56	62.22(+)

---

① *China*, No.3 (1909) *Reports Respecting the Opium Question in China*, p.47;原文未见,转引自 S.A.M. Adshead,前引文,页96。
② S.A.M. Adshead,前引文,页97。
③ 前引文,页94、96。

续表

铁路名称	拟筑里数	实筑里数	百分比(%)
赣路[12]	240	106	44.16(+)
皖路[13]	280	垂成土方十里	0
烟潍[14]	720	——	0
洛潼[15]	370	60(一)	16.21
同蒲[16]	110	15	13.63(+)
西潼[17]	300	——	0
共计	8 924	1 482	16.66(+)

资料来源：1 a《邮传类编·路政》，页218b,《派员先行勘查川汉铁路折》。
　　　　b《邮传续编·路政》，页63,《遵旨筹划川粤汉干路收回详细办法折》(宣统三年五月廿一日)；《东方杂志》第八卷第五号(宣统三年六月十五日),《中国大事记》，页十；《存稿》卷17,《奏疏》17，页30b,《遵筹川粤汉干路收回办法折》(宣统三年五月，度支部、督办大臣会奏)；《外交史料·宣统朝》卷21，页33,《度支部等奏遵旨筹画收回粤川汉干路详细办法折》(宣统三年五月廿六日)。
2《铁路通论》，上册，乙编，页354。
3 前引书，页307—308；《邮传类编·路政》，页218b,《派员先行查勘川汉铁路折》。
4 a《铁路通论》，上册，乙编，页307—308。
　b《东方杂志》第七年第九期(宣统二年九月廿五日),《记载》三，页256,《十八记湘鄂路线商借外款情形》。
5《路政篇》(rl.10)，页281—282、304—305。
6《中国铁路史》，页875作26哩；饶宗颐编集《潮州志汇编》，第四部(香港龙门书店，据民国35年纂稿影印，1965年)，《交通志》，页47b,《陆运》作42公里。
7 a《路政篇》(rl.10)，页349。
　b 同上，页407。路线由新昌埠延筑至新会，全长56哩。
8《路政篇》(rl.9)，页913。
9 a《铁路通论》，上册，乙编，页286。
　b《路政篇》(rl.10)，页154说浙路至宣统三年止共筑成176.32公里(包括岔道在内)。
10 前引书(rl.10)，页79—80、104。
11 前引书(rl.7)，页5569。
12 前引书(rl.10)，页476—477。
13 前引书，页208—209。
14《东方杂志》第七年第三期(宣统二年三月廿五日),《记载》第三,《中国时事汇录·烟潍路工之计划》。
15 a《邮传续编·路政》，页64,《覆陈勘查洛潼铁路路线股资大概情形折》;《政治官报》第575号，宣统元年四月十八日，页10,《折奏类·邮传部奏勘查洛潼铁路路线股资大概情形折》。
　　b《路政篇》(rl.10)，页250。
16 a《铁路通论》，上册，乙编，页271。
　　b《路政篇》(rl.10)，页234。

17《铁路通论》,上册,乙编,页269。

附注：＊ 原作哩或公里,今概折算成里。
△ 包括粤汉路鄂段360里,川汉路鄂段1200里。
苏路最初只以沪嘉一段为限,长70.96公里。宣统元年,清廷把徐州至清江一段,拨给苏路公司修建。

根据张嘉璈先生的研究,至1911年止,中国铁路的长度为5 796哩[1],即17 000里,而清季商办铁路的实修里数,不过1 482里。换句话说,清季商路不过占当日中国铁路总哩数的8.71(＋)％而已。在5 796哩的铁路中,若不把外人直接控制的2 377哩[2]包括在内,则铁路长度为3 419哩(10 028里);那么,清季商办铁路也不过占其中的14.78(－)％,成绩是十分令人失望的。

表十　清末官办、商办、外资铁路里程表　　　　（单位：哩）

年　份	官　办	商　办	外　资	合　计
1894	195			195
1895—1903	814		1 699	2 513
1904—1911	2 009	401	678	3 088
总　计	3 018	401	2 377	5 796

资料来源：Kia-ngau Chang,前引书,页23、28、39、45。

表十一　清末官办、商办、外资铁路在铁路总哩数中所占的百分比

铁　路	哩数(哩)	百分比(％)
官　办	3 018	52.07
商　办	401	6.92
外　资	2 377	41.01
合　计	5 796	100.00

资料来源：同上。

附注：张嘉璈先生对清季商路哩数的统计,与表八稍有不同,但因数目出入相差不大,所以一并列出,以资参考比较。

---

[1] Kia-ngau Chang, *China's Struggle for Railroad Development* (New York: John Day Company, 1943), pp.26, 39, 46.

[2] 五条铁路的长度共2 377哩,其中中东1 073哩,南满709哩,滇越289哩,胶济284哩,广九(英段)22哩。见Chi-ming Hou(侯继明), *Foreign Investment and Economic Development in China 1840 - 1937* (HEAS 21, Cambridge, Mass.: Harvard University Press, 1965), p.65.

表十二　各省铁路公司集股成绩之分析

铁路名称	估计成本（单位：两）	拟筹资本（两）	拟筹资本（圆）	实筹资本（两）	实筹资本（圆）	实筹占拟筹的百分比(%)	实筹占估计成本的百分比(%)
川路	73 000 000(＋)ª			17 400 000			23.84(－)
滇路		24 000 000ᶠ		2 924 010		12.18(＋)	
鄂路	76 000 000ᵇ		36 000 000		2 040 459	5.67(－)	2.00(＋)
湘路		14 300 000		5 350 853		37.42(－)	
桂路			30 000 000		——		
粤路			20 000 000		19 584 176	97.92	
潮汕			2 500 000ⁱ		3 240 000	129.60	
新宁			2 500 000ʲ		3 243 450	129.74(－)	
闽路			6 000 000		1 733 915	28.90(－)	
浙路			6 000 000		9 254 085	154.23(＋)	
苏路			10 000 000		4 098 715	40.99(－)	
赣路	20 000 000ᶜ	5 000 000		1 459 341		29.19(－)	7.29(＋)
皖路	20 000 000ᵈ		4 000 000ᵍ		860 540	21.51(＋)	4.30(＋)
同蒲	20 000 000ᵉ	2 000 000		292 421		14.62(＋)	1.46(＋)
西潼			5 590 000		——		
洛潼			15 000 000		1 540 000	10.26(＋)	
津浦（直隶）		7 000 000(＋)		1 400 000		20.00(－)	

资料来源：见表三、表四；《铁路史资料》，页1149。
  a 见下页注①。
  b 计川汉路6 000万圆，粤汉路1 600万圆。见《邮传续编·路政》，页62b—63，《查明湘鄂路工暨股捐各款情形折》。
  c 见下页注③。
  d《轨政纪要·初编》，《章程》第一下，《轨》四，页31b，《商部奏安徽绅士筹办铁路并请派员总办折》。
  e 见下页注③。
  f《铁路通论》，上册，乙编，页354。
  g《轨政纪要·初编》，《章程》第一下，《轨》四，页28b，《安徽铁路招股章程》。
  h《清续通考》，考7952，卷40，《征榷考》12，《盐法》；《政治官报》第467号，宣统元年正月廿七日，页8，《折奏类·直隶总督杨士骧奏直隶应摊津浦路款请援豫案办收盐捐折》；撷华书局编《宣统己酉大政记》（《史料丛刊辑》第31辑，302册，台北，文海出版社，1976年），卷十（宣统元年闰二月十四日刊印）《文牍》四，页1，《度支部咨宪政编查馆直督奏津浦路款加收盐捐暂如所奏办理文》。
  i《轨政纪要·初编》，《章程》第一下，《轨》四，页2，《潮汕铁路有限公司详细章程》。
  j 前引书，页11，《新宁铁路章程》。
  附注：按：直隶、山东、安徽、江苏四省合组之津浦铁路商股有限公司，资本额为2 050万两。见《海防档》，(戊)《铁路》，页683，文459。

根据上表,我们可知清季商办铁路公司筹集股款的情况,并不十分理想。好些铁路如西潼、桂路,甚至不名一文。另一方面,有些铁路如潮汕、新宁,确实筹得的股款,虽较预拟筹集的为多,但这两路事实上路线很短,实筹股款绝对数目甚少,并不能起多大作用。真正说得上成绩令人满意的,实在只有浙、粤、苏三路。川路筹款成绩,表面看来不错,但该款数目要比实际需要少得多。根据当时的估计,川路的修筑费用,大约需银 7 300(＋)万两①,而川路实筹股本,只不过是该路所需的 23.84(－)% 而已。至于其他铁路,如赣路、晋路,表中所列的拟筹资本,只是该两路拟先建筑一段所需,与全路需费比较起来。相差很远。② 即使如此,赣路实筹股款,还是只有预筹的 29.18(＋)%;同蒲则只有 14.62(＋)%。

因为筹款成绩这样低下,大部分商办铁路公司的财政都有捉襟见肘之势。③ 有些商路公司为了解决财政上的困难,不得不依靠借款挹注。甚至不

---

① 《邮传续编・路政》,页 218b,《派员先行勘查川汉铁路折》。
② 赣路路线,从九江至广东北部的南雄,全长 1 550 里,需银 2 000(＋)万两。见《轨政纪要・初编》,《章程》第一下,《轨》四,页 19b、21,《江西通省铁路总局开办简明章程》。山西同蒲铁路,全线约需银 2 000(＋)万两。见《轨政纪要・次编》,《商办》第三,页 10,《山西同蒲铁路总局开办简明章程》;《路政篇》(rl.10),页 225。
③ 如江西南浔路局:"款项奇绌,已达极点。……停炊待毙,梅望终空,现在已成筋疲力瘁,气尽声嘶,大有束手待毙之概。""在浔各土工,均停炊待拯。……各执事亦纷纷退避,几若以路局一门为最危险之鬼门关。"路局部分股东,甚至认为应把铁路交回邮传部兴办。见《民立报》,第 89 号,庚戌年十二月十六日,页 3,《新闻一,《赣人士之铁路怕》;第 296 号,辛亥年闰六月十五日,页 4,《新闻二,《九江通信・赣路国有之问题》;第 315 号,辛亥年七月初五日,页 4,《新闻二,《江西路局暗朝记・部办堂之情形》。又《邮传类编・路政》,页 207b,《江西铁路公举总理并请另刊关防折》说:"自光绪卅年十月商部奏准兴办,迄今将近四年……筹款艰难,措置颇形棘手。"鄂路集股成绩不很理想,一闻邮传部验款之即,"公司异常焦急,日来开会多次,均为筹商派股办法,讵到会者,每次不过十余人而已。该公司竭蹶之状,已昭昭在人耳目间矣"。见《民立报》第 89 号,庚戌年十二月十六日,页 3,《新闻一》,《鄂人士之铁路慌》。又如苏路筹集股款,前后两期显然有很大分别:"戊申以前,吾苏人之对于苏路也,争设机关劝集股份。开会演说,奔走呼号,邮电报章日不暇给,何其旧也? 比岁来谈路事者,嗒焉若丧,无论未交股者观望未止,即已缴之股,几欲请给还而不得,又何其失也?"见《民立报》,第 131 号,辛亥年五月念六日,页五,《新闻三》,《苏路股东意见书五》。闽路"开车达五十六里,尚以股款不敷,而粮、盐两捐,又解不如额,致须借款接济。"见《邮传续编・路政》,页 84,《福建铁路举员暂管并筹善后事宜折》;《存稿》卷 20,《邮部奏疏》下,页 18b,《福建铁路公司应令举员接管并筹善后事宜折》(宣统三年闰六月)。山西同蒲铁路,购股认捐,成绩都不令人满意,只得依靠亩捐。可是,据山西巡抚宝棻奏称:"亩捐一款,丰稔之年,亦只三十余万,原系路矿平分;即提归路局,亦只十余万两。况去年已由外务部奏定,指为赎矿之款? 集款与赔款,缓急迥不相同,至各属息本需赖流通市面,均属渐难照准之事。即使悉如所请,尚不及股十分之一。此外所短甚巨,又岂赖官力所能完事?"见《清续通考》,考 11120,卷 367,《邮传考》8,《路政》。

惜向外人举债,这和商路公司保中国利权、防外人干预的宗旨,实有抵触。不单筹款成绩较差的商办铁路必须倚赖债款接济,就是成绩较佳的商路如浙路、苏路等,也要靠借款来周转。邮传部对此曾加以指斥,并明令严禁。①

表十三　清季商路借款与实筹股款的比较

铁路名称	实筹股款[a]	借　　款	借款为实筹股款的百分比(%)
湘路△	5 350 853	960 000[1]	17.94
赣路△	1 459 341(+)	1 351 293(+)[2]	92.60(+)
闽路*	1 733 915	500 000[3]	28.83(+)
浙路*	9 254 085(+)	3 343 840(+)[4]	36.13(+)
苏路+*	4 098 715(+)	2 120 901(+)[5]	51.74(+)
同蒲△	292 421(+)	720 067(+)[6]	246.24(+)
洛潼*	1 540 000	2 702 702(+)[7]	175.50(+)

资料来源:1《湘藩案牍抄存》第三册,页40,《请将米捐配销盐课所填股票概归财政公所管理详文》(宣统三年五月);《存稿》卷82,《电报》59,页25,《长沙余寿平中丞诚格来电,并致度支部盐政处大臣、宜昌端大臣、武昌瑞制台》(宣统三年七月廿三日)也说:"窃查湘路自设立公司开办以来,共拨借振粜米捐银九十六万两有奇。"

2 计有:农工商矿局商捐5 000两,另银15 000两;江西藩库筹赈项下银40 000两,另洋147 778圆;大清银行50 000两;江西官银号60 000两;国民捐洋104 018圆,又透过上海大成会社借日本兴业银行银100万两。以上见《路政篇》(rl.10),页854、891;《存稿》卷79,《电报》56,页33b,《寄南昌冯至岩中丞》(宣统三年闰六月廿八日);经济研究所藏日文档案,转引自《铁路史资料》,页975—981。表内概将圆单位折算成两。

3 该款于宣统元年向交通银行举借,宣统三年,偿还10万圆,尚欠40万圆。见《路政篇》(rl.7),页5629;《存稿》卷20,《邮部奏疏》下,页17b,《福建公司应令举员接管并筹善后事宜折》(宣统三年闰六月);《邮传续编·路政》,页83,《福建铁路举员暂管并筹善后事宜折》。

4《路政篇》(rl.10),页194—201。计:定期借款洋766 528(+)圆,九八规圆800 458(+)两、补水纹银13 229(+)两;不定期借款洋667 636(+)圆,九八规圆548 730(+)两、洋例银50 000两。今概将各单位一律折算成圆。

5 前引书,页105、108—109。

6 前引书,页239。按此款系向票庄所借。

7 经济研究所藏日文档案,转引自《铁路史资料》,页1133—1135;《北洋公牍》卷16,《铁路》二,页14b,《运司详明河南铁路公司息借公益银行银二百万两以盐勋加价为保息的款请查核文附合并批》。今将两折算为圆。

附注:△ 单位以两表示;* 单位以圆表示。

① 详见《邮传续编·路政》,页4b,《商路违章私借外债擅订合约请查禁折》(宣统二年七月初一日)。

十　宣统二年。苏路收到股款242万两,借款计有度支部银行银25万两,信成银行15万两,兴业银行借款14万两,钱庄12万两,共66万两;亦即借款为实收股款数目的27.27(+)%。见《外交史料·宣统朝》卷18,页16b,《江督张人骏、苏抚程德全查明苏路公司并无私借外债并筹预防方法折》(宣统二年十一月初一日)。

潮汕铁路初办时,股东林丽生向日人爱久泽直哉借款50万圆,而以等值的铁路股票作抵。后来由于当地人士的强烈反对,公司把日本股权收回,林丽生等退出股款,事情才告平息。详见经济研究所藏日文档案,转引自《铁路史资料》,页934—935;"Chang Pi-shih and Nanyang Chinese Involvement in South China's Railroads 1896‐1911,"页23。《路政篇》(rl.10),页461,说林丽生向日本三五公司私借银80万两;《潮州志汇编》第四部,《交通志》,页47b,《陆运》说林丽生股本共百万圆,数目都与前述记载稍有不同。

根据前表,我们可知好些铁路的借款数目,竟比铁路实筹资金要多一倍以上。筹款成绩较好的苏路、浙路,借款也占实筹股本的一半到三分之一不等。

总括来说,清季商办铁路公司募集股本的成绩问题,实在使人十分失望。为什么商路的成绩这样不良？这是我们现在要加以讨论的问题。

六

清季商办铁路成绩之所以不如理想,各铁路公司筹集股款数额之所以远在原拟目标之下,和当日中国国民所得微薄、储蓄低下,以致资本缺乏,有密切的关系。在19世纪80年代,华北大多数农民,每户每年的收入,平均只有75元;以一家五口来计算,则每人只有15元。[1] 如扩大一点,就整个中国来说,同时期每人平均收入,据张仲礼估计,每年不过7.4两,或10元多点。[2] 虽然当日社会上有少数人士,如作买办出身的徐润,曾经积有资财300多万两[3],但买办人数到底有限。而且,铁路是一项投资大,回利期长的企业,买办所追求的,只是目前的利润,甚少作长期的打算。[4] 清季每人每年平均所

---

[1] 1883年8月3日《北华捷报》,页136—137;原文未见,转引自李文治编《中国近代农业史资料》第一辑(科学院《经济史资料》,第三种,北京,三联书店,1957年),页767。

[2] Chung-li Chang, *The Income of the Chinese Gentry* (Seattle: University o Washington Press, 1962), pp.296‐297.

[3] 见全汉昇《从徐润的房地产经营看光绪九年的经济恐慌》,载氏著《中国经济史论丛》,页780。又据全汉昇《上海在近代中国工业化中的地位》一文,买办祝大椿曾于清季在上海独资经营源昌机器碾米厂、源昌机器缫丝厂、源昌机器五金厂,资本额共100万圆,与人合资经营华兴、公益、怡和源三厂,自出资本101万元,对上海工业化很有贡献。这都可说是当日社会上财力雄厚的人。见同书,页718。

[4] Yen-Ping Hao(郝延平), *The Comprador in Nineteenth Century China: Bridge between East and West* (HEAS, 45, Cambridge, Mass.: Harvard University Press, 1970) pp.149‐150.

得既然这样微薄,当扣除消费以后,自然没有多少余款可供储蓄。对于这些分散在各人手中的款项,当日又缺乏健全的信用机构来加以运用。因为清季的信用机构,以钱庄为主,钱庄的组织很落后,以重视个人关系为特色,制度不是很健全,从而不能在广大人民手中吸收零星储款,作为巨额及长期的资本,来帮助铁路建设。[1]

不特如此,自庚子事变后,由于应付赔款及外债的需要,从1902—1910年,中国每年支付赔款及外债本息4 000余万两,约占国家一年岁出的1/3以上。[2] 每年扣除给外国的赔款及其外债本息后,中国人民能够用作自己消费的国民所得自然更要减少,从而更没有余款来投资于铁路了。

除了支付巨额的赔款及外债本息外,庚子事变后,清廷又因从事新政的建设而使财政支出增大。其中铁路的修筑,就是新政重要的一环。这对已成强弩之末的国家财政来说,无疑是百上加斤。因此,财力较弱的省份,对于商路资本的筹集,唯有乞灵于强迫性的捐输。但这些款项的筹措,在方法及实施上,不无可议之处,筹款成绩也随着要受到限制。

商办铁路公司,多半利用盐觔加价来筹集股款。因为食盐是日常生活必需品,人民对于它的需要并没有多大弹性,盐觔虽然加价,消费者还是非买不可,故加价所得的款项,似乎比较可靠。但这项措施,实行起来,有很多缺点和限制。政府准许食盐加价来帮助商办铁路公司筹款,目的在增加收入,但结果令私盐猖獗,官盐滞销。以江西为例,在办商路之前,该省官盐每斤售价高达60(+)至80文,而私盐价格,每斤不过在40(+)至50(+)文之间,故淮盐引地,给广东、浙江、湖南的私盐侵入,夺去市场[3],时有所闻。因为要开办赣路,自光绪卅一年七月初一日起,食盐每斤加价4文,结果该省"淮盐引地,被粤、闽、浙私盐侵占,几居其半"。政府允许该省食盐加价以筹路款,曾提出一条件,就是自开办之日起,一年之内,必须销足11万引,闰年则须销116 000引。但开办一年期满,只销盐45 246引,铁路公司因加价而收到的款项非常有限,而政府却较原额短收银100(+)万两。两江总督周馥不得不承认"官贵

---

[1] 《清季铁路建设的资本问题》,页239—241;《宣统政纪》卷56,页6b,宣统三年六月癸未。
[2] 《清季铁路建设的资本问题》,页242。
[3] 《周集·奏稿》卷三,页51b—52,《赣省淮盐试办加价拨充铁路经费折》(光绪卅一年八月廿八日)。

私贱,已属不敌,本难再加。……在铁路局所得无几,而公家所损实多。"因此在一年期满后,只好取消这项加价。①

西潼铁路开办时,陕西巡抚曹鸿勋曾建议把食盐每斤加价 2 文来筹募路款。但这样一来,自山西运入陕省的潞盐,销路便要疲滞,故盐商请求山西巡抚恩寿出面,向清廷代陈把陕省盐斤加价撤销。于是曹鸿勋的计划,亦不得实行。②

河南洛潼铁路,因为资本缺乏,要以盐斤加价的方法来筹集股款,议定食盐每斤加价 4 文。但这项措施一旦实施,将要对山东食盐在豫省的销路,产生严重的影响。"查东盐行销豫、皖,凤称滞岸。盖因从前加价为数已多,民间贪贱食私,防不胜防。若再全数加收,官引愈滞,课款愈亏。"所以山东巡抚袁树勋向清廷请求东盐因豫筑路而加之价减半,亦即每斤只加 2 文,再由清廷补助 1 文,共计 3 文,作为河南路捐。③

因为要筹款收回津浦路,直隶省实施食盐每斤加价 4 文的措施。可是,"直省盐加价,而山东分文未加,以致直省邻东引库盐价不平"。"加价愈多,官盐愈贵,则民必食私。"为着要堵截私盐,直隶每年花在十六处缉私分局的经费,每年达 10 余万两。④

滇省因修筑滇蜀铁路,增加盐价,每斤 5 文。结果"……一加再加,成本过重,商力不支,陵私、缅私之侵灌,年甚一年。"⑤

食盐加价的最大缺点,在贫富不分,按一致的税率征收,结果贫民的负担远过富人,以致常常引起人民的反抗。如河南西华县,"前清光绪末年,盐价每斤制钱三十二文,次因兴筑潼洛铁路,每斤加价二文,人民犹誓死抵抗"⑥。清季商路公司借盐斤加价来筹集股款时,对盐商不时给予较大的优待。如直

---

① 《周集·电稿》,页 4,《致军机处、户部电》(光绪卅二年六月廿二日)。
② 《路政篇》(rl.10),页 216;《邮传类编·路政》,页 53,《会奏议覆陕抚曹鸿勋奏陕西铁路宜联豫甘两省办法折》;《德宗实录》卷 564,页 4,光绪卅二年九月壬子;《清续通考》,考 7923,卷 38,《征榷考》十,《盐法》;《东华录》卷 205,页 20,光绪卅三年二月丁亥。
③ 《清续通考》,考 7924,卷 38,《征榷考》十,《盐法》。
④ 《北洋公牍》卷 11,《磋政》二,页 38b,《顺直谘议局议决应摊路款加收盐捐请一律改归民股案》。
⑤ 《锡良遗稿·奏稿》,页 678,卷六,《沥陈滇省困难亟宜通筹补救折》(光绪卅三年六月十三日)。
⑥ 潘龙光等修、张嘉谋等纂《西华县续志》(《中国方志丛书》,华北地方,以下简称《方志·华北》,第 101 号,台北成文出版社据民国二十七年开封建华印刷所铅印本影印,1968 年),卷六,《财政志》,页 15,《税捐》。

隶津浦路和河南洛潼路食盐加价四文,股本余利,盐商得享一半。① 这当然引起人民的极大不满。"今以全省(直隶)二千万人无贫无富、无贵无贱之脂膏,半归百数十家盐商之利薮;十年之后,使彼坐享数百万金之股权,小民何知,安能默认?"②"惟(河南)食户每日节省食品,充作公捐,将来利益尚无一毫归本人私享,而盐商取之食户,人之公司,止一居间经手之人,反得享此利益。权利义务,轻重倒置。"③于是直隶士绅与盐商交涉,自宣统三年起,加价所得,按民三商一分配。④ 河南谘议局亦议决把盐斤加价收入股款,一律作为地方公股。⑤ 可知以食盐加价的方法来筹集路款,对当日大多数人民来说,无疑是一种很沉重的负担。

表十四　清代河南食盐每斤售价递增情况　　（单位:文）

时　　期	许昌[1]	荥阳[2]	陕县[3]	项城[4]	淮阳[5]
清初	——	——	10	38	16
乾隆(1736—1795)		16			
道光五年(1825)		28			20
同治六年(1866)		32			33
光绪初年			20		
十五至十六年(1889—1890)	32				32
二十年(1894)			23		
三十年(1904)	42	40		42	42
三十二年(1906)	43	43		43	43
三十四年(1908)*	47	47	30	47	47

资料来源:1 王秀文等修、张庭馥等纂《许昌县志》(《方志·华北》,第103号,台北成文出版社据

---

① 《北洋公牍》卷11,《榷政》二,页38,《顺直谘议局议决应摊路款加收盐捐请一律改归民股案》;《政治官报》第467号,宣统元年正月廿七日;页8,《折奏类·直隶总督杨士骧奏直隶应摊津浦路款请援豫案加收盐捐折》;《清续通考》,考7951,卷40,《征榷考》12,《盐法》;《宣统己酉大记》卷十,《文牍》四,页1,《度支部咨宪政编查馆直督奏津浦路款加收盐捐暂如所请办理文》。
② 《北洋公牍》卷11,《榷政》二,页38,《顺直谘议局议决应摊路款加收盐捐请一律改归民股案》。
③ 《清续通考》,考7951,卷40,《征榷考》12,《盐法》。
④ 前引书,考7952,卷40,《征榷考》12,《盐法》。
⑤ 《清续通考》,考7951,卷40,《征榷考》12,《盐法》。

民国十二年宝兰斋石印本影印,1968年),卷三,《籍赋》,页8,《盐课》。
2 张沂等辑,卢以治等纂修《续荥阳县志》(《方志·华北》,第105号,台北成文出版社据民国十三年河南商务印刷所铅印本影印,1968年),卷四,《食货志》,页11b,《盐引》。
3 欧阳珍等修、韩嘉全等纂《陕县志》(《方志·华北》,第114号,台北成文出版社影印民国二十五年铅印本,1968年),卷七,《财政》,页7。
4 施景舜等修纂《项城县志》(《方志·华北》,第102号,台北成文出版社据宣统三年石印本影印,1968年),卷八,《田赋志》,页18,《盐引》。按:项城盐引为2 211引,每引共重607斤7两。
5 朱撰卿、高景祺等纂修《淮阳县志》(《方志·华北》,第100号,台北成文出版社据民国二十三年开明印刷局铅印本影印,1968年),卷四,《民政》上,页16,《财赋志》。

附注:* 洛潼路捐征收后之盐价。

表十五 清季江西、直隶食盐每斤售价递增情况　　（单位:文）

年　代	江　西[1] 每斤加价	直　隶[2] 加价	直　隶[2] 每斤共价
咸丰八年(1858)	——	2	25
同治十三年(1874)	——	2	27
光绪二十一年(1895)	2	1	28
二十六年(1900)	2	——	——
二十七年(1901)	4	——	——
二十八年(1902)	——	4	32
三十年(1904)	2	——	——
三十一年(1905)	4*	4	36
三十三年(1907)	——	4	40
宣统元年(1909)	——	4*	44

资料来源:1《江西全省财政说明书·岁入部》,第八章,页20—21,《盐捐》。
　　　　2 王树槐《庚子赔款》("中研院"近史所专刊31,台北,1974年),页169。
附注:* 因修筑铁路而实施的盐斤加价。

表十六 1913年在直隶、河南行销之长卢盐,其铁路捐款在盐税中所占的比重　　（单位:两）

直　隶 每引路捐数额	直　隶 每引盐税	直　隶 百分比(%)	河　南 每引路捐数额	河　南 每引盐税	河　南 百分比(%)
1.600	8.757	18.27(+)	1.62	9.00	17.88(+)

资料来源:S.A.M. Adshead,前引书,页47。

据前三表可知,清季盐觔加价,幅度非常之大。以河南为例,从光绪卅年至卅四年,几乎无岁不加。江西则在光绪廿一年至卅一年的十年内,盐觔加价,前后达 14 文之多。直隶的情形,更是变本加厉,七年(光绪廿八至宣统元年)之内,盐价每斤竟增加 12 文。以该省永平七属为例,"自土药、铁路两次加价,每斤制钱三十余文,较从前价增十倍。……物不平则鸣,安得而不滋事耶?"①湖南则在 1901—1908 年的八年内,盐斤加价达 12 文之多。② 在盐价大幅度增加声中,商办铁路公司因筹集股款而起的推波助澜的作用,是不容忽视的。

除盐觔加价外,清季商办铁路公司,又以征收米捐的方法来募集股款,这当然也是带有强迫性质的。安徽、湖南的商办铁路公司在一定程度上,都有赖于此项捐款的挹注。可是,安徽自征收米捐后,即引起出口米商极大不满。③ 光绪卅二年,米商邵振邦等以"业微捐重,势不能堪"为理由,请求邮传部蠲免,但受到拒绝。④ 光绪卅四年十月,米商以路工进展缓慢,咸表不满。⑤ 茶商也援出口米商之例,拒绝缴纳茶股,充作皖路资金。⑥ 因此,该路以米捐、茶股筹款筑路的计划,收不到预期的效果。湖南米捐也由于 1909 年水灾歉收,豪商囤积居奇,私运食米出洋牟利,引起 1910 年四月的长沙抢米暴动,迫使地方当局让步⑦,把湘米禁运,从而"无捐可收。"⑧

土药捐的征收,目的在筹措商办铁路公司股款,也因清廷禁种鸦片而无补于事。川路的建设,除租股外,土药股本来是重要财源之一。可是,从 1909

---

① 《清续通考》,考 7945,卷 40,《征榷考》12,《盐法》。
② 《湖南全省财政说明书》,卷四,页一。署大理院少卿王世祺说:"湘省自庚子赔款,加收口捐后,几于无一事不从盐务设法,以至民食日贵,每盐一斤,须价百数十文,穷檐小户,且有淡食之患。"见《政治官报》第 1290 号,宣统三年五月初八日,《折奏类·署大理院少卿王世祺等奏湘路加抽各股请一律停止折》。
③ 米商反对米捐的理由,可归纳为以下几点:(1)米捐征收对象,首先是粤商,而于皖商则未及,似乎厚此薄彼;(2)米捐实施非常仓促,米商事前并未预闻;(3)米捐期限定为 40 年,并不妥当;(4)米捐征收实行后,其他商品也有可能征收税捐,其他省份也可能因地方建设而效法皖省对各种商品征税,这样商业势必受到影响。参考《北新杂志》卷 13,页 12—22;原文未见,转引自《铁路史资料》,页 1016—1018。
④ 《路政篇》(rl.10),页 208;《邮传部第一次路政统计表》,光绪卅三年,上卷,《路政沿革概略·安徽铁路沿革》,原书未见,转引自《铁路史资料》,页 1016—1018。
⑤ 《通商各关华洋贸易总册》,光绪卅四年,《芜湖口》,1908 年,下卷,页 52;原书未见,转引自《铁路史资料》,页 1018。
⑥ 《金粟斋遗集》卷五,《复同乡京官论安徽全省铁路书》,页 3。
⑦ 详见 Arthur L. Rosenbaum,前引文,页 701—710;丁厂英《一九一〇年长沙群众的"抢米"风潮》,载中国科学院历史研究所第三所《集刊》(北京,中国科学院),第一集(1954 年 7 月),页 200—207。
⑧ 《存稿》卷 80,《电报》57,页 11b,《瑞制军来电》(宣统三年七月初六日)。

年秋天起,川督赵尔巽、赵尔丰兄弟却禁止鸦片的种植;由此引起四川经济严重失调,暴动事件不时发生。① 鸦片种植既被禁止,随着鸦片征收的土药股自然要蒙受影响,铁路的股款来源,跟着要受到掣肘。

　　清季各省商办铁路,虽然想尽各种方法来筹集资金,但仍要遭受各种限制,以致成绩不良,已如前述。此外,又有一极重要的症结存在,那就是人事问题。清季商路的创议者及管理人,差不多全由官绅担任。虽然粤路的总理郑观应是买办出身,潮汕路及新宁路的总理张煜南和陈宜禧分别为南洋和美国侨商,但他们都具有某种官衔,可说已经与官僚集团同化。② 苏路的协理张謇,为当日国内有数的大企业家,却是从传统的科名出身的。他虽然自甲午战后,离开政界,专办实业,但不时仍与政界大员往还。他的事业之所以能成功发展,与官僚力量的支持,很有关系。③ 铁路这种新兴企业,几乎全由绅士掌握,就当日中国社会来说,绝非偶然。④

表十七　清季商路主事人的身份分析

公司名称	创议者[a]	总理或总办[b]
四川铁路公司	四川总督锡良	刑部郎中乔树枬
滇蜀铁路公司	(士绅)陈荣昌、罗瑞图等	贵州学使陈荣昌
湖北铁路公司	湖广总督张之洞	湖北道员札凤池
湖南铁路公司	(湘绅)龙湛霖、王先谦	江西臬司余肇康
广西铁路公司	广西京官陆嘉晋等	广西学使于式枚

---

① S.A.M. Adshead,前引文,页 97—98。
② 张煜南原籍广东嘉应州,在南洋经商多年,因曾以巨款奉献清廷及捐助赈款,先后被任命为清驻马来亚槟城(Penang)的副领事,广西补用道、候补四品京堂。参考"Chang Pi-shih and Nanyang Chinese Involvement in South China's Railroad,"页 21;Yen Ching-hwang, "Ch'ing's Sale of Honours and the Chinese Leadership in Singapore and Malaya (1877 - 1912)," in *Journal of South East Asian Studies*, Vol.1, No.2, (Sept. 1970), pp.25 - 26;《德宗实录》卷 497,页 16b,光绪廿八年三月癸未。陈宜禧在美国金山各埠承办铁路工程,凡四十余年之久;回国后,购有盐运使职衔。见《轨政纪要·初编》,《章程》第一下,页 16b—17,《商部奏绅商筹办新宁铁路拟准先行立案折》;《政治官报》第 713 号,宣统元年九月初八日,页 9,《折奏类·农工商部会奏粤商陈宜禧筹筑铁路全工告竣请奖励折》。
③ Samuel Chu(朱昌崚),*Reformer in Modern China: Chang Chien 1853 - 1926* (New York: Columbia Uniuersity Press, 1965), p.17;严中平《中国棉纺织史稿》(北京科学出版社,1963 年),页 138;李陈顺妍前引文,页 216。
④ 详见 T'ung-tsu Ch'u(瞿同祖),*Local Government in China Under the Ch'ing* (Stanford, Calif.: Stanford University Press, 1969, Paperback ed.), pp.182 - 183。

清季的商办铁路

续表

公司名称	创议者[a]	总理或总办[b]
广东铁路公司	广州总商会、九善堂等	侍读学士梁庆桂
潮汕铁路公司	四品京卿张煜南	四品京卿张煜南
新宁铁路公司	盐运使衔陈宜禧	盐运使衔陈宜禧
福建铁路公司	福建籍京官张亨嘉等	内阁学士陈宝琛
浙江铁路公司	浙省京官黄绍箕等及本地士绅	两淮运使汤寿潜
江西铁路公司	江西京官李盛铎等	江宁藩司李有棻
安徽铁路公司	安徽京官吕佩芬等	四品京卿李经芳
江苏铁路公司	(在籍官绅)恽毓鼎等	商部右丞王清穆
津浦铁路公司	大理寺少卿刘若曾等	学部左侍郎严修、署法部右侍郎王垿、翰林院侍读学士黄思永、农工商部右侍郎杨士琦等
烟潍铁路公司	烟台商人谭宗灏	烟台商人谭宗灏
河南铁路公司	绅士王安澜等	礼部左丞刘果
同蒲铁路公司	(士绅)解荣辂、李廷飏等	甘肃藩司何福堃
西潼铁路公司	陕西巡抚曹鸿勋	山西道员阎乃竹

资料来源：a 见表一。
b 祁龙威前引文，页41。

在20世纪初期，士绅们的积极参与商办铁路，表示他们的目光，要比从前远大得多。可是，在相当大的程度上，他们还不免要受传统的规范。他们的介入，并不导致新的人事制度和管理方法。反之，中饱、糜费、党同伐异、畛域之争的阴影却随着他们的介入，而笼罩着各省的商办铁路公司。

清季的商办铁路，以川路、粤路的筹款成绩较为优良。可是，巨额的股款，却给予铁路经营者以中饱私囊的机会。川路股本管理人施典章，利用该路资金投机，终于使川路损失近300万两[①]，便是最显著的例子。粤路的情

[①] 见《邮传续编·路政》，页53b—56，《四川铁路公司亏倒巨款遵旨查核办理折》(宣统三年四月)。《政治官报》第1285号，宣统三年五月初三日，页14—16，《折奏类·邮传部奏四川铁路公司亏倒巨款遵旨查办折》；《存稿》卷20，《邮部奏疏》下，页20b—22，《查办四川铁路公司亏倒巨款遵旨查核办理折》(宣统三年闰六月)，略同。又川章南充县铁路租捐，应收一万九千数百两，但公司解款，仅一万三千五百两，余款均被公司首脑瓜分。参考《南充来函》，载《川汉铁路改进会第五期报告》，光绪卅三年六月；原文未见，转引自《保路史料》，页61。

形,并不比川路良好多少。据由清廷委派调查粤路积弊的高雷阳道王秉恩说:"……各账目纷纭纠葛,出入收支,既无一定规则,又无盖用公司关防之簿籍。一经签询,辄诿为疏忽失察。……如收九十余万大元,并不注明大元,欲以角子相混。……其工程司处历年购买外洋物料单据,总工程司邝孙谋久匿不交,迭催数日,始将洋单交出。……反复驳诘,邝孙谋答覆,或前后异词,或避重就轻,或问非所答,或饰词推诿。"①赣路协理黄鹤云串同工程师作弊,"故不数年,而以一极穷之举人,一变而为巨富"②。"各课中,以采运课为优课长……人皆以按运课为发财课云。"③湘路包修之人,"大都皆系本省士绅,悉由运动而来,非工非商,纯欲借此为垄断觅利计,以致克扣工资或减少,靡所不有"④。滇路主事人王鸿图,则利用该路股款存入他经营之银号的机会,贷出该笔款项牟利,可谓假公济私。⑤

清季商路公司管理人员的中饱舞弊,和他们随意糜费息息相关。赣路局中冗员"不知凡几,有终日不办一事,而月领薪洋数百元者;亦有人在局外,而月领干薪者……路局有几千百万之巨款,用之如泥沙。"⑥该路之储藏课"各项材料,任意抛弃,或被土工窃去货卖,或被乡人搬作寿材及器用",以致"人皆呼储藏课为抛弃课"⑦。该路之车辆课长、工程课长、采运课长之糜费,更

---

① 《东方杂志》第七卷第一期(宣统二年正月廿五日),《文件》第一,《奏牍》,页1—2,《署理两广总督袁树勋奏劾铁路弊混折》;此折又见于袁树勋《抑戒斋奏牍辑存·奏劾粤省铁路弊混亟宜整顿以禆路政折》(宣统元年十月),载袁荣法编《湘潭袁氏家集》(《史料丛刊续辑》21辑,201册,台北,文海出版社,1975年,以下简称《袁集》),第一册,页107—108。另参考同书第一册,页110—112;《邮传续编·路政》,页47—49,《遵查粤路弊混情形折》(宣统二年七月一日);《宣统政纪》卷24,页23b—24,宣统元年十月壬寅;《清续通考》,考11143,卷369,《邮传考》十,《路政》。另参考《民立报》,第246号,辛亥年五月念四日,页二,《新闻》一,《官绅两面之粤路潮》;第248号,辛亥年五月廿六日,页一,《新闻》一,《官绅两面之粤路潮》;《张集》卷201,《电牍》80,页27—28,《致广州张制台、铁路总理梁震东京堂》(宣统元年二月廿七日午刻发);《东方杂志》第六卷第四期(宣统元年三月廿五日),《记事》,页47,《粤路最新之风潮》。
② 《民立报》,第154号,辛亥年二月二十日,页四,《新闻》二,《南浔铁路伤心史》。
③ 《民立报》,第128号,辛亥年正月廿三日,页四,《新闻》二,《九江通信·南浔铁路之一团糟》。
④ 《民立报》,第124号,辛亥年正月十九日,页三,《新闻》一,《湘路进行记》。
⑤ Roger V Des Forges, *Hsi-liang and the Chinese National Revolution* (New Haven & London: Yale University Press, 1973), pp.106-107.
⑥ 《民立报》,第154号,辛亥年二月二十日,页四,《新闻》二,《南浔铁路伤心史》。
⑦ 《民立报》,第128号,辛亥年正月廿三日,页四,《新闻》二,《九江通信·南浔铁路之一团糟》。又《民立报》,第303号,辛亥年闰六月廿二日,页四,《新闻》二,《九江通信·南浔铁路伤心史》记载该路材料处,"其经理原不过虚拥其名,坐食厚薪而已。……在厂小工遂乘间窃取;即以机器一厂而论,其螺丝钉一项,已不知盗卖多少。……一切材料,大半毁坏,只得作为废铁"。

比前述之储藏课,有过之无不及。① 陕西西潼铁路"草创之初,一事未举,而遽尔设局聘工程师、总办、提调委员以数十计。日费供亿,坐糜巨款。……方事之初,大吏本毫无办理之实心,不过人云亦云,饬公牍之美观,且借此设局派员为安置僚属耳。"② 皖路因为糜费过巨,以致该路办事人员被呼为"路贼"或"贼盝"③,川路对于股金的浪费,则有如下面所说:"……先招数百人(铁路工兵)于未兴工之数年以前,使年费巨金……必设不招一股,不办一事之局(驻宜分局),坐使道员一、随员三、上下五十人,年费薪俸房租数千金。"④ 河南洛潼路局之办事人员之糜费情形,也不比前述商路好多少。⑤ 关于当日商办铁路的糜费情形,综合起来约如下述:"往往股本尚悬,而设局派员,开支薪俸,人数既众,费用遂繁,旷日无功,坐耗益巨,必至所收股本,多糜于员薪局用之中。开工稽延,商民观望,路政愈难起色。"⑥

中饱私囊的程度,又可从筑路成本的高昂及工程的不稳固看出来。以粤路为例,该路"接收已逾三年……用款至七百四十余万圆。若将制造厂、车头、车辆机器材料等银,照商办性质,摊入成本并计,约每里应需银六万五千余圆。且由迎嘴站至源潭一带,尚未铺垫碎石。而自上年冬间,源潭开车后,直至本年八月二十二日,始接展至潖江口,计路一十余里,内有叔伯塘路工及湖南桥翼墙,于三月间倾卸破裂。……至养路费,计自开车之日起,至宣统元年二月止,区区一百余里之路,已用去银十七万余圆,任意支销,并无预算规定"⑦。川路

---

① 《民立报》,第154号,辛亥年二月二十日,页四,《新闻》二,《南浔铁路伤心史》;《民立报》,第128号,辛亥年正月廿三日,页四,《新闻》二,《九江通信·南浔铁路之一团糟》。
② 《东方杂志》第四卷第三期(光绪卅三年三月廿五日),《社说》,页39,《论陕西民变》。
③ 《民立报》,第164号,辛亥年正月初一日,页三,《新闻》一,《安徽路矿大摇动》。
④ 西阳庚云清稿《拟上川督岑宫保书》,载《新闻丛报》第四年第12号,《杂录》六。
⑤ 《民立报》,第326号,辛亥年七月十六日,页四,《新闻》二,《河南通信·洛潼路事片片录》。
⑥ 《邮传续编·路政》,页51b,《覆陈查勘江西安徽路路线股资大概情形折》;《清续通考》,考11136,卷369,《邮传考》10,《路政》;《政治官报》第554号,宣统元年三月廿六日,页6—7,《折奏类·邮传部奏勘江西安徽铁路路线股资大概情形折》。
⑦ 见《东方杂志》第七卷第一期,《文件》第一,《奏牍》,页2—3,《署理两广总督袁树勋奏劾铁路弊混折》;又见于《抑戒斋奏牍辑存·奏劾粤省铁路弊混亟宜整顿以裨路政折》,载《袁集》第一册,页108。另参考《邮传续编·路政》,页48,《遵查粤路弊混情形折》(宣统二年七月初一日);《民立报》,第234号,辛亥年五月十二日,页三,《新闻》一,《铁路问题之笑风泪雨》;《张集》卷201,《电牍》80,页26b,《致广州张制台、铁路总理梁震东京堂》(宣统元年二月十七日午刻发);《东方杂志》第六卷第四期,《记事》,页48,《粤路最新之风潮》;《清续通考》,考11142,卷369,《邮传考》10,《路政》。

香溪至万县不过百哩，敷设三哩轨道，竟耗去资金 300(+)万两。① 赣路用去款项 200(+)万，仅筑成 20(+)哩的铁道。② 中饱私囊之严重，由此可见。

另一方面，铁路公司内部组织的腐败，也是导致清季商办铁路成绩不良的一个重要因素。如津浦路"总、协理人多于鲫，纯为招摇赚人入股计……终年不到路局之员，坐享甚巨之干修，其数甚夥。四省负担外债，以供督办之酬应"③。公司的股东，多半只知争权夺利，党同伐异，甚少为铁路的利益打算。粤路修筑，进展不如理想，显然和该路股东的纷争冲突有密切的关系。"……溯自该公司（粤路）开办以后，绅商意见不洽，副总办又未能和衷，以致迭起风潮，时有冲突。最后则有查账之龃龉，开会之喧闹，种种扰乱，路工因之稽迟。……议论纷纭，情如散沙。"④"粤路股东，误于一股一议决权之语，于是每股仅五元，只有交一二期，仅洋一二圆者，亦厕足会场。……大股东本人股分权数已多，又加以辗转代表，权数更多，故未开会之先，即知举某人为总协理，为董事，卒至公司中皆为其同党。……小股东自知权数不敌，乃租他人股票，即冒称己票到会，以冀多得当选之。"⑤"每遇公司办事，辄为少数股东号召党类，任肆嚣张，真实股东多被劫制。"⑥"诚不啻一国三公，十羊九牧。"⑦路局既然由少数人把持盘踞，铁路工程的进展自然要大受影响，招股因而受到障碍。⑧

其他的商办铁路，也像粤路那样，由于股东的龃龉而影响铁路的招股和

---

① 《民立报》，第 159 号，辛亥年二月念五日，页 3，《新闻》一，《川汉铁路现象记》。
② 《民立报》，第 128 号，辛亥年正月廿三日，页四，《新闻》二，《九江通信·南浔铁路之一团糟》。
③ 见《东方杂志》第六卷第二期（宣统元年二月廿五日），《调查》一，页 23—24，《津浦商股公司之组织》。
④ 《邮传类编·路政》，页 41，《请派大员监察粤路公举总理协理折》。同书，页 78b，《请改派梁诚总理片》也说："查粤路开议之始，众情之踊跃，集款之宏巨，实为从来所有。只以股商各怀私见，致起争端，事经一年，尚无收束。"
⑤ 《东方杂志》第六卷第 12 期，《记事》，页 437—438，《广东铁路公司选举总协理风潮记》；又见于《抑戒斋奏牍辑存·致邮传部电》（宣统元年十月初四日），载《袁集》第一册，页 153。又同书第一册，页 152，《致邮传部电》（宣统元年十月初三日）说："查粤汉路开办至今，弊窦丛生，为天下诟病。……今股东纷争选举权，其病根由于到会股东，权限漫无限制……非按照商律，参以他省选举定章，剔除种种弊窦，则虽选举总协理有人，徒滋朋党风潮。"另参考《邮传续编·路政》，页 50，《遵查粤路弊混情形折》（宣统二年七月初一日）。
⑥ 见《民立报》，第 241 号，辛亥年五月十九日，页二，《新闻》一，《官商两面之粤路潮》。
⑦ 《东方杂志》第七卷第九期，《记载》三，《中国时事汇录》，页 256，《粤省路事述闻》。
⑧ Edward J.M. Rhoads，前引书，页 92—93。

修筑。皖路"彩票风潮屡起,笑柄最多,近则协理与彩票坐办大为冲突"①,筑路的步伐随着缓慢下来。《北华捷报》曾有如下评论:"由芜湖至广德四百七十里长的皖路,须以 2 950 年来完成。"② 川路不单"绅与官哄,绅且与绅哄",以致"笔舌互争,各恃意见,此路迄无就功之一日"。③ 该路选举董事之种种黑幕④,更令人深恶痛绝。苏路股东"口主权而实营利"⑤;河南洛潼铁路,处处受到京官的挟制⑥;赣路每开股东大会,则必然有一番剧烈争吵。⑦ 商路发展的前途,至此实是不问可知了。

商路的经营既然这样不上轨道,人民对于购股,自然要裹足不前,股票价格也就跟着剧跌了。粤路路股,在宣统三年(1911 年)每圆下跌至二角至四五角不等。⑧ 赣路股价的面值,下跌的幅度也达到 50% 或以上。⑨

和商路公司内部人事纠纷那样,清季各商办铁路之间,各存地域之见,不能一气呵成地修筑,也影响到铁路建设的成绩。粤汉铁路跨越粤、湘、鄂三省,由于三省各存畛域之见,把同一铁路,划分为粤、湘、鄂三段。这对于铁路的股本招集及修筑,损害自然很大。杨度曾对此加以分析,他说:"粤汉办法最奇,三省分修,各举其路。于是将一利息最大,招股最易之粤汉铁路,变而

---

① 《金粟斋遗集》卷五,《复同乡京官论安徽全省铁路书》,页 3;又参考《民立报》,第 165 号,辛亥年三月初四日,页四,《新闻》二,《芜湖通信·皖路风潮之真相》。
② NCH, Nov.1, 1907, 276;原文未见,转引自"China's Struggle for a Native-financed Railway System,"页 483。
③ 《路政篇》(rl.10),页 32。
④ 《民立报》,第 127 号,辛亥年正月廿二日,页四,《新闻》二,《四川通信·川路撮影》,《董事之哭穷;选举会之运动》。
⑤ 《民立报》,第 124 号,辛亥年正月十九日,页五,《新闻》三,《苏路公司开会纪事》。
⑥ 《邮传续编·路政》,页 51b,《覆陈查勘江西安徽路线股资大概情形折》;《清续通考》,考 11136,卷 369,《邮传考》10,《路政》;《政治官报》第 554 号,宣统元年三月廿六日,页 6—7,《折奏类·邮传部奏勘江西安徽铁路路线股资大概情形折》;又参考《民立报》,第 221 号,辛亥年四月廿八日,页四,《新闻》三,《河南通信·洛潼股东大会记》。
⑦ 参考《东方杂志》第六卷第十一期,《记事》,页 361—365,《江西铁路公司股东会冲突详记》;第六卷第十二期,《记事》,页 416—418,《江西铁路公司股东会冲突续记》。
⑧ 《邮传续编·路政》,页 64,《遵旨筹画川粤汉干路收回详细办法折》(宣统三年五月二十一日);《外交史料·宣统朝》卷 21,页 34b,《度支部等奏遵旨筹画收回粤川汉干路详细办法折》(宣统三年五月廿六日);《东方杂志》第八卷第五号,《中国大事记》,页 11;《清续通考》,考 11163,卷 371,《邮传考》12,《路政》;《存稿》卷 17,《奏疏》17,页 32,《遵筹粤汉干路收回办法折》(宣统三年五月,度支部、督办铁铬大臣会奏);《政治官报》第 1306 号,宣统三年五月十四日,页 10,《折奏类·度支部会奏遵旨筹画川粤汉干路收回详细办法折》。
⑨ "China's Struggle for a Native-financed Railway System,"页 489。

为粤路、湘路、鄂路,成为一省之私。此议既定,乃有二弊一害。……至其一害,则在筹款。主分办者,必谓三省绅民,分私其利益,即分负其责任。……责任既有所分,于是全路之人,忘其路为全国之干路,但以为三省各私其事,与他人无与也。虽不禁其投股,而股自不来。即在三省之中,粤富而湘、鄂贫,粤亦不能以其余财,代修湘路、鄂路。湘、鄂皆贫,鄂线尚短,最苦者莫若湘,直无奈此路何矣。故三省分修之局,直无异扼湘、鄂之路,使不得成。……自三省分修之局定,而湘、鄂乃无以自款成自路之望。"①实可谓一针见血之论。不单粤、湘、鄂三省因畛域不同而发生意见,就是广东一省,也有内部分歧,粤路当局和新宁路当事人因推广路线问题,彼此利益抵触,各不相让。②

川汉路也因鄂、川各存门户之见,而被分成两段。"名实不符,以致两省公司失其信用……实为两败俱伤。"③这可说是各存畛域之见的恶果。

陕西西潼铁路全长只有三百里,若不能与河南洛潼铁路接轨,"试问商旅之由东至西者,孰肯节省此三日之日力,出重赀以乘汽车,重赀财而劳转运乎?"④该路招集股款,不名一文,显然与陕、豫两省各存畛域有关。

铁路划界修筑之弊,当日朝野上下,都洞悉明了。商部早在光绪卅二年指出:"……现在各省所定之路线,往往省界分明,各存畛域。……通国之有铁路,若支节为之,将来通国铁路告成之日,势必有参互复沓、骈拇枝指之虞,于日后修养之需,亦恐难操胜算。"⑤宁夏知府赵惟熙也说:"近今省界过严,疆域既分,则于交通一事,尤多扞格。即以铁路论,如粤汉、如川汉、如潼洛,一经越省,即意见难洽,彼此恒互相推诿。诚所谓筑室道谋矣。"⑥言论界巨子汪康年则谓:"夫所谓商办云者,乃许本国之商人,以此为营业,而路则当以

---

① 《东方杂志》第七卷第四期(宣统二年四月廿五日),《记载》第三,《中国时事汇录》,页98—99,《十四记湘鄂路线商借外款情形》。张之洞也有类似的意见,参考《张集》卷201,《电牍》80,页26,《致广州张制台、铁路总理梁震东京堂》(宣统元年二月十七日午刻发)。
② 详见《路政篇》(rl.10),页378—379,384—387。
③ 《民立报》第85号,庚戌年十二月初三日,页一,《来件·拟上邮部书——征问各商办铁路公司是否同意?》
④ 《东方杂志》第四卷第三期(光绪卅三年三月廿五日),《社说》,页39,《论陕西民变》。
⑤ 《东方杂志》第三卷第七期(光绪卅二年五月廿五日),《交通》,页141,《商部奏请预定路线折》。
⑥ 前引书第四卷第八期(光绪卅三年十月初二日),《交通》,页163,《甘肃宁夏府赵太守惟熙上邮传部请建西北铁路折》。

每一路起讫,而非以省为断,以致东与东面之省割一路,西又与西面之省割一路也。"①清季商办铁路既然被分割得这样琐细,自然谈不上任何建设成绩了。

最后,当日中国缺乏铁路工程技术的人才,来帮助商办铁路的建设,也是清季商路不能健全发展的一个重要因素。②

清季商办铁路的建设,先天已受国内资本缺乏的限制,而铁路公司内部又人事复杂,中饱私囊,各存畛域,自然要影响到铁路商办成绩的不良了。

七

我们不能否认,清季商办铁路曾经挽回过中国部分的经济主权③,可是付出的代价却非常之大。④ 由于商路建设成绩不理想,清季官员不得不对商办铁路的价值重新作出估计。张之洞本来是支持湘、鄂两省赎回粤汉路自办的大员,但粤、湘、鄂三省铁路商办成绩的恶劣,使他感到十分失望。因此,他对商路的态度,后来作一百八十度的转变。在光绪卅三年,直隶、山东、安徽三省绅商要求废除英德草约,收回津浦路自办时,他对此事并不表示乐观。他指出:"……若归绅商自办,十年亦难成功。一、无款;二、乏人;三、各有争心,不能划一;四、糜费必多。"⑤"英、德代造,四年必成。十年赎路,届期已积有余利二千万两;内外三省仅须合筹三千万,即可将全路收回。若由我自办,则必须筹足五千万。路尚未造,集股断不踊跃,十年断不能造成。粤汉铁路争回两年,并未多修尺寸之路,可为前鉴。"⑥

---

① 见宣统三年八月《刍言报》,转引自汪诒年编《汪穰卿先生传记》(《史料丛刊》,第一辑,5册,台北文海出版社据民国二十七年杭州汪氏铸版影印,1966年),卷5,页10b。
② 详见"China's Struggle for a Native-financed Railway System,"页523—525。
③ 1909年,英人认为,他们在华的铁路计划,随着收回利权运动的发展,已蒙受挫折。见 Mary Clabaugh Wright, "Introduction: The Rising Tide of Change," in Mary C. Wright (ed.),前引书,页17。
④ 关于晚清收回利权运动及中国近代化因此而受到挫折,参考 John Schrecker,前引书,页241。
⑤ 《张集》卷198,《电牍》77,页21,《致天津袁宫保》(光绪三年四月初九日子刻发)。
⑥ 《张集》卷198,《电牍》77,页24,《致京李嗣香学士、三省公所诸君》(光绪卅三年四月十三日申刻发)。

邮传部也看到当日商办铁路"大多因人才缺乏,资本不充,往往拥虚名而无实效"①,故选择较重要的商路,规定其竣工期限,督促其着意建设,倘若不能如期完成,则由政府收回办理。②

在清末,由于袁世凯的推动,政府制定了新的铁路发展政策,就是在与外人签订借款合约时,把权与利两方面划分清楚,即中国对铁路主权决不轻易退让,在不损害主权的情况下,则对外人给予合理的利润,以求两全其美。③清廷开始对借债筑路的政策,重新考虑。宣统元年,张之洞与英、法、德三国财团签订两湖境内粤汉及鄂境川汉铁路借款草约,借款550万镑。他指出该两路工程浩大,非有五千万两的款,断难成功。"欲成纵横两大干路工程,舍借款无速能兴修之方。筑室道谋,岁月易逝。坐视东南精华内蕴之区,交通梗阻,何如早借巨款,同时并举?利源既开,筹还自易。"④同时,清室大员如东三省总督锡良、两广总督袁树勋、江苏巡抚程德全和云贵总督李经羲等,也主张向美国大举借债来修筑铁路。⑤

因为以外债修筑的官办铁路(如京汉、京奉),业务成绩比较优良,清政府自然加强以外债筑路的决心,同时对商路办理成绩之不良更感到不满。宣统三年,给事中石长信提出干路收归国有,支路仍归民营的办法⑥,清廷遂毅然

---

① 《望嵩堂奏稿》卷八,页7b,《遵旨勘查商路修订路律先拟大概办法折》(光绪卅四年六月十九日)。
② 如赣路、闽路、苏路徐清段规定在宣统三年竣工,皖路、河南洛潼路等在宣统四年竣工,陕西西潼路在宣统五年竣工,山西同蒲路在宣统六年竣工。见王我臧译四月廿五号至五月三号大阪《朝日新闻·论中国外债及财政前途》,载《东方杂志》第八卷第四期(宣统三年五月廿五日),页10;《邮传续编·路政》,页51,《覆陈勘查江西安徽铁路路线股资大概情形折》;页61b—62,《陕西设立铁路公司选举总理分别准驳折》;页64b,《覆陈勘查洛潼铁路路线股资大概情形折》;《清续通考》,考11136,卷369,《邮传考》10,《路政》。另参考《政治官报》第357号,光绪卅四年九月廿九日,页6,《折奏类·邮传部派员勘查各省铁路折》;同书第575号,宣统元年四月十八日,页十一,《折奏类·邮传部奏勘查洛潼铁路路线股资大概情形折》;同书,第554号,宣统元年三月廿六日,页6,《折奏类·邮传部奏勘江西安徽铁路路线股资大概情形折》。
③ 参考李恩涵《唐绍仪与晚清外交》,载"中研院"近史所《集刊》第四期(台北,1973年),页93。
④ 《张集》卷70,《奏议》70,页28,《商订两湖境内粤汉铁路暨鄂境川汉铁路借款合同折》(定稿未发)。
⑤ 参考《东方杂志》第七卷第九期,《记载》第三,《中国时事汇录》,页237—238,240—242,《借债筑路大问题》;《锡良遗稿·奏稿》,页1205,卷七,《密陈筹借外债以裕财政而弱敌势折》(宣统二年八月初六日);《宣统政纪》卷32,页6b—7,宣统三年二月甲寅;《外交史料·宣统朝》卷21,页18,《照录滇督李经羲致邮部滇路须加借巨款请鉴度支部并赐覆电》(宣统三年五月初三日)。
⑥ 参考《东方杂志》第八卷第四期,《中国大事记》,页10—11;《清史稿》,页555,《交通志》一,《铁路》;《清续通考》,考11159,卷371,《邮传考》12,《路政》。

决定把各省干路收回国营。① 结果引起川、鄂、湘、粤四省人民激烈反对，四川的反应尤其强烈。争路风潮蔓延愈广，革命随而发生，清王朝也跟着覆亡。清季商办铁路和辛亥革命的密切关系②，实在是值得我们注意。

表十八　清季京汉铁路营业成绩状况表　　（单位：银圆）

年　别	营业收入	营业支出	盈　利	占邮传部进款的百分比(%)
光绪二十五年(1899)	175 514.89	194 278.17	−18 763.28	
二十六年(1900)	323 191.11	332 448.02	−9 256.91	
二十七年(1901)	597 476.76	490 751.08	106 725.68	
二十八年(1902)	1 070 612.74	506 478.49	564 134.25	
二十九年(1903)	1 620 559.63	659 519.89	961 039.74	
三十年(1904)	2 030 552.24	765 770.55	1 264 781.69	
三十一年(1905)	5 237 848.17	1 786 274.35	3 451 573.82	
三十二年(1906)	7 284 037.13	2 234 924.21	5 049 112.92	
三十三年(1907)	8 177 560.00	2 740 885.06	5 436 674.94	42.53
三十四年(1908)	9 693 358.00	3 330 181.00	6 363 177.00	37.54(−)
宣统元年(1909)	11 026 412.00	3 459 041.00	7 567 371.00	40.56(+)
二年(1910)	12 134 476.00	3 609 999.00	8 524 477.00	39.03(+)
三年(1911)	11 311 536.00	3 642 043.00	7 669 493.00	34.02(+)
合　计	70 683 134.67	23 752 593.82	46 980 540.85	

资料来源：何汉威前引文，页 199—200，表 13；页 203—204，表 15。

清季商办铁路的建设，和当日其他新政那样，得益最大的，多为地方的士

---

① 《存稿》卷 17，《奏疏》17，页 4，《覆陈铁路明定干路枝路办法折》（宣统三年四月）；《宣统政纪》卷 52，页 29b，宣统三年夏四月己卯；《清续通考》，考 11160，卷 371，《邮传考》12，《路政》。
② 参考《铁路国有问题与辛亥革命》，页 22—63；郭沫若认为"辛亥革命是四川保路同志会的延长。……辛亥革命的首功，应该由四川人担负，更应该由川汉铁路公司的股东们担负的。"见《反正前后》，载《沫若文集》（北京，人民文学出版社，1958 年），第六册，页 216，219。C.Y. Wang 虽然认为缺乏足够的证据来证明四川争路领袖与其后的起事有直接关联，可是，就时间来说，四川争路发生在武昌首义之前，政府无力应付四川的公开挑战，对后来策动革命的各省知识分子产生一种心理影响，是很有可能的。见氏著前引书，页 278—279。

绅及其他既得利益阶级；一般农民及小百姓，从中得到的利益非常有限，有时且反蒙其累，因为新政的实施，他们所受的骚扰最大。① 清季社会骚动事件频频发生，未尝不与新政的推行有关，商路在其中所起的作用，着实不容忽视。②

我们在上文已说过以盐斤加价来筹集路款，会加重人民的负担，造成社会的动荡；现在再看看增加田赋附加税来筹集路款，对于当日小百姓的影响。

清季四川商办铁路，以强迫性质的捐税来筹集股款，成绩比较优长。在各项强迫性质的股款中，租股是最重要的一种。当川督锡良最初提议征收租股时，他认为"川民富在于农，百分抽三，取不伤于富"③。可是一旦推行起来，却有很多问题存在。例如四川留日学生说："收租十石之人，一家八口，糊口已不敷，更从而征收之，其生计必益艰窘。"④度支部主事杜德舆的奏折指出："……谷捐之害，每不在上户而在中、下户。查川民岁收谷数十石至百石者最为普通，中、下户大都有粮户之名，无粮户之实，或卖新谷以救急，而收获无余有之，或押借款于富家，而田去粮存者有之，若概从十石以上抽捐，则与绝流而渔何异。……其尤害者，各州、县嫌抽谷之烦琐，每加入正粮同征，谓之铁路捐，而其实与加赋无异。凡纳粮者，均勒令先上铁路捐，而后准其纳粮。若小民无力上捐，只能纳粮，各州县敢以所纳之正粮，硬派为铁路捐，而严科以抗粮之罪，鞭笞棰楚，监禁锁押。借抗粮之题目，办愚柔之百姓，复何爱惜？惨无天日，无县无之；以此卖妻鬻子、倾家破产者，不知凡几。故民之

---

① 参考 Edward J.M. Rhoads，前引书，页 5、175—176、276—277；Chuzo Ichiko, "The Role of the Gentry: An Hypothesis," in Mary C. Wright (ed.)，前引书，页 302—303。四川的情形稍与其他省份不同，除普通农民外，士绅也因铁路的修筑而受到波及。因为"四川人民对于川汉铁路的投资，主要来自年收田租十石以上而每年以百分之三来认购的租股。由此可以推知，川汉铁路的股东半为地主阶级，田租收入越大的地主，认购的铁路股本当然越多。在当日拥有铁路股票的地主中，有些是在社会上或地方政治上有权有势的绅士，由于这些绅士的领导，再加上其他因素的影响，四川反抗铁路国有运动的规模便越来越大，最后爆发成为打倒清政权的大革命。"见《铁路国有问题与辛亥革命》，页 274。
② 《国闻备乘》卷二，页 18b—19，《铁路》说清季商路主持人"……皆徒手号召，不名一文，不得已乃议捐派。闽、蜀亩捐最苦；皖、蜀票捐最琐。（李）经芳（皖路主持人）议抽米捐，芜湖商惊徙远避，几酿大变。江西试办盐捐不一年，短销官引十余万，乃改办九江米捐，百物腾贵，穷民轻弃乡里，游食四方，盗乃盛于此时矣"。可为当日情形之写照。
③ 《锡良遗稿·奏稿》，页 559，卷五，《川汉铁路毋庸请派督办折》（光绪卅二年正月廿八日）。
④ 《改良川汉铁路公司议》，光绪卅二年，四川省图书馆藏日本东京排印原件；原文未见，转引自《保路史料》，页 51。

视铁路也,不以为利己之商业,而以为害人之苛政。"①总之,当时的舆论,莫不以租股为扰民的苛政。②

至于四川人民因租股而负担加重的实际情形,我们可以下列两表来作说明:

表十九　1908年四川田赋约计　　　　　　（单位：两）

项　　目	收集款项约数	项　　目	收集款项约数
定　　额	669 000	租　　股	2 000 000
耗　　羡	100 000	其他浮收	669 000
平　　余	268 000	共　　计	7 906 000
捐　　津	4 200 000		

资料来源：Yeh-Chien Wang, *An Estimate of the Land-tax Collection in China, 1753 and 1908* (HEAM 52, Cambridge, Mass.: East Asian Research Center, Harvard University, 1973), Table 19, n.p.

---

① 都察院代奏度支部主事杜德舆川汉铁路呈折,载《川汉铁路改进会第六期报告》,光绪卅四年二月十七日,日本东京出版;原文未见,转引自《保路史料》,页57。
② 巫德源《论租股之弊害书》说:"此项租股,委各乡保正清查地主之多少,按数抽谷,而保正乃借此为收受贿赂、报复仇怨之手段。如地主为其戚族或受其苞苴,则收租多者可以少报;如地主与之有嫌怨,或未行贿赂,则收租少者可以多报……及至收谷之时,地主知其错误,呈请地方官更正,官则惟保正之言是听。虽再具呈,皆不准更改,且饬令照保正所报之数完纳;稍有迟延,势逼刑驱,无所不至。"(载《川汉铁路改进会第四期报告》,光绪卅三年五月廿日,日本东京出版;原文未见,转引自《保路史料》,页59—60。)又《川汉铁路改进会第六期报告》,编辑书记撰《涪州征收租股纪略》说:"租股之害,莫大于扰民;租股之弊,莫甚于中饱。其害在扰民也,小农下户,糊口维艰,无股东之能力,必欲强迫为之,而十室空其九。……"(原文未见,转引自《保路史料》,页61。)又仲遥《呜呼四川铁路公司之股份！呜呼四川人之财产》说:"铁路原是交通惠利极善极美之要政,彼辈施之川省,实酷且虐之至也。……中有之户,勒捐股本,按亩抽谷,捐作股本。官吏借事刁难……搜刮待尽,民不聊生;日用物价,陡加数倍。中有之家,官吏任取其肥;贫苦之辈,刁者不免流为盗贼,拙者全家冻馁,死于沟壑。"(见《新闻丛报》第四年第17号,《杂录》一,页二。)又光绪卅三年,四川铁路股东邓代聪呈都察院奏稿说:"谷捐苛虐,川民受枷杖锁押监禁破家者,何县蔑有？其无力缴捐,加以拳匪之名……时有所闻。"(见《民立报》,第84号,庚戌年十二月初一日,页一。)又宣统三年四月廿四日清廷上谕说川省"……按租抽股之议,名为商办,仍系巧取诸民。……其中弊窦,不一而足;是贻累于闾阎者不少,而裨益于路政者无多。…兹际新政繁兴,小民之担负已重……除农田岁获,能有几何？取求之而未有已时,其蒋何以堪?"(见《东方杂志》第八卷第四期,《中国大事记》,页19;《清续通考》,考11160,卷371,《邮传考》12,《路政》。)又同年五月癸卯的谕旨说:"……商民集款艰难,路工无告成之望,川省较湘省为尤甚。且有亏倒巨款情事,朘削脂膏,徒归中饱,殃民误国,人所共知。"(见《宣统政纪》卷54,页8b—9;又见《清续通考》,考11162,卷371,《邮传考》12,《路政》。)据川路公司说:"……租股股东,大半出于编氓农户。"(见《满清野史》,台北,文桥书局,1972年,四编第14种,《辛亥路事纪略》,页8,《川路公司为呈明川路情形再恳电奏文》。)可知当日有不少农民,由租股的征募而蒙受骚扰。

表二十　1908年四川省平余、租股及其他浮收率占田赋额的百分比(%)

地　　区	平　　余	租　　股	其他浮收
富顺	45	295	
犍为	44	289	
温江		392	
巴县		564	
估计平均比率	40	300	100

资料来源：前引书，表20，无页数。

王业键认为盛宣怀奏折中所说从1909—1911年初，四川由租股提供作修筑川汉路的款项超出950万两，这数目只是四川当局收到之数额，真正从人民征集的，远比此数为多。[①] 单是在1908年，租股款额就占川省全年田赋总数的25.30(—)%，即1/4左右，人民负担的沉重，由此可知。

此外，四川地方志也透露出各县人民的沉重负荷和对租征收的不满，兹摘录如下：

光绪末及宣统初之铁路租捐，每粮一两，纳谷一石，每石作价二两四五不等，亦系按粮照派，另设局所，委绅收解。综此计算，正粮一两，征粮至十四两左右。[②] 铁路集股捐……州牧顾思礼因章程内有集股最多者，调剂优缺或嘉奖，遂禀请认办一千二百股。乙巳冬，严催扫解。已认买之股东及半，无法弥补；按粮摊派，出差锁押勒缴。有数十人共认一股，不愿领股票，但乞免累而已。连年旱灾，公事浩繁，动以粮计，致田无人典买，称贷亦绝；无故勒绅粮，认购足数，系从未有之苛酷。[③]

(新股)铁路租股……年有盈缩，约征银三万六七千两，至庚戌年止。川省正征轻于他省，而津捐均输之数，亦略相当。……比至铁路租股，更

---

① *An Estimate of the Land-tax Collection in China, 1753 and 1908*，页22。
② 陈邦倬纂《崇宁县志》(四川文献研究社编《四川方志》，以下简称四川，21,台湾学生书局据民国13年刊本影印，1968年)，卷三，《食货门·田赋》，页4。
③ 周克堃纂修《广安县志》(四川，31,台湾学生书局据民国16年广安县教育局藏版影印，1968年)，卷16，《赋税志》，页14b—15,《杂捐》。

加正征四倍有半。百年之末政,概其可知矣。①

若夫贷民给息者,则清末之……铁路租捐,皆给给符信,旋掷虚耗。……富者破其悭囊,中户废其事蓄……贫弱乃倍于昔。②

又铁路租股的征收,对巴县的农民来说,可算是百上加斤的负担,计正粮一两,加征租股银五至六两不等。③ 由于川汉铁路的修筑,及川省出兵平定西康叛乱,并巩固在该地的统治权力,川省财政发生极大的变化。从1909年起,四川不再有余款协助他省,反之,却变为一需要别省协饷支持的地区。④

表二十一　四川若干地区租股征收数额　　（单位：两）

地　点	时　　　期	每年数额	数　额
巴县[1]	光绪卅一年 卅二年 卅三年 卅四年 宣统元　年 　　二　年	41 376 41 376 41 389 41 790 34 710 34 259	234 900(＋)
三台[2]	光绪卅　年至宣统三年		140 000
犍为[3]	光绪卅一年至宣统三年		104 800(＋)
温江[4]	光绪卅　年至宣统三年	23 150(－)*	162 050(－)

资料来源：1《巴县志》卷四上,《赋役·田赋》,页17b—18。
　　　　　2 谢勷等纂修《三台县志》(四川,15,台湾学生书局据民国18年三台新民印刷公司铅印本影印,1967年),卷12,《食货志》,页18,《铁路杂捐》。
　　　　　3 罗绶香等纂《犍为县志》(四川,108,台湾学生书局据民国26年成都协美印刷公司铅印本影印,1968年),卷12,《财政志》,页4b。
　　　　　4 张骥修,曾学传等纂《温江县志》(四川,2,台湾学生书局据民国十年温江县图书修志局本影印,1967年),卷3,《民政》,页15b。
附注：＊ 每年平均实收额。

---

① 卢翊廷等纂修《富顺县志》(四川,12,台湾学生书局据民国二十年刊本影印,1967年),卷五,页6b—7,《食货》。
② 朱世镛修,刘贞安等纂《云阳县志》(四川,30,台湾学生书局据民国二十四年铅印本影印,1968年),卷九,《财赋》,页3。
③ 王鉴清修,向楚等纂《巴县志》(四川,6,台湾学生书局据民国二十八年刊本影印,1967年),卷四上,页17b—18,《赋役·田赋》。
④ S.A.M. Adshead, Viceregal Government in Szechwan in Kuang-hsu Period (1875 - 1909), in Papers on Far Eastern History (The Australian National University, Department of Far Eastern History, Sept., 1971), p.49;"Sikang and the Revolution of 1911,"前引刊物(March, 1973), p.67.

四川的情形尚且如此，条件不如四川的省份，也就不言而喻了。如云南因修筑滇越铁路，征收粮捐以募集路款，但理想与事实，始终距离甚远："滇省山多田少……近年迭遭水旱，以致米粮匮之，尤形困难。"①"计自开办（粮捐）以来，如数完纳者，寥寥无几。……禁烟之后，贫民自养，尚苦不给，何能胜此负担？"②"惟是频遭荒旱，元气大亏。小民终岁勤动，所入能有几何？虽知路本为现今急务，而摊数过重，银价复昂……有司催征无术，间阎觅食维艰，禀牍纷纷，请从缓议。"③

　　陕西更因西潼铁路修筑，以征收粮捐的方法来筹集路款，终至激起民变。该省"丁粮愈重，百姓久已敝困，民力愈形不支"，而政府因商办西潼铁路，在在需款，所以开收亩捐，消息一经传播，"以故渭北各州县人心惶惶，以有地为累。争先贱售，甚至连阡累陌有不索一钱，而甘心送人耕种"④。这是由于"麦捐则亩有定数，收有定时，追呼催比，等于正供，民不得辞，且并不得以缓征请。……纳谷者给以股票，似矣！而股票之息，不以与民，反留为学堂经费。……乃止有义务而无权利……且已收者不发表支用之数，未收者不预示截止之期。"⑤于是在渭南、扶风等县，人民相继"抗捐聚众"，陕西巡抚曹鸿勋只得把这项捐输停止。⑥

　　此外，安徽芜湖的米价，每担从1904年的1.8圆，剧涨至1911年的2.8圆，很可能和当地征收铁路出口米捐有关。⑦湖南在宣统三年的预算中，岁

---

① 《锡良遗稿·奏稿》，页767，卷六，《为实行禁烟拟请改缩期限力图进步折》（光绪卅四年二月初一日。）
② 《邮传续编·路政》，页69，《议覆滇省减收随粮路股折》（宣统三年）；又见《存稿》卷20，《邮部奏疏》下，页50，《议覆滇省减收随粮路股折》（宣统三年八月，度支部会奏）。又参考秦光玉《陈少圃先生传》，载方树梅辑《滇南碑传集》卷25，页14；原文未见，转引自《铁路史资料》，页1111。关于锡良在云南禁烟的情形，参考 Roger V Des Forges，前引书，页99—101。
③ 《云南全省财政说明书》，《岁入部·田赋》，页8，《随粮铁路股本》。又《外交史料·宣统朝》卷22，页13b，《滇督李经羲呈内阁滇路收归国有请旨饬下迅议电》（宣统三年闰六月十七日）说："粮股一项，受亏已深。"
④ 《华字汇报》474号，光绪卅二年九月十一日，原文未见，转引自《中国近代农业史资料》第一辑，页319。
⑤ 《东方杂志》第四卷第三期（光绪卅三年三月廿五日），《社说》，页40，《论陕西民变》。
⑥ 《路政篇》(rl.10)，页216。
⑦ S.A.M. Adshead，前引书，页42。Adshead认为米价腾贵，主要由于普遍的通货膨胀和繁荣所致。不过除了这个因素外，芜湖出口米捐的征收，是否会刺激该地米价上昂，也是值得我们注意的。

出临时地方行政经费为 9 237 000（＋）两，该省商路支用款项，即达915 700（＋）两①，约占全部岁出的 9.92（－）％。因湘路的修筑，湖南仿效川省，"按亩派捐，无异加赋"②。租股以外，又有米捐、盐捐、房捐等名目，致"似此层层剥削，不惟取之富户，且致扰及贫民"③，实在是"累上加累"④。

人民的不满情绪，自然要给革命埋下伏线，因此，商办铁路的重要影响，是值得我们重视的。

最后，清季八年因商办铁路而筹集到的超过 6 000 万两的股款（每年平均为 7 888 771 两），所代表的意义是什么？⑤ 对于这个问题，我们可以分几方面来说明。从国民所得方面来说，据估计，19 世纪 80 年代的中国，绅士以外的普通百姓，扣除纳税后可任意支配使用的款额，每人每年平均不过 4.9 两（绅士则为 79.7 两）。⑥ 那么，清季商办铁路公司筹集的资本，即相等于1 287 万名以上的平民，每年扣除纳税后，可随意支配的所得。又据另一估计，1842—1894 的 52 年间，中国买办的总收入为 53 080 万两⑦（每年平均为10 203 846 两多点），清季商路公司在短短八年内所筹集的资本，即已相当于上述总收入的 11.89（－）％；如以二者每年的收款额来比较，则铁路股款约为买办收入的 77.31（＋）％。

倘若我们拿清末政府岁入与商路筹集的款项作一比较，那么，甲午战争

---

① 《宣统政纪》卷 39，页 30，宣统二年秋七月丁卯；《政治官报》第 1022 号，宣统二年七月廿九日，页 8—9，《折奏类·湖南巡抚杨文鼎奏预算次年财政并困难情形折》。另一项记载也说："查湘省自米、盐两款拨助路工以来，历年积亏至二百余万。"见《湘藩案牍钞存》，第三册，页 22，《遵饬将赈粜米捐及衡、永、宝配销监课两款开办拨收案据并近三年征收实数开折呈核详文》（宣统三年五月）；页 43b，《请将米捐配销监课两款所填股票概归财政公所管理详文》（宣统三年五月）。
② 《存稿》卷 78，《电报》55，页 14，《端大臣来电》（宣统三年六月十二日）。
③ 《宣统政纪》卷 54，页 3b，宣统三年五月庚子；《清续通考》，考 11160，卷 371，《邮传考》10，《路政》。
④ 《存稿》卷 77，《电报》54，页 8，《寄武昌瑞莘帅》（宣统三年四月十八日）；页 10b，《寄杨俊帅》（宣统三年四月十九日）。
⑤ 清季商办铁路公司能于短期筹集到 6 300（＋）万两的资本，其中一个重要的因素，就是股票的面额较低，以粤路为例，面额 5 元一股的股票，资本可在 18 个月内，分三期缴交。首先缴纳 1 元，其后缴纳元半，到最后才缴纳余下的 2 元半，这样，即使收入较低的人，都有购买的能力。这与其他的现代企业如招商局，启新洋灰公司，每股动辄百两，实在大有不同。参考 Wellington K.K. Chan（陈锦江），*Merchants, Mandarins and Modern Enterprise in Late Ch'ing China*（HEAM, 79, Cambridge, Mass.: East Asian Research Center, Harvard University, 1977），p.136.
⑥ Chung-li Chang，前引书，页 296—297、329。
⑦ Yen-p'ing Hao，前引书，页 104—105。

前的十年，全国岁入平均为 83 512 881 两①，商路的全部资本总数，约为该岁入数额的 75.57(一)％。本世纪初(1902—1911 年)，中国岁入增加至 29 200 万两②，商路总资本大略相等此数的 21.61(＋)％，每年筹集到的股款则等于 2.70(＋)％。

宣统三年，清廷实施干路国有政策，向英、美、德、法四国银行团借款 600 万镑，修筑川汉、粤汉铁路，各为湖广借款。按当时汇率 1 镑＝10 元③，湖广借款相当于 6 000 万元或 4 320 万两，数额委实不少。可是，该款若与清季商路总资本比较，只及后者的 68.45(＋)％而已。

清末中国最大的企业汉冶萍公司的前身——汉阳铁厂，在官办时期，资本不过是 16 097 865 两。④ 换句话说，拿清季商路的全部股款，转移于投资钢铁工业，即可开办十间规模与汉阳铁厂相等的工厂。

在清末国内资金极度缺乏，国民所得水准甚低的情况之下，商办铁路在短短八年中，仍能筹集到超过 6 000 万两的资金，实在难能可贵。可惜，资金筹集后，并不能导致有效的运用经营，以致商办铁路并没有对中国近代的工业化提供重大的贡献。

---

① 从光绪十一至二十(1885—1894 年)的十年间，全国岁入最少为光绪十一年的 77 086 461 两，最多是光绪十四年的 87 792 812 两，见《清续通考》，考 8827—8828，卷 66，《国用考》四，《赋额》。
② Yeh-Chien Wang, *Land Taxation in Imperial China 1750 - 1911*, p.74, Table 4.3；"The Fiscal Importance of the Land Tax during the Ch'ing Period," in *JAS*, Vol.XXX, No.4 (Aug. 1971), p.838, Table Ⅲ.
③ H.B. Morse, *The International Relations of the Chinese Empire* (Taipei: Ch'eng-wen Publishing Company, 1971, reprinted ed.), Vol.Ⅲ, p.451, Appendix B.
④ 全汉昇《汉冶萍公司史略》(香港中文大学出版，1972 年)，页 39—42，表 8。

从马礼逊小册子谈到
清末汉阳铁厂

一

由清同治(1862—1874年)初期至光绪二十年(1894年)左右,即在甲午战争以前的三十年内,由于沿海国防问题的严重,中国朝野上下纷纷提倡自强运动。有鉴于侵犯我国的强敌,拥有瞬息千里的轮船,无坚不摧的炮弹,自强运动的领袖们,提出师夷之长技以制夷的口号,即仿效西法制造轮船、枪炮,来加强国防的力量。

枪炮、轮船的制造,必须使用大量钢铁来作原料。可是,在同、光年间,中国钢铁工业尚未萌芽,江南制造局及其他机器制造局制炮所需的钢料、钢弹,造枪所需的钢管,必须购自外洋。其后到了光绪十七、十八年(1891—1892年)左右,江南制造局才设立炼钢厂,购置炼钢炉,仿照西法炼成纯钢,卷成炮管、枪筒及大小钢条。可是,这个炼钢炉规模甚小,一次只能炼钢3吨。一个钢铁工厂,在自铁砂炼成生铁,再炼成钢的生产过程中,需要大量的煤提炼成焦煤(或焦炭)作燃料,而上海附近却没有合适的煤、铁矿,故由于原料、燃料的缺乏与昂贵,炼钢工作常常停顿。在造船方面,无论是江南制造局,或是福州船厂,它们造出的船,都不免性能太差,速度太慢,式样太旧,无法在海洋上对抗战斗力强大的西洋军舰。造船工业成绩之所以不好,原因固然很多,但当日钢铁工业之不能配合发展,当是其中一个重要的因素。轮船——尤其是铁甲船——的制造,以钢铁为主要原料,故为着原料取给的便利,船厂附近最好能炼铁制钢。福州船厂之所以选择马尾作厂址,一方面固然因为那里和海边距离很近,另一方面又因为附近有古田铁矿,可以开采铁砂来炼铁制钢的原故。可是,钢铁工业的建立,铁矿固然是一个重要的因素,但并不是唯一的因素。如上述,钢铁工厂在由铁砂炼成生铁,再炼成钢的生产过程中,要消耗大量焦煤作燃料才成,故煤矿资源的丰富与否,更是其中一个重要的因素。就福州船厂所在的福建来说,煤——尤其是可以炼焦的煤——矿资源本来非常缺乏,并不足以满足钢铁工业对于燃料之大量的需要,故就是开采铁矿,钢铁工业也不能与造船工业配合起来从事大量生产。因此,在甲午战前新建设的海军所用的两艘铁甲船,定远及镇远,并非本国制造,而是购自德国①。

张之洞(1837—1909年)自政府领取经费来创办汉阳铁厂,原因甚多,但在自强运动声中建立起来的制造局及造船厂,因钢铁工业不能配合发展,以致遭遇原料供应的困难,显然是其中一个重要的因素。在将近一个世纪以前,当中国科学技术非常落后的时候,铁厂兴建的工程巨大繁复,机器名目既多,筑基、开矿、修路及其他工程又非常浩大,是张之洞及其他官吏所梦想不到的。自光绪十六年(1890年)开始,经过三年左右,随着种种繁难艰巨工程的完成,汉阳铁厂终于光绪十九年(1893年)全部建设成功。该厂化铁炉于光绪二十年(1894年)五月初烘干,五月二十五日升火开炼,二十七日出铁。出铁之日,上海西报馆即日刊报传单,发电通知各国;因为那时地球东半面,凡属亚洲界内,中国之外,自日本以至南洋、印度,都没有铁厂,只有汉阳铁厂算得上是东亚第一大厂②。

作者曾于1948年,撰写《清末汉阳铁厂》一文③。到了1980年,应邀赴日本东京东洋文库访问研究,在那里图书馆收藏的《马礼逊小册子》(*Morrison Pamphlets*)中,发现一些关于清末汉阳铁厂的资料,虽然数量不多,但其中有若干相当难得的照片,现在特地整理出来,供诸同好。

---

① 拙著《甲午战争以前的中国工业化运动》,《"中央研究院"历史语言研究所集刊》(以下简称史语所集刊)第二十五本(台北市,1954年6月),又见于拙著《中国经济史论丛》(新亚研究所,1972年)第二册,页651—671;拙著"清季的江南制造局",《史语所集刊》第二十三本(1951年12月),又见于《中国经济史论丛》第二册,页681—695。
② 拙著"清末汉阳铁厂",《社会科学论丛》第一辑(台北市,1950年4月),又见于拙著《中国经济史研究》(新亚研究所,1976年),页129—180。
③ 同上。

二

马礼逊(G.E. Morrison)博士,1862年2月4日,生于澳大利亚南部沿海的商港基朗(Geelong)。他的父亲原籍为苏格兰,后来移民于澳大利亚。马礼逊长大后,入墨尔本大学肄业,其后转往英国爱丁堡大学学医,于1887年毕业。他性喜旅行,曾于1882年自澳大利亚北部的诺曼顿(Normanton)出发,步行至南部的墨尔本,全程长达2 043哩,历时123日。他曾在墨尔本一医院充任驻院外科医师,两年后于1893年辞职,前往远东各地旅行。1894年2月11日,他自上海出发,乘船赴宜昌,再转往重庆。自重庆出发,他改穿中国衣服,雇用两名挑夫挑运行李,向西步行230哩,抵达叙府(四川宜宾)。该两名挑夫抵达叙府后即返回重庆,他另雇挑夫,继续步行前往云南东北部的昭通,全长290哩,走的是人迹罕至的崎岖山路。昭通那时曾遭受瘟疫、饥荒的蹂躏,当地人士告诉他,在过去一年,起码有3 000名儿童(以女童为主)被卖作奴隶,每名约售银2两(等于英金6先令)。那里杀婴之风盛行,早晨往往在路上见有弃婴。马礼逊在这个灾荒地区旅行,并没有人向他乞讨食物或金钱。人民衣衫褴褛,却对他非常和蔼友善。到了昆明,他以等于3镑6先令的银子购买一匹白色小马,以后在路上有时骑乘,有时步行,于离开上海100日后到达缅甸八莫。计自重庆至八莫,一共步行1 520哩。他自上海至仰光,长达3 000哩的旅程中,大约水陆路各占一半。在这个陌生的国度里,马礼逊一个人走路,没有携带武器,只会说一点中国话,沿途却受到地方官员的照应,他所遇见的中国人也很好客,对他热烈招待。他本来和其他澳大利亚人那样对中国人存有种族歧视的成见,但经过这次长期人际间的接触后,他的观念完全改变,不时对中国人流露出热烈的同情和感激。他在留居中国的长期间内,除西藏外,每一省都旅行过。[①]

1897年2月,英国伦敦《泰晤士报》(*The Times*)委任马礼逊为常驻北京

---

① Cyril Pearl, *Morrison of Peking*, Sydney, 1967, pp. v, 68-70; K. Enoki, *Dr. G.E. Morrison and the Toyo Bunko*, Tokyo, 1967, pp.2, 68-70.

的记者,他于3月自仰光前往任职。对于当日反对清政府的革命活动他甚表同情,他认为必须推翻腐败的清政府。中华民国成立后,他于1912年辞去《泰晤士报》记者的职务,改任民国新政府的政治顾问,前后一共5年。1919年,他出任为凡尔赛和会中国代表团顾问。后来他离华赴英,于1920年5月30日因黄疸病在英逝世[①]。

当马礼逊初抵北京居住时,那里没有一个像样的图书馆可供研究中国问题之用。由于对中国文化的兴趣及工作上的需要,他开始有系统地搜集与中国研究有关的欧文书籍,自己出资建立马礼逊图书馆(Morrison Library)。到了1917年,该馆收藏关于中国研究的欧文书籍共约24 000册,其中光是《马可·波罗游记》就共有46种不同版本,计包括1485年第一版拉丁文本,1496年第一版意大利文本,及第一版英、法、德文本。此外又有小册子(以英文为主)约6 000册,称为《马礼逊小册子》[②]。

马礼逊藏书,初时存放在北京使馆区原为马建忠所有的房屋中,其后到了1900年6月24日,在该房屋因义和团事变而被焚毁之前数小时,迁移至肃亲王府,后来又迁往王府井大街有防火设备的房屋中。因为有了马礼逊图书馆,王府井大街又被称为马礼逊大街。到了1917年,由于经济上的需要,马礼逊把辛勤搜集得来的藏书,全部售与日本三菱社(后改组为三菱合资会社)的岩崎久弥男爵(Baron Hisaya Iwasak)。后者以马礼逊藏书为基础,继续扩大搜集关于中国及其他亚洲国家的资料,于1924年设立东洋文库。[③] 作者于1980年有机会前往东洋文库访问研究,在那里图书馆中阅读马礼逊在20世纪初期搜集的英文小册子,找到了一些有关清末汉阳铁厂的资料。

三

张之洞以官方资本创办的汉阳铁厂,自光绪二十年五月开始生产时起,

[①] Pearl,前引书,页二六一;Enoki,前引书,页10、13、17。
[②] Pearl,前引书,页四一三;Enoki,前引书,页19—20、12—23、27。
[③] Enoki,前引书,页19—20、27、32、34、36—37、56。

即已遭遇很大的困难。它制炼出来的钢铁,成本太重,品质方面也有问题。到了光绪廿二年(1896年),因为不能继续自政府方面筹措资金,张之洞使铁厂由官办改为官督商办,由盛宣怀(1844—1916年)募集商股,负责经营。

汉阳铁厂在官办时代建立起来的两座化铁炉,因为所用焦炭(或焦煤)有好有坏,而且时常停炉,到了官督商办时代屡次出险,必须重造或加以修理,才能继续生产。这两座旧有的化铁炉修好后,虽然恢复炼铁能力,但每座容量不过100吨,生产规模不大,故盛宣怀添建250吨化铁炉一座。① 在《马礼逊小册子》中,有一项于1910年10月29日刊印的报道,说汉阳铁厂共有化铁炉3座,每日出产生铁500吨,除用来炼钢外,还有生铁向美国输出。② 此外,同年6月11日,又有一项来自纽约的报道,说汉阳铁厂已经有数批生铁运往纽约出售,其中一批5万吨于1909年11月运往纽约,另一批则早在5月左右运美。汉厂生铁在纽约的售价,比毕兹堡(Pittsburg)生铁报价还要低廉,在国际市场上具有强大的竞争力量。③

汉阳铁厂所用的原料,主要来自大冶铁矿。大冶铁砂含磷0.1%左右,炼成生铁含磷0.25%左右。铁厂中的贝色麻炉(Bessemer Converter),不能把生铁中的磷除去,炼出的钢含磷过多,容易脆裂,不宜于制成钢轨或做其他用途。盛宣怀自张之洞手中接办铁厂后,发现用碱性马丁炼钢炉(Siemens-Martin Open-hearth Furnace)炼出的钢,能把磷除去,品质非常之好,于是改建马丁炼钢炉。在马礼逊收藏的小册子中,有一篇在1910年3月出版的文章说,汉阳铁厂有30吨马丁炼钢炉3座正在炼钢,另有2座正在兴建中,此外又计划再建造5座。炼钢部门由法国技术人员监管,用钢制成钢轨,平均含锰0.7%,碳0.35%至0.4%,每方吋的抗张强度(Tensile Strength)为77 000磅,延伸率(Elongation)为18.5%,宜于建造铁路之用。当日中国正在建造的铁路长达1 000多哩,更多的铁路路线正在计划兴建

---

① 拙著《清末汉阳铁厂》。
② K.P. Swensen, "The Pinghsiang Colliery" (*Mining and Scientific Press*, San Francisco, October 29, 1910), in *Morrison Pamphlets*, No.394, p.564.
③ A.J. Seltzer, "Iron and Steel Works at Hanyang, Hupe, China" (*The Engineering and Mining Journal*, Vol.89, No.24, New York, June 11, 1910), in *Morrison Pamphlets*, No.390, pp.1231, 1234.

中,故钢轨不愁没有销路。① 至于钢轨的产量,根据1910年10月29日的报道,汉厂每日约制成1000吨。②

张之洞官办汉阳铁厂之所以成绩不良,主要由于燃料供应的困难。由铁砂炼成生铁,除铁砂、石灰石及锰等原料外,必须消耗大量焦炭作燃料。为着要得到充分燃料的供应,张之洞在筹办铁厂的时候,曾大量投资,利用新式机器来开采湖北大冶县王三石煤矿,及江夏县(今武昌县)马鞍山煤矿。可是,两年以后,王三石煤矿,煤井开至数十丈,煤层忽然脱节中断,冒出大水来。如果把水抽出,或另外开凿煤井,都要耗费不少的钱。在当日财力有限的情况下,只好放弃这个煤矿,不再开采。复次,铁厂又投资开采马鞍山煤矿,但开始出煤以后,又发现该矿煤质磺多灰多,取制焦炭,不宜熔炼。除鄂煤外,铁厂曾试用湖南宝庆白煤作燃料,但后者火力不足,几乎令铁液融结不流,化铁炉受损。汉厂又向河北开平煤矿购买焦炭,可是道远价昂,不能随时接济。如果购买外洋焦炭,当加上运费之后,价格更贵。当日汉厂购用焦炭的价格,几乎3倍于外国同业所付的价格。由于燃料供应困难,铁厂于光绪二十年五月下旬才开始制炼生铁的一座化铁炉,到了十月便被迫停炉不炼。③

对于汉阳铁厂在官办时代遗留下来的非常严重的燃料问题,盛宣怀接办铁厂后即着手解决。他派员偕同矿师沿长江各地从事地质调查,搜求钻试,结果发现江西萍乡煤矿的煤,磺轻灰少,炼焦最佳。上引刊印于1910年3月的一篇文章说,萍乡煤矿储藏的煤,共有八层可以开采,上面六层都是烟煤,最下面两层则为无烟煤,煤层厚度共约800呎。自烟煤炼成焦炭,平均含灰11%至13%,硫磺0.4%至0.5%,磷不足0.05%,抗碎强度很大,品质非常精良。开采煤矿的机器设备购自德国,有德国工程人员8名,及其他外国人,给与技术协助,全矿雇用的中国员工共约4000人④。又据上引1910年6月11

---

① Thomas T. Read, "Steel Making in China" (*The Mining Magazine*, March 1910), in *Morrison Pamphlets*, No.699, p.203.
② Swensen,前引文 in *Morrison Pamphlets*, No.394, p.564.
③ 拙著"清末汉阳铁厂"。
④ Read,前引文,in *Morrison Pamphlets*, No.699, pp.200-201.

日的报导,萍乡煤矿是当日中国第二个最大的正在开采的煤矿,共有炼焦炉280座,每年供应汉厂焦炭11万吨,煤16万吨,以后还要继续增加;此外其他许多轮船、铸工厂等所需燃料,也由萍乡煤矿供应。① 除上述外,上引在1910年10月29日刊印的一篇文章也说,当日萍乡煤矿每年产煤约60万吨,而且将要继续增加。如果每年产煤100万吨,可继续开采数百年之久。萍乡的煤及焦炭,由铁路运往洙州(今湖南株洲);自洙州北运,因为那时粤汉铁路因事延工,改用轮驳在湘江运送。江中有拖船13艘,每艘拖曳若干艘轮驳,约共载煤及焦炭1 200吨,运往汉阳。在洙州有数百名挑夫,自火车运煤及焦炭上船,每日约运1 800吨至2 000吨。②

除燃料外,汉阳铁厂炼铁所用的铁砂,来自大冶铁矿。在《马礼逊小册子》中,有一篇刊印于1910年6月11日的文章报道,大冶铁矿每年向汉阳铁厂供应铁砂35万公吨,下一年将增加至50万吨,此外又每年向日本输出125 000吨。铁矿每日铁砂产额约为1 000吨,不久将增至1 600吨。③

四

在甲午战争以前自强运动声中张之洞以官款创办的汉阳铁厂,在远东比日本八幡制铁所成立还要早,曾被称为东亚第一大厂。但因在中国事属创举,该厂于光绪二十年五月开始开炉制炼,不久即因生产成本太高,产品品质不良,再加上甲午战败后政府财政困难,不能继续以官款挹注,以致被迫停止官办,改由盛宣怀招集商股来继续经营。

自1897年起,马礼逊出任伦敦《泰晤士报》首任驻华记者,自己出资设立马礼逊图书馆,有系统地搜集关于中国研究的书籍。在该图书馆藏书中,有小册子6 000册,其中有些记述当日汉阳铁厂动态的资料。根据这些资料,我们可知,盛宣怀自张之洞手中接办汉阳铁厂后,即着手解决该厂在官办时代留下来的问题,先后改造或添建化铁炉、炼钢炉及其他设备,开采

---

① Seltzer,前引文,in *Morrison Pamphlets*,No.390,p.1233.
② Swensen 前引文,in *Morrison Pamphlets*,No.394,pp.566-567.
③ Seltzer,前引文,in *Morrison Pamphlets*,No.390,pp.1232-1233.

萍乡煤矿以便获得充分的燃料供应。他又在 1908 年，把汉阳铁厂、大冶铁矿及萍乡煤矿合并组成汉冶萍煤铁厂矿有限公司（简称汉冶萍公司），向农工商部注册。①

可是，当日中国国民所得水准低下，大多数人每年所得几乎全部用于消费，并没有多少储蓄，故汉阳铁厂自为盛宣怀负责经营后，并不能募集到多少股本。由于资金的缺乏，盛氏不得不在国内外重息借贷来添置炉座，扩建工程。在国外方面，汉阳铁厂因向日本举债，须分若干年以铁砂归还本息，光是自光绪二十六年（1900 年）至宣统三年（1912 年），大冶铁矿每年平均向日本输出的铁砂，几乎占铁砂生产总额的一半。② 以后向日本举债越来越多，控制权无可避免地落入日本债权者之手③。

1986 年 12 月 10 日，九龙。

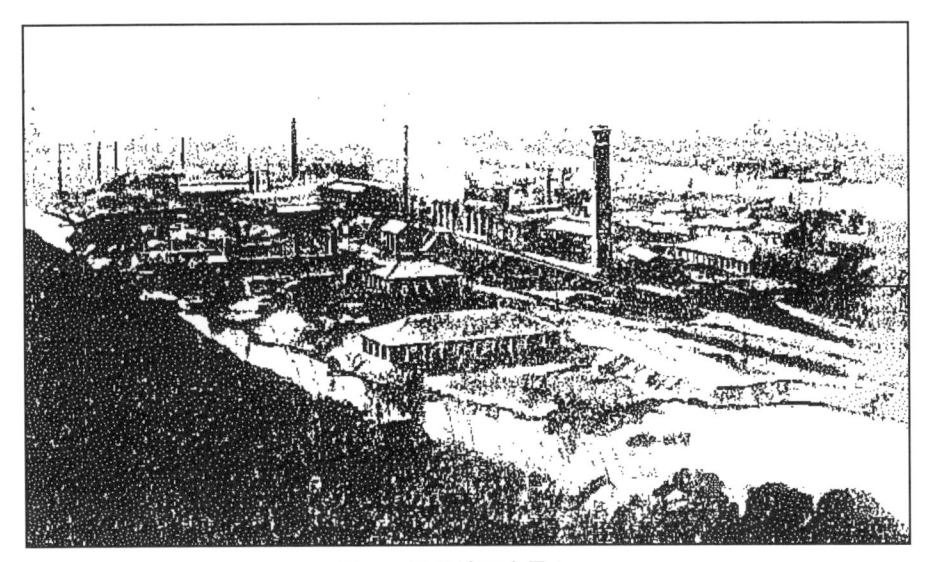

图一　汉阳铁厂全景之一

采自 Miss M. McCardle, "The Iron Industry in China," *The Ironmonger*, January 18, 1908, p.140. (*Morrison Pamphlets*, No.385.)

---

① 拙著《汉冶萍公司史略》（香港，1972 年），页 126。
② 同上拙著，页 136。
③ 同上拙著，第四章。

图二 汉阳铁厂全景之二

采自 Thomas T. Read, "The Iron Ore Resources of The Chinese Empire," Reprinted from *The Iron Ore Resources of the World*, Stockholm, 1910, p.919. (*Morrison Pamphlets*, No.352.)

图三 汉阳铁厂全景之三

采自 A.J. Seltzer, "Iron and Steel Works at Hanyang, Hupeh, China," *The Engineering and Mining Journal*, June 11, 1910, p.1231. (*Morrison Pamphlets*, No.390.)

图四 汉阳铁厂的化铁炉

采自 McCardle,前引文,前引杂志,页 141(*Morrison Pamphlets*, No.385.)

图五 汉阳铁厂的德国制新化铁炉

采自 Seltzer 前引文,前引杂志,页 1232 (*Morrison Pamphlets*, No.390.)

图六　汉阳铁厂中的炼钢厂

采自 McCardle，前引文，前引杂志，页 141(*Morrison Pamphlets*，No.385.)

图七　大冶铁厂

采自 K.P. Swensen，"The Pinghsiang, Colliery," *Mining and Scientific Press*, October 29, 1910, p.567. (*Morrison Pamphlets*，No.394.)

图八　大冶铁矿的得道湾露天矿场
采自 Thomas T. Read, "Steel Making in China," *The Mining Magazine*, March 1910, p.203. (*Morrison Pamphlets*, No.699.)

图九　大冶铁砂装运情形
采自 Thomas T. Read, "The Iron Ore Resources of the Chinese Empire." 前引书，页 923(*Morrison Pamphlets*, No.352.)

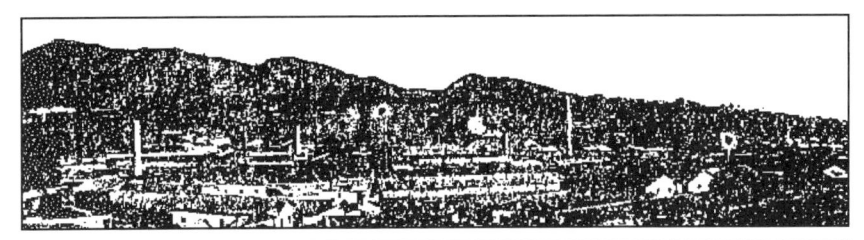

图十　萍乡煤矿全景、煤的装运及炼焦炉

采自 Swensen,前引文,前引杂志,页 565(*Morrison Pamphlets*, No.394.)

图十一　萍乡煤矿中的炼焦炉
采自 Thomas T. Read, "Steel Making in China," 前引杂志, 页 203(*Morrison Pamphlets*, No.699.)

图十二　萍乡煤矿中的主要矿井
采自 Read, 前引文, 前引杂志, 页 203(*Morrison Pamphlets*, No.699.)

从山西煤矿资源谈到
近代中国的工业化

在 18 世纪后半到 19 世纪中叶左右,英国发生工业革命时期,有种种机械、技术的发明,从事大量工业投资,到 19 世纪中叶,英国成为世界的工厂。由于英国工业革命成功,新的生产技术逐渐传到其他国家,其他国家利用英国工业革命的经验和发明,从事机械化的生产,因此西欧各国及美国都先后成为工业化国家。

鸦片战争(1840—1842 年)后,中国由闭关政策改为五口通商,因为有机会与西洋工业文明接触,也开始参加这个具有世界性的工业化运动。可是,虽然开始工业化的时间是这样的早,但经过多年的努力,中国仍然是经济落后的国家。中国工业化的速度之所以缓慢,成绩之所以不良,原因有种种的不同,但中国丰富的煤矿资源,尤其是占全国储藏量 2/3 左右的山西煤矿,多年来没有大量开发,当是其中一个特别重要的原因。

谈到工业化的意义,有种种不同的说法,但其中最重要的特点可说是机械化的生产,即以机器代替人工来生产较前为多的货物和劳务。说到机械化的生产,近代世界以 18 世纪中叶后英国工业革命时期蒸汽机的发明为关键,因为它能产生蒸汽力来转动机器。蒸汽机之所以能发出动力来使机器转动,以从事工业品的制造,又由于煤的大量消费,因此,煤成为机械动力的主要来源,各国煤产量的大小对于工业化成绩的好坏具有决定性的作用。对于此点,我们可以拿已故美国哈佛大学阿瑟(A.P. Usher)教授的工业区位理论(Location Theory)来作一说明。

工业革命以前英国工业的生产情况,我们可以拿羊毛纺织工业来作例子。18 世纪初,一袋 240 磅重的羊毛,用来纺织成普通的毛呢,可使 300 个工人做工一星期。除羊毛外,再加上其他原料(例如染料),约共 15 600 磅,可使

300个工人全年工作。至于这些工人所消费的食料重量,在饥荒的年头,每人一年也要吃480磅的小麦才够。由此推算,300个羊毛纺织工人一年要消费144 000磅的小麦。因此,为着节省运费,把纺织原料运往食料产区来工作,较为上算。在中古时代,英国羊毛运往低地国家(Low Countries,即后来的荷兰及比利时)去纺织成毛呢;17世纪初叶,在西班牙出产的羊毛,有2/3运往西欧及英国,以满足纺织工业的需要。在过去中国男耕女织的社会,男的耕种表示各地都生产粮食,但妇女纺织所用的原料不一定都是在当地出产的。由此可见食料和工业区位的关系。因为在手工业时代,工业品的生产主要依赖工人的劳力;而工人要有劳力来工作,则须吃饱了饭,把饭在工人身体内转变为能(Energy)才成。

工业革命后,由于蒸汽机的采用,工业生产发生了很大的变化。蒸汽力是烧煤才能产生出来的,工业因利用蒸汽机而大量消费的煤,其重量远较工人的食料为大。假定1个工人每星期工作40小时,一年便一共工作2 080小时。早期的瓦特的蒸汽机,每小时因产生一匹马力的蒸汽力而消费的煤为6.26磅。如果每小时供给1个工人以一匹马力的燃料,每年便需煤13 000磅有多。事实上英国工人每星期工作时间都多于40小时,而工业革命后的英国纺织工业,每一工人因利用机器生产而平均使用的动力,为一匹至一匹半的马力。故上述每一工人所消费的煤的重量,只有估计得过低,并没有估计得过高。在另一方面,工人所消费的食料,就算生活水准因工业化成功而提高,每人所吃的重量也不会超过500磅。把这个工人消费食料的重量来和煤的重量比较一下,我们可以判断,为着节省重量特别大的燃料的运输费用起见,工业以在煤矿所在地兴办较为经济。这还是就消耗动力较小的纺织工业说的;如果就消耗煤特别大的重工业(例如钢铁工业)来说,尤其是这样。

上文我们就工业革命后工业因使用动力而消耗的煤的重量,和工人消耗食料的重量作一比较。复次,我们又可拿工业消耗原料的重量来和煤的重量比较一下。工业革命以前,如羊毛纺织工业,其消耗原料的重量远不如食料的重量那么大。我们已经知道,工业革命以后,因蒸汽机的采用而消耗的煤,其重量既然要比食料的重量为大,自然也要大于原料的重量了。例如英国在工业革命时期特别发展起来的棉纺织工业,因使用动力而消耗的煤的重量,约三四倍于所消耗的棉花的重量;故为着节省燃料运输成本起见,棉纺织工业与其在棉花产区兴办,毋宁在煤矿所在地兴办。这可说明为什么英国本土不出产棉花,每年须自美国、西印度群岛及其他地区运入大量棉花作原料,仍能发展棉纺织工业,自 18 世纪下半以后长期占世界第一位,拥有最大的国际市场。因为英国虽然不出棉花,却大量生产其消费重量远较棉花为大的煤。

这还是就燃料消耗较小的轻工业说的;如果就燃料消耗特别大的重工业来说,煤的重要性自然更大。例如钢铁工业,自铁矿砂炼成生铁,再转炼成钢,要消耗大量的煤。世界上钢铁工业最早发展的英国,在 1925 年要消耗 3.4 吨的煤才能炼成 1 吨钢轨。这还是多年技术改良的结果;在此以前,因为制炼钢铁技术比较幼稚,炼 1 吨钢所消耗的煤当然更多。故从运费的节省上着眼,钢铁工厂以在煤矿产区设立较为经济。

由此可知,工业革命以后,随着机械动力之大规模的使用,煤在工业生产中一跃而居为特别重要的地位;因为无论是轻工业或是重工业,其所消耗的煤的重量都远较工人的粮食或工业的原料为大。为着要节省重量特别大的煤的运输成本,一国的煤矿资源对于工业区位的决定,自然有密切的关系;同时,由于煤在动力供应上之地位的重要,一国煤产量的大小,对于工业化的成功与否,具有决定性的作用。在这里,我们可以明白,为什么在第二次世界大战以前,煤产量占世界产额 2/3 以上的美、英、德三国,同时又是世界上工业化成绩最好的国家。同样,我们也可以明白,为什么 19 世纪中叶前后的英国,当她的煤产量约十倍于世界任何其他一国的时候,同时又是"世界的工厂"。

自然,也许有人要问:在蒸汽机时代,当煤是机械动力最主要来源的时候,煤与一个国家的工业化固然有密切的关系。可是,约自 19 世纪下半叶开始,随着发电机、内燃机的发明,除煤以外,水力(发电)、石油也成为动力的来源,煤在机械化的生产上的重要性不是要减小了吗? 煤与一国工业化的关系不是不像以前那样密切了吗? 对于这个问题,我们可以介绍阿瑟(A. P. Usher)教授的著作来加以说明。根据他的研究,1928 年,世界动力的 75.1% 来自煤,17.3% 来自石油,7.6% 来自水力。到了 1935 年,煤供给世界动力的 73%,石油 20.94%,水力 6.06%。根据这些数字,我们可以判断,由于水力、石油的利用,煤虽然已经不再是现代世界动力唯一的重要来源,但它仍然保持着在动力供应上的领袖地位。

根据资源委员会在 1947 年的估计,中国煤矿储量为 44 451 100 万公吨,其中山西占 66.5%;到了 1986 年,全国累计探明煤储量多至 85 970 000 万公吨,将近为 1947 年估计的 2 倍,其中山西及邻近的内蒙、陕西合起来,共占 68.4%。①

可是,蕴藏丰富的山西煤矿,一方面得不到河流交通的便利,另一方面和海岸距离又很远,并没有便宜的水运来帮助它扩展销路,以便从事大规模的生产。抗战以前,山西每年煤产量占不到全国产量 10%,在 1927—1928 年更低至只占全国产量 7%点多。大好的山西煤矿资源,并不能好好地开发利用!

1896 年,意大利商人罗沙第(Commendatore Angelo Luzatti)抵达北京。次年 3 月,英、意两国资本家于伦敦合组一公司,在英政府处注册,名叫福公司(Pekin Syndicate Limited)。罗沙第代表公司在中国从事获取经济权益的活动,经过一年的努力,终于 1898 年 5 月 21 日,在北京与山西商务局签订一合同,取得在山西开采矿产及其他有关的权益,并由总理各国事务衙门根据上谕予以批准。福公司看到山西煤矿及其他矿产储藏丰富,如果大量开采,需要有便利的交通运输,才能运到国内外市场去出卖获利。最初因为想利用长江、汉水,福公司要求中国允许他们建筑一条由山西南部泽州到汉水流域之湖北襄阳的铁路,意思是山西的煤经铁路运到襄阳,再经汉水、长江到海洋,便可把山西煤大量运往国内外各地去卖。但后来发现汉水太浅,大轮船不能到达襄阳,又要求改变路线,由泽州到南京长江北岸的浦口(泽浦铁路),这条铁路如建造成功,可把山西煤大量运往长江下游,用水道转运到国内外各地出卖。

不过,当日铁路总公司督办盛宣怀正负责建筑由北京到汉口的卢汉铁路(后改称京汉铁路),而这条铁路要向比利时大量借款才能建设成功。比利时方面,希望中国将来能将所借之钱归还,才愿意贷款。基于这个考虑,盛宣怀极力反对英国建筑由泽州到浦口的铁路,因为生怕京汉铁路的运输业务为泽浦铁路所抢夺。泽浦铁路可运货到长江下游出海,要和只能运货到长江中游

---

① 1988 年 8 月 15 日,(香港)《明报》。

的京汉铁路竞争,在此情况下,比利时看见京汉铁路赚不到钱,不会答应给予贷款。盛宣怀反对的结果,福公司的铁路计划,并没有见诸实行。看见山西矿产不能因它计划中的铁路建设而扩展销路,从而不能用机器来大规模开采,福公司最后只好放弃在山西的矿权,而让山西商务局以巨款赎回。因此,丰富的山西煤矿资源,长期货弃于地,对近代中国的工业化并没有提供多大的贡献。

山西的煤矿资源,到了"七七事变"以后,随着日本军队的占领,日人也有大规模开发的计划。位于山西北部的大同煤矿,于1937年10月由日军接管,那一个月的煤产量为1万吨。后来扩充设备,到了1938年12月,每月产量增加至10万吨。大同煤矿的储藏量,初时估计为120亿吨;其后经过较精密的调查,该矿储藏量的估计增加至400亿吨。不特如此,那里生产的煤,品质优良,宜于制炼成油及焦煤。日人对于大同煤矿的开采,曾拟订一个十年计划,预定于1939年产煤100万吨,1942年产1 000万吨,及1947年产3 000万吨。有些人认为这个增产计划过于庞大,因为大同的煤必须经过600公里的平绥及北宁铁路才能运往天津,再转运往东北及日本,而这两段铁路的运输能力是不易运输这样大量的煤的。自然,这个计划并没有完全实现,因为到了1945年8月日本便战败投降了。

抗战结束不久,中国共产党继续注意山西煤矿资源的开发。内蒙古的包头发展成为重工业中心,主要利用山西大同煤矿的煤作燃料,来满足该地钢铁工业的需要。在大同以南160公里的平朔县安太堡露天煤矿,近年由中、美合作经营。该矿设计年产原煤1 533万公吨,原煤全部入洗,洗后商品煤年产1 195万公吨。总共投资6.5亿美元,其中美方投资3.45亿美元,中方投资3.05亿美元。[1] 这个现代化程度最高的大型露天煤矿,于1987年9月开始投产,但由于遭受运输樽颈及设备问题的困扰,1988年度的产量并不能达到预定目标,而只有600万吨。[2] 根据最近报导,中国共产党又准备在平朔安太堡附近建设第二个露天煤矿,规模比平朔煤矿还要大。[3]

---

[1] 1988年8月15日,(香港)《明报》。
[2] 1988年10月2日,(香港)《大公报》。
[3] 1989年4月8日,《大公报》。

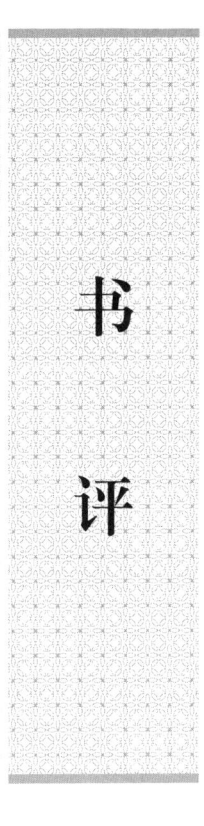

书评

柏金斯：一三六八至一九六八年中国农业的发展

Agricultural Development in China, 1368–1968. By Dwight H. Perkins, with the assistance of Yeh-chien Wang, Kuo-ying Wang Hsiao and Yung-ning Su. (Chicago：Aldine Publishing Co., 1969. 395pp., Appendixes, Maps, Tables, References, Index. $12.50.)

  近六百年来，中国人口有长期增加的趋势。在 1400 年（明朝初叶）前后，中国约共有 6 500 万至 8 000 万人；及 1953 年，增加至 58 300 万人，约为 1400 年的 7 倍至 9 倍（本书页 185）。一个人每年消费的粮食，虽然有时可能多些，有时可能少些，但大体上数量不会相差太远。这几百年中，中国人口既然增加 7 倍至 9 倍，中国农业每年如何能够生产足够的粮食来养活他们？对于这个问题，美国哈佛大学经济系柏金斯（Dwight H. Perkins）教授，于 1969 年出版《一三六八至一九六八年中国农业的发展》一书，曾经加以探讨。作者得到王业键先生等的帮助，搜集有关资料，加以整理分析，来研究 14 世纪末叶以来中国农业发展的情况，对于中国近代经济史的研究，贡献显然非常之大。

  中国过去农业统计的数字虽然很多，但有些不免过于纷乱、矛盾或零星分散。作者利用统计方法，以简御繁，当发现数字互相矛盾或有明显错误的时候，加以合理的、适当的修正；当没有直接可供利用的资料的时候，则利用有限的、片断的情报，根据理论上所存在的关系，用统计方法估计出来。大量统计数字的利用，可说是本书在经济史研究方法上的一个重要的特点。

  中国人口长期不断的增加，在本书的开端，作者告诉我们：现今中国耕地面积只占世界总额的 7%，可是中国农业却养活了全世界 1/4 的人口。中国各种谷物的耕地面积，只有美国的 70%，可是养活的人口却为美国的 3 倍至 4 倍（页 5）。在另外一个地方，作者又把亚洲主要国家每人每年平均谷物

(未去壳的)产量及供应量加以比较,说直至最近(1957—1959 年),日本每人每年平均的谷物供应量(289 公斤),才赶上或稍为超过 1957 年的中国(285 公斤);1957—1959 年印度每人每年平均的谷物供应量(191 公斤),只有中国的 2/3(页 33—34)。由此可见,近代中国农业的成就是不容忽视的。

作者把有纪录的某几年中国人口及耕地面积数字略加修改,说假如每人每年平均的谷物消费量长期不变,中国因人口增加而增加的谷物产量,自 1400 年(人口约 6 500—8 000 万)至 1770 年(人口约 27 000 万),约 42% 由于每亩产量的增大,58% 由于耕地面积的推广;自 1770 年至 1850 年(人口约 41 000 万),约 47% 由于每亩产量的增大,53% 由于耕地面积的推广;自 1914 年(人口约 43 000 万)至 1957 年(人口约 64 700 万),约 24% 或 45% 由于每亩产量的增大,76% 或 55% 由于耕地面积的推广(页 33)。

自 1400 年以来,中国谷物产量之所以增加,作者认为,约有一半由于大量人口迁移到过去没有人耕种的地方来开垦,因而扩大了全国耕地的面积。在 14 世纪,中国人口大量集中于长江下游各省,其后有不少人自人口密集地区移往华中(湖北、湖南)、华南(广东)及四川等地。到了清代,中国西部,尤其是西南各省,吸收了不少自内地来的移民(页 185)。及 20 世纪上半叶,东北的开发,成为全国耕地面积扩展的主要原因。黑龙江耕地在 1914 年为 3 200 万市亩(一市亩等于 0.164 7 英亩),到了 1957 年增加至 10 900 万市亩;吉林耕地在 1873 年为 200 万市亩,1914 年为 4 400 万市亩,及 1957 年增加至 7 000 万市亩;辽宁耕地在 1873 年为 2 200 万市亩,1914 年为 4 700 万市亩,及 1957 年增加至 7 100 万市亩。此外,西北耕地面积也增加不少。如内蒙古(察哈尔、绥远)耕地在 1873 年及 1913 年都是 4 500 万市亩,及 1957 年增加至 8 300 万市亩;新疆耕地由 1873 年的 1 000 万市亩,1914 年的 1 200 万市亩,增为 1957 年的 2 600 万市亩(页 32、236)。在 1957 年以前的一个世纪,全国耕地面积约增加 40%,但其中增加耕地的 80%,都由于东北、内蒙及西北其他地区的次等土地的开发(页 27)。到了 20 世纪中叶,全国耕地面积,约为 14 世纪末叶的 4 倍(页 185)。

中国谷物产量增加的另外一个原因,是每亩产量的增大。对于我国过去田地生产力增进的情况,作者先从稻米品种的改良说起。在宋真宗(998—

1022年)年间,中国农业发生一个大变化,那就是占城(在今越南)稻的传入。这种外国稻米种子传来中国后,在各地不同土壤中长期种植的结果,培养出各种新的稻米品种。其中有些品种,因为成熟时间较早,一年可以种植两次(早稻、晚稻),从而一年收成两次,而不像过去那样只收成一次。另外有些新品种,性耐旱,不至于因雨量较少而歉收。此外,又有一些新品种,生长时间特别短,最宜于在每年洪水退后,余下生长季节无多的地方来种植。如"救公饥"这种稻种,就是在这种情况下栽种的(页38—41)。两熟稻的栽种,在中国已有好几百年的历史,但大约因为气候与土壤的关系,到了20世纪的30年代,两熟稻产区以广东、广西及福建为主,这三省两熟稻的种植面积将近占全国的80%;此外浙江、江西、湖南、湖北也有栽种,但面积较小。据作者估计,在30年代,由于两熟稻的种植,每年约较1400年增产谷物600万吨。其后在50年代,中国共产党在四川、湖南、安徽、江苏及其他省份大力推广两熟稻的种植,到了1957年将近增加4 200万亩的种植面积,每年约增产稻米400万吨(页43—45)。

除两熟稻的栽种外,在不宜兼种早、晚稻的地方,又推行稻、麦轮流栽种的方法,即在夏季稻米收成后,再种小麦或大麦,以增加谷物产量。由于这种轮种面积的扩大,据作者估计,1957年因此而生产的谷物,约比1400年增多1 400万吨(页47)。

经过长期的改进,到了1957年,中国每亩稻米产量,约为印度、泰国的2倍或3倍,约略超过明治初期的日本(页35)。

除上述外,近数百年中国耕地每亩产量之所以增加,又由于美洲作物的传入。在1492年哥伦布发现新大陆后的一百年内,美洲四种作物,即玉蜀黍、甘薯(番薯)、烟草及花生,都传到中国来(页48—51)。玉蜀黍能够在硗瘠山地上生长,就是在东北北部那种恶劣环境,它也能够适应——在东北,玉蜀黍常与大豆交互种植。自玉蜀黍传入中国后,假如都是利用荒地来种植,在1914至1918年,全国年产谷物约较16世纪多七八百万吨;假如都是栽种于原来种小米或高粱的田地上,则年产谷物约多100万吨。全国玉蜀黍的种植面积,于1914至1918年,共约7 800万亩;及1957年,增加至19 600万亩,其中一半以上都在东北、内蒙、新疆、云南、贵州和四川(页47、51)。另外一种源出美洲的作物甘薯,自移植来中国后,在贫瘠干旱的土地上栽种,每亩产量非常之大。据作者推算,在 1918 年以前,由于甘薯的种植,全国年产谷物约较 16 世纪增多 400 万吨。其后由于种植面积的扩大,1957 年的谷物产量又约比 1918 年增多 900 万吨(页 47—48)。

上述耕地面积的推广、每亩谷物产量的增大,又和水利工程的建设有密切的关系。关于 1400 年全国水利灌溉的面积,我们无法得到可靠的数字,但根据作者粗略的估计,约为 13 000 万亩;及 1957 年,共达 52 000 万亩,约为 1400 年的 4 倍。这当然有助于耕地面积的推广。不特如此,水利灌溉能使原来栽种旱地作物的土地改种水稻,结果收获加倍。同时,过去因水旱为灾而农产失收的土地,也可因防洪、灌溉的措施而减免灾害,从而谷物产量也跟着增加(页 64—65)。

对于数百年来中国农业发展的情况,作者又分别衡量农具、肥料、租佃制度、产品运销及政府政策等因素对于农业生产力的影响。不过,因为篇幅有限,恕不能在此一一详细介绍。书中搜集到的有关资料,至为丰富,同时在字里行间,作者又时常提出新颖的见解,引人入胜,这都是本书的长处。

可是,在读毕本书后,我们不免有这样的感觉:作者在研究近代中国农业的发展时,很明显的先有一个模式,然后根据模式来选择资料,把它填塞进去。举例来说,关于 1400 年中国耕地的总面积,作者不采用 1393 年(明洪武二十六年)的亩数(850 464 000 明亩,按:1 明亩等于 0.143 4 英亩),而以 1502 年(明弘治十五年)的亩数(425 401 000 明亩)来作代表,然后把后者和 1957 年耕地面积加以比较,因而得出 1957 年中国耕地面积约 4 倍于 1400 年的结论(页 222—225)。作者不采用 1393 年亩数的理由,是认为在这年全国田亩统计数字中,湖广、河南的亩数过于夸大。可是,事实上,1502 年 400 余万顷或 4 亿余明亩的数字并不能代表当日全国耕地的实在面积,因为有如霍韬在嘉靖(1522—1566 年)初叶所说,弘治十五年全国田土之所以"失额极多",主要由于"拨给于藩府……欺隐于滑民"(徐孚远等辑《皇明经世文编》,台北市国联图书出版有限公司影印明崇祯间平露堂刊本,第一二册,卷一八七,页一至二,霍韬《修书陈言疏》;《续文献通考》,浙江书局本,卷二,页三〇至三一)。换句话说,因为当日藩府占有广大面积的庄田,不用向政府纳税,豪滑人民则隐瞒田亩实数，以逃避租税的负担，故1502年政府根据全国实在纳税田地统计出来的亩数，要远较1393年为小。因此，作者不采纳1393年的田亩数字，而以一百年后不把大量免税、逃税田地包括在内的课征亩数，用来代表1400年全国耕地的总面积，其代表性着实值得怀疑。不特如此，如果把明朝以前的田亩统计数字拿来与1393、1502年的数字比较一下，我们更可断言，1400年的耕地面积，与其以1502年的亩数来代表，毋宁以1393年的亩数来代表，因为后者与明朝以前的田亩数字比较一致，较具有代表性。在明朝以前，关于唐朝的耕地面积，《册府元龟》（中华书局本）卷四九五，页二六，《田制》载天宝"十四载（755年），受田千四百三十万三千八百六十二顷一十三亩"（杜佑《通典》，《四库善本丛书初编》本，卷二，页八，《田制》下同。又参考 D. C. Twitchett, *Financial Administration under the T'ang Dynasty*, Cambridge University Press, 1963, p.212.）。这就是说，中国在755年的耕地面积共达1 430 386 213唐亩（按：唐亩与明亩大小相同，都等于0.143 4英亩）。其后到了北宋治平（1064—1067年）年间，《宋史》（《百纳》本）卷一七三，页一二，《食货志》说当日"天下垦田无虑三千余万顷"，即30余亿宋亩。按：一宋亩等于0.139 9英亩，略较唐亩、明亩为小，如折算为唐亩或明亩，为20余亿至30亿亩左右。根据唐、宋耕地总面积多至10亿亩以上或甚至20余亿亩的记载，我们可以判断，1400年中国的耕地面积，应该以1393年的85 000（+）万亩来代表，而不应以1502年的42 500（+）万亩来代表。

除了估定1400年中国耕地面积的数字过于偏低外，作者在本书页159表VII.4中，列举各省每年把谷物输出省外的数字，说在1956、1957年四川都输出大量谷物，可是在1949年以前却没有输出的纪录。这很可能会给读者一个错觉，以为过去四川粮食只能自给自足。可是，事实上，"天府之国"的四川，在12世纪已经有以过剩米粮运往湖北出售的纪录（拙著《中国经济史论丛》，1972年新亚研究所出版，第一册，页278—279）。其后到了18世纪，例如在清雍正（1723—1735年）年间，产于四川各地的米，先在重庆集中，然后自那里沿江东下，一船一船地运往汉口出售，对湖广米价产生决定性的作用。不独如此，由于四川产米的到达，汉口成为长江流域的一个重要米市，每年都大量运销于长江下游各地（同书，第一册，页578—580）。

虽然有值得商榷或补充之处,但本书尝试以数量方法研究数百年来中国农业发展的过程,给我们指示出一条研究近代中国经济史的新途径,不失为挽近西方学术界中有关中国经济史研究的一本重要著作。对于本书的出版,我们应该对柏金斯教授及他的共同工作者表示庆贺之忱!

全汉昇